lonely planet

GRIECHENLAND

Nordgriechenland S. 200

Zentral-griechenland S. 162

Die Sporaden & Euböa S. 506

Nordostägäische Inseln S. 458

Ionische Inseln S. 532

Athen S. 52

Peloponnes S. 118

Saronische Inseln S. 250

Kykladen S. 274

Dodekanes S. 398

Kreta S. 354

Alexis Averbuck, Rebecca Hall, Paula Hardy, Helen Iatrou, Vangelis Koronakis, Vesna Maric, Leonid Ragozin, Simon Richmond, Helena Smith, Sarah Souli, Ryan Ver Berkmoes

INHALT

Reiseplanung

Reiseziele

Abbildung an der Statue Alexanders des Großen (S. 211), Thessaloniki

Kreta (S. 355)

Im Sommer 2023 wüteten Waldbrände in Griechenland und Unwetter verursachten Überflutungen. Die Recherchen für dieses Buch fanden vor den Naturkatastrophen statt, daher empfehlen wir, die Reiseziele vor deinem Besuch zu überprüfen.

Assos (S. 556), Kefalonia

Praktisches

Storybook

Kamini (S. 264), Hydra

WILLKOMMEN IN GRIECHENLAND

Das Wasser glitzert in Kobaltblau, Viridiangrün, Seegrün, Himmelblau und zartem Jade. Es ist immer wieder eine Herausforderung, das Gefühl für Griechenland in Worte zu fassen, das auch in meine Gemälde einfließt. Im Laufe der Jahre, in denen ich hier gelebt und die Gegend erkundet habe, habe ich mich in die Berge, die kleinen Dörfer – in jedes auf seine eigene Art – und die Menschen verliebt. Eine Lebensweise, die mich aus der Tretmühle der technischen Geräte und Terminpläne heraus und ins Leben hinein zieht. Jeder neue Ort bringt neue Eindrücke mit sich und hinterlässt Spuren im Herzen: zum Beispiel ein Spaziergang durch das Dorf Tholaria auf Amorgos, wenn der Vollmond über dem Horizont aufsteigt. Griechenland bietet viel mehr als Postkartenmotive und Häkchen auf der Bucket List, es geht direkt ins Herz. Wenn du es nur zulässt.

Mein Lieblingserlebnis ist, von den warmen Felsen von Hydra (S. 262) aus tief ins kühle Wasser unter mir einzutauchen.

Alexis Averbuck
@alexisaverbuck

LIEBLINGSPLÄTZE

Hier schlägt für unsere Autor:innen und Expert:innen das Herz Griechenlands

NATALIYA NAZAROVA/SHUTTERSTOCK ©

Ein Spaziergang durch **Monemvasia** (S. 139) ist ein einzigartiges Erlebnis. Es ist die älteste ununterbrochen bewohnte Burgstadt Europas, und wenn man sie durch den steinernen Torbogen betritt, erkennt man in der Architektur die Spuren der Invasionen durch Kreuzritter, Venezianer und Osmanen. Ähnliche Burgstädte gibt es in ganz Griechenland, was beweist, wie viel mehr es jenseits der Strände zu entdecken gibt.

Rebecca Hall

@BeyondHex

Rebecca ist eine in Griechenland lebende Reise- und Kulturautorin sowie Verfasserin des Kurzromans und der Reiseerinnerung Girl Gone Greek.

NEJDET DUZEN/SHUTTERSTOCK ©

Wie Sizilien ist auch **Patmos** (S. 443) eine Insel, die Jahrhunderte umspannt. Sie ist nicht nur wunderschön wild, sondern zugleich sehr kultiviert und beheimatet obendrein ein florierendes Kloster. Der Apostel Johannes empfing hier seine Offenbarungen, und die Insel wurde einst von den Osmanen, Venezianern, Russen und Italienern beherrscht. Sie ist ein kultureller Hybrid, der uns daran erinnert, dass das Mittelmeer ein Ort des Austauschs ist, kein trennendes Gewässer.

Paula Hardy

@paulahardy

Paula ist Reisejournalistin mit dem Schwerpunkt Mittelmeerraum und Autorin eines Buches über die Kulturgeschichte Libyens.

Nachdem ich einige Zeit an den riesigen Lagunen von **Messolongi** (S. 178) verbracht hatte, verstand ich, warum die Einheimischen so entspannt sind. Die Fischer:innen wenden jahrhundertealte, nachhaltige Methoden an, um ihren Fang zu bergen, und leben in Harmonie mit rund 290 Vogelarten, darunter Flamingos. Von Jugendlichen geführte Organisationen bringen jüngeren Generationen ihr Erbe näher und fördern gleichzeitig den Ökotourismus.

Helen Iatrou

@heleniatrou

Helen ist Journalistin, Reise- und Segelautorin sowie Seglerin.

LINKS: HERACLES KRITIKOS/SHUTTERSTOCK © RECHTS: ANASTASIOS71/SHUTTERSTOCK ©

Plaka (S. 68), die „Altstadt" von Athen mit dem Akropolis-Hügel und den engen, von neoklassizistischen Häusern gesäumten Gassen, ist stets voller Einheimischer und Touristen, bietet aber zugleich eine ruhige Atempause vom hektischen Rhythmus der übrigen Stadt. Mein Lieblingsplatz für einen gemütlichen Spaziergang, ein Getränk im Freien oder einen Snack an einem schönen, sonnigen Tag.

Vangelis Koronakis

@the_passenger

Vangelis ist in Athen geboren und aufgewachsen, wo er als Webredakteur arbeitet.

Astypalea (S. 431) ist eine wundersame Insel. Weit in den Gewässern der Ägäis gelegen, lässt sich ihre Schönheit jedes Mal aufs Neue entdecken. Mit vielfältigen Stränden, an denen man Ruhe und Entspannung finden kann, einer ausgezeichneten Küche, zahlreichen Wandermöglichkeiten und einem pulsierenden Nachtleben ist die Stadt wirklich einzigartig. Nimm dir Zeit, um diese schöne Insel zu genießen, und komm immer wieder zurück.

Vesna Maric

@vesnamarx

Vesna ist Reiseschriftstellerin, Essayistin und Autorin und hat Memoiren sowie einen Roman veröffentlicht.

LINKS: LEOKS/SHUTTERSTOCK © RECHTS:PIT STOCK/SHUTTERSTOCK ©

Die winzige, strahlend weiße Kirche **Panagia Kakaviotissa** (S. 466) ohne Dach in Limnos gleicht einer Perle auf dem Berggipfel, die von einer Grotte halb verdeckt wird. Die Aussicht ist der Inbegriff griechischer Inseln – skurrile Mondlandschaft und die endlose Weite des Meeres. Die zuständige Gottheit, ob christlich oder heidnisch, scheint lautlos direkt über einem zu schweben.

Leonid Ragozin

@leonidragozin

Leonid wechselt zwischen Reiseschriftstellerei und politischem Journalismus. Sein Buch über den Konflikt zwischen Russland und der Ukraine erschien 2022 in Norwegen.

Das **Akropolis-Museum** (S. 65) bringt auf den Punkt, was das heutige Athen ausmacht: Antike und Moderne in einem faszinierenden Dialog. Das bemerkenswerte Gebäude des Architekten Bernard Tschumi ruht auf riesigen Pfeilern über einer akribisch ausgegrabenen archäologischen Stätte. Es beherbergt ein hochmodernes Museum, das die Schätze der gegenüberliegenden Tempelzitadelle präsentiert und erklärt.

Simon Richmond

@simonrichmond

Simon ist freiberuflicher Autor, Redakteur und Fotograf in Großbritannien und verfügt über mehr als 25 Jahre Erfahrung in der Erstellung von Reiseführern.

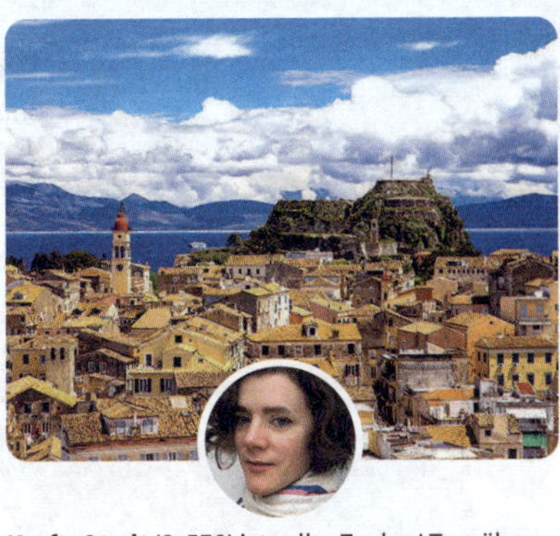

Korfu-Stadt (S. 538) ist voller Zauber! Tagsüber fallen hier die verschlafenen Katzen, Granatapfelbäume und Wäscheleinen ins Auge. Nachts erwachen die stimmungsvollen Gassen zum Leben, wenn die Einheimischen spazieren gehen, man sich unter den Bäumen an Tischen mit karierten Tischdecken versammelt und die Tavernen mit Musikern und Gästen gefüllt sind, die bis in die frühen Morgenstunden singen, spielen und tanzen.

Helena Smith

helenasmith.co.uk

Helena ist Schriftstellerin und Fotografin sowie Mitbetreiberin von Wilder, einem sozialen Unternehmen, das Raum für Wildtiere in der Stadt schafft.

Der **Olymp** (S. 221) ist vielleicht der magischste Ort in Griechenland. Schließlich ist er die Heimat der zwölf Götter des Olymps, die über die Sterblichen herrschen. Von den Ruinen des Dion über versteckte Tavernen, die köstliches Essen servieren, bis hin zu atemberaubenden Wanderungen vorbei an natürlichen Pools und Wasserfällen – der Olymp repräsentiert das Beste von Nordgriechenland.

Sarah Souli

@sgsouli

Sarah ist eine Journalistin, die über Politik, Reisen und Kultur schreibt. Sie ist die Autorin von Moon Guides: Athens and the Greek Islands.

Die Stadt **Chania** (S. 360) auf Kreta ist ein Ort, an dem ich mich immer wieder verlaufe – und das mit Vergnügen. Die jahrhundertealten Gassen und Straßen sind ein Labyrinth aus der Vergangenheit. Hinter der einen Ecke taucht ein venezianischer Palast auf, hinter der nächsten eine römische Ruine. Ich stolpere durch die alten Steine bis zum Ende des Wellenbrechers, der den historischen Hafen schützt, und stelle mir vor, Schiffe aus längst vergangenen Reichen hier einlaufen zu sehen.

Ryan Ver Berkmoes

@ryanverberkmoes

Ryan hat über 100 Länder erkundet und mehr als 130 Bücher für Lonely Planet geschrieben.

Thessaloniki
Urbane Atmosphäre am Meer und gute Küche (S. 206)

Lefkada
Glatte weiße Kiesel unter den Füßen spüren (S. 550)

Delphi
Pilgerreise zum Zentrum der antiken griechischen Welt (S. 168)

Hydra
Autofreien Hafenzauber genießen (S. 262)

Athen
Weltberühmte Schätze bestaunen (S. 52)

Kreta
Durch Schluchten zum offenen Meer wandern (S. 355)

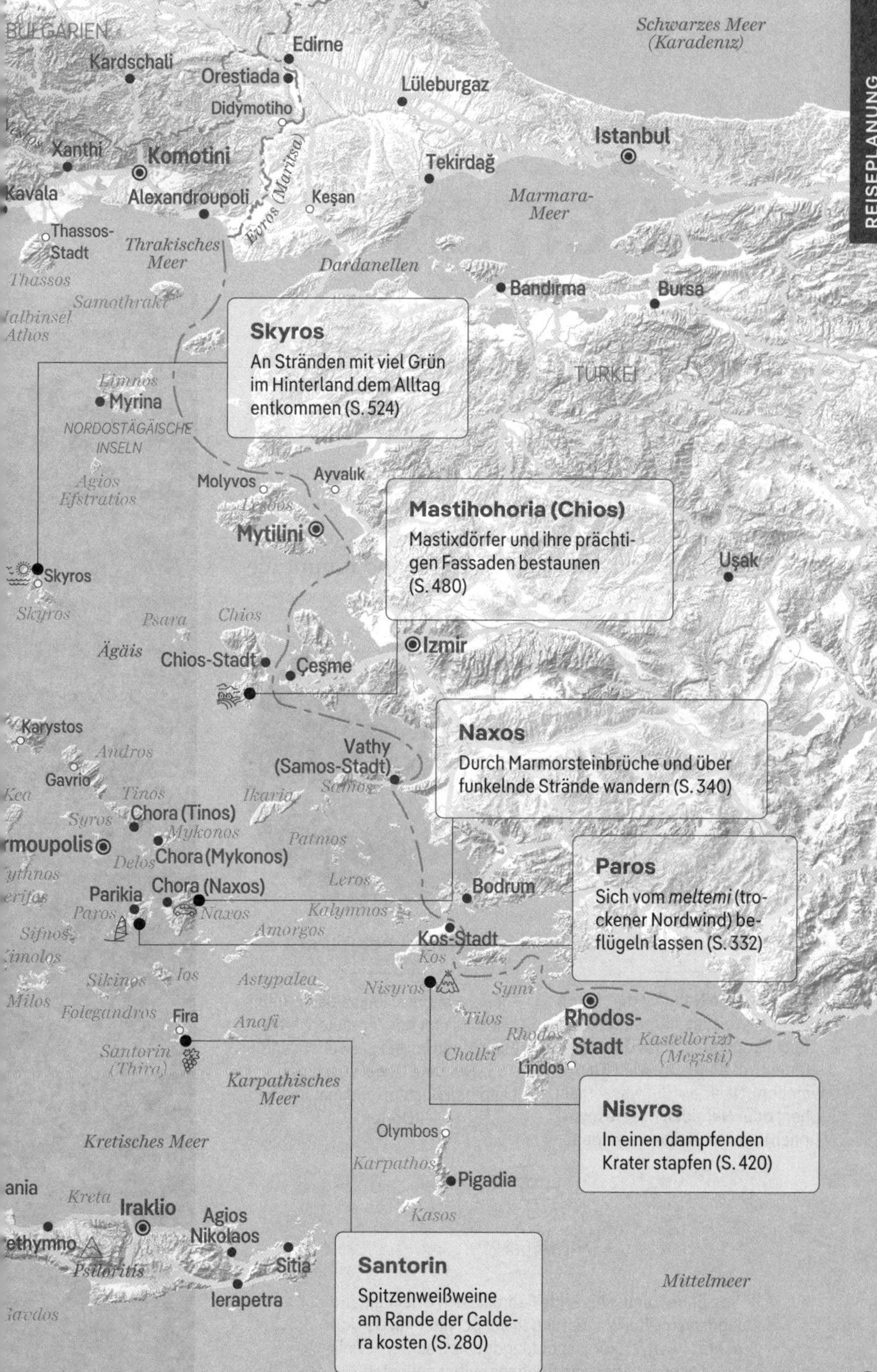
Skyros
An Stränden mit viel Grün im Hinterland dem Alltag entkommen (S. 524)
Mastihohoria (Chios)
Mastixdörfer und ihre prächtigen Fassaden bestaunen (S. 480)
Naxos
Durch Marmorsteinbrüche und über funkelnde Strände wandern (S. 340)
Paros
Sich vom *meltemi* (trockener Nordwind) beflügeln lassen (S. 332)
Nisyros
In einen dampfenden Krater stapfen (S. 420)
Santorin
Spitzenweißweine am Rande der Caldera kosten (S. 280)
BULGARIEN
Edirne
Schwarzes Meer (Karadeniz)
Kardschali
Orestiada
Lüleburgaz
Didymotiho
Xanthi
Komotini
Istanbul
Tekirdağ
Kavala
Alexandroupoli
Evros (Maritsa)
Keşan
Marmara-Meer
Thassos-Stadt
Thrakisches Meer
Thassos
Dardanellen
Bandırma
Bursa
Samothraki
Athos
TÜRKEI
Limnos
Myrina
NORDOSTÄGÄISCHE INSELN
Agios Efstratios
Molyvos
Ayvalık
Lesbos
Mytilini
Uşak
Skyros
Psara
Chios
Ägäis
Chios-Stadt
Çeşme
Izmir
Karystos
Andros
Vathy (Samos-Stadt)
Gavrio
Samos
Kea
Tinos
Ikaria
Syros
Chora (Tinos)
Mykonos
Patmos
Delos
Chora (Mykonos)
Parikia
Chora (Naxos)
Leros
Bodrum
Paros
Naxos
Kalymnos
Sifnos
Amorgos
Kos-Stadt
Kos
Sikinos
Ios
Astypalea
Nisyros
Symi
Milos
Folegandros
Fira
Anafi
Tilos
Rhodos
Rhodos-Stadt
Santorin (Thira)
Chalki
Lindos
Kastellorizo (Megisti)
Karpathisches Meer
Olymbos
Kretisches Meer
Karpathos
Pigadia
Kreta
Iraklio
Agios Nikolaos
Kasos
Psiloritis
Sitia
Ierapetra
Mittelmeer

UNENDLICHE WEITEN

Griechenland ist ein Land der großen Weiten, mit hoch aufragenden Bergen, die den Horizont beherrschen, und windgepeitschten Küsten voller Dramatik – das ist der Stoff, aus dem die Epen von Homer sind. Hier findet jeder eine Lieblingslandschaft. Von den Walddörfern Zagorohorias entlang der Vikos-Schlucht über die üppigen Quellen von Kythira bis hin zu Santorin mit seiner einzigartigen Sichelform einer versunkenen Caldera – Griechenland überwältigt den Verstand und nimmt die Seele für sich ein.

Auf den Spuren der Nymphen

Die griechische Natur ist durchdrungen von mythischen Kreaturen. Vielleicht begegnest du ja Dryaden (Baumnymphen), Oreaden (Bergnymphen), Najaden (Süßwassernymphen) oder Nereiden (Meeresnymphen), um nur einige zu nennen.

Magischer Pilion

Auf der Halbinsel Pilion, der angeblichen Heimat der Zentauren, führen Eselspfade im Zickzack über sanfte, bewaldete Hügel zu ruhigen, sandigen Buchten und malerischen Dörfern.

Jagdsaison

Von Ende August bis Ende Februar ist in Griechenland Jagdsaison. Bei Wanderungen auf Schilder mit der Aufschrift Κυνηγετικός χώρος (Jagdgebiet) achten – viele dieser Schilder sind übrigens selbst gebastelt.

Vikos-Schlucht (S. 235)

DIE BESTEN OUTDOOR-ERLEBNISSE

Die Aussicht auf den **Krater von Santorin** ❶ mit seinen weißen, minimalistischen Dörfern voller maximalistischem Leben ist überwältigend. (S. 280)

Auf uralten Pfaden geht es die dicht bewaldeten Hänge des **Olymps** ❷ hinauf zum wolkenverhangenen Gipfel, einst Sitz des antiken griechischen Pantheons. (S. 223)

Wanderungen in den **Schluchten Kretas** ❸, von der spektakulären Samaria-Schlucht (S. 369) bis zu ihren ebenso atemberaubenden und weniger überlaufenen Verwandten in der Nähe wie der Agia-Irini-Schlucht (S. 364).

Auf **Tilos** ❹, wo Vogelbeobachtung, Strandspaziergänge und Wandern im Fokus stehen, kann man sich vom nachhaltigen Konzept der „grünen" Insel begeistern lassen. (S. 416)

Auf alten Pfaden geht es hinab in die 900 m tiefe **Vikos-Schlucht** ❺ im großartigen Pindos-Nationalpark. (S. 235)

LINKS: SCSTOCK/SHUTTERSTOCK ©; MITTE: AERIAL-MOTION/SHUTTERSTOCK ©; RECHTS: AETHERIAL IMAGES/SHUTTERSTOCK ©

Lefkada (S. 550)

AZURBLAUES MEER

Griechenland ist praktisch ein Synonym für Strand – weiße Sandstrände, graue und sogar rote Buchten mit Kieseln oder schwarze vulkanische Strände. In der Sommerzeit hat es Tradition, dass die Familien auf ihre Heimatinseln zurückkehren, um sich zu erholen. Auch Reisende lockt der Sommer: Er bringt zwar Menschenmassen, aber auch die besten Badeerlebnisse des Lebens.

Abtauchen

Griechen, die zur Arbeit gehen, verzichten nicht auf das Meer – sie fahren für eine *voutiá*, einen Sprung ins Wasser, hinaus. Die frühen Morgenstunden und die Dämmerung sind perfekt für einsame Tauchgänge.

Barrierefreie Strände

In Griechenland werden zunehmend Rampen installiert und an beliebten Stränden Hilfsmittel und Rollstühle für den Einstieg ins Meer bereitgestellt. Nicht überall, aber immer häufiger (siehe unter extramilers.eu).

DIE BESTEN STRANDERLEBNISSE

Das türkisfarbene Wasser und der rosafarbene Sand an der Westküste Kretas, von Falasarna bis **Elafonisi** ❶, betören Körper und Seele. (S. 371)

Entspannen in der Sonne an den weitläufigen weißen Kieselstränden auf der abgelegenen Insel **Lefkada** ❷. (S. 550)

Auf unbefestigten Straßen gelangt man auf **Chalkidiki** ❸ zu den sandigen Buchten der Halbinsel mit ihren freundlichen Tavernen und Pensionen. (S. 215)

Auf **Naxos** ❹, wo ein glitzernder Strand in den nächsten übergeht, kann man jeden Tag einen neuen Strand erobern. (S. 340)

Auf der kleinen Insel Ikaria kann man zwischen den Stränden von **Armenistis** ❺ hin- und herspringen und nach Meeresschildkröten Ausschau halten, die sich im nahen Fluss abkühlen. (S. 498)

INSELN IN HÜLLE UND FÜLLE

Stereotype funktionieren bei griechischen Inseln nicht. Und die bekanntesten Namen passen vielleicht nicht immer perfekt zu einem. Jede Insel hat ihren eigenen Charakter, ihre eigene Kultur, und deren Landschaften, Wetterverhältnisse und Geschichten unterscheiden sich teils stark. Eine Tour auf die Inseln bietet also eine unglaubliche Fülle an Möglichkeiten. Am besten ganz viel ausprobieren!

Insel-Hopping

Inselgruppen bieten die perfekte Gelegenheit, die einzelnen Inseln zu vergleichen und Unterschiede festzustellen. Santorin? Warum nicht auch Folegandros besuchen? Mykonos? Warum nicht auch Naxos oder Tinos?

Historische Zentren

Viele Inseln, von Kreta über Delos und Korfu bis Naxos, Rhodos und Santorin, haben nicht nur ihre eigene Lebensart, sondern auch Griechenlands Geschichte stark beeinflusst.

Inseln außerhalb der Saison

Wer es nicht so mit dem Schwimmen hat, kann die griechischen Inseln auch außerhalb der Sommersaison besuchen, um die lokale Kultur kennenzulernen, einen entspannten Einblick in das Inselleben zu gewinnen und deutlich weniger Geld auszugeben.

DIE BESTEN INSEL-ERLEBNISSE

Auf **Kreta** ❶, der größten und vielfältigsten Insel Griechenlands, die fast schon ein Land für sich ist, kann man in alle Aspekte des griechischen Lebens eintauchen. (S. 355)

Neben dem großen Korfu sollte man auch das winzige **Paxi** ❷ erkunden, wo das azurblaue Wasser glitzert und die Pensionen sich in Olivenhainen verstecken. (S. 547)

Raus aus Athen auf die hervorragend erhaltene, autofreie Insel **Hydra** ❸, wo das Hafenleben pulsiert und man vor den Felsen schwimmen kann. (S. 262)

Auf **Paros** ❹ und Antiparos gibt es Unterhaltung für die ganze Familie. Hier kann man Spaziergänge durch die Dörfer mit Spielen am Strand und sogar Nachtclubbesuchen verbinden. (S. 332)

Die scheinbar endlosen Strände des vulkanischen **Milos** ❺ und des ruhigeren benachbarten Kimolos sind eine sanftere Option als das belebte Santorin. (S. 297)

KULINARISCHE ABENTEUER

Griechisches Essen wurde zwar in die ganze Welt exportiert, aber der Genuss, es dort zu essen, wo es herkommt, lässt sich woanders nicht nachempfinden. Käse kommt direkt aus den Bergen und Kräuter werden frisch an den Berghängen geerntet. Ziegen und Lämmer grasen frei, Fisch und Tintenfisch kommen ohne große Umwege vom Meer auf die Tische. Und dann gibt es natürlich noch die subtilen und kreativen Variationen der Zubereitung, je nach Region und Küchenchef.

Honig

Der köstliche griechische Honig ist ein Geschenk der einheimischen Blumen und Bäume. Oft wird er nur vor Ort in Kleinmengen verkauft – am ehesten findet man ihn auf Märkten.

Mittagessen & Siesta

Ein Muss im Sommer ist ein Mittagessen in einer Taverne am Meer mit einer Reihe von Dips und Meeresfrüchtegerichten, gefolgt von einer dekadenten Siesta. Genuss pur!

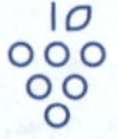

Griechischer Wein

Griechische Weine gibt's in jedem Supermarkt, aber wer sich mit den Weinregionen auskennt (S. 596), kann die einfachen Tropfen von den wahren Gaumenfreuden unterscheiden.

Oktopus zum Trocknen in der Sonne, Santorin (S. 280).

DIE BESTEN KULINARISCHEN ERLEBNISSE

In **Chania** ❶ sollte man so viele Mahlzeiten wie möglich in den Tag einplanen, angefangen bei knusprigen *bougatsa* bis hin zu frischen Meeresfrüchten. (S. 360)

Beim Besuch verschiedener Dörfer auf **Tinos** ❷ entdeckt man einige der besten regionalen Gerichte Griechenlands in einfachen Lokalen auf der ganzen Insel. (S. 320)

Auf einer Tour durch die vulkanischen Weinberge lassen sich die besten Assyrtiko-Weißweine und Vinsanto-Dessertweine in den renommierten Weingütern von **Santorin** ❸ verkosten. (S. 284)

Die italienisch geprägte Küche der Ionischen Inseln, die besonders in der charmanten **Stadt Korfu** ❹ zur Geltung kommt, muss man unbedingt probieren. (S. 538)

In **Volos** ❺, der Hauptstadt des *tsipouradiko*, sollte ein Schluck feuriger *tsipouro* (destillierter Schnaps) immer von einem guten Happen Essen begleitet werden. (S. 199)

ANTIKE WUNDER

Weltberühmte antike Stätten, von denen einige in den größten Erzählungen aller Zeiten, den griechischen Mythen, vorkommen, sind im ganzen Land verstreut. Mit jeder Schicht, die ausgegraben wird, kommt eine weitere Zivilisation zum Vorschein. Und die Architektur und die Artefakte, die zu Ehren der Götter – Athene, Poseidon, Apollon und Zeus, um nur einige zu nennen – geschaffen wurden, stehen zum Bestaunen und Entdecken bereit.

Schatzkammern

Bei der Besichtigung antiker Stätten – von Olympia und Delphi bis hin zum Demeter-Tempel auf Naxos (Abbildung) – lohnt es sich, Zeit für die Museen einzuplanen, in denen unzählige Fundstücke ausgestellt sind.

Freier Eintritt

Viele antike Stätten (auch in Athen) bieten an jedem ersten Sonntag im Monat (außer im Juli und August) und an lokalen Feiertagen freien Eintritt.

Vor dem Aufbruch zu den Inseln

Der dramatische Poseidon-Tempel auf dem Kap Sounion eröffnet einen Panoramablick auf das, was noch kommt.

LINKS: ALBERTO LOYO/SHUTTERSOCK ©; MITTE: JOKE VAN EEGHEM/SHUTTERSTOCK ©; RECHTS: EMAGA TRAVELS/SHUTTERSTOCK ©

Ruinen, Delos (S. 329)

DIE BESTEN ERLEBNISSE MIT ANTIKEN RUINEN

In Athen ist die **Akropolis** ❶, das Wahrzeichen der Stadt, mit ihren Athenatempeln und der antiken Agora, dem gesellschaftlichen, politischen und kommerziellen Zentrum, besonders gut erhalten. (S. 58)

Es lockt ein Ausflug zum sagenhaften Heiligtum von **Delos** ❷, dem Zentrum der Kykladen und Geburtsort von Apollon und Artemis. (S. 329)

Bei einem Besuch von Kretas berühmter Ausgrabungsstätte **Knossos** ❸ und dem Archäologischen Museum von Iraklio kann man sich ein Bild von der geheimnisvollen minoischen Kultur machen. (S. 387)

Auf zu einer Runde um das Stadion im **antiken Olympia** ❹, ein 3000 Jahre altes Heiligtum des sportlichen Ruhms, in dem die ersten Olympischen Spiele stattfanden. (S. 144)

In der majestätischen Stadt **Delphi** ❺, die an den Hängen des Berges Parnassos mit Blick auf den Golf von Korinth liegt, kann man dem Flüstern des Orakels lauschen. (S. 168)

DORFLEBEN

In Griechenland findet das Leben seit jeher im öffentlichen Raum statt, sei es bei politischen Gesprächen im örtlichen *kafeneio* (Kaffeehaus) oder bei Familientreffen auf den Plätzen des Viertels, während die Kinder bis abends draußen spielen. Griechische Dörfer, ob an der Küste oder im Gebirgstal, sind die idealen Orte, um den griechischen Alltag mitzuerleben.

Sein Griechisch aufbessern

Gibt es einen geeigneteren Ort als ein abgelegenes Dorf, um dein Griechisch auszuprobieren? Am besten übst du ein paar Redewendungen, bevor du losfährst. (S. 586)

Wohin gehen?

Such dir ein *kafeneio*, ein Café, eine Fischtaverne am Hafen oder ein Lokal mit Live-Musik. Dann bleib einfach eine Weile.

Kretas Dörfer

Wer nach Kreta reist, sollte genug Zeit einplanen, um die Vielfalt und Schönheit der Bergdörfer zu genießen, die alle ihre eigene Küche und Kultur haben.

DIE BESTEN DORFERLEBNISSE

Auf **Amorgos** ❶ schlängeln sich schwindelerregende Bergstraßen zwischen charmanten Häfen und Bergdörfern mit köstlicher lokaler Küche. (S. 351)

In der **Mastihohoria** ❷, den Mastix-Dörfern von Chios, ist jedes Dorf eine einzigartige Festung gegen Plünderer. (S. 480)

Beim Spaziergang über die steinernen Pfade von **Apiranthos** ❸, einem Bergdorf auf Naxos, gibt es faszinierendes Textilhandwerk und hervorragende Tavernen zu entdecken. (S. 342)

Im Winter kann man in der Umgebung von **Nymfaio** ❹ Skilanglauf betreiben, wenn die zu Pensionen umfunktionierten Herrenhäuser zu behaglichen Zufluchtsorten werden, in denen man Weine aus dem nahe gelegenen Naoussa probieren kann. (S. 241)

Im schönen **Kardamyli** ❺, direkt am Meer und mit dem Taÿgetos-Gebirge im Rücken, wandelt man auf den Spuren des Schriftstellers und Kriegshelden Patrick Leigh Fermor. (S. 159)

Akropolis Museum (S. 65), Athen

KULTUR-PALÄSTE

Wenn es etwas gibt, das Griechenland in schier unerschöpflicher Menge hat, dann sind es Kunst und Kultur sowie Museen, die sich ihnen widmen. Jede Liste von Orten, die man besuchen sollte, wird unvollständig sein. Große Stadtmuseen beherbergen unschätzbare Artefakte, aber auch so manche bescheidene Dorfsammlung hat viel zu bieten. Der Eintritt ist meist günstig, also lohnt es sich, auf Entdeckungstour zu gehen.

Kunst & Kunsthandwerk einkaufen

Überall in Städten und Dörfern arbeiten Kunsthandwerker:innen und verkaufen Töpfer- und Lederwaren, Olivenholzschnitzereien, Gemälde und Schmuck. Viele verbinden alte Methoden mit modernem Design.

Exquisite Statuen

Das Nationale Archäologische Museum, das einen ganzen Häuserblock in Exarchia einnimmt, ist eine Schatztruhe mit antiker Kunst aus ganz Griechenland. Nicht verpassen!

DIE BESTEN KUNST- & KULTUR-ERLEBNISSE

In den toll gestalteten Galerien des **Akropolis-Museums** ❶ sind antike Skulpturen und andere Funde zu bewundern. (S. 65)

Im modernen, erhöht gelegenen **Chios-Mastix-Museum** ❷ lernt man einiges über den Anbau des Mastixbaums. (S. 481)

In der neuen **Nationalgalerie** ❸ in Athen kann man Jahrhunderte griechischer Malerei entdecken. (S. 94)

Im Atelier von **Panayiotis Tetsis** ❹ auf Hydra kann man sich in das Leben eines großen Künstlers hineinversetzen. (S. 266)

Im **Archäologischen Museum von Iraklio** ❺ beeindrucken die Fresken der großartigen minoischen Sammlung. (S. 382)

WANDERN FÜR ALLE

Egal, ob du gerade erst anfängst zu wandern oder deine abgewetzten Stiefel mit dem Staub von tausend Wanderungen bedeckt sind – in Griechenland gibt es für jeden Anspruch einen Weg. In den Nationalparks des Landes kannst du rauschende Wasserfälle entdecken oder auf Küstenpfaden das Salz auf der Haut spüren. Die Inseln eignen sich hervorragend für Wanderungen: Auf einigen, wie dem autofreien Hydra, muss man zu Fuß gehen, andere locken mit gut ausgeschilderten Wegen über Berge mit Meerblick.

LINKS: HERACLES KRITIKOS/SHUTTERSTOCK ©; MITTE: SAMOILA IONUT/SHUTTERSTOCK ©; RECHTS: RAWF8/SHUTTERSTOCK ©

Auf dem Europa-Fernwanderweg E4

Der Fernwanderweg von Portugal nach Zypern führt in Griechenland über antike Pfade, z.B. von der Livadi-Hochebene (Abbildung) in der Nähe von Arachova hinunter nach Delphi oder über andere Wege bei Mystras.

Ausgedehnt und intensiv

Die soziale Kooperative Paths of Greece (pathsofgreece.gr) schafft neue Wanderrouten im ganzen Land, viele davon mit kulturellem Bezug.

Erste Orientierung

Eine gute Karte ist unerlässlich, da der Mobilfunkempfang nur sporadisch funktioniert. Die meisten Touristenkarten sind unzureichend; die besten Wanderkarten kommen von Anavasi (anavasi.gr) und Terrain (terrainmaps.gr).

Kato Koufonisi (S. 346)

DIE BESTEN WANDERERLEBNISSE

Beim Wandern durch üppiges Grün und hinunter in die Caldera auf **Nisyros** ❶ kann man urzeitliche Fumarolen wie ein wütender Riese zischen hören. (S. 421)

Den Mietwagen stehen lassen und über die Inseln der **Kleinen Kykladen** ❷ von einer Bucht zum nächsten Dorf und wieder zurück wandern. Hier sind die Tage lang und träge. (S. 345)

Auf der ruhigen **Insel Folegandros** ❸ verbinden gut markierte Wanderwege abgelegene Strände und Dörfer auf den Hügeln. (S. 296)

Auf **Samos** ❹ kann man durch Wälder wandern und unter Wasserfällen schwimmen, z.B. auf den Wanderwegen Megalo und Micro Seitani. (S. 494)

Immer gut: Wanderungen durch griechische Nationalparks wie Iti, Parnassos, Olympus oder den von Athen aus leicht erreichbaren **Parnitha-Nationalpark** ❺. (S. 115)

Lefkada (S. 550)

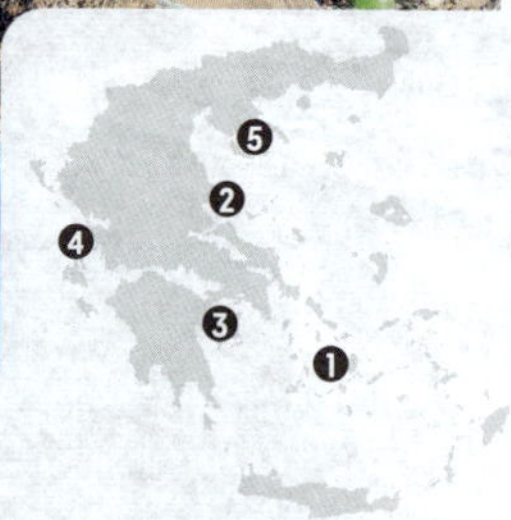

HINEIN INS NASS

Das kobaltblaue Meer und die nach Thymian duftenden Strände laden zu Erkundungen ein. Überall in Griechenland findest du, was du suchst: vom Kitesurfen auf den windgepeitschten Gewässern der Kykladen bis hin zu Kajakfahrten über versunkenen Ruinen. Landratten können sich für Radtouren oder Ausritte am Ufer entscheiden, und wer gern im offenen Meer schwimmt, hat schier unendliche Möglichkeiten.

Radfahren am Strand

Auf vielen Inseln kann man jetzt Fatbikes oder E-Bikes mieten, mit denen man ohne röhrenden Motor von Strand zu Strand düsen kann.

Lizenz zum Bootfahren

Es gibt unterschiedliche Regeln, ob man ein Boot nur mit oder auch ohne Bootsführerschein mieten kann. Wer einen hat, sollte ihn mitbringen, denn manche Anbieter sind sehr pingelig.

DIE BESTEN WASSER-ERLEBNISSE

Wind- oder Kitesurfen im windreichen Kanal zwischen **Paros** ❶ und Antiparos, oder mit dem Boot zwischen den beiden Inseln herumkurven. (S. 336)

Auf der **Halbinsel Pilion** ❷ durch Olivenhaine und zum Strand reiten und danach im Meer schwimmen. (S. 196)

Im Wasser über einer untergegangenen römischen Villa der **versunkenen Stadt von Epidauros** ❸ paddeln. (S. 135)

Auf Kefallonia und **Lefkada** ❹ entlang weißer Strände, die von einem überirdisch leuchtenden Meer umspült werden, Kajak fahren. (S. 550)

Mit dem Boot durch Chalkidikis **Diaporos** ❺, eine Ansammlung unbewohnter Inseln inmitten azurblauen Wassers. (S. 216)

PULSIERENDE METROPOLEN

Griechische Städte sind Anziehungspunkte für Menschen aus dem ganzen Land, die zum Arbeiten, Einkaufen und zum Vergnügen kommen. Die Städte sind dynamisch und sprühen vor Innovation, Kreativität, Leben, Restaurants und Partys – vom trendigen Athen mit seinen sagenhaften antiken Stätten über das elegante Thessaloniki mit seiner Architektur im osmanischen Stil bis hin zu Iraklio, der pulsierenden Hauptstadt Kretas.

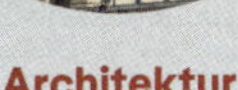

Architektur

Zur Faszination Griechenlands gehören seine gut erhaltenen Gebäude. Wer sich in den Städten umschaut, wird architektonische Stile entdecken, die von der Antike bis zum eleganten 21. Jh. reichen.

Nachtleben

Wenn die Sonne untergeht, schalten die griechischen Städte einen Gang zurück. Die Arbeit ist getan – und es ist Zeit, sich in Kaffeehäusern zu treffen, in Straßencafés einen Cocktail zu schlürfen oder in Nachtclubs zu feiern.

Kleidung

In der Stadt sind die Menschen oft herausgeputzt und die jüngeren Leute sehr trendy gekleidet, also ruhig ein paar elegantere Kleidungsstücke einpacken, vor allem für Bars und gehobene Restaurants.

DIE BESTEN STADTERLEBNISSE

In **Athen** ❶ gibt es Ruinen und Museen von Weltrang zu bestaunen, danach kann man Cocktails schlürfen und die Nacht durchfeiern. (S. 52)

In **Thessaloniki** ❷, der entspannten nordgriechischen Stadt am Meer, kannst du nach altem Schnickschnack stöbern und über imposante Plätze schlendern. (S. 206)

In **Chania** ❸ ist das ganze Jahr über Studentenleben angesagt, und der wunderschöne venezianische Hafen wird durch einige der besten Restaurants Griechenlands bereichert. (S. 360)

Das charmante **Napflio** ❹ auf dem Peloponnes mit seiner mit Festungen geschmückten Altstadt und den neu gestalteten Boutique-B&Bs ist ein echter Blickfang am Meer. (S. 130)

Byzantinische Festungen, neoklassizistische britische Gebäude aus dem 19. Jh., Arkaden im Pariser Stil und orthodoxe Kirchtürme warten in der **venezianischen Altstadt von Korfu** ❺. (S. 538)

AUF UND DAVON

Klapp das sprichwörtliche Verdeck runter und dann geht's ab auf die Straße – die herrliche Landschaft Griechenlands eignet sich hervorragend für Roadtrips. Überall gibt es atemberaubende Kurzstrecken, und auf dem Festland oder auf einer großen Insel wie Kreta lassen sich mühelos längere Runden drehen. Mach dich auf gute, aber enge Straßen und atemberaubende Ausblicke gefasst, die zum Anhalten und Staunen einladen.

Augen auf die Straße

In einigen Regionen ist die Beschilderung lückenhaft, und die Autofahrer:innen fahren mitunter mit unregelmäßiger Geschwindigkeit oder halten sich nicht an die Verkehrsregeln – also heißt es aufgepasst.

Insel-Hopping

In Griechenland ist es in der Regel günstiger und einfacher, Mietwagen auf jeder Insel separat zu mieten.

Karten downloaden

Am besten lädst du dir die Daten für das Gebiet, in dem du unterwegs sein willst, schon im Voraus mit einer Karten-App herunter, damit du nicht erst, wenn ud dich wirklich verfahren hast, feststellen musst, dass es kein Handysignal gibt.

DIE BESTEN ROAD-TRIP-ERLEBNISSE

Auf **Naxos** ❶ geht es in einer weitläufigen, dramatischen Landschaft von üppigen, quellenreichen Tälern zu antiken Marmorsteinbrüchen und herrlichen Dorftavernen. (S. 343)

In den Regionen Chania und Rethymno auf Kreta kann man auf malerischen Straßen faszinierende Bergorte wie die Dörfer von Innachorion und **Mastihohoria** ❷ besuchen. (S. 480)

Entlang der wellenförmigen Küstenlinie von **Monemvasia** ❸ bis zum Gerakas-Fjord auf dem Peloponnes gibt es spektakuläre Ausblicke. (S. 141)

Auf **Ios** ❹ lohnt es sich, bis zum Abend zu warten, wenn die Straßen auf den Berggipfeln die Farben des Sonnenuntergangs in alle Richtungen erstrahlen lassen. (S. 289)

Hoch hinaus geht es von **Tzoumerka** ❺ über Ioannina nach Zagoria, wo sich wunderschöne Wasserfälle, Hänge und Dörfer abwechseln. (S. 232)

Stadt Skyros (S. 525)

UNTER DEM RADAR

Griechenland ist zum Entdecken da, und zwar nicht nur die großen Namen. Vom ländlichen Raum bis zu den Bergdörfern warten jede Menge Geschichte, Kultur und Strände. Und wie bei vielen Destinationen gilt auch hier: Entfernt man sich ein paar Kilometer von den berühmten Sehenswürdigkeiten, ebbt der Andrang ab.

Die Einheimischen fragen

Einige der besten griechischen Ausflugsziele sind lokale Geheimtipps … am besten ist es, die Einheimischen danach zu fragen, wohin sie gerne gehen.

Aus der Zeit gefallen

Eine Möglichkeit, selbst die beliebtesten Orte wie abseits ausgetretener Pfade erscheinen zu lassen, ist ein Besuch außerhalb der Saison. Santorin im Winter zum Beispiel ist ein ganz anderes, spektakuläres Schauspiel.

DIE BESTEN ERLEBNISSE ABSEITS AUSGETRETENER PFADE

Genieße die Stille im beschaulichen **Sikinos** ❶ mit seinen antiken Ruinen und den Weinreben an den Berghängen. (S. 292)

Entdecke wenig bekannte Berge, Wanderwege und Wasserfälle auf der Karditsa-Seite von **Agrafa** ❷. (S. 191)

Hier kannst du nachempfinden, warum **Skyros** ❸ in der griechischen Mythologie das Versteck des jungen Achilles war. (S. 524)

Auf **Angistri** ❹, das nur 30 Minuten von Athens Hafen entfernt liegt, führen mit Pinien bewachsene Pfade zum türkisfarbenen Wasser. (S. 260)

Auf der charmanten, vergessenen ionischen Insel **Kythira** ❺ mit ihren üppigen Tälern, Schluchten und blumengesprenkelten Klippen, die steil ins Meer abfallen, lohnt es sich, länger zu verweilen. (S. 566)

STÄDTE & REGIONEN

Entdecke dein Sehnsuchtsziel.

Athen

ANTIKE STADT, NEU INTERPRETIERT FÜR DAS 21. JH.

Antik und modern, in gleichem Maße schäbig und anmutig – das quirlige Athen ist ein berauschender Mix aus Geschichte und Verwegenheit. Symbolträchtige Denkmäler treffen auf erstklassige Museen, lebhafte Cafés und Restaurants im Freien, es macht einfach Spaß. Nimm dir die Zeit, hinter die Kulissen zu blicken, und du wirst eine komplexe Metropole voller lebendiger Subkulturen entdecken.

S. 52

Ionische Inseln

DIE GRÜNSTEN INSELN GRIECHENLANDS

Die verträumten zypressen- und tannenbewachsenen Ionischen Inseln erstrecken sich entlang der Westküste Griechenlands von Korfu im Norden bis Kythira an der Südspitze der Peloponnes. Sie sind bergig, haben schöne, von Klippen gesäumte Strände, sanftes Licht und türkisfarbenes Wasser und sind eher italienisch geprägt, was sie von den anderen griechischen Inseln unterscheidet.

S. 532

Zentralgriechenland

UNESCO-WUNDER & BINNENGEBIRGE

Diese eindrucksvolle Landschaft mit tiefen Schluchten, zerklüfteten Bergen und fruchtbaren Tälern beherbergt die steinernen Klöster von Meteora und die berühmten Ruinen des antiken Delphi, wo Alexander der Große beim Orakel von Delphi Rat suchte. Naturfreunde, Wanderbegeisterte und Skifahrer:innen strömen in den Parnassos-Nationalpark.

S. 162

Peloponnes

BERGE, HERRLICHE KÜSTENLINIE & ALTE DÖRFER

Die Peloponnes bietet eine atemberaubende Vielfalt an Landschaften, Dörfern und Ruinen, in denen sich ein Großteil der griechischen Geschichte abgespielt hat. Hier befinden sich Olympia, der Geburtsort der Olympischen Spiele, und viele andere archäologische Stätten sowie die märchenhafte byzantinische Stadt Mystras. Zwei der denkwürdigsten Städte Griechenlands zieren seine Küsten: Nafplio im venezianischen Stil und das romantische Monemvasia.

S. 118

Saronische Inseln

HÄFEN & GESCHICHTE

Diese herrlichen Inseln liegen in unmittelbarer Nähe von Athen. Entweder macht man eine Inselhopping-Tour – von Ägina mit seinem Tempel auf dem Hügel zu den ruhigen Buchten von Angistri, dem pastellfarbenen Dorf Poros, dem autofreien Hafen von Hydra und dem charmanten, historischen Spetses – bevor man nach Piräus zurückkehrt, oder man fährt direkt weiter auf die Peloponnes.

S. 250

Nordgriechenland

BERGE & MAGIE

Nordgriechenland ist geprägt von prächtigen Bergen wie dem Olymp, dichten Wäldern, ruhigen Seen und historischen Sehenswürdigkeiten. Es ist einfach, die ausgetretenen Pfade zu verlassen und die für die Region typischen Aspekte Griechenlands zu erleben. Man flieht vor den Kirschenverkäufer:innen auf der Straße, riecht die Gewürze in der Luft und genießt die Brise am Wasser in Thessaloniki.

S. 200

Die Sporaden & Euböa

VERSTREUTE, FUNKELNDE INSELN

Euböa ist ein idealer Ausgangspunkt für die vier herrlichen, bergigen Sporaden, die sich südöstlich der Halbinsel Pilion erstrecken, mit der sie in prähistorischer Zeit verbunden wurden. Eine dichte Vegetation, umgeben von glasklarem Meer und einem spektakulären Meeresnationalpark, geht über in kleine Weinberge, Klöster auf den Hügeln und himmelhohe Gipfel.

S. 506

Nordostägäische Inseln

BEWEGTE GESCHICHTE & LÄNDLICHE IDYLLE

Diese unbekannten, weit verstreuten Inseln liegen in der nordöstlichen Ecke der Ägäis, näher an der Türkei als am griechischen Festland. Sie bestechen durch unberührte Landschaften und eine vielfältige, unabhängige Kultur und sind auch dann noch relativ ruhig, wenn andere griechische Inseln im Hochsommer von Tourist:innen überlaufen sind.

S. 458

Kykladen

STRÄNDE, ANMUT & KULTUR

Die Kykladen sind der Ort, an dem das griechische Leben am intensivsten und verführerischsten erscheint, wo sonnige Vergnügungen auf fesselnde Kultur treffen. Unzählige Inseln erheben sich aus der glitzernden Ägäis in einem groben kyklos (Kreis) um die Insel Delos. Ihre ockerfarbenen Hügel erstrahlen mit knochenweißen kubistischen Siedlungen und Kalksteinfelsen.

S. 274

Kreta

ATEMBERAUBENDE KÜSTEN, AUFRAGENDE BERGE, HISTORISCHE WUNDER

Kreta, die größte und südlichste Insel Griechenlands, wirkt wie ein eigenes Land. Die Insel wird von einer spektakulären Gebirgskette geteilt, die von weiten Schluchten durchzogen ist, und ist mit einzigartigen Dörfern gesprenkelt. Mit ihrer faszinierenden Landschaft, ihrer reichen kulturellen Identität und ihrer Küche ist sie ein wahres Paradies.

S. 354

Dodekanes

ENTLEGENE, PRÄCHTIGE INSELN

Jemals nach dem alten Griechenland gesehnt, wo man noch einen Hauch von authentischem Zauber spüren kann? Dann besuche die abgelegenen Dodekanes-Inseln. Sie bieten nicht nur eine große kulturelle Vielfalt, sondern auch eine Vielzahl antiker Stätten und historischer Dörfer, einige einsame Strände sowie die geschäftigen Städte Rhodos und Kos, die immer ein Besuchermagnet sind.

S. 398

BESTE REISEZEIT

Nach Griechenland kann man das ganze Jahr über reisen. Die Entscheidung, wann du hinfährst, hängt davon ab, worauf du Lust hast – Strände, antike Stätten, Bergwanderungen oder Stadtleben.

Für jedes Ziel eignet sich eine andere Jahreszeit. Wer auf die Inseln will, sollte wissen, dass sie um das griechisch-orthodoxe Osterfest (April/Mai) aus dem Winterschlaf erwachen und in den wärmeren Monaten auf Touren kommen, bis sie um den 15. August herum am vollsten sind. Einige Inseln klappen dann im September die Bordsteine hoch, während andere wie Mykonos, Santorin und Hydra sogar bis in den Oktober Saison haben. Die Nebensaison ist die beste Zeit, um Hitze und Menschenmassen zu entgehen. Sie ist auch ideal für Wanderungen. Der Winter ist gut für die Besichtigung antiker Stätten, denn dann kann man die Ruinen quasi alleine durchstreifen. Außerdem sind die Griechen dann in den Städten und arbeiten, so dass die Cafékultur und das Nachtleben Hochkonjunktur haben.

Kleines Budget?

Wenn möglich, sollte man in der Nebensaison reisen – im späten Frühjahr oder frühen Herbst. Das Wetter ist mild, die Besucherzahlen sind gering und die Preise um etwa 20% niedriger. Von November bis März sinken die Preise um bis zu 50%, aber viele Inselhotels und Restaurants sind dann zu.

LOCAL TIPP

SOMMER

Konstantinos Aloupis lebt in Rethymno und ist Miteigentümer von EcoEvents, einem Unternehmen, das Touren in abgelegene Bergdörfer und andere Aktivitäten zur Förderung der kretischen Kultur organisiert. @ecoevents_crete

Jedes Jahr im Juli und August wird Kreta zu einer einzigen Party. Der Höhepunkt dieser Saison ist Mariä Himmelfahrt am 15. August, wenn die meisten kretischen Dörfer riesige Feste veranstalten, mit Wein, traditionellen Gerichten und natürlich kretischer Live-Musik und Tanz für alle. Ich besuche gern die Dörfer in Amari oder Mylopotamos, denn dort finden die lebhaftesten *panigyria* (Festtage) statt, und das Essen dort ist unglaublich!

Little Venice (S. 325), Mykonos im Oktober

MELTEMI

Der *meltemi* (Nordwind) ist ein Sommerwind, der vorwiegend zwischen Juni und September von Norden her über die Ägäis fegt. Er wird hauptsächlich durch ein Tiefdruckgebiet über der Türkei und ein Hoch über dem Balkan verursacht.

Reisewetter

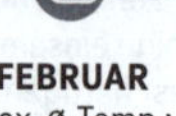

JANUAR	FEBRUAR	MÄRZ	APRIL	MAI	JUNI
Max. ø-Temp.: **13 °C**	Max. ø-Temp.: **14 °C**	Max. ø-Temp.: **16 °C**	Max. ø-Temp.: **20 °C**	Max. ø-Temp.: **25 °C**	Max. ø-Temp.: **29 °C**
Regentage: **5**	Regentage: **5**	Regentage: **4**	Regentage: **3**	Regentage: **2**	Regentage: **1**

WASSERTEMPERATUR

Strände wie aus dem Bilderbuch? Ja! Aber man sollte sich über die Temperaturen im Klaren sein: Die Badesaison beginnt in der Regel im Juni (durchschnittliche Wassertemperatur 23,6 °C), am wärmsten ist es im August (26,3 °C), und im Oktober (22,3 °C) wird normalerweise nicht mehr gebadet. Das kälteste Wasser für den „Eisbärensprung" gibt's im Februar (15°C).

Die großen Feste & Karnevalfeiern

Höhepunkt der Karnevalssaison ist ein wildes Wochenende mit Kostümparaden, Festwagen, Festessen und Tanz. Die größte Veranstaltung findet in Patra statt; auf Skyros (S. 525) treten Männer und ihre männlichen „Bräute" in Ziegenfellen auf. **Februar**

Der griechisch-orthodoxe Kalender ist prall gefüllt mit Festen und Namenstagen von Heiligen, aber das mit Abstand bedeutendste Fest ist Ostern. Auf Patmos wird die Osterwoche (S. 443) mit Feuerwerk, Tanz, Ziegenbraten und viel Ouzo gefeiert. **April oder Mai**

Das bedeutendste griechische Sommerfestival, das Athens & Epidauros-Festival (S. 136), bietet einheimische und internationale Musik, Tanz und Theater im antiken Odeon des Herodes Atticus auf der Athener Akropolis und im antiken Theater von Epidauros auf dem Peloponnes. **Juni bis August**

Während des jährlich stattfindenden Internationalen Filmfestivals von Thessaloniki (S. 209) werden an elf Tagen rund 150 Filme gezeigt, dazu kommen Konzerte, Ausstellungen, Vorträge und Theateraufführungen. **November**

Lokale Festivals

Während der Miaoulia entflammt Hydra (S. 263) zu Ehren von Admiral Miaoulis und der Beteiligung der Hydrioten am Unabhängigkeitskrieg. Das Fest bietet eine spektakuläre Bootsverbrennung, Feuerwerk, Bootsrennen und Volkstänze. **Juni**

Unter dem hellsten Mond des Jahres finden beim Mondfest im August an historischen Orten in Athen (S. 52) wie der Akropolis oder der römischen Agora kostenlose Theater-, Tanz- und Musikaufführungen statt. Das Festival wird auch in anderen Städten Griechenlands gefeiert; Details vor Ort. **August**

Eine der größten Partys der LGBTIQ+-Pride-Saison ist das einwöchige XLSIOR-Festival auf Mykonos (S. 325) mit Live-Musik und Open-Air-DJ-Sets. **August**

Das Weinfestival von Nemea (S. 137) widmet sich dem Wein aus der *agiorgitiko*-Traube und bietet Proben, Konzerte und mehr. **September**

LOCAL TIPP

HERBST

Autorin Efrosini Camatsos pendelt zwischen Athen und Lesbos, wo sie im Sommer mit dem britischen Künstler Tomas Watson Schreib- und Malworkshops veranstaltet. sigriartsretreat.com

Tiefrote Granatäpfel, blutorangefarbene Kakis, flauschige, gelbe Quitten prägen jetzt die Farben der Sonnenuntergänge. Die Olivenbäume neigen sich unter der Last ihrer Früchte und die Ölpressen arbeiten. Die Fischernetze füllen sich mit *barbounia* (Rotbarbe). Die Zugvögel machen hier auf ihrem Weg nach Süden Rast. Das Meer ist angenehm frisch; nach dem Schwimmen lockt mich die Sonne mit ihrer sanften Wärme. Das Licht ist grell und intensiv. Die Einheimischen, die die Hektik des Sommers hinter sich haben, genießen die Zeit draußen.

SCHNEE IN GRIECHENLAND?

Griechenland im Winter? Dann muss der Mantel mit. Im Norden – an Orten wie Epiros, Meteora, Thessaloniki und Makedonien – und auf den Gipfeln gibt es tatsächlich Schnee. Selbst Athen und die Inseln bekommen gelegentlich eine weiße Decke an.

JULI	AUGUST	SEPTEMBER	OKTOBER	NOVEMBER	DEZEMBER
Max. ø-Temp.: **32 °C**	Max. ø-Temp.: **32 °C**	Max. ø-Temp.: **28 °C**	Max. ø-Temp.: **23 °C**	Max. ø-Temp.: **18°C**	Max. ø-Temp.: **15°C**
Regentage: **0**	Regentage: **0**	Regentage: **0**	Regentage: **2**	Regentage: **6**	Regentage: **8**

TRIFF DIE EINHEIMISCHEN

Die Griechen beklagen sich gerne und viel, aber sie sind auch sehr fröhlich und genießen das Leben in vollen Zügen. Vangelis Koronakis stellt uns sein Volk vor.

TOURISMUS IST MITTLERWEILE der größte Wirtschaftszweig des Landes. Und die *philoxenia* (Gastfreundschaft) ist schon seit der Antike fest in der griechischen Psyche verankert. Die meisten Griechinnen und Griechen sehen Reisende als Gäste und nicht als Tourist:innen und tun alles, damit sie sich wohlfühlen.

Wer mit Einheimischen ausgeht, hat keine Chance, sich an der Rechnung zu beteiligen, und wenn sie Gäste bei sich aufnehmen, überlassen sie ihnen sogar das eigene Bett. Wir nennen das *filotimo,* wofür es keine genaue Übersetzung gibt, was aber soviel wie „Ehre, Würde und Stolz" bedeutet und eine der höchsten Tugenden der griechischen Gesellschaft ist.

Wenn es aber um das Ansehen in der Welt geht und hier vor allem nach der schweren Krise der letzten Jahrzehnte, sind die Griechinnen und Griechen sehr misstrauisch gegenüber anderen Ländern. Sie fühlen sich unverstanden und unfair behandelt – und verweisen schnell auf ihre große Vergangenheit und berühmten Vorfahren.

Die Wirtschaftskrise verursachte einen anhaltenden Geburtenrückgang und bedeutenden „Braindrain", da viele junge Leute auf der Suche nach einem besseren Leben das Land verließen. Damit ist das „demografische Problem" zu einem Topthema in der öffentlichen Diskussion geworden.

Gleichzeitig kamen Hunderttausende Geflüchtete ebenfalls auf der Suche nach einem besseren Leben ins Land, was auch zu hitzigen politischen Debatten führte.

Politik ist sowieso das Lieblingsthema im Land, da sich alle gerne zu ihrer politische Meinung und der der anderen äußern. Dabei wird sehr laut auch mit den Händen geredet, als ob wir uns heftig streiten würden (was wir aber nicht tun).

Die griechisch-orthodoxe Kirche ist sehr stark und allgegenwärtig in Staat und Gesellschaft. Obwohl die meisten Leute kaum in die Kirche gehen, werden die religiösen Gebräuche, Feiertage und Rituale streng befolgt.

Kinder werden oft nach den Großeltern benannt, und so gibt's in jeder Familie immer Cousins und Cousinen mit dem gleichen Vornamen. Mittlerweile geht der Trend jedoch zu antiken Namen. So sitzen in den Schulklassen nun immer öfter Achilles, Homer und Athena.

Die Familie ist sehr wichtig in Griechenland. Es ist durchaus üblich, dass längst erwachsene Kinder noch bei ihren Eltern leben. Ebenso ist es üblich, dass Großeltern von den Familien ihrer Kinder versorgt werden. Alles in allem haben die Griechen eine lange turbulente Geschichte hinter sich, doch sie haben alle Schwierigkeiten überwunden und ließen sich nicht davon abhalten, das Leben in ihrem wunderbaren, sonnigen Land zu genießen.

IM RÜCKWÄRTSGANG

Die Volkszählung von 2021 ergab, das die griechische Bevölkerung in den letzten 10 Jahren um 3,5 % auf 10,4 Mio. geschrumpft ist. Dieser Rückgang war nach 2011 schon der zweite in der Geschichte des Landes.

Im Uhrzeigersinn von oben links: Taverne in Vathy, Ithaka (S. 560); Frauen in Ano Koufonisi (S. 345); Fest in Kythnos (S. 311); Mädchen in einem Flüchtlingslager an der Grenze zu Nordmazedonien 2016

EIN ATHENER VOM LAND

Ich bin in Athen geboren und aufgewachsen und habe hier bis auf die Jahre meines Studiums und eines Jobs im Ausland immer gelebt. Mein Vater ist auf Kreta geboren, meine Mutter in Sterea Ellada. Wie so viele der Nachkriegsgeneration flohen sie aus ihrem zerstörten Dorf nach Athen, um sich hier ein neues Leben aufzubauen.

Wie meine Eltern, kamen nach dem Krieg Hunderttausende nach Athen, wo sie jede Arbeit annahmen, um sich ein neues Leben aufzubauen und ihre Kinder aufzuziehen. Damals wuchs die Stadt ins Unermessliche, und viele alte klassizistische Gebäude mussten den Wohnblocks für die Neuankömmlinge weichen.

Diese pflegten aber die Verbindungen zu ihren Geburtsorten, die sie regelmäßig besuchten. Deshalb haben die meisten Athener ein *horio* (Heimatdorf), in das sie an Feiertagen wie Ostern oder auch an einem Wochenende fahren und sich bei den Großeltern vom Stress der Großstadt erholen.

LINKS: NAPHAT_JORJEE/SHUTTERSTOCK © RECHTS: JOHN SPRINGER COLLECTION/GETTY IMAGES ©

BESTENS VORBEREITET AUF GRIECHENLAND

Nützliches zum Vorbereiten und Einstimmen.

Kleidung

Lagen: Im Sommer kann es in Griechenland brütend heiß werden, also sollte man leichte Kleidung, vorzugsweise aus Baumwolle, mitnehmen. T-Shirts, Bermudashorts, Badesachen und ein Hut sind unverzichtbar. Griechinnen und Griechen kleiden sich in der Regel leger, d. h. wenn man nicht zu einem eleganten Anlass, einer Hochzeit oder der Gartenparty der Botschaft eingeladen werden möchte, ist schicke Kleidung nicht erforderlich. Die Winter sind relativ mild, aber es kann auch regnen. Eine warme Jacke und eine Jeans sollten für Athen und die südliche Küste ausreichen, aber im Norden und in den Bergen sollte man auf bittere Kälte, Wind und Schnee vorbereitet sein.

Schuhe: Sandalen und Flip-Flops eignen sich für einen Stadtbummel, aber wer längere Spaziergänge plant, sollte bequeme Turnschuhe und Baumwollsocken einpacken. Stiefel sind nur notwendig, wenn man wandern möchte.

Etikette

Man sollte die Rettungsaktionen während der Wirtschaftskrise nicht erwähnen. Und kein Salz in die Wunde streuen.

Die griechisch-türkischen Beziehungen sind angespannt, und wer nicht generell freundlich gegenüber Griechenland eingestellt ist, sollte lieber über das Wetter sprechen.

Die Frage des Namens von Nordmazedonien ist offiziell geklärt, aber viele Griechinnen und Griechen haben sich noch nicht mit dem neuen Namen ihres Nachbarn abgefunden. Also nicht das „Nord" vergessen.

LESEN

Mani & Roumeli (Patrick Leigh Fermor; 1958 & 1966) Zwei Reiseklassiker von einem der besten Reiseschriftsteller aller Zeiten.

Austerity Measures (überarbeitet von Karen Van Dyck; 2016) Zeitgenössische griechische Poesie, inspiriert durch die Wirtschaftskrise.

Cartes Postales from Greece (Victoria Hislop; 2016) Ein liebevoller Blick auf das Land durch eine Sammlung von Kurzgeschichten.

Greeks Bearing Gifts (Philip Kerr; 2018) Hartgesottener Krimi, der vor mehr als 60 Jahren in Athen spielt.

Sprechen

Das griechische Alphabet mag abschreckend wirken, aber wenn man erst einmal weiß, wie jeder Buchstabe und einige Buchstabenkombinationen ausgesprochen werden, kann man Griechisch tatsächlich lesen.

Es ist nützlich zu wissen, dass die Buchstaben **ι**, **η** und **υ** sowie die Diphthonge **ει** und **οι** alle genau gleich ausgesprochen werden, und die Griechinnen und Griechen benutzen sie, um Personen aus anderen Ländern das Leben schwer zu machen! (Die Wahrheit ist, dass diese Vokale im Altgriechischen anders ausgesprochen wurden und nur in das moderne griechische Alphabet übernommen wurden.)

Die meisten Griechinnen und Griechen sprechen zumindest ein bisschen Englisch, und wenn nicht, versuchen sie, sich mit Gesten zu verständigen. Aber sie sind immer beeindruckt von Reisenden, die sich die Mühe machen, ein paar griechische Worte zu sagen.

Im Folgenden ein Grundwortschatz für den Einstieg:

Γεια σας / Γεια σου (ya·sas [höflich oder Mehrzahl]/ya·su [zwanglos]) „Hallo“ und „Auf Wiedersehen“ (oft nur „ya“) – wortwörtlich „auf die Gesundheit“.

Καλημέρα (ka·li·me·ra) „Guten Morgen“.

Ναι (nä) „Ja“; in der Regel gleichzeitig mit einem Kopfnicken, oder nur ein stummes Nicken.

Όχι (o·chi) „Nein“; in der Regel mit einem Kopfschütteln oder einem Anheben des Kopfes.

Ευχαριστώ (ef·cha·ri·sto) „Danke“.

Παρακαλώ (pa·ra·ka·lo) bedeutet „bitte“ und „gern geschehen“.

Με λένε... (me le·ne...) „Ich heiße...“

Δεν καταλαβαίνω (dhen ka·ta·la·vä·no) „Das verstehe ich nicht“.

Βοήθεια (vo·i·thia) „Hilfe“. Wie in jeder Sprache ist es ein Wort, das nur in Notfällen, bei Gefahr usw. verwendet wird.

ANSCHAUEN

Sonntags... nie! (Jules Dassin; 1960; Foto oben) Die Bemühungen eines Amerikaners, eine gutherzige Sexarbeiterin von ihrem Lebensstil abzubringen. Gewann den Oscar für die Titelmusik.

Summer Lovers (Randal Kleiser; 1982) Eine Ménage-à-trois im prächtigen Santorin der 1980er-Jahre, bevor die vielen Tourist:innen kamen. Ein echter „Postkartenfilm aus Griechenland“.

Im Rausch der Tiefe (Luc Besson; 1988) Wunderschöne Bilder von der Insel Amorgos und der Ägäis.

Die zwei Gesichter des Januars (Hossein Amini; 2014) Verfilmung des atmosphärischen Kriminalromans von Patricia Highsmith.

Die Durrells (2016–19) Eine Familie zieht 1935 von England nach Korfu, wo sie ein einfaches, aber erfülltes Leben führt. Basierend auf den Memoiren von Gerald Durrell.

REINHÖREN

Gioconda's Smile (Manos Hadjidakis; 1965) Ein zeitloses instrumentales Meisterwerk von einem der größten griechischen Komponisten aller Zeiten.

Greece Goes Modern (Mimis Plessas; 1967) Traditionelle Lieder aus ganz Griechenland, dargeboten in einem wunderbaren Jazz- und Bossa-Nova-Stil.

Metro (Lex; 2022) Stadionfüllender griechischer Hip-Hop mit starken sozialen und politischen Botschaften.

Anime (Fivos Delivorias; 2022) Einer der angesagtesten Stars in der aktuellen griechischen Musikszene.

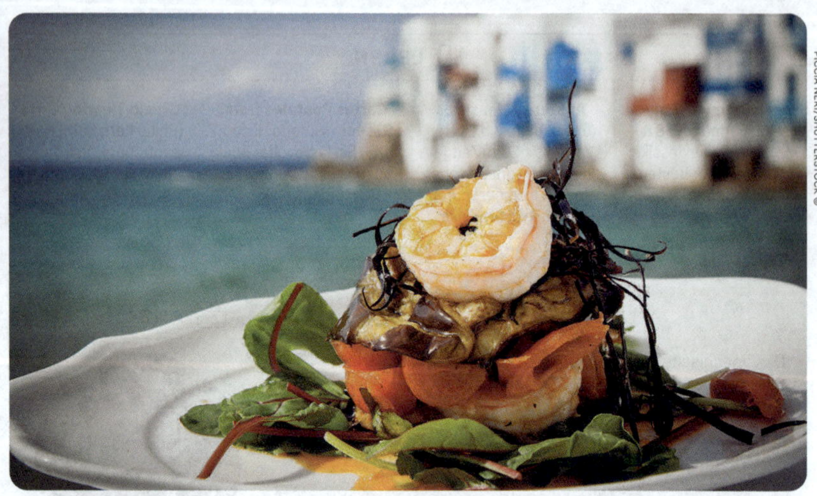

PICCIA NERI/SHUTTERSTOCK ©

Gericht mit Garnelen und Auberginen, Mykonos

ESSEN WIE DIE LOCALS

Die griechische Küche ist in der ganzen Welt für ihre leckeren, herzhaften Gerichte mit einfachen, aber hochwertigen Zutaten bekannt.

Die Griechinnen und Griechen lieben es, auswärts zu essen und mit der Familie und Freunden (erstaunlich große) Mahlzeiten in geselliger Runde zu teilen. Egal, ob man an einer Uferpromenade frischen Fisch genießt oder unterhalb der Akropolis moderne griechische Küche probiert, beim Essen geht's hier nie nur um das, was auf den Teller kommt, sondern um ein Erlebnis für alle Sinne.

Essen ohne jede Eile ist ein wesentlicher Bestandteil der griechischen Kultur, denn der Tisch ist der Mittelpunkt vieler altehrwürdiger gesellschaftlicher und familiärer Rituale und Traditionen. Und obwohl die Rezepte des Landes in Tausenden von griechischen Restaurants in allen Städten der Welt genossen werden können, sind die Lage und das Ambiente der Restaurants in Griechenland die besonderen Zutaten, die das Essen hier zu etwas Unvergesslichem machen.

Am besten tut man es den Einheimischen gleich und geht direkt zur Quelle – und genießt z. B. frischen Fisch in Fischereidörfern oder in Bergdörfern gegrilltes Lamm, saftiges Schweinefleisch und Bio-Huhn. Und man sollte jenen Tavernen den Vorzug geben, die ihr eigenes Gemüse anbauen sowie ihren eigenen Wein und ihr eigenes Öl produzieren – und wo die Rezepte von Generation zu Generation weitergegeben werden.

Die griechische Küche

Die Seele der traditionellen griechischen Küche liegt in den saisontypischen heimischen Zutaten. Gewürzt wird schlicht: Zitronensaft, Knoblauch, stechender griechischer Orega-

Unbedingt probieren!

BAKLAVA
Mit Honig getränkter Blätterteig, gefüllt mit fein gehackten Nüssen.

MOUSSAKA
Köstliche Schichten aus Auberginen, Käsesauce, Hackfleisch und Kartoffeln.

CHORIATIKI
Der klassische griechische Salat mit Feta, Gurken, Tomaten, Oliven und Zwiebeln.

SPANAKOPITA
Spinat im Blätterteig.

no und natives Olivenöl sind die wichtigsten Geschmacksgeber, neben Tomaten, Petersilie, Dill, Zimt und Milchprodukten wie dem berühmten dicken Joghurt.

Mayirefta & Grillfleisch

Mayirefta sind deftige Auflauf- oder Eintopfgerichte. Sie werden vorgegart und zum Abkühlen stehen gelassen, damit die Aromen durchziehen. Bekannte *mayirefta* sind *mousaka* (Aubergine, Hackfleisch, Käse), *yemista* (mit Reis und Kräutern gefülltes Gemüse), *lemonato* (Fleisch mit Zitrone und Oregano) und *stifadho* (Schmorfleisch mit Tomaten und Zwiebeln).

Die Griechinnen und Griechen sind Meister in der Zubereitung von gegrilltem Fleisch. *Souvlaki*, eine Art Nationalgericht, gibt es in vielen Varianten, als Grillspießchen oder im Pita-Brot. Ebenfalls beliebt sind vom Drehspieß geschnittenes *gyros* (aus Schweinefleisch oder Huhn), *païdakia* (Lammkoteletts) und *brizoles* (Schweinekoteletts).

Fisch & Seafood

Fisch wird oft im Ganzen gegrillt und mit *ladolemono* (Zitronen-Öl-Dressing) beträufelt. Kleinere Fische wie *barbounia* (Rotbarbe) oder *marida* (Pikarel) werden gebraten. *Chtapódi* (Oktopus) wird gegrillt, mariniert oder in Weinsauce geschmort. Beliebt sind auch *soupies* (Tintenfisch), Kalmar mit Kräuter-Käse-Füllung und *psarosoupa* (Fischsuppe). Am besten isst man in Tavernen, die von einheimischen Fischersfamilien geführt werden.

Mezedes & Salate

Mezedes werden oft auf Häppchentellern zum Teilen gereicht. Klassiker sind z. B. *tsatsiki* (Joghurt mit Gurke und Knoblauch), *melitzanosalata* (Aubergine), *taramasalata* (Fischrogen) und *saganaki* (gebratener Käse). Auch lecker: *keftedes* (Fleischbällchen), *loukaniko* (Schweinewurst), gegrillte *gavros* (Sardellen) und *dolmades* (mit Reis gefüllte Weinblätter).

Der bekannteste griechische Salat ist der *choriatiki* (oder „Bauernsalat"). Er besteht aus Tomaten, Gurken, Zwiebeln, Feta und Oliven, wird aber oft auch mit heimischen Kräutern, Paprika, Kapern oder Nüssen garniert. Statt Feta können auch regionale Käsesorten verwendet werden. Beliebt ist auch *patzarosalata*, ein Rote-Bete-Salat mit Joghurtdressing, Walnüssen und Kräutern.

GEORGE TSITOURAS PHOTOS/SHUTTERSTOCK ©

KULINARISCHE FESTE & EVENTS

Athens Street Food Festival (athensstreetfoodfestival.gr; Mai) Das alte OSY-Depot verwandelt sich für dieses sehr beliebte Streetfood-Fest (s. Bild) in einen riesigen Food Court.

Cycladic Gastronomy Festival „Nikolaos Tselementes" (Sept.) Das dreitägige Fest in Artemonas auf Sifnos ist nach einem einflussreichen modernen griechischen Kochbuchautor benannt.

Fistiki Fest (fistikifest.gr; Sept.) Dieses Fest regionaler Zutaten, einschließlich der Pistazie (*fistiki* auf Griechisch), findet auf der Insel Ägina statt.

Great Days of Nemea (Sept.) feiern die Weinberge der Region Nemea, wobei der Schwerpunkt auf der Rebsorte Agiorgitiko liegt.

Pelion Gastronomy Festival (peliongastronomy.gr; Okt.) Hier treffen sich Produzierende, Köchinnen und Köche und sogar der eine oder andere Mönch.

Stafylofest (Sept.) Glossa auf Skopelos feiert jedes Jahr mit dem „Weinlesefest" die Reben und die Weinherstellung.

LOUKOUMADES
Kugelförmige Krapfen, die in Honig getaucht und mit Zimt oder Nüssen bestreut werden.

KOLOKITHOKEFTEDES
Puffer aus geriebener Zucchini, Feta und frischen Kräutern.

SOUVLAKI
Am Spieß gegrillte Schweinefleischstückchen, pur oder auf Pita-Brot.

DOLMADES
Entweder gefüllte Weinblätter oder anderes Gemüse (ebenfalls gefüllt).

Vegetarisch & Vegan

Wer sich vegetarisch/vegan ernährt, wird hier bestens versorgt, da Gemüse in der griechischen Küche eine wichtige Rolle spielt – ein Vermächtnis magerer Zeiten und der orthodoxen Fastentradition. Gerade bei traditionellen Restaurants stehen mehr vegetarische Angebote auf der Karte, weil sie die Fastenregeln beachten. In der Fastenzeit sind diese Lokale eine Fundgrube für alle Fans der veganen und/oder vegetarischen Küche.

Beliebte Gemüsegerichte sind *fasolakia yiahni* (grüne Bohnen in Tomatensauce), *bamies* (Okra), *briam* (Gemüseauflauf) und *dolmades* (gefüllte Weinblätter). Von den nährstoffreichen *chorta* (Wildgemüse) ist *vlita* (Amaranth; siehe Bild) das zarteste; viel verwendet werden auch wilder Rettich, Löwenzahn, Brennnessel und Sauerampfer. Man sollte nachfragen, um sicherzustellen, dass das Gemüse nicht in einer Fleischbrühe zubereitet wurde.

KOCHKURSE

Diane Kochilas (dianekochilas.com) Die Moderatorin der US-amerikanischen PBS-Sendung *My Greek Table* bietet von Mai bis September einwöchige Kurse auf der Insel ihrer Vorfahren, Ikaria, sowie kulinarische Touren nach Athen, Nemea und Nafplio.

Kea Artisanal (aglaiakremezi.com/kea-artisanal) Aglaia Kremezi und ihre Freund:innen öffnen für Kochworkshops ihre Küchen und Gärten auf der Insel Kea.

Crete's Culinary Sanctuaries (cookingincrete.com) Die griechisch-amerikanische Journalistin Nikki Rose kombiniert Kochkurse, Touren zu Bio-Bauernhöfen und Kultur-Ausflüge auf Kreta.

The Greek Kitchen (greekkitchenathens.com) bietet halbtägige Kochkurse in Athen sowie kulinarische Touren über den Hauptmarkt der Stadt.

Weitere Kurse werden von **Alternative Athens** (alternativeathens.com), **FindinGreece** (findingreece.com) auf Amorgos, **Pelion Gastronomy** (peliongastronomy.gr) in der Nähe von Volos, **Rodialos** (rodialos.gr) auf Kreta und **Sifnos Farm Narlis** (sifnos-farm-narlis.com) auf Sifnos angeboten.

Festessen

Zu religiösen und kulturellen Festen gehört in Griechenland ein Festmahl – viele davon mit eigenen kulinarischen Traditionen.

Der 40-tägigen Fastenzeit vor Ostern sind die *nistisima* zu verdanken, Gerichte ohne Fleisch und Milchprodukte (und strenggenommen Öl). Zu den Süßwaren zählt *halva*, in der makedonischen Version aus Tahini oder als Grießspeise zum Nachtisch.

Rot gefärbte Ostereier zieren den *tsoureki*, einen Hefekranz, der mit *machlepi* (gemahlene Kerne der Felsenkirsche) und Mastix (Baumharz der Wilden Pistazie) aromatisiert wird. Samstagabends, nach der Auferstehungsmesse, gibt es *mayiritsa* (Suppe mit Innereien). Am Ostersonntag werden überall ganze Lämmer am Spieß gebraten.

Eine Tradition zu Silvester ist *vasilopita* – Neujahrskuchen; das „süße Brot des Hl. Basilius" –, der mit süßen Aromen wie Orange, Vanille und Mastix zubereitet und um Mitternacht angeschnitten wird. Wer die eingebackene Münze findet, kann Glück erwarten.

Lokale Spezialitäten

Für ein wunderbares griechisches Picknick sollte man sich im Feinkostladen, auf dem Markt oder an einem Straßenstand mit folgenden Zutaten eindecken:

Brot & Backwaren

Daktyla Herzhaftes Mischbrot aus Maismehl, normalem Mehl und Vollkornmehl.

Elenia Mit entsteinten Oliven gefüllt – eine Spezialität der Insel Kimolos.

Koulouri Hefekringel, die mit Sesam bestreut und gebacken werden. Beliebtes Streetfood.

Paximadi Zweimal gebackener Zwieback, traditionell aus Gerste hergestellt. Gibt's in herzhafter und süßer Variante.

Bougatsa Gebäck mit süßen oder herzhaften Füllungen wie Sahne und Zimt, Käse oder Hackfleisch und Spinat.

Tyropita Blätterteiggebäck, das mit einer Mischung aus Käse und Eiern gefüllt ist.

Dips

Tzatziki Ein cremiger, erfrischender Dip aus Gurken, Knoblauch und Joghurt.

Skordalia Zerdrückter Knoblauch gemischt mit pürierten Kartoffeln oder Brot.

Melidzanosalata Auberginen-Dip, ähnlich wie Baba Ganoush, aber einfacher und cremiger in der Konsistenz.

Tirokafteri Pikanter Dip aus Feta und roter Paprika.

Feta und Olivenöl

Fava Püree aus gelben Spalterbsen.

Käsesorten

Feta Hergestellt aus Schafsmilch oder einer Mischung aus Schafs- und Ziegenmilch.

Graviera Ein nussiger, milder Gruyère-ähnlicher Schafskäse.

Kaseri Halbharter bis harter Käse aus Thessalien, Makedonien, Lesbos oder Xanthi.

Myzithra Ricotta-ähnlicher Molkenkäse.

Süßes

Kataïfi „Engelshaar"-Teig mit Nussfüllung.

Ryzogalo Milchreis.

Galaktoboureko Grießpudding in Filoteig.

Glyka tou koutaliou „Löffelsüßes"; in Sirup eingemachtes Obst.

GESCHMACKSERLEBNISSE

Argoura (S. 104) Diese Taverne in Athen sieht zwar aus wie die Kulisse eines Hollywood-Inselabenteuers, serviert aber mit das beste Seafood der Stadt.

Avaton 1739 (S. 341) Das Restaurant liegt auf dem *kastro* von Hora auf Naxos – perfekt für Cocktails bei Sonnenuntergang. Einfallsreiche Küche.

Dimitroukas (S. 179) Taverne in Messolongi, in der Frischfang wie saftiger Aal auf dem Holzofengrill zubereitet wird.

Mourga (S. 211) Ein Kleinod in Thessaloniki mit ausgezeichneter Auswahl an griechischen Weinen.

4 Rodies (S. 407) Einheimisches, familiengeführtes Restaurant in Rhodos-Stadt.

Tereza (S. 321) Benannt nach jener Köchin, die seit Jahrzehnten in Myrsini auf Tinos hervorragende Gerichte zubereitet.

SAISONALE KÜCHE

FRÜHJAHR

Artischocken und anderes Frischgemüse gibt's in Hülle und Fülle; die Käseherstellung kommt auf Touren. Ostern wird mit *tsoureki* (mit Steinweichselkernen und Mastix aromatisierter Hefekranz), roten Ostereiern und Lammbraten gefeiert.

SOMMER

Die Marktstände strotzen vor Wassermelonen, Kirschen und anderem Obst. Im August feiert Skala Kallonis auf Lesbos sein Sardinenfest und Leonidion auf dem Peloponnes sein Auberginenfest.

HERBST

Die Zeit, um Nüsse und Feigen zu ernten und Raki (kretisches Feuerwasser) zu brennen. Die Pistazienindustrie von Ägina feiert das Fistiki-Fest. Im November wird Olivenöl gepresst; Voukolies und kretische Dörfer veranstalten Raki- und Tsikoudia-Feste.

WINTER

Die Olivenernte erreicht ihren Höhepunkt. Zum weihnachtlichen Fastenbrechen gibt es Honigplätzchen. Am Neujahrstag wird der Neujahrskuchen *vasilopita* geteilt.

REISEROUTEN

Von Insel zu Insel

Dauer: 9 Tage **Strecke:** 570 km

Wer zum ersten Mal in Griechenland und auf der Suche nach Insel-Highlights ist, findet hier eine Reihe der interessantesten Inseln des Landes mit den schönsten Stränden, mit Kulturhöhepunkten und charakteristischem Dorfleben. Das Hüpfen von Insel zu Insel erlaubt ein Erlebnis ganz nach eigenen Wünschen, und ein Abstecher hier und dort sorgt für noch mehr Spaß.

Mykonos (S. 323)

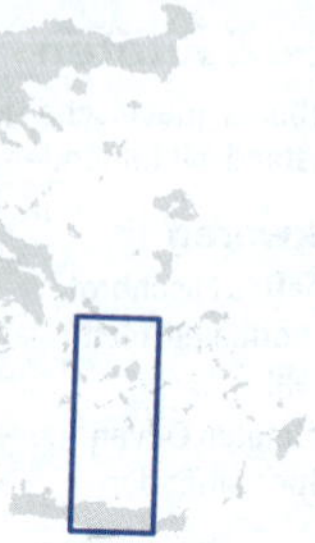

LINKS: IZABELA23/SHUTTERSTOCK © RECHTS: NEL27/SHUTTERSTOCK ©

1

MYKONOS 2 TAGE

Man fliegt ins schicke **Mykonos** (S. 323) oder nimmt eine Fähre vom Festland, um einen Eindruck von den modischen Bars und den bei den Massen beliebten Stränden zu gewinnen. Das ist eine Insel, um zu sehen und sich sehen zu lassen, ideal für Gesellige und Fans von Action.

1½ Std.

***Abstecher:** Archäologie- und Geschichtsinteressierte planen einen Besuch der heiligen Insel **Delos** (S. 330) wegen ihrer faszinierenden Tempelruinen mit dem Schatzhaus des Attischen Seebunds ein. 5 Std.*

2

NAXOS 2 TAGE

Naxos (S. 340) ist eine der abwechslungsreichsten Inseln und bietet alles, von schroffen Gipfeln bis hin zu Bergdörfern, antiken Ruinen und Stränden mit feinem Sand. Die Insel ist nur eine kurze Fährfahrt von Mykonos entfernt, man kann aber, wenn man die Partyinsel auslässt, auch von Athen herfliegen. Wohnen kann man entweder in Naxos (Chora) mit seinen Gassen, Restaurants und den Festungen oder am Strand. Um mehr zu sehen, mietet man einen fahrbaren Untersatz.

3½ Std.

Andros
Ägäis
Tinos
Chora (Tinos)
START
Ermoupoli
30 Min.
1 Mykonos
Delos
Syros
1¼ Std.
Naxos
Paros
Parikia
2 Naxos
Antiparos
3½ Std.
Sifnos
Ios
Amorgos
Sikinos
Folegandros 3
1 Std.
Fira
4 Santorin
Anafi
Ägäis
3 Std.
Kretisches Meer
Iraklio
5 Kreta
ZIEL
Agios Nikolaos
Agia Galini
0 20 km

FOLEGANDROS ⏱ 1 TAG

Wer eine kleinere Insel schätzt, ist auf **Folegandros** (S. 294) richtig. Die Insel, die nur einen Hauptort besitzt, der dramatisch über den Klippen thront, ist ideal zum Wandern und für Ruhesuchende. Manche Buchten und Strände sind nur zu Fuß oder per Boot erreichbar. Am Ende des Tages füllt sich das Dorf mit Besuchern, die über die mit baumbestandenen Plätze schlendern oder erstklassige, italienisch beeinflusste Pasta essen.

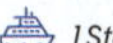 *1 Std.*

ZEBRA-STUDIO/SHUTTERSTOCK ©

4

SANTORIN ⏱ 2 TAGE

Die Fähre bringt einen ins spektakuläre **Santorin** (S. 280), wo man inmitten einer vulkanischen Caldera voller funkelndem Wasser und weiß getünchten Dörfern ehrfürchtig staunt. Die Insel ist von Mai bis Oktober überfüllt, aber die Weinberge, antiken Ruinen und der Blick in den Sonnenuntergang sind der Stoff, aus dem Träume sind.

 *3 Std.*

KRETA ⏱ 2 TAGE

Kreta (S. 355), Griechenlands größte Insel, eignet sich zum Abschluss einer Inseltour, ist aber auch als alleiniges Ziel super. Man kann Iraklio erkunden, das umliegende Weinland oder den Palast von Knossos, außerdem warten das venezianisch geprägte Rethymno und das bezaubernde Chania, eine hübsche Hafenstadt voller Leben. Man sollte auch Zeit einplanen für die tollen Strände im Westen und Süden, z.B. Elafonisi, oder für eine Schluchten-Wanderung.

SERGII FIGURNYI/SHUTTERSTOCK ©

Klosterinneres, Meteora

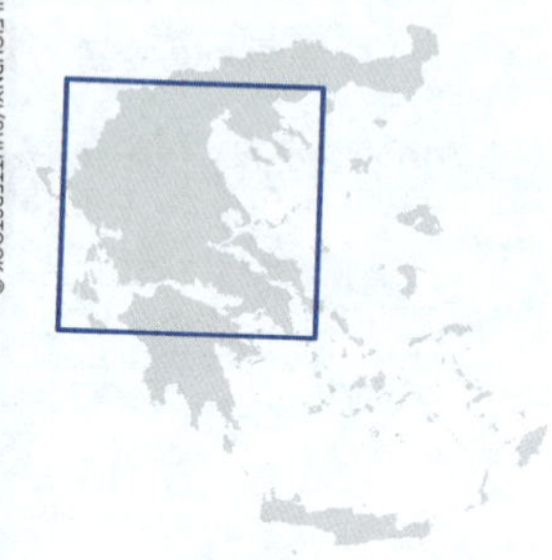

REISEROUTEN

Antike Highlights

Dauer: 8 Tage **Strecke:** 900 km

Die intensive Kulturreise bringt einem Griechenlands antike Stätten und seine faszinierende Geschichte näher. Man folgt den Spuren von der Antike bis hin zu moderneren Zeiten und bewundert unterwegs schöne Landschaften. Am besten klappt es mit dem eigenen Fahrzeug. Ein paar Tage mehr zum Wandern oder zum Relaxen im Schatten einplanen!

1

ATHEN 2 TAGE

Los geht's in der Hauptstadt **Athen** (S. 52) mit dem Besuch großartiger antiker Stätten, von der Akropolis und der antiken Agora bis hin zur Römischen Agora und dem Philopappos-Hügel. Man schaut sich Museen von Weltklasse an, stöbert auf Märkten herum, erkundet die zeitgenössische Kunstszene sowie preisgekrönte Restaurants oder feiert noch ein wenig, ehe man ins Hinterland aufbricht.

3 Std.

2

DELPHI 1 TAG

Mit dem Auto geht's früh Richtung Nordwesten ins antike **Delphi** (S. 168), wo einst das geheimnisvolle Orakel von Delphi seinen Sitz hatte. Der Morgen ist hier eine magische Stunde, wenn die Sonnenstrahlen auf das Heiligtum der Athena Pronaia treffen. Beim Blick hinaus auf den Golf von Korinth begreift man schnell, warum die alten Griechen diesen Ort zum Zentrum ihrer Welt erkoren.

4 Std.

3

IOANNINA 1 TAG

Nach einer schier endlosen Folge von Tunneln gelangt man auf der Egnatia Odos (A2) ins raue Epirus, das Land des Pindos und der hübschen, an einem See gelegenen Stadt **Ioannina** (S. 226). Dort kann man herumspazieren, die von Ali Pascha restaurierte Festung besichtigen und die Architektur aus osmanischer Zeit bewundern. Den Besuch lohnt auch die autofreie Insel im See samt Kloster.

45 Min.

VON LINKS: SVEN HANSCHE, DFLC PRINTS, KOSTASGR/SHUTTERSTOCK ©

ZIEL
0 60 km
ALBANIEN
Edessa
Giannitsa
Florina
Kotas
Naoussa
Alexandria
6 Thessaloniki
Veria
Kastoria
Ptolemaïda
Kozani
3 Std.
Katerini
Litohoro
Mertziani
Konitsa
Grevena
Zagorohoria
2½ Std.
4 45 Min.
5 Meteora
Tirnavos
Ioannina 3
Kalambaka
Larissa
Ägäis
Igoumenitsa
Trikala
Volos
Karditsa
Parga
Skiathos-Stadt
Arta
GRIECHENLAND
Preveza
Lamia
Isteia
Karpenisi
Lefkada-Stadt
4 Std.
Agios Konstantinos
Mytikas
Kymi
Agrinio
Delphi
Ionisches Meer
Astakos
Chalkida
Fiskardo
2
Nafpaktos
Galaxidi
3 Std.
Assos
Messolongi
Livadia
Thiva
START
Sami
Egio
Diakofto
Patras
Argostoli
Derveni
Xyiokastro
Perahora
1 ATHEN
Loutraki
Agios Nikolaos
Zakynthos-Stadt
Kyllini
Kalavryta
Korinth
Piräus
Lavrio
Amaliada

4

ZAGOROCHORIA 1 TAG

Ein Tagesausflug (oder bei mehr Zeit ein Ausflug mit Übernachtung) führt in die **Zagorochoria** (S. 236), eine wundervolle Region mit Dörfern aus Schiefer und Stein an den Rändern von Europas tiefster Schlucht, der Vikos-Schlucht. Die Luft ist klar und kühl und die Aussicht hinreißend. Man kann die Gegend beim Wandern oder Mountainbiken erkunden oder macht es sich in einem der rustikalen B&Bs am Feuer gemütlich.

2½ Std.

5

METEORA 1 TAG

Das prächtige **Meteora** (S. 186) macht einen sprachlos. Hohe Felspfeiler ragen gen Himmel, auf deren Spitzen thront eine Reihe von Klöstern, die einst Mönchen, die der Verfolgung entgehen wollten, Zuflucht gewährten. Die Strickleitern, mit denen die Mönche einst nach oben gelangten, sind längst durch in den Fels gehauene Stufen ersetzt. Sechs der 24 Klöster sind für Besucher geöffnet.

3 Std.

6

THESSALONIKI 2 TAGE

Man kann entweder längs der Küste vorbei an den sagenumwobenen Hängen des Olymps, Griechenlands höchstem Gipfel, ins kultivierte, am Meer liegende **Thessaloniki** (S. 206) fahren oder durch das Hinterland über die Königsgräber von Vergina, wo man in makedonische Begräbnisstätten hinabsteigt. Am Ende lockt so und so Thessaloniki mit seiner munteren Kunstszene, wo man Kaffee trinkt, stilvoll diniert und Süßes nascht.

3 Std.

AUMI755/SHUTTERSTOCK ©

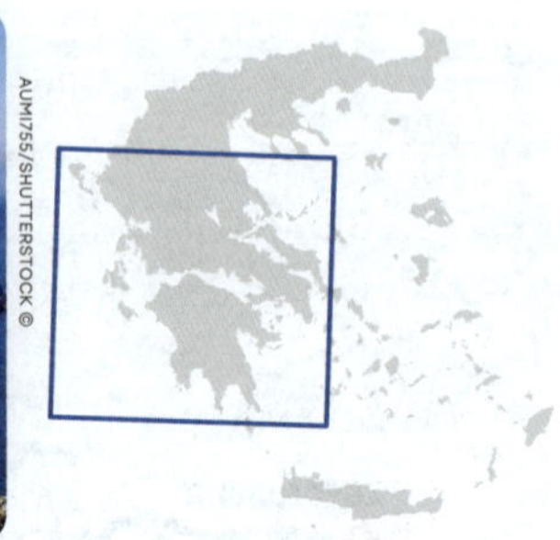

Peloponnes

REISEROUTEN

Ionische Inseln & Peloponnes

Dauer: 9 Tage Strecke: 700 km

Für alle, die eine Vorliebe für das Inselleben, schöne mittelalterliche Städte, antike Sehenswürdigkeiten und eine spektakuläre Landschaft haben, sind die Ionischen Inseln samt Peloponnes genau das Richtige. Unterwegs genießt man auf den Inseln die griechisch-italienische Küche, die Strände und die Outdoor-Aktivitäten.

VON LINKS: BALATE DORIN, ANDRIJ VATSYK, DALIU/SHUTTERSTOCK ©

1

KORFU 2 TAGE

Die Reise beginnt mit einigen Tagen auf **Korfu** (S. 538). Man schlendert durch die Altstadt, wo man den MIx aus italienischer, französischer und britischer Architektur bewundert, genießt die Gourmetküche, erkundet malerische Küstendörfer und faulenzt am Strand. Korfu ist auch toll zum Windsurfen und Radeln.

5¾ Std.

 ***Abstecher:** Übernachten im schönen **Paxi** (S. 547). 1 Tag oder mehr*

2

LEFKADA 1 TAG

Im charmanten Hauptort Lefkada lässt sich gut ein Tag zubringen, man kann aber auch ein Dorf im gebirgigen Inselinneren besuchen, um in Tavernen zu speisen. Die eigentlichen Highlights von **Lefkada** (S. 550) sind aber die gigantischen Strände an der Westküste. Die weißen Kiesel, die sich bis zum azurblauen Meer erstrecken, sind schön anzusehen. Wenn möglich, sollte man eine Weile bleiben.

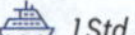 *1 Std.*

3

KEFALONIA 2 TAGE

Eine kurze Fährfahrt führt zum wilden **Kefalonia** (S. 554). Nach dem Besuch des malerischen Hafens Fiskardo geht's gen Süden zum Kajakfahren zwischen Stränden, die von der leuchtenden See umspült werden, zum Tauchen im kristallklarem, fischreichem Wasser, zur Erkundung hübscher, von Wein und Oliven umgebener Dörfer und zum Wandern auf Berge, die gen Himmel streben.

2 Std., anschließend Fahrt 1 Std.

4

ANTIKES OLYMPIA ⏱ 1 TAG

Mit der Fähre gelangt man zur peloponnesischen Hafenstadt Kyllini und von dort ins Binnenland zum **antiken Olympia** (S. 144), wo man in jenem Stadion stehen kann, in dem die ersten Olympischen Spiele stattfanden. Die olympische Flamme für die modernen Spiele wird auch heute noch hier entzündet. Man kann im Ort übernachten, um ausreichend Zeit für die Meisterwerke in den ausgezeichneten Museen vor Ort zu haben.

🚗 *2½ Std.*

5

MYSTRAS & MYKENE ⏱ 1 TAG

Eine Fahrt gen Süden führt zu den faszinierenden Ruinen von **Mystras** (S. 154). Die befestigte Stadt war die letzte Hochburg des Byzantinischen Reichs. Hier befand sich zwei Jahrhunderte lang ein Hof der kaiserlichen Familie. Der Besuch lässt sich mit dem der Zitadelle des **antiken Mykene** (S. 128) und dem mächtigen, bienenkorbförmigen Grabmal (auch als Schatzhaus des Atreus bekannt) verbinden.

🚗 *2 Std.*

6

NAFPLIO ⏱ 2 TAGE

Als perfekter Schlusspunkt dieser Reise lockt das anmutige **Nafplio** (S. 130) mit seinen Häusern aus venezianischer Zeit, interessanten Museen, einem belebten Hafen und munteren Cafés. Der Ort ist für romantisch Veranlagte wie für Familien gleichermaßen ideal.

***Abstecher:** Ab Nafplio locken leichte Tagesausflüge zur eindrucksvollen Akropolis von Tiryns und zum antiken Theater von **Epidauros** (S. 135), wo Aufführungen klassischer Stücke unter dem Sternenhimmel zu sehen sind.* ⏱ *4 Std.*

GIMAS/SHUTTERSTOCK ©

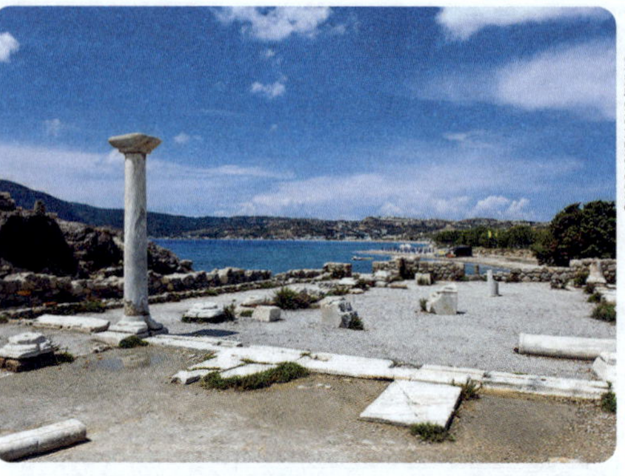

Ruinen, Kefalos-Halbinsel (S. 428), Kos

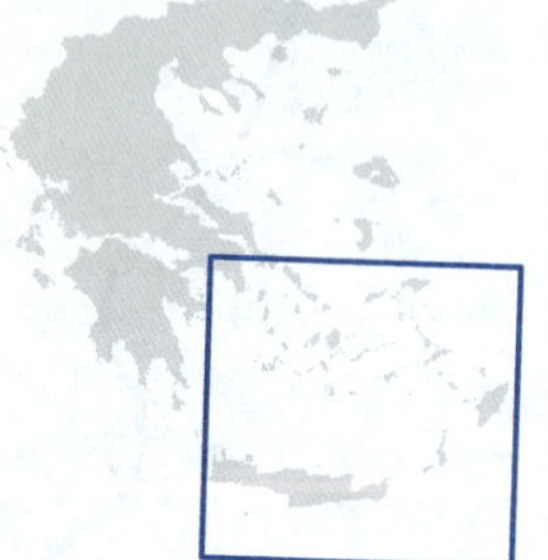

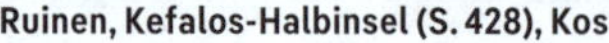

REISEROUTEN

Kreta & Dodekanes

Dauer: 7 Tage Strecke: 1000 km

Kreta bietet mit seinen vielen Facetten eine immense Bandbreite an Erlebnissen, entspannte Strände und eindrucksvolle Sehenswürdigkeiten. Unterwegs kann man zudem die vielfältige Küche der Insel kennenlernen. Ein kurzer Flug bringt einen zum Dodekanes mit seiner reichen Kultur. Katamarane machen es leicht, von einer Insel zur nächsten zu gelangen.

VON LINKS: DMITRY MORGAN, SIMON DANNHAUER, LEOKS/SHUTTERSTOCK ©

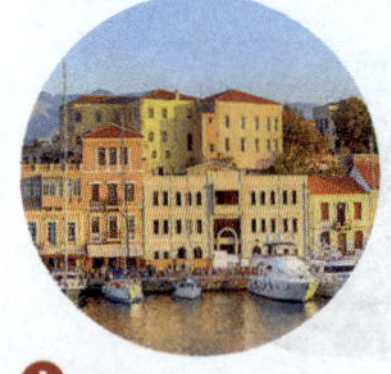

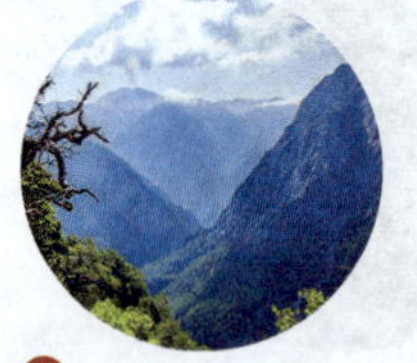

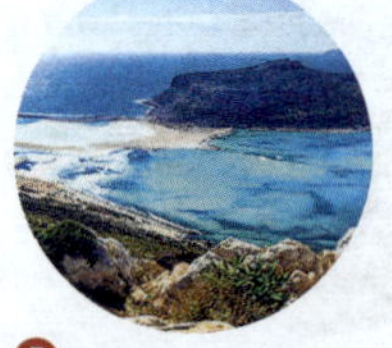

1

CHANIA 1 TAG

Der Flieger landet in **Chania** (S. 355), einer bezaubernden Stadt mit Hafen und hübschen Gassen. Hier kann man sich gut an den griechischen Lebensrhythmus gewöhnen und in hervorragenden Restaurants eine kulinarische Entdeckungsreise starten. Spaziergänge durch die venezianischen Befestigungsanlagen, Shopping und das neue archäologische Museum füllen die Zeit. Oder man relaxt einfach in einem der Hafencafés.

1¼ Std.

2

SÜDLICHE SCHLUCHTEN & KÜSTE 1 TAG

Bei einer Wanderung durch die **Samaria-Schlucht** (S. 369) oder eine der anderen, die auf Strände zulaufen, die vom Libyschen Meer umspült werden, lernt man Kretas wilde Seite kennen. Die südwestliche Küste ist gespickt mit abgelegenen, attraktiven Dörfern.

2 Std.

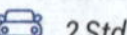

***Abstecher:** Mit einem Boot ab Chora Sfakion oder Paleochora lassen sich die Küstendörfer **Sougia** (S. 369) und **Loutro** (S. 368) besuchen. 1 Tag*

3

WESTLICHE STRÄNDE 1 TAG

Die Halbinsel Gramvousa umschließt die Bucht von **Balos** (S. 373) mit einer Lagune, deren seichtes Wasser im Sommer die Massen lockt. Weiter südlich kann man bei **Falasarna** (S. 372) surfen; der Strand mit rosacremefarbenem Sand ist für tolle Sonnenuntergänge bekannt. Zum Schluss folgt die Traumlandschaft von **Elafonisi** (S. 371), eine Sinfonie aus rosa Sand und blauem Wasser.

3½ Std.

4 IRAKLIO & KNOSSOS ⏱ 1 TAG

Per Mietwagen geht's nach **Iraklio** (S. 382), Kretas lebenssprühende Hauptstadt, wo man das ausgezeichnete archäologische Museum besucht. Es folgt eine kurze Fahrt zu den faszinierenden Ruinen von **Knossos** (S. 387). In der Weinregion Iraklio sind gute Tropfen angesagt.

✈ *1 Std.*

Abstecher: *Im Osten wartet das entspannte* ***Agios Nikolaos*** *(S. 391). Dann erkundet man die Insel* ***Spinalonga/Kalydon*** *(S. 395).* ⏱ *1 Tag*

5 RHODOS ⏱ 2 TAGE

Nach **Rhodos** (S. 404) gelangt man per Flugzeug oder nimmt die zweimal wöchentlich fahrende Fähre ab Sitia (12 Std.). In Rhodos erkundet man die von mittelalterliche Altstadt, genießt das Nachtleben und besucht die Strände sowie die Akropolis von Lindos.

⛴ *6½ Std.*

Abstecher: *Mit der Fähre geht's zum üppigen* ***Nisyros*** *(S. 420), wo man vor allem die Caldera erkundet. Danach lässt man es sich auf Kos in der* ***Kefalos-Bucht*** *(S. 428) gut gehen.* ⏱ *2 Tage*

6 PATMOS ⏱ 1 TAG

Zum Abschluss der Reise springt man in die Fähre nach **Patmos** (S. 443), um die künstlerische und religiöse Atmosphäre dieser Insel zu erleben und die Höhle zu besuchen, in der der Hl. Johannes seine Offenbarung niederschrieb. Die sanduhrförmige Insel ist berühmt für ihre schönen Dörfer, darunter das malerische Hafenstädtchen Skala. Kaum bebaute Buchten mit Stränden und prächtige, mit Kiefern und Heide bewachsene Hänge runden das Bild ab.

Tauchen, Kreta

OUTDOOR-ERLEBNISSE

Blaues Meer, sandige Strände, bergige Klippen, grüne Wälder und uralte Pfade – Griechenland ist ein Paradies für Outdoorfans.

Dank des milden Klimas und der abwechslungsreichen Landschaft ist Griechenland auch für all jene attraktiv, die mehr planen als einen entspannten Strandurlaub. Tauchen, Kitesurfen, Klettern oder Skifahren in den tollen Bergen – die Möglichkeiten sind vielfältig. Reisen auf dem Festland und zu den Inseln lassen sich leicht mit Aktivitäten wie Segeln oder Wandern auf einer Vielzahl von Küsten- und Binnenwanderwegen kombinieren.

Tauchen & Schnorcheln

Fast überall an Griechenlands Küsten kann man schnorcheln, auch Ausrüstung ist günstig erhältlich. Besonders gute Schnorchelspots sind Monastiri auf Paros, die Strände von Paxos, die Xirokambos-Bucht auf Leros, Kerveli im Osten von Samos und überall vor der Küste von Kastellorizo. Viele Tauchschulen befördern mit ihren Booten auch Schnorchler:innen zu den besten Spots.

Laut Gesetz darf in Griechenland zum Schutz der zahllosen antiken Schätze im Mittelmeer und in der Ägäis nur unter der Aufsicht von Tauchschulen getaucht werden. Inzwischen sind zahlreiche Tauchspots freigegeben worden und viele neue Tauchschulen entstanden. Tauchausrüstung gibt's u.a. auf den Inseln Korfu, Kreta, Euböa, Leros, Milos, Mykonos, Paros, Rhodos, Samos, Santorin und Skiathos, auf dem Festland um Attika und Athen sowie in Parga und auf der Halbinsel Chalkidiki im Norden Griechenlands.

VOGELBEOBACHTUNG
Im **Schinias-Marathon-Nationalpark** (S. 112) lassen sich rund 240 Arten von Zug- und Brutvögeln beobachten.

CAVING
Die **Kastania-Höhle** aus der Jurazeit (S. 143) bietet einzigartige Stalaktiten und Stalagmiten.

REITEN
An mehreren Orten in Griechenland werden Ausritte und geführte Reitausflüge angeboten – auch in **Karpenisi** (S. 183).

FAMILIEN-ABENTEUER

Sich im **Stavros Niarchos Park** (S. 103) auf ein Leihfahrrad schwingen und zum Strand von Edem radeln.

Über die Laufbahn des Stadions im **antiken Olympia** (S. 144) joggen.

Entlang der Stadtmauern der mittelalterlichen **Altstadt von Rhodos** (S. 406), einer Zeitkapsel, spazieren.

Sich im warmen Wasser des **Limni Vouliagmenis** von Fischchen kitzeln lassen (S. 108).

Bei Touren im **Meeresnationalpark Alonnisos** (S. 518) Delfine, Schildkröten und vielleicht Mönchsrobben bestaunen.

Die bizarren, sci-fi-ähnlichen Felsen in der Caldera des **schlafenden Vulkans von Nisyros** (S. 421) sehen, der zuletzt vor 25000 Jahren ausbrach.

Reitunterricht auf der **Mouries Farm** (S. 527) nehmen, wo seltene skyrische Pferde leben.

Wandern

Weite Teile Griechenlands sind ein Wander-Paradies. Die beliebtesten Routen sind gut markiert und in Schuss, weniger bekannte Wege sind jedoch oft überwuchert und schlecht ausgeschildert.

Nordgriechenland bietet mit dem Olymp, der Vikos-Schlucht im Pindos und den Hügelpfaden um die Prespa-Seen wunderbares Wanderterrain. Das Taygetos-Gebirge auf der Halbinsel Mani auf dem Peloponnes lässt sich gut zu Fuß erkunden. Die Samaria-Schlucht auf Kreta ist beliebt, doch in Kretas Westen gibt's noch weitere Schluchten mit diversen Schwierigkeitsgraden.

Paths of Greece kümmert sich darum, landesweit neue Wanderrouten zu entwickeln. Geübte können (ganz oder teilweise) auch den **Europäischen Fernwanderweg E4** in Angriff nehmen, der durch Nordgriechenland, den Peloponnes und Kreta führt.

BIROL AYDIN/SHUTTERSTOCK ©

Radweg, Kos

Radfahren

Griechenland ist ein beliebtes Ziel zum Radfahren, vor allem für Mountainbiker:innen. Aber auch Neulinge und Trekkingfahrer:innen kommen auf den Küsten- und Binnenstraßen auf ihre Kosten. Fahrräder können in der Regel gegen eine geringe Gebühr (5 € zum Zeitpunkt der Recherche) in Zügen mitgenommen werden. Auf den Fähren sollte man bei der Buchung eigene Räder angeben.

Bei Ausflügen in abgelegenen Gegenden unbedingt Reparatur- und Erste-Hilfe-Sets mitnehmen. Autofahrer:innen sind hier nicht nur oft sehr zügig unterwegs, sie halten sich auch nicht immer an die vorgesehene Spur; in Kurven und auf engen Straßen ist besondere Vorsicht geboten. Im Juli und August legen die meisten Radfahrer:innen wegen der Hitze zwischen 12 und 16 Uhr eine Pause ein (Vorsicht vor Sonnenstich und Dehydrierung).

Drei **EuroVelo-Routen** durchqueren Griechenland. Sie sind zwar nicht komplett ausgeschildert, aber es gibt meist passende Infrastruktur und auf Landstraßen wenig Verkehr.

CycleGreece bietet Straßen- und Mountainbiketouren durch fast ganz Griechenland für verschiedene Schwierigkeitsgrade an (darunter einige Segel-Rad-Touren.). **Hooked on Cycling** macht Boots- und Radtouren auf den Inseln sowie Touren auf dem Festland.

KLETTERN
Kalymnos' Berge (S. 438) ziehen abenteuerlustige Kletter-Fans aus aller Welt an.

WINTERSPORT
Metsovo (S. 238) ist im Winter ein idealer Ausgangspunkt für Ski- und Snowboardtouren.

KAJAKFAHREN
Die **versunkene Stadt Epidauros** (S. 135) vor der Küste des Peloponnes ist super für Erkundungen per Kajak.

KITE- & WINDSURFEN
Die **Bucht von Keros** (S. 469) auf Limnos bietet für diese Aktivitäten mit die besten Bedingungen in Europa.

Tauchen & Schnorcheln
1 Meeresnationalpark Alonnisos (S. 518)
2 Monastiri (S. 334)
3 Paxos (S. 549)
4 Xirokambos-Bucht (S. 442)
5 Kerveli (S. 493)
6 Kastellorizo (S. 436)
7 Bucht von Mirabello (S. 391)
8 Lefkada (S. 552)
Sandanski
TIRANA
Adria
Durrës
Sidirokastr
Prespa-See
Ohrid-See
Bitola
Voras (Kaïmaktsalan)
Kilkis
Serres
Dram
Strymonas
ALBANIEN
Florina
Naoussa
Thessaloniki
Korça
Vlorë
Kastoria
Alexandria
Lecce
ITALIEN
Grammos
Kozani
Katerini
Chalkidiki
Otranto
Smolikas
Aliakmonas See
Thermaischer Golf
Halbinsel Sithonia
Grevena
Olymp
Halbinsel Kassandra
Saranda
Korfu
Ioannina
Kalambaka
Golf von Kassandra
Ionisches Meer
Korfu-Stadt
Larissa
Igoumenitsa
Trikala
THESSALY
Halbinsel Pilion
Karditsa
Volos
Alonnisos
Parga
Paxos
Arta
Kremasta-See
Skiathos-Stadt
Preveza
Lamia
Karpenisi
Isteia
Lefkada
Lefkada-Stadt
STEREA ELLADA
Agios Konstantinos
Agrinio
Delphi
Fiskardo
Ithaka
Messolongi
Chalkida
Argostoli
Sami
Thiva
Kefalonia
Patras
Egio
ATHEN
Zakynthos-Stadt
Kyllini
PELOPONNES
Korinth
Piräus
Amaliada
Ägina
Zakynthos
Pirgos
Argos
Nafplion
Poros
Megalopoli
Tripolis
Hydra-Stadt
Kyparissia
Kalamata
Sparta
Profitis Ilias
Myrtoisch Meer
Pylos
Areopolis
Gythio
Monemvasia
Neapoli
Kythira
Antikythira
MITTELMEER
Paleochora
Libysches Me
0
100 km

ACTION AREAS

Die besten Outdoor-Erlebnisse in Griechenland

Radfahren

1. Pilion (S. 193)
2. Weinstraße von Pella & Goumenissa (S. 214)
3. Spetses (S. 273)
4. Athenian Riviera (Vouliagmeni bis Sounion; S. 108)
5. Parnitha-Nationalpark (S. 115)
6. Steni (S. 430)

Wandern

1. Olymp (S. 223)
2. Vikos-Schlucht (S. 235)
3. Prespa-Seen (S. 240)
4. Samaria-Schlucht (S. 369)
5. Taygetos-Gebirge (S. 160)
6. Ainos (S. 558)

GRIECHENLAND

REISEZIELE

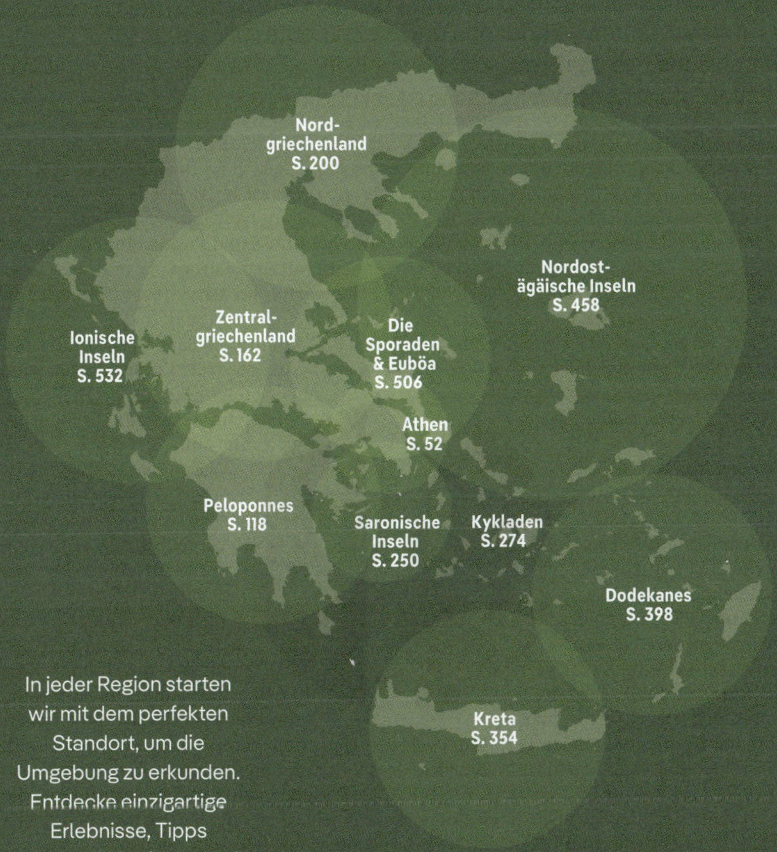

In jeder Region starten wir mit dem perfekten Standort, um die Umgebung zu erkunden. Entdecke einzigartige Erlebnisse, Tipps unserer Autor:innen und Expert:innen, Hintergründe und Empfehlungen.

Akropolis von Lindos (S. 409)

ATHEN

DIE ANTIKE STADT IM 21. JH.

Die Wiege der westlichen Zivilisation und Demokratie erfindet sich immer wieder neu und bietet heute eine anarchische Mischung aus architektonischen Schwergewichten, städtischem Witz und ansteckender Kreativität.

Das kulturelle und gesellschaftliche Leben Athens spielt sich rund um und in jahrhundertealten oder sogar tausendjährigen Wahrzeichen ab. Die wunderbare Akropolis bildet bis heute den Mittelpunkt des Lebens. Die Zitadelle mit ihren Tempeln aus Marmor, die im 5. Jh. v. Chr. auf einem Berg hoch über der Stadt erbaut wurde, ist das Symbol der antiken Vergangenheit Griechenlands und des beständigen Wandels von Athen. Zu ihren Füßen erstreckt sich ein Meer aus Dächern und Balkonen.

Natürlich sind die Überreste des antiken Griechenlands am interessantesten, nicht zuletzt, weil hier die Demokratie erfunden wurde, aber auch die Mythologie, das Schauspiel und die Philosophie. Doch die „neuere" Vergangenheit verdient ebenso Aufmerksamkeit: 1000 Jahre alte byzantinische Kirchen, die einfach so an der Straße und an den Berghängen stehen. Die Osmanen hinterließen ihre typische Architektur und gutes Essen. Im 19. Jh. kamen schließlich noch die eleganten Gebäude des Klassizismus dazu.

Dann stürzte Athen vom Rausch der Olympischen Spiele 2004 in eine ernste Finanzkrise. Diese ist mittlerweile überwunden, und die Stadt ist wieder voller Energie und mit viel Kunst und Politik eines der kulturellen Zentren in Europa. An praktisch jeder Ecke warten kreative Überraschungen in Form von toller Straßenkunst, hervorragenden Restaurants und Bars. Und überall gibt's spontane, unerwartete Entdeckungen: eine neue Show, die gerade Premiere hat, oder ein Restaurant, in dem gerade musiziert wird.

Wie andere Großstädte ist Athen natürlich auch chaotisch und stressig. Doch diesem Stress lässt sich leicht in einem kleinen Straßencafé oder einem Park oder Wäldchen entgehen. Und dann ist da ja auch noch die Halbinsel Attika, die in unmittelbarer Nähe weitere spektakuläre Sehenswürdigkeiten bietet, wie den Poseidon-Tempel in Sounion und das antike Eleusis. All diese Sehenswürdigkeiten und auch die herrlichen Strände sind gut mit öffentlichen Verkehrsmitteln zu erreichen.

DIE WICHTIGSTEN ZIELE

AKROPOLIS, PHILOPAPPOS-HÜGEL & THISEIO
Spektakuläre Monumente und tolle Aussichten S. 58

SYNTAGMA & PLAKA
Das Herz des modernen Athens S. 68

MONASTIRAKI & PSYRI
Bunte Märkte und moderne Galerien S. 75

GAZI, KERAMIKOS & METAXOURGIO
Historischer Friedhof und Straßenkunst S. 82

VIACHESLAV LOPATIN/SHUTTERSTOCK ©

Oben: Blick von Anafiotika auf Athen (S. 70), links: Straßenkunst in Athen

Erste Orientierung

Die Innenstadt Athens ist gut zu Fuß zu erkunden. Die wichitgsten Ruinen befinden sich rund um die Akropolis und in Plaka. Diese Gegend überschneidet sich mit den ältesten Teilen der modernen Stadt, der sogenannten Altstadt rund um Syntagma. Andere Sehenswürdigkeiten wie die großartigen Museen befinden sich außerhalb des Zentrums, sind aber gut bei einem längeren Spaziergang bzw. mit Bus oder Metro zu erreichen.

VOM/ZUM FLUGHAFEN

Der internationale Flughafen Athen-Eleftherios Venizelos in Spata, 27 km östlich von Athen, ist recht übersichtlich und hat nur ein Terminal mit moderner Infrastruktur. Die Metro fährt alle 30 Minuten ins Zentrum, Taxis fahren zum Pauschalpreis, und es gibt auch einen preiswerten Express-Bus.

Omonia, Exarhia & Kypseli
S. 87

Larissa Bahnhof (Larisa)

Archäologisches Nationalmuseum

Gazi, Keramikos & Metaxourgio
S. 82

Kerameikos

Monastiraki & Psyri
S. 75

Kolonaki & Hilton
S. 93

Antikes Agora

Syntagma & Plaka
S. 68

Akropolis, Philopappos-Hügel, Thiseio
S. 58

Akropolis

Tempel des Olympischen Zeus

Mets & Pangrati
S. 98

Neos Kosmos, Kallithea & Palaio Faliro

S. 101

ZU FUSS

Die Innenstadt Athens mit engen Straßen und einer schönen Fußgängerzone ist sehr kompakt und gut zu Fuß zu erkunden. So sind es von Gazi im Westen zum Byzantinisch-Christlichen Museum im Osten z. B. nur gut 45 Gehminuten. In der Sommerhitze ist dies allerdings nicht zu empfehlen.

METRO

Athen hat eine gut funkionierende Metro mit leicht verständlichen Fahrplänen in Englisch. Die Züge fahren jeweils von 5.30 bis 0.30 Uhr. Freitags und samstags fahren die Linien 2 und 3 bis 2.30 Uhr. Alle Stationen sind barrierefrei. Weitere Infos unter stasy.gr.

BUS & STRASSENBAHN

Die malerischen Straßenbahnen zuckeln vor allem an der Küste entlang nach Glyfada und Piräus. Busse fahren überall hin, die Fahrpläne gibt's aber nur per App.

Stavros Niarchos Foundation Cultural Center

0 — 1 km

Perfekte Tage

Im Laufe der Jahrtausende wurde Athen von der Antike, den Römern und Byzanz geprägt. Die Vielzahl dieser unterschiedlichsten Überreste auf einem recht kleinen Gebiet ist wirklich einzigartig.

Antike Agora (S. 75)

Tag 1

Vormittag

● Am frühen Morgen ist der Anstieg auf die **Akropolis** (S. 62) noch angenehm, und es sind auch noch nicht so viele Leute unterwegs. Nordöstlich des Tempelberges befindet sich dann die **Antike Agora** (S. 75), vor 5000 Jahren das Zentrum der damaligen Stadt.

Nachmittag

● Nach dem Mittagessen im **ERGON House** (S. 70) folgt ein Spaziergang durch Plaka. Oder der Besuch des **Akropolis-Museums** (S. 65).

Abend

● Der Sonnenuntergang lässt sich gut in der Fußgängerzone Dionysiou Areopagitou oder auf dem **Philopappos-Hügel** (S. 66) beobachten. Danach geht's zum Abendessen ins **Ellevoro** (S. 64).

...nicht verpassen

Neben den vielen antiken Sehenswürdigkeiten und großen Museen gibt es in Athen und der Umgebung noch viel mehr zu entdecken!

GRIECHISCHER WEIN

Lokale Weine werden in vielen Weinbars der Stadt ausgeschenkt, u. a. im **Heteroclit**. Die Weingüter in Attika bieten Führungen.

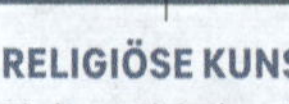

RELIGIÖSE KUNST

Die byzantinischen Kirchen sind voller Fresken und Mosaiken. Schön ist Moni Kaisarianis auf dem Berg Hymettos und die **Moni Dafni** (Daphni-Kloster).

DIE NEUE KULTURHAUPTSTADT

Elefsina ist Kulturhauptstadt Europas 2023. Sie bietet tolle Kunstprojekte im **Antiken Eleusis** und in ehemaligen Industriegebäuden.

Tag 2

Vormittag

- Der Tag beginnt mit dem Besuch des wunderbaren **Benaki-Museum für griechische Kultur** (S. 94). Es folgt ein Schaufensterbummel in Kolonak und Mittagessen in der traditionellen Taverne **Oikeio** (S. 97).

Nachmittag

- Noch mehr Kunst gibt's in der **Nationalgalerie** (S. 94) und der **Basil & Elise Goulandris Stiftung** (S. 99) zu sehen. Alternativ kann das **Byzantinisch-Christliche Museum** (S. 95) besucht werden. Danach geht's ins **Panathinaiko-Stadion** (S. 99), wo die Säule für den Siegenden der Marathonläufe steht.

Abend

- Zurück in Kolonaki beobachtest du den Sonnenuntergang auf dem **Lykavittos-Hügel** (S. 94) und gehst danach zum Abendessen ins **Mavro Provato** (S. 100) oder ins **Elvis** (S. 85). Im **Chelsea Hotel** (S. 100) lässt du mit einigen Drinks den Abend ausklingen.

TAG 3

Vormittag

- Morgens besuchst du den zentralen Markt auf der **Varvakios Agora** (S. 77) und in den Seitenstraßen. Hier wird von Gewürzen bis zu Designer-Bildbänden alles angeboten. Zum Mittagessen gehst du ins **Diporto Agoras** (S. 80) oder **Karamanlidika tou Fani** (S. 79).

Nachmittag

- Am Nachmittag bewunderst du die herrlichen Fundstücke im **Archäologisches Nationalmuseum** (S. 87).

Abend

- Mit dem Taxi oder mit dem Bus fährst du nach Süden in den **Stavros Niarchos Park** (S. 103) und beobachtest vom Leuchtturm des Kulturzentrums den Sonnenuntergang über der Küste und der Stadt. Danach genießt du leckere Meeresfrüchte in der Taverne **Argoura** (S. 104), bevor du in die Stadt zurück fährst.

STRASSENKUNST ENTDECKEN
In Exarchia, Gazi, Kerameikos, Metaxourgio und Psyri befinden sich die größten und schönsten **Wandmalereien**.

SOZIALES PROJEKT UNTERSTÜTZEN
Mit einem Essen im **Shedia Home** und dem Kauf von Zeitschriften und Kunsthandwerk unterstützt man ein Projekt für die Obdachlosen.

DEN WACHWECHSEL BEOBACHTEN
Vor dem **Grab des Unbekannten Soldaten** am Syntagma-Platz findet zu jeder vollen Stunde der Wachwechsel statt.

TANZVORFÜHRUNG BESUCHEN
Von Mai bis September bietet das **Dora Stratou Dance Theatre** traditionelle Tänze in einem Freilichttheater auf dem Philopappos-Hügel.

AKROPOLIS, PHILOPAPPOS-HÜGEL & THISEIO

IKONISCHE MONUMENTE & TOLLE AUSSICHTEN

Sie ist wohl die berühmteste Sehenswürdigkeit der Antike. Dennoch ist der Anblick der Akropolis immer wieder atemberaubend. Der mit dem Parthenon bebaute heilige Felsen ist eine natürliche Festung, die von jedem Punkt der Innenstadt aus zu sehen ist. In der Mittagssonne erscheinen die Säulen und Tempel aus Pentelischem Marmor in strahlendem Weiß, bevor sie von der untergehenden Sonne in ein goldenes Licht getaucht werden. Nachts werden sie wunderschön beleuchtet.

Am südlichen Abhang befindet sich ein fantastisches Museum, das die ursprünglichen Kunstwerke der Akropolis zeigt. Der Fußweg vom Museum zum Haupteingang wird nicht nur von den Tourist:innen genutzt, sondern auch von den Einheimischen zur Beobachtung des Sonnenuntergangs. Weiter südlich befinden sich die modernen Viertel Makrygianni und Koukaki, in denen es viele trendige Bars, Restaurants, Kunstgewerbeläden und Boutiquen gibt.

Der Philopappos-Hügel bietet einen tollen Blick auf die Akropolis und schöne Grünflächen sowie die Pnyx- und Nymphenhügel. Im Norden liegt das hübsche Thiseio mit netten Cafés und einem Kunsthandwerksmarkt bei Nacht. Südlich davon in Richtung Petralona befinden sich weitere einfache Wohnviertel.

TOP TIPP

Die hoch über der Stadt thronende Akropolis und der Philopappos-Hügel bieten eine gute Orientierung in diesem Teil der Stadt. Das hügelige Viertel mit schönen Fußgängerzonen und ruhigen Seitenstraßen ist gut zu Fuß zu erkunden. Praktische Metrostationen sind Akropoli und Sygrou-Fix.

Akropolis

SVEN HANSCHE/SHUTTERSTOCK ©

HIGHLIGHTS
1 Akropolis-Museum
2 Areopagus Hügel
3 Kirche des Agios Dimitrios Loumbardiaris
4 Ellevoro
5 Herakleidon Museum
6 Nationalmuseum zeitgenössischer Kunst
7 Odeon des Herodes Atticus
8 Parthenon

SEHENSWERTES
9 Philopapposhügel

AKTIVITÄTEN, TOUREN & KURSE
10 Moloko Plus
11 Nationales Observatorium Athen

ESSEN
12 Django Gelato Athens

AUSGEHEN & FEIERN
13 Blame the Sun

UNTERHALTUNG
14 Dora Stratou Tanztheater

SHOPPEN
15 Lovecuts
16 Underflow

Das Herodion

DAS ÄLTESTE THEATER IN ATHEN

Das **Odeon des Herodes Atticus**, oder besser bekannt als Herodion, ist ein Amphitheater mit 5000 Plätzen am südwestlichen Abhang der Akropolis. Es wurde von 174–160 v. Chr. von dem wohlhabenden Römer Herodes Atticus zur Erinnerung an seine Frau Regilla gebaut. Nach der Ausgrabung 1857/58 wurde es in den 1950er-Jahren komplett restauriert. Noch heute wird hier regelmäßig Theater gespielt. Beim Athens & Epidauros-Festival (S. 136) von Juni bis August finden Theater-, Musik- und Tanzvorführungen statt. Ebenso gibt's hier große Rock- und Popkonzerte und andere Veranstaltungen.

Odeon des Herodes Atticus

Areopagus-Hügel

HIER PREDIGTE SCHON PAULUS

Der Felsvorsprung unterhalb der Akropolis und über der antiken Agora ist ein beliebter Aussichtspunkt, vor allem bei Sonnenuntergang. In der griechischen Mythologie verteidigte sich Ares hier vor den Göttern wegen der Ermordung von Halirrhothios, den Sohn von Poseidon. So wurde der Hügel zum Gerichtsort des Stadtrates von Areopagus.

51 n. Chr. hielt Paulus hier seine berühmte „Predigt von Areopagus" und gewann damit seinen ersten Anhänger in Athen, Dionysos, der zum Schutzheiligen der Stadt wurde. Aus diesem Grund besucht der Papst immer diesen Hügel, wenn er in Athen ist.

Auf dem Weg den westlichen Abhang hinunter sind immer wieder Marmormosaiken zu entdecken. Sie befanden sich in den Häusern, die früher an dem Hügel standen.

Areopagus-Hügel

Herakleidon Museum

URALTE TECHNOLOGIE BEWUNDERN

Die eklektische Ausstellung, die sich über zwei Gebäude erstreckt, zeigt die Wechselbeziehungen zwischen Kunst, Mathematik und Philiosophie – anhand von rotierenden Körpern, alten Robotern und Computern sowie Schiffen. Im Gebäude B sind vor allem Kriegswaffen und Trireme zu sehen, die antiken Kriegssschiffe, mit denen die Griechen die Perser in der Schlacht von Salamis besiegten. Das kleinere Gebäude A in einem restaurierten Herrenhaus zeigt alte Roboter, wie eine automatische Kellnerin. Außerdem besitzt das Museum die weltweit größte Sammlung von Werken von M. C. Escher, die aber nur selten gezeigt werden.

Parthenon

DORISCHE SÄULEN IN PERFEKTION

Das typisch griechische Parthenon oder „Heim der Jungfrau“, ist der Göttin Athene Parthenos gewidmet. Der dorische Tempel, der einer der größten jemals in Griechenland gebauten ist, wurde von Iktinos und Kallikrates errichtet. Nach 15-jähriger Bauzeit wurde er rechtzeitig zum Großen Panathenäischen Festival 438 v. Chr. fertig.

Das Parthenon auf dem höchsten Punkt der Akropolis hat zwei Funktionen: es beherbergte die große, von Perikles beauftragte Statue der Athene und diente als neue Schatzkammer. Es wurde an der Stelle von zumindest drei älteren Athenetempeln errichtet.

Die fein geriffelten dorischen Säulen sind absolut perfekt. Die acht Säulen der kurzen Seiten und 17 Säulen der längsseiten sind so gearbeitet, dass eine optische Täuschung entsteht: die Fundamente sind wie alle horizontalen Flächen des Tempels konkav, während die Säulen leicht konvex sind, so dass alles wieder gerade erscheint.

Der cremefarbene Marmortempel ist jedoch nicht mehr das antike Original. Viele Besstandteile wie das Pries, die Ziergiebel (die dreieckigen Einsätze in der östlichen und westlichen Fassade) und Metopen (viereckige Reliefplatten in den Zwischenfeldern) waren einst bunt bemalt und vergoldet.

TIPPS FÜR DEN BESUCH DER AKROPOLIS

Die Akropolis ist niemals menschenleer, doch es gibt Zeiten, zu denen nicht so viel los ist. Sehr günstig ist es direkt um 8 Uhr morgens, wenn sie öffnet (dann ist es auch noch schön kühl) oder spätnachmittags. Der südöstliche Eingang bei der Metrostation Akropoli ist generell nicht so überlaufen. Eintrittskarten kaufst du am besten online unter etickets.tap.gr. Mit dem Kombiticket für 30 Euro kannst du auch die Warteschlange umgehen.

Parthenon

SPAZIERGANG

Die Heimstatt der Athene

Der panathenäische Weg

DIE KARYATIDEN

Die sechs nach Frauen aus Karyai (dem heutigen Karyes in Lakonien) angefertigten Karyatiden im Erechtheion sind Nachbildungen. Die Originale befinden sich bis auf eine im **Akropolis-Museum** (S. 65). Die sechste wurde von Lord Elgin nach London gebracht und ist nun im Britischen Museum zu sehen.

Vom 1 **Haupteingang** der Akropolis führt eine Treppe nach rechts zu dem am besten restaurierten Gebäude der Anlage: der 2 **Tempel der Athena Nike** ist ein winziger Tempel mit perfekten Proportionen, der von Kallikrates um 425 v. Chr. errichtet wurde.

Der monumentale Eingang der Akropolis, die 3 **Propyläen**, bestehen aus einer zentralen Halle und zwei Flügeln an jeder Seite. In der Antike waren die fünf Tore der einzige Zugang zur „oberen Stadt". Das mittlere Tor geht auf den panathenäischen Weg hinaus.

Der Weg führt hinauf zum ikonischen 4 **Parthenon** (S. 61). Die majestätischen Säulen enden in wunderbaren Steinmetzarbeiten: rundum verlaufende Dreiecksgiebel und kunstvoll verzierte Reliefplatten in einem Fries. Vor dem Tempel bietet sich ein grandioser Blick über die Stadt bis zur Küste.

Im Mittelpunkt der Anlage steht das 5 **Erechtheion**. Das Heiligtum ist nach Erechtheus, einem mythischen König von Athen, benannt. Das Dach über dem Eingang wird von den sechs herrlichen 6 **Karyatiden** gestützt.

BILL PERRY/SHUTTERSTOCK ©

Tempel der Athena Nike

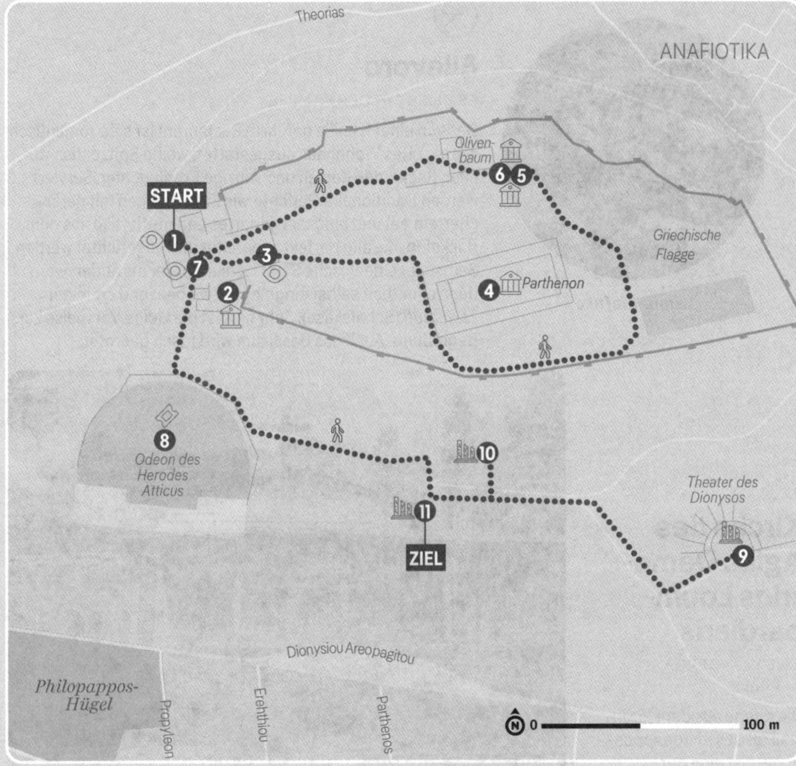

An der genialen „Nordwand des Themistokles" schließt sich der Poseidon-Tempel an. Im Westen des Erechtheions steht Athenes Geschenk an die Stadt, ein uralter Olivenbaum. Bevor man die Akropolis verlässt, sollte man unbedingt die große griechische Flagge würdigen. Sie wurde zu Anfang der Besetzung durch die Nazis 1941 von zwei Jugendlichen gehisst, die dafür den steilen Berg hinaufkletterten. Eine Messingtafel erinnert an diesen Akt des Widerstands.

Wenn man durch die Propyläen wieder hinuntergeht, kommt man links am **7 Beulé-Tor** vorbei. Es ist nach dem französischen Archäologen Ernest Beulé benannt, der die Akropolis 1852 ausgrub. Danach geht man oberhalb des **8 Herodions** (**Odeon des Herodes Atticus**, S. 60) zum großen **9 Theater des Dionysos**. Im 6. Jh. v. Chr. wurde hier ein Theater aus Holz für das große Dionysia-Festival errichtet. Im goldenen Zeitalter Athens wurden hier die Stücke von Aischylos, Sophokles, Euripides und Aristophanes aufgeführt. Von 342 bis 326 v. Chr. wurde der Holzbau durch ein Theater aus Stein und Marmor ersetzt, in dem 17 000 Zuschauer:innen auf 64 Stufen, von denen nur 20 erhalten sind, Platz fanden. Im Orchestergraben stand zudem ein Dionysos-Altar.

Oberhalb des Theaters des Dionysos führt eine Treppe hinauf zum **10 Asklepieion**, einem Tempel über einer heiligen Quelle. Die Verehrung von Asklepios, dem Arzt und Sohn des Apollon, begann in Epidauros und gelangte 429 v. Chr. nach Athen. Damals wütete die Pest in der Stadt, und die Menschen hofften verzweifelt auf Heilung.

Unterhalb des Asklepieions befindet sich die **11 Stoa des Eumenes**. Der Säulengang wurde von Eumenes II., König von Pergamon (197–159 v. Chr.) zum Schutz der Theaterbesucher:innen errichtet.

Lamm-*Kleftiko*

Ellevoro

ES BLEIBT IN DER FAMILIE

Das von einer Familie geführte Restaurant ist sehr romantisch wie ein altes Wohnhaus ausgestattet: weiße Spitzentischtücher, flackernde Kerzen und winzige Kronleuchter. Serviert werden traditionelle Gerichte wie Fava-Bohnen mit geräuchertem Aal und langsam gegartes Lamm-Kleftiko aus dem Backofen, die alle perfekt zubereitet und angerichtet werden. Selbst der Griechische Salat ist hier besser als anderswo, denn er enthält selbst eingelegte Zwiebeln und cremigen *Tsalafouti* (Schafskäse). Sehr nett ist die kleine Vorspeise zur Begrüßung. Auch das Basilikum wird frisch geerntet.

Kirche des Agios Demetrios Loumbardiaris

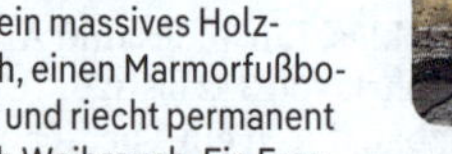

Kirche des Agios Demetrios Loumbardiaris

EINE WUNDERBARE KAPELLE

Die Kirche aus dem 16. Jh. am Fuß des Philopappos-Hügels ist eine der schönsten in Athen. Sie hat ein massives Holzdach, einen Marmorfußboden und riecht permanent nach Weihrauch. Ein Fresko von 1732 zeigt den Hl. Demetrios, wie er wie Alexander dem Großen auf seinem Pferd posiert. 1648 soll sich in der Kapelle ein Wunder ereignet haben. Nachdem die Türken die Akropolis eingenommen hatten, wollten sie von dort eine Kanone auf die mit Gläubigen voll besetzte Kirche abfeuern. Doch kurz vor der Zündung wurde der Kanonier vom Bliz erschlagen. Daher der Name „Loumbardiaris" (der Kanone).

Nationalmuseum für zeitgenössische Kunst

KUNST, DIE NACHDENKLICH MACHT

Das massive Gebäude der ehemaligen Brauerei FIX, das einst vom Modernisten Takis Zenetos entworfen wurde, beherbergt seit 2020 das Museum für zeitgenössische Kunst (EMST). Die mehr als 1400 Werke führender griechischer und internationaler Künstler:innen reichen von Fotografien über Skulpturen bis hin zu Videofilmen und riesigen Installationen. Neben vielen Wechselausstellungen sind auch immer 150 Werke der Sammlung auf drei der sieben Stockwerken zu sehen. Mit ihrem kritischen Blick auf unsere Gesellschaft und die großen Themen unserer Zeit provozieren sie und fordern zum Nachdenken auf. Zur Erholung kann man den herrlichen Panoramablick von der Dachterrasse genießen.

Akropolis-Museum

DIE WERTVOLLSTEN SCHÄTZE DER ANTIKE

Das moderne Museum präsentiert und erklärt die historische Entwicklung Athens. Unter Glasböden sind antike Ruinen zu sehen, die deckenhohen Fenster geben den Blick auf die Akropolis frei, und die steinernen Ausstellungsstücke werden im jeweiligen Zusammenhang gezeigt.

Gleich beim Eingang des Museums sind unter einem Glasboden die Überreste eines antiken Stadtviertels zu sehen. Sie wurden beim Bau des Museums entdeckt und in die Ausstellung integriert. In der **Galerie des Akropolishügels** im Erdgeschoss sind die einzelnen Schichten des heiligen Hügels nachgebildet. Zu den Ausstellungsstücken gehören auch bemalte Vasen und Votivgaben aus den Tempeln.

Die **Archaische Galerie** im ersten Stock ist ein veritabler Wald aus Statuen, die zumeist der Göttin Athene gewidmet sind. Darunter befinden sich auch einige großartige Koren, Skulpturen junger Frauen, deren Gewänder und Frisuren äußerst detailgetreu gearbeitet sind. In ihren Händen halten sie zumeist einen Granatapfel, Lorbeerkranz oder Vogel. Die Statue eines Jungen von 570 v. Chr., der ein Kalb trägt, ist eine der wenigen Statuen von Männern hier. Außerdem sind Figurinen aus Bronze und andere Fundstücke aus den (von den Persern zerstörten) Tempeln vor dem Bau des Parthenon zu sehen, darunter eine Skluptur des Herkules, wie er die Hydra erschlägt, und eine Löwin, die einen Stier verschlingt. Im ersten Stock sind auch fünf der originalen **Karyatiden** zu sehen, die Säulen in Mädchenform, die einst das Vordach des Erechtheion stützten – die sechste befindet sich im Britischen Museum in London.

Das ausgezeichnete **Restaurant** des Museums lädt zu einer Verschnaufpause mit Blick auf die Akropolis ein. Die Gerichte werden aus regionalen Zutaten der Saison zubereitet und sind angesichts der Lage recht preiswert.

DIE PARTHENON-GALERIE

Das oberste Stockwerk des Museums ist wie das Parthenon gestaltet, das durch die vielen Fenstern auch zu sehen ist. Die Ausstellung zeigt Giebel, Zwischenfelder und das 160 m lange Fries des Parthenons, auf dem die Panathenäische Prozession dargestellt ist. Zwischen den golden schimmernden Originalteilen sind immer wieder weiße Nachbildungen aus Gips eingesetzt, so auch die Murmeln des Parthenon, deren Originale der britische Diplomat Lord Elgin (zusammen mit unzähligen anderen antiken Stücken) 1801 nach London brachte. 2022 gab es Anlass zu der Hoffnung, dass die die Stücke aus dem Britischen Museum eines Tages an Athen zurückgegeben werden, eventuell als zeitlich begrenzte Leihgabe.

Nationalmuseum für zeitgenössische Kunst

PIT STOCK/SHUTTERSTOCK ©

DIMITRIS_GREECE/SHUTTERSTOCK ©

Nationales Observatorium in Athen

NOCH MEHR AUF DER AKROPOLIS, DEM PHILOPAPPOS-HÜGEL & IN THISEIO

Zum Philopappos-Hügel hinauf

ATEMBERAUBENDE AUSSICHT, TOLLE TANZSHOW

Der schöne Hügel ist ideal für einen Spaziergang, vor allem bei Sonnenuntergang. Er bietet auch den besten Blick auf die Akropolis und den Saronischen Golf.

Auf dem schon in prähistorischer Zeit besiedelten Hügel fand nach Plutarch die Schlacht zwischen Theseus und den Amazonen statt. Im 4. und 5. Jh. war der ganze Hügel mit Festungen bedeckt, deren Überreste heute noch zu sehen sind.

Ein vom Modernisten Dimitris Pikionis in den 1950er-Jahren angelegter Weg mit Marmorfliesen beginnt beim Kiosk in der Dionysiou Areopagitou. Nach 250 m steht rechts die Kirche des Agios Demetrios Loumbardiaris (S. 64). Direkt gegenüber ist das Gefängnis des Sokrates zu sehen, in dem er bis zu seinem Prozess 399 v. Chr. inhaftiert war.

Der Weg zum Gipfel steigt jetzt leicht an, bis das 12 m hohe Marmordenkmal erreicht ist. Es wurde von 116 bis 114 v. Chr. zu Ehren von Julius Antiochus Philopappos, einem bekannten römischen Konsul und Verwaltungsbeamten, errichtet.

Von Ende Mai bis September finden hier jeden Abend Aufführungen des **Dora Stratou Tanztheaters** statt. Die hoch

DIE BESTEN RESTAURANTS

Hippy Hippo
Das hippe Café in Koukaki bietet ausgezeichneten Brunch und feine Gerichte in entspannter Atmosphäre. €

Mani Mani
Das Restaurant in Akropolis hat sich auf die kräuterreiche Küche der Halbinsel Mani der Peloponnes spezialisiert. Sehr empfehlenswert ist das Meeresfrüchte-Orzo mit wildem Fenchel. €€

Merceri Food & Drink
Das kreative Restaurant in Thiseio serviert geschmackvolle Kombinationen wie Thunfisch-Tatar mit Honig, Anis und Ingwer. €€

ÜBERNACHTEN IN AKROPOLIS, PHILOPAPPOS-HÜGEL & THISEIO

Athens Backpackers
Das freundliche australische Hostel in Akropolis bietet blitzsaubere Schlafsäle, einen Hof, eine voll ausgestattete Küche und viel Geselligkeit. €

Athens Was
Das Hotel in der Nähe der Akropolis hat eine minimalistische Ausstattung. Die Standardzimmer mit großem Balkon gehen auf die Fußgängerzone hinaus. €€€

Be My Guest Athens
Die einfarbige minimalistische Ausstattung in Türkis ist sehr beruhigend und past zur ruhigen Lage in Thiseio. €€

gelobte Gruppe von Tänzer:innen, Sänger:innen und Musiker:innen bietet traditionelle griechische Volkstänze in den Trachten der Region. Das Freilufttheater ist im Westen des Hügels.

Eine Führung durch das Observatorium auf dem Berg

STERNE BEOBACHTEN UND DIE EINZIGARTIGE ARCHITEKTUR BEWUNDERN

Das **Nationale Observatorium in Athen** (noa.gr) umfasst eine Reihe von Gebäuden auf dem Nymphenhügel, zu dem ein Weg vom Philopappos-Hügel oder direkt von Thiseio führt. Das große Sina-Gebäude aus Marmor ist nach seinem Stifter George Sina benannt und wurde von Theophil Hansen gebaut, der auch die Akademie von Athen und die Nationalbibliothek errichtete. Im kleineren Gebäude mit der Kuppel nebenan befindet sich das Doridis-Teleskop von 1902. Führungen auf Englisch werden mittwochs, freitags und samstags angeboten. Die Uhrzeiten wechseln von Monat zu Monat und sind auf der Website zu finden.

Der Geschmack von Koukaki

KNEIPEN- UND SHOPPINGTOUR

Die Geschäfte rund um die Akropolis sind alle sehr touristisch. In Koukaki etwas weiter unten gibt's dagegen original griechisches Essen, Getränke und Geschäfte.

Am oberen Ende der Veïkou bietet die Designerin Maria Panagiotou in Lovecuts schöne selbstgemachte Kleidung , die auch erschwinglich ist. Etwas weiter in der Straße gibt's bei **Django** leckere Naturprodukte, hausgemachtes Eis und Sorbet. Wer etwas Stärkeres will, geht ins **Blame the Sun**. Die Kneipe im Stil einer Hawaii-Bar schenkt griechisches Craft-Bier aus.

Außerdem ist Koukaki übersät mit tollen Schmuckläden wie **Moloko Plus** in der Anastasiou Zinni. In der Veïkou ein paar Blocks weiter südlich an der Kreuzung mit der Odissea Androutsou befinden sich die besten Geschäfte, wie etwa die Weberei **Fibra Fibra**, deren Geldbeutel, Brieftaschen und Gürtel alles Einzelstücke sind. **Trabala Studios** verkaufen farbenfrohe Keramik, während **Lo Fi** digitale Songs auf Schallplatten presst. Die Szene von Koukaki trifft sich im coolen Café **Bel Ray** oder der Craft-Bier-Bar **Strange Brew** in der Falirou.

Unbedingt einen Besuch lohnt das **Underflow** auf der anderen Seite der Schnellstraße Siggrou. Als einer der besten Plattenläden der Stadt hat er sich auf griechischen Avantgarde-Rock und andere obskure Richtungen spezialisiert. Gleichzeitig ist es auch eine Kunstgalerie, ein Café und gelegentlicher Veranstaltungsort.

HOCHMODERNE KUNST

Der Athener Kunsthistoriker **Els Hanappe** empfiehlt Galerien und Indie-Kunstläden.

State of Concept
Die Galerie in Koukaki (stateofconcept.org) der Kuratorin und Kunstkritikerin ILiana Fokianaki sorgt mit ihrer visuellen Kunst für Diskussionen und Debatten über politische Themen.

TAVROS
In der von Olga Hatzidaki und Maria Thalia Carras geleiteten Galerie (tavros.space) bei der Metrostation Tavros finden verschiedene Kunstveranstaltungen statt, die sehr anspruchsvoll und nicht kommerziell sind.

Artefact Athens
Kunstkritiker und Kurator Kostas Prapogolu organisiert Installationen und Ausstellungen (artefact-athens.org) in verlassenen und ungewöhnlichen Gebäuden wie der Psychiatrischen Klinik von Attika in Dafni.

Chameleon Youth Hostel
Das farbenfroh gestaltete Hostel in Thiseio hat einen gemütlichen Aufenthaltsbereich und eine schöne Dachterrasse. **€**

Coco-Mat Athens BC
Die Betten des stylischen umweltbewussten Hotels mit Blick auf die Akropolis haben tatsächlich wunderbare Kokosmatratzen. **€€€**

Marble House Pension
Die noble Pension in einer ruhigen Sackgasse in Koukaki bietet gepflegte Zimmer mit Kühlschrank und Deckenventilator. **€**

SYNTAGMA & PLAKA

DAS HERZ DES MODERNEN ATHEN

Syntagma ist nach dem Plateia Syntagmatos (Syntagma-Platz) benannt, einem historischen Platz vor dem griechischen Parlament und am Rand des nationalen Gartens. Etwa südwestlich davon liegt Plaka, ein Schmelztiegel des alten Athens mit allem, was schon da war, bevor Athen 1834 griechische Hauptstadt wurde.

Zu jeder vollen Stunde findet hier der groß inszenierte Wachwechsel vor dem Grab des Unbekannten Soldaten statt. Der von Tauben und Menschen bevölkerte Plateia Syntagmatos ist besonders schön am Abend, wenn sich die Einheimischen vor dem herrlich beleuchteten Brunnen treffen. Rund um den Platz gibt's die besten Bars und Restaurants der Stadt.

Die engen Straßen in Plaka sind gesäumt von klassizistischen Villen, byzantinischen Kirchen und fotogenen Tavernen. Hier begann der Tourismus in Athen. Doch das Viertel ist sich treu geblieben. Die meisten Bewohner:innen verbringen ihr ganzes Leben hier, und die vielen Graffitis zeugen von einem lebendigen Miteinander. Das autofreie Viertel ist ein faszinierendes Labyrinth aus kleinen Straßen, engen Gassen und steilen Treppen.

TOP TIPP

Syntagma und Plaka sind sehr gut zu Fuß zu erkunden. Die Station Syntagma befindet sich direkt am Plateia Syntagmatos. Von dort sind es nur wenige Schritte bis nach Plaka. Gut gelegene Stationen in Plaka sind Monastiraki und Akropoli.

Plateia Syntagmatos (Syntagma-Platz)

APOSTOLIS GIONTZIS/SHUTTERSTOCK ©

HIGHLIGHTS
1 Anafiotika
2 ERGON House Agora
3 Hotel Grande Bretagne
4 Jüdisches Museum von Griechenland
5 Museum für griechische Volksmusikinstrumente
6 Nationalgarten
7 Tempel des Olympischen Zeus (Olympieion)
8 Grab des Unbekannten Soldaten

SEHENSWERTES
9 Kathedrale der Heiligen Anargyroi
10 Hadrianstor
11 Paul and Alexandra Canellopoulos Museum
12 Nationales Historisches Museum
13 Zappeion

AUSGEHEN & FEIERN
14 Melina
15 Yiasemi

UNTERHALTUNG
16 Cine Aegli Summer Cinema
17 Cine Paris

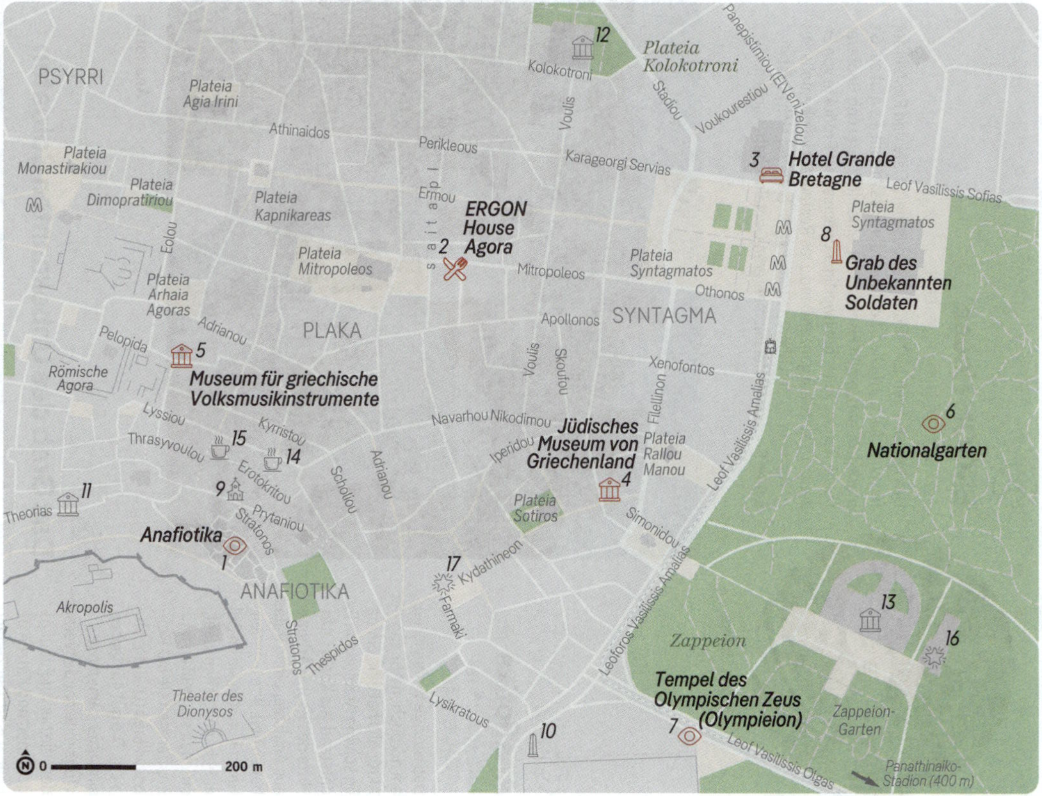

Ergon House

ERGON House

ALLES TYPISCH GRIECHISCH

Das hervorragende Delikatessengeschäft, Café und Restaurant hat auch ein herrliches, lichtdurchflutetes Atrium. Es gibt ein Gemüsegeschäft, einen Fischhandel, eine Metzgerei und Bäckerei sowie Regale voller hochwertiger griechischer Produkte von Erzeugern aus dem ganzen Land. Das Restaurant ist ebenfalls ausgezeichnet. In den oberen Stockwerken befindet sich ein stylisches Boutiquehotel mit mehreren Gemeinschaftsküchen.

Anafiotika

EINE ÄGÄISCHE ENKLAVE

Das winzige Wohnviertel am nördlichen Abhang der Akropolis hat eine einmalig schöne Architektur. Es entstand, als König Otto Mitte des 19. Jhs. Arbeiter aus Anafi hier einen Palast bauen ließ. Ihre eigenen Häuser bauten sie im Stil ihrer heimatlichen Insel, strichen sie weiß an und bepflanzten sie mit Bougainvilleea (Drillingsblumen). Die gut 45 Häuser sind über namenlose Wege miteinander verbunden, die nur für Fußgänger:innen und Katzen begehbar sind. Der Zugang ist im Westen des Viertels bei der Kirche der Metamorphose in der Theorias. Im Osten führt ein Weg von Stratonos hinauf.

Anafiotika

Das Grab des Unbekannten Soldaten

WACHWECHSEL

Das Mahnmal unterhalb des klassizistischen Parlamentsgebäudes wird von den fotogenen *Evzones* (Präsidentengarde) in traditionellen Kostümen bewacht. Die Uniform aus *Fustanella* (Rock) und Schuhen mit Pompons erinnert an die Bekleidung der Klephten, den Freiheitskämpfern in den Bergen. Jeden Sonntag marschiert um 10.30 Uhr eine ganze Wachmannschaft mit Blaskapelle vom Sitz der Präsidentengarde in der Irodou Attikou durch die Vasilissis Sofias zum Grabmal, wo dann um 11 Uhr der Wachwechsel stattfindet. *Evzones* bewachen auch den Präsidentenpalast in der Irodou Attikou. Da dies weniger bekannt ist, lässt sich der Wachwechsel hier besser fotografieren.

Hotel Grande Bretagne

ALTMODISCHE ELEGANZ

Das beste Haus am Platz war schon immer das Hotel Grande Bretagne an der Plateia Syntagmatos. Das Mitte des 19. Jhs. gebaute majestätische Wohnhaus war das erste Stadtpalais in Athen. Seit 1874 ist es ein Hotel und hat immer noch den Charme der damaligen Zeit. Besonders schön sind der Wintergarten mit der Buntglasdecke und der spektakuläre Wandteppich in Alexander's Bar. Selbst als Nicht-Hotelgast kann man sich einen Drink an der Bar oder ein Essen im Restaurant auf dem Dach mit Blick auf die Akropolis gönnen.

Wachwechsel am Grab des Unbekannten Soldaten

Das Jüdische Museum von Griechenland

DIE JÜDISCHE GESCHICHTE IN GRIECHENLAND BEWAHREN

Die jüdische Gemeinde Athens hat heute knapp 3000 Mitglieder, deren Wurzeln Tausende von Jahren zurückreichen. Archäolog:innen gehen teilweise sogar davon aus, dass schon auf der antiken Agora eine Synagoge stand. Das faszinierende kleine Museum erzählt die Geschichte des griechischen Judentums von den Romanioten im 3. Jh. v. Chr. über die Zuwanderung der Sephardischen Jüdinnen und Juden im 15. Jh. und über den Holocaust hinaus. Eine der vielen berührenden Geschichten hier ist die von Bischof Chrysotomos und Lucas Karrer, dem Bürgermeister von Zakynthos. Gemeinsam retteten sie die 257 Jüdinnen und Juden der Insel vor der Verfolgung durch die Nazis.

Hotel Grande Bretagne

Tempel des Olympischen Zeus (Olympieion)

KOLOSSALE MARMORSÄULEN

Die hohen Säulen mit Kapitellen aus Akanthusblättern und Spiralen gehörten einst zum größten jüdischen Tempel in Griechenland. Von den ehemals 104 korinthischen Säulen – 17 m hoch und mit einem Durchmesser von 1,70 m an der Basis – stehen nur noch 15. Eine weitere liegt auf dem Boden, nachdem sie bei einem Sturm 1852 umstürzte. Um 515 v. Chr. begann der Athener Tyrann Peisistratos mit dem Bau des Tempels, musste die Arbeiten wegen Geldmangels aber einstellen. Nach mehreren Versuchen konnte ihn Hadrian nach 600 Jahren dann 125 n. Chr. fertigstellen. Der Eingang ist in der Vasilissis Olgas und im Kombiticket mit der Akropolis enthalten.

DIE ARKADEN VON ATHEN

Natassa Pappa ist Herausgeberin von *Desired Landscapes*, und empfiehlt drei moderne *Stoas* (Arkaden mit Geschäften), die typisch für die Innenstadt Athens sind. *desired-landscapes.com*

Stoa Emporon
Die meisten Geschäfte sind geschlossen, doch die alten Schilder mit allen möglichen Schriften zeugen von der Geschichte des griechischen Designs. Abends ist die Passage schön beleuchtet.

Stoa Praxitelous
Das Erdgeschoss wird von **Anana**, eingenommen. Das Café mit moderner Athener Atmosphäre bietet Kaffee aus einzelnen Sorten, vegetarische und vegane Gerichte.

Stoa Pesmazoglou
Die alte Arkade ist eng mit Musik verbunden. Das von der Familie des legendären kretischen Komponisten Nikos Xylouris geführte **Xylouris** ist eine wahre Schatztruhe für griechische Musik.

Plaka

NOCH MEHR IN SYNTAGMA & PLAKA

Unterwegs in Plaka

BILDERBUCHIDYLLE

Der fotogenste Ort in Plaka ist die Mnisikleous, wo sich unzählige Cafés auf den Stufen befinden. Das **Yiasemi** ist bekannt für sein vegetarisches Frühstücksbuffet und verführerischen Kuchen. Gegessen wird auf einem Kissen auf der Straße.

Weiter oben befindet sich Anafiotika (S. 70). Die winzigen weißen Häuser wurden Mitte des 19. Jhs. von Arbeitern der Insel Anafi gebaut.

In der Theorias weiter unten befindet sich das **Kanellopoulos Museum** in einer klassizistischen Villa. Es zeigt wunderbare byzantinische Kunstwerke und Schmuckstücke, darunter faszinierende Terracotta- und Bronzefigurinen. Auch die Decken im byzantinischen Flügel (mit großartigen Ikonen) sind bemerkenswert. Das Museum ist nur wenig besucht, sodass sich die eklektische Sammlung in aller Ruhe genießen lässt.

In der Diogenous wartet das nächste Museum. Das kostenlose **Museum für griechische Volksmusikinstrumente** zeigt

ÜBERNACHTEN IN SYNTAGMA & PLAKA

Gatsby Athens Hotel
Das mit Grünpflanzen überwucherte Boutiquehotel ist in der ehemaligen Polizeistation von Syntagma untergebracht. Die Zimmer sind klein, aber angenehm. **€€€**

InnAthens
Die meisten der in ruhigem Grau und Weiß gehaltgenen Zimmer gehen auf den hübschen Innenhof hinaus. In der Nähe von Syntagma. **€€**

Phaedra
Eine der besten Unterkünfte in Plaka. Die einfachen Zimmer reichen von klein bis winzig. **€**

knapp 1200 Instrumente der Volksmusik, die ein Ethnomusikologe zusammengetragen hat. Mit Kopfhörern kann man sich eine *Gaïda* (griechischer Dudelsack aus Ziegenleder) oder die Holzplanken anhören, mit denen die Priester auf dem Berg Athos zum Gebet rufen, sowie viele andere Instrumente.

Danach geht's die Lyssiou hinauf ins **Melina**. Das Café ist der großen Mercouri gewidmet und über und über mit Fotos der Schauspieler:innen und Politiker:innen geschmückt. Die Tische draußen bieten einen tollen Blick auf das Straßenleben in Plaka.

DER APOTHEKER VON NAXOS

Das Flaggschiff der Firma Korres (Hautpflege und natürliche Kosmetik) ist ein stylisches modernes Geschäft für die traditionelle Homöopathie und Phytotherapie der Insel. Die Cremes und anderen Produkte werden im hauseigenen Labor individuell hergestellt. Es werden jedoch auch fertige Cremes und einzigartige Parfüms verkauft. Alle Kund:innen werden mit einer Tasse Kräutertee begrüßt. Der Tee wird auch im Obergeschoss verkauft.

Denkmal für einen römischen Kaiser

EIN BOGEN AUS MARMOR

Der römische Kaiser Hadrian liebte Athen so sehr, dass er die Stadt mit unzähligen Tempeln und Bauten beglückte. Zum Dank dafür errichteten die Athener 131 v. Chr. das Hadrianstor aus Pentelischem Marmor. Es steht an einer der belebtesten Straßen der Stadt und markiert den Eingang zum Olympieion. Die Inschriften begrüßen die neue römische Zeit. So steht auf dem nordwestlichen Fries: „Dies ist Athen, die Stadt des Theseus". Auf dem südöstlichen Fries steht dann: „Dies ist die Stadt des Hadrians, und nicht des Theseus."

Open-Air-Kino

KINO UNTER DEM STERNENHIMMEL

Abends strömen die Athener:innen ins *Therina* (Open-Air-Kino), um sich den neuesten Blockbuster, einen Arthouse-Film oder einen alten Klassiker anzuschauen. Die Leinwände stehen in altmodischen Gärten und auf Hausdächern, sind aber mit modernster Ton- und Vorführtechnik ausgestattet. Die Kinosaison geht von Anfang Mai bis Oktober.

Das 1903 eröffnete **Ägli** in den grünen Zappeion-Gärten ist das älteste Open-Air-Kino der Stadt. Es ist ruhiger als die anderen und die Luft ist wirklich gut. Das sehr beliebte **Cine Paris** in Plaka aus den 1920er-Jahren wurde 2022 umfassend renoviert. Es bietet nicht nur einen tollen Blick über die Dächer zur beleuchteten Akropolis hinauf, sondern verkauft auch Filmplakate.

NOCH MEHR OPEN-AIR-KINOS

Weitere sind das **Thission** in Thiseio mit Blick auf die Akropolis, das schöne **Cine Dexameni** (S. 96) in Kolonaki, das **Riviera** (S. 92) in Exarhia und das **Cine Flisvos** (S. 102) in Palaio Faliro.

Unterwegs in historischen Gärten

DIE GRÜNEN LUNGEN DER STADT

Der **Nationale Garten** ist ein herrlicher Park mit vielen Bäumen, die angenehmen Schatten spenden. Königin Amalia ließ ihn 1839 als Garten des Königspalastes (und heutigen Parlamentsgebäudes) anlegen. Er war damals der erste Land-

ESSEN IN SYNTAGMA & PLAKA

Avocado
Das alte, sehr beliebte Café in Plaka hat ein riesiges Angebot an veganen, glutenfreien und biologischen Gerichten mit internationalem Touch. €

Cherche la Femme
Die Brasserie in Syntagma im Stil von Paris bietet leckere Mezedhes (Vorspeisen) zu Wein und Bier. €€

Psyche Wine Bar
Die kleine Bar in einer Arkade in Syntagma serviert leckere kleine Gerichte wie marinierte Muscheln und dazu tollen Wein aus der Region. €€

schaftsgarten des modernen Griechenlands und blieb im wesentlichen bis heute im Originalzustand erhalten. Es gibt Hunderte von Baumarten, struppiges Gebüsch sowie Blumenbeete, und dazwischen Fischteiche und Spielplätze. Außerdem leben hier unzählige Vögel wie Papageien, Enten, Gänse und Pfauen.

Südlich des Gartens steht inmitten der weiten Landschaft die **Zappeio-Halle**. Das klassizistische Gebäude wurde 1888 von Theophil Hansen erbaut und ist nach Evangelis Zappas benannt. Der Großunternehmer richtete 1896 die ersten Olympischen Spiele der Neuzeit aus. Die für Konferenzen und Ausstellungen genutzte Halle hat eine beeindruckende Architektur und Ausstattung. Der Garten rund um die Halle ist voller klassischer Statuen, darunter auch eine von Byron in der südwestlichen Ecke. Direkt daneben ist das Ägli-Kino.

DIE BESTEN RESTAURANTS IN KLEIN-ASIEN

Rund um die Kreuzung von Voulis und Skoufou gibt's eine Reihe asiatischer Restaurants. Unbedingt reservieren!

Birdman
hat sich auf erstklassige *Yakitori* (Hühnchenspieße, Fleisch und Meeresfrüchte vom Grill) spezialisiert. Die Küche ist authentisch, die Atmosphäre entspannt mit Plätzen an der Theke.

Nolan
Der talentierte Küchenchef Sotiris Kontizas verarbeitet asiatische Zutaten zu superleckeren Gerichten, die zum Teilen gedacht sind. Es gibt auch eine ausgezeichnete Bäckerei und Konditorei.

Sushimou
Der in Tokio ausgebildete Küchenchef Antonis Drakoularakos vollbringt wahre Wunder mit einehimischen Meeresfrüchten und zaubert das beste Sushi in ganz Athen.

Geschichte des modernen Griechenlands

ZEIT DER REVOLUTION

Das **Nationale historische Museum** im schönen Alten Parlamentsgebäude am Plateia Kolokotroni dokumentiert sehr anschaulich die Entstehung des modernen Griechenland im 19. Jh. Die bunt zusammengewürfelte Ausstellung zeigt alte Schwerter, Gallionsfiguren, Porträts von Generälen, traditionellen Schmuck und alte Trachten. Es gibt auch eine Kopie des berühmten Gemäldes *Das Massaker von Chios* von Eugène Delacroix (1824) und das Feldbett, das Lord Byron mit nach Griechenland brachte und auf dem er 1824 in Missolonghi an einem Fieber starb. Auf dem Platz vor dem Museum steht die bronzene Reiterstatue von Theodoros Kolokotronis, dem Anführer der Revolution von 1821.

Heiliges Feuer

ORTHODOXE OSTERFEIERN IN EINER KIRCHE AUS DEM 17. JH. FEIERN

Gut versteckt in Plaka steht die **Kirche des Agii Anargyri**, oder auch Metochi des Heiligen Grabes. Eigentlich hat sie nur einen ruigen Innenhof und eine wunderbare Ausstattung zu bieten. Doch am Abend des orthodoxen Ostersamstags versammeln sich die Gläubigen hier mit Kerzen, die sie an dem aus der Grabeskirche in Jerusalem eingeflogenen Heiligen Feuer entzünden. Dieses Ritual ist mehr als 1000 Jahre alt und immer noch sehr lebendig.

AUSGEHEN IN SYNTAGMA

Galaxy
In der Bar in einer Arkade in Syntagma ist die Zeit stehen geblieben. Zu den genialen Klassikern gibt's kostenlose Snacks.

The Clumsies
in der Café-Bar werden die kreativen Cocktails von preisgekrönten Barkeepern gemixt.

Heteroclito
Die Weinbar mit Tischen auf der Straße serviert die besten Weine der Region mit griechischem Käse und Aufschnitt.

MONASTIRAKI & PSYRI

BUNTE MÄRKTE & MODERNE GALERIEN

Monastiraki bedeutet „kleines Kloster" und ist nach dem griechisch-orthodoxen Kloster benannt, das zur Zeit der Osmanen am zentralen Platz stand. In dem uralten Geschäftsviertel befinden sich auch die Antike Agora, der einstige zentrale Treffpunkt, die Römische Agora und eine der wenigen erhaltenen *Tzami* (Moscheen) in Athen.

Der Norden und Westen von Psyri mag etwas heruntergekommen erscheinen, aber es ist das lebendigste Viertel in Athen. Es gibt zahllose Restaurants und Bars, umgebaute Lagerhäuser, Werkstätten und moderne Galerien. Dazu kommt noch die beeindruckende Straßenkunst, deren kreative Wandgemälde ein Zeichen für den Wandel in Athen sind.

Auch wer gerne auf Märkten stöbert, ist hier richtig. Es gibt einen riesigen Markt auf der Varvakios Agora und einen Flohmarkt in Monastiraki. Abends locken schräge Designercafés und Bars auf Dachterrassen mit Blick auf die Akropolis. Monastiraki ist zudem die Souvlaki-Hochburg der Stadt und bietet den Klassiker an jeder Ecke an.

TOP TIPP

Die Metrostation Monastiraki liegt mitten im Stadtviertel. Von dort sin des nur wenige Schritte zur Antiken und Römischen Agora und nach Psyri. Für Psyri ist auch die Metrostation Thissio praktisch, während die Station Omonia in der Nähe der Märkte liegt.

Die Antike Agora

DAS HERZ DES ANTIKEN ATHENS

Auf der Antiken Agora lehrte Sokrates seine Philosophie, und Paulus bekehrte 49 n. Chr. die Athener:innen zum Christentum. Heute ist der Platz eine herrliche Zuflucht mit beeindruckenden Ruinen.

Auf einem Hügel im Westen der Agora erhebt sich der **Tempel des Hephaistos**. Er wurde 449 v. Chr. zu Ehren des Gottes der Schmiede errichtet und besteht aus 34 Säulen. Auf dem östlichen Fries sind neun der zwölf Aufgaben des Herkules dargestellt. Der Tempel ist erstaunlich gut erhalten, denn er diente bis 1934 als Kirche von Agios Georgios.

Nordöstlich des Tempels sind die Fundamente der **Stoa von Zeus Eleutherios** zu sehen. Auch hier lehrte einst Sokrates. Weiter nördlich befinden sich noch die Fundamente der Stoa von Basileios und der Stoa Poikile oder „bemalten Stoa", die mit Wandmalereien von mythischen und historischen Schlachten geschmückt ist.

Die bezaubernde kleine **Kirche der Heiligen Apostel** beim südlichen Eingangstor wurde im 11. Jh. erbaut, um an Paulus Wirken auf der Agora zu erinnern. Ganz im Stil der damaligen Zeit ist die Backsteinfassade mit arabischer Kalligrafie geschmückt. Im Inneren sind fünf herrliche byzantinische Fresken zu sehen, die aus einer anderen, zerstörten Kirche stammen.

DIE STOA VON ATTLOS

Der östliche Rand der Agora wird von der Stoa von Attlos flankiert. Das majestätische zweistöckige Gebäude stammt aus dem 2. Jh. v. Chr. Die hellenistische Version einer Einkaufspassage besteht im Erdgeschoss aus 45 dorischen Säulen, hinter denen sich einmal 42 Geschäfte befanden. Nach der Restaurierung in den 1950er-Jahren ist hier jetzt ein Museum untergebracht, das einige der 160 000 Fundstücke aus Ausgrabungen in der Stadt zeigt, darunter antike Münzen und Terracotta-Figurinen. Das obere Stockwerk bietet einen tollen Blick auf die Stadt.

HIGHLIGHTS
1 Antike Agora
2 Kirche des Agios Eleftherios
3 Shedia Home
4 Varvakios Agora

SEHENSWERTES
5 Hadriansbibliothek (Hadrian's Library)

AKTIVITÄTEN, TOUREN & KURSE
6 Römische Agora

ESSEN
7 Diporto Agoras
10 Little Kook
11 Six d.o.g.s.

AUSGEHEN & FEIERN
8 Booze Cooperativa
9 Dude Bar

SHOPPEN
12 Zentralmarkt (siehe 4)
13 Plateia Avyssinias
14 To Rodakio & Fotagogos

Shedia Home

HILFE FÜR OBDACHLOSE

Shedia bedeutet „Floß" und ist ein großartiger Wohltätigkeitsverein, der sich um Obdachlose in ganz Griechenland kümmert. Es erscheint eine kostenlose Straßenzeitung monatlich sowie eine Jahresausgabe in Englisch, die alle im stylischen Café mit Bar und Restaurant Shedia Home in Monastiraki verkauft werden. Die nicht verkauften Exemplare werden zu schönen Haushaltswaren und Accessoires aus Pappmaché verarbeitet und ebenfalls im Café verkauft. Auf seiner Website shediahome.gr bietet der Verein auch Touren durch das „Unsichtbare" Athen an, die von Obdachlosen geleitet werden (im Voraus online buchen). Außerdem können auch die Fußball- und Boules-Turniere der Obdachlosen besucht werden. Wer will, darf beim Training mitspielen.

OBEN: LUPU ANDREEA VALENTINA/SHUTTERSTOCK ©, UNTEN: STORM IS ME/SHUTTERSTOCK ©

Antike Agora (S. 75)

Varvakios Agora

DER ZENTRALMARKT IN ATHEN

Die Stände in der gusseisernen Markthalle aus dem 19. Jh. verkaufen Fisch und frisch geschlachtetes Fleisch. In den zumeist rund um die Uhr geöffneten Tavernen der Halle gibt's die beste *Patsas* (Kuttelsuppe) in ganz Athen – übrigens ein perfektes Katerfrühstück. In der Athinas westlich davon befindet sich der Obst- und Gemüsemarkt, dessen Stände sich täglich außer sonntags unter farbenfrohen Bergen von frischen Erzeugnissen der Saison biegen. Sehenswert ist auch die Anfahrt und der Aufbau der Händler ab 7 Uhr. In den Straßen der Umgebung werden Oliven, Käse und Gewürze abgeboten.

Steinrelief der Kirche des Agios Eleftherios

Kirche des Agios Eleftherios

DIE KLEINE KATHEDRALE

Die Kirche aus dem 12. Jh. ist auch Panagia Gorgoepikoos, der Gottesmutter, gewidmet. Die winzige Kirche vereinigt die religiöse Geschichte Athens in sich. Der kreuzförmige Marmorbau wurde auf den Ruinen eines antiken Tempels errichtet, die Reliefs an der Fassade stellen mittelalterliche Bestien und antike Götter dar, und die Säulen wurden an die antiken Überreste angepasst. Die ursprünglichen Fresken im Inneren sind nicht erhalten, doch auf dem antiken Türrahmen aus Marmor sind noch Reste der Bemalung zu sehen. Heute steht die Kirche im Schatten der Kathedrale von 1862, die auch griechisch-orthodoxer Erzbischofssitz ist.

SPORT IN ATHEN

Athener:innen lieben den Mannschaftssport. Die besten Fußballmannschaften Griechenlands sind die Athener Vereine Panathinaikos und AEK sowie Olympiacos in Piräus. Die Termine der Spiele finden sich auf den Websites der Vereine, in der englischsprachigen Presse und auf ticketmaster.gr.

Ebenso populär ist Basketball. Auch hier kommen viele Profimannschaften der Männer und Frauen aus Athen (die größten sind Panathinaikos und AEK) und Piräus (Olympiacos). Die Termine der Spiele sind auf der Website des Hellenistischen Basketballverbandes EOK (basket.gr). Die Spiele finden zumeist im Stadion mit 18 000 Plätzen auf dem Athener Olympiagelände statt.

COLORMAKER/SHUTTERSTOCK ©

Römische Agora

NOCH MEHR IN MONASTIRAKI & PSYRI

Die Römische Agora

VON JULIUS CAESAR FINANZIERT

Auch wenn schon vor dem Zaun viel von der Römischen Agora zu sehen ist, lohnt es sich doch, hineinzugehen. Der Haupteingang im Westen der Anlage ist das eindrucksvolle **Tor der Athena Archegetis**. Es besteht aus vier dorischen Säulen und wurde von 19 bis 11 v. Chr. errichtet. Rechts davon befinden sich die Umrisse einer ehemaligen öffentlichen Latrine mit 68 Sitzplätzen.

Im Osten der Agora steht der schöne und geniale **Turm des Windes**, den der griechisch-mazedonische Astronom Andronikus Anfang des 1. Jhs. errichten ließ. Er besteht aus Pentelischem Marmor, und jede der acht Seiten ist mit einer Kompassspitze der entsprechenden Windrichtung geschmückt. Unterhalb der oberen Reliefs ist noch eine eingeritzte Sonnenuhr zu sehen. Auf dem Dach befand sich einst eine Wetterfahne aus Bronze, die vermutlich den Gott Triton darstellte. Das aus 24 Steinplatten bestehende Dach ist eines der wenigen erhaltenen Steindächern dieser Zeit.

Im Turm steht noch eine alte Wasseruhr an ihrem ursprünglichen Platz. Sie wurde einst von einem Fluss von der Akropolis herab angetrieben. An den Wänden sind die verblasste Zeichnung

ÜBERNACHTEN IN MONASTIRAKI & PSYRI

City Circus
Das fröhliche bunte Hostel in Psyri hat helle, gut ausgestattete Zimmer und moderne Bäder. €

Foundry Hotel
Eine ehemalige Metallfabrik in Psyri wurde in ein Apartmenthotel im schicken Industriedesign umgewandelt – mit Dachgarten und Bar. €€€

Mona
Das superschicke Boutiquehotel in einem Fabrikgebäude aus den 1950er-Jahren in Psyri hat eine eigene Kunstgalerie und Dachterrasse mit Bar. €€€

eines römischen Schiffs, der byzantinische Engel eines Freskos aus der Zeit, als der Turm als Kirche genutzt wurde, arabische Kalligrafie und eine Mihrab (Gebetsnische) aus der Osmanischen Zeit zu sehen.

Auf den Spuren der Osmanen

NOCH EIN REICH

Die Osmanen beherrschten Athen von 1458 bis 1821. Eines der wenigen erhaltenen Gebäude aus dieser Zeit ist die **Moschee von Tzistarakis** von 1759. In dem Gebäude an der Plateia Monastirakiou ist heute ein Teil des **Museums für griechische Volkskunst** untergebracht, das aber nur sehr unregelmäßig geöffnet ist.

Direkt um die Ecke der Römischen Agora steht die **Fetiye-Moschee** aus dem 17. Jh., die heute eine Messehalle ist. Auch der antike Turm des Windes wurde von türkischen Derwischen als *Tekke* (sufistische Moschee) genutzt.

An der Ecke von Aiolou und Pelopida nördlich des Turms befand sich einst eine **Madrasa**. Das 1721 errichtete Gebäude wurde für die Ausgrabung der Römischen Runinen darunter größtenteils zerstört. Nur das vordere Eingangstor blieb stehen und ist heute von Grünpflanzen überwuchert.

Rund um den Zentralmarkt

EIN GENUSS FÜR ALLE SINNE

Frühmorgens mit einem original griechischen Kaffee im **Mokka** startet der Tag neben der **Varvakios Agora** (S. 77). Bei dieser traditionellen Zubereitungsart wird der Kaffee auf heißem Sand gekocht und in einem Kupferkännchen serviert. Außerhalb der großen Markthalle setzt sich der Markt mit den fotogenen Obst- und Gemüseständen in der Athinas fort. Zu guter Letzt gibt's noch den treffend benannten **Großen Basar**, wo jede Menge Trödel verkauft wird.

Die Evripidou ist die Straße der Gewürze. Hier werden mediterrane Kräuter und importierte Saaten, Rinden und andere Köstlickeiten angeboten. Das malerischste Geschäft ist **Fotsi**, in dem es nach Hunderten von Gewürzen und Kräutern duftet. **Miran** hat sich auf getrocknetes Fleisch spezialisiert, darunter *Pastourma* (eine Art Pastrami, aber würziger). **Karamanlidika tou Fani** ist eine moderne *Pastomageireio* (Kombi aus Taverne und Delikatessengeschäft), in der es griechischen Käse und Trockenfleisch, gute Meeresfrüchte und seltene Weine und Craft-Biere gibt. Alle Geschäfte servieren ihre Leckereien auch an Tischen zum Probieren.

DAS RÖMISCHE ATHEN

86 v. Chr. griffen die Römer Athen an, zerstörten die Stadtmauer und brachten wertvolle Statuen nach Rom. In den folgenden drei Jahrhunderten der friedlichen römischen Herrschaft, der sogenannten „Pax Romana", war Athen weiterhin ein Ort großer Gelehrsamkeit, während die Römer die hellenistische Kultur übernahmen. Viele junge Römer besuchten die Schulen in Athen, und wer in Rom etwas auf sich hielt, sprach Griechisch.

Die römischen Kaiser, allen voran Hadrian, schmückten Athen mit großartigen Gebäuden wie der Hadriansbibliothek. Die Bibliothek war wie ein römisches Forum angelegt, mit einem Wasserbecken in der Mitte eines von 100 Säulen umgebenen Innenhofs. Von der Bibliothek ist nur die restaurierte Westwand neben dem Eingang erhalten.

Perianth Hotel
Das prachtvolle Designerhotel in Psyri ist mit viel Marmor, Holz, Metall und moderner Kust ausgestattet. **€€€**

Selina
Das riesige Hostel in Psyri bietet auch Coworking-Zonen und jede Menge Gemeinschaftsbereiche, darunter auch die tolle Bar auf der Dachterrasse. **€**

Zillers
Das wunderbar umgebaute klassizistische Gebäude bei Monastiraki hat nur zehn schöne Zimmer. **€€€**

GEFÜHRTE TOUREN

Zu Fuß
Athens Walking Tours und **Alternative Athens** bieten gute Stadtführungen mit qualifizierten Guides. **This is Athens**, die offizielle Tourismus-Website der Stadt, vermittelt in einem kostenlosen Projekt Besucher:innen an einheimische Guides, die ihnen die Stadt auch abseits der großen Sehenswürdigkeiten zeigen.

Mit dem Rad
Webike Athens bietet Radtouren in Thiseio, **Solebike** rund um die Akropolis. Mit E-Bikes sind auch die vielen Hügel der Stadt gut zu bewältigen. **Coco-Mat Bike Tours**, das von der Café-Bar „The Place" beim Fahrradladen Coco-Mat in Gazi betrieben wird, fährt mit normalen Fahrrädern und E-Bikes.

Mit dem Bus
Am bequemsten sind die Touren mit dem Hopon-Hopoff-Bus von **Athens Happy Train**, der zwar etwas heruntergekommen, aber preiswert ist und alle Sehenswürdigkeiten abfährt.

In einem Keller ohne Namensschild versteckt sich **Diporto Agoras**, eines der besten Restaurants in Athen. Es gibt keine festen Menüs, es empfiehlt sich das Menü des Chefs mit *Revythia* (Kichererbseneintopf) und gegrilltem Fisch und dazu den preiswerten Hauswein. In der Straße befindet sich auch die moderne Kunstgalerie **A.antonopoulou.art** und etwas weiter die Galerie **Alibi**. Außerdem ist hier ausgezeichnete Straßenkunst zu bewundern.

Echte Spezialitätengeschäfte

VOM FLOHMARKT ZUR DESIGNERBOUTIQUE

Vergiss die Ankündigung von „Athens Flohmarkt" in der Ifestou, dort gibt's vor allem Souvenirs und Billigklamotten. Der echte Flohmarkt findet auf der **Plateia Avyssinias** statt, wo alte *Palaiopoleia* (Trödler:innen) ihre verstaubten Schätze anbieten. Sonntags kommen noch Stände in der Astingos und weiteren Straßen dazu.

Weitere Spezialitätengeschäfte in dieser Gegend sind **Olgianna Melissinos** für maßgefertigte Sandalen, schicke Gürtel und Taschen, und **Mon Coin** für moderne Keramik aus ganz Griechenland.

Nördlich der Ermou in Psyri locken bunt gemischte Einkaufsmeilen mit traditionellen (Seil- und Korbwaren) und modernen Waren wie **Color Skates** für Skateboards und Ausrüstung. Das coole **Kokkion** in der trendigen Protogenous bietet selbst gemachtes Eis in herrlich fruchtigen Sorten.

Auf der anderen Seite der Athinas befindt sich **HYPER HYPO**, ein toller Kunst- und Designbuchladen, in dem es auch die in der Stadt veröffentlichten Magazine wie *Skateism, Nomas* und *Desired Landscapes* (S. 72) gibt. Die Galerie im Untergeschoss bietet regelmäßige Veranstaltungen. Von hier sind es nur wenige Schritte zu **The Makers** in der Praxitelous. Das Café verkauft auch schicke Schürzen und Accessoires. Schließlich gibt's noch **Neon Raum**. Die Boutique im 1. Stock bietet Mode neuer griechischer und internationaler Marken und Dekoartikel.

Café- und Kneipentour

FÜR JEDEN GESCHMACK ETWAS

Die Athener Café-Bars sind selten langweilig. So ändert das **Little Kook** seine fantasievolle Ausstattung in jeder Saison: die Requisiten zu einem bestimmten Thema, die Gemälde an der Wand und die Tischdekoration. Damit ist es nach der Akropolis der am meisten fotografierte Ort in Athen.

ESSEN IN MONASTIRAKI & PSYRI

Atlantikos
Das kleine hippe Fischrestaurant in einer Seitenstraße von Psyri serviert sehr gute und preiswerte gebratene oder gegrillte Meeresfrüchte. €€

Café Avissinia
Das Café in Monastiraki ist bekannt für die Vielfalt an Mezedhes und gute Livemusik. Es ist auch ideal für die Mittagspause beim Marktbesuch oder ein spätes Abendessen. €€

Linou Soumpasis k sia
Die hervorragende moderne Taverne in Psyri bietet zu frisch zubereiteten Gemüse- und Fischgerichten Craft-Bier und Wein aus der Region. €€

Varvakios Agora, Zentralmarkt (S. 77)

Der rustikale terrassierte Garten des **Six d.o.g.s.** ist tagsüber ein ruhiges Café und abends eine entspannte Bar. Außerdem gibt's Partys zum Abtanzen und Livemusik, aber auch Kunstschauen und andere coole Veranstaltungen.

Noel bietet eine Art von anspruchsvoller Weihnachtsfeier, allerdings ohne Weihnachtsmann. Sanft flackernde Kronleuchter sorgen für stimmungsvolles Licht. Überall sind sexy vergoldete Gliedmaßen von Schaufensterpuppen und Torsi inmitten von Kunstblumen verteilt. Das in einer Seitenstraße versteckte **To Rodakio & Fotagogos**, ist zugleich bezaubernder Buchladen und Galerie. Es bietet vor allem hier veröffentlichte Bücher und Magazine (teilweise auch in Englisch) sowie schräge Kunstwerke.

Direkt daneben ist **Booze Cooperativa**. Tagsüber spielen Jugendliche hier Brettspiele und arbeiten mit ihren Laptops, abends ist es eine lebhafte Bar, die bis spat in die Nacht geöffnet hat. Im Erdegeschoss finden Kunstausstellungen statt, oben wird Theater gespielt.

Die kleine **Dude Bar** in der Fußgängerzone hat praktisch bis zum frühen Morgen geöffnet. Die obskure Funk- und Soulmusik erinnert an die Filme von Quentin Tarantino.

DIE BESTEN SNACKS

Das winzige **Kostas** an der Plateia Agia Irini mitten in der Stadt serviert ausgezeichnete *Souvlaki* und *Bifteki* (würzige Frikadellen) aus Schweinefleisch. Am besten vor dem großen Ansturm am Mittag kommen, denn es schließt wenn kein Fleisch mehr da ist. Eine gute vegetarische Option ist das **Feyrouz** einige Blocks weiter nördlich. Besonders empfehlenswert ist die fleischlose *Lahmajoun* (Fladenbrot mit würziger Paste und Gemüse). Eine weitere Option verlangt etwas Geduld, denn die großen super blätterigen Croissants der **Overoll Croissanterie** in der Praxitelous sind so begehrt, dass sich immer lange Schlangen bilden.

DIE BESTEN ROOFTOP-BARS IN MONASTIRAKI

A for Athens
Die großartige Café-Bar auf dem Dach eines Hotels in Monastiraki bietet einen tollen Rundumblick.

City Zen
Die beliebte Bar auf einer Dachterrasse in Monastiraki serviert Kaffee und Cocktails mit Blick auf die Akropolis.

Couleur Locale
Die Restaurantbar auf einer Arkade in Monastiraki ist den ganzen Tag über geöffnet.

GAZI, KERAMEIKOS & METAXOURGIO

EIN HISTORISCHER FRIEDHOF & STRASSENKUNST

Eines der ältesten Stadtviertel Athens ist nach den *kerameis* (Töpfer:innen) benannt, die sich um 3000 v. Chr. an den lehmigen Ufern des Iridanos ansiedelten. Heute ist Keramikos vor allem für seinen uralten Friedhof bekannt.

Die Geschichte von Gazi ist eine typische Stadtgeschichte der Neuzeit: aufgegebene Industriegebäude – in diesem Fall ein Gaswerk – werden in Kunstateliers und Bars umgewandelt. Ein gutes Jahrzehnt später verwandelt sich die ganze Umgebung, indem sie, wie in Metaxourgio, zwischen heruntergekommenen Villen in düsteren Gassen zu neuem Leben erweckt wird. Besonders schön ist der öffentliche Park der Platonischen Akademie nördlich von Gazi.

Gazi und Metaxourgio sind vor allem für ihr Nachtleben bekannt, doch es gibt auch tolle Straßenkunst zu sehen. Nach einem Spaziergang durch das ehemalige Gaswerk geht's zum Mittagessen auf den hübschen Plateia Avdi in Metaxourgio.

TOP TIPP

Die Metrostation Kerameikos liegt mitten in Gazi. Für die Ausgrabungsstätte Kerameikos ist aber die Station Thisseio günstiger. Dann muss man auch nicht die viel befahrene Pireos überqueren. Auf dem Weg von der Station Metaxourgio zum Plateia Avdi solltest du in den Hauptstraßen bleiben und die zwielichtigen Gassen meiden.

HIGHLIGHTS
1 Benaki Museum in Pireos 138
2 Kerameikos
3 Museum der Islamischen Kunst
4 Seychelles
5 Technopolis

SEHENSWERTES
6 Beth-Shalom-Synagoge
7 Etz-Hayyim-Synagoge
8 Herakleidon Museum (Gebäude B)

AKTVITÄTEN, KURSE & TOUREN
9 Hammam

UNTERHALTUNG
10 Treno sto Rouf

Digitales Museum der Akademie von Plato

EINE WELT VOLLER IDEEN

387 v. Chr. gründete Platon seine Akademie – die erste Hochschule in Europa – nur wenige Schritte entfernt von der Stelle, wo heute das kleine faszinierende Museum 2 km nördlich von Gazi steht. In einem umgebauten Schiffscontainer werden die Ideen des großen Philosophen und seine Reisen rund ums Mittelmeer präsentiert. So wird in der Nachbildung einer Höhle das berühmte Höhlengleichnis erzählt. Im Park sind noch die Überreste der ursprünglichen Akademie zu sehen.

Kerameikos

Kerameikos

EIN URALTER FRIEDHOF

Die Ausgrabungsstätte wurde 1861 bei den Arbeiten zum Bau der Pireosstraße entdeckt. Der Friedhof war von 1200 v. Chr. bis ins 6. Jh. n. Chr. in Gebrauch. Die zahlreichen *Stelae* (Grabsteine) aus Marmor weisen lebensechte Porträts und Familienszenen auf. Dabei war die „Straße der Gräber" der Elite der Stadt vorbehalten, während das Volk im Gelände der Umgebung beigesetzt wurde. Es wurden hier auch Überreste der Stadtmauer des Thermistokles von 479 v. Chr. gefunden. Im kleinen Museum von Kerameikos sind weitere bemerkenswerte Grabsteine und Skulpturen zu sehen, darunter auch der Marmorstier des Dionysos von Kollytos aus dem 4. Jh. v. Chr. sowie Grabbeigaben und antikes Spielzeug. Vor dem Museum steht die sehr lebendig wirkende Statue eines Hundes aus der griechischen Mythologie.

DAS HEILIGE TOR

Durch das Heilige Tor in Kerameikos zogen die Pilger:innen aus Eleusis mit ihrer Prozession in die Stadt ein. Es war das Ziel des heiligen Weges, der heute als Iera Odos in Richtung Westen nach **Elefsina** (S. 116) führt.

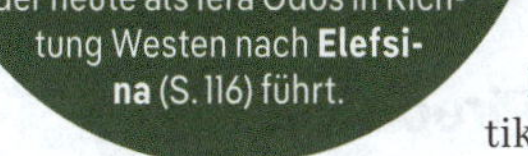

Museum der Islamischen Kunst

STELLT EUCH EINE PALME VOR

Das zum Benaki gehörende Museum ist nicht sehr groß, beherbergt aber eine großartige Ausstellung islamischer Kunst. Auf vier Stockwerken in zwei Gebäuden ist die Entwicklung der Weberei und Herstellung von Schmuck, Porzellan und Gebrauchskunst anhand von wunderbaren Stücken gezeigt. So ist z. B. der Empfangsraum mit Marmorfußboden eines Herrenhauses in Kairo aus dem 17. Jh. zu sehen. Der beim Bau des Museums entdeckte Teil der Stadtmauer des Thermistokleus und ein antikes Grab sind jetzt im Keller ausgestellt. Das Café auf dem Dach bietet nicht nur einen tollen Blick auf Kerameikos, sondern ist auch mit einem raumhohen Wandgemälde geschmückt: *Stellt euch eine Palme vor* von Narvine G. Khan-Dossos.

Restaurant Seychelles

Seychelles

DIE TAVERNE AM PLATZ

Das Seychelles könnte das platonische Ideal eines Restaurants sein: das Essen ist schmackhaft und preiswert, der Service hervorragend. Hinter der Marmortheke befindet sich die offene Küche, in der das Personal in Harmonie und Eintracht zusammenarbeitet. Die sehr schmackhaften Gerichte sind eigentlich recht einfach: in der Pfanne gebratene Pilze mit einer dünnen Schicht Schafskäse überbacken oder Rukolasalat mit süßen Feigen. Entweder im Voraus reservieren oder sehr früh da sein, denn es ist immer sehr voll.

Straße in Gazi

Technopolis

EIN ALTES GASWERK ERFINDET SICH NEU

Gazi ist nach dem Gaswerk benannt, in dem von 1862 bis 1984 Gas aus Kohle gewonnen wurde. Das Werk mit Backsteinkaminen, Öfen und riesigen Gaskesseln wurde umfangreich restauriert und umgebaut. Heute finden hier viele Veranstaltungen wie Ausstellungen, Konzerte und Festivals statt. Außerdem kann die Anlage mit einem faszinierenden Audioguide besichtigt werden. Die ehemaligen Öfen wirken heute wie riesige Kunstinstallationen. Fotos und interaktive Ausstellungsstücke zeigen, wie die Arbeit in dem ehemaligen Gaswerk war. Der Aussichtsturm des neuen Wassergaswerks bietet einen tollen Blick auf die Stadt. Es gibt auch ein nettes Café und einen Spielplatz.

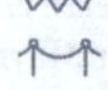

Das Benaki-Museum Pireos 138

WUNDERBARE WECHSELAUSSTELLUNGEN

Dieser Teil des Benaki-Museums ist Zeitgenössischem und Erfindungen gewidmet. Die Eingangshalle des großen modernen Gebäudes aus lachsfarbenem Stein ist mit einem Mosaik des griechischen Modernisten Tsarouchis geschmückt. Dieses Mosaik und eine Reihe von Porträts des Gründers Antonis Benakis bilden die gesamte Dauerausstellung, zu der regelmäßige und teilweise sehr gute Wechselausstellungen kommen. Es gibt ein nettes Café und einen guten Museumsshop, in dem Waren der Mentis-Antonopoulos (‚Nema') Passementeri verkauft werden. Die traditionelle Manufaktur für Bänder, Borten und Quasten in der benachbarten Polyfemou gehört ebenfalls zum Kunst- und Kunsthandwerkskonzern Benaki.

NOCH MEHR IN GAZI, KERAMEIKOS & METAXOURGIO

Besuch von zwei Synagogen

GEBETSRÄUME UND MAHNMALE

Die winzige **Ets Hayim** im römischen Stil wurde 1904 erbaut. Direkt gegenüber steht die größere **Beth Shalom**, von 1935. Die Besichtigung der beiden Synagogen ist nach Vereinbarung möglich und muss per E-Mail unter sec@athjcom.gr.gebucht werden. Eine Kopie des Passes beifügen!

Vor der Synagoge Beth Shalom erinnert das **Denkmal der rechtschaffenen Nichtjuden** in Form eines Buchs aus Metall an die Griechinnen und Griechen, die Jüdinnen und Juden während der deutschen Besetzung im Zweiten Weltkrieg vor den Nazis retteten. Ganz in der Nähe befindet sich unter den Bäumen bei Kerameikos noch das **Holocaust-Denkmal** der Stadt. Den riesigen Davidstern aus Marmor schuf die griechisch-amerikanische Künstlerin DeAnna Maganias. Im Verhältnis zur Bevölkerungszahl verlor Griechenland fast die meisten Jüdinnen und Juden im Zweiten Weltkrieg.

Ein türkisches Bad genießen

ALLES AUSSCHWITZEN

Das mit Marmor verkleidete Dampfbad des **Hammam** ist zwar recht klein, doch dank der detailreichen Ausstattung eines der schönsten Türkischen Bäder in der Athener Innenstadt. Zu den Annehnmlichkeiten gehören große Wasserschüsseln und warmer Tee mit türkischem Konfekt. Die Ganzkörpermassage muss im Voraus gebucht werden.

Das **Al Hammam Bad** (alhammam.gr) in Plaka ist auch eher klein, aber mit Marmor, Fliesen und farbigen Kronleuchtern wie zur Zeit des Osmanischen Reiches ausgestattet. Der Tee wird nach dem Schwitzen auf der Terrasse serviert, die einen tollen Blick auf die Akropolis bietet.

In den Zug nach Nirgendwo steigen

THEATER IN DER EISENBAHN

Der Orientexpress fuhr zwar nie durch Athen, doch einer der eleganten Pullman-Waggons kam doch irgendwie nach Rouf, zehn Gehminuten südlich von Gazi. Da bildet er nun zusammen mit anderen Waggons das innovative Kulturzentrum **Treno sto Rouf**. In dem Theaterwaggon, Restaurant- und Barwaggon ist für alle etwas geboten. Außerdem gibt's noch den Neuen Waggon,

STRASSENKUNST & STRASSENESSEN

Athen bietet unglaubliche Straßenkunst, wobei die größten und besten Werke in Kerameikos, Gazi, Metaxourgio und Psyri zu sehen sind. Besonders eindrucksvoll sind die Wandmalereien von INO, einem international anerkannten griechischen Künstler, der ebenso wie Banksy seine wahre Identität geheim hält. Sein Markenzeichen sind einfarbige Gemälde mit leuchtend hellblauen Spritzern.

Auf dem **Alten OSY-Depot** in der Pireosstrasse befindet sich INOs Hommage auf die berühmten Werke von Leonardo da Vinci: in den Augen der Mona Lisa spiegeln sich ein Aufständischer und ein Polizist. In dem umgebauten alten Bahndepot findet im Mai das äußerst populäre **Street Food Festival** statt.

Ebenfalls bemerkenswert sind **Der Kuss** an der Plateia Avdi, ein 22 m hohes Wandgemälde von Ilias Papailiakis aus Kreta, und die von Albrecht Dürer inspirierten **Betenden Hände** in der Pireos in Richtung Omonia.

ESSEN IN GAZI & METAXOURGIO

A Little Taste of Home
Getreu dem Namen bietet das Restaurant in Gazi eine Vielzahl internationaler Gerichte, die alle frisch und gut sind. €€

CTC Urban Gastronomy
In dem extravaganten Restaurant in Metaxourgio steht Sterne-Koch Alexandros Tsiotinis am Herd. €€€

Elvis
Das Restaurant in Metaxourgio ist für seine hervorragenden Souvlaki bekannt. Der Preis ist angemessen, und die Spieße werden mit leckerem Brot und Pommes serviert. €

DAS NACHTLEBEN DER LGBTIQ+-SZENE

Sotiris Trechas ist Fotograf, Modedesigner und DJ (The Dreamer), und empfiehlt LGBTIQ+-freundliche Lokale. *thedreamer.gr*

Überall ist Party
Man muss nicht in eine Bar oder einen Club für Homosexuelle gehen, denn das Nachtleben in Athen ist universal, und viele Leute kommen nur deswegen hierher.

Mobile Partys
Beim queeren **Purple Night**-Rave lege ich Techno, House und Disco auf. Gute Partys gibt's auch im **Qreclaim**, **Slam** und **Stripped Unicorns**.

Drag-Show
Wir haben hier tolle Drag-Queens! Im legendären **Koukles** in Koukaki bieten einheimische Travestieder noch die alte Schule. Modernere Queens wie Chraja und Filothei treten regelmäßig im **Bequeer** auf. Dort ist auch das Publikum jünger.

PIT STOCK/SHUTTERSTOCK ©

Restaurantwaggon des Treno sto Rouf (S. 85)

in dem literarische Gespräche und andere Kunstprojekte stattfinden. Doch auch ohne Veranstaltung ist es ein toller Ort, um an den Tischen auf dem Bahnsteig etwas zu trinken und zu essen. Im August geschlossen.

Die Tabakfabrik Lenorman

EINE RIESIGE AUSSTELLUNGSFLÄCHE

Das unter Denkmalschutz stehende riesige Gebäude in Kolonus wurde Ende der 1920er-Jahre errichtet und war einst die staatliche Tabakfabrik. Heute sind hier Teile des griechischen Parlaments untergebracht, und das gesamte Erdgeschoss inklusive eines 1000 m^2 großen überdachten Innenhofs wird nach dem Umbau für die Ausstellung der riesigen Kunstinstallationen von NEON (neon.org.gr) genutzt. Die gemeinnützige Stiftung organisiert kostenlose Ausstellungen moderner Kunst in ähnlichen Gebäuden in ganz Athen. Der Veranstaltungskalender ist auf der Website zu finden.

AUSGEHEN IN GAZI & METAXOURGIO

Upopa Epops
Die coole Restaurantbar hat einen Innenhof voller Grünpflanzen und Vintage-Möbel. Es gibt tollen Kaffee, Brunch und Cocktails.

Bios
Das hippe mehrstöckige Lokal hat eine Bar auf dem Dach, ein Restaurant, einen Club im Keller und ein winziges Arthouse-Kino.

Blue Parrot
Üppige Hängepflanzen und eine entspannte Atmosphäre drinnen und draußen machen die Bar an der Plateia Avdi in Metaxourgio so beliebt.

OMONIA, EXARCHIA & KYPSELI

AVANTGARDISTISCH, KÜNSTLERISCH & INTELLEKTUELL

Den schön sanierten Platz mitten im Geschäftsviertel Omonia ziert seit 2020 eine hydrokinetische Skulptur von George Zongolopoulos und der restaurierte Springbrunnen. Gesäumt wird der Platz von der klassizistischen Trilogie aus Nationalbibliothek, Universität und Akademie von Athen. Das schmuddelige Exarchia, das sich den Strefi-Hügel hinaufzieht, ist berühmt-berüchtigt für seine Hausbesetzerszene und anarchischen Musiker:innen. Hier befindet sich aber auch das Archäologische Nationalmuseum, und es gibt tolle Restaurants, Geschäfte, Bars mit Livemusik und Open-Air-Kinos.

Das nördlich des Parks Pedion Areos gelegene Kypseli feiert ein gelungenes Comeback. Ende des 20. Jhs. war das einst schicke Viertel ziemlich heruntergekommen, doch es rappelte sich wieder auf, erweckte den lokalen Markt zu neuem Leben und legte den Fokionos Negri-Weg durch den Park an.

TOP TIPP

Exarchia ist von der Metrostation Omonia im Westen oder von der Station Panepistimio im Süden zu erreichen. Für das Archäologische Nationalmuseum ist die Station Viktoria am günstigsten. Kypseli ist gut 20 Gehminuten nördlich von Exarchia am anderen Ende des Pedion Areos, einem der größten öffentlichen Parks in Athen.

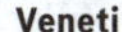
Veneti

Das Archäologische Nationalmuseum

DIE SCHÄTZE DER ANTIKE

Das riesige klassizistische Gebäude aus dem 19. Jh. beherbergt die weltweit beste Sammlung aus dem antiken Griechenland. Die Fundstücke dokumentieren die griechische Kunst und Geschichte von der prähistorischen bis zur klassischen Zeit. Die herrlichen Skulpturen, Keramiken, Schmuckstücke, Fresken und Kunstwerke sind thematisch angeordnet. Es ist fast unmöglich, alles auf einmal zu sehen. Deshalb sollte man sich mehrere Tage Zeit nehmen. Das Museum ist täglich geöffnet, dienstags aber nur von 13 bis 20 Uhr.

Veneti

HISTORISCHES CAFÉ IN OMONIA

Die Bäckereikette Veneti hatte großes Glück, als sie das legendäre Café Neon übernehmen konnte. Doch auch das in den Gemälden von Tsarouchis (heute in der Nationalgalerie) für immer verewigte Café der Literaten ist noch so großartig wie früher. Im Erdgeschoss werden hochwertige Backwaren, Cookies, Kuchen und Sandwiches verkauft. im Obergeschoss ist immer noch die klassizistische Ausstattung zu bewundern, und es finden auch Fotoausstellungen des Benaki-Museums hier statt. Es gibt zudem Tische auf der Straße. Das Essen und der Service sind ausgezeichnet.

HIGHLIGHTS
1 Loverdos-Museum
2 Archäologisches Nationalmuseum
3 Veneti

SEHENSWERTES
4 Akademie von Athen
5 Athens Universität
6 Fokionos Negri
7 Griechische Nationalbibliothek
8 Plateia Exarcheion
9 Platia Agiou Georgiou
10 Strefi-Hügel

AUSGEHEN & FEIERN
11 KICK
12 Village

SHOPPEN
13 Kypseli Municipal Market

Das Loverdos-Museum

EINE KLASSIZISTISCHE SCHÖNHEIT

Von der einstigen Brandruine ist in dem eleganten Stadthaus nichts mehr zu sehen. Es wurde 1885 als Wohnhaus für Ernst Ziller errichtet. Der deutsche Archiktekt baute Hunderte klassizistischer Gebäude in ganz Athen. Von 1912–34 lebte dann der Bankier und Kunstsammler Dionysios Loverdos hier. Nach dem verheerenden Brand 1980 war es lange Jahre besetzt, bevor es umfassend renoviert und 2021 als Teil des Byzantinischen und Christlichen Museums wieder eröffnet wurde. Das Gebäude selbst ist ein einzigartiges Kunstwerk voller wunderbarer Wand- und Deckengemälden, offenen Kaminen, Mosaikfußböden und einer fein geschnitzten Holztreppe – ein würdiger Rahmen für Loverdos' Sammlung spätbyzantinischer religiöser Kunst, Ikonen der kretischen und ionischen Schule und handschriftlichen Manuskripten.

KOMBITICKET

Das drei Tage lang gültige Kombiticket gilt für das Archäologische Nationalmuseum, das benachbarte **Epigrafische Museum**, das **Byzantinische-Christliche Museum** (S. 95) und das **Numismatische Museum** (S. 95).

Archäologisches Nationalmuseum

NOCH MEHR IN OMONIA, EXARCHIA & KYPSELI

Das Archäologische Nationalmuseum

DIE SCHÄTZE DER ANTIKE

Für einen kurzen Rundgang reichen einige Stunden, wer tiefer eintauchen will, muss mehr Zeit investieren. Unbedingt einplanen solltest du eine Kaffeepause in dem schönen Innenhof, der ebenfalls mit antiken Skulpturen geschmückt ist.

Der Rundgang beginnt mit der fantastischen **Mykenischen Sammlung** in den Sälen 3 und 4. Hier befindet sich auch die berühmte (und umstrittene) goldene **Maske des Agamemnon**, die in Mykene gefunden worden war.

Die **Kykladische Sammlung** (Saal 6) umfasst herrliche Figurinen aus dem 3. und 2. Jahrtausend v. Chr., die auch moderne Kunstschaffende wie Picasso inspirierten.

Die kolossale Marmorstatue des **Sounion Kouros**, von Naxos von 600 v. Chr. ist in Saal 8 zu sehen. Saal 15 wird von einer unglaublichen Bronzestatue von 460 v. Chr. dominiert, die entweder Zeus oder Poseidon darstellt.

Die **Statue der Athene aus dem Varvakeion** in Saal 20 ist nur die 1,05 m hohe Nachbildung der ursprünglichen 11,5 m hohen Statue aus dem Parthenon.

DAS SCHIFFS-WRACK VON ANTIKYTHERA

Zu den kostbarsten Stücken, die Schwammtaucher 1900 vor der Insel Antikythera entdeckten, gehört die Bronze-Statue des **Jünglings von Antikythera** aus dem 4. Jh. v. Chr. (Saal 28). Der kugelförmikge Gegenstand, den er einst in Händen hielt, ist leider verschwunden

Noch wunderbarer ist der **Mechanismus von Antikythera** (Saal 38). Das kunstvolle Räderwerk aus dem 2. Jh. v. Chr. ist leider nur in Teilen erhalten. An dem 2021 gebauten Modell ist zu sehen, wie mit dem Gerät die Positionen der Planeten, die Daten von Mond- und Sonnenfinsternissen sowie der Olympischen Spiele und weiterer Ereignisse berechnet werden konnten. Leider ist nicht bekannt, wer dieses Meisterwerk einst schuf.

ÜBERNACHTEN IN OMONIA & EXARCHIA

Athens Quinta Hostel
Das freundliche Hostel in einer ehemaligen Villa in Exarchia ist mit Samtsofas und gemusterten Fliesenböden ausgestattet. **€**

Baloo Hostel
Das elegante, künstlerische Hostel in einer restaurierten klassizistischen Villa steht im avantgardistischen Viertel Omonia. **€**

Brown Acropol
Das gute Retro-Hotel in Omonia gehört zur Brown-Kette. Die Dachterrasse mit Bar und Swimmingpool ist unglaublich. **€€**

NOCH MEHR SOUNION KOUROS

Die Sounion Kouros des Archäologischen Nationalmuseums stand einst vor dem **Poseidontempel** (S. 108) in Sounion. Die kunstvolle Statue ist eine Mischung aus den starren Monumenten des Alten Ägypten und den lebensgroßen, naturalistischen Skulpturen des Antiken Griechenlands.

Akademie von Athen

STRASSENMÄRKTE

Für viele Athener:innen ist es Pflicht, einmal wöchentlich auf dem *Laïki agora* , dem Straßenmarkt ihres Viertels, einzukaufen. In Exarchia findet der Markt samstagvormittags bis 14 Uhr in der Kalidromiou statt. Hier wird alles von frischem Obst und Blumen über Kräuter aus den Bergen bis zu Honig verkauft. Andere schöne Wochenmärkte sind der in **Kolonaki** (in der Xenokratous) und in **Pangrati** auf dem Pirrou und Ymittou. Beide Märkte finden freitags statt.

In Saal 21 steht die dynamische **Statue von Pferd und jungem Reiter** (2. Jh.v.Chr.) inmitten so herrlicher Werke wie der **Statue der Aphrodite**.

In Saal 48 im Obergeschoss sind die spektakulären **Minoischen Fresken** von Santorin (Thira) zu sehen. Dort oben befindet sich auch die hervorragende **Keramiksammlung** mit Werken von der Bronzezeit bis zur Attischen Zeitmit ihren roten Figuren (Ende 5. bis Anfang 4. Jh. v. Chr.).

Die klassizistische Trilogie

DIE DREI SCHÖNHEITEN

Die **Akademie von Athen** ist unbestreitbar eines der schönsten klassizistischen Gebäude der Welt. Die von Theophil Hansen 1885 errichtete Akademie war das erste der drei klassizistischen Gebäude in der Panepistimiou. Seit 1926 ist das renommierteste Forschungsinstitut der Stadt hier untergebracht. Nach dem Vorbild der Akropolis ist der Eingang mit 10 m hohen ionischen Säulen und den Statuen der Athene und des Apollon von Leonidas Drossis geschmückt. Das riesige Wandgemälde des österreichischen Künstlers Christian Griepenkerl in der großen Eingangshalle stellt *Den gefesselten Prometheus* von Aischylos dar.

Die **Universität von Athen** direkt daneben wurde 1864 von Theophils Bruder Christian Hansen gebaut. Mittlerweile ver-

ESSEN IN EXARCHIA

Ama Lachei stis Nefelis
Das Restaurant auf dem Strefi-Hügel in Exarchia serviert superleckere kleine Gerichte auf der schattigen, von Wenlaub umrankten Terrasse. **€**

Café Boheme Barbagiannis
Es ist gleichermaßen ideal für einen Kaffee in aller Ruhe und ein leckeres Abendessen mit herrlichen Weinen. **€€**

Fine Mess Smokehouse
Das mit Buchenholz geräucherte Fleisch ist saftig und lecker. **€€**

teilen sich die Universitätsgebäude auf die ganze Stadt, doch in Hansens Gebäude sind immer noch die zentrale Verwaltung und das Auditorium maximum untergebracht. Eine Wand des Portikus ist komplett mit einem Wandgemälde bedeckt.

Die 1902 fertiggestellte **Nationalbibliothek** wurde ebenfalls von Theophil Hansen entworfen und von Ernst Ziller gebaut. Eine doppelte Marmortreppe im Stil der Renaissance führt in den Portikus, der aus dorischen Säulen besteht. Da der Bau von der Familie Vallianos finanziert wurde, hieß das Gebäude zuerst Vallianeion. Der holzgetäfelte Lesesaal darf nach Vereinbarung für Forschungsarbeiten genutzt werden.

Exarchia erkunden

STRASSENKUNST, SHOPPEN UND ESSEN

Der dreieckige **Plateia Exarhion**, bildet den Mittelpunkt von Exarchia, ist aber derzeit wegen dem Bau der Metrostation abgesperrt. Dennoch ist es mit den vielen Cafés wie dem Ivi immer noch der beste Ort, um zu sehen und gesehen zu werden.

Exarchia ist übersät mit Straßenkunst, die oft auch politisch ist. So zeigt **Kein Land für die Armeno** in der Emmanuel Benaki z. B. einen schlafenden Obdachlosen. An der Ecke von Mesolongiou und Tzavella steht das **Denkmal für Alexis Grigoropoulos**. Als der Teenager 2008 von der Polizei ermordet wurde, löste dies politische Unruhen im ganzen Land aus.

Im **Navarino-Park** an der Ecke von Navarinou und Zoodohou Pigis gibt's einen Spielplatz und einen Gemüsegarten, der gemeinschaftlich gepflegt wird. In der Zoodohou Pigis befinden sich die besten Nischengeschäfte in Exarchia, wie etwa Ode Designersocken und den Plattenladen Plan 59.

In der **Black Salami Microbakery** kannst du dich mit leckeren Backwaren und gutem Kaffee stärken, bevor du den **Strefi-Hügel** im Nordosten des Viertels hinauf steigst. Auf dem Rückweg kannst du in das Straßencafé Exostrefis neben dem Basketballplatz einkehren.

Zum Abendessen kannst du ins **Rakoumel** oder **Oxo Nou** gehen. Beide servieren tolles kretisches Essen mit Bergkräutern und langsam gegartem Fleisch. Sie sind nur einen Häuserblock voneinander entfernt, sodass du vielleicht in beiden eine Kleinigkeit essen kannst.

Unterwegs in Kypseli

EIN TOLLER MARKT

Kypseli bedeutet „Bienenstock", und der Mittelpunkt des quirligen Viertels ist der **Städtische Markt von Kypseli**. In dem

DREI STRASSEN IN ATHEN

Sofka Zinovieff, Autorin des Podcast *Athens Unpacked*, stellt uns drei Straßen vor, die die ganze Vielfalt Athens widerspiegeln.
sofkazinovieff.com

Kypseli
In der **Fokionos Negri** findet ein sehr ungewöhnlicher städtischer Markt statt, auf dem das **Tastes of Damascus** tolles veganes Essen und das **Eprepe** coole Cocktails anbietet.

Neos Kosmos
In dem Viertel sind alle Extreme der Athener Architektur vertreten. In der **Strogkonof** stehen Gebäude im Bauhaus-Stil neben luxuriösen Hotels und dem riesigen **Onassis Stegi**.

Akropolis
Die Fußgängerzone der **Dionysiou Areopagitou** ist von schönen Klassikern und klassizistischen Villen gesäumt. Weiter unten am Hügel befindet sich die Airbnb-Hochburg Koukaki mit zahllosen Bars und Cafés.

LIVEMUSIK IN OMONIA & EXARCHIA

Olympia Municipal Music Theatre Maria Callas
Das grandiose, nach der griechischen Diva benannte Theater bei Omonia bietet nicht nur Opern, sondern auch klassische Musik und Pop-Konzerte.

An Club
Der kleine Club mit goßer Bekanntheit gehört seit 1987 zur lebhaften Rockszene in Exarchia.

Feidiou 2
In dem gemütlichen Café in Exarchia gibt's ab 22 Uhr Livemusik, vor allem Rembetika (Blues).

BESTE UNTERHALTUNG IN OMONIA & EXARCHIA

Romantso
In der Café-Bar mit Workspace legen jedes Wochenende DJs auf oder stehen Livebands auf der Bühne. Es gibt auch noch jede Menge anderer Veranstaltungen.

Nationaltheater
Das schöne klassizistische Theater bei Omonia bringt zeitgenössische Stücke und antike Schauspiele auf die Bühne. Manchmal sind die Produktionen auch mit englischen Untertiteln versehen. Die Eintrittspreise sind sehr vernünftig.

Riviera
Seit 1969 zeigt das Open-Air-Kino in Exarchia Klassiker und Arthouse-Filme.

ANASTASIOS71/SHUTTERSTOCK ©

Nationalbibliothek (S. 91)

modernistischen Gebäudekomplex von 1935 sind Unternehmen und Gruppen untergebracht, die sich sozial engagieren. Sie organisieren einen spontanen Gemeinschaftsbrunch, Treffen von Tierliebhaber:innen, femistisch-lesbische Feste und Comic-Börsen. Wise Greece bietet gut 2500 hochwertige Lebensmittel aus der Region an und spendet einen Teil des Erlöses an einen Fonds, der bedürftige Menschen mit Nahrungsmitteln versorgt. La Grace African Fashions fertigt Kleidung aus bunt bedruckten Wachstüchern, die Designerin Cristina Koutsolioutsou bietet unter ihrem Label Funny Radical Acne Scars kreative Mode aus von Hand gefärbten und bedruckten Stoffen an.

Ein weiteres Markenzeichen von Kypseli ist die lebhafte Cafébar-Szene. Die modern Variante des altmodischen *Kafeneio* sind trendige Cafés wie das Kick in der Sporadon, das zugleich ein kreativer Concept Store ist, in dem man die Filmempfehlungen der Woche samt Trailer herunterladen kann. Etwas weiter in der Sporadon in Richtung Exarchia glaubt man, plötzlich in Paris zu sein. Der schattige Plateia Agiou Georgiou (St. Georgs-Platz) ist rundum von Cafés und Bars gesäumt, darunter auch das hervorragende **Village**.

SHOPPEN IN EXARCHIA

Plastikourgeio
Die nachhaltigen Produkte und Kunsthandwerksstücke sind aus recyceltem Kunststoff oder ganz ohne Plastik hergestellt.

Koukoutsi
Das winzige Geschäft hat sich auf T-Shirts, Accessoires und Kunstdrucke mit eleganten Motiven aus Athen und Griechenland spezialisiert.

Zacharias
Die Werkstatt bedruckt T-Shirts, lederne Notizbücher und vieles im Serigrafie-Verfahren mit klassisch inspirierten Motiven.

KOLONAKI & HILTON

DIE VIERTEL DER SCHICKEN ELITE

Kolonaki war lange das nobelste Viertel der Innenstadt, in dem der alte Geldadel neben Neureichen und Möchtegernen in den von Bäumen und Luxusgeschäften gesäumten Straßen wohnten. Der Hauptplatz Plateia Kolonakiou wird noch einige Jahre lang eine Baustelle sein, hier wird eine neue Metrostation gebaut. Ansonsten ist Kolonaki immer noch sehr gepflegt. Hier befinden sich viele ausgezeichnete Institutionen wie das Benaki-Museum oder Museum für Kykladische Kunst, aber auch schicke Boutiquen und Galerien. Und natürlich sind hier, wie überall in Athen, Überreste der Antike zu sehen, in diesem Fall das Hadrian's Reservoir am Plateia Dexameni. Außerdem lockt der das Viertel überragende Lykavittos-Hügel mit Seilbahn. Der Blick auf Stadt und Meer ist besonders atemberaubend bei Sonnenuntergang.

Hilton ist nach dem Hotel aus den 1960er-Jahren benannt. Seit Januar 2022 ist dieses wegen Renovierung geschlossen und wird 2024 als Conrad Athen wieder eröffnet. In dem Viertel befinden sich die hervorragende Nationalgalerie und tolle Restaurants.

TOP TIPP

Die Stationen Syntagma und Panepistimio sind sehr praktisch für das westliche Kolonaki, für den Osten ist es Evangelismos. Diese Station ist ideal für die Nationalgalerie. Von hier fährt auch die blaue Linie nach Megaro Moussikis, wo sich das Megaron, eines der besten Konzerthäuser in Athen befindet.

HIGHLIGHTS
1 Benaki-Museum für griechische Kultur
2 Byzantinisches und Christliches Museum
3 Lykavittos-Hügel
4 Museum für kykladische Kunst
5 Nationalgallerie
6 Numismatisches Museum

SEHENSWERTES
7 Kriezotou
8 Panepistimiou
9 Pindarou
10 Plateia Dexameni
11 The Ghika Gallery
12 Der Läufer
13 Tsakalof

AUSGEHEN & FEIERN
14 Da Capo
15 Dexameni

UNTERHALTUNG
16 Cine Dexameni

SHOPPEN
17 Benaki-Museumsshop
18 Mastiha Shop

Der Lykavittos-Hügel

ATEMBERAUBENDE SONNENUNTERGÄNGE

Der 227 m hohe, von Pinien bedeckte Hügel ist einer der schönsten Aussichtspunkte in Athen und ganz Attika. Auf dem Gipfel steht die kleine Agios-Georgios-Kapelle, die abends wie ein Leuchtfeuer erscheint. Der Weg nach oben beginnt am Ende der Loukianou, es fährt aber auch eine Seilbahn vom Ende der Ploutarhou hinauf. Die schicke terrassierte Bar Prasini Tenta unterhalb des Gipfels lädt zu einem Drink und Snack zum Sonnenuntergang ein.

CORNELIUR/SHUTTERSTOCK ©

Blick von der Akropolis auf den Lykavittos-Hügel

Das Benaki-Museum für Griechische Kultur

GRIECHISCHES LEBEN ALS KUNST

Das Flaggschiff der Museen des reichen Kunstsammlers Antonis Benakis zeigt nur einen Bruchteil seiner umfangreichen Sammlung. Auf drei Stockwerken des prachtvollen klassizistischen Gebäudes sind Stücke von der Bronzezeit bis zum zweiten Weltkrieg zu sehen: byzantinische Ikonen ebenso wie regionale Trachten und komplett eingerichtete Wohnzimmer aus mazedonischen Villen mit kunstvollen Schnitzereien und Malereien. Auch die landwirtschaftlichen Geräte werden sehr schön präsentiert. Zudem gibt es ausgezeichnete Wechselausstellungen. Das Café auf der Dachterrasse bietet einen tollen Blick auf den Nationalgarten und die Akropolis.

NOCH MEHR BENAKI

Zum Benak-Imperium zählen das **Pireos 138** (S. 84) für moderne Kunst, das **Museum für Islamische Kunst** (S. 83) und das **Toy Museum** (S. 101). Der Museumspass (30 €) ist drei Monate lang gültig.

Die Nationalgalerie

EIN GANZES HAUS VOLLER GRIECHISCHER KUNST

Nachdem sie fast 10 Jahre lang geschlossen war, wurde die Nationalgalerie 2021 in einem hochmodernen Gebäude neu eröffnet. Die weitläufige, lichtdurchflutete Ausstellung ist chronologisch und thematisch angeordnet. Zu sehen sind hervorragende griechische Gemälde vom 19. Jh. bis heute, darunter große Meisterwerke aus dem 20. Jh., aber auch die Werke aus dem 16. Jh. von El Greco. Das Foyer wird beherrscht von einem riesigen Teil des äußerst farbenprächtigen Meisterwerks *Straßenmarkt* von Panayiotis Tetsis (1982). Durch die großen Fenster in den oberen Stockwerken ist der Lykavittos-Hügel zu sehen. Im Erdgeschoss gibt's noch einen Skulpturengarten mit dem Museumscafé. Achtung: Der Großteil der Skulpturensammlung befindet sich in der Nationalen Skulpturengalerie in Goudi.

Numismatisches Museum

Das Numismatische Museum

EIN PARADIES FÜR MÜNZSAMMLER:INNEN

Die hier ausgestellten Münzen reichen von der Antike bis in die Neuzeit. Für die Allgemeinheit interessanter als die ausgezeichnete Ausstellung ist das herrliche Gebäude von 1881. Ernst Ziller baute es einst als Wohnhaus für den Archäologen Heinrich Schliemann, der Mykene und Troja ausgrub. Dazu passend, weisen die Mosaikböden, Wand- und Deckenmalereien viele klassische Motive auf. Das Café im Garten neben dem Museum ist eine grüne Oase der Ruhe in der lauten Stadt.

Das Byzantinisch-Christliche Museum

ÜPPIG VERGOLDETE RELIGIÖSE KUNST

Das hervorragende Museum in der Villa Ilissia von 1848 ist voller religiöser Kunst. In dem zumeist unterirdischen Labyrinth sind golden schimmernde Ikonen, bunte Mosaiken und beleuchtete Manuskripte zu sehen. Die faszinierende Ausstellung ist chronologisch aufgebaut und dokumentiert die allmähliche Entwicklung der uralten traditionellen Kunst zur christlichen und einzigartigen byzantinischen Kunst. Natürlich sind jede Menge Ikonen zu sehen, aber auch wunderbare Fresken, die teilweise aus Kirchen entfernt und auf schwimmende Platten aufgebracht wurden, sowie persönliche Gegenstände des Alltags. Das Gelände der Villa neben dem Aristoteles-Lyzeum kann kostenlos besucht werden. Es umfasst eine Reihe formeller Gärten mit antiken Ruinen, darunter ein Teil des Peisistratos-Aquädukts aus dem 6. Jh. v. Chr. Es gibt auch ein nettes Café im Grünen.

Statue des Orpheus im Byzantinisch-Christlichen Museum

Das Museum für Kykladische Kunst

MINIMALISTISCHE MARMORSTATUEN

Der erste Stock des außergewöhnlichen Privatmuseums ist den ikonischen Marmorfigurinen der Kykladen von 3000–2000 v. Chr. gewidmet. Die meisten sind sehr klein, nur eine ist fast lebensgroß. Von ihrer Schlichtheit und Reinheit der Form ließen sich viele Künstler:innen des 20. Jhs. wie Picasso und Modigliani inspirieren. Ansonsten ist griechische und zypriotische Kunst von 2000 v. Chr. bis zum 4. Jh. n. Chr. zu sehen. Ein interessanter Ansatz des Museums ist die Erklärung, welchen Nutzen die jeweiligen Gegenstände hatten. Besonders deutlich wird dies in der Ausstellung im vierten Stock. In den „Szenen aus dem täglichen Leben der Antike" sind Fotos der Gegenstände in die Darstellung montiert.

SIMON RICHMOND/LONELY PLANET ©

Bäckerei Kora

NOCH MEHR IN KOLONAKI & HILTON

Auf dem Plateia Dexameni entspannen

ÜBER HADRIANS RESERVOIR SPAZIEREN

Dexameni bedeutet „Zisterne", und auf einer solchen sitzt der Platz auf halber Höhe am Lykavittos-Hügel. Das Reservoir wurde zur Zeit des römischen Kaisers Hadrian erbaut und gehörte zu dem System, das die Stadt mit frischem Wasser aus dem Vorgebirge des Parnitha, 20 km entfernt, versorgte. Durch die Überreste des ursprünglichen Portikus ist die Zisterne zu sehen.

Es gibt aber noch andere Gründe, den Platz zu besuchen. Das ausgezeichnete Straßencafé **Dexameni** bietet gutes Essen und Trinken. Das Café, das sich selbst als „Kindergarten-Bar des Pflegeheims" bezeichnet, ist eines der preiswertesten Restaurants in Athen und eine Institution in dem Viertel. Dann gibt's hier noch das Open-Air-Kino **Cine Dexameni**, dessen Leinwand von duftender Heckenkirsche und üppiger Bougainvillea umrankt ist.

DER LÄUFER

Der Künstler Costas Varotsos arbeitete sechs Jahre lang an der 12 m hohen Statue, die vor dem alten Hotel Hilton steht. Er stapelte tausende Schichten von Glas versetzt übereinander, sodass es wirklich aussieht, als ob der riesige Athlet laufen würde. Auf der grasbedeckten Verkehrsinsel steht auch ein 600 Jahre alter Olivenbaum, der bis 2013 im Dorf Elaionas stand.

ÜBERNACHTEN IN KOLONAKI

Monsieur Didot
Die bezaubernde kleine Pension bietet modernen Komfort in einem klassizistischen Gebäude. **€€**

St George Lycabettus
Ausgezeichneter Service, stylische Zimmer und einen atemberaubenden Blick auf die Berge von Kolonaki. **€€€**

The Modernist
Das schicke Hotel in Schwarz und Weiß in Kolonaki ist erstaunlich günstig und bietet einen tollen Blick von der Dachterrasse mit Café-Bar. **€€**

Besuch in einem Künstlerhaus

WO GHIKA EINST ZUHAUSE WAR

Der Künstler Nikos Hadjikyriakos-Ghika lebte bis zu seinem Tod 1994 in diesem Haus in der **Kriezotou 3** und vermachte es dann dem Benaki-Museum. Die Wohnräume und das Atelier wurden im Originalzustand belassen und bieten einen faszinierenden Einblick in das Leben und die Kunst eines der größten Künstler der griechischen Moderne. Zu sehen sind auch viele seiner Werke, darunter sehr lebendige Skizzen von seinen Reisen ins Ausland. Die restlichen drei Stockwerke sind anderen griechischen Künstler:innen des 20. Jhs. gewidmet, aber auch Fotograf:innen, Dichter:innen, Shauspieler:innen und Architekt:innen - ein umfassendes „Who's who" der kreativen Szene Griechenlands.

Kaufrausch in Kolonaki

VON MASTIX BIS ZU ROSENKRÄNZEN

In Kolonaki gibt es unendlich viele außergewöhnliche Geschäfte. Im **Mastiha Shop** an der Ecke Panepistimiou und Kriezotou wird Mastix verkauft. Das heilsame Harz eines selten Baumes, der nur auf der Insel Chios wächst, wird zu verschiedennen Produkten verarbeitet. Vor allem der süße Mastixlikör ist sehr lecker und empfehlenswert.

Weiter oben in der Kriezotou bietet der **Shop des Benaki Museum** tolle moderne Kunst und Kunsthandwerk aus ganz Griechenland sowie Keramiken, Poster und Spielzeug.

Apivita verkauft Honig und Honigprodukte, wie natürliche Schönheitspflege, aber auch Kräutertees. Im Obergeschoss gibt's mehrere Friseursalons, einen Barbier und ein Spa.

Im Café **Da Capo** an der Ecke Tsakalof lohnt sich eine kurze Pause, bevor es zu Sophia in der Pindarou geht, die eine tolle Auswahl an Deko-Objekten bietet, darunter auch Nachbildungen klassischer Statuen.

Etwas weiter bergauf lockt die **Bäckerei Kora** mit Sauerteigbrot, echt französischen Croissants und Zimtbrötchen.

Am Fuß des Hügels erhebt sich die Kirche **Agiou Dionysiou Aeropagitou** hoch über Skoufa. Sie ist mit herrlichen Gemälden, Holzschnitzereien und einem riesigen Kronleuchter geschmückt, der die goldenen Mosaik-Ikonen zum Leuchten bringt.

Lemisios in der Lykavittou verkauft seit 1912 maßgefertigte Schuhe, **Kombologadiko** etwas weiter unten hat sich auf typisch griechische, altmodische *komboloï* (Rosenkränze) spezialisiert.

DIE BESTEN GALERIEN IN KOLONAKI

Allouche Benias Gallery
Hier wetteifert moderne Kunst mit dem wunderbar restaurierten klassizistischen Prachtbau von Ernst Ziller.

Skoufa Gallery
Die alteingesessenen Galerie für moderne griechische Kunst ist unweit des Plateia Kolonakiou.

Zoumboulakis Gallery
Die Galerie bietet eine ausgezeichnete Auswahl an Drucken und Postern bedeutender griechischer Kunstschaffender wie Tsarouchis, Mytaras und Fassianos, die nur in kleinen Stückzahlen erschienen, und viele Deko-Objekte.

ESSEN & AUSGEHEN IN KOLONAKI & HILTON

Oikeio
Die traditionelle, aber nicht klischeehafte Taverne in Kolonaki serviert ausgezeichnete Hausmannskost aus hochwertigen Zutaten. **€€**

Vezené
Das hochmoderne griechische Bistro in Hilton bietet vor allem leckere Pies und klassisches Pastitsio, eine Art griechischer Lasagne. **€€€**

Me Kolanaki
Das schicke Straßencafé ist ideal fürs Frühstück, Mittagessen oder leichtes Abendessen. Besonders empfehlenswert sind die Fleischbällchen. **€€**

METS & PANGRATI

EIN URALTES STADION UND MODERNE KUNST

Die beiden hübschen Wohngebiete grenzen zu beiden Seiten an das Panathinaiko-Stadion am Ardettos-Hügel. Mets im Südwesten ist nach einer Brauerei benannt, die hier einst ihren Sitz hatte. Es ist geprägt von schönen klassizistischen und Vorkriegshäusern. Pangrati im Norden ist dagegen ein vielfältigeres Viertel, dessen Bevölkerung immer internationaler wird und das für seine günstigen coolen Restaurants, Bars und Geschäfte bekannt ist.

Hier befindet sich auch der älteste Friedhof Athens mit vielen kunstvollen Grabmälern bedeutender Persönlichkeiten. In krassem Gegensatz zur grünen Stille des Friedhofs steht der Plateia Varnava in Pangrati, der so typisch für das Leben in Athen ist. Während ganze Familien in den Tavernen zu Abend essen, spielen die Kinder auf dem Platz. An einem Tisch der Bäckerei Kallimarmaro lässt sich das Treiben gut beobachten. Abends strömen alle in die Archelaou, wo auf der Straße und in den vielen guten Bars und Restaurants gefeiert wird.

TOP TIPP

Die beiden Stadtviertel liegen südöstlich des Olympieion und des Nationalgartens. Eine gute Metrostation für Mets ist Akropolis, für Pangrati ist es Evangelismo. Es fahren auch die Trolleybusse 2, 4 und 11, die beim Panathinaiko-Stadion halten und dann weiter zum Plateia Plastira hinauffahren.

HIGHLIGHTS
1 Basil & Elise Goulandris Stiftung
2 Panathinaiko-Stadion
3 Soil

SEHENSWERTES
4 Ältester Friedhof Athens

AUSGEHEN & FEIERN
5 Chelsea Hotel

UNTERHALTUNG
6 Half Note Jazz Club

Die Basil & Elise Goulandris Stiftung

VON EL GRECO BIS MORALIS

Die vom Schiffsmagnaten Basil Goulandris und seiner Frau Elise gesammelte Kunst ist eine der wertvollsten Sammlungen der Welt. Sie umfasst Werke aus dem späten 19. und dem 20. Jh., darunter von Cézanne, Van Gogh, Picasso und Baco. Prunkstück der Ausstellung ist ein Bronze-Nachbildung der berühmten *Kleinen vierzehnjährigen Tänzerin* von Degas. Außerdem sind Werke von avantgardistischen griechischen Maler:innen zu sehen, wie Parthenis, Vasiliou, Hadjikyriakos-Ghikas, Moralis und dem innovativen Bildhauer Takis. Das bezaubernde Café mit grünem Innenhof bietet leckeres Mittagessen.

PANOS KARAS/SHUTTERSTOCK ©

Panathinaiko-Stadion

Das Panathinaiko-Stadion

EIN ALTES STADION FÜR MODERNEN SPORT

Das in den Ardettos-Hügel hineingebaute Stadion bietet auf den dicht gedrängten Marmorreihen bis zu 70 000 Sitzplätze. Das Stadion ist aber nicht nur eine moderne Sportarena, sondern auch ein Meisterwerk der klassisch antiken Architektur. Es wurde im 4. Jh. v. Chr. als Sportstätte gebaut und 1896 für die ersten Olympischen Spiele der Neuzeit umfassend restauriert. Heute finden hier gelegentlich auch Konzerte und öffentliche Veranstaltungen statt. Im Eintritt enthalten ist ein Audioguide und die kleine Ausstellung zu den Olympischen Spielen, die zumeist aus schönen Werbeplakaten besteht, aber auch ein Siegerpodest für Selfies bietet. Jeden Morgen von 7.30 bis 9.00 Uhr steht das Stadion Interessierten für Runden- oder Treppenläufe zur Verfügung. Es muss nur eine Verzichterklärung (Download von der Website) unterzeichnet werden und schon kann es losgehen.

NOCH MEHR STRASSENMARKT

In der Goulandris-Stiftung ist auch ein 8 m langer Teil des Gemäldes *Straßenmarkt* von Tetsis zu sehen. Ein größerer Teil des 50 m langen Werks befindet sich in der **Nationalgalerie** (S. 94).

Soil

VOM FELD AUF DEN TELLER

An der hellgelben klassizistischen Fassade findet sich keinerlei Hinweis auf den aufregenden Neuzugang zur gastronomischen Szene der Stadt. Doch genauso wollte es Inhaber und Küchenchef Tasos Mantis, als er das Restaurant als entspanntes, heimeliges Lokal statt protzigem Gourmettempel eröffnete. Es gibt auch einen märchenhaft beleuchteten Garten mit mehreren Ebenen, in dem das dreistündige Menü aus 14 kleinen Gerichten unterschiedlichster Geschmacksrichtungen und Zubereitungsarten noch besser schmeckt. Die streng saisonalen Gerichte werden zumeist mit frischen Zutaten vom eigenen Bauernhof im nördlichen Attika zubereitet.

NOCH MEHR IN METS & PANGRATI

Der älteste Friedhof Athens

WUNDERBARE SKULPTUREN FÜR DIE TOTEN

Unter Osmanischer Herrschaft wurden die Toten jeweils bei der örtlichen Kirche begraben. Der zentrale Friedhof wurde erst nach der Unabhängigkeit 1821 angelegt. Der friedliche Ort ist zugleich ein Skulpturengarten: besonders bemerkenswert ist die *Schlafende Jungfrau* von Yannoulis Chalepas, dem berühmtesten griechischen Bildhauer der Moderne. Zu den vielen Persönlichkeiten, die hier begraben sind, zählen der Archäologe Heinrich Schliemann (1822–1890), dessen Mausoleum mit Szenen aus dem Trojanischen Krieg geschmückt ist, die Schauspielerin Melina Mercouri und ihr Ehemann Jules Dassin.

Unterwegs in der Szene

VON KAFFEE BIS COCKTAILS

Im **Chelsea Hotel** am Plateia Plastira trifft sich die coole Szene von Pangrati. Tagsüber wird hier Kaffee getrunken, und die Leute lesen oder arbeiten an ihrem Laptop. Bei Sonnenuntergang strömen die Einheimisachen ins Hotel, um sich so künstlerisch und bohèmehaft zu fühlen wie in der gleichnamigen Bar in New York. Zum Sundowner darf auch eigenes Essen mitgebracht werden, wie z. B. ein Souvlaki von Elvis (S. 85) nebenan.

Tolle Jazz-Konzerte

EIN SEHR INTIMER CLUB

Im gemütlichen **Half Note Jazz Club** in Mets wird griechische und internationale Livemusik gespielt. Mittwochs und donnerstags gibt's eine Nina-Simone-Tribute-Show. Der Club ist aber nicht jeden Abend geöffnet und im Sommer ganz geschlossen. Nähere Infos gibt's auf der Website.

COOLE ORTE IN PANGRATI

Sudha Nair-Iliades ist Herausgeberin von *Athens Insider,* und verrät uns die coolsten Orte in Pangrati. *athensinsider.com*

Hallelujah
ist das Atelier der Designerin Eleftheria Domenikou, deren Mode und Accessoires minimalistisch, elegant und bequem sind. Seit der Eröffnung ziehen immer mehr Leute in diese Gegend.

Threesome ceramics
Der Name ist vielleicht etwas unglücklich, aber dahinter verbirgt sich das Atelier und Geschäft der beiden Künstlerinnen Viki Topalidou und Christina Papadopoulou.

Maraboo
Ich liebe das hausgemachte Eis hier, das es in klassischen und ausgefallenen Sorten gibt. Ein paar Häuser weiter ist die beliebte Café-Bar **Pink Freud**. Genau gegenüber möchte ich einen kulturellen Salon eröffnen als Treffpunkt für Einheimische und Gäste aus aller Welt.

ESSEN IN PANGRATI

Mavro Provato
In dem beliebten *Mezedhopoleio* (Restaurant der kleinen Gerichte) wird zu den leckeren Gerichten immer der passende Wein aus der Region serviert. **€€**

Ohh Boy
Das trendige Café bietet Kaffee und gesundes Essen sowie einen Bioladen in der Nähe. **€**

The Vegan Vandal
Burger mit *pulled* Jackfruit, Pilz-Souvlaki und knusprige Blumenkohl-Nuggets sind nur einige Beispiele für die leckeren veganen Gerichte hier. **€**

NEOS KOSMOS, KALLITHEA & PALAIO FALIRO

DIE VIERTEL IM SÜDEN & AN DER KÜSTE

Neos Kosmos (also „Neue Welt“) ist erst vor zehn Jahren im Zuge des neuen Kulturzentrums Onassis-Stegi entstanden. Davor hatten sich hier seit den 1920er-Jahren und dem benachbarten Nea Symri v.a. Flüchtlinge aus dem Nahen Osten angesiedelt. Die historische Entwicklung der beiden Viertel ist noch gut nachzuvollziehen – von den hastig im Bauhaus-Stil errichteten Wohnblocks für die Flüchtlinge bis zu Wahrzeichen wie der Agia Fotini, einer Kirche und einem Glockenturm, die nach den Vorbildern in Smyrna, dem heutigen Izmir (Türkei), gebaut wurden.

In Kallithea („Gute Aussicht“) befindet sich das Kulturzentrum Stavros Niarchos Foundation (SNFCC) mit einem Park, einer der schönsten in Athen. Das mehr als 815 Mio. € teure Gebäude steht hoch über der Faliro-Bucht und Palaio Faliro. In der Antike war hier Phaleron, der Hafen von Athen, bevor er im 5. Jh. v. Chr. nach Piräus verlegt wurde. Direkt am Meer liegen Flisvos-Park und Edem-Strand. Auf der Promenade flanieren die Einheimischen abends an den Restaurants und Bars vorbei zur Flisvos Marina.

TOP TIPP

Stadtbusse und Taxis fahren in 20 Min. über die Leoforos Syngrou direkt zur Küste. SNFCC betreibt auch einen kostenlosen Shuttle-Bus ab Syntagma, der zwischen 8.30 und 22 Uhr neun bis elfmal verkehrt. Die Straßenbahn ist langsamer, aber praktisch für Neos Kosmos und Faliro. In Neos Kosmos gibt's auch eine Metro-Station.

Onassis Stegi

KULTURELLER LEUCHTTURM UND STERNE-RESTAURANT

Das Kunstzentrum ist der Athener Außenposten der Stiftung von Schiffsmagnat Aristoteles Onassis. Das mit weißen Marmorstreifen verzierte Gebäude ist abends besonders eindrucksvoll, wenn das Licht nach außen durchschimmert, und es aussieht wie eine riesige Laterne. Hier finden avantgardistische Aufführungen, Kunstinstallationen und andere Veranstaltungen statt. Im sechsten Stock befindet sich das ausgezeichnete moderne griechische Restaurant **Hytra**. Die Portionen sind zwar etwas klein, dafür aber sehr schmackhaft und perfekt zubereitet, wodurch es sich auch einen Michelin-Stern verdient hat. Im Sommer ist die Dachterrasse geöffnet, die einen tollen Blick auf die beleuchtete Akropolis und andere Sehenswürdigkeiten der Stadt bietet.

Benaki Toy Museum

TOLLE SPIELZEUGE

Der Außenposten des Benaki-Museums am Meer zeigt eine Sammlung von Spielzeugen und Kinderausstattungen, die Maria Argyriadi in den 1970er-Jahren zusammengetragen hat. Das Spektrum reicht von Terracotta-Puppen aus dem 4. Jh. v. Chr. bis zu Kermit- und Snoopy-Plüschtieren. Die Ausstellung ist auch für Erwachsene interessant und bietet einen guten Einblick in die volkstümliche Kultur der Welt. Das prächtige Gebäude aus dem 19. Jh. ist ein Mix verschiedener Architekturstile und sieht mit der zinnenbewehrten Fassade selbst wie ein Spielzeugschloss aus.

HIGHLIGHTS
1 Benaki Toy Museum
2 Flisvos-Park
3 Onassis Stegi
4 Stavros Niarchos Foundation Cultural Center

SEHENSWERTES
5 Flisvos Marina

AKTIVITÄTEN, KURSE & TOUREN
6 Eugenides Foundation

TRANSPORT
7 Averoff

Der Flisvos-Park

SCHATTENSPIELE UND OPEN-AIR-KINO

Der grüne Park am Meer ist sehr familienfreundlich, denn es gibt jede Menge Spielplätze und im Sommer das Schattenspieltheater **Theatro Skion Tasou Konsta**. Der alte griechische Narr Karagiozis begründete einst die Kunst des *Karagiozi* (Schattenspieltheater), das nun in dem winzigen Freilufttheater im Sommer gespielt wird. Natürlich wird nur Griechisch gesprochen, doch der Slapstick-Humor ist durchaus verständlich und es gibt auch jede Menge Musik. Die Vorstellungen dauern jeweils 45 Minuten. Wer will, kann danach einen Blick hinter die Kulissen werfen.

Den ganzen Sommer hindurch gibt's auch ein Open-Air-Kino im **Cine Flisvos** des Parks. Dazu passen gut *Loukoumades,* frisch gebackene Donuts mit Eis, oder *Kalamaki* (Schweinefleisch-Spießchen).

Loukoumades

Das Stavros Niarchos Foundation Cultural Center (SNFCC)

NACHHALTIGES KUNSTMUSEUM UND SCHÖNER PARK

Die Einheimischen sind zu Recht stolz auf dieses Kulturzentrum und den Park. Das von Renzo Piano gebaute SNFCC schmiegt sich an einen grasbewachsenen künstlichen Hügel an und wird vom „Leuchtturm" überdacht, einer Fläche mit 5700 Solarplatten in der Größe eines Fußballfeldes. Die Plattform in 30 m Höhe bietet auch einen tollen Rundumblick. Hier finden im Sommer auch kostenlose Flimvorführungen im Freien statt.

Architektur, Betrieb und Fußabdruck des Komplexes sind streng nachhaltig. Die hochmodernen Theatersäle werden von der griechischen Staatsoper, dem Ballet, Orchester und Chören genutzt. Hier ist auch der Hauptsitz der Nationalbibliothek, deren vier Stockwerke voller Bücher rund um einen Innenhof angeordnet sind, in dem auch kostenlose Wechselausstellungen stattfinden.

Das Gebäude ist von einem herrlichen Park umgeben. Kieswege führen an Beeten mit Lavendel, Olivenbäumen und anderen mediterranen Pflanzen vorbei, in einem Kanal plätschern Springbrunnen zur Musik von Vivaldi und Michael Nyman. Es gibt einen tollen Spielplatz, einen Klanggarten, eine Fitnessanlage, Laufbahn und vieles mehr.

FAHRRADVERLEIH AM SNFCC

Zu den vielen kostenlosen Angeboten des Zentrums gehört auch ein Fahrradverleih. Mit der SNFCC-App kannst du einfach ein Rad an einer der drei Stationen im Park ausleihen und losradeln. Die Räder sind nicht gerade hochwertig, aber in Ordnung, und es gibt auch spezielle Kinderräder. Karten gibt's bei der Information im Canal Cafe.

Stavros Niarchos Foundation Cultural Center

RESTAURANT-TIPPS

Tasos Mantis, Inhaber und Küchenchef des Soil, empfiehlt seine drei Lieblingsrestaurants.

Fita
Die moderne Taverne in Neos Kosmos verwendet nur hochwertige Zutaten, vor allem Fisch, für die sehr leckeren Gerichte. Obwohl sie immer beliebter wird, ist sie doch noch authentisch und nicht touristisch.

Argoura
Küchenchef Nikos Michael hat sich auf die kreative Zubereitung von Meeresfrüchten spezialisiert. Seine Taverne in der Nähe des SNFCC sieht eher wie eine Strandhütte aus. Das Personal ist sehr freundlich und die kostenlose Fischsuppe superlecker.

Delta
Das Sterne-Restaurant des SNFCC wirkt mit der modernen Kunst etwas theatralisch, doch das Essen ist sehr gut und die Weinkarte hervorragend.

NOCH MEHR IN NEOS KOSMOS, KALLITHEA & PALAIO FALIRO

Mit dem Fahrrad ans Meer

VIEL SPASS AUF ZWEI RÄDERN

Mit den vielen Hügeln, dem starken Verkehr und fehlenden Radwegen ist Athen nicht gerade fahrradfreundlich. Eine Ausnahme ist das SNFCC. Vom Park führt ein schöner Radweg direkt zur **Flisvos Marina** und von dort weiter an der Küste in Richtung Süden zum Flisvos-Park (S. 102) und dem Strand von **Edem**.

Ein kurzer Stopp lohnt sich in der Flisvos Marina, denn hier liegen auch historische Boote vor Anker. Die schön restaurierte **Neraida** gehörte einst dem griechischen Großreeder John Latsis und kann freitags bis sonntags besichtigt werden. Es informiert auch über das Leben von Latsis und die Geschichte des Schiffes, das 1939 als Passagierschiff an der dalmatinischen Küste vom Stapel lief.

Ganz in der Nähe liegt die **Averoff**, ein Kriegsschiff, das Griechenland zum Sieg im Balkankrieg 1910–1912 verhalf und 1922 Flüchtlinge aus dem Nahen Osten transportierte. Montags ist es geschlossen.

Reise zu den Sternen

EIN ZENTRUM FÜR WISSENSCHAFT UND TECHNIK

Eine gute Idee für einen Regentag ist der Besuch des Planetariums der **Eugenides Foundation**. Unter der 950 m² großen Kuppel werden virtulle Reisen in die Galaxie organisiert und IMAX-Filme gzeigt. Außerdem sind interaktive wissenschaftliche und technische Ausstellungsstücke auf zwei Stockwerken zu sehen.

NOCH MEHR RADFAHREN

Ein 7,5 km langer Radweg verbindet Faliro mit dem Technopolis in Gazi. Er führt durch die Viertel Moschato, Kallithea, Tavros und Petralona. Ein weiterer 13,5 km langer Radweg von Kallithea nach Voula ist im Bau (S. 613).

ESSEN IN NEOS KOSMOS, KALLITHEA & PALAIO FALIRO

Canal Cafe
Das Café am Kanal des SNFCC ist mit Selbstbedienung. **€**

Naif
Freundliches Personal und eine fantastische Speisekarte mit Frenchtoast (Arme Ritter) und veganem Soba-Salat zeichnen das coole Café in Neos Kosmos aus. **€€**

Annie Fine Food
Das entspannte Restaurant in Neos Kosmos bietet hervorragende griechische Gerichte und Weine. **€€€**

RUND UM ATHEN

ANTIKE STÄTTEN, BERGWANDERUNGEN & HERRLICHE STRÄNDE

Nicht nur auf den Inseln gibt's schöne Strände. Auch Athen hat tolle, v.a. an der Westküste der Halbinsel Attika, der sogenannten „Athener Riviera". Sie erstreckt sich über gut 60 km von Palaio Faliro nach Sounion und bietet Strände in allen Größen und Preisklassen, von kostenlosen öffentlichen Stränden bis zu den Privatstränden der noblen Resorts. Die Ostküste eignet sich gut zum Windsurfen. Es gibt aber auch kilometerlange wilde Strände vor Pinienwäldern im Schinias-Marathon National Park.

In der Antike gab es auf Attika viele kleine Königreiche, wie Rhamnous, Brauron (oder Vavrona) und Eleusis (das heutige Elefsina, Kulturhauptstadt Europas 2023). Bei all diesen archäologischen Stätten wie auch in Marathon ist nicht sehr viel los. Allerdings können sie auch nicht mit dem herrlichen Poseidontempel mithalten. Von dem Tempel am Kap Sounion ganz im Süden von Attika reicht der Blick zudem bis nach Serifos im Südosten und Ägina und Peloponnes im Westen.

Die bergige Landschaft außerhalb von Athen lädt zu Wanderungen und Radtouren durch grüne Vororte wie Kifissia oder im Hymettos- und Parnitha-Nationalpark ein. In Attika gibt's auch viele Weingüter, die besichtigt werden können. Sie liegen übrigens sehr günstig zum internationalen Flughafen Spata.

TOP TIPP

Viele Orte in Attika sind gut mit einem Kombiticket von Metro und Stadt- oder KTEL-Bus zu erreichen. Die öffentlichen Verkehrsmittel fahren jedoch nicht sehr häufig. Wer nicht viel Zeit hat, sollte besser mit dem eigenen Auto fahren oder ein Taxi für einen Tag buchen. Empfehlenswert ist Athens Tour Taxi (www.athenstourtaxi.com).

Piräus

DAS TOR ZU DEN INSELN

Seit dem 5. Jh. v. Chr. ist Piräus der Haupthafen von Athen und mittlerweile der größte Hafen des Mittelmeeres. Er ist Dreh- und Angelpunkt des Fährverkehrs zu den Ägäischen Inseln und Zentrum des griechischen Seehandels. Das 10 km von Athen entfernte Piräus ist eigentlich eine eigene Stadt, gehört aber zum Großraum Athen. Der riesige Hafen lohnt auch keinen längeren Aufenthalt.

Und es gibt wesentlich attraktivere Gegenden hier, wie z. B. die Jachthäfen in **Pasalimani** (auch als Zea Marina bekannt) und **Mikrolimano**. An der felsigen Südküste ist auch Baden möglich.

Ein Rundgang durch Piräus beginnt am besten am historischen Bahnhof, der Endstation der Metrolinie 1. Das kostenlose **Electric Railways Museum** im Bahnhof zeigt eine Unmenge alter Schalter, schicker Modelle und cooler Maschinen, darunter ein blank polierter alter Holzwaggon. Das Museum ist das Projekt eines ehemaligen Bahnangestellten, der zusammen mit seinen Kolleg:innen viel Interessantes zu erzählen hat.

DAS GALERIENVIERTEL IN PIRÄUS

Seit einigen Jahren ist die örtliche Galerieszene voll im Trend. Sie konzentriert sich vor allem auf die Polidefkous nördlich des Bahnhofs und die Kais am Hafen. In den früheren Lagerhäusern dieser heruntergekommenen Straße befinden sich gleich drei Galerien: **Rodeo** (rodeogallery.com), **Carwan** (carwangallery.com) und **The Intermission** (theintermission.art). Ihre Öffnungszeiten finden sich auf der Website. Eine Konstante hier ist auch das **Paleo**, eine exklusive Weinbar in einem kleinen düsteren Haus.

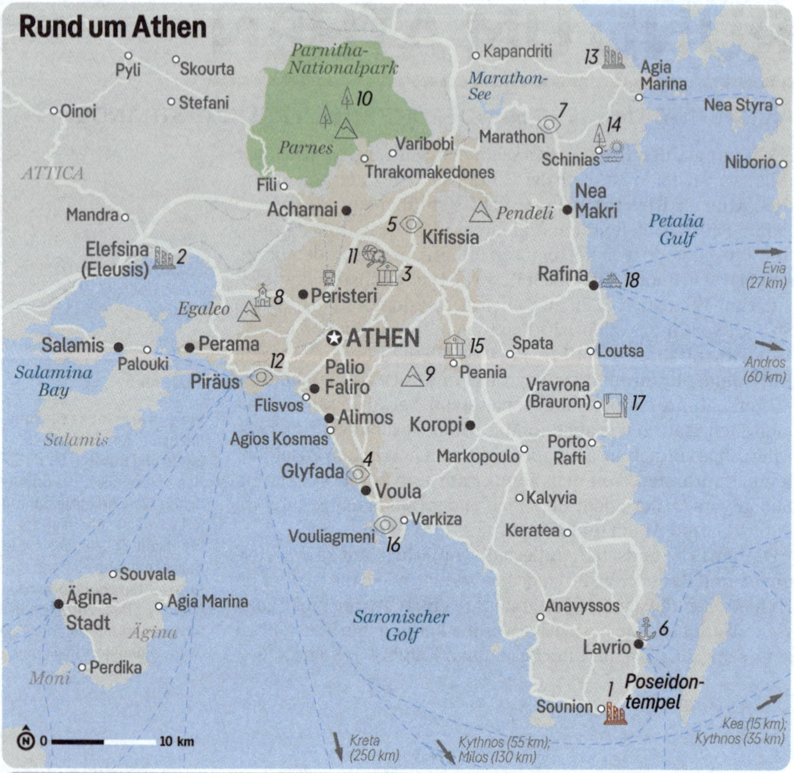

Rund um Athen

HIGHLIGHTS
1 Poseidontempel

SEHENSWERTES
2 Antikes Eleusis
3 Athens Olympic Museum
4 Glyfada
5 Kifissia
6 Lavrio
7 Marathon
8 Daphni-Kloster
9 Hymettos
10 Parnitha-Nationalpark
11 Olympia-Sportkomplex Athen
12 Piräus
13 Rhamnous
14 Schinias-Marathon Nationalpark
15 Vorres Museum
16 Vouliagmeni

AKTIVITÄTEN, KURSE & TOUREN
17 VRAVRONA

UNTERHALTUNG
18 Rafina

Am Plateia Themistokleous weiter südlich steht die eindrucksvolle Kirche **Agia Triada**. Wer den wunderbaren Innenraum besichtigen will, muss angemessen gekleidet sein (also keine Shorts und knappen Tops). Das benachbarte **Stadttheater von Piräus** in einem klassizistischen Gebäude von 1895 wurde wunderbar restauriert. Hier endet jetzt die verlängerte Metrolinie 3.

ÜBERNACHTEN IN PIRÄUS

Hotel Triton
Das einfache, günstig gelegene Hotel hat hilfsbereites Personal und ist ein echtes Schnäppchen im Vergleich zu den sonstigen, heruntergekommenen Unterkünften in Piräus. **€€**

Phidias Piraeus
Das Hotel bei der hübschen Zea Marina bietet einfache Zimmer und einen kostenlosen Shuttle-Service vom Hafen und den Bahnhöfen. **€**

Port Square Hotel
Das neue Hotel gegenüber der Metrostation Piräus hat stylische Zimmer, ein gutes Restaurant und eine Bar. **€€**

Das kleine, aber feine **Archäologische Museum Piräus** ist nur 10 Gehminuten entfernt. Prunkstücke der Ausstellung sind eine Gruppe antiker Bronzestatuen und andere Gegenstände, die 1959 in einem Lager beim alten Hafen entdeckt wurden. Darunter befinden sich auch wunderbare Statuen der Athene und des Piräus-Apollon. Beide sind überlebensgroß und entstanden vermutlich um 520 v. Chr. Zu den weiteren Fundstücken zählen kunstvolle Grabreliefe aus dem 4. bis 2. Jh. v. Chr.

Vom Museum führt die südliche Küstenstraße zur Zea Marina. Das dortige **Griechische Schifffahrtsmuseum** dokumentiert Griechenlands lange Geschichte der Schifffahrt anhand von originalgetreuen Modellen antiker und moderner Schiffe, Gemälden bedeutender griechischer Künstler:innen des 19. und 20. Jhs., Kanonen und Seekarten.

Dann geht es zurück nach **Passalimani** und über die Landspitze zum malerischen **Mikrolimano**. Der Jachthafen ist gesäumt von Cafés, Restaurants und Bars. Von hier aus kannst du zur Metrostation **Neo Faliro** gehen oder mit dem Taxi fahren und das **Karaiskaki-Stadion** besuchen, das Heimstadion der Top-Fußballer:innen von Olympiakos.

Glyfada

SCHILDKRÖTENRETTUNG

Das uralte Küstendorf Glyfada 16 km südlich der Innenstadt von Athen ist einer der schönsten Orte an der Athener Riviera. Es bietet stylische Boutiquen, schicke Restaurants und trendige Bars, alles in den Haupteinkaufsstraßen Metaxa, Kiprou und Lazaraki, die von der Küstenstraße Poseidonos ins Landesinnere führen. Der öffentliche **Sandstrand** neben der Straßenbahnhaltestelle Paleo Demartio hat kostenlose Sonnenschirme. Etwas weiter in Richtung des Jachthafens befindet sich das **ARCHEON-Zentrum zur Rettung von Meeresschildkröten**. Montags bis freitags von 13 bis 15 Uhr und am Wochenende von 11 bis 17 Uhr bieten Freiwillige Führungen durch das Zentrum an, in dem verletzte und kranke, vom Aussterben bedrohte Leder-, Suppen- und Karettschildkröten aufgenommen und gesund gepflegt werden. Das Zentrum finanziert sich nur durch Spenden.

Die schöne **Kirche des Hl. Konstantin und der Hl. Helena** steht direkt am Meer. Der Innenraum ist mit vergoldeten Mosaiken und Wandgemälden geschmückt. Donnerstags findet hier der farbenprächtige **Wochenmarkt** statt.

Erstaunlicherweise gibt's hier kaum gute Restaurants direkt am Wasser. Einzige Ausnahme ist das schicke Café-Restaurant **ARK**. Zur Zeit der Recherche war es der einzige offene Teil des Asteras-Komplexes am Strand. Alle anderen waren wegen Renovierung geschlossen.

DAS ELLINIKON

Einige Kilometer nördlich von Glyfada entsteht unter der Federführung von Foster + Partners eines der größten Wiederaufbauprojekte in Europa: das 6,2 Mio. ha große Ellinikon (theellinikon.com.gr). Im Mittelpunkt steht der 200 m hohe Riviera-Turm, der bei seiner Fertigstellung 2026 das höchst Gebäude Griechenlands sein wird. Außerdem wird der 2 Mio. ha große **Ellenikon Park** auf dem Gelände des alten Stadtflughafens angelegt. Eine Ausstellung im **Experience Park** informiert über das Projekt.

Der Weg von der Metrostation Elleniko zum Parkeingang führt durch eine häßliche Betonwüste, doch im Park gibt's schon einiges zu sehen. Der Bauschutt und die Überreste des alten Flughafens wurden zu einem ersten Entwurf zusammengesetzt und umfassen jetzt einen interaktiven beleuchteten Springbrunnen, Fitnessgeräte im Freien, einen fantastischen Spielplatz und Blumenbeete voller einheimischer Pflanzen.

ESSEN IN PIRÄUS

Margaro
Die sehr beliebte Taverne bei der Marineakademie serviert nur Griechischen Salat, gebratene Shrimps und gebratene Streifenbarbe. **€€**

Varoulko
Das schöne Sterne-Restaurant von Lefteris Lazarou im Hafen von Piräus hat sich auf Meeresfrüchte spezialisiert. **€€€**

Yperokeanio
Das fantastische Meeresfrüchte-Mezedhopoleio ist etwas außerhalb und bietet kleine Gerichte mit gegrillten Sardinen oder Muscheln. **€**

Vouliagmeni

SPIELWIESE DER REICHEN

Vouliagmeni (griechisch für „Versunken") ist die mit Abstand luxuriöseste Wohngegend an der Athener Riviera. Der superschicke Vorort 23 km südlich von Athen ist nach dem eingesunkenen See **Limni Vouliagmenis** am Fuß der Klippen südlich des Ortes benannt.

Der kleine See (15 € Eintritt) wird von mineralhaltigen Quellen gespeist. Die Wassertemperatur beträgt immer mindestens 21 °C und ist damit ideal zum Baden. Im Brackwasser lebt die Rötliche Saugbarbe, die die Hornhaut an den Füßen abknabbert – eine kostenlose Wohltat oder ein Alptraum für die Kitzligen. Abends spiegeln sich die von der untergehenden Sonne angestrahlten Klippen im Wasser – ein herrlicher Anblick und am besten mit einem Sundowner zu genießen.

Auch für den **Akti Vouliagmeni**, den gepflegten Strand des Viertels, muss Eintritt bezahlt werden (Mo–Fr/Wochenende 10/15 €). Dafür gibt's dann Liegen unter Sonnenschirmen und andere Einrichtungen wie ein Café, Tennisplatz, Volleyballfeld und Spielplatz. Auf der superexklusiven Halbinsel **Astir Beach** befinden sich noch das Four Seasons Astir Palace Hotel, mehrere Nobelrestaurants und Strandclubs.

DIE BESTEN STRÄNDE RUND UM SOUNION

Kap Sounion
Das Hotel Aegeon vermietet Liegen unterschiedlicher Qualität. Der Sandstrand bei den Tavernen ist dagegen kostenlos.

Legrena
Der schöne lange Sandstrand erstreckt sich 5 km westlich des Kaps. Am Wochenende ist immer viel los, unter der Woche ist es sehr ruhig.

KAPE
Zu den unberührten Nacktbadestränden 2,5 km westlich von Legrena führt eine unbefestigte Straße. Für Privatsphäre sorgen die vielen kleinen Buchten mit Kiesstrand, die auch einen tollen Blick auf die Insel Patroklos bieten.

Sounion

DAS HEILIGTUM DES MEERESGOTTES

Auf Kap Sounion, der felsigen Halbinsel, die 70 km südlich von Athen ins Ägäische Meer hineinragt, thronen die Überreste der Tempel von Poseideon und Athene.

Der **Poseidontempel** auf einem 65 m hohen Felsvorsprung besteht aus strahlend weißen Marmorsäulen. 16 der schlanken dorischen Säulen sind noch erhalten. Mit dem Bau wurde Anfang des 5. Jhs. v. Chr. begonnen. Ebenfalls zu sehen sind die Überreste zweier Bootshäuser und ein befestigter Turm. Auf einem kleineren Hügel im Nordosten stehen die beiden Tempel der Athene aus dem 6. Jh. v. Chr.

Um die großen Reisebusse zu vermeiden, solltest du frühmorgens zum Sonnenaufgang kommen. Es gibt ein gutes Café-Restaurant, und vom Parkplatz bei den Athene-Tempeln führt ein steiler Weg hinunter zu einem kleinen Strand. Die größeren Strände und Tavernen in der Nähe sind nur mit dem Auto zu erreichen.

Am einfachsten ist der Besuch mit einer Tagestour von Athen aus. Es fahren aber auch KTEL-Busse ab dem Mavromateon Terminal in Athen, die in der Nähe von Syntagma halten. Die Fahrt entlang der spektakulären Küste dauert rund 2 Std. und bietet vor allem ab Lagonisi traumhafte Ausblicke.

NOCH MEHR ANTIKE TEMPEL

Der Poseidon-Tempel wurde vermutlich von dem berühmten Iktinos erbaut, der auch für den Hephaistos-Tempel in der **Antiken Agora** (S. 75) verantwortlich war.

ÜBERNACHTEN AN DER ATHENER RIVIERA

Sea View
Schicke Zimmer und ein Swimmingpool zeichnen eines der besseren Hotels in Glyfada aus. **€€**

Hotel Vouliagmeni Suites
Das noble Hotel etwas abseits des Strands hat originell ausgestattete Luxuszimmer, teilweise mit Meerblick. **€€€**

Four Seasons Astir Palace Hotel
Das luxuriöse Resort bietet tolle großzügige Zimmer, Suiten und Bungalows. **€€€**

Limni Vouliagmenis

SVEN HANSCHE/SHUTTERSTOCK ©

Lavrio

SPRUNGBRETT AUF DIE KYKLADEN

Lavrio liegt 9 km nördlich von Sounion und 60 km südöstlich von Athen. In dem kleinen Hafen legen Fähren und Charterjachten zu den Kykladen ab. Es ist jedoch auch ein historischer Ort, dessen Silberminen den Wohlstand des antiken Athen begründeten. Im 19. Jh. wurde der Silberbergbau wieder aufgenommen und bis Anfang der 1980er-Jahre fortgeführt, als die Vokommen erschöpft waren. Leider gab es damals praktisch keine Umweltschutzbestimmungen, und so leidet die Region bis heute unter den Folgen des Abbaus.

Dennoch ist Lavrio ein hübscher kleiner Hafen, der gerade für Kreuzfahrtschiffe erweitert wird. Außerdem wird eine Bahnverbindung zum internationalen Flughafen gebaut.

Ein kleines archäologisches Museum (montags geschlossen) informiert über die Vergangenheit von Lavrio anhand von Fundstücken aus der Region, darunter alte Silbermünzen und ein herrlicher Mosaikfußboden. Das noch kleinere Mineralogische Museum nebenan ist zumeist geschlossen, doch auf dem Gelände stehen die Überreste der ehemaligen Erzwaschanlage.

DIE BESTEN KOSTENLOSEN STRÄNDE

Vouliagmeni Bucht
Der Zugang zum schönen Strand in der Bucht von Vouliagmeni erfolgt über die Felsen beim Restaurant **Sardelaki me Thea**. Im glasklaren Wasser des winzigen geschützten Strandes schwimmen die Einheimischen auch im Winter.

Limanakia
Limanakia besteht aus einer Reihe felsiger Buchten unweit der Küstenstraße 2 km südlich von Vouliagmeni. Hierher fahren auch Stadtbusse. Es gibt viele bei der LGBTQ+Community beliebte Nacktbadestrände. In der Bucht unterhalb der ersten Bushaltestelle bietet die alteingesessene **Lefteri's Canteen** kleine Erfrischungen.

Kavouri
Einige Kilometer nördlich von Vouliagmeni befinden sich die öffentlichen Strände von Kavouri. Hier gibt's auch zahlreiche Tavernen und eine hübsche Strandpromenade unter Bäumen.

ESSEN AN DER ATHENER RIVIERA

Aperanto Galazio
Die Tische des hervorragenden Meeresfrüchte-Restaurants in Varkiza 7 km östich von Vouliagmeni stehen direkt am Strand. **€€**

Sardelaki me Thea
Das Restaurant serviert ausgezeichnete Meeresfrüchte mit Blick aufs Wasser. Die Gäste dürfen sich die Vorspeisen auf großen Platten aussuchen, die die Kellner direkt an den Tisch bringen. **€€**

Sofi's
Das moderne Café gegenüber dem Hauptstrand von Vouliagmeni bietet Frühstück, Backwaren und guten Kaffee. **€**

YIANNISSCHEIDT/SHUTTERSTOCK ©

Tempel der Artemis in Vravrona

DAS ANTIKE THORIKOS

Die Ausgrabungsstätte des antiken Thorikos liegt etwa 2,5 km nördlich von Lavrio. Der Ort war schon im Neolithikum bewohnt, denn es gab hier große Silbervorkommen. Im Laufe der Zeit entwickelte sich Thorikos zu einer bedeutenden Stadt mit Industrieanlagen und Infrastruktur wie Tempeln, einem Friedhof und einem einzigartigen elliptischen Theater. Das aus dem frühen 5. Jh. v. Chr. stammende Theater war eines der ersten in der Antike, das diese Form hatte. Die Stätte kann kostenlos besichtigt werden und bietet auch einen tollen Blick auf die Bucht.

Nach Lavrio fahren KTEL-Busse ab dem Mavromateon Terminal in Athen. Sie halten auch an der Metrostation Nomismatikopio. Am Flughafen fahren die Busse vor der Ankunftshalle ab. In Markopoulo musst du in den Bus nach Lavrio umsteigen.

Rafina

DAS TOR ZU DEN KYKLADEN

Die Hafenstadt an Attikas Ostküste ist 16 km nördlich des internationalen Flughafens. Von hier starten die Fähren nach Evia und zu den nördlichen Kykladen. Der Hafen ist deutlich kleiner als Piräus, und die Preise sind niedriger. Es lohnt sich, hier zu übernachten. Wer die Wartezeit auf die Fähre sinnvoll nutzen will, kann zu der hübschen weißen **Nikolauskirche** auf dem Hügel hinter dem Hafen hinaufsteigen. Es gibt auch einen kleinen Strand südlich des Hafens.

KTEL-Busse fahren von der Metrostation Nomismatokopio nach Ravina. Am Flughafen fahren die Busse vor der Ankunftshalle ab und halten im Hafen von Ravina.

Vravrona

DAS HEILIGTUM DER ARTEMIS

Am Rand des Sumpflands in der Mündung des Erasinos 15,5 km südlich von Rafina steht der teils restaurierte Tempel der Göttin

ÜBERNACHTEN & ESSEN IN SOUNION & LAVRIO

Aegeon Hotel
Das Hotel in Sounion bietet große gemütliche Zimmer und einen eigenen Strand mit Blick auf den Poseidontempel. **€€€**

Akrogiali
Die Taverne am Strand von Kap Sounion serviert gegrillte Sardinen und gebratenen Tintenfisch mit traumhaftem Ausblick. **€€**

Naos
Das großartige Café beim Poseidon-Tempel bietet jede Menge gute griechische Gerichte und vegane Burger. **€**

der Jagd von 420 v. Chr. neben Überresten früherer Bauwerke. Besonders bemerkenswert ist die alte Steinbrücke über den Fluss, in der tiefe Wagenspuren zu erkennen sind. Der Zugang erfolgt durch ein sehr gutes Museum, das wunderbare Votivsteine und Statuen von Kindern (Artemis war ihre Schutzgöttin) zeigt. Ein schöner Weg führt durch die Anlage mitten im üppigen Marschland. Abgesehen vom riesigen Dolce Attica Riviera Resort ist die Landschaft ursprünglich wild und voller Vögel. Nach Vavrona fährst du mit der Metro bis nach Nomismatokopio und nimmst dann den Bus 304 nach Artemis (Vravrona). Von dort sind es noch 10 Min. mit dem Taxi.

Das Vorres-Museum

EINE SEHR PERSÖNLICHE SAMMLUNG

Das großartige Museum im verschlafenen Peania 18,5 km östlich von Athen zeigt traditionelle und volkstümliche griechische Kunst und zeitgenössische Werke. Das Museum in einem wundervollen Garten wurde Anfang der 1960er-Jahre von Ion Vorres begründet, der so schockiert über die rasante Modernsierung Athens war, dass er begann, Dinge zu sammeln, die andere Leute wegwarfen. Für die Unterbringung seiner Sammlung kaufte er drei benachbarte Gebäude aus dem 19. Jh. und baute sie unter Beibehaltung der einzigartigen Architektur um. Seine bemerkenswerte Sammlung reicht von alten Mühlsteinen und byzantinischen Ikonen bis zu modernen Werken von Chryssa, Gaitis und Spryropoulos. Das Museum ist nur samstags und sonntags von 10 bis 14 Uhr geöffnet, das hübsche Café im wunderbaren Garten ist bis 16 Uhr geöffnet. Von der Metrostation Nomismatokopio fährt Bus 308 nach Koropi-Peania.

Der Hymettos-Berg

EIN BYZANTINISCHES MEISTERWERK

Der 1026 m hohe Berg ist nur 15 Min. mit dem Taxi von der Innenstadt Athens entfernt. Am niederen westlichen Hang erstreckt sich das Naturschutzgebiet des Kesariani Aesthetic Forest mit schönen Wander- und Radwegen. Auf dem Gipfel steht das **Moni Kaisarianis**, ein wunderbares Kloster aus dem 11. Jh., das zugleich eine gut erhaltene Ausgrabungsstätte ist. Die Kuppel der Klosterkirche wird von klassischen Säulen getragen, die Wände sind mit gut erhaltenen Fresken aus dem 17. und 18. Jh. geschmückt. Zweimal im Jahr findet hier noch ein Gottesdienst statt: am 21. November zum Fest der Präsentation von Maria und am Karfreitag.

SURFCLUB NISSAKI

Artemida (oder auch Loutsa) ist rund 5 km südlich von Rafina und für die besten Bedingungen zum Kite- und Windsurfen an der Ostküste bekannt. Die Surfschule **Nissakia**, bietet Kurse in den beiden Sportarten und im Stand-up-Paddeln (SUP) an. Es gibt auch ein nettes Café-Bar-Restaurant mit Surferatmosphäre und großer schattiger Terrasse mit Blick aufs Meer.

Pezodromos
Das hoch angesehene Meeresfrüchte-Restaurant ist direkt am Plateia Lavrio. Besonders empfehlenswert ist Oktopus in Vinaigrette und gefüllter Tintenfisch. €€

Roloi
Im ehemaligen Uhrenturm im Hafen von Lavrio lässt sich die Wartezeit auf die Fähre aushalten. €€

Rivero
Das geschäftige Café am Plateia Lavrio serviert guten Kaffee und Snacks wie Croissants mit süßer Sahne. €

Marathon

HISTORISCHES SCHLACHTFELD

Die kleine Stadt 34 km nordöstlich von Athen ist Geschichtsfans und Laufbegeisterten gleichermaßen ein Begriff. 490 v. Chr. besiegten die zahlenmäßig weit überlegenen Griechen und Plataer hier die 25 000 Mann starke Armee der Perser. Die historische Schlacht gilt als Wendepunkt der Persischen Kriege, da die Griechen sie wohl dank besserer Taktik und Ausrüstung gewonnen haben.

An die Schlacht erinnert ein 10 m hoher **Tumulus der Athener** 4 km südlich der Stadt an der östlichen Seite der Straße von Athen nach Marathon. Als Zeichen der Ehrerbietung wurden die in der Schlacht gefallenen 192 Männer verbrannt und in dem Gemeinschaftsgrab beigesetzt. Auf dem Gelände befindet sich auch ein Modell des Schlachtfeldes mit weiteren Informationen.

Im Eintrittspreis enthalten ist auch das benachbarte **Archäologische Museum in Marathon**, das Fundstücke aus der Region aus mehreren Epochen zeigt, darunter neolithische Keramik aus der Höhle von Pan und dem Grab der Athener. Glanzstücke der Ausstellung sind überlebensgroße Statuen aus einem ägyptischen Heiligtum im nahen Brexiza.

Das **Marathonmuseum** selbst ist dagegen mitten in der Stadt. Es dokumentiert sehr gut die großen Marathonläufe der Welt, darunter auch die Olympischen Rennen bis 2000. Montags ist das Museum geschlossen.

Es fahren zwar Busse von Athen nach Marathon, doch die weit auseinanderliegenden Sehenswürdigkeiten sind am besten mit einem eigenen Auto zu erreichen.

DER MARATHON-LAUF

Der Athener Bote Pheidippides, der von Marathon nach Athen lief, um den Sieg der Athener zu verkünden, soll noch *„Hairete, nenikikamen!“* (Freut euch, wir haben gesiegt!) gerufen haben, bevor er zusammenbrach und verstarb. Das lag nicht nur an der an diesem Tag zurückgelegten Strecke, sondern an der Gesamtstrecke von 280 km, die er an mehreren Tagen zurückgelegt hatte.

Die Heldentat des Pheidippides inspirierte die Begründer der modernen Olympischen Spiele zur Einführung des Marathonlaufs. 1921 wurde die Streckenlänge auf 42,195 km festgelegt. Dies entspricht der Strecke, die beim **Athen-Marathon** (athensauthenticmarathon.gr) von Marathon bis ins Panathenaiko-Stadion gelaufen wird.

Schinias-Marathon-Nationalpark

WUNDERBARE KÜSTENLANDSCHAFT

Ein langer naturbelassener Sandstrand vor einem buschigen Pinienwald ist das Aushängeschild des Nationalparks 12 km östlich von Marathon. Am westlichen Ende des Strand gibt's Liegen und einige Restaurants. Das seichte ruhige Wasser macht ihn zu einem der angenehmsten Badestrände in diesem Teil von Attika. Entsprechend voll ist er am Wochenende.

Der 7 km² große Park, der auch die Halbinsel Kinosura und den Golf von Schinias umfasst, ist ein wichtiges Ökosystem mit verschiedenen Lebensräumen wie Sumpfland, Felsengebirge, mediterrane Macchia und Olivenhaine. An den Seen befindet sich das Olympische Ruderzentrum. Sie sind aber auch Brutstätte der stark bedrohten Moorente.

ESSEN IN RAFINA & HYMETTOS

Melinia
Das moderne mediterrane Bistro in Rafina serviert eine gute Auswahl an Gerichten auf der Terrasse am Hauptplatz. **€€**

Ta Kavouria Tou Asimaki
Das beliebte Restauarant im Hafen von Rafina bietet frischen, einfach zubereiteten Fisch und andere Köstlichkeiten wie etwa Seeigel-Salat **€**

Kalopoula
Das beazubernde rustikale Café im Wald von Kesariani lädt zu einer Pause auf dem Weg zum Hymettos-Berg ein. **€**

ELENI MAVRANDONI/SHUTTERSTOCK ©

Ramnous

Ramnous

EINE ANTIKE FESTUNG AM MEER

Rund 10 km nordöstlich von Marathon stehen die geschichtsträchtigen, vollkommen überwucherten Ruinen der antiken Festung und Stadt Ramnous auf einem einsamen Felsen hoch über dem Meer. Der obere Teil der Ruinen besteht aus den Überresten von dorischen Tempeln der Nemesis und Themis aus dem 5. Jh. v. Chr. Im unteren, über einen steilen 1 km langen Pfad erreichbaren Teil befinden sich die recht gut erhaltene Festung und Überreste eines Sportstadions, Tempels und Theaters. Öffentliche Verkehrsmittel fahren nicht hierher, und es gibt auch kaum irgendwelche Einrichtungen.

Kifissia

RÜCKZUGSORT IN DEN BERGEN

Die einstige Sommerresidenz wohlhabender Athener:innen liegt heute am nördlichen Rand der Stadt, 20 km vom Zentrum entfernt. Das wohlhabende Viertel mit gepflegten Parks und guten Straßen ist eine angenehme Alternative zum Leben in der Innenstadt, die nur 30 Minuten mit der Metro entfernt ist.

Direkt gegenüber der Metrostation führt eine von Kastanien gesäume Prachtstraße in den üppig grünen **Alsos Kifissia**.

DIE BESTEN GESCHÄFTE IN KIFISSIA

Alex Canvin und **Evita Koutsopoulou** sind Inhaber der Café-Bar Different Beast. *facebook.com/differentbeastathens*

Par'amour
Designerin Elina Kordali verkauft ihre romantische Mode unter dem Label Madam Shou Shou in der schicken, preiswerten Boutique, in der auch ihre Mutter arbeitet.

Vasos
Ein absolutes Muss! Selbst Leute aus Athen kommen extra nach Kifissia, um das 100 Jahre alte traditionelle Café mit eigener Bäckerei zu besuchen. Auch die Präsentation der leckeren Waren ist herrlich altmodisch.

Living Green
Das Geschäft hat sich auf nachhaltige Produkte aus aller Welt spezialisiert, darunter griechische Marken wie die Kräutertees von Rhoeco und Mode von Adelie Pengu. Es gibt auch schönes Spielzeug und süße Kindersachen.

ÜBERNACHTEN & ESSEN IN MARATHON

Marathon Eco Stay
Das Hotel in der Nähe der Startlinie des Athen-Marathons bietet einfache, moderne Zimmer und wird mit erneuerbarer Energie betrieben. **€€**

Diamanti
Der Biobauernhof beim Tumulus der Athener verkauft am Wochenende sein frisches Obst und Gemüse und auch Milchprodukte. **€**

Isidora
Das Restaurant serviert frischen Fisch und Meeresfrüchte direkt am Strand von Marathon. Besonders empfehlenswert sind die marinierten Anchovis und Sardinen der Saison. **€€**

VOGEL-BEOBACHTUNG

Spyros Skareas ist der Begründer und einer der Guides von Greece Bird Tours. Er verrät uns die besten Orte zur Vogelbeobachtung rund um Athen.
greecebirdtours.com

Schinias-Marathon-Nationalpark
In dem Sumpfland leben und brüten viele Vögel. Rund 240 Arten sind zu beobachten, darunter auch die einheimische Moorente.

Hymettos-Berg
Im Frühjahr kommen Vögel aus Südafrika hierher (S. 111). Dann wimmelt es von Maskengrasmücken, Weißbartgrasmücken, Chukarhühner (eine Art Rebhuhn) und den einheimischen Balkanmeisen.

Vravrona
Das Sumpfland in der Mündung des Erasinos ist die Heimat von Reihern, Küstenvögeln und Teichhühnern. Aber auch kleine Eulen und Adlerbussarde leben hier.

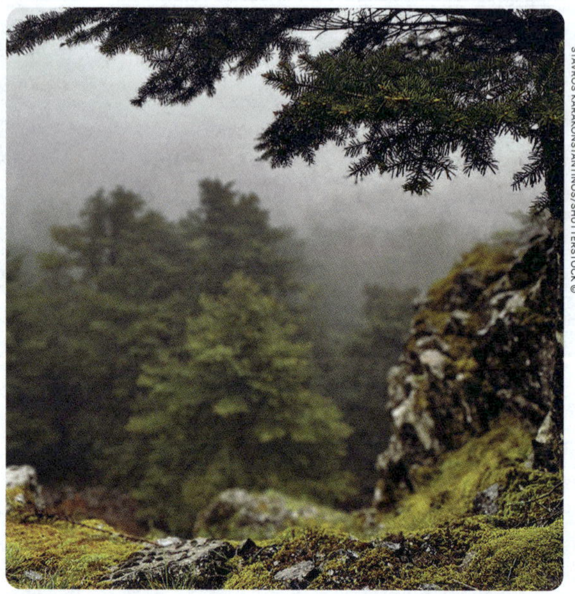

STAVROS KARAKONSTANTINOS/SHUTTERSTOCK ©

Parnitha-Nationalpark

In dem Park findet im Mai die **Blumenschau von Kifissia** statt. Seit 1937 ist dies die größte Gartenschau in ganz Griechenland.

Danach geht es ins **Naturkundemuseum Goulandris** in der Levidou. Es ist das größte Naturkundemuseum in Griechenland und voller ausgestopfte Tiere, darunter eine meterhohe Giraffe in der Eingangshalle. Hauptattraktion ist die 7 m lange Nachbildung eines Triceratops-Skeletts. In dem Gebäude ist auch das moderne GAIA-Zentrum für Umweltforschung untergebracht.

Das elegante Gebäude direkt daneben beherbergt das **Kunstinstitut Kouvoutsakis**. Die kostenlose Ausstellung zeigt schöne Werke griechischer und internationaler Kunstschaffender vom 19. Jh. bis heute und sehr moderner Künstler:innen wie Tsaruouchis, Tetsis und Rorris.

Die schattigen Straßen von Kifissia sind mit rund 180 denkmalgeschützten Häusern gesäumt, darunter die **Villa Atlantis** an der Kreuzung von Pesmazoglou und Emmanuel Benaki 15 Gehminuten nördlich des Bahnhofs. Die kunstvoll verzierte Villa im Stil der Renaissance erbaute Ernst Ziller 1897 für den Verleger Solonas Vlastos.

ESSEN IN KIFISSIA & PARNITHA

Panormítes
Die Speisekarte des klassischen, einfachen Meeresfrüchte-Restaurants am nördlichen Ende des Strandes von Marathon wird an die Wand geschrieben. **€€**

Moraitis Beach
Das lässige Strandcafé des Wassersportclubs serviert gesunde Reis-Bowls und eine gute Auswahl an Getränken.
€€

Archontiko tou Lekka
Der rustikale Familienbetrieb bewirtet seine Gäste in ehemaligen Ställen auf dem Hügel oberhalb von Marathon. Spezialität des Hauses ist gegrilltes Lamm.
€€

Das Olympische Museum

DIE JAGD NACH GOLD

An der Straße nach Kifissia liegt das **Athener Olympiastadion Spyros Louis** (OAKA), das für die Spiele 2004 gebaut wurde. Der vom spanischen Architekten Santiago Calatrava entworfene Komplex umfasst das Stadion und die Wand der Nationen: eine 250 m lange und 20 m hohe Stahlskulptur, die in 5 m Höhe wie Wäsche an einer Leine flattert. Das Gebäude selbst ist nicht mehr im besten Zustand, doch das Stadion mit allen Einrichtungen wird regelmäßig für große Sportveranstaltungen und Konzerte genutzt.

Wesentlich interessanter ist das **Olympische Museum** im Einkaufszentrum Golden Hall im Osten des OAKA. Das 2021 eröffnete sehr kreative Hightech-Museum erzählt die Geschichte der Olympischen Spiele von den Anfängen im antiken Athen über die ersten Spiele der Neuzeit 1896 bis zu ihrer triumphalen Rückkehr nach Athen 2004. Zu sehen sind die bei der Eröffnungsfeier 2004 verwendeten Kostüme und Requisiten sowie jede Menge spannender Videos.

WEINGÜTER IN ATTIKA

Attika und insbesondere die fruchtbare Gegend rund um den internationalen Flughafen von Spata ist eines der größten Weinanbaugebiete in Griechenland. Vorherrschende Rebsorte ist die würzige *Savatiano*, aus der Retsina (mit Pinienharz versetzter Wein hergestellt wird. Sie wird aber auch zu trockenen Weißweinen verarbeitet. Weitere Rebsorten sind *Malagouzia* und *Assyrtiko* für Weißweine, und *Agiorgitiko* für Rotwein.

Die meisten Weingüter bieten Verkostungen und Besichtigungen an. Zu empfehlen sind **Domaine Vassilou**, **Gikas Winery** und **Markou Vineyards**. Wegen Öffnungszeiten und Besichtigungen am besten vorher anrufen.

Parnitha-Nationalpark

WANDERN, RADFAHREN UND VIEL NATUR

Der 25 000 ha große Nationalpark 25 km nördlich von Athen umfasst eine ganze Reihe von Bergen. Der mit 1413 m höchste Berg ist der Karavola, der im Winter meist mit Schnee bedeckt ist. 2007 zerstörten Waldbrände große Teile des Parks. Der Wald hatte sich gerade etwas erholt, als es 2021 erneut zu heftigen Waldbränden kam.

Der Park ist von unzähligen Wanderwegen und Mountainbike-Trails durchzogen, und es gibt auch die beiden großen Lodges **Mpafi** und **Flambouri**. Ebenso gibt's viele Höhlen und jede Menge Wildtiere, vor allem Rotwild.

Zum Park fahren die kostenlosen Busse des **Regency Casino Mont Parnes**. Sie starten an mehreren Haltestellen in Athen und fahren bis zur **Seilbahn** (tgl. 9–17 Uhr, Di 14.30–17 Uhr geschl.). Diese schwebt in sieben Minuten von der Talstation zum Kasino auf dem Berg hinauf.

NOCH MEHR OLYMPIA

Das Museum im Panathenaiko-Stadion erzählt die Geschichte der Olympischen Spiele. Der Silberpokal, den Louis Spiros als erster Sieger des modernen Marathons, gewonnen hat, ist im **SNFCC** (S. 103) zu sehen.

Tatoi

EIN KÖNIGLICHER RÜCKZUGSORT

Tatoi 25 km nördlich von Athen war einmal die Sommerresidenz der griechischen Könige. 1915 leistete Eleftherios Venizelos hier seinen Amtseid. Zu den leerstehenden Gebäude auf dem 40 km^2 großen Gelände gehören der nach

ÜBERNACHTEN IN KIFISSIA & PARNITHA

Coco-Mat Hotel Nafsika
Das Boutiquehotel unterhalb des Zentrums von Kifissia hat luxuriöse Naturbetten. €€

SAY
Die Zimmer des eleganten Hotels haben Balkon mit Blick ins Grüne. Die Bar auf der Dachterrasse steht Nichtgästen offen. €€€

Mpafi
Die Hütte auf dem Parnes bieten Zimmer und Schlafsäle und versorgt die Gäste mit Essen. €

dem Vorbild eines Palastes im Peterhof von St. Petersburg gebaute Palast, eine Garage, ein Weingut, Ställe, Swimmingpool und der Friedhof, auf dem die griechische Königsfamilie begraben ist. Der nach Abschaffung der Monarchie 1974 aufgegebenen Palast soll in ein Museum umgewandelt werden, und auf dem Gelände sollen ein Luxushotel und andere Einrichtungen gebaut werden. Eine einstündige Wanderung führt von Varibobi nach Tatoi.

Elefsina

SCHAUPLATZ DER ELEUSIANISCHEN MYSTERIEN

Riesige Ölraffinerien, Zementfabriken und rostige Schiffe in dem kleinen Hafen 23 km nordwestlich von Athen scheinen so gar nicht zur Kulturhauptstadt Europas 2023 zu passen. Doch hinter der industriellen Fassade verbirgt sich ein Ort voller Geschichte und kultureller Bedeutung. Schließlich war das **Antike Eleusis**, ein überaus bedeutendes religiöses Zentrum mit dem Heiligtum der Demeter und ihrer Tochter Persephone.

Die Ausgrabungsstätte erstreckt sich über einen Hügel an der Küste des Saronischen Golfs und bietet einen tollen Ausblick auf die Insel Salamis. Die beeindruckenden Ausmaße des Heiligtums lassen sich nur noch erahnen, denn die riesigen Säulen und hohen Wände verteilen sich in Bruchstücken über das ganze Gelände. Auf den Informationstafeln ist sehr gut zu sehen, wie das Heiligtum aussah, als es das Ende des Iera Odos, des Heiligen Weges von Athen nach Eleusis, markierte. Auf dem Hügel hoch über der Bucht ist ein kleines Museum. Es zeigt hervorragende Marmorstatuen, darunter auch eine Büste der Karyatiden.

Was den Ort noch außergewöhnlicher macht, ist die Wiederbelebung der kulturellen Bedeutung durch den Niedergang der modernen Industrie. Direkt am Meer steht die **Alte Olivenmühle**. Die riesige ehemalige Seifenfabrik wurde zu einem stimmungsvollen Veranstaltungsort umgebaut. Weiter im Landesinneren wurden auch eine **alte Bowlingbahn** und das ehemalige **Cine Elefsis** zu modernen Ausstellungs- und Veranstaltungsorten. Zusätzlich zu dem für 2023 geplanten Kulturprogramm gibt's das alljährliche Aischylia-Festival.

DAS HEILIGTUM DER DEMETER

Eleusis war vermutlich schon zur Zeit von Mykene (1600–1100 v. Chr.) eine religiöse Kultstätte, doch erst im 8. Jh. v. Chr. wurde sie wirklich bedeutend. Damals wurden die Eleusinischen Mysterien begründet, ein riesiges Festival, das jedes Jahr Tausende von Pilger:innen anlockte. Viele gingen in einer Prozession auf dem von Statuen und Votivmonumenten gesäumten Heiligen Weg von Athen nach Eleusis, andere kamen auf Schiffen aus ganz Griechenland. Die Eingeweihten mussten sich bei Androhung der Todesstrafe zu absoluter Geheimhaltung verpflichten.

Moni Dafni (Daphni-Kloster)

BYZANTINISCHES KOSTER VON WELTRANG

Das Kloster, das 10 km nordwestlich von Athen auf halber Strecke nach Elefsina liegt, gehört zum Weltkulturerbe der UNESCO. Die Klosterkirche enthält eine Mauer aus dem 6. Jh. und eine

ESSEN & AUSGEHEN IN ELEFSINA

Chocolart
Das kleine Café neben einem Keramikatelier bietet handgemachte Schokolade und den besten Kaffee in Elefsina. €

Gazoza
Das nette Café mit Bar bei den Ruinen von Elesius ist ideal, um Leute zu beobachten. €

Kapaki
Die Taverne serviert einfache traditionelle griechische Gerichte und kühlen Wein auf einer Terrasse unter Bäumen. €

SIMON RICHMOND/LONELY PLANET ©

Antikes Eleusis in Elefsina

ionische Säule des Apollon-Tempels, der hier einst stand – die anderen drei Säulen wurden von Lord Elgin nach London gebracht. Die kunstvollen Mosaiken und Fresken wurden Ende des 11. Jhs. vollendet und vor kurzem restauriert. Die Kirche ist mittwochs bis sonntags von 8.30 bis 15.30 Uhr geöffnet. Der Eintritt ist frei.

Wenige Schritte entfernt vom Kloster befindet sich der 186 ha große Botanische Garten Diomedes. Er bietet schattige Pinien- und Eukalyptuswäldchen sowie jede Menge anderer Pflanzen von Kakteen über Rosen bis zu einem 900 Jahre alten Olivenbaum. Die friedliche Ruhe wird jedoch vom Verkehrslärm der nahen Schnellstraße gestört. Beim Eingang zum Botanischen Garten befindet sich das nette Café Kipos unter schattigen Bäumen.

Um nach Moni Dafni zu kommen, fährst du mit der Metro nach Agia Marina und dann mit dem Bus nach Psyciatreio/Moni Dafni.

GRIECHISCHES THEATER HEUTE

Der Dramatiker Aischylos wurde um 525 v. Chr. in Eleusis geboren. Er gilt als Vater der Tragödie, und seine Schauspiele begründeten das moderne Theater. Seit 1975 veranstaltet Elefsina zu seinen Ehren das **Aischylos-Festival**. Es findet von Ende August bis September statt und bietet eine Vielfalt an Kunstveranstaltungen, die zumeist im Amphitheater und der Alten Olivenmühle stattfinden.

Aufführungen in Englisch gibt's hier kaum, doch in Athen gibt's immer mehr ausgezeichnete Angebote. Im Nationaltheater und der griechischen Staatsoper werden Übertitel eingeblendet.

Das KOILON-Theater in Plaka spielt von Mai bis Oktober kurze Dramen, die auf den griechischen Klassikern basieren. Außerdem gibt's noch das Athens & Epidauros-Festival (S. 136) im Sommer.

O Stratos
Frische Meeresfrüchte wie gegrillte Sardinen, Oktopus und Calamares werden in der Taverne im Hafen mit viel Knoblauchbrot serviert. **€€**

Rakoun
Das Restaurant bietet gute Mezedhes und hat sich auf Tsipouro und Raki spezialisiert. Außerdem gibt's traditionelle Musik. **€**

Trata
Die Einheimischen lieben die traditionelle Taverne wegen der erstklassigen Meeresfrüchte wie Blaukrabben, gegrillten Tintenfisch und Königsfischschwanz. **€€**

LIUBOV ISAEVA/SHUTTERSTOCK ©

Monemvasia (S. 139)

DIE WICHTIGSTEN ZIELE

KORINTH
Antike Stadt und berühmter Kanal S. 124

NAFPLIO
Die ursprüngliche Hauptstadt von Griechenland S. 130

MONEMVASIA
Einzigartige Felsenburgstadt zum Schutz vor Piraten S. 139

PELOPONNES

BERGE, SPEKTAKULÄRE KÜSTEN & ANTIKE DÖRFER

Willkommen auf Griechenlands Festlandhalbinsel, die von Meer umspült wird und die Form eines Maulbeerblattes hat, weshalb die Region seit dem Mittelalter auch den Namen Moreas – „Maulbeere" – trägt.

Der Peloponnes gilt als eine Insel innerhalb des Festlandes, da er von allen Seiten von Wasser umgeben und durch den Kanal von Korinth oder die Rio-Antirrio-Brücke bei Patras verbunden ist. Er ist eine der geschichtsträchtigsten und kulturell vielfältigsten Halbinseln Griechenlands, die zu erkunden sich lohnt.

Der Peloponnes ist seit prähistorischen Zeiten besiedelt und verdankt seinen Namen dem griechischen König Pelos, der auf der Halbinsel in der Region Pisa lebte. Byzantinische, fränkische und osmanische Herrschaft haben diese Region geprägt und sie mit einer einzigartigen Kultur, einem einzigartigen Erbe, einer einzigartigen Gastronomie und Architektur bereichert. Die Region ist bekannt für die weltberühmten Kalamata-Oliven und die ausgedehnten Weinberge, aus denen weltberühmte Weine gekeltert werden.

Antike Burgen und Klöster, Wanderwege, byzantinische Dörfer, berühmte antike Denkmäler und traumhafte Strände, nicht zu vergessen die Geburtsstätte der Olympischen Spiele im antiken Olympia, sind hier zu finden. Viele Besucher:innen, die sich für dieses Reiseziel entschieden haben, kehren Jahr für Jahr zurück, darunter auch seinerzeit der britische Schriftsteller Sir Patrick Leigh Fermor, der der Halbinsel Mani (Bild) viele Jahre lang treu blieb.

Patras ist der wichtigste Hafen der Region, von dem aus Fähren zu den Ionischen Inseln und nach Italien verkehren. Es ist ein ziemlich unscheinbarer Ort, nur ein guter Ankunfts- und Abfahrtsort, daher wird er hier nicht näher beschrieben.

Nafplio, die ursprüngliche Hauptstadt Griechenlands in den Jahren 1828 bis 1834, ist ein romantischer, friedlicher Ort an der Küste mit zwei imposanten Burgen, die die Stadt bewachen – eine davon auf einer Insel im Meer. Dieser einzigartige Ort, von dem noch viel unentdeckt ist, ist wirklich einen Besuch wert.

OLYMPIA
Ursprung der Olympischen Spiele S. 144

SPARTA
Geburtsort von Griechenlands härtesten Kriegern S. 151

KALAMATA
Heimat der berühmten Olive S. 156

Erste Orientierung

Der Peloponnes ist die südlichste Halbinsel des Festlandes. Wir haben die Highlights der Region ausgewählt, um zu zeigen, was sie zu bieten hat und um die eigene Reise zu planen.

Olympia, S. 144

Der Ort, an dem die ersten Olympischen Spiele stattfanden und das Stadion sind noch intakt. Außerdem befinden sich in der Umgebung einzigartige Weinkellereien und Strände, die zum Entspannen einladen.

AUTO

Die mit Abstand beste Möglichkeit, die historischen Dörfer, abgelegenen Strände, antiken Stätten, Weinberge und abgelegenen Orte der Region zu erreichen, ist mit dem Auto. So kann man die Gegend im eigenen Tempo erkunden.

BUS

Die wichtigsten Städte auf dem Peloponnes werden regelmäßig von Athen aus angefahren, aber für Fahrten zwischen den Orten in der Region muss man oft über einen großen Verkehrsknotenpunkt fahren und umsteigen, was einen großen Teil des Tages in Anspruch nimmt.

ZUG

Von Athen aus verkehren stündlich Züge nach Korinth und über den Vorortbahnhof Kiato nach Patras, der wichtigsten Hafenstadt, aber auf dem Peloponnes selbst ist das Angebot mangelhaft.

Kalamata, S. 156

Hier wächst die berühmte violett-braune Kalamata-Olive, außerdem lohnen sich die schöne Altstadt, Strände und die einzigartige Halbinsel Mani.

Korinth, S. 124

Das Tor zum Peloponnes ist berühmt für seinen imposanten Kanal und die antike Stadt, in der sich die Geschichte der Region widerspiegelt.

Nafplio, S. 130

Die ursprüngliche Hauptstadt Griechenlands nach dem Unabhängigkeitskrieg liegt an der Küste des Argolischen Golfs und bietet einen Mix aus namhaften Schlössern, schönen Stränden und einer historischen Altstadt.

Sparta, S. 151

Überreste des antiken Sparta, wo während der Peloponnesischen Kriege Griechenlands härteste, unbestechliche und legendäre Krieger über Athen und den Rest des Landes triumphierten.

Monemvasia, S. 139

Die mittelalterliche byzantinische Burgsiedlung, die in einen Felsen am Meer gebaut wurde, ist einer der romantischsten Orte Griechenlands mit Bougainvillea-bewachsenen Gassen, Herrenhäusern und Kirchen.

Perfekte Tage

Auf dem Peloponnes kann man sich einfach treiben lassen. Entweder geht es an die Küste und ins Meer oder ins Landesinnere, um antike Stätten und traditionelle Dörfer zu besichtigen und die lokale Gastronomie und Weine zu probieren.

ALEXANDROS PETRAKIS/SHUTTERSTOCK ©

Bourtzi (S. 132)

Wenig Zeit

Am besten gleich nach **Nafplio** (S. 130), einer der romantischsten Küstenstädte des Peloponnes und Griechenlands ursprüngliche Hauptstadt. Die Burgen kann man zu Fuß erkunden oder mit dem Boot zur **Burg Bourtzi** (S. 132) fahren. Nach einem Spaziergang durch die mit Bougainvillea bewachsene **Altstadt** (S. 131) steht ein Besuch des Archäologischen Museums von Nafplio auf dem Programm, das in einem wunderschönen venezianischen Gebäude aus dem 18. Jahrhundert untergebracht ist, bevor man auf dem historisch bedeutenden **Syntagma-Platz** (S. 131) einen Kaffee in einem der zahlreichen Cafés genießt. Am Nachmittag locken die vielen Strände der Stadt zum Entspannen, bevor der Tag mit einem Abendessen an der Strandpromenade ausklingt.

Beste Reisezeit

Die heißen Sommer garantieren lange Strandtage, ziehen aber auch Menschenmassen an. Im Frühling und Herbst ist es kühler, ideal für die Besichtigung archäologischer Stätten.

FEBRUAR

Vor der Fastenzeit wird in Patras Apokries, der griechische **Karneval**, gefeiert, ein großes Ereignis mit vielen Straßenumzügen. Unbedingt frühzeitig eine Unterkunft buchen.

MÄRZ

Der **griechische Unabhängigkeitstag** wird am 25. März, einem gesetzlichen Feiertag, mit Straßenparaden zum Gedenken an die Erklärung des griechischen Unabhängigkeitskrieges begangen.

MAI

Das **Paleologia-Festival** in Mystras bietet Musik und künstlerische Darbietungen zu Ehren des byzantinischen Kaisers Konstantin Paleologus. Es findet am 29. Mai statt.

VON LINKS: SIETE_VIDAS/SHUTTERSTOCK ©, DE VISU/SHUTTERSTOCK ©, GEORGIOS KOLLIDAS/SHUTTERSTOCK ©

Drei Tage Zeit

● Nach einem Tag in Nafplio geht es 30 km weiter östlich zum Strand von Kalymnios, wo die **Versunkene Stadt Epidauros** (S. 135) liegt, eine römische Villenanlage, die 500 n. Chr. unterging. Ein kurzer Halt am **Kleinen Antiken Theater von Epidauros** (S. 135), bevor es weiter zum großen **Antiken Theater von Epidauros** (S. 135) geht, wo eventuell vielleicht ein Theaterstück aufgeführt wird.

● Einen Tag sollte man im **Tal von Nemea** (S. 137) verbringen, das für seine Weinstraße mit 4000 ha Weingütern und Weinbergen berühmt ist, bevor der Besuch der archäologischen Stätte des **antiken Nemea** (S. 137) und seines stimmungsvollen Stadions den Abschluss bildet.

● Wenn es die Zeit erlaubt, lohnt sich die 2½-stündige Fahrt an die Westküste zur Besichtigung der antiken Stätte **Olympia** (S. 144).

Länger Zeit

● Die Tour beginnt in der einzigartigen Burgstadt Monemvasia (S. 139) mit ihren erhaltenen, in den Felsen am Meer gebauten Herrenhäusern und den mit Kopfstein gepflasterten Gässchen. Anschließend geht es 37 km nach Süden zur Bucht von Neapoli, von wo aus die Kastania-Höhle (S. 143) an der südlichsten Spitze der Region besucht werden kann.

● Nach einer 30-minütigen Fahrt zum Hafen von Pounta setzt die Fähre zur **Insel Elafonissos** (S. 143) über, wo Strände wie der beliebte Simos mit seinen hügeligen Sanddünen und Sarakiniko zum Entspannen einladen.

JUNI

Von Juni bis August findet im antiken Theater von Epidauros das **Athener Epidauros-Festival** mit Musik-, Tanz- und Theaterveranstaltungen statt.

SEPTEMBER

Der **Spartathlon** ist ein mörderischer Marathonlauf von Athen nach Sparta auf den Spuren von Pheidippides, dem ersten Marathonläufer.

OKTOBER

Am 28. Oktober feiern die Griechen den **Oxi-Tag**, einen Feiertag mit Paraden zum Gedenken an die Verweigerung der Kapitulation vor Italien im Jahr 1940.

DEZEMBER

Ein einzigartiger Monat außerhalb der Saison, um **Weihnachten** mitzuerleben, wenn die Plätze der Stadt von kleinen Schiffchen beleuchtet werden.

KORINTH

Korinth ist eine antike und moderne Stadt am Eingang zum Peloponnes. Die neuzeitliche Stadt liegt an der Küste, während man 7 km landeinwärts das antike Korinth mit seinen umfangreichen, aber kompakten Ruinen, die größtenteils römisch sind, erreichen kann. Beide liegen etwa 80 km westlich von Athen und dem berühmten Kanal von Korinth – dem Isthmus von Korinth –, der den Peloponnes mit dem griechischen Festland verbindet und außerdem den Saronischen Golf und den Golf von Korinth voneinander trennt.

Die Straßen des antiken Korinth wurden einst von Pausanias, einem griechischen Reisenden, und dem heiligen Paulus, der hier das Evangelium verkündete, begangen und sind die Heimat des legendären Jason, der mit den Argonauten das Goldene Vlies raubte. Hier kannst du auf ihren Spuren wandeln und den Apollon-Tempel, den Peribolos des Apollon, das antike Theater und andere Sehenswürdigkeiten besuchen.

TOP TIPP

Aufgrund seiner Nähe zu Athen – es ist nur eine Autostunde bzw. 1¼ Std mit dem Zug entfernt – kann Korinth als Ausgangspunkt für die Erkundung des Peloponnes genutzt werden.

CONSTANTINOS ILIOPOULOS/SHUTTERSTOCK ©

Tempel des Apollon

Besuch einer antiken Stadt

HEIMAT VON JASON, DEM ARGONAUTEN

Das antike Korinth ist eine ausgedehnte, aber kompakte Ruine einer antiken, vorwiegend römischen Stadt, die mitten in der neuzeitlichen Stadt Korinth liegt.

Südlich des dorischen **Tempels des Apollon** aus dem 5. Jh. v. Chr. befindet sich eine ausgedehnte *agora* (Marktplatz), an deren Südseite die Fundamente einer riesigen *stoa* (langes Säulengebäude) mit 71 Säulen zu sehen sind, die gebaut wurde, um die bedeutenden Persönlichkeiten zu beherbergen, die 337 v. Chr. von Philipp II. hierher beordert wurden, um Makedonien den Treueeid zu leisten. In der Mitte der zentralen Ladenreihe befindet sich eine *bema*, ein Marmorpodium, von dem aus römische Beamte zum Volk sprachen. Angeblich wurde hier dem Heiligen Paulus der Prozess gemacht, da er verbotene Predigten abgehalten hatte.

Am östlichen Ende der *agora* stehen die Überreste der **julianischen Basilika**. Im Norden befindet sich der **Untere Peirene-Brunnen**. Der Mythologie zufolge weinte Peirene so sehr, als ihr Sohn Kenchrias von Artemis getötet worden war, dass die Götter sie in eine Quelle verwandelten, um das kostbare Nass nicht zu vergeuden.

Westlich der Quelle führen Stufen zur Lecheon-Straße, einst die Hauptverbindung zum Hafen von Lecheon. An der Ostseite

FAKTEN ÜBER DAS ANTIKE KORINTH

Das ausgezeichnete Museum der Stätte ist ein Muss und eine gute Möglichkeit, den Besuch zu beginnen und zu beenden. In den Hauptsälen sind Funde aus der Umgebung ausgestellt, darunter zwei kouroi (männliche Statuen aus der archaischen Zeit), die gestohlen, aber wiederbeschafft wurden. Außerdem werden schöne griechische und römische Statuen, Mosaike, Figurinen, Reliefs und Friese präsentiert. Ein kleinerer Raum beherbergt die Funde aus dem nahe gelegenen **Asklepios-Heiligtum** (500 v. Chr.); interessant sind hier die Modelle von Körperteilen, die als Votivgaben hinterlassen wurden. Im Winter variieren die Schließungszeiten je nach Zeit des Sonnenuntergangs.

ESSEN IN KORINTH

Gonia Agion
Tolles Fischrestaurant am Handelshafen. Frische Fischgerichte und traditionelle griechische Speisen. **€–€€**

Di Giorgio
Guter Italiener im Hafen der Stadt mit ausgezeichneter Pizza und veganen Gerichten. **€**

Marinos Restaurant
Tolle Location im antiken Korinth. Griechische Küche mit vegetarischen, veganen und glutenfreien Varianten. **€**

der Straße befindet sich der **Peribolos des Apollon**, ein von ionischen Säulen flankierter Hof, von denen einige restauriert wurden. Nebenan gibt es eine öffentliche Latrine (Toilette), von der noch einige Sitze erhalten sind.

TOUR ZU DEN SARONISCHEN INSELN

Corinth Canal Cruises bietet auch eine eintägige Bootsfahrt zu den Inseln Ägina (S. 256)und Angistri (S. 260) im Saronischen Golf an. Vom Dorf Isthmia aus geht es auf einer zweistündigen Fahrt zunächst nach Ägina, der ersten Hauptstadt des 1821 neu gegründeten griechischen Staates. Hier stehen der Aphaia-Tempel, der als der am besten erhaltene antike Tempel Griechenlands gilt, sowie der Agios Nektarios-Tempel, eine der größten Kirchen Griechenlands, auf dem Programm. Agistri ist eine winzige Insel, auf der man sich vor der Abreise am Strand entspannen kann. Die Fahrt durch den Kanal ist wetterabhängig, daher vorher anrufen, um zu erfahren, ob die Tour stattfindet.

Ein Wunder der Ingenieurskunst

QUERUNG DURCH MASSIVEN FELS

Der **Kanal von Korinth** ist ein Meisterwerk der Ingenieurskunst. Die Verwirklichung des Projekts nahm zahlreiche Jahrhunderte in Anspruch: Ersonnen wurde es von einem Herrscher des antiken Korinth, begonnen unter dem römischen Kaiser Nero und im 19. Jh. schließlich vollendet von den Franzosen. Der durch massiven Fels gebohrte Kanal ist über 6 km lang und 23 m breit; die Wände erheben sich 90 m übers Wasser.

Die Idee, durch den Isthmus von Korinth eine Verbindung zwischen Ionischem Meer und Ägäis zu schaffen, hatte Ende des 7. Jhs. v. Chr. Periander, Tyrann im antiken Korinth. Doch das Projekt war zu anspruchsvoll, sodass er stattdessen einen *diolkos* (gepflasterte Gleitbahn) anlegen ließ, auf dem die Seeleute kleine Boote über Rollen vorwärtszogen, was bis ins 13. Jh. praktiziert wurde.

In der Zwischenzeit spielten viele Herrscher, z. B. Alexander der Große und Caligula, mit der Kanalidee, doch es war Nero, der höchstselbst zuerst Hand anlegte, und zwar 67 n. Chr. mit einer goldenen Spitzhacke; anschließend blieb es jedoch 6000 jüdischen Sklaven überlassen die harte Arbeit zu verrichten. Doch das Projekt wurde schon bald durch Invasionen der Gallier gestoppt. Das moderne Projekt wurde dann 1882 angegangen, und nach zahlreichen Pleiten wurde der Kanal schließlich 1893 fertiggestellt.

Durch den Kanal wurde die Rolle von Piräus (S. 105) als wichtiger Mittelmeerhafen verstärkt. Besonders eindrucksvoll wirkt der Kanal, wenn ein Schiff hindurchfährt.

Auf der Hauptbrücke über den Kanal drängeln sich zwar die Tourbusse, doch der Ausblick auf den Kanal ist zweifelsohne imposant. Wer mit einem eigenen Fahrzeug unterwegs ist, sollte auch das nahe **Isthmia** mit der Senkbrücke ansteuern. Vom Ufer aus kann man hier wunderbar das Prozedere beobachten, das nötig wird, wenn ein Schiff durchfahren will.

Von April bis Oktober bietet **Corinth Canal Cruises** (corinthcanalcruises.gr) tägliche Durchfahrten an, in der Regel am späten Nachmittag, vom Dorf Isthmia im Isthmus von Korinth aus, eine 1½-stündige Hin- und Rückfahrt. Es ist die perfekte Gelegenheit, den Kanal aus der Nähe zu sehen und sich ein Bild davon zu machen, was für eine gewaltige Aufgabe es war, ihn zu bauen.

Agios Nektarios, Ägina

UNTERWEGS VOR ORT

Die moderne Stadt Korinth lässt sich gut zu Fuß erkunden, da es keine wirklich steilen Steigungen gibt. Das heißt, man kann auch gut mit dem Fahrrad fahren und es gibt sogar Radwege in der ganzen Stadt. Es verkehren regelmäßig öffentliche Verkehrsmittel zu den Stränden in den Außenbezirken und zum Dorf Isthmia, dem Ausgangspunkt für Bootsfahrten mit Corinth Canal Cruises.

Rund um Korinth

UNESCO-Weltkulturerbe, beeindruckende archäologische Stätten und mykenische Geschichte.

TOP TIPP

Für eigenständige Touren ist ein Auto unerlässlich. Es ist möglich, die regionalen KTEL-Busse zwischen den Sehenswürdigkeiten zu benutzen, allerdings muss man in anderen Städten evtl. umsteigen.

Etwa 40 Minuten von Korinth entfernt warten eines der mächtigsten Königreiche des antiken Griechenlands, die antike Stadt Mykene, die unter Wasser liegende römische Villenanlage von Epidauros (S. 135) und das berühmte antike Theater mit seiner einzigartigen Akustik darauf entdeckt zu werden. Weniger als eine Stunde entfernt liegt die ursprüngliche Hauptstadt Griechenlands – Nafplio (S. 130) mit ihren antiken Burgen, Stränden und nicht zuletzt dem antiken Stadion von Nemea, in dem alle vier Jahre die heute wiederbelebten Nemeischen Spiele stattfanden und den Weinstraßen von Nemea, einem einzigartigen Weinbaugebiet, in dem die *agiorgitiko*-Traube angebaut wird. Daher ist Korinth selbst der perfekte Ausgangspunkt für die Erkundung der einzigartigen Sehenswürdigkeiten der Region Peloponnes.

Mykene (S. 128)

Eingang zum Schatz des Atreus

EIN BISSCHEN GESCHICHTE

Homer zufolge wurde die Stadt Mykene von Perseus, dem Sohn von Danae und Zeus gegründet. Archäologische Funde belegen, dass Mykene bereits in der Jungsteinzeit besiedelt wurde und in der späten Bronzezeit – um 1600 v. Chr. – zu großer Bedeutung gelangte. Im Gefolge der indoeuropäischen Welle, die zwischen 2100 und 1900 v. Chr. unter dem Einfluss der minoischen und kykladischen Zivilisationen nach Griechenland kam, hatte sich auf dem Festland eine Hochkultur entwickelt. Diese neue Zivilisation wird heute als mykenisch bezeichnet, benannt nach ihrem mächtigsten Königreich.

Ein mächtiges Königreich

TOR ZUR MYKENISCHEN KULTUR

Das **antike Mykene**, 40 Autominuten von Korinth entfernt, ist die Heimat des legendären Königs Agamemnon, des Herrschers der Griechen während des Trojanischen Krieges, und war im 2. Jahrtausend vier Jahrhunderte lang das mächtigste Königreich Griechenlands, das auch andere mykenische Städte beeinflusste. Heute ist es eine der beeindruckendsten archäologischen Stätten des Landes und ein hervorragender Ort, um den Einfluss der Mykener auf das antike Griechenland zu verstehen.

Die Stadt Mykene bestand zwischen 1450 und 1200 v. Chr. aus einer befestigten Zitadelle und einer umliegenden Siedlung. Aufgrund der gewaltigen Ausmaße ihrer Mauern – 13 m hoch und 7 m dick und aus Steinblöcken mit einem Gewicht von teil-

FAMILIENGEFÜHRTE RESTAURANTS IN MYKENE

Mezedokipos
Eine 100 Jahre alte Familientaverne im modernen Mykene. Mittags und abends gibt es unter anderem traditionelle griechische Küche. **€€**

Retro
Griechisch-italienisches Restaurant im modernen Mykene, nur 2 km von der archäologischen Stätte entfernt. **€**

King Menelaos
Von der Veranda dieses großen, traditionellen griechischen Restaurants hat man herrliche Ausblicke, aber auch in der großen Halle gibt es viel Platz. **€€**

weise 6 t gebaut – soll Perseus der Legende nach die Hilfe eines Zyklopen in Anspruch genommen haben, eines der einäugigen Riesen, die in der Odyssee beschrieben werden, um dieses mächtige Reich zu bauen.

Zu Agamemnons Festung gelangt man durch das eindrucksvolle **Löwentor**, den Eingang zur Stadt, der von zwei steinernen Löwinnen überragt wird. Im Inneren der beeindruckenden Zitadelle befindet sich der **Gräberkreis A**, der königliche Friedhof mit sechs Grabschächten. Südlich davon stehen die Überreste einer Gruppe von Gebäuden, die wahrscheinlich einem religiösen Zweck dienten; viele der Wandmalereifragmente und Votivgaben, die im Museum vor Ort ausgestellt sind, wurden hier gefunden, ebenso wie die berühmte Kriegervase, die einen Eindruck davon vermittelt, wie die legendären Krieger von Mykene aussahen.

Das **Museum** ist Teil des Komplexes des antiken Mykene und sollte unbedingt besucht werden, bevor man den Rest der Stätte besichtigt, denn hier wird man in die Geheimnisse des Baus von Mykene, seiner verschiedenen Ausprägungen und der Ausgrabungen ab 1841 eingeweiht. Die Exponate reichen von feinen Steigbügelgefäßen, faszinierenden Freskenfragmenten und prächtigen Siegeln bis hin zu rituellen Gegenständen, Schrifttafeln in Linearschrift B, Schmuck und Waffen aus Bronze.

Anschließend geht es den Hauptweg hinauf zum **Palast des Agamemnon**. Die Räume auf der Nordseite waren wahrscheinlich die königlichen Privatgemächer, in denen Agamemnon ermordet worden sein soll. An der Südostseite des Palastes befindet sich das **Megaron** – eine Empfangshalle, in der sich vermutlich die große Feuerstelle befand; die Säulenbasen sind noch erhalten. Dahinter, auf einem Hügel, liegen Gebäude, die als Werkstätten für Handwerker gedient haben sollen. Der Blick auf das dahinterliegende Tal ist phänomenal.

Weiter unten, in der nordöstlichen Verlängerung, befindet sich der Eingang zur **geheimen Zisterne**. Es handelt sich um einen gewölbten Tunnel, der über etwas heikle dunkle Stufen zu einer Quelle hinabführt. Dann weiter auf dem Hauptweg gegen den Uhrzeigersinn zum **hinteren Tor**, durch das Orest nach der Ermordung seiner Mutter Klytämnestra entkommen sein soll.

Bis zum späten 15. Jh. v. Chr. bestatteten die Mykener ihre Könige in Schachtgräbern; später verwendeten sie eine neue Form der Bestattung, das Bienenstockgrab oder Tholos-Grab. Außerhalb des Löwentors liegen die **Tholosgräber des Aegisthus** mit eingestürztem Dach und der **Klytämnestra** mit einem eindrucksvollen Eingang und einem Kuppeldach. Außerdem gibt es das **Schatzhaus des Atreus**, auch bekannt als Agamemnons Grab, etwa 500 m vom Parkplatz entfernt, jenseits der Hauptanlage von Mykene.

FUNDSTÜCKE

Das zum UNESCO-Weltkulturerbe gehörende Mykene ist ein Synonym für die Namen Homer und Schliemann. Im 9. Jh. v. Chr. beschreibt Homer in seinen epischen Gedichten Ilias und Odyssee das „gut gebaute, goldreiche Mykene". Bis in das 19. Jh. hinein galten diese Gedichte lediglich als packende und schöne Legenden. Doch in den 1870er Jahren wurde der Amateurarchäologe Heinrich Schliemann (1822–1890) trotz des Spottes der Fachwelt fündig – erst in Troja, dann in Mykene.

Löwentor

UNTERWEGS VOR ORT

Die Fahrt von Korinth zum antiken Mykene dauert mit dem Auto gut 30 Minuten. Nafplio gilt auch als guter Ausgangspunkt für Mykene, weil hier außerdem eine (allerdings unregelmäßige) Busverbindung besteht.

NAFPLIO

Nafplio wird nicht ohne Grund oft als eine der schönsten Städte Europas bezeichnet. Von 1828–1834 war die Hafenstadt an der griechischen Küste die Hauptstadt des nach dem Unabhängigkeitskrieg neu gegründeten griechischen Staates. Sie ist ein einzigartiges Zentrum des Peloponnes, eingebettet in die Berge des Argolischen Golfs, mit Festungen wie Palamidi – hoch über der Stadt und über 999 Stufen zu erreichen – und Bourtzi – auf einer vorgelagerten Insel – zwischen 1865 und 1935 Sitz des Henkers von Kriegsgefangenen. Die mit Bougainvilleen geschmückte Altstadt ist eine Attraktion für sich, mit neoklassizistischen Gebäuden, vielen Cafés, einem archäologischen Museum und der kleineren Burg Akronafplia, die über der Stadt thront. Alternativ lässt sich der Tag auch am nahegelegenen Arvanitia-Strand verbringen, von dem aus man einen herrlichen Blick auf die Burg hat.

Nafplio ist nur zwei Stunden von der hektischen Metropole Athen entfernt und fühlt sich doch wie eine ganz andere Welt an – ein Grund, warum Athener häufig für einen Wochenendausflug hierher kommen.

TOP TIPP

Die Touristeninformation von Nafplio befindet sich am Hafen, gleich neben dem kostenlosen Parkplatz und dem alten Bahnhof. Von hier aus kann man den roten Touristenbus nehmen, mit dem man sich in der Kleinstadt gut orientieren kann. Wer sich den Aufstieg ersparen will, nimmt den Bus zur Palamidi-Festung und läuft dann hinunter.

HIGHLIGHTS
1 Archäologisches Museum

SEHENSWERTES
2 Festung Akronafplia
3 Arvanitia-Strand
4 Bourtzi
5 Megalos Dromos
6 Hafen von Nafplio
7 Festung Palamidi
8 Plateia Syntagmatos (Syntagma-Platz)

RAWF8/SHUTTERSTOCK ©

Festung Palamidi

Die Altstadt von Nafplio

EIN ANTIKER PLATZ, ARCHÄOLOGISCHE FUNDE UND DARÜBER EINE FESTUNG

Die Altstadt mit ihren von Bougainvilleen gesäumten Kopfsteinpflasterstraßen trägt aufgrund ihrer italienischen Architektur den Spitznamen „Neapel des Ostens". Der Rundgang beginnt mit der **Plateia Syntagmatos (Syntagma-Platz)**, die mit türkischen Brunnen, Holzbalkonen an den umliegenden Gebäuden im venezianischen Stil und zahlreichen Cafés zum Verweilen einlädt. Hier befindet sich das prächtige Archäologische Museum, das in einem Gebäude im venezianischen Stil untergebracht ist. Anhand wunderschön präsentierter archäologischer Funde aus der Region wird darin die soziale Entwicklung der Region Argolis von den Jägern und Sammlern der Höhle von Franchthi (S. 590) bis hin zu den hochentwickelten Zivilisationen der mykenischen Epoche nachgezeichnet. Es lohnt sich auch, Zeit für die wenig besuchte **Festung Akronafplia** über der Altstadt Nafplio einzuplanen, die eigentlich aus drei Burgen besteht und die älteste Burg der Stadt ist.

Aufstieg zur Festung Palamidi

BURGEN MIT EINER EINZIGARTIGEN VERGANGENHEIT

Von allen Burgen Griechenlands, von denen es wahrhaftig viele gibt, gilt die Festung Palamidi, die 216 m hoch auf einem Hügel über Nafplio wacht, als eine der schönsten. Sie ist sicherlich die größte und am besten erhaltene venezianische Anlage.

PLATANENPLATZ

Der Syntagma-Platz wird auch Platanenplatz genannt, und zwar wegen der Platane, die den zentralen Bereich des Platzes dominiert und unter der Georgios Gennadios – der „Lehrer des Volkes" – 1862 eine aufrüttelnde Rede hielt, in der er selbst die Ärmsten aufforderte, ihren Besitz zugunsten des griechischen Aufstands gegen die osmanische Herrschaft aufzugeben. Interessanterweise geht man davon aus, dass Mora-Pascha, der türkische Befehlshaber auf dem Peloponnes, während der türkischen Besetzung des Gebiets um 1540 hier seinen Harem hatte – einen *steraglio* (Palast) für seine Ehefrauen.

ÜBERNACHTEN IN NAFPLIO

Kyveli Suites
Buntes, edles Hotel, das aus zwei Gebäuden im venezianischen Stil besteht. Liegt am Hafen. **€€**

Pension Eleni
Dieser neoklassizistische Bau mit Zimmern mit Meerblick ist ein perfekter Ausgangsort für die Erkundung der Altstadt. **€**

Nafplion 1841
Traditioneller Familensitz in einem Gebäude im venezianischen Stil, das nach der Renovierung mit stylischen Zimmern aufwartet. Nahe dem Syntagma-Platz. **€€**

DIE GROSSE STRASSE IN DER ALTSTADT

Megalos Dromos – oder die „Große Straße", wie die Einheimischen sagen – ist die die Hauptfußgängerzone, die durch die Altstadt führt; im 19. Jh. galt sie als die wichtigste Straße in Nafplio. Heute finden sich hier zahlreiche Geschäfte, venezianische Architektur, das Rathaus und am Ende der Syntagmaplatz.

Das erste Staatsoberhaupt des neu gegründeten griechischen Staates – Ioannis Kapodistrias – wohnte etwa auf halber Strecke in einem kleinen Haus, das leider 1862 abbrannte. Am Anfang der Straße steht die Statue von König Otto I., dem bayerischen Prinzen, der von 1832 bis zu seiner Absetzung 1862 als König von Griechenland regierte; die Statue steht an der Stelle seiner Residenz, die 1929 abbrannte.

Hier kann man einen Schaufensterbummel machen oder einen romantischen Spaziergang in Richtung Meer unternehmen, um den Sonnenuntergang über der Festung Bourtzi im Argolischen Golf zu bewundern.

Palamidi hat eine reiche und abwechslungsreiche Geschichte hinter sich: Sie wurde zwischen 1686 und 1715 von den Venezianern erbaut, nach dem Sohn von Nafplios (Palamidis), dem lokalen Helden benannt und 1715 von den Türken erobert. Nach der griechischen Revolution gelangte die Stadt 1822 wieder in griechische Hände.

Mit dem Bus angekommen, steigt man direkt im Stadtzentrum aus – ein Blick nach oben genügt, um die Burg zu entdecken. Als erstes lohnt sich ein Rundgang durch Nafplio, und wenn man fit ist, kann man die 999 Stufen zur Festung Palamidi hinaufsteigen, obwohl die 999 Stufen nur ein Mythos sind. In Wirklichkeit handelt es sich um 857 Stufen, die in den Hang eingelassen sind und eine allmähliche, aber steile Steigung aufweisen – nicht mehr die Leiter, die der griechischen Überlieferung zufolge aus 999 Stufen bestand, da die 1000. durch das Pferd von Theodoros Kolokotronis, einem Helden der griechischen Revolution, zerbrochen wurde. Wer sich die Stufen zur Burg nicht antun möchte, kann mit dem Taxi oder dem Touristenbus hinauffahren und dann hinunterlaufen. Es lohnt sich auf jeden Fall, besonders bei Sonnenuntergang.

Mit dem Boot nach Bourtzi

HERRLICHER BLICK ÜBER DEN ARGOLISCHEN GOLF

Etwa 450 m vor der Hafeneinfahrt von Nafplio liegt die winzige Insel **Theodoroi**. Von hier aus ist die kleine Festung **Bourtzi** vor dem Hintergrund des Argolischen Golfs nicht zu übersehen. Auch sie ist ein venezianisches Bauwerk, erbaut 1473, und war bis 1865 eine Festung. Danach diente sie als Unterkunft für die Henker der Gefangenen, die in Palamidi untergebracht waren. Seit der Übernahme durch die griechische Fremdenverkehrsorganisation in den 1930er-Jahren hat es viele Funktionen erfüllt: bis in die 1970er-Jahre war es ein Luxushotel, dann ein Restaurant und ein Café, und heute ist es eine Touristenattraktion. Zwar darf man die Insel nicht betreten und die Festung nicht besichtigen, aber man kann vom Hafen aus ein kleines Boot nehmen, das einen um die Insel herumführt – die Aussicht, vor allem bei Sonnenuntergang, ist großartig.

Bei Nafplio an den Strand

SANDSTRÄNDE ODER VERSTECKTE BUCHTEN

Nafplio verfügt nicht nur über einen schönen Hafen, sondern auch über einige herrliche Bademöglichkeiten. Viele liegen etwas außerhalb der Stadt, aber einige sind zu Fuß oder mit dem Auto in höchstens 10 Minuten zu erreichen.

ÜBERNACHTEN IN NAFPLIO

Allotino Pension
Noch ein Geheimtipp in der Altstadt mit fünf Zimmern, zwei Suiten, rustikalem Charme und einem beliebten Café im Erdgeschoss. €

Leto Nuevo
Diese noble Herberge liegt an einem Hang mit herrlichem Blick auf die Festung Bourtzi und nimmt gerne Alleinreisende und Familien auf. €€

Opora Country Living
In kleinen Häuschen inmitten von Orangen- und Olivenhainen kann man hier entspannen. In der Nähe des Dorfes Pirgiotika, 10 Minuten von Nafplio. €€€

AERIAL-MOTION/SHUTTERSTOCK ©

Bourtzi

Der **Arvanitia-Strand** liegt direkt unterhalb der Festung Palamidi und ist nur 10 Gehminuten vom Stadtzentrum entfernt. Der Legende nach wurde das Gebiet nach einem Massaker an albanischen Söldnern im Jahr 1779 benannt. Die Legende besagt, dass Hauptmann Pascha sie in betrügerischer Absicht zur Festung Palamidi führte und sie von dort aus ins Meer warf. Der 200 m lange Felsenstrand wurde mit der Blauen Flagge ausgezeichnet.

Wenn man am Arvanitia-Strand (in Richtung Karathona) vorbeiläuft, gelangt man zu seinem kleinen, nur zu Fuß erreichbaren „Schwesterstrand" **Neraki**. Früher war er ein gut gehüteter Geheimtipp, der nur von Einheimischen besucht wurde, doch heute kann es in der Hochsaison ziemlich voll werden.

Karathona, ein weiterer mit der Blauen Flagge ausgezeichneter Strand, ist der beliebteste Sandstrand etwa 10 Autominuten außerhalb von Nafplio, hinter der Festung Palamidi. Wegen des flachen Wassers ist er bei Einheimischen und Familien sehr beliebt. Er bietet kostenlose Liegestühle und Sonnenschirme. Es gibt ein Café, um den Durst zu löschen, Parkplätze unter den umliegenden Bäumen und in der Hochsaison einen Bus von der Stadt aus.

Wer ein kurzes Bad in der Nähe der Stadt nehmen möchte, sollte zum Betonsteg beim **Jachtclub** gehen. Die Banieres (Badewanne) wird gern von Einheimischen genutzt, um sich schnell abzukühlen.

CHILLEN IN NAFPLIO

George Pavlopoulos, Gründer von Tribal Kayak (S. 135), gibt Tipps, wo man nach einem anstrengenden Besichtigungstag entspannen kann. @tribal_kayak_argolida

Blublanc
Perfekt für alle, die einen Ort direkt am Strand mit Meerblick und Musik suchen. Es ist zu Fuß von Nafplio aus zu erreichen und man kann den ganzen Tag hier verbringen.

Sambala Beach Bar-Restaurant
Strandbar mit guter Aussicht auf die darüber liegende Festung Palamidi. Die Cocktails und frisch gepressten Säfte sind sehr begehrt. Im Sommer müssen Strandliegen vorher reserviert werden.

Raspberry
Wer etwas näher an der Altstadt sucht, ist hier richtig. Die gemütliche Bar in einer Seitenstraße hat Biere, Weine, Cocktails und Kaffee im Angebot. Regelmäßige DJ-Sets sorgen dafür, dass die Leute immer wieder herkommen.

UNTERWEGS VOR ORT

Nafplio lässt sich am besten zu Fuß oder mit einem öffentlichen Leihfahrrad erkunden, die am Trion Navarchon-Platz zu mieten sind. Die Stadt wird aus Athen mit KTEL-Bussen angefahren, die etwa zwei Stunden brauchen. Wer die nähere Umgebung erkunden möchte, sollte sich ein Auto mieten. Allerdings sollte man sich darüber im Klaren sein, dass das Parken vor allem in der Altstadt äußerst problematisch sein kann; am Hafen gibt es kostenlose Parkplätze. Das Einbahnstraßensystem in der Stadt kann ziemlich verwirrend sein – also lieber das Navi benutzen.

Rund um Nafplio

Die Umgebung von Nafplio ist so vielfältig wie der Peloponnes selbst. Man hat die Wahl zwischen antiken Stätten, kleinen Inseln, Weingütern und Wassersportaktivitäten.

Die antike Stätte Epidauros war der griechischen Mythologie zufolge der Geburtsort von Asklepios, dem Gott der Heilung und Sohn des Apollon. In Epidauros befindet sich nicht nur eines der bekanntesten Heilzentren der Antike, sondern auch ein Amphitheater aus dem 4. Jh., das für seine außergewöhnliche Akustik berühmt ist und noch heute genutzt wird.

Die antike Stätte Nemea beherbergt den Tempel des Zeus und war ab 573 v. Chr. Schauplatz der Nemeischen Spiele im antiken Stadion. Man sollte das antike Nemea nicht mit der neu entstandenen, modernen Kleinstadt verwechseln. In den Bergen und Tälern der Umgebung gibt es zahlreiche Weingüter, in denen seit Jahrhunderten Wein erzeugt wird, vor allem aus der einheimischen *agiorgitiko*-Traube, aus der hochwertige Rosé- und Rotweine hergestellt werden.

TOP TIPP

Um die entlegenen Dörfer, Strände und Weingüter zu erreichen, ist ein Auto unerlässlich. Einige Straßen sind ziemlich unsicher, daher ist Vorsicht geboten.

Tempel & Heiligtum des Zeus in Nemea (S. 138)

INU/SHUTTERSTOCK ©

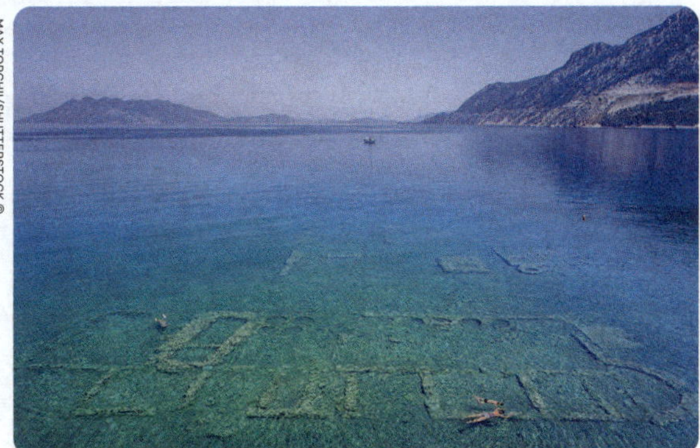

Versunkene Stadt Epidauros

DIE VERSUNKENE STADT

Die „Stadt" ist nur 45 m vom Strand entfernt und liegt 2 m tief, sodass sie leicht zu sehen ist, aber man darf sie nicht betreten. Sie ist nicht abgesperrt, also Vorsicht, dass man nicht auf sie tritt, vor allem, weil das Wasser so seicht ist. Die Guides von Tribal Kayak zeigen die beste Schwimmroute und raten dazu, die Schwimmweste anzulegen, um Auftrieb zu haben und nicht aus Versehen darauf zu treten.

Die versunkene antike Stadt Epidauros

PRÄHISTORISCHE VILLENANLAGE, DIE 500 N. CHR. VERSANK

Bekannt als die versunkene Stadt Epidauros, etwa 30 km östlich und eine halbe Autostunde von Nafplio entfernt, ist dieses Zeugnis der Antike am **Kalymnios-Strand** eigentlich eine römische Villenanlage, die 500 n. Chr. versank, als der Meeresspiegel um 1,5 m anstieg.

Die beste Art, diese versunkene Stadt zu erkunden, ist eine Kajaktour auf dem Meer. **Tribal Kayak** (seakayak-argolida.gr) bietet Touren an und stellt die gesamte Ausrüstung (einschließlich Schnorchel und Maske) sowie ein kräftiges Lunchpaket mit gefülltem Gemüse zur Verfügung. Wenn du mit dem Kajak zum Strand gepaddelt bist, kannst du deine Schnorchelausrüstung anlegen und dir die Zimmer der Anlage und die antiken Gefäße ansehen.

In der Nähe des Kalymnios-Strandes befindet sich das **Kleine Antike Theater von Epidauros**, das bis zu 1000 Menschen Platz bietet und in dem im Sommer Konzerte stattfinden. Entdeckt wurde es 1970 durch ein Luftbild, das von einem Heißluftballon aus aufgenommen wurde.

NOCH MEHR KAJAK-ABENTEUER

Kajakfans können auch Kardamyli und die faszinierende raue **Halbinsel Mani** (S. 159) vom Wasser aus erleben.

Das antike Theater von Epidauros

GEFLÜSTERTE WORTE HÖREN

Das **antike Theater von Epidauros** (oder Epidavros), das 27 km östlich von Nafplio und nur 45 Autominuten entfernt liegt, ist eine der meistbesuchten Stätten auf dem Peloponnes

ÜBERNACHTEN IN EPIDAUROS

New Epidauros Camping
Campingplatz direkt am Strand von Nea Epidavros. Grill, Restaurant, Pool, Bar mit barrierefreiem Zugang. **€**

Bekas Camping
Befindet sich nahe dem antiken Epidauros in Gialasi, inmitten von Orangen- und Pinienhainen. Mit eigenem Strand und Restaurant. **€**

Sunny Garden
Im Erdgeschoss Studios mit kleinem Garten und im Obergeschoss Appartements, direkt am Strand von Gliatis im antiken Epidauros. **€€**

ALISA24/SHUTTERSTOCK ©

Weingut, Nemea

und sollte nicht verpasst werden. Der antike griechische Philosoph Pythagoras entdeckte die Akustik und der griechische Philosoph Aristoteles entwickelte das Konzept weiter.

Im 4. Jh. v. Chr. wurde dieses großartige Bauwerk von Polykleitos dem Jüngeren errichtet, einem Bildhauer, der viele Statuen der berühmten Athleten schuf. Es handelt sich um ein 54-stufiges Amphitheater in der wunderschönen Umgebung eines Pinienwaldes. Es ist nicht übertrieben zu sagen, dass man von der Bühne aus eine Stecknadel fallen und geflüsterte Worte hören kann und es ist der Traum aller Schauspieler:innen, hier aufzutreten. Auch heute noch finden in Epidauros Aufführungen statt, bei denen bis zu 13000 Menschen Platz finden. Das **Athens & Epidauros-Festival** (aefestival.gr) findet jährlich statt, in der Regel von Juli bis September. Eine Aufführung hier ist ein magisches Erlebnis. Am besten auf der Website nachsehen und frühzeitig buchen.

Epidauros ist außerdem der Geburtsort des Asklepios und im ganzen Mittelmeerraum als Ort der Wunderheilung berühmt und geschätzt. Obwohl die Leidenden Asklepios – den Gott der Heilung – in Heiligtümern in ganz Griechenland verehrten, waren die beiden wichtigsten Stätten in Epidavros und auf der Insel Kos (S. 424). Das Heiligtum war von einem mit Pinien bewaldeten Tal umgeben, in dem viele Schlangen lebten, und es heißt, dass eines der dort praktizierten Heilverfahren darin bestand, sich von diesen Schlangen lecken zu lassen.

WIE IST DAS NUR MÖGLICH?

Wie bei den meisten antiken Bauwerken in Griechenland ist nicht wirklich bekannt, wie sie geschaffen wurden, dass sie so präzise Phänomene erzeugen. Doch die Wissenschaft hat eine mögliche Erklärung geliefert: Das Amphitheater ist aus Kalkstein gebaut, von dem man annimmt, dass er niederfrequente Geräusche unterdrückt und höhere Frequenzen reflektiert, sodass praktisch alles zu hören ist.

DIE BESTEN WEINKELLEREIEN IN NEMEA

Barafakas Winery
Dieses 100 Jahre alte familiengeführte Weingut auf 32 ha produziert reichlich Rotwein, Weißwein und Rosé. Verkostung möglich.

Paylvos Estate
Mit gut 120 ha eines der größten Güter in der Region ganz in der Nähe des antiken Nemea.

Aivalis Winery
Kleineres Weingut mit 25 ha Fläche, das strenge Anbauverfahren anwendet. Hier werden vorwiegend Rotweine, einige Weißweine und ein Rosé produziert.

Asklepios wird normalerweise mit einer Schlange dargestellt, die durch das Abstreifen und Erneuern ihrer Haut ein Symbol der Verjüngung ist. Außerdem wurden Ernährungshinweise, Kräutermedizin und gelegentlich sogar chirurgische Eingriffe angeboten.

Das Heiligtum diente auch als Ort der Unterhaltung; alle vier Jahre fanden in Epidavros während des Asklepieia-Festes Theateraufführungen und sportliche Wettkämpfe statt.

Weinerlebnisse

DIE BESTEN WEINROUTEN IN GRIECHENLAND

Griechenland ist berühmt für seinen *krasi* (Wein). Immerhin gab es sogar einen Gott des Weines – Dionysos, einer der Söhne des Zeus – und **Nemea**, das etwa 40 Minuten bzw. 43 km nordwestlich von Nafplio entfernt liegt, gilt als eine der fruchtbarsten Weinregionen. Nach der griechischen Mythologie soll Dionysos Oeneus, einem kalydonischen König, das Geheimnis des Weinbaus anvertraut und ihn aufgefordert haben, hinauszugehen und die Weinstöcke der Welt zu mehren. Es heißt, dass Dionysos Oeneus bat, dem Tal von Nemea dabei besondere Aufmerksamkeit zu schenken.

Es ist leicht zu verstehen, warum. Die hügelige Landschaft ist atemberaubend (sie kann mit der Toskana mithalten), und das Klima und der Boden lassen die aromatische *agiorgitiko*-Traube – eine der berühmtesten Rebsorten Griechenlands – in Hülle und Fülle wachsen, aus der eine Vielzahl von ausgezeichneten Rot- und Roséweinen hervorgeht. Die *agiorgitiko*-Traube von Nemea hat den Status einer geschützten Ursprungsbezeichnung (PDO) erhalten. In der Region gibt es etwa 38 Weingüter, die den PDO-Status besitzen, von kleinen Familienbetrieben bis hin zu großen, weitläufigen Weingütern.

Die Weinstraße von Nemea umfasst über 4000 Hektar an Weingütern und Weinbergen. Es ist schwer, sich festzulegen, wo man am besten Halt machen sollte, aber **Barafakas Winery, Paylvos Estate** und **Aivalis Winery** sind gute Adressen für den Anfang. Die gesamte Liste gibt es auf venikos.gr.

DAS WEINFEST VON NEMEA

Die **Großen Tage von Nemea** ist ein Weinfest, das seit 2004 jedes Jahr im September stattfindet. Die Veranstaltung präsentiert den Reichtum der Region an Weinen und bietet dem weinbegeisterten Publikum die Möglichkeit, die *agiorgitiko*-Traube eingehend kennenzulernen. Drei Tage lang öffnen die Weingüter der Region ihre Türen für Gäste und veranstalten Verkostungen, Führungen, Seminare zur Weinbegleitung von Speisen, Konzerte, Präsentationen und andere Aktivitäten rund um den Wein. Die Teilnahme an der Veranstaltung ist kostenlos, und man kann zahlreiche Weine verkosten und Weinkellereien besuchen, die sonst nicht für die Öffentlichkeit zugänglich sind.

WEINE AUS OLYMPIA

Das antike Olympia (S. 144), 185 km westlich von Nemea gelegen, hat sehr fruchtbare Böden, die für den Weinanbau besser geeignet sind als die von Nemea, doch es gibt dort deutlich weniger Weingüter.

Die antiken Spiele von Nemea

MEHR ALS DIE OLYMPISCHEN SPIELE

Die Olympischen Spiele sind zwar bei weitem die bekanntesten, aber sie waren nicht die einzigen antiken Spiele. Im **antiken Nemea**, etwa 40 Minuten und 43 km nördlich von Nafplio, befindet sich das Stadion der Nemeischen

ESSEN IN NEMEA

Sophos Restaurant
Lieblingsrestaurant der Einheimischen im neuen Nemea, das eine Mischung aus traditionellen und modernen griechischen Gerichten und eine umfangreiche Weinkarte zu bieten hat. **€€**

Kalokerini Taverna
Einfache Taverne im neuen Nemea mit griechischer Küche. Schwein vom Spieß scheint besonders beliebt zu sein. **€**

POI
Die Karte dieses Lokals an der Ausfallstraße von Nemea enthält vor allem gute Weine und Kaffee. **€**

ANDRONOS HARIS/SHUTTERSTOCK ©

Antikes Stadion von Nemea

MODERNE BARFUSSSPIELE

Im Jahr 1994 beschlossen Archäologen und Freiwillige der Universität Berkeley, die an der Stätte arbeiteten, die Spiele wieder aufleben zu lassen. Der Plan ging auf, denn die von ihnen organisierte zweitägige Veranstaltung zog über 10 000 Menschen an. Die Spiele haben das gleiche Format wie die ursprünglichen Spiele: nur Männer (es wird jedoch geprüft, ob jetzt auch Frauen teilnehmen dürfen), aufgeteilt in Altersklassen, mit der gleichen Lauflänge für alle (90 m) und immer barfuß. Der einzige Unterschied besteht darin, dass die Teilnehmer mit einer weißen Tunika bekleidet und nicht wie in der Antike nackt sind.

Die **modernen Nemeischen Spiele** (neameangames.org) werden alle vier Jahre veranstaltet.

Spiele, die ab 573 v. Chr., als die Spiele begannen, alle zwei Jahre stattfanden, ein Jahr vor und ein Jahr nach den Olympischen Spielen. Es gibt mehrere Mythen darüber, wie und warum die Spiele zu Ehren von Zeus abgehalten wurden: Einer besagt, dass sie ursprünglich als Trauerspiele für ein Kind namens Opheltes stattfanden, das in Nemea von einer Schlange getötet wurde, und laut einem anderen Mythos wurden sie zu Ehren von Herakles – dem Gott der Stärke, des Sports und der Fruchtbarkeit – zelebriert, der in der Gegend einen wilden Löwen erlegte. Unter dem Begriff der Panhellenischen Spiele wurden die Olympischen Spiele, die Pythischen Spiele, die Isthmischen Spiele und die Nemeischen Spiele zusammengefasst.

Das **antike Stadion von Nemea** ist viel kleiner als das in Olympia, aber auf jeden Fall einen Besuch wert. Die Sitzreihen sind durch einen 36 m langen, gewölbten Tunnel unterbrochen, der den Eingang zum Stadion bildet. Die sportlichen Wettkämpfe bestanden hauptsächlich aus Laufen, aber auch aus Leichtathletik und Musik zu Ehren des Zeus.

Der **Tempel und das Heiligtum des Zeus von Nemea** in der nahe gelegenen archäologischen Stätte wurde zu Ehren von Zeus, dem Gott der Hirten und der Viehzucht, erbaut, nicht zu verwechseln mit dem olympischen Zeus, und spiegelt die landwirtschaftlich geprägte Landschaft von Nemea wider. Sie ist viel kleiner als die Akropolis, aber sie liegt inmitten von Pinienbäumen; das kleine Museum am Eingang informiert über ihre Geschichte.

UNTERWEGS VOR ORT

Epidauros und Nemea liegen beide östlich von Nafplio und sind in 35 bzw. 40 Minuten zu erreichen. Busse gibt es so gut wie gar nicht, sodass ein Auto unerlässlich ist. Die Straßen sind alle landestypisch, d.h., sie sind ziemlich mit Schlaglöchern übersät, aber dafür erlebt man das echte Griechenland, wenn man an Olivenhainen vorbeifährt und gelegentlich Einheimische an ihren Ständen am Straßenrand frisches Obst, Eier aus Freilandhaltung und *meli* (Honig) verkaufen.

MONEMVASIA

Vergiss Santorin, diese mittelalterliche byzantinische Burgsiedlung ist bekannt als einer der romantischsten Orte Griechenlands – und das aus gutem Grund. Monemvasia ist eigentlich ein Felsen, der ins Meer ragt, was ihm den Spitznamen „Gibraltar des Ostens“ einbrachte. Die Häuser wurden bewusst in den Felsen gehauen, sie sind nur vom Meer aus sichtbar und wurden so geschaffen, um gegen angreifende Piraten zu schützen. In der Altstadt kann man gepflasterte Gassen voller Bougainvilleen, noch intakte Herrenhäuser, byzantinische Kirchen und eine Burg sehen. Sie ist durch einen Damm mit der Neustadt verbunden, wodurch Monemvasia seinen Namen erhielt, der so viel bedeutet wie „einziger Zugang“. Ein Aufenthalt in diesem bewohnten Stück Geschichte mit seinen zahlreichen Restaurants und Hotels ist etwas ganz Besonderes.

TOP TIPP

Am besten ist es, in Athen oder Kalamata ein Auto zu mieten und nach Monemvasia zu fahren. In der Altstadt – so werden die Ansiedlungen und Restaurants auf dem Felsen bezeichnet – gibt es schöne Boutiquehotels, während man in der Neustadt direkt an der Dammstraße günstigere (aber immer noch gute) Unterkünfte findet, die einen tollen Blick auf den Felsen bieten.

WARUM ICH MONEMVASIA LIEBE

Rebecca Hall, Lonely Planet-Autorin. @BeyondHex

Monemvasia ist für mich ein magischer Ort. Hier kann man die Seele baumeln lassen, sich in die Vergangenheit zurückversetzen und in einzigartigen Unterkünften übernachten, die die Vergangenheit hervorragend bewahrt haben. Man kann byzantinische Kapellen erkunden und, wenn man sich fit genug fühlt, in seinem eigenen Tempo zur Burg hinauflaufen. Die Stadt hat das Glück, nicht von einem großen Zustrom internationaler Tourist:innen heimgesucht zu werden, sodass ein Besuch das ganze Jahr über angenehm ist und jede Jahreszeit etwas anderes bietet: eine Bootsfahrt um den Felsen im Sommer, ein gemütlicher Drink am Kamin zur Weihnachtszeit.

PIT STOCK/SHUTTERSTOCK ©

Monemvasia

Zeitreise zurück in die byzantinische Zeit

EIN ERLEBNIS WIE IN GAME OF THRONES

Das imposante Monemvasia, umgeben vom türkisfarbenen Wasser der Ägäis, ist ein eisbergartiger Felsblock mit steilen Klippen, die Hunderte von Metern aus dem Meer ragen und mit dem Festland durch einen einzigen, gut zu verteidigenden Damm verbunden sind. Heutzutage umfasst Monemvasia sowohl den Felsen mit seinem mittelalterlichen Dorf, das von den Mauern seines *kastro* (Festung) umgeben ist, als auch das moderne Festlanddorf Gefyra, das sich auf der anderen Seite des Dammes befindet.

Das **mittelalterliche Dorf** von Monemvasia ist unterteilt in die Unterstadt mit einer kopfsteingepflasterten Hauptstraße, die von Souvenirläden, Hotels und Tavernen gesäumt ist und in die Oberstadt mit ihren Ruinen und der Festung. Besonders empfehlenswert ist der Besuch des Ortes, wenn man das Labyrinth der winzigen Gassen und gewundenen Treppen erkundet.

Der Weg zur **Festung** und zur **Oberstadt** ist von der Hauptstraße aus ausgeschildert. Einige der ausgedehnten Ruinen der Oberstadt wurden restauriert und zeigen, wie der Eingang zum oberen *kastro* funktionierte. Nach dem Besuch des *kastro* kann man versuchen, alle 40 Kirchen auf dem Felsen zu finden. Die größte ist die **Agia Sofia**, eine byzantinische Kirche aus dem 12. Jh., die sich auf dem höchsten Punkt des Felsens befindet und von einer schönen Kulisse umgeben ist.

Auf dem Felsen von Monemvasia sind keine Autos erlaubt. Nach einem Spaziergang durch die Gassen lohnt es sich, zurück nach Gefrya zu fahren und eine Bootsfahrt um den Felsen zu unternehmen, um einen letzten Blick darauf zu werfen.

UNTERWEGS VOR ORT

Monemvasia, das auf dem dritten „Finger" des Peloponnes liegt, ist am besten mit dem Auto zu erreichen. Von Athen aus dauert die Fahrt über die gut ausgebaute Autobahn A7 etwa vier Stunden. Unterwegs muss man mit etwa vier bis fünf Mautstellen rechnen. Die Busfahrt von Athen aus dauert mit einem Umstieg in Sparta mehr als 6½ Stunden.

Von Nafplio aus beträgt die Fahrtdauer etwa drei Stunden. Man sollte nicht versuchen, Geld zu sparen und die mautpflichtigen Strecken zu meiden, denn die diese können sehr unwegsam sein.

Rund um Monemvasia

Uralte Höhlen, einzigartige Natur und unvergleichliche Inseln locken hier. Dieser Teil des Peloponnes wartet nur darauf, entdeckt zu werden.

TOP TIPP

Für diese entlegenen Regionen ist ein Auto unbedingt erforderlich. Vorsicht: Der Weg hinunter zur Kastania-Höhle ist nicht ganz ungefährlich.

Der Hafen von Gerakas, etwa 20 km nördlich von Monemvasia, ist ein natürlich geformter Fjord, ideal für Vogelliebhaber:innen. Am Ufer gibt es eine Reihe von Tavernen, von denen aus man sehr gut die Aussicht genießen kann.

Gut eine Stunde von Monemvasia entfernt, auf der Halbinsel Maleas, befindet sich die relativ unentdeckte Kastania-Höhle aus der Jurazeit, die angeblich eine von nur zwei Höhlen dieser Art in Europa ist. Bei den stündlich stattfindenden Führungen kann man die einzigartigen über Tausende von Jahren hinweg entstandenen Stalaktiten und Stalagmiten besichtigen.

Die Insel Elafonissos wird mit ihren langen Sandstränden, dem kristallklaren Wasser und der Möglichkeit zum Campen als die „Karibik Griechenlands" bezeichnet. Für einen Tagesausflug von Monemvasia aus (nur eine gute Stunde entfernt), ist sie perfekt für einen Tagesausflug, aber es lohnt sich auch, dort zu übernachten.

Simos-Strand, Elafonissos (S. 143)

HIGHLIGHTS VON MONEMVASIA & GERAKAS

Ismini Papadaki, Marketingmanagerin im Hotel Kinsterna, verrät ihre Lieblingsgerichte und -aktivitäten in Monemvasia und Gerakas. *@isminipap*

Ich lebe seit langem in Monemvasia und meine Lieblingsbeschäftigung ist es, bei Sonnenuntergang zur antiken Stadt auf den Felsen hinaufzuwandern. Anschließend genieße ich ein leckeres Essen in der Taverne **Matoula** in der Burg. Ich kann die gefüllten Weinblätter *ntolmadakia* und das Hähnchen mit griechischen Nudeln sehr empfehlen.

Ein weiterer großartiger Ort, ist der Hafen von Gerakas, in dem man sich wie in einem skandinavischen Land fühlt. Mein persönlicher Favorit für das Mittagessen ist die **Taverna To Remetzo**, wo ich immer die traditionelle *tsaiti* (einheimische Pastete) und den gegrillten Oktopus bestelle, begleitet von einem *tsipouro* als Getränk.

Laconia

Hafen, Fjord & Zuflucht

EIN NORWEGISCH ANMUTENDER FJORD IN GRIECHENLAND

Vogelfreund:innen werden diesen einzigartigen Ort an der südlichsten Spitze Europas lieben. **Gerakas** ist der einzige Fjord des Landes und entstand aus einer Meereslagune; ein flaches Feuchtgebiet mit reichlich Nahrung für seltene Vogelarten wie Silberreiher, Graureiher und gelegentlich auch Schwäne und Stockenten, die hierher ziehen. Obwohl der Ort nicht unbedingt zum Schwimmen einlädt, kann man von den Felsen am Ende des kleinen Hafens, der von kleinen Jachten und Fischerbooten gesäumt ist, ins Wasser gehen.

Gerakas hat eine ganz eigene Schönheit mit Blick auf das Meer und die Berge, die man von einer der Tavernen oder Cafés am Wasser aus genießen kann. Der Legende nach war Gerakas viele Jahre lang ein unbekannter Zufluchtsort. Der griechische Schriftsteller Antonis Karkavotis erzählt, dass hier einst ein erfahrener Kapitän mit seinem Sohn in See stach, um zu fischen. Der Kapitän überließ seinem unerfahrenen Sohn die Verantwortung und schlief bald ein. Ein Sturm brach los, und der Sohn kämpfte darum, die Kontrolle zu behalten. Als er erwachte, versuchte der Kapitän vergeblich, das Schiff zu retten, und schließlich sah der Sohn die Lichter von Gerakas und versuchte, seinen Vater zu überreden, dorthin zu fahren. Der Vater

ESSEN IN GERAKAS

Taverna To Rementzo
In diesem Lokal am Meer mit Holztischen und -stühlen sind fangfrischer Fisch oder die hausgemachten Pasteten zu empfehlen. **€–€€**

Fish Taverna Aura
Familiengeführtes Restaurant am Hafen mit herrlichem Ausblick über das Wasser und einer sehr guten Auswahl an Gerichten. **€–€€**

Diamantis Fish Taverna
Traditionelle Gerichte aus frischem Fisch, der mit dem familieneigenen Boot gefangen wurde. Die besten Plätze sind gegenüber der Lagune mit den schlichten Tischen. **€–€€**

glaubte, er habe den Verstand verloren und wolle sie in eine gefährliche Situation steuern; er tötete seinen Sohn, aber dann fuhr er tatsächlich um die Biegung und sah den Hafen. So wurde Gerakas zu einem Zufluchtsort für Seeleute im Sturm.

Eine Höhle aus der Jurazeit

EIN UNENTDECKTES JUWEIL AUS DER VERGANGENHEIT

Die außergewöhnliche **Kastania-Höhle** enthält einige der besten seltenen Stalaktiten und Stalagmiten in Europa, die auf ein Alter von etwa 3 Mio. Jahren geschätzt werden. In den Tiefen dieser 1500 m^2 großen Höhle kann man auf zwei Ebenen Stalaktiten und Stalagmiten entdecken. Bei einer Führung sieht man fantasievolle Formen wie beispielsweise die Heiligen Drei Könige, Eiscreme und einen Elefantenkopf.

Die Höhle rangiert aufgrund ihres Reichtums an Formationen und der unglaublichen Menge an beeindruckenden Formen an zweiter Stelle in Europa; jeder Stalaktit und Stalagmit benötigt 100 Jahre, um nur 1 cm zu wachsen. Dennoch ist die Höhle bei internationalen Gästen kaum bekannt.

INFORMATIONEN ZUR HÖHLE

Die Kastania-Höhle, auch bekannt als die Höhlen von Agios Andreas nach der alten Kirche des Heiligen Andreas, die auf dem Gelände steht, ist über eine kurvenreiche Bergstraße zu erreichen, die jedoch zu den besser gepflegten gehört. Man kann die Höhle als Tagesausflug von Monemvasia aus besichtigen, das etwa eine Stunde entfernt liegt, aber am besten ist es, in der Hafenstadt Neapoli Station zu machen. Fotografieren ist in der Höhle nicht erlaubt.

Ein Besuch auf der Hirschinsel

PREISGEKRÖNTE STRÄNDE UND GEWÄSSER

Elafonissos bedeutet „Insel der Hirsche", da sie früher ein beliebtes Jagdgebiet für diese Tiere war. Noch heute lebt eine kleine Population auf der 19 km^2 großen Insel, die gegenüber dem winzigen Hafen von **Pounta** liegt, etwa 1½ Stunden südlich von Monemvasia. Bis 375 n. Chr. war die Insel eigentlich Teil des Festlandes, doch dann wurde sie durch ein großes Erdbeben abgetrennt.

Viele Menschen zieht es wegen der Strände und des klaren Wassers nach Elafonissos. Campingplätze gibt es in **Simos**. **Sarakiniko** ist der beliebteste und längste Strandabschnitt der Insel mit einer Reihe von Hotels, Restaurants und Bars.

Elafonissos ist perfekt, wenn man auf dem Peloponnes unterwegs ist, da man nicht nach Athen und Piräus zurückfahren muss, um eine Fähre zu einer anderen Insel zu nehmen.

UNTERWEGS VOR ORT

Es ist möglich, die meisten dieser einzigartigen Orte als Tagesausflug von Monemvasia aus zu besuchen. Je nachdem, wo man übernachtet, kann dies vom Hotel arrangiert werden, sodass man nicht selbst die oft kurvenreichen Straßen bewältigen muss. Für völlige Unabhängigkeit und um diese abgelegenen Gebiete der Halbinsel Peloponnes zu erreichen, ist ein Auto jedoch ein Muss, vor allem, wenn man sich entschließt, an einem Ort zu übernachten.

In Pounta, etwa eine Stunde von Monemvasia entfernt, setzt die Autofähre nach Elafonissos über. Dort gibt es nicht viel – ein oder zwei Cafés kurz vor dem Ticketschalter. Die Fähren verkehren in der Hochsaison etwa alle 30 Minuten und brauchen nur 10 Minuten für die Überfahrt. Es ist zu beachten, dass Elafonissos im Hochsommer, d.h. im Juli und August, sehr viel besucht wird, vor allem durch Campinggäste. Wer in dieser Zeit reisen muss, sollte frühzeitig eine Unterkunft oder einen Campingplatz buchen oder ab September kommen, wenn das Wasser noch warm genug ist, um zu baden, und der Andrang nachlässt. Übrigens sollte man Elafonissos nicht mit dem schönen Strand von Elafonissi im Südwesten Kretas verwechseln!

OLYMPIA

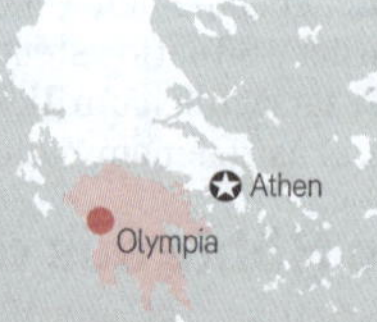

Olympia ist ein kompaktes Dorf auf dem Westpeloponnes, das von Souvenirläden und Restaurants gesäumt ist, die die Busladungen von Tourist:innen bedienen, die anreisen, um die berühmteste Sehenswürdigkeit der Halbinsel zu besuchen: Das antike Olympia. Das Tal der Götter, das als Geburtsort der Olympischen Spiele bekannt ist, ist stolz darauf, das ursprüngliche antike Olympiastadion zu besitzen, eine der größten antiken Stätten Griechenlands, in der seit 776 v. Chr. alle vier Jahre das berühmteste Sportereignis stattfand, das bis heute fortgeführt wird. Es liegt im sogenannten Alfios-Tal und erstreckt sich über die Flüsse Alpheus, den größten auf dem Peloponnes, und Kladhios.

Abgesehen von der Akropolis in Athen (S. 58) ist Olympia ein absolutes Muss auf einer Reise durch den Peloponnes und ganz Griechenland.

TOP TIPP

Die kleine Stadt ist mit dem Auto in einer Stunde von der peloponnesischen Hafenstadt Patras oder dem Flughafen Kalamata und in weniger als vier Stunden von Athen aus zu erreichen. Man kann mit dem Bus anreisen und ein oder zwei Nächte bleiben, um die Stadt zu erkunden, bevor man sich auf den Weg in andere Gebiete der Region macht.

ENTZÜNDEN DER FACKEL

Alle vier Jahre entzündet eine kleine Gruppe von Priesterinnen rituell die Olympische Flamme am Altar vor dem Hera-Tempel auf der antiken Stätte von Olympia.

Die Flamme wird nach der antiken Methode entzündet, bei der die Sonnenstrahlen auf einen Hohlspiegel treffen. Dann wird die Fackel im antiken Stadion an den ersten Läufer übergeben. So beginnt der Fackellauf, der bei der Eröffnungsfeier in dem Land endet, das in dem betreffenden Jahr die Spiele ausrichtet.

Die Geburtsstätte des modernen Sports

INMITTEN DER SPORTGESCHICHTE

Über 1100 Jahre lang, bis zu ihrer Abschaffung durch Kaiser Theodosius I. im Jahr 393 n. Chr. fanden alle vier Jahre die Olympischen Spiele im antiken Stadion von Olympia statt. Es ist neben dem Schauplatz der Nemeischen Spiele (S. 137) eine der bedeutendsten antiken Stätten Griechenlands. Im Laufe der Zeit haben Erdbeben die Bauwerke langsam erodieren lassen, sodass von den Tempeln und Sportanlagen nur noch wenig übrig geblieben ist, aber man kann immer noch in den Resten des ursprünglichen Stadions umherwandern, das man durch einen steinernen Torbogen betreten kann, und sich den Jubel der Menschenmengen vorstellen.

Und es gibt hier immer noch einiges zu sehen. Die Statue des Zeus aus Elfenbein und Gold aus der Werkstatt des Pheidias gehört zu den sieben Weltwundern der Antike, und der Heilige Bezirk des Zeus, der sich auf der linken Seite des Weges befindet, den man hinuntergeht, beherbergte den riesigen dorischen Zeustempel aus dem 5. Jh. v. Chr., in dem die Statue des Zeus untergebracht war.

ÜBERNACHTEN IN OLYMPIA

Hotel Europa
Familiengeführtes, bei Familien beliebtes Hotel oberhalb der Stadt mit traditionellen und modernen Zimmern sowie einem Pool. **€€**

Hotel Pelops
Unter griechisch-australischer Leitung bietet dieses Hotel einfache, gemütliche Zimmer mit Balkon und Zugang zum Pool des Hotels Europa. **€€**

Leonidaion Guesthouse
Gemütliches Zweisternehotel im Stadtzentrum; alle archäologischen Stätten sind von hier zu Fuß erreichbar. **€€**

Weintour in Olympia

NEKTAR DER GÖTTER

Zwar hat Nemea im Nordosten der Peloponnes ein großes Angebot an Weingütern, aber die Region des antiken Olympia ist eigentlich sogar noch fruchtbarer – allerdings gibt es hier erstaunlich wenige Weingüter, in denen man die einzigartige Rebsorte verkosten kann, die hier angebaut wird.

Das nur 10 Minuten vom antiken Olympia entfernte Weingut **Ktima Brintziki Estate** umfasst etwa 50 ha. 2012 war es das erste Weingut in Griechenland, das den Status als erste ökologische Weinkellerei erhielt, weil dort der Weinanbau mit organischen Methoden durchgeführt wird. Zu den einheimischen Sorten, die in dieser Region wachsen, gehören die weißen Trauben *roditis, tinaktorogos, malagouzia* und *assyrtiko* und die roten Trauben *augustiatis, agiorgitiko* und Merlot.

Der Anbau von *tinaktorogos*-Trauben ist eine besondere Herausforderung. Ihr Name bedeutet ‚die die Weinrebe ablehnt' und wirklich: viele Trauben fallen auf den Boden. So haben die verbleibenden Trauben mehr Platz, um größer zu werden und mehr Sonnenlicht aufzunehmen. Eine Verkostung der Weinsorten, die es nirgendwo sonst in Griechenland gibt und die mit Sorgfalt im Land der Götter angebaut werden, lohnt sich.

DAS EINZIGARTIGE DIAPYROS-ETIKETT

Durch Brände im Jahr 2007 wurde ein Großteil der Bridziki-Reben zerstört. Da jedoch Reben viel Wasser zum Überleben benötigen und dadurch ziemlich feucht sind, ist es schwer, sie vollständig zu verbrennen, sodass einige überlebten. Nach den Bränden haben die Eigentümer die Trauben an den verbliebenen Reben geerntet, und daraus entstand der Diapyros-Wein, Bridzikis eigene Kreation.

Nur 2400 Flaschen wurden produziert und das Etikett wurde von Hand gefertigt und mit dem Abbild eines Phoenix versehen, als Zeichen dafür, das alles sich aus Asche erneuert. Kein Etikett gleicht dem anderen und der Phoenix auf jedem Etikett ist aus echtem Gold. Dieser Wein wird jedoch ausschließlich zu besonderen Gelegenheiten an bestimmte Menschen verschenkt, denn er ist äußerst teuer – nicht zum Verkauf.

UNTERWEGS VOR ORT

Mehrere Wege führen nach Olympia. KTEL, das nationale Busnetz, bietet um die vier Verbindungen täglich von Athen nach Pyrgos, wo man umsteigen muss. Im Sommer gibt es auch einen kleinen Zug, der auf der Nebenstrecke vom Kreuzfahrthafen Katakolo nach Pyrgos und dann weiter nach Olympia fährt. Mit einem Mietwagen ist man allerdings unabhängiger – auf der modernen, mautpflichtigen Autobahn von Athen aus braucht man etwas mehr als 3½ Stunden.

Zakynthos
Kourouta-Strand
Amaliada
Skafidia
Olympia
Kaiafas-See
Andritsena
Tempel des Apollon Epikourios

Rund um Olympia

Neben den antiken Stätten warten Seen, Thermen, Klöster und eine Küste mit preisgekrönten Stränden auf die Reisenden.

Die meisten Menschen kommen aus einem einzigen Grund in diese Region: um die historisch bedeutende und beeindruckende Stätte des antiken Olympia zu besuchen, den Ursprungsort der Olympischen Spiele. Obwohl die Umgebung größtenteils landwirtschaftlich geprägt ist, gibt es auch jenseits der berühmten antiken Stätten mehr als genug, um sich zu beschäftigen. Strände am Ionischen Meer, Thermalseen, alte Höhlen, ein als Festung erbautes Kloster aus dem 12. Jahrhundert (das älteste der Region) und das UNESCO-Weltkulturerbe des beeindruckenden, hoch in den Bergen gelegenen Tempels des Apollon Epikourios – all das und einige hervorragende Tavernen in den Dörfern laden dazu ein, den Besuch über die Stätte des antiken Olympia hinaus auszudehnen.

TOP TIPP

Ein Auto ist unentbehrlich, um diese abgelegenen Regionen des Peloponnes zu erreichen, insbesondere den Tempel des Apollon Epikourios, der in einem abgelegenen Tal in der umliegenden Bergregion liegt.

Sonnenuntergang am Kaiafas-See

HERACLES KRITIKOS/SHUTTERSTOCK ©

Kaiafas-See

Thermalwasser, Seen & Meer

SALZ UND FRISCHE NATUR

Nur eine halbe Stunde, etwa 25 km, von Olympia entfernt liegt eine relativ unentdeckte Region des westlichen Peloponnes. Der **Kaiafas-See** ist mit dem Ionischen Meer verbunden und gleichzeitig durch einen schmalen Streifen Land davon getrennt. Die Thermalquellen, die sich über eine Fläche von 607 ha erstrecken und durch mehrere Erdbeben im 6. Jh. n. Chr. entstanden sind, sind seit der Antike dafür bekannt, dass sie zur Heilung verschiedener Krankheiten wie rheumatoide Arthritis und Fibromyalgie beitragen. Bei den beiden Quellen – **Anigrides Nymphes** und **Atlantides Nymphes** – gibt es Höhlen, die es zu erkunden gilt, und Wasser mit ganzjährigen Temperaturen von bis zu 35 °C. Das warme Wasser ermöglicht verschiedene Kur- und Wellnessangebote.

Der Kaiafas-Strand ist flach abfallend und daher ideal für Familien. Die Lage ist atemberaubend, da sich der Pinienwald des umliegenden Sees bis hinunter zum Meer erstreckt.

Weitere fünf Minuten entfernt liegt der Strand **Kato Samiko** mit sanitären Anlagen; ebenfalls ideal für Familien, mit seichtem, klarem Wasser.

INFORMATIONEN ZUM SEE

Der Kaiafas-See wurde in das Natura-2000-Netz aufgenommen, ein Netz von Schutzgebieten, in denen seltene und bedrohte Arten leben. Die Fauna hier umfasst Wasserschlangen, Mittelmeerschildkröten, Aale, Fische und mehrere Zugvogelarten. In der Mitte des Sees befindet sich die kleine Insel Agia Aikaterini, benannt nach der darauf errichteten kleinen Kapelle, die über einen kleinen Damm mit dem Festland verbunden ist.

ÜBERNACHTEN IN KAIAFAS

Kaiafas Lake Hotel
Drei-Sterne-Hotel nur 800 m vom Kaiafas-See und 900 m von den nächsten Stränden entfernt. Einen Pool gibt's auch. **€€**

Ostria Hotel
Alle Zimmer mit Balkon und die meisten mit Meerblick – das Ganze nur 20 m vom Strand entfernt. **€**

Hotel Nature Club & Spa
Vier-Sterne-Resort nur für Erwachsene direkt am Strand mit Suiten und Zimmern mit Pool. **€€€**

ALTE BERG-DÖRFER

Niki Vlachou, zertifizierte Tourguide, verrät ihre Insider-Tipps für die Umgebung. @nikiolympictours

Andritsena ist ein bezauberndes Dorf an der Grenze zwischen den Regionen Elis und Arcadia, in der Nähe des Tempels des Apollon Epikourios. Hier kann man traditionelle Architektur besichtigen; es ist ein einzigartiger Ort, an dem man den Eindruck hat, dass die Zeit stehen geblieben ist. Bei einem Spaziergang entlang der Hauptstraße des Dorfes kann man sehen, wie Häuser und einheimische Läden in Griechenland vor Jahrzehnten aussahen, denn die meisten sind niemals renoviert worden. Meine Empfehlung: einfach einen Kaffee im Schatten einer der uralten, dicken Platanen trinken und dem Geräusch des fließenden Gewässers bis zu einer der Quellen lauschen, aus denen noch immer frisches Wasser aus den Bergen sprudelt.

Kourouta-Strand

Natur & Religion

EIN „JUNGFRÄULICHES" KLOSTER ÜBER EINEM STRAND

Das Kloster Skafidia liegt in einem Waldstück oberhalb des gleichnamigen Strandes. Seit 11 Jahrhunderten wacht dieses Kloster, das der Entschlafung der Jungfrau Maria geweiht ist, friedlich am Hang des kleinen Dorfes **Skafidia**, 31 km bzw. 30 Minuten von Olympia entfernt, über das Ionische Meer.

Das Kloster hat eine bewegte Geschichte hinter sich: Während der ersten Zeit der osmanischen Besatzung verließen die Mönche das Kloster und suchten Zuflucht auf der nahegelegenen Insel Zakynthos. Im 17. und 18. Jh. wurde es renoviert und vergrößert, brannte aber während der griechischen Revolution gegen die osmanische Herrschaft zweimal nieder. Bei einem Erdbeben im Jahr 1886 stürzte es ein und wurde 1943–1944 im Zweiten Weltkrieg von deutschen und italienischen Truppen zerstört.

ESSEN BEI SKAFIDIA

Solymar Skafidia
Eine gute Möglichkeit direkt am Wasser, um einfache Gerichte wie Moussaka oder Souvlaki zu essen. **€**

Vythos Restaurant
Fischtaverne mit einem großen Angebot an frischem Fisch und Muscheln. **€€**

Aigli Restaurant
Traditionelle griechische Fleischgerichte und Salate im Zentrum der nahegelegenen Stadt Pyrgos. **€€**

Heute lebt hier eine Handvoll Nonnen und unterhält die Anlage. Die Nonnen sprechen zwar kein Englisch, sind aber sehr freundlich und bieten den Besucher:innen gerne Wasser und griechischen Kaffee an. Ein Besuch lohnt sich, um die erhaltenen Relikte zu sehen.

Der nur eine kurze Autofahrt entfernte **Skafidia-Strand** ist mit seiner zerklüfteten Küste eine wahre Naturschönheit und noch relativ unentdeckt. Ein Besuch des Klosters in Kombination mit einem Strandaufenthalt ist ein Muss, wenn man in der Gegend unterwegs ist.

Träume von altem Wein

IN ALTEN WEINTANKS SCHLAFEN

Wer eine unberührte Küste mit Blick auf die Insel Zakynthos sucht, sollte sich zum **Kourouta-Strand** in der Nähe der Stadt **Amaliada** im Westen des Peloponnes begeben, der nur 39 km bzw. eine Fahrt von 35 Minuten von Olympia entfernt liegt. Der Strand ist lang und feinsandig und bietet zahlreiche Tavernen und Bars am Wasser. In den frühen 1900er-Jahren wurden hier Betontanks direkt an der Küste gebaut, um Wein lagern und leichter nach Übersee exportieren zu können. Als die Nachfrage zurückging, wurden die Weinkellereien schließlich aufgegeben. Heute, nach einem langen Sanierungsprozess, ist das Gelände als **Dexamenes Hotel** wiedereröffnet worden, ein Boutique-Hotel mit 34 eleganten Zimmern, die in den Betontanks untergebracht sind, in denen früher der Wein gelagert wurde. Originaldetails wie die Schächte und Rohre an der Fassade jedes Tanks und die Patina der Innenwände sind erhalten geblieben, und im Hof befinden sich zwei runde Originalsilos.

ABSTECHER NACH ZAKYNTHOS

Die Küstenstadt Amaliada ist 31 km bzw. 30 Autominuten vom Hafen von **Killini** entfernt. Von Killini aus gelangt man mit der Fähre in einer Stunde und 15 Minuten auf die ionische Insel Zakynthos (S. 562). Vom Strand von Amaliada aus kann man Zakynthos bereits sehen.

Zwei große Fährlinien bedienen die Strecke: Kefalonia Lines mit etwa drei Verbindungen pro Tag und Levante Ferries, die siebenmal täglich verkehren. Es gibt auch einen Bus, der von Athen aus zu den Fähren fährt, sodass man nicht unbedingt fliegen muss, auch wenn die Fahrzeit etwas länger ist.

Tempel des Apollon Epikourios

GRIECHENLANDS ERSTES WELTKULTURERBE

Nach einer Stunde und 20 Minuten Fahrt von Olympia in die Berge erreicht man die kleine Stadt **Vasses** im antiken Figaleia, einem heiligen Ort mit zahlreichen Tempeln. Das Tal von Vasses wird von den umliegenden Gipfeln Kotylio, Lykaio, Tetrazio und Elaio geschützt und bedeutet „kleine Täler". Hier, auf einer Höhe von 1130 m, befindet sich der **Tempel des Apollon Epikourios**, die erste antike Stätte Griechenlands, die 1986 von der Unesco zum Weltkulturerbe erhoben wurde. Epikourios steht für ‚helfen, beistehen', und es wird vermutet, dass der Tempel Apollon gewidmet wurde, weil er half, die Ausbreitung einer Epidemie zu verhindern, die die Region während des Peloponnesischen Krieges heimsuchte.

Zakynthos

ESSEN & AUSGEHEN AM KOUROUTA-STRAND (AMALIADA)

Cabana Seaside Gastro Bar
Strandbar mit entspannter Stimmung, Musik und toller Aussicht auf den Strand. **€€**

Mangiare
Wer günstiges, schmackhaftes italienisches Essen und vegetarische Gerichte sucht, ist hier genau richtig. **€€**

Ta Magouliana
Eine der ältesten Tavernen in der Region, mit einzigartiger Ausstattung und einer wirklich großen Auswahl an griechischen Gerichten. **€€**

DIE BESTEN UNTERKÜNFTE IN TEMPELNÄHE

Apollo Resort Art Hotel
Vier-Sterne-Familienhotel inmitten von Olivenhainen am ‚Trypes'-Strand, nahe der Burg von Kyparissia; 1¼ Stunden vom Tempel entfernt. €€

Abeliona Retreat
Nur 16 Minuten mit dem Auto vom Tempel entfernt, bietet diese Wellness-Lodge in den Bergen Yoga und einzigartige Workshops an und ist eigentlich schon ein Reiseziel für sich. €€€

Villa Vager
Neun Suiten mit individueller Ausstattung in einem renovierten Luxusbau im peloponnesischen Stil, umgeben vom Bergdorf Levidi; 1¾ Stunden vom Tempel entfernt. €€€

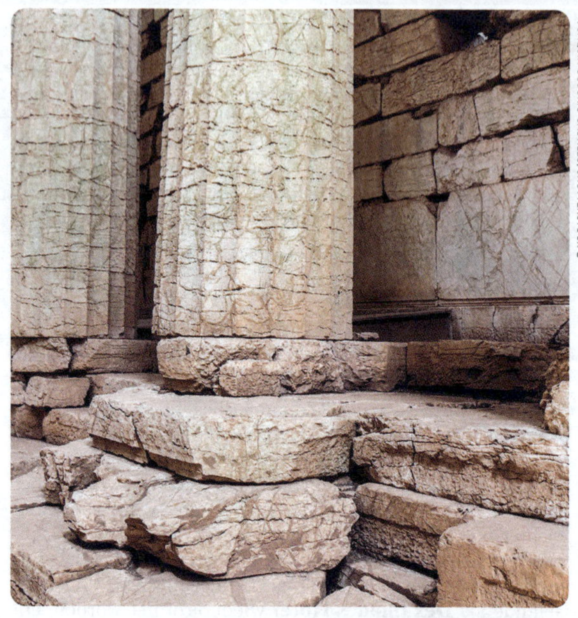

JOAQUIN OSSORIO CASTILLO/SHUTTERSTOCK ©

Tempel des Apollon Epikourios

Der Tempel wurde wahrscheinlich zwischen 420 und 400 v. Chr. erbaut, doch sind Archäologen davon überzeugt, dass sich unter seinen Fundamenten ein noch älterer Tempel aus dem 7. Jh. v. Chr. verbirgt. Aufgrund seiner Abgelegenheit und Isolation blieb er unversehrt und unverändert, nur die Witterung hat ihm zugesetzt. Er wurde 1765 durch Zufall von einem französischen Architekten entdeckt. Die ersten ernsthaften Ausgrabungen begannen 1812 durch eine Expedition der Society of Travellers, einer informellen Gruppe britischer Antiquare. Der englische Architekt und Archäologe Charles Robert Cockerell entfernte 1815 die Platten des ionischen Frieses. Sie wurden dann vom Britischen Museum ersteigert.

Der Tempel ist mit sechs Säulen an der kürzesten Seite und 15 an der langen Seite ausgestattet. Seine Lage in der Natur macht ihn zu einem der einzigartigsten und friedlichsten Orte der Region, den man abseits der Touristenströme besuchen kann.

UNTERWEGS VOR ORT

Um diese abgelegenen Regionen von Olympia zu erreichen, ist ein Auto unbedingt erforderlich. Man kann auch ein Taxi von Olympia zum Kaiafas-See nehmen, aber das kostet. In Olympia gibt es auch Autovermieter.

SPARTA

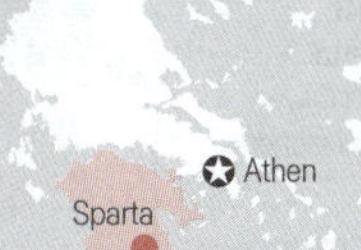

Während der Peloponnesischen Kriege von 431–404 v. Chr. triumphierten Griechenlands härteste, unbestechliche und legendäre Krieger über Athen und den Rest des Landes. Sie stammten aus dem antiken Sparta, das auf der Südseite der Halbinsel Peloponnes in der Region Lakonien liegt. In römischer Zeit verfiel die antike Stadt, aber 1830 wurde auf Befehl von König Otto eine neue Stadt gebaut, um die Befreiung Griechenlands von den Osmanen zu feiern. Sie ist eine der wenigen griechischen Städte, die nach einem geordneten architektonischen Entwurf gebaut wurden.

Von der einstigen Pracht Spartas ist zwar nicht mehr viel übrig, aber es ist immer noch ein hervorragender Ausgangspunkt für die umliegende Bergregion von Mystras, Monemvasia und Elafonissos.

TOP TIPP

Der Intercity-Busbahnhof (KTEL) Lakonia in Sparta bietet Busverbindungen von/nach Athen über Tripolis und Korinth. Außerdem fahren Busse in das nahegelegene byzantinische Dorf Mystras, nach Kalamata und auf die Halbinsel Mani.

Museen & Olivenöl

ANTIKE GESCHICHTE DER OLIVE

Dem griechischen Grundnahrungsmittel – der Olive – ist in Sparta ein ganzes Museum gewidmet, das viele interessante Informationen bietet. Das **Museum der Olive und des griechischen Olivenöls** weiht nicht nur in die Geheimnisse der Pflanze ein, von ihrem Aufkommen im Mittelmeerraum 60 000 v. Chr. bis zum heutigen Tag, sondern ist auch ein wunderschön gestaltetes Gebäude aus traditionellem Stein auf zwei Ebenen. Hier erfährt man mehr über die vielfältigen Verwendungsmöglichkeiten von Olivenöl – vom Kochen und Heizen bis hin zu Ritualen und der Parfümherstellung. Im Innenhof kann man die herrlichen Nachbildungen von Olivenpressen – von prähistorisch bis byzantinisch – und die dazugehörigen Steingutgefäße bewundern.

Danach geht es weiter zum Stadtpark, wo sich das **Archäologische Museum** befindet, das in einem schönen neoklassizistischen Gebäude untergebracht ist und Artefakte aus Spartas glanzvoller Vergangenheit beherbergt. Hier finden sich Sicheln, die die spartanischen Knaben der Artemis Orthia weihten, sowie Reliefs, die vermutlich Helena und Menelaos (und Helena mit Paris) darstellen, Votivfiguren aus Bronze und Blei, Köpfe und Torsi verschiedener Gottheiten, ein Kopf und ein Torso, die König Leonidas darstellen sollen, ein glänzendes Wildschwein, Votivmasken aus Terrakotta und Grab-*stelae* (Säulen). Auch schöne Mosaike aus dem hellenistischen und römischen Sparta sind zu sehen.

HISTORISCHE LÄUFE

Jedes Jahr im September findet der mörderische Spartathlon über die 246 km zwischen Athen und Sparta statt. Er folgt den Spuren von Pheidippides, dem Boten, der 490 v. Chr. in 1½ Tagen von Athen nach Sparta lief, um die Spartaner um Unterstützung in der Schlacht von Marathon gegen die Perser zu bitten. Der aktuelle Rekord liegt bei 20 Stunden und 25 Minuten (aufgestellt 1984 von Yiannis Kouros).

Eine kürzere Herausforderung ist der Athen-Marathon, der seit November 1972 jährlich stattfindet. Es handelt sich um einen 42 km langen Lauf von der Stadt Marathon (S. 112), von der der Lauf seinen Namen hat, zum antiken Panathinaiko-Stadion.

HIGHLIGHTS
1 Antikes Sparta
2 Museum für Oliven und des griechischen Olivenölls

SEHENSWERTES
3 Archäologisches Museum

ESSEN
4 Kápari
5 Kexrimpari
6 Tsipouradiko To Peninda

DIE BESTEN RESTAURANTS IN SPARTA

Tsipouradiko To Peninda
Schöner Hof mit einfachen, aber leckeren Gerichten, wie traditionelle *mayirefta* (frische Tagesgerichte) und Gegrilltes. €€

Kaïpari
Dieses Restaurant in bester Lage in Sparta serviert lecker zubereitete griechische Standard-Küche wie *pastitsio* (Lasagne nach griechischer Art). €€

Kexrimpari
Einfaches griechisches Essen, köstliches Hähnchen-*souvlaki* und außerdem eine große Auswahl an vegetarischen Gerichten. €€

Die Reste des antiken Sparta

DIE SPARTANER BRACHTEN MÄNNER ZUR WELT

Der Machtkampf zwischen Athen und Sparta wütete mehr als 25 Jahre lang, von 431 bis 405 v. Chr. Am Ende siegte Sparta und es heißt, dass die Königin von Sparta behauptete, dies sei deshalb möglich gewesen, weil sie die einzigen waren, die wahre Männer zur Welt brachten.

Es ist schade, dass nur noch wenige Gebäude erhalten sind, die an die Blütezeit Spartas erinnern, aber es lohnt sich, die Reste dieser antiken Stätte mit ihrer Akropolis und Agora sowie dem Verwaltungszentrum (vom 8. Jh. v. Chr. bis zur Römerzeit) zu besichtigen. Zu sehen sind ein antikes Theater, das Heiligtum der Athena Halkioitou, Stoas und Reste späterer byzantinischer Kirchen mit Informationstafeln. An der Nordseite der Stadt befinden sich die Überreste des Heiligtums der Artemis Orthia.

UNTERWEGS VOR ORT

Sparta selbst ist leicht zu Fuß zu erkunden; im Stadtzentrum gibt es eine gute Fußgängerzone mit vielen gemütlichen Cafés, besonders rund um das Rathaus.

Mystras
Sparta
Parorio
Agios Ioannis
Panagia Laghadiotissa
Kloster Faneromeni
Anavriti

Rund um Sparta

Die Umgebung von Sparta gilt als eine der spannendsten der Region, wenn nicht sogar von ganz Griechenland.

Sieben Kilometer westlich von Sparta liegt die antike Festungsstadt Mystras, die letzte Bastion des byzantinischen Reiches, am Fuße des Taÿgetos-Gebirges. Mit ihren Ruinen von Kirchen, Bibliotheken, Festungen und Palästen zählt sie zu den bedeutendsten historischen Stätten auf dem Peloponnes und ist heute Unesco-Weltkulturerbe.

Die wechselvolle Geschichte der Stadt beginnt 1249, als der fränkische Fürste Wilhelm von Villehardouin die Festung errichtete. 1460 wurde sie an die Türken übergeben und verfiel unter osmanischer Herrschaft, blühte aber nach der Eroberung durch die Venezianer im Jahr 1687 wieder auf und entwickelte eine florierende Seidenindustrie. 1715 wurde sie erneut von den Türken erobert und 1770 während des Orlow-Aufstandes niedergebrannt. Zur Zeit der griechischen Unabhängigkeit war sie eine weitgehend verlassene Ruine. Seit den 1950er-Jahren wurden zahlreiche Restaurierungsarbeiten durchgeführt, um die schönen Bauten zu erhalten. Diese Arbeiten werden bis heute fortgesetzt, und 1989 wurde die Stadt von der Unesco zum Weltkulturerbe erklärt.

TOP TIPP

Es fahren regelmäßig Busse von Sparta nach Mystras. Ein Taxi ist relativ günstig, da die Strecke nur etwa 10 Minuten beträgt.

Agia Sofia, Mystras (S. 155)

LOKALE KÖSTLICHKEITEN

Maria Tsimpoka, eine lokale Ikonenmalerin und Inhaberin eines Souvenirladens, verrät ihre Lieblingsspeisen und -traditionen. @tsiboka

In Mystras muss man unbedingt den lokalen *syglino* (geräuchertes Schweinefleisch mit Orangenschale) und die Würste probieren, die in dieser Region einen zitrusartigen Geschmack haben. Empfehlenswert sind auch der traditionelle Bohneneintopf oder *gemista* (mit Reis gefülltes Gemüse). Nicht zu vergessen die köstlichen Desserts wie *diples* (typischer Nachtisch der Region) sowie *melomakarona* und *kurabiedes* (eine Art Kekse), die traditionell in der Weihnachtszeit, aber auch das ganze Jahr über in der kleinen Bäckerei mit **traditionellen Süßspeisen von Mystras** verkauft werden.

Am 29. August und einige Tage danach wird das Dorf mit einem Straßenmarkt zu Ehren des Heiligen Johannes belebt, eine Tradition, die bereits 300 Jahre existiert

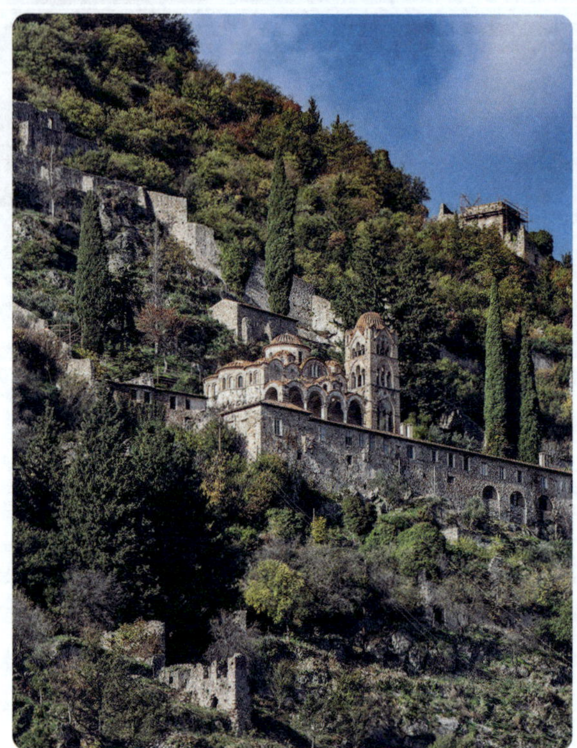

Kloster Pantanassa, Mystras

Die antike Festungsstadt Mystras

FESTUNGEN UND FASZINIERENDE RUINEN

Die faszinierenden Ruinen von Kirchen, Bibliotheken, Festungen und Palästen in der Festungsstadt **Mystras**, die zum Unesco-Weltkulturerbe gehört, erheben sich auf einem Ausläufer des Taÿgetos-Gebirges 7 km westlich von Sparta. Sie gehört zu den bedeutendsten historischen Stätten auf dem Peloponnes. Hier hat die reiche künstlerische und intellektuelle Kultur des Byzantinischen Reiches fast 1000 Jahre nach seiner Gründung ihren letzten Widerstand gegen die eindringende osmanische Armee geleistet. Die meisten Gebäude, die man heute sehen kann, stammen aus der Zeit zwischen 1271 und 1460.

ESSEN IN MYSTRAS

Marmara Restaurant
Großzügige Portionen Moussaka und anderer griechischer Gerichte, die mit einem Glas Wein heruntergespült werden. Tolle Aussichten auf das Tal. **€**

Eleni
Dieses familiengeführte Lokal gehört zu den besten in der Fußgängerzone der Neustadt. Die Moussaka ist lecker. **€**

To Kastro
Einfache Salate und griechisches Fastfood, z.B. Souvlaki. In dem Lokal abseits des Hauptplatzes kann man schön draußen sitzen. **€**

Die von den Franken errichtete und von den Türken erweiterte **Festung** (10 Min. zu Fuß bergauf) bietet einen fantastischen Blick auf die darunterliegende Lakonien-Ebene. Anschließend geht es weiter zur **Agia Sofia**, die als Palastkirche und Begräbnisstätte für mehrere Kaisergemahlinnen diente. In einer Seitenkapelle sind einige Fresken erhalten, darunter eine gut erhaltene Geburt der Jungfrau Maria über dem Portal. Die Oberstadt wird vom **Palast der Despoten** beherrscht, einem gut erhaltenen L-förmigen Gebäude, das von den Franken begonnen und von den Byzantinern vollendet wurde.

Durch das Tor von Monemvasia, dem Eingang zur Unterstadt, gelangt man zum gut erhaltenen **Kloster Pantanassa** aus dem 14. Jh. Das Kloster mit seiner wunderschön verzierten, in Stein gemeißelten Fassade wird noch immer von Nonnen bewohnt, den einzigen Bewohner:innen von Mystras, abgesehen von einer bunten Schar streunender Katzen. Das Kloster ist ein ausgeklügeltes, perfekt proportioniertes Gebäude, das niemals überladen wirkt. Die exquisiten, farbenprächtigen Fresken aus dem 15. Jahrhundert gehören zu den besten Beispielen spätbyzantinischer Kunst.

Trans-Europäische Wanderungen

NATURPFADE UND VERSTECKTE DÖRFER

Wer die Natur liebt, ist hier genau richtig. Mystras liegt an der **Transeuropäischen Wanderroute E4**, die in Andalusien in Spanien beginnt und auf über 10 000 km durch Frankreich, die Schweiz, Österreich, Deutschland, Ungarn, Rumänien, Bulgarien, Griechenland verläuft und in Zypern endet. Sie passiert auch die griechische Insel Kreta.

Dort, wo sich die E4 durch Mystras und die umliegenden Dörfer schlängelt, stehen Wanderfans aller Niveaus eine gute Auswahl an Wegen rund um den Taÿgetos zur Verfügung, der mit 2405 m einer der höchsten Berggipfel Griechenlands in der gleichnamigen Bergkette ist. Der beliebteste Wanderweg in Mystras beginnt im 30 Autominuten entfernten Dorf Anavriti und führt nach Agios Ioannis; ein anderer Weg verläuft von Parorio, dem Nachbardorf, zur nahen Kirche Panagia Laghadiotissa und zum Kloster Faneromeni. Diese Wanderungen dauern etwa 2½ bis 3 Stunden pro Strecke.

MYSTRAS BESICHTIGEN

Man braucht einen halben Tag, um dieser einzigartigen Stadt gerecht zu werden. Am besten ist es, früh aufzubrechen, um den Reisegruppen zuvorzukommen, vernünftige Schuhe zu tragen und Wasser dabei zu haben. Die Anlage ist in drei miteinander verbundene Bereiche unterteilt: das Kastro (die Festung auf dem Gipfel), die Hora (Oberstadt) und die Kato Hora (Unterstadt). Das obere Festungstor befindet sich zwischen dem Kastro und der Hora, während das untere Tor am Fuße der Kato Hora liegt. Es ist ein ziemlicher Fußmarsch bis zur Oberstadt, wer also nicht zu viel laufen möchte, sollte sich ein Taxi zum Festungstor nehmen und zu Fuß hinuntergehen. Oder man fährt zuerst in die Unterstadt und wandert dann zum Festungstor hinauf, um die Ruinen der Oberstadt zu besichtigen (oder andersherum). Es lohnt sich, Zeit im Dorf selbst zu verbringen, da es wirklich einzigartig ist.

UNTERWEGS VOR ORT

Von Sparta, der nächstgelegenen größeren Stadt, ist Mystras in 10 Minuten mit dem Linienbus zu erreichen. Von Athen aus sind es etwa 2½ Stunden über die mautpflichtige Autobahn A7 bis nach Mystras. Wer vorhat zu wandern, sollte sich hier einquartieren. Für die Fahrt in die Bergdörfer ist ein Auto unerlässlich, da es jenseits von Mystras keine Busverbindungen mehr gibt.

KALAMATA

In der südwestlichen Ecke des Peloponnes liegt die Region Messenien, die eine Vielzahl von Attraktionen wie antike Burgen, venezianische Städte und die atemberaubende Landschaft der Mani bietet, die in die Messenische Mani (oder äußere Mani) und die Lakonische Mani (innere Mani) unterteilt ist. Die Messenische Mani beginnt südöstlich von Kalamata und verläuft südlich zwischen der Küste und dem Taÿgetos-Gebirge.

Kalamata ist die Hauptstadt der Region Messenien und die zweitgrößte Stadt auf dem Peloponnes – weltweit bekannt ist sie jedoch vor allem für ihre Oliven. Die meisten Reisenden fahren im Eiltempo hindurch. Doch wer ihr eine Chance gibt, wird einen langen Strand, gute Restaurants, gute Einkaufsmöglichkeiten, ein lebhaftes Nachtleben und einige ausgezeichnete Museen entdecken. Die neue Stadt erstreckt sich südlich der Altstadt; nach ein paar Kilometern erreicht man die Strandpromenade, die von Hotels und Restaurants gesäumt ist.

TOP TIPP

Für Kalamata sollte man sich einen oder zwei Tage Zeit nehmen, um die Altstadt, die Kastro (Burg) und den Zentralmarkt sowie die große Ypapantis-Kirche und die Kirche Agios Apostoloi zu erkunden, wo am 23. März 1821 die griechische Revolution begann, an die ein großartiges Wandgemälde des Straßenkünstlers @skitsofrenis erinnert.

DER NUTZEN DER OLIVE FÜR DIE GESUNDHEIT

Oliven sind eine Frucht, und Kalamata-Oliven gibt es nur auf dem Peloponnes. Das liegt wahrscheinlich daran, dass ihre Blätter größer sind als die anderer Bäume im Land und mehr Sonnenlicht absorbieren. Kalamata-Oliven haben einen hohen Gehalt an Vitamin A, Eisen und Natrium und sind ein natürliches Antioxidans, weshalb sie von Ärzt:innen als Mittel zur Senkung des Risikos von Herzkrankheiten und einigen Krebsarten angesehen werden.

Spezialitäten aus Kalamata

GRIECHISCHE GASTRONOMIE VOM FEINSTEN

In Griechenland ist Essen ein fester Bestandteil aller Bereiche des Lebens, und jede Region hat ihre eigenen Spezialitäten – so auch Kalamata und die Region Messenien. Der Morgen beginnt mit einem Besuch in der Bäckerei Konstantinea, wo es *koulourakia* (süßes, mit Olivenöl gebackenes Gebäck) gibt, das traditionell Gästen zu Hause serviert und in Tee oder Kaffee getunkt wird. Anschließend lohnt sich ein Besuch des Zentralmarktes, wo man in den Geschäften mit Olivenöl und Oliven sowie in den Delikatessenläden mit Käse wie *gravieira* mit rotem Paprika stöbern kann. Jeden Mittwoch und Samstag werden auf einem *laiki* (Straßenmarkt) Obst, Gemüse, Fleisch und Fisch verkauft.

Wer mehr über die lokale Essensphilosophie erfahren möchte, sollte an einer der kulinarischen Touren von **Kalamata.tours** (@kalamata_food_tours) teilnehmen. Dabei gibt es allerlei leckere Köstlichkeiten zu probieren, darunter mariniertes Fleisch, Souvlaki und hausgemachte Süßspeisen.

Die Altstadt von Kalamata

RUNDGANG

Unterhalb des **Kastro** liegt die kleine aber attraktive Altstadt, die während des Unabhängigkeitskrieges fast vollständig von den Türken zerstört wurde, in den 1830er Jahren von französi-

STAR-PRODUKT

Nach der Stadt Kalamata ist die allseits geschätzte Kalamata-Olive benannt, eine pralle, violett-schwarze Sorte, die man in Feinkostläden auf der ganzen Welt findet. Die zuverlässigen Regenfälle im Winter und die heißen Sommer in der Region sorgen für perfekte Bedingungen für den Olivenanbau. Der Kalamata-Baum unterscheidet sich durch die Größe seiner Blätter von dem gewöhnlichen Olivenbaum, der normalerweise nur zur Ölgewinnung angebaut wird. Wie die Früchte sind auch die Blätter des Kalamata-Baums doppelt so groß wie die anderer Sorten und haben einen dunkleren Grünton. Im Gegensatz zu anderen Sorten können jedoch Kalamata-Oliven nicht grün geerntet werden. Sie reifen Ende November und müssen von Hand gepflückt werden, um Druckstellen zu vermeiden. Auf den Märkten der Stadt kann man diese berühmten Oliven probieren.

schen Ingenieuren wieder aufgebaut, dann im Jahre 1936 durch ein zerstörerisches Erdbeben wieder dem Erdboden gleichgemacht wurde. Bei einem Spaziergang durch die Altstadt trifft man auf Zeugnisse der Stadtgeschichte. Der Rundgang beginnt an der gigantischen **Ypapantis-Kirche**, die zurzeit renoviert wird, da unter ihrem Fundament zahlreiche Stücke aus der Antike gefunden wurden. Dann geht es weiter zu der **Kirche des Agios Apostoloi**, wo am 23. März 1821 die griechische Revolution begann, zwei Tage vor dem offiziellen Datum, dem 25. März 1821, als sich das übrige Land anschloss. Dies ist ein stolzes Datum für alle Griechen. Abschließend gibt es im **Archäologischen Museum von Messenien** sehr gute Hintergrundinformationen zu der umgebenden Region.

UNTERWEGS VOR ORT

Kalamata verfügt über einen internationalen Flughafen am Stadtrand, der regelmäßig von Athen und in der Saison auch von mehreren europäischen Drehkreuzen angeflogen wird. Von Athen aus gibt es Überlandbusse der KTEL, die über drei Stunden brauchen. Die Fahrt über die Nationalstraße A7 dauert 2½ Stunden.

Rund um Kalamata

Antike Festungen, Stätten, Dörfer und eine wilde und zerklüftete Küste, die nur darauf warten, entdeckt zu werden

Kalamata ist ein hervorragender Ausgangspunkt, um die weitere Region zu erkunden, z. B. die historische Sehenswürdigkeit und das Dorf des antiken Messene sowie die Handelshäfen und Burgstädte Methoni und Koroni. Auf der einzigartigen Halbinsel Mani liegt auch eines der schönsten Dörfer des Peloponnes, Kardamyli, das aus der Geschichte als eine der sieben Städte bekannt ist, die Achilles von Agamemnon angeboten wurden. Auch *Before Midnight* (2013), ein Teil der *Before*-Trilogie, wurde hier gedreht und zwar im Haus von Sir Patrick Leigh Fermor, einem britischen Reiseschriftsteller, dessen Name untrennbar mit der Region und Griechenland verbunden ist und der im Zweiten Weltkrieg auf der Seite des kretischen Widerstands kämpfte, so sehr liebte er das Land.

TOP TIPP

Die Hügel hinter Kardamyli sind von einem ausgedehnten Netz gut markierter Wege durchzogen, die aus alten Steinpfaden, Nebenstraßen, unbefestigten Wegen und einem ausgetrockneten Flussbett bestehen. Hervorragend geeignet für Spaziergänge und Wanderungen.

***Kastro*, Methoni**

GEORGIOS TSICHLIS/SHUTTERSTOCK ©

Alte Burgen mit einmaligen Stränden

FESTUNGSSTÄDTE UND ABGELEGENE INSELN

In der Region Südost-**Messenien**, etwa eine Autostunde von Kalamata entfernt, liegen die malerischen Städte Methoni und Koroni. Beide waren in der Vergangenheit von großer strategischer Bedeutung und wichtige Handels- und Schifffahrtszentren, weshalb in beiden Städten gewaltige Festungen errichtet wurden, da die mächtigen Reiche der Region und Griechenlands im Laufe der Zeit solche Orte immer wieder zu erobern suchten.

Der Kastro in **Methoni**, der im 13. Jh. von den Venezianern erbaut wurde, gilt als einer der größten im Mittelmeerraum. Eine Steinbrücke mit 14 Bögen verbindet die Burg mit dem Festland und endet am **Bourtzi** – einem vom Meer umgebenen Turm, der während der türkischen Besatzung als Hinrichtungsstätte diente. Die Menschen wohnten hinter den Mauern und 1828 wurden die ersten Gebäude der modernen Stadt außerhalb der Burg aus den Originalsteinen errichtet, die aus den Häusern der Festung geborgen wurden.

Etwa 30 km bzw. 30 Autominuten entfernt liegt die Festung **Koroni** auf dem Kap Akritas an der südlichsten Spitze Messeniens. Sie wurde im 13. Jh. von den Venezianern erbaut und im 16. Jh. von den Osmanen restauriert. Die Burg ist in gewisser Weise einzigartig, da sie hinter ihren Mauern immer noch bewohnt ist. Hier leben vier oder fünf Familien, deren Häuser mit niedrigen Decken im ursprünglichen Stil ausgestattet sind, dazu kommt das **Kloster Timios Prodromos**, in dem eine kleine Gruppe von Nonnen lebt. Das Kloster ist für die Öffentlichkeit zugänglich und verfügt über wunderschöne Gärten mit Blick auf das Ionische Meer.

Bei beiden Orten findet man zahlreiche Strände in der Umgebung; Methoni ist außerdem ein Anziehungspunkt für Windsurfer:innen, während in Koroni gute Bedingungen zum Surfen herrschen. Vorsicht ist am Strand von **Zagka** und einem kleinen Teil des **Memi-Strandes** unterhalb der Festung Koroni geboten, denn hier nistet die *Caretta caretta* (Meeresschildkröte). Jährlich werden etwa 45 Nester gefunden, die Eier werden im Mai gelegt und im September schlüpfen die Jungen.

ABGELEGENE INSELN DER REEDER

Eine Gruppe von neun kleinen Inseln vor der Küste von Methoni, die sogenannten Oinousses-Inseln, sind ein Schutzgebiet im Rahmen des Natura-2000-Netzes. Die Inselbewohner:innen besaßen hier die ersten kommerziellen Dampfschiffe Griechenlands, und mehrere griechische Reeder stammen von hier. Hier findet man Strände und unberührte Bademöglichkeiten, und gelegentlich kann man eine kretische Wildziege sehen. Die Inseln können mit dem Boot vom Hafen von Methoni aus erreicht werden.

Die Halbinsel Mani

HÖHLEN UND EINMALIGES WASSER

Zwischen dem blauen Wasser des Messenischen Golfs und dem Taÿgetos-Gebirge liegt eines der schönsten Dörfer auf dem Peloponnes, und das ist wahrhaftig nicht übertrieben. **Kardamyli**, eine 50-minütige Autofahrt bzw. 35 km von Kalamata

ÜBERNACHTEN UND ESSEN IN KARDAMYLI

Diana Hotel
Einfaches, kleines und gemütliches Hotel im Zentrum von Koroni; alle Zimmer mit Stadt- oder Meerblick. €

Hotel Aris
Günstiges Hotel nur 80 m von der Burg Methoni und 600 m vom Strand entfernt. €

Bogoris Restaurant
Dieses ganzjährig geöffnete Restaurant in Koroni serviert Fleisch- und Fischgerichte nach Wunsch und ist bei den Einheimischen sehr beliebt. €

WASSERSPORT & EINHEIMISCHE GERICHTE

Der in Kalamata ansässige Trifonas Douvris, Trip Designer bei Explore Messinia, gibt Tipps zum Essen und zur Natur vor Ort. @exploremessinia

Meine Lieblingsbeschäftigung ist das Kajakfahren an den Küsten östlich und westlich der Stadt. Die Navarino-Bucht im Westen bietet eine spektakuläre Landschaft, warmes, kristallklares Wasser und goldene Sandstrände. Die kleine Insel Sphakteria liegt wie ein natürlicher Wellenbrecher vor ihr und schützt die Bucht vor dem Wind des offenen Ionischen Meeres. Die ruhigen Gewässer bieten ideale Bedingungen für Tagesausflüge mit dem Meereskajak.

In Kalamata esse ich gerne im Versailles Kitchen Restaurant zu Mittag. Giannis, der Koch, ist ein leidenschaftlicher Feinschmecker und ein Geschmackskünstler. Manchmal träume ich von seinem *pastitsio*. Für ein schnelles, authentisches *souvlaki* gehe ich zu Souvlakia Panagiotis.

G_D PHOTOGRAPHY/SHUTTERSTOCK ©

Kloster des Timios Prodromos (S. 159)

entfernt auf der Halbinsel Mani gelegen, ist als Wohnsitz des britischen Reiseschriftstellers Sir Patrick Leigh Fermor berühmt geworden.

Eine der besten Möglichkeiten, die unglaubliche Schönheit dieser Region zu genießen, ist eine Kajaktour entlang der Küste. Dabei gibt es Meereshöhlen mit Stalaktiten zu entdecken. Bei sehr ruhigem Wetter kann man zur **Blauen Grotte** paddeln, einem einzigartigen Naturphänomen, bei dem sich das Sonnenlicht, das durch einen Spalt in der Höhle fällt, auf dem Meeresboden spiegelt und so eine aquamarinblaue Farbe erzeugt, die alles darunterliegende beleuchtet.

Wer lieber wandert kann auf den Wegen im **Taÿgetos-Gebirge** und in der Gegend von **Kardamyli** Dörfer, Natursteinhäuser, byzantinische Kirchen, Wachtürme, alte Brunnen sowie Oliven- und Getreidemühlen besichtigen, die alle ihre eigene Geschichte haben. Der lokale Reiseveranstalter **Explore Messinia** bietet halbtägige Wanderungen oder anstrengendere Abenteuer sowie Kajaktouren auf dem Meer an.

ÜBERNACHTEN & ESSEN IN METHONI UND KORONI

Kalamisti Hotel
Hübsches Hotel mit ruhigen, großzügigen Zimmern mit wunderschönem Ausblick über Olivenbäume und die dahinterliegende Bucht. **€€**

Vardia Hotel
Ein ruhiger Rückzugsort, eingebettet in einem wunderschönen Garten hoch oben über Kardamyli mit Aussicht auf den atemberaubenden Messenischen Golf. **€€**

Dioskouri
Klassische griechische Küche mit neuen Akzenten und exzellenten gegrillten Meeresfrüchten – das alles mit Blick auf die Bucht von der Terrasse aus. **€€**

Der Geschmack der Region

INFORMATIONEN ZUM OLIVENÖL

Die zuverlässigen Regenfälle im Winter und die heißen Sommer in der Region sorgen für perfekte Bedingungen für den Olivenanbau. Auf dem Weg von Kalamata zum antiken Messene bietet sich die Gelegenheit, die Oliven aus nächster Nähe zu betrachten. **Ecotourism Greece** (ecotourismo.gr) veranstaltet Ausflüge in das Herz der Region Messenien, wo es über 400 Jahre alte Olivenbäume gibt. Während der Olivenernte (Mitte November bis Februar) kann man sich an der Ernte beteiligen, indem man die Oliven entweder von Hand pflückt oder sie von den Bäumen schlägt, damit sie in Netze auf den Boden fallen. Anschließend lohnt sich ein Besuch in der über 100 Jahre alten und noch immer in Betrieb befindlichen Mühle des Dorfes, wo das Öl direkt aus der Ölpresse probiert werden kann. Anschließend besteht die Möglichkeit, an einer Ölverkostung oder einem Kochkurs mit Olivenöl teilzunehmen, bei dem Gerichte wie Mani-Salat, *tzatziki* oder ein lokales *kagianas* (Omelett) zubereitet werden.

Stadt der Götter

EINE WENIG BESUCHTE ANTIKE STADT

Das 32 km von Kalamata entfernte **antike Messene** wurde 371 v. Chr. gegründet, nachdem General Epaminondas in der Schlacht von Leuctra Sparta besiegt und die Einheimischen von der fast 350 Jahre währenden Herrschaft Spartas befreit hatte. Die neue Hauptstadt Messeniens bestand aus einer Reihe von Verteidigungsanlagen gegen Sparta. Abgesehen von seinem Verteidigungspotenzial war das antike Messene auch von den Göttern begünstigt. Einem lokalen Mythos zufolge wurde Zeus hier geboren und von den Nymphen Neda und Ithomi aufgezogen, die ihn in der gleichen Quelle badeten, die dem modernen Dorf seinen Namen gibt.

Die Überreste dieser weitläufigen antiken Stadt, die an einem malerischen Hang unterhalb des Dorfes **Mavromati** liegt, sind ebenso umfangreich wie die von Olympia (S. 144) und Epidauros (S. 135), aber das antike Messene wird deutlich weniger besucht als diese. Hier befinden sich ein großes Theater, der stufenförmige Arsinoe-Brunnen, der die antike Stadt mit Wasser versorgte, die *agora* und das **Heiligtum des Asklepios**. Weiter geht es bergab zum großen **antiken griechischen Stadion**, das von einem ganzen Wald aus restaurierten Säulen umgeben ist. Hier kann man sehen, wo die Römer einen Teil der Leichtathletikbahn absperrten und in eine Gladiatorenarena verwandelten.

STADTPLANUNG DES HIPPODAMOS

Hippodamos, ein antiker griechischer Architekt und Stadtplaner, lebte im 5. Jh. v. Chr. und schuf ein Stadtplanungssystem, das als hippodamisch bezeichnet wird – ein System, das sich durch gleiche Rechte und Egalitarismus auszeichnet, die auch die Grundprinzipien der Demokratie sind. Dieses System wurde für die Planung des antiken Messene verwendet; die Häuser waren alle gleich groß, hatten Zugang zu öffentlichen Einrichtungen von gleicher Qualität und wurden harmonisch in die natürliche Umgebung eingefügt. Ein faszinierender Forschungsfall für Fans von Architektur und Soziologie.

MIT DEM KAJAK NACH EPIDAUROS

Von Nafplio aus kann man zu der versunkenen römischen Villenanlage Epidauros (S. 135) paddeln und dann schnorcheln, um sie näher zu betrachten.

UNTERWEGS VOR ORT

Man kann mit dem Bus von Kalamata nach Kardamyli zu fahren, wobei es allerdings keine regelmäßigen Verbindungen gibt. Ein Auto wird dringend empfohlen, um das antike Messene zu erreichen, das nur sehr eingeschränkt mit dem Bus erreichbar ist; gleiches gilt für die abgelegenen Dörfer hinter Kardamyli auf der Mani.

ZENTRAL-GRIECHENLAND

UNESCO-WUNDER & WANDERPARADIES

Historische Stätten, dichte Wälder, reißende Flüsse und Dörfer voll herzlicher Gastfreundschaft: Zentralgriechenland bietet so viel mehr, als man denkt.

Von UNESCO-Welterbestätten über Bergwälder, die von Quellwasser genährt werden, bis hin zu weiten Tälern und geologischen Juwelen – das oft übersehene Zentralgriechenland hält zahllose Schönheiten bereit.

Dazu gehört auch Delphi, das wichtigste religiöse Zentrum der Antike und seit über tausend Jahren ein Symbol der Einheit des Landes. Sowohl Herrschende als auch Bürgerliche pilgerten hierher, um den Rat der Hohepriesterin Pythia einzuholen. Auch heute noch wandern Gläubige auf der Heiligen Straße und geben sich der mystischen Energie des Ortes hin.

Im nahe gelegenen Arachova tanzen Jugendliche in Tracht Hand in Hand, um ihren Verwandten aus dem Unabhängigkeitskrieg Tribut zu zollen. Inmitten der erstaunlichen Steinsäulen von Meteora, die von byzantinischen Klöstern gekrönt werden, führte einst der Held der Vorrevolution, Pater Efthymios Vlahavas, wilde Kämpfe und entging jahrelang der Gefangennahme. Nirgendwo wurde das revolutionäre Motto „Freiheit oder Tod" so tapfer umgesetzt wie hier.

Trotz ihrer turbulenten Geschichte sind die Menschen in Zentralgriechenland herzliche Gastgeber. Das Leben geht hier einen gemächlichen Gang, es bleibt immer Zeit für Meze mit *tsipouro*, dem bevorzugten Feuerwasser der Einheimischen.

Seit einigen Jahren entdecken die Menschen den natürlichen Reichtum um sie herum neu. Sehr viele haben sich entschieden, in ihrer Heimat zu bleiben, um sich dem Umweltschutz zu widmen, Traditionen wiederzubeleben und einen nachhaltigen Tourismus zu gestalten.

YIANNISSCHEIDT/SHUTTERSTOCK ©

DIE WICHTIGSTEN ZIELE

DELPHI
Zentrum der antiken Welt **S. 168**

KARPENISI
Jede Menge Spaß für Familien in der Natur **S. 180**

METEORA
Klöster auf steinernen Säulen aus uralter Zeit **S. 186**

PILION
Dörfer in Wäldern und an Stränden **S. 193**

WIRESTOCK CREATORS/SHUTTERSTOCK ©

Oben: Das antike Delphi (S. 169). Links: Karpenisi (S. 180).

Meteora, S. 186

Man muss nicht religiös sein, um von den byzantinischen Klöstern ergriffen zu sein, die prekär auf hoch aufragenden Felstürmen thronen und die besonders bei Sonnenuntergang fotogen sind.

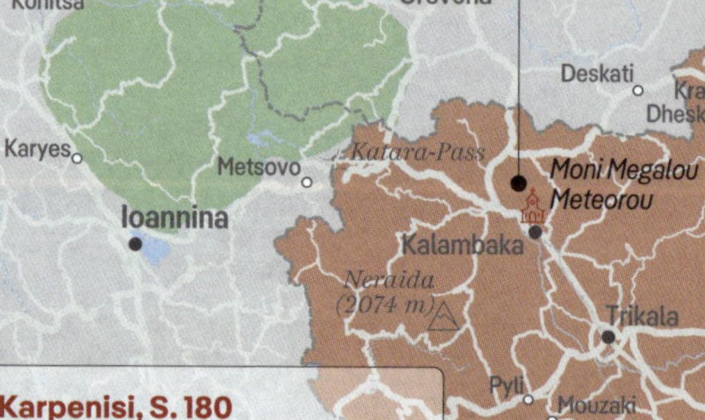

Karpenisi, S. 180

Natur-Fans kommen hierher, um Flusstrekking, Rafting und Jeep-Touren zu unternehmen und sich in gemütlichen Tavernen mit feinster griechischer Hausmannskost verwöhnen zu lassen.

AUTO

Zentralgriechenlands historische Stätten, abgelegene Bergdörfer und Strände lassen sich am besten mit dem Auto erkunden. Gleichzeitig bleibt man flexibel, falls man mal länger bleiben oder die Route ändern will.

BUS

Ohne eigenes Auto unterwegs? Dann ist Griechenlands umfangreiches, zuverlässiges KTEL-Überlandbusnetz die nächstbeste Option. Von der Hauptstadt aus gibt's zahlreiche Verbindungen, und auch das Netz innerhalb der einzelnen Regionen ist gut. Die Zielorte sind relativ gut angebunden, die Fahrzeiten können allerdings lang sein.

ZUG

Meteora ist von Athen aus leicht mit dem Zug zu erreichen. Auch nach Delphi und Karpenisi kommt man schnell, allerdings ist vom jeweiligen Bahnhof aus zumeist eine Taxifahrt zum eigentlich Ziel erforderlich.

Erste Orientierung

Zentralgriechenland ist die größte Region des Landes. Die wichtigsten Reiseziele spielten alle eine Rolle in der Entwicklung Griechenlands als unabhängige Nation und bieten Einblicke in die kulturelle und biologische Vielfalt des Landes.

Pilion, S. 193

Zwischen den Bergdörfern, die in Tannen-, Eichen- und Ahornwäldern versteckt liegen, wandern oder radeln – dabei aber im Sommer nicht die Strände an der Ägäis vergessen (bzw. im Winter das Skifahren).

Delphi, S. 168

An den Südhängen des Parnass gelegen, beherbergt das Zentrum der antiken Welt eine bemerkenswerte archäologische Stätte und ein kleines, aber interessantes Museum.

Perfekte Tage

Zentralgriechenland steht für Langsamkeit und Ruhe. Es warten Weltkulturerbestätten, wunderschöne Pfade durch Bergwälder, Bäder im blaugrünen Meer und allerlei regionale Köstlichkeiten in hübschen Tavernen.

RICHARD CAVALLERI/SHUTTERSTOCK ©

Kloster Ypapanti, Meteora

Wenn man nur wenig Zeit hat

● Auf geht's nach **Meteora** (S. 186), wo Spiritualität und eines der größten Naturwunder der Welt miteinander verschmolzen wurden. Bei einer geführten **Wandertour** (S. 186) erfährt man, wie die ersten Mönche diese massiven Felsformationen erklommen haben. Anschließend macht man eine Besichtigung des verlassenen, aber vollständig restaurierten Ypapanti-Klosters aus dem 14. Jh., in dem einst osmanische Truppen den Rebellen Efthymios Vlahavas gefangen nahmen. Im **Großen Kloster von Meteoron** (S. 186) gibt es Handschriften aus dem 9. Jh. zu sehen und im **Varlaam-Kloster** (S. 186) einige der schönsten Fresken Meteoras.

● Später kann man während einer **Fototour** (S. 189) lernen, wie man das geologische Wunderwerk bei Sonnenuntergang perfekt einfängt. Am Abend kann man im **Meteoron Panorama** (S. 188) gegrillte Steaks von Steppenrindern genießen.

Beste Reisezeit

Im Herbst und Winter bieten die Bergdörfer Wanderfreuden, Skifahrmöglichkeiten und gemütliche Tavernen mit Kamin. Das Frühjahr ist ideal für einen Besuch der antiken Stätten, und im Sommer locken Seen und das Meer mit allerlei Wassersport.

JANUAR

Tagsüber Skifahren auf den Pisten des **Parnass** – abends warten die schillernden Bars und Restaurants des Dorfes Arachova.

APRIL

Spaziergang durch die gut erhaltenen Ruinen der **archäologischen Stätte von Delphi**, während Wildblumen die umliegenden Hänge schmücken.

MAI

Wandern auf steilen Bergpfaden durch die bewaldete Wildnis des nordöstlichen Agrafa und Kanufahrten über den **Plastiras-Stausee**.

VON LINKS: HERACLES KRITIKOS/SHUTTERSTOCK ©, SERGEY NOVIKOV/SHUTTERSTOCK ©, ELENA TINIAKOU/SHUTTERSTOCK ©

Ein aktives „Vier-Tage-Wochenende“

● Los geht es mit einem Ausflug nach **Karpenisi** (S. 180). Zunächst wartet eine Erkundung der **Steindörfer** (S. 181) Megalo Chorio, Palio Mikro Horio und Koryschades. Es folgt eine geführte Jeep-Tour um den **Berg Helidona** (S. 185) und hinunter zum türkisfarbenen **Kremasta-Stausee** (S. 185).

● Für das Flusstrekking zum **Panda Vrehi** (S. 182), wo Quellwasser ein regenähnliches Phänomen erzeugt, sollte man einen ganzen Tag einplanen. Anschließend steht eine Wanderung durch einen Tannenwald und das Abseilen in die **Schwarze Höhle** (S. 182) auf dem Programm, dann ein Bad in den nahe gelegenen Wasserfällen. Zum Abendessen warten im **Horiatiko** (S. 181) in Neo Mikro Chorio Spezialitäten wie Wildschwein-*stifado*.

Länger Zeit

● Früh nach **Volos** (S. 198) aufbrechen und dort die Nachbildungen von Jasons legendärem Schiff *Argo* besichtigen, anschließend *tsipouromeze* in **Mezen** (S. 199) unter Einheimischen genießen. Als Nächstes geht's nach Norden auf die gebirgige **Halbinsel Pilion** (S. 193), den Sommerspielplatz der olympischen Götter. Bei den Stränden der Nordostküste wie dem **Mylopotamos-Strand** (S. 196) kann man im kristallklaren Meer schwimmen.

● Es ist nur eine kurze Fahrt ins nahe gelegene Dorf **Tsagarada** (S. 194), wo eine tausend Jahre alte Platane über dem Agia-Paraskevi-Platz thront. Weiter nördlich, in **Zagora** (S. 195), kann man bei einer Frauenkooperative „Löffelsüßigkeiten“ kaufen. Ist man im Winter dort, kann man sich auf die Pisten des **Skizentrums Pilion** (S. 196) begeben, das direkt am Meer liegt.

JUNI
Kajaktouren entlang einiger der schönsten Strände an der Nordostküste von **Pilion** und ein Bad in den Kissos-Wasserfällen.

SEPTEMBER
Bei der **Galaxidi Islands Regatta** vor dem Küstendorf Galaxidi starten sowohl klassische als auch moderne Holzsegelboote.

OKTOBER
In den Gewässern vor der historischen Stadt Nafpaktos gibt es eine **Nachstellung** der entscheidenden Seeschlacht von Lepanto (1571).

NOVEMBER
Jetzt ist in den Feuchtgebieten von **Messolongi** Hauptsaison für die Vogelbeobachtung.

DELPHI

Der Legende nach ließ Zeus zwei Adler von den entgegengesetzten Enden der Erde los, um den Mittelpunkt des Planeten zu finden. Ihre Wege kreuzten sich oberhalb von Delphi, an den Hängen des Parnass im Süden des heutigen Zentralgriechenlands. Im 8. Jh. v. Chr. wurde hier der Apollon-Kult begründet. Herrschende und Bürgerliche aus dem Mittelmeerraum und Kleinasien pilgerten zum Orakel des heiligen Delphi, um eine geheimnisvolle Hohepriesterin zu befragen: Pythia prophezeite alles, von Herzensangelegenheiten bis hin zur Entscheidung eines Stadtstaates, in den Krieg zu ziehen (oder nicht). Zwischen dem 6. und 4. Jh. v. Chr. erreichte das Heiligtum von Delphi seine Blütezeit, doch sein Einfluss war bis in die Römerzeit zu spüren. Ein Besuch der zum UNESCO-Weltkulturerbe gehörenden Stätte ist ein Muss.

TOP TIPP

April und Mai sind die besten Monate für einen Besuch in Delphi – es ist nicht zu warm, es gibt weniger Besucher:innen und die umliegenden Hügel sind voller Wildblumen. Auch September und Oktober sind ideal. Im Sommer finden in der antiken Stätte gelegentlich Theater-, Musik- und Tanzaufführungen statt.

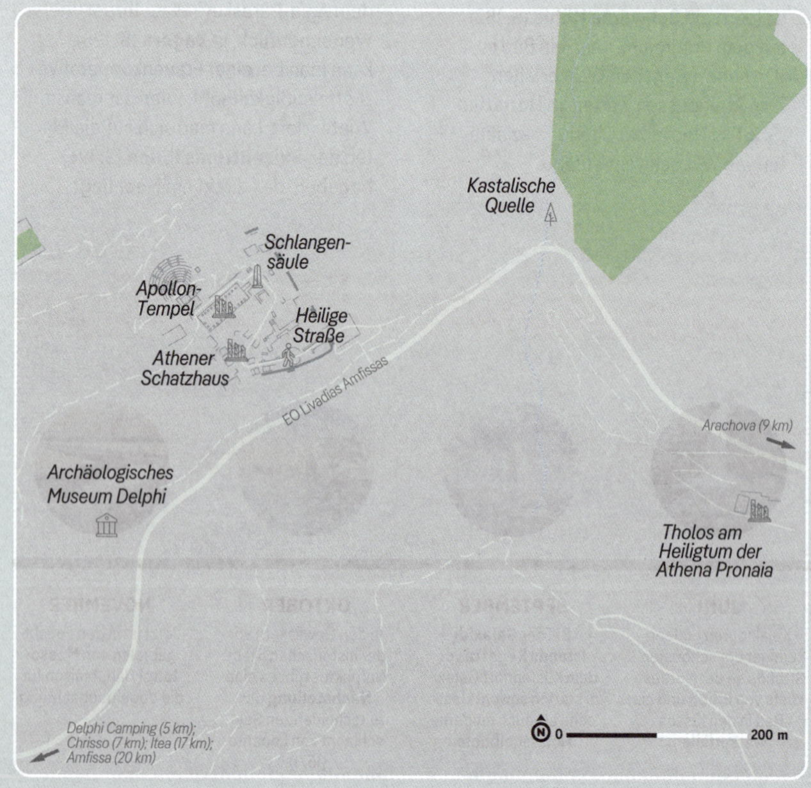

TRABANTOS/SHUTTERSTOCK ©

Schatzhaus der Athener

Das antike Delphi

EIN ZENTRUM DER SPIRITUALITÄT

Cicero schrieb, dass das Orakel von Delphi niemals so berühmt und „so angefüllt mit Opfergaben von Völkern und Königen aus allen Ländern" gewesen wäre, hätten sich seine Prophezeiungen nicht bewahrheitet.

Am besten beginnt man den Besuch wie die Pilgernden der Antike am kreisförmigen **Tholos am Heiligtum der Athena Pronaia**, südöstlich der antiken Stätte. Das meistfotografierte Monument Delphis, an dem die Gläubigen einst ein Opfer darbrachten, stammt aus dem Jahr 380 v. Chr. Anschließend reinigten sie sich an der nahe gelegenen **Kastalischen Quelle**, wo man heute den Durst an einem Brunnen löschen kann. In der Hauptanlage folgt man am besten der mit Steinen gepflasterten **Heiligen Straße**, die sich bergauf durch die Anlage schlängelt. Im Heiligtum des Apollon gibt es zahlreiche Schatzhäuser, die von Völkern und Stadtstaaten aus Dankbarkeit für den Rat der Pythia gestiftet wurden. Am beeindruckendsten ist das **Schatzhaus der Athener**, das im späten 6. oder frühen 5. Jh. v. Chr. aus feinem parischem Marmor erbaut wurde. Am bedeutendsten ist jedoch der **Apollon-Tempel**, ein dorischer

PYTHISCHE SPIELE

Die Pythischen Spiele waren die zweitwichtigste Veranstaltung nach den Olympischen Spielen und fanden alle vier Jahre in Delphi statt. Im antiken Theater von Delphi (4. Jh. v. Chr.) wurden vor einem 5000-köpfigen Publikum Gesangs- und Musikwettbewerbe veranstaltet.

Das Highlight der Stätte ist das antike Stadion von Delphi, in dem Sportveranstaltungen abgehalten wurden – nachdem sich die Teilnehmenden in der noch heute existierenden Sporthalle von Delphi aufgewärmt hatten. In dem haarnadelförmigen Stadion, in dem bis zu 5000 Menschen Platz fanden, befindet sich eine 117,5 m lange Laufbahn.

Bevor man sich auf den Weg zum Stadion macht, sollte man unbedingt einen Blick über die Ruinen hinweg auf das Tal und das Meer werfen, um ein Gefühl jener Ehrfurcht zu bekommen, wie sie die Menschen der Antike empfunden haben müssen.

ÜBERNACHTEN IN DELPHI

Amalia
Hervorragend gelegenes Hotel mit geräumigen Zimmern und einer Lounge mit unvergleichlicher Aussicht. **€€**

Fedriades
Attraktives, preisgünstiges Drei-Sterne-Hotel mit komfortablen, familienfreundlichen Zimmern und herrlichem Bergblick. **€**

Nidimos
Gemütliches, sauberes und komfortables Drei-Sterne-Hotel in zentraler Lage. Das reichhaltige Frühstück wird im Zimmer serviert. **€**

DELPHIS BESTE GEFÜHRTE TOUREN

Ganz gleich, wie viel man über Delphi gelesen hat, ohne die Hilfe eines staatlich lizenzierten Guides wird man sich den vollen Zauber dieser Stätte kaum erschließen können.

Penny Kolomvotsou
Penny ist stolz auf ihre delphischen Wurzeln und war schon in jungen Jahren von der antiken Stätte fasziniert. Sie gibt ihr umfangreiches Wissen mit Enthusiasmus weiter und verwöhnt mit delphischen Weisheiten wie „Man darf nie müde werden zu lernen".

George Malissos
Als qualifizierter Archäologe verfügt George über ein tiefes Verständnis des klassischen Griechenlands und der Rolle Delphis. Er liefert fesselnde Details zu Museumsexponaten, die man sonst wohl übersehen würde.

Delphi & Percy Jackson
Greek Mythology Tours mit Sitz in Athen arrangiert geführte Gruppen- und private Tagestouren nach Delphi, die sich an Fans von Rick Riordans Buchreihe *Percy Jackson* richten.

SERGII FIGURNYI/SHUTTERSTOCK ©

Relief, Archäologisches Museum Delphi

Pavillon aus dem 4. Jh. v. Chr., in dem einst eine riesige Apollon-Statue stand und wertvolle Votivgaben aufbewahrt wurden. Man nimmt an, dass die Pythia ihre Prophezeiungen, die ihr von Apollon übermittelt wurden, in einer darunter liegenden Kammer vortrug. Während der Besichtigung des Tempels sollte man sich an die delphischen Maximen „Erkenne dich selbst" und „Nichts im Übermaß" erinnern, die in einem Vorraum des Tempels eingraviert waren. Östlich des Tempels befindet sich eine Nachbildung der **Schlangensäule**, deren ursprüngliche Bronzeversion an den Sieg der Griechen über die Perser in der Schlacht von Plataea (479 v. Chr.) erinnert und heute in Istanbul ausgestellt ist.

Klassische Glanzstücke im Archäologischen Museum Delphi

EINE ANTIKE FUNDGRUBE

Egal, ob man zuerst die antike Stätte oder das benachbarte Museum besucht, die wertvollen Exponate beeindrucken und ermöglichen es, sich ein Bild davon zu machen, wie üppig das antike Delphi gewesen sein muss und welchen Reichtum es anzog.

Einer der bemerkenswertesten Schätze ist eine Bronzefigur, von der man annimmt, dass sie Apollon darstellt, komplett mit Stufenhaarfrisur, gefertigt im daidalischen Bildhauerstil des

ESSEN IN DELPHI

To Patriko Mas
Zu den Spezialitäten gehören Wildgerichte wie Wildbret in Tomaten- und Brandysauce. €€

Vakhos
Vegane Gerichte, darunter saisonale Artischocken und Kartoffeleintopf, zählen hier zu den Slow-Food-Highlights. €

Dion
Freundliche Taverne mit klassischen hellenischen Gerichten wie mit Reis gefüllte Tomaten und Souvlaki. €

7. Jhs. v. Chr. Dieser nach dem Gründer Daidalus benannte Stil war der Vorläufer der in Stein gemeißelten *kouros*-Statuen. Zwei davon wurden 1893 und 1894 nahe des Schatzhauses der Athener entdeckt. Die idealisierten muskulösen Gestalten aus dem frühen 6. Jh. v. Chr. sollen wohl die Brüder Kleobis und Biton abbilden und weisen charakteristisches geflochtenes Haar auf.

Ebenso beeindruckend ist die 2,9 m hohe *Sphinx der Naxier* (560 v. Chr.), die das Gesicht einer Frau, den Körper eines Löwen und die Flügel eines Vogels zeigt. Die Sphinx aus weißem naxianischem Marmor war ein Geschenk der Ansässigen von Naxos und diente als imposanter Wächter am Eingang des Apollon-Heiligtums.

Das imposanteste Juwel der Sammlung ist jedoch der lebensgroße bronzene *Wagenlenker von Delphi* (478-474 v. Chr.), ein Glanzstück aus Halbedelsteinen und Glas zum Gedenken an den Sieg bei den Pythischen Spielen. Mit der App Digital Delphi lassen sich ausgewählte Säle und Exponate in 3-D anschauen.

Der antike Fußpfad nach Delphi

WO DIE PILGER:INNEN WANDERTEN

Um ein Gefühl dafür zu bekommen, wie sich die Reise nach Delphi für die Pilger:innen, egal ob arm oder reich, anfühlte, tritt man am besten in deren Fußstapfen.

Trekking Hellas Delphi, gegründet von Giorgos Korodimos aus Arachova und seiner französisch-griechischen Frau Eleni Prablanc, bietet eine viereinhalbstündige, 8 km lange geführte Wanderung entlang des antiken Fußwegs an. Vom alpinen Livadi-Plateau (1200 m) aus führt die Wanderung an den Südhängen des Parnass entlang und durch unterschiedliche Landschaften.

Die Route, die Teil des Europäischen Fernwanderwegs E4 ist, schlängelt sich durch einen Tannenwald und folgt einem Flussbett, das reich an Bauxit und Kalkstein ist. Die Bäume machen schließlich einer weiten Wiese Platz, auf der ein endemischer weißer Krokus gedeiht. An einem felsigen Ort inmitten niedriger mediterraner Macchia mit Blick auf die Stadt Itea und ihre Bucht wird eine Pause eingelegt. Hier lädt der Guide zu einem kleinen Picknick mit selbst angebauten Tomaten, Feta, delphischen Oliven, Dorfbrot und klarem *tsipouro* ein.

An dieser Stelle beginnt der antike *kalderimiai* (Kopfsteinpflasterweg), der im Zickzack den Berghang hinunterführt und immer spektakulärere Ausblicke bietet. Beim Abstieg nach Delphi lässt sich die Pracht der Ruinen von oben bewundern, die antiken Olivenhaine, die bis zum Meer reichen, und der Berg Kirra gegenüber. Wer noch Energie übrig hat, kann die archäologische Stätte noch am selben Tag besichtigen. Diese familienfreundliche Tour ist für alle mit guter Kondition geeignet und wird von April bis November angeboten.

SCHÖNE CAFÉ-BARS IN DELPHI

Melopoleio
In dieser Bäckerei mit hübschem Café gibt's u.a. Zitronen-, Blaubeerkäse- und Spinatkuchen.

Phileo
Die Terrasse bietet Aussicht auf die Berge. Dazu gibt's raffinierte Cocktails aus griechischen Spirituosen, Likören und Kräutern.

Mr Rose
Talentierte Mixologinnen und Mixologen zaubern in dieser kleinen, fröhlichen Bar tolle Cocktails.

Apollon
Eines der ältesten Cafés von Delphi. Zur tollen Aussicht gibt's dicken griechischen Joghurt und hausgemachte Baklava.

UNTERWEGS VOR ORT

Mit dem Auto erreicht man Delphi von Athen aus in etwa zweieinhalb Stunden. Alternativ kann man von Athen aus auch den Zug nach Amfiklia nehmen. Von dort aus geht es mit dem Taxi nach Delphi (1 Std.). Vom Athener Busbahnhof Liossion fahren regelmäßig KTEL-Überlandbusse nach Delphi.

Regionale Vielfalt

Diese gemütliche Ganzjahres-Route zeigt die erstaunliche Vielfalt der Landschaften Zentralgriechenlands. Es warten eine beeindruckende archäologische Stätte, die zum UNESCO-Weltkulturerbe gehört, hübsche Küstenstädte, himmlische Lagunen und abgelegene Bergdörfer. Von Athen aus lassen sich alle Sehenswürdigkeiten innerhalb von fünf Tagen besichtigen. Es empfiehlt sich dennoch, ein paar Tage Spielraum einzuplanen, falls man sich an einem Ort mal länger aufhalten möchte.

1 Delphi

Gestartet wird in Delphi (S. 168), das über tausend Jahre lang das Zentrum der antiken Welt war. Von dem kreisförmigen Tholos am Heiligtum der Athena Pronaia geht es hinein in die Stätte, in der sich Monumente wie das Schatzhaus der Athener und der Apollon-Tempel erkunden lassen. Unterhalb des antiken Stadions fällt der Blick auf silberne Olivenhaine und die Bucht von Itea. Im Museum (S. 170) warten unbezahlbare Schätze.

Strecke: Von Delphi aus 34 km auf der Küstenstraße E65 in Richtung Südwesten bis Galaxidi (die Serpentinen langsam angehen).

2 Galaxidi

Nächster Halt ist das romantische Galaxidi (S. 175), das eher wie eine kleine Insel wirkt und nicht wie ein Küstendorf auf dem Festland. Restaurierte neoklassizistische Kapitänsvillen schmiegen sich neben Kirchen an einen Hügel. Eine Promenade führt rund um den Hafen und zu einem Pinien- und Eukalyptuswald sowie zu Kieselstränden. Das Schifffahrtsmuseum ist einen Besuch wert.

Strecke: Vorbei an endlosen Olivenhainen geht's auf der E65 66 km nach Westen bis nach Nafpaktos. Unterwegs kann man am Strand von Sergoula einen Badestopp einlegen.

Blick auf Galaxidi

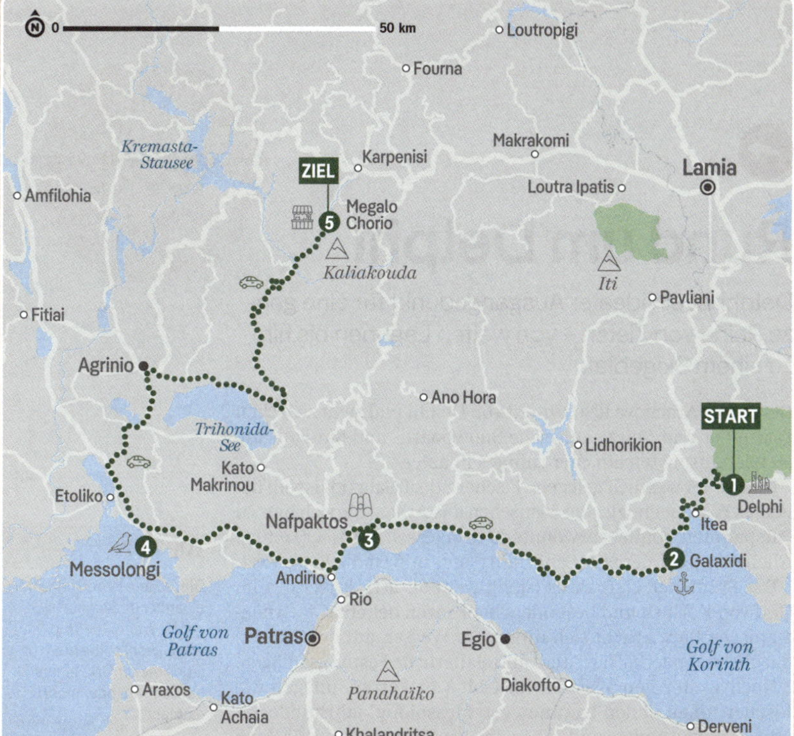

3 Nafpaktos

Im Jahr 1571 kam es in den Gewässern vor Nafpaktos (S. 176) zur Seeschlacht von Lepanto. Heute lockt dieses lebhafte Küstenstädtchen Tagesausflügler in den stimmungsvollen venezianischen Hafen. Auffällig sind die vielen Statuen und Denkmäler zu Ehren der Kämpfenden, darunter der Schriftsteller Miguel de Cervantes. Festungsanlagen erheben sich den Hang hinauf bis zu einem Uhrenturm, der zu Fuß erreichbar ist. Von der venezianischen Burg bietet sich ein herrlicher Blick auf den Golf von Korinth.

Strecke: Heute stehen 43 km gen Westen über die Ionia Odos entlang der Küste nach Messolongi an.

4 Messolongi

Zwei Salzwasserlagunen ziehen mehr als 290 Vogelarten an, darunter Flamingos und seltene endemische Arten. Die Vogelpopulation von Messolongi (S. 177) lebt in harmonischer Koexistenz mit den Fischer:innen, die hier nach wie vor mit traditionellen Techniken Fisch und Seafood fangen. Bei einer Führung durch den Garten der Helden und Messolongis Museum für Geschichte & Kunst erfährt man mehr über die tragische Geschichte dieser kleinen Stadt.

Strecke: Auf der E951 geht's in nordöstlicher Richtung um den Trihonida-See herum. Bis Megalo Chorio sind es 99 km.

5 Megalo Chorio

Am besten parkt man am Stadtrand von Megalo Chorio (S. 181), das an den unteren Hängen des imposanten Berges Kaliakouda liegt, und schlendert anschließend durch die gepflasterten Straßen. Vom zentralen Platz aus bietet sich ein Blick über das Tal und die traditionellen Steinhäuser. Im Heimatmuseum sind Trachten, landwirtschaftliches Gerät und Haushaltsgegenstände ausgestellt. In der örtlichen Agrargenossenschaft kann man hausgemachten Kastanienaufstrich, Preiselbeermarmelade und Maulbeerlikör kaufen.

Parnass
Messolongi
Delphi
Arachova
Nafpaktos
Galaxidi

Rund um Delphi

Delphi ist ein idealer Ausgangspunkt für eine ganze Reihe von Zielen – von weiten Lagunen bis hin zu einem Skigebiet.

Der Skiort Arachova liegt unweit von Delphi und zieht zwischen Dezember und März zahlreiche Snowboard- und Ski-Fans an, ist aber ansonsten ein eher ruhiges Pflaster.

Das weiter westlich gelegene Fischereidorf Galaxidi ist ein beliebtes Wochenendziel der Menschen aus Athen, die sich hier zu entspannten, sonnenverwöhnten Mittagessen am Meer treffen. Allein das faszinierende Schifffahrtsmuseum ist die Reise wert.

Das Städtchen Nafpaktos ist ein weiterer attraktiver Ort im Golf von Korinth und besonders bei Paaren beliebt. Eine venezianische Burg erhebt sich direkt am Wasser, auf den Hügeln darüber befinden sich weitere mittelalterliche Festungsanlagen.

Noch weiter gen Westen, im Golf von Patras, pflegen die Fischer:innen in den Lagunen von Messolongi jahrhundertealte Fangmethoden und leben im Einklang mit unzähligen Vogelarten.

TOP TIPP

Diese Ziele liegen nahe beieinander und eignen sich gut für einen Roadtrip. Gleichwohl sollte man für jeden dieser Orte einen ganzen Tag (oder mehr) einplanen.

Arachova

Griechenlands größtes Skigebiet

SKIFAHREN & NACHTLEBEN

Der **Parnass**, dessen höchster Gipfel 2457 m erreicht, ist Griechenlands größtes und bekanntestes Skigebiet. Seine Nähe zur Hauptstadt macht es im Winter zu einem beliebten Wochenend- und Urlaubsziel. Das kosmopolitische Arachova am Fuß des Berges bietet sich als Stützpunkt an. Von Delphi aus ist die Stadt binnen 12 Minuten mit dem Taxi oder in 15 Minuten mit dem KTEL-Überlandbus erreichbar.

Tolle Bars, schicke Restaurants, klassische Tavernen und Boutiquen säumen die Hauptstraße. Das **Parnassos Skizentrum** (40-minütige Anfahrt) bietet 23 Pisten, einen Funpark und einen Ausrüstungsverleih. Es gibt Ski- und Snowboardkurse und zwei Hütten mit Restaurants und Cafés.

Der Uhrenturm der Stadt lässt sich erklimmen. Einen Besuch wert ist auch das **Ethnografische Museum**, in dem nicht nur traditionelle handgefertigte Textilien ausgestellt sind, sondern auch das Interesse der einheimischen Jugend an der Weberei geweckt wurde. In der Nähe führt eine Treppe mit 264 Stufen zur **Kirche zu Agios Georgios** (1676), von deren Innenhof aus man einen Blick auf die Kirfi-Bergkette hat.

Vor der Abreise sollte man noch lokale kulinarische Spezialitäten wie *lathouri* (Saat-Platterbse) und *opsimotiri*-Käse kaufen.

Der Festtag des Heiligen Georgios

IN DEN STRASSEN TANZEN

Ganz **Arachova** freut sich auf Panigiraki, ein jährliches Fest zu Ehren des Schutzpatrons der Stadt, den Heiligen Georgios. Das mitreißende, viertägige Fest hat seine Wurzeln in homerischer Zeit und beginnt am 23. April (also nach dem griechisch-orthodoxen Osterfest) in der Kirche zu Agios Georgios. Ortsansässige in Tracht nehmen an einer feierlichen Prozession mit Ikonen teil, es folgen traditionelle Tänze zu Trommel- und Flötenmusik in den Straßen sowie sportliche Veranstaltungen wie Steinwerfen. Außerdem wird Lamm am Spieß und Wein aufgetischt.

In Galaxidi Griechenlands maritime Geschichte entdecken

SEEFAHRT & SCHIFFSBAU

Übersichtlich, hübsch und nur 35 Autominuten südwestlich von Delphi gelegen, wirkt **Galaxidi** eher wie eine Insel als ein Küstendorf auf dem Festland. Bei einem Spaziergang über die Uferpromenade sieht man traditionelle Fischereiboote und

BESTE TAVERNEN IN ARACHOVA

Kaplanis
Hier treffen sich hungrige Ski- und Snowboard-Fans zu *sarmades*, gebratene Zucchiniblüten und Hähnchenauflauf. **€€**

To Tsoukali
Es ist nie verkehrt, den Empfehlungen des sympathischen Küchenchefs zu folgen – aber die *fava* mit geräucherten Auberginen sollte man unbedingt probieren. **€€**

Agnantio
Besonders lecker? Gegrillter *formaela*-Käse mit Pilzen und Kalbfleisch. **€€**

Dasargyris
Hier treffen sich Fleisch-Fans für mit Kräutern überzogene, am Spieß gebratene *kokoretsi* (Innereien) und *kontosouvli* vom Schwein. **€€**

Arhontiko
Zu den Highlights gehören Käsekuchen mit Honig und lange gegarte Rippchen mit Traubenmelasseglasur. **€€**

ÜBERNACHTEN IN ARACHOVA

Afanos
Nettes Gästehaus, das seit Langem von Wintersport-Fans wegen seiner zentralen Lage bevorzugt wird. Frisch renovierte Zimmer und Suiten. **€€**

Iresioni
Gästehaus mit familienfreundlichen Zimmern, von denen einige einen Kamin haben. **€€**

Paeonia
Ein freundliches Paar betreibt diese schicke Boutique-Unterkunft mit makellosen Zimmern und toller Café-Bar. **€€**

KULINARISCHE HIGHLIGHTS IN GALAXIDI

Ganimede
Chrisoula Papalexi serviert in ihrem Garten voller Blumen ein großartiges griechisches Frühstück mit herzhaften Pasteten, Käse, Aprikosenchutney, Blumenkohl-Piccalilli, Marmeladen und mehr. €€

Bebelis
Krystallia Koubli und Nikos Theoharis tischen regionale Spezialitäten wie *kelemia* (mit Hackfleisch, Reis, Tomaten und Kräutern gefüllte Zwiebeln) und langsam gebratene Schweinshaxe auf. Im Obergeschoss gibt's ein kleines Heimat-„Museum". €€

Maritsa's
Auf den Tisch kommen Fisch und Seafood sowie markelloser schwarzer und weißer Orzo mit Muscheln, Jakobsmuscheln und Garnelen. Bei Galaxidis Wochenend-Stammgästen sehr beliebt. €€

Jachten im winzigen Hafen. Am Kai gibt es nette Cafés, und am Kieselstrand von Kentri kann man baden. Unbedingt das faszinierende **Nautical & Historical Museum** besuchen. Hier erfährt man mehr über die Rolle dieser kleinen, aber mächtigen (und denkmalgeschützten) Stadt in der Geschichte der griechischen Seefahrt und des Schiffbaus im 18. und 19. Jh. und während der Revolution von 1821. Zu sehen gibt es u.a. Schiffslogbücher, Karten, Porträts von Schiffen aus dem 19. Jh. und hölzerne Galionsfiguren, von denen viele von Reedern mit galaxidischen Wurzeln gestiftet wurden. In der Nähe stehen stattliche **neoklassizistische Herrenhäuser**, in denen einst Kapitäne wohnten (einige sind an bestimmten Tagen im Jahr für die Öffentlichkeit zugänglich).

Nicht weit entfernt befindet sich die **Kirche des Agios Nikolaos**, die dem Schutzpatron der Seefahrer gewidmet ist und eine detailreiche Ikonostase aufweist. Durch enge Gassen gelangt man in nordwestlicher Richtung zum **Hirolakka-Viertel**, wörtlich der „Abgrund der Witwen", dessen düstere Atmosphäre den Schmerz widerspiegelt, wenn deren Männer nicht mehr von der See zurückkehrten.

Mehlkriege & Segelboote

SPIEL & SPASS – AN LAND UND AUF SEE

Jedes Jahr am Kathara Deftera (Reiner Montag), der den Beginn der griechisch-orthodoxen **Fastenzeit** im Februar oder März markiert, tobt sich Galaxidis Jugend bei der **Alevromoutzouroma** aus, einer lauten Mehlschlacht, zu der alle eingeladen sind.

Die **Galaxidi Islands Regatta**, eine neue dreitägige Veranstaltung im September, bietet Rennen mit klassischen und modernen Holzsegelbooten, geführte Touren und Aktivitäten für alle Altersgruppen.

Nafpaktos' venezianisches Schloss

... UND EIN HISTORISCHER HAFEN

Auf den ersten Blick hält wohl kaum jemand Nafpaktos (90 Autominuten westlich von Delphi) für eine Festungsstadt. Sieht man aber genauer hin, erblickt man das **venezianische Schloss**, das man zu Fuß oder mit dem Auto erreichen kann und von wo aus sich ein herrlicher Blick auf den Golf von Korinth bietet. Steinmauern ziehen sich einen Hang hinunter, umschließen die Stadtteile von Nafpaktos und erreichen einen kleinen, aber bedeutenden venezianischen Hafen. Hier laden Café-Bars ein, Platz zu nehmen und die Aussicht zu genießen. Statuen und Denkmäler innerhalb der Hafenmauern ehren u.a. Don Juan

ÜBERNACHTEN IN GALAXIDI

Galaxa Mansion
Elegant eingerichtetes Herrenhaus in Hirolakka. Das Frühstück wird in einem zum Meer hin gelegenen Innenhof serviert. €

Nostos
Gemütliches Hotel in einer ehemaligen Kapitänsresidenz mit hohen Decken und romantischen, blumengeschmückten Suiten. €

Archontiko Art Hotel
Zu den skurril gestalteten Zimmern gehört eines mit einem traditionellen Holzbett in Form eines Bootes. Toll für Paare. €

CONSTANTINOS ILIOPOULOS/SHUTTERSTOCK ©

Venezianischer Hafen, Nafpaktos

NAFPAKTOS' COOLSTE BARS

Hendrix
Keine der lauten Hafenkneipen, sondern angesagte Café-Bar in einer Seitenstraße mit super Cocktails.

Hawaii Surfbar
Kitesurf-Fans lassen sich hier von Mixologinnen und Mixologen zu Rock und Funk beglücken.

Dr J. Spon
Mit Blick auf den Hafen und Cocktails aus überraschenden Zutaten. Zurecht sehr beliebt.

de Austria und den Schriftsteller Miguel de Cervantes, die 1571 mit anderen bedeutenden Persönlichkeiten in der Seeschlacht von Lepanto in den Gewässern vor Nafpaktos kämpften. Am ersten Oktoberwochenende wird das Ereignis, bei dem eine Koalition die osmanische Expansion eindämmte, nachgestellt.

Ein weiteres Highlight ist der **Turm von Botsaris** aus dem 15. Jh., der als Museum mit Karten und Kunstwerken aus der Zeit der Schlacht dient. Ein fünfminütiger Spaziergang gen Osten führt zum Uhrenturm der Stadt, der 1914 errichtet wurde.

Im Sommer kann man östlich des Hafens am **Kieselstrand von Psani** ein erfrischendes Bad nehmen. Im Westen lockt der friedliche **Strand von Gribovo** Radfahrende auf die von Platanen beschatteten Radwege (und in die Cafés). Wenn man sich fürs Kitesurfen interessiert, ist der **Nafpaktos Nautical Club** ein wunderbarer Startplatz hinein in den Golf. Leihausrüstung und Unterricht gibt's bei Wind Circus.

Messolongis geschichtliche Bedeutung

GRIECHENLANDS KAMPF UM UNABHÄNGIGKEIT

Die Rolle von **Messolongi** im griechischen Unabhängigkeitskrieg kann nicht genug betont werden. Die etwas mehr als zwei

ÜBERNACHTEN IN NAFPAKTOS

Apollon Library Suites
Neoklassizistisches Herrenhaus mit zwölf minimalistischen Themensuiten (wie Don Quijote) und luftigem Innenhof. €

Pepo's Guesthouse
Hübsche Zimmer mit Himmelbetten und geblümten Vorhängen – gelegentlich kommt aus den nahe gelegenen Bars Lärm. €

Amaryllis
Zentral gelegenes Hotel mit Dachbar samt Hafenblick. Die Zimmer sind schlicht und zweckmäßig. €.

VOGELBEOBACHTUNG IN MESSOLONGI

Lagunenvögel-Tipps von der Umwelt-Geologin **Sissia Roussi**:

Rosaflamingo
Flamingos sind zwar scheu, können aber von der Küstenstraße der Stadt aus beobachtet werden.

Brauner Sichler
Dieser seltene Besucher mit seinen schillernden Grün- und Rottönen ist vor allem im Frühjahr anzutreffen.

Schelladler
Die erwachsenen Tiere dieser als gefährdet eingestuften Art sind dunkelbraun, haben breite Flügel und kurze Schwänze.

Krauskopfpelikan
Vom Aussterben bedrohte Pelikanart (nicht zu verwechseln mit dem Weißen Pelikan) mit schmutzig-weißem Aussehen.

Säbelschnäbler
Das schwarz-weiße Gefieder und der schlanke, nach oben gerichtete Schnabel machen diesen Watvogel leicht identifizierbar.

Großer Brachvogel
Dieser große, braun gefleckte, endemische Küstenvogel hat einen langen, dünnen Schnabel und überwintert im Watt und in Sümpfen.

GEORGIOS TSICHLIS/SHUTTERSTOCK ©

Fischereiboote, Messolongi

Autostunden westlich von Delphi gelegene kleine westgriechische Stadt war Schauplatz heroischer Schlachten, aber auch Ort dessen, was als „Exodus von Messologi" in die Geschichte einging – der tapferen, letztlich aber tragischen Verteidigung im Jahr 1826. Nirgendwo wurde das Motto des Aufstandes („Freiheit oder Tod") mutiger zum Ausdruck gebracht. Einer der berühmtesten Söhne Messolongis ist nicht einmal Grieche: Lord Byron, der seine hellenischen Brüder furchtlos unterstützte, kam hier ums Leben – nicht im Kampf, sondern aufgrund einer Krankheit. Ein Saal des großartigen **Museums für Geschichte & Kunst** am Markos-Botsari-Platz ist dem englischen Dichter gewidmet. Der staatlich lizenzierte Guide George Apostolakos bietet Führungen durch den nahe gelegenen Garten der Helden an, bei denen er faszinierende Details zu den Statuen und Denkmälern zu Ehren der griechischen und philhellenischen Freiheitskämpfer, darunter auch Byron, vermittelt.

Die Lagunen

FISCHER:INNEN UND SELTENE VÖGEL

Die beiden Salzwasserlagunen von Messolongi sind zum Fotografieren ein Traum. Der Sonnenuntergang über den ruhigen Gewässern ist magisch, aber diese außergewöhnliche Landschaft sollte man auch bei Sonnenaufgang festhalten. Abgesehen von ihrer surrealen Schönheit sind die Lagunen, die sich über 150 km²

ÜBERNACHTEN IN MESSOLONGI

Sealake View
Elegant renovierte, lichtdurchflutete und ruhige Apartments (zwei bieten Blicke auf die Lagunen). **€**

Langi Apartments
Zwei moderne, makellose Ein-Zimmer-Apartments, nur einen kurzen Spaziergang vom Stadtzentrum entfernt. **€**

Island Apartments
Die Zimmer hier werden momentan modernisiert. Tolle Lage auf der Insel Tourlida.

erstrecken, reiche Fischgründe. Fischer:innen, die in Kooperativen zusammengeschlossen sind, wenden jahrhundertealte Aquakulturmethoden an, um sich ihrer zu bedienen. Die seltenste Delikatesse ist der *avgotaraho* (Meeräsche-Bottarga), der schon in Byzanz gefangen wurde und heute in Restaurants und bei Fischhändler:innen erhältlich ist.

Die Fischer:innen leben in Einklang mit rund 290 Zugvogel- und endemischen Vogelarten, die ebenfalls hier zu Hause sind, einige zumindest für einen Teil des Jahres. Messolongi ist eines der wichtigsten Feuchtgebiete des Mittelmeers und dient als Brut-, Durchzugs- und Überwinterungsgebiet. Von Oktober bis März ist die beste Zeit für die Vogelbeobachtung.

Mit den Einheimischen fischen

IN ALLER RUHE – UND NACHHALTIG

Andreas Matzouratos trat in die Fußstapfen seines Vaters und Großvaters und erlernte traditionelle Methoden für den Fischfang in den abgesicherten Bereichen, die den Fischereikooperativen von Messolongi zugewiesen sind. Er ist einer der hiesigen Fischenden, die Bootstouren in der Kleisova-Lagune leiten, die von der auf Ökotourismus ausgerichteten, gemeinnützigen Organisation **Messolonghi By Locals** arrangiert werden. Die Teilnehmenden lernen die kiellosen Fischereiboote *stafnokari*, *priari* und *gaita* sowie einzigartige Fangtechniken kennen. Man kann sich auch selbst darin versuchen, einen Fisch mit dem Netz zu fangen, ihn zu filetieren und ihn zu pökeln. Und das Beste ist, dass man den gegrillten Fisch in einer *pelada* probieren kann, einer hölzernen Fischereihütte, die auf Stelzen in der Lagune steht.

Die Salzpfannen

DAS WEISSE GOLD VON MESSOLONGI

Nördlich und südlich von Messolongi liegen einige weiße Hügel. Bei näherem Hinsehen erkennt man, dass es sich um Meersalz handelt. Die Salzgewinnung war lange Zeit eine wichtige Einnahmequelle für die Stadt (die beiden heute noch betriebenen Salinen gibt es seit dem 14. Jh.). Das federleichte, kristallartige Afrina-Salz (Fleur de Sel) ist ein hochgeschätztes Exportgut. Das **Salzmuseum** auf der Insel Tourlida bietet exzellente Führungen zur Geschichte und Verwendung von Salz und die verschiedenen weltweit erhältlichen Salzsorten. Es besitzt außerdem eine bezaubernde Sammlung von Salzstreuern.

TRAUMHAFTE FISCH- & SEAFOODGERICHTE

Beim Studieren der Speisekarte von **Dimitroukas**, einer Fischtaverne, die seit 1975 im Zentrum von Messolongi betrieben wird, kratzen sich selbst manche Einheimische am Kopf.

Hier gibt es beliebte Lagunen-Delikatessen wie fein geschnittene, in Salz eingelegte *mexinari* (Meeräsche) und *ligda* (Goldbrasse). Seafood-Fans werden die frisch geschälte *havara* (Bärtige Miesmuschel) probieren wollen. Auch der über Holzfeuer gegrillte Aal ist ein Gedicht.

Kommt man im September vorbei, ist zweifelsohne die gegrillte Großkopfmeeräsche mit *gala* (Hirse) und intakten Eingeweiden empfehlenswert. Die Beilagen, die die Servicekraft vorschlagen wird, sind gekochter Brokkoli, Rote Bete und Zucchini, übergossen mit Olivenöl.

Zu diesen eigenartigen und unvergesslichen kulinarischen Entdeckungen passt immer ein aromatischer Ouzo Trikene (nach einem Familienrezept aus dem späten 18. Jh. – wird seit 1901 in Messolongi hergestellt).

UNTERWEGS VOR ORT

All diese Ziele werden von Delphi aus von den KTEL-Überlandbussen angefahren. Am besten lässt sich dieser Teil Zentralgriechenlands allerdings mit dem eigenen Auto erkunden. Bei der Routenplanung sollte die Jahreszeit berücksichtigt werden.

KARPENISI

Von Wanderwegen durchzogene Berge, Wälder mit Tannen, Platanen, Kastanien und Walnussbäumen, Flüsse, Schluchten, Wasserfälle und Seen… Karpenisi, die Hauptstadt der Präfektur Evrytania, ist der Traum aller, die die Natur lieben.

Im Winter bedeckt Schnee den Velouchi und sein Skizentrum, während im Herbst die bronzefarbenen, orangefarbenen und gelben Blätter die Plätze der Steindörfer wie Koryschades und Megalo Chorio schmücken. Im Frühling weckt der Gesang der Vögel die Menschen und im Sommer lockt das ungewöhnliche Wasserphänomen Panda Vrehi Abenteuerlustige an.

Das Kloster Panagia Proussos (9. Jh.) schmiegt sich an einen Felsen in der grünen Proussiotis-Schlucht, wo die Berge von Kaliakouda und Helidona aufeinandertreffen. Der Held des griechischen Unabhängigkeitskrieges, Georgios Karaiskakis, nutzte das Kloster als Hauptquartier, und sein Schwert, seine Pistole und sein Fez sind in seinem Museum ausgestellt.

Heute hält eine neue Generation von Einheimischen stolz Tradition und Bräuche am Leben, erschafft neue und sorgt dafür, dass der Tourismus stressfrei und nachhaltig bleibt.

TOP TIPP

Entweder einen privaten Guide für einen Tag anheuern oder einen Platz in einer Gruppenaktivität bei einem hiesigen Anbieter buchen. Dann ist man nicht nur in sicheren Händen, sondern lernt auch viel Wissenswertes (und Unterhaltsames).

Koryschades

HERACLES KRITIKOS/SHUTTERSTOCK ©

Die wichtigsten Dörfer

SEHENSWERTE SIEDLUNGEN

Die wichtigsten Dörfer von Karpenisi liegen östlich und westlich der Hauptstraße Karpenisiou-Proussou-Kallitheas verstreut und sind leicht zu erreichen. Man sollte versuchen, zumindest einige davon zu besuchen, um ein Gefühl für das entspannte Leben auf dem Land zu bekommen. Es lohnt sich.

Los geht's mit dem Dorf-Hopping in **Koryschades**, einer kleinen, denkmalgeschützten Siedlung südlich der Stadt Karpenisi. Die im 19. und frühen 20. Jh. errichteten Herrenhäuser vereinen epirotische und konstantinopolitanische Einflüsse. Einige von ihnen dienen heute, schön restauriert, als Gästehäuser.

Weiter geht es gen Süden nach **Megalo Chorio**, eine der größten Siedlungen Karpenisis. Vom Hauptplatz bietet sich ein Blick auf das Tal und den Fluss. Das Heimatmuseum zeigt traditionelle Kleidung, landwirtschaftliche Geräte und Haushaltsgegenstände. Der Innenhof der Kirche Agia Paraskevi, unterhalb des Glockenturms mit Ausblick auf die hohen Gipfel des **Kaliakouda**, ist perfekt für eine kleine Pause. Vor der Weiterreise sollte man die Geschäfte besuchen, die lokale Spezialitäten anbieten.

Nächster Halt ist **Palio Mikro Chorio** auf dem Berg Helidona, der 1963 von einem Erdrutsch heimgesucht wurde, der 13 Menschenleben forderte und die meisten Häuser zerstörte. Das Dorf

KARPENISIS BESTE TAVERNEN

Agios Athanasios
Jazz begleitet saftige Schweinekoteletts und knoblauchhaltige Auberginen – was diese ansonsten traditionelle Taverne von anderen abhebt. €

Spiti tou Psara
Mit der in Butter gebratenen Forelle liegt man in diesem klassischen, familiengeführten Lokal am Flussufer immer richtig. €€

Horiatiko
Neben dem gemütlichen Kamin kommen Spezialitäten wie Wildschwein-*stifado* und Schweineschmorbraten auf den Tisch. €€

Stin Poli
Gerichte wie Brennnessel-*hilopites* (Nudeln) in Tomatensauce mit Basilikum sorgen für Gaumenvergnügen. €€

Mesostrati
Einfach nachfragen, welche *magirefta* (gebackene Gerichte wie Aufläufe) es gerade gibt – sie sind immer lecker. €

ÜBERNACHTEN IN KARPENISI

Mythica Chalet
Traumhaft eingerichtete kanadische Blockhütte mit Kamin und Blick auf die tannenbestandenen Berge. €€€

Anerada Inn
Märchenhaftes Hotel im englischen Landhausstil mit romantischen Suiten und einem Gartenhaus. €€

Oihalia Guesthouse
Ansprechendes, ruhiges, traditionelles Gästehaus in einem abgelegenen Dorf. €€

Kaliakouda (S. 181)

TOP-ABENTEUER IN KARPENISI

Panagiotis Hormovas arbeitet als Guide und hat sich auf Abenteuertouren für Kleingruppen spezialisiert. Es folgen seine Empfehlungen für Karpenisi.

Wanderung zu einem einzigartigen Wasserfall
Wanderung durch den Krikeliotis-Fluss zur Panda-Vrehi-Schlucht, wo Quellwasser vom Berg Kaliakouda ein regenähnliches Phänomen erzeugt. Abgebrühte stürzen sich ins eiskalte Wasser.

Einen Fluss runter donnern
Rafting auf dem Tavropos-Fluss eignet sich auch für Ungeübte. Andere nehmen sich den schwierigeren Trikeriotis vor.

Abseilen in eine Höhle
Wanderung durch einen Tannenwald, dann Abseilen in die sogenannte Schwarze Höhle. Abschließend eine Abkühlung unter den Wasserfällen.

Canyoning in einer fantastischen Schlucht
Abseilen an den dramatischen Wänden der Vothonas-Schlucht, Bad im Karpenisiotis.

wurde jedoch nicht völlig von der Landkarte getilgt. Die verbliebenen Häuser sind gut erhalten, und das Geschichts- und Heimatmuseum zeugt von dem wichtigen Beitrag des kleinen Dorfes zu den Kriegsanstrengungen. Auf dem Platz kann man den Durst an einem Sextett von Quellwasserbrunnen stillen. Viele Bewohner:innen siedelten sich weiter unten in den Bergen erneut an und gründeten **Neo Mikro Chorio**, was so viel bedeutet wie „neues kleines Dorf" (es hat einige gute Tavernen).

Langsames Leben in Fidakia

KLEINSTADT-VIBES

Abgesehen von den bekannten Dörfern gibt es in Karpenisi eine Reihe schöner, kleiner Städtchen, die einen Umweg (auch eine längere Fahrt) wert sind. Eines davon ist die süße, kleine Siedlung **Fidakia**, hoch über dem Kremasta-Stausee. Autos sind hier nicht erlaubt, also selbiges auf dem Parkplatz abstellen und dann die kopfsteingepflasterten Straßen zu Fuß erkunden, vorbei an sorgfältig gepflegten Steinhäusern, umgeben von blühenden Blumen und Weinreben. In Fidakias einziger Taverne, gegenüber dem Hauptplatz, backt der gutgelaunte Griechisch-Amerikaner Christos Leris u. a. *zimaropita*, einen teiglosen Kuchen aus Zucchini und dem lokalen Weichkäse Tsalafouti.

ÜBERNACHTEN IN KARPENISI

Evora Suites
In dieser stilvollen Unterkunft mit Whirlpools, Flussblick und Frühstück fühlt man sich wie zu Hause. €€€

Escapade Luxury Residences
Geräumige, ultramoderne, minimalistische Suiten mit bodentiefen Fenstern und Blick auf die Berge. €€€

Old Inn
Gasthaus, das im Winter besonders gemütlich ist. Mit handgeschnitzten Himmelbetten. €€

Ab auf die Pisten des Tymfristos

FAMILIENFREUNDLICHES SKIFAHREN DURCH PULVERSCHNEE

Das **Skigebiet Tymfristos–Velouchi** (auch Velouchi genannt) liegt auf dem Berg Tymfristos in einer Höhe zwischen 1815 m und 2045 m, 18 Autominuten nördlich der Hauptstadt Karpenisi. Wintersportbegeisterte aller Könnensstufen haben die Wahl zwischen 16 offenen, hügeligen Pisten, darunter Freeride-Pisten und eine, auf der Rennen veranstaltet werden. Es gibt auch einen Snowboardpark, fünf Lifte und ein Kinderkarussell.

An Velouchis Nordhängen lassen sich inmitten von Tannenwäldern Skitouren im Pulverschnee unternehmen. Ein Highlight ist das Nachtskifahren an den Wochenenden, wenn zwei Pisten beleuchtet sind und die Ice Bar heiße Suppe serviert. Ein Alpensee liegt nur einen kurzen Spaziergang westlich des unauffälligen Skigebiets (aber Vorsicht vor Schäferhunden). Es gibt einen Ausrüstungsverleih, eine Ski- und Snowboardschule und ein Chalet. Wer eine Nacht auf dem Velouchi verbringen will, kann einen Aufenthalt in einer Berghütte buchen.

Kinder lieben Karpenisi

REITEN UND SPASS AN DER WISSENSCHAFT

Die Kleinen sind von Karpenisi begeistert, denn es gibt für sie viel zu sehen und zu tun. Wenig bringt Kinderaugen so zum Strahlen wie der Anblick eines Pferdes. Als Konstantinos Kontopanos 1999 den **Saloon Park** nahe Koryschades als Ranch im amerikanischen Stil eröffnete, konnte man dort nur reiten und in einem Blockhaus Kaffee trinken. Seit der Erweiterung der Anlage übernehmen inzwischen seine beiden Söhne nach und nach die Zügel. Kinder können eine Kletterwand erklimmen, mit einer Miniatureisenbahn fahren oder im Kanu rumpaddeln.

Reiten ist natürlich nach wie vor eine beliebte Aktivität. Für die Jüngsten geht das auf österreichischen Haflingern im Park, die Erwachsenen können einen einstündigen Ausritt in den Ausläufern des Berges Koniskos, entlang des Flusses Karpenisiotis und unter einer Steinbogenbrücke hindurch unternehmen. Anschließend kann die ganze Familie auf einer schattigen Terrasse Pancakes genießen, u. a. mit Mortadella aus der Region. Der Saloon Park ist täglich geöffnet.

Eine fünfminütige Fahrt nach Süden bringt einen zum **Newton Park**, einem pädagogischen Themenpark unter freiem Himmel mit jeder Menge Spielen, Aktivitäten und Exponaten rund um Mathematik und Physik. Kinder können sich z. B. mit den Newtonschen Bewegungsgesetzen auseinandersetzen. Zudem gibt es einen Spielplatz und eine Tierfarm. Das benachbarte Gästehaus **Ninemia Stay & Play** ist ein praktischer Ausgangspunkt. Im Voraus die Öffnungszeiten überprüfen.

WELCHE KÖSTLICHKEITEN MAN AUS KARPENISI MITNEHMEN SOLLTE

Cleopatra Kitsiou, Miteigentümerin des Mythica Chalet, verrät ihre Tipps:

Prosciutto nach griechischer Art
Der Wurstwarenhersteller Stremenos hat den altgriechischen *akrokolion* wiederbelebt, von dem man annimmt, dass er der Vorläufer des modernen Prosciutto ist.

Geräucherte Forelle
Geräucherte und marinierte Regenbogenforellen – hergestellt von Freskos grandiosem Frauenteam.

Kastanienaufstrich
Die Kastanien von Karpenisi sind sehr begehrt.

Hilopites
Diese aus Grieß, Eiern und Milch hergestellte Pasta passt gut zu kalten Gerichten wie Hähnchenauflauf.

Likör aus wilden Maulbeeren
Sehr feines Getränk – nur schwer zu finden. Also zugreifen, wenn mal eine Flasche angeboten wird.

Trahana
Diese Wintersuppe besteht aus Weizenmehl und Ziegen- oder Schafsmilch und wird mit Feta, Milch und Butter verfeinert.

UNTERWEGS VOR ORT

Karpenisi erkundet man am besten mit dem Auto. In den Dörfern gibt's Parkplätze, die sich im Sommer, an Wochenenden und in den Ferien zumeist schnell füllen. Bei Regen ist besondere Vorsicht geboten. Vor Ort nach passenden Routen fragen, da in bestimmten Gebieten Steinschlaggefahr besteht.

Rund um Karpenisi

Der Kremasta-Stausee, der größte See Griechenlands, schimmert surreal-türkis im Sonnenlicht. Kaum zu glauben, dass er menschengemacht ist.

Der 81 km² große Kremasta-Stausee bildet die Grenze zwischen den Präfekturen Evrytania und Etoloakarnania, die durch die Episkopi-Brücke verbunden sind. Wenn man das neonfarbene Wasser des Sees betrachtet, das an sanften Hügeln und kleinen Inseln vorbeifließt, ist es schwer zu glauben, dass er von Menschenhand geschaffen wurde. Als der größte künstliche See Griechenlands 1966 fertiggestellt wurde, um Strom aus Wasserkraft zu erzeugen, verschwanden 20 Dörfer und eine byzantinische Kirche aus dem 8. Jh. unter der Wasseroberfläche.

Der Kremasta-Stausee, der die Flüsse Trikeriotis, Tavropos, Acheloos und Agrafiotis verbindet, ist Heimat von mehr als 200 Vogelarten, aber auch Wölfe, Wildkatzen, Rehe sowie andere Wildtiere sind hier zu finden.

TOP TIPP

Am besten erkundet man die fjordähnliche Wasserlandschaft mit dem Kanu oder dem Kajak eines örtlichen Anbieters.

Episkopi-Brücke

Kremasta-Stausee

Jeep-Tour zu einem See

ABENTEUER MIT AUSSICHT

Der lokale Veranstalter **F-Zein Active** bietet eine aufregende dreistündige Jeep-Tour um die mit Eichen und Ahornbäumen bewachsenen Hänge des **Berg Helidona** zum **Kremasta-Stausee**. Während der sachkundige Guide rund 100 km an steilen Asphalt- und Schotterstraßen entlang der Klippen meistert, kann man selber die dramatische Landschaft genießen.

Bei der Tour kommt man an abgelegenen Dörfern wie **Aspropyrgos** vorbei. Mit etwas Glück gibt's auch einen Abstecher ins winzige **Helidona**, um an einem der sommerlichen *panigyria* (Festtage) teilzunehmen, die auf dem Platz *kafeneio* (Kaffeehaus) stattfinden. Im September feiern die Einheimischen die Weinlese, bei der ein erstklassiger Rotwein aus der ungewöhnlichen Rebsorte Skylopnichtis angeboten wird, die von jungen Winzer:innen wiederbelebt wurde. Diese dionysischen Gelage dauern mitunter 24 Stunden lang.

Weiter westlich bietet der Krikeliotis-Fluss bei **Agia Vlaherna** Abkühlung. Der kleine Strand hier ist umgeben von steil aufragenden Felswänden und Kermes-Eichen.

An der nahe gelegenen **Episkopi-Brücke** wird ein Foto-Stopp eingelegt. Hier ist man dem See nahe, der viele Vogelarten beherbergt, darunter Mäusebussarde, Schlangenadler und Lannerfalken, aber auch Heimat von Wasserschlangen, Dachsen und Frettchen ist. In östlicher Richtung bietet der **Tsagalarona-Aussichtspunkt** einen unvergleichlichen Blick auf den See. Vor der Rückkehr nach Karpenisi verbringt man noch etwas Zeit im Dorf Fidakia (S. 182).

UNTERWASSER-GESCHICHTE(N)

Die Gewässer des Kremasta-Stausees bedecken die Überreste mehrerer Dörfer und historischer Stätten. Um sie aufzuspüren, braucht man allerdings kundige Führung. Panagiotis Makris bietet das ganze Jahr über Motorboottouren an (sofern das Wetter es zulässt).

Zu den interessantesten Ruinen gehört eine Steinbogenbrücke, die nach jenem Mann benannt ist, der sie 1659 über den Fluss Agrafiotis errichtete. Sie gilt als die älteste ihrer Art in Evrytania. Je nachdem, ob es in letzter Zeit geregnet hat, ist sie zu sehen (oder nicht). Manchmal kann Panagiotis unter ihr hindurchgehen. Ebenso faszinierend ist die mittelalterliche Burg von Carlo I. Tocco, deren Überreste auf der kleinen Insel Ai Nikolas stehen – die aber ebenfalls unter Wasser liegt.

Mit diesem QR-Code lässt sich eine Jeep-Tour buchen:

UNTERWEGS VOR ORT

Fahrten durch Gebiete jenseits asphaltierter Straßen sollte man hier nur bei Tageslicht unternehmen und sich dabei eher auf Ortskenntnisse als auf Google Maps oder Waze verlassen. Handyverbindungen sind hier teilweise schlecht oder überhaupt nicht vorhanden.

METEORA

Östlich des Pindos erheben sich die unwirklichen Sandsteinsäulen von Meteora senkrecht aus der weiten Ebene von Thessalien. Diese geologischen Wunderwerke, deren Bezeichnung „in der Luft schweben" bedeutet, entstanden vor etwa 11 Mio. Jahren. Erdbeben, Wind und Regen formten nach und nach eine Masse aus Felsen, Sand und Sediment.

Fast unbegreiflich ist, wie die Klöster auf diesen steilen Felsen erbaut wurden. Frei kletternde, in Höhlen lebende Asketen waren die Ersten, die im 11. Jh. in Meteora lebten. Im 12. Jh. bildeten sich die ersten orthodoxen Mönchsgemeinschaften, die diesen Ort als heilig ansahen. In den 1920er-Jahren wurden die Holzleitern schließlich vollständig durch Treppen ersetzt. Zu seiner Blütezeit beherbergte das von der UNESCO gelistete Meteora 24 Klöster. Heute sind nur noch sechs aktiv und für Besucher:innen geöffnet. Man muss nicht gläubig sein, um von den atemberaubenden Landschaften und byzantinischen Schätzen tief berührt zu werden.

TOP TIPP

Die Klöster von Meteora sind Gotteshäuser. Um sie zu betreten, müssen die Besucher:innen ihre Schultern und Beine bedecken. Männer müssen Hemden mit Ärmeln und Hosen tragen. Frauen sollten ein Kleid oder einen Rock anziehen, sodass die Knie bedeckt sind, oder sich ein Tuch um die Taille binden. In den meisten Klöstern sind Schals erhältlich.

WANDERN IN METEORA

Visit Meteora führt u.a. tolle Wandertouren durch, bei denen man Meteora aus einem anderen Blickwinkel sieht.

Die Guides führen auf bewaldeten Pfaden durch die Ausläufer der Monolithen bis zu Aussichtspunkten, von denen aus man über die thessalische Ebene und auf den imposanten Pindos blickt. Die Tour endet mit einem Besuch des Großen Meteoron Klosters oder des Klosters Varlaam.

Mit diesem QR-Code lässt sich eine Meteora-Wanderung buchen.

Eines der meistverehrten Klöster Griechenlands

AUF DEM HÖCHSTEN GIPFEL

Alle Klöster von Meteora, egal ob groß oder klein, sind auf ihre eigene Weise beeindruckend. Hat man einen ganzen Tag Zeit, kann man alle sechs Klöster aus der Distanz bestaunen und zwei bis vier von ihnen besuchen. Man sollte sich vorab über die Öffnungszeiten erkundigen und sich darauf einstellen, zwischen 140 und 300 Stufen überwinden zu müssen, um alle Klöster (außer einem) zu erreichen.

Moni Megalou Meteorou (Großes Meteoron Kloster) ist eines der ältesten und am meisten verehrten Klöster Griechenlands. Im Jahr 1340 kletterte der heilige Athanasios auf den höchsten Felsen und beschrieb ein Gefühl des *meteoron* – des *Schwebens*. An diesem Ort gründete er das Kloster. Dessen *katholikon* (Hauptkirche) weist gut erhaltene Fresken und eine mit Blattgold verzierte hölzerne Ikonostase auf. Im Museum des Klosters lassen sich wertvolle Handschriften aus dem 9. Jh., seltene byzantinische Ikonen sowie eine gut erhaltene Küche aus der Mitte des 16. Jhs. betrachten.

Schöne Fresken und klösterliches Leben

EINE UNBEZAHLBARE SAMMLUNG

Moni Varlaam (Varlaam-Kloster) trägt den Namen jenes Mönchs, der Mitte des 14. Jhs. auf dem steilen, 551 m hohen Felsen eine Kirche errichtete. Nach seinem Tod war das Kloster 200 Jahre

HIGHLIGHTS
1 Moni Megalou Meteorou

SEHENSWERTES
2 Adrachti-Felsformation
3 Museum für hellenische Kultur
4 Geologisches Museum Meteora
5 Meteoras Museum für Naturkunde und Pilze
6 Moni Agias Triadas
7 Moni Agiou Nikolaou Anapafsa
8 Moni Agiou Stefanou
9 Moni Roussanou
10 Moni Varlaam

AKTIVITÄTEN
11 Bibliothek von Kalambaka

lang verlassen, bis zwei Brüder, beide Mönche aus einer wohlhabenden Familie, es 1518 wieder aufbauten. Im Jahr 1548 malte der Ikonograph Frangos Katelanos die Fresken in der im athonitischen Stil erbauten **Kirche von Agion Pandon**, die als eine der schönsten von Meteora gilt. Ein interessantes **Museum** informiert über die Geschichte des Klosters und das

ÜBERNACHTEN RUND UM METEORA

Doupiani House
Einladendes, familiengeführtes Hotel in Kastraki. Frühstück gibt's im schönen Garten mit Blick auf die Felsen von Meteora. **€€**

Meteora Heaven and Earth
Die modernen Suiten mit klösterlichen Elementen in Kalambaka und Kastraki verfügen über einen Kamin oder einen Whirlpool. **€€**

Archontiko Mesohori
Steinvilla aus dem 19. Jh. in der Altstadt von Kastraki, im Schatten der Felsen. Freundliche Gastgeber:innen. **€€**

klösterliche Leben und zeigt klerikale Gewänder und opulente Hirtenstäbe.

FESTTAGS-AUFSTIEGE

Konstantina Tsiami lebt in Kalambaka. Sie ist Mitbegründerin von Meteora Photo Tour und eine begeisterte Mountainbikerin. *@konstantina_tsiami*

Im April feiern wir das Fest des Heiligen Georgs. Dann klettern unsere Singles an einem Seil über eine schwindelerregende Felswand in der Nähe von Kastraki zu einer kleinen Höhle – Agios Georgios Mandilas Einsiedelei (14. Jh.).

In Fortführung eines Brauchs, der vermutlich auf die osmanische Besatzung zurückgeht, hängen sie weithin sichtbar bunte Kopftücher (*mandila*) auf, tanzen und singen Volkslieder am Rand der Klippen. Früher taten die *mandilaraden* dies in der Hoffnung, eine:n Ehepartner:in zu finden. Heutzutage ist es eher ein Spaß. Die Schals, die im vergangenen Jahr den Ort geziert haben, werden eingesammelt und als Glücksbringer an die Liebsten verschenkt. Wir bewahren sie in unseren Wohnungen, Handtaschen und Autos auf.

Herrliche Gemälde kretischer Schule

UNGEWÖHNLICHE THEMEN

Das **Moni Agiou Nikolaou Anapafsa** (Kloster Agios Nikolaos Anapafsas) wurde im späten 14. Jh. in 419 m Höhe errichtet. Es ist das erste Kloster, auf das man beim Aufstieg von Kastraki nach Meteora trifft. Das mehrstöckige Gebäude beherbergt eine kleine Kirche aus dem 14. und ein *katholikon* (Hauptkirche) aus dem 16. Jh. Die exquisiten Fresken in Letzterer wurden im Jahr 1527 von Theophanes dem Kreter geschaffen, seines Zeichens Mönch und Begründer der kretischen Schule der Ikonenmalerei. Unbedingt sehenswert ist seine überraschende Darstellung von Adam im Paradies, der Geschöpfen Namen geben soll, darunter Tieren wie einem Elefanten, Löwen und Bären.

Die beiden Nonnenklöster von Meteora

KLÖSTER, DIE HEUTE NOCH BEWOHNT SIND

Im 12. Jh. bewohnten Einsiedler die Klippen oberhalb des heutigen Kalambaka, wo später in 528 m Höhe das **Moni Agiou Stefanou** erbaut wurde. Heute ist es eines der beiden Nonnenklöster von Meteora. Es umfasst zwei Kapellen, eine aus dem Jahr 1545 und das *katholikon* im athonitischen Stil aus dem Jahr 1798. Es ist unwahrscheinlich, dass man anderswo auf Mönche trifft, hier aber sieht man Nonnen, die in ihrem Laden Marmelade, Nudeln, ätherische Öle und mehr verkaufen. Dank einer Brücke ist es das am leichtesten zugängliche Kloster von Meteora.

Weiter Richtung Osten liegt das **Moni Roussanou** (Roussanou-Kloster), das der Heiligen Barbara geweiht ist und sich über die gesamte Fläche eines 484 m hohen, schmalen Felsens erstreckt. Die Heiligen Joseph und Maximos von Epirus riskierten Leib und Leben, um 1529 das *katholikon* (Hauptkirche) zu errichten, das mit wertvollen postbyzantinischen Fresken des Ikonographen Tzortzis ausgestattet ist. 1988 wurde das Moni Roussanou in ein Nonnenkloster umgewandelt. Heute leben hier 15 Nonnen.

Besondere Bergblicke

AUF DEN SPUREN VON JAMES BOND (FAST)

Das **Moni Agias Triadas** (Kloster Agia Triada) wurde vermutlich im Jahr 1488 in 535 m Höhe errichtet. Beim Betreten des Klosters stößt man auf eine kleine, in den Felsen gehauene

ESSEN RUND UM METEORA

Meteoron Panorama
Unvergleichliche Aussicht auf Meteora, gepaart mit Spezialitäten wie Steaks von Steppenrindern. Bei Kalambaka. **€€**

Gousios
Die 15-minütige Fahrt lohnt sich allein wegen der zarten, über Holzfeuer gegrillten Lammkoteletts vom seltenen Kalaritiko-Schaf. Westlich von Kalambaka. **€€**

Efrosino
Angenehme, familiengeführte Taverne in Kastraki, die Moussaka, im Ofen gebackene Pasteten und vegane Gerichte serviert. **€**

PROSLGN/SHUTTERSTOCK ©

Moni Roussanou

TOP-ERLEBNISSE IN METEORA

Wanderung zu den Eremitenhöhlen
Bei einer Tour durch Höhlen-Einsiedeleien und Kapellen wandelt man auf den Spuren der ersten Mönche.

Mountainbiken
Mit dem Mountainbike durch einen Eichenwald, über Felsen und durch ein grünes Tal.

Klettern
Unter professioneller Führung geht's auf abenteuerliche Klettertouren, von denen einige sehr anspruchsvoll sind.

Die Via Ferrata des Great Saint
Wanderung über einen schmalen, von Mönchen in den Felsen gehauenen Pfad zu den Felssäulen des Great Saint.

Paragliden
Bei einem Tandem- oder motorisierten Paragliding-Ausflug schwebt man über den majestätischen Gipfeln von Meteora.

Kapelle. Die Hauptkirche (1475) ist der Heiligen Dreifaltigkeit gewidmet und weist beeindruckende Fresken aus dem Jahr 1741 auf. Von der südwestlichen Ecke aus kann man die thessalische Ebene, den Berg Koziakas, den Pindos und mehrere weitere Klöster überblicken. Bekannt wurde Agia Triada als Schauplatz in dem James-Bond-Film *In tödlicher Mission* (1981) – der allerdings nicht dort gedreht wurde. Wütende Mönche zwangen seinerzeit die Produktion, eine Nachbildung des Klosters in der Nähe zu errichten, und hängten Wäsche auf, um die Dreharbeiten zu vereiteln.

Meteora-Fototour

BILDERFANG BEI BESTEM LICHT

Es ist zwar nicht erlaubt, innerhalb der heiligen Räume der Klöster zu fotografieren, aber es gibt reichlich Gelegenheit, die

WEINGÜTER RUND UM METEORA

Tsilili
Familiengeführtes Weingut in der Nähe der prähistorischen Theopetra-Höhle – mit einem preisgekrönten Rotwein aus der heimischen Rebsorte Limniona.

Meteoro
Die Familie Tsinas aus Megarchi stellt zwar erst seit Kurzem Wein her, aber ihr CabernetSauvignon-Syrah ist fantastisch.

Liakou
In dieser Weinkellerei, die sich in Gavros befindet, sollte man den fruchtigen Asproparis probieren, der aus der einheimischen Rebsorte g.g.A. Malagouzia hergestellt wird.

einzigartige Schönheit von Meteora auf andere Weise festzuhalten. Social-Media-Filter sind hier überflüssig.

Der Fotograf Christos Karagelis und Konstantina Tsiami, das Duo hinter der **Meteora Photo Tour**, kennen alle abgelegenen Plätze, um die kolossalen Säulen und Klöster im besten Licht einzufangen. Auf ihren fesselnden Fototouren bei Sonnenaufgang und Sonnenuntergang führen sie ihre Gäste zu einer Reihe von Orten, die oft menschenleer sind und großartige Aufnahmen erlauben. Die beiden geben nicht nur Tipps zu Einstellungen und Blickwinkeln, sondern bieten auch historische Details. Die Touren richten sich an alle, die sich für Fotografie interessieren, selbst wenn man nur mit dem Handy fotografiert.

TOLLE CAFÉS & BARS RUND UM METEORA

Feel the Rocks
Coole Café-Resto-Bar in Kalambaka mit leckeren Cocktails wie dem „Hippocrates Spritz" – und mit Blick auf Meteora.

Qastiro
Elegante Weinbar in der stimmungsvollen Altstadt von Kastraki. Serviert auch guten Kaffee.

Qahuww
In diesem stilvollen Lokal in Kalambaka gibt's heiße Schokolade mit Mastixgeschmack, Sauerkirschtee und vieles mehr.

Dal Inizio
An polierten Holztischen kann man den besten Espresso in Kalambaka probieren.

Franklin
Hier trifft man sich auf einen entspannten *cappuccino freddo* und beobachtet das Treiben. Im Zentrum von Kalambaka.

Stützpunkte für einen Meteora-Besuch

MUSEEN, TRÜFFEL UND BÜCHER

Egal ob man sich für die kleine, etwas schlichte Stadt Kalambaka entscheidet oder für das nahe gelegene Dorf Kastraki… in und von beiden aus lässt sich gut erkunden, was Meteora zu bieten hat.

In **Kalambaka** zeigt **Meteoras Museum für Naturkunde und Pilze** rund 350 Tierarten, darunter auch den vom Aussterben bedrohten Ägyptischen Geier, sowie etwa 250 Pilzarten. Zwischen März und Oktober organisiert das Museum eine Trüffelsuche, die mit der Zubereitung eines passenden Gerichts endet.

Ganz in der Nähe präsentiert das familienfreundliche **Museum für hellenische Kultur** seine umfangreiche Sammlung griechischer Schulbücher, einen Saal mit Fabeln von Äsop und Bilder von Meteora, die der Schweizer Fotograf Fred Boissonnas Anfang der 1900er-Jahre aufgenommen hat.

Die großartige **Bibliothek von Kalambaka**, die von der griechisch-amerikanischen Diana Demoulas Merriam gegründet wurde, hat sich der Aufgabe verschrieben, die Liebe der Kinder zu Büchern zu fördern. Es gibt Führungen durch die Einrichtung, zu der auch eine schöne Sammlung hispanischer Literatur gehört.

In **Kastraki** bietet sich unbedingt ein Spaziergang durch das malerische Altstadtviertel Mesohori mit seinen bezaubernden Stuckhäusern an. Von dort hat man auch einen guten Blick auf die schlanke, faszinierende Adrachti-Felsformation.

Ebenfalls einen Besuch wert ist das **Geologische Museum Meteora**, das in einem ansprechenden, blassrosafarbenen Gebäude untergebracht ist, das früher als Schule diente. Das Museum (Eintritt frei) vermittelt auf leicht verständliche Weise, wie die Säulen entstanden sind.

UNTERWEGS VOR ORT

Die Klöster sind über eine gut ausgebaute Straße miteinander verbunden. Jedoch füllen sich die Parkplätze schnell – also frühzeitig losfahren. Die beste Möglichkeit, sich in Meteora fortzubewegen, ist eine geführte Tour. KTEL Trikala bietet zwischen Kalambaka und den Klöstern einen Busservice an.

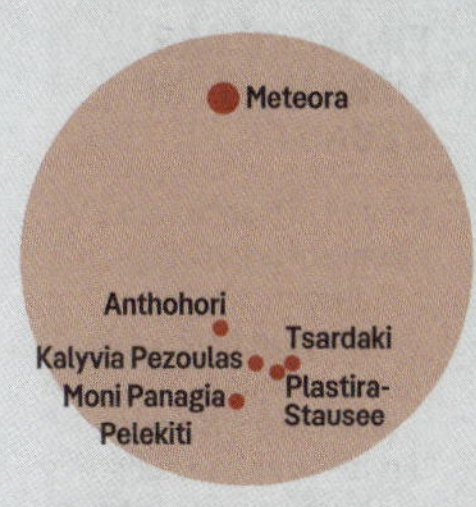

Rund um Meteora

Südlich von Meteora bietet das abgelegene Agrafa beeindruckende, mit Tannen bedeckte Berge, winzige Dörfer und das blaugrüne Wasser des Plastira-Stausees.

Das im Süden des Pindos gelegene Agrafa war ursprünglich die Heimat des altgriechischen Stammes der Dolopen. Im Mittelalter kamen Slawen, Albaner und Vlachen hierher. Bekannt wurde dieser abgeschiedene Teil Zentralgriechenlands (dessen Name wörtlich „ungeschrieben" bedeutet) vor allem wegen seiner Rebellen und ihrem Kampf gegen die Osmanen.

Agrafa hat eine milde und eine wilde Seite. Im Nordosten erheben sich steile Hügel mit Tannen, Walnuss- und Zedernbäumen bis hin zu alpinen Gipfeln. Das ist die sanftere, zugänglichere Seite. Die andere erreicht man über Wanderwege, die durch Schluchten zu Weilern wie Anthohori und seinen Wasserfällen führen. Unweit davon lädt der bezaubernde Plastira-Stausee zu Aktivitäten wie Kajakfahren und Reiten ein.

TOP TIPP

Die Seniorinnen und Senioren, die im *kafeneion* des Dorfes sitzen, sprechen zwar nur wenig Englisch, sind aber sehr kontaktfreudig und freuen sich über ein paar nette Scherze.

Plastira-Stausee (S. 192)

EIN WERK DER LIEBE IN STEIN GEBAUT

Überall in **Montanema**, einem auf Nachhaltigkeit ausgerichteten Rückzugsort hoch oben in der üppigen Anthohori-Schlucht im Nordosten von Agrafa, erfüllt das Geräusch von friedlich plätscherndem Wasser die Luft – und beruhigt! Es ist das gleiche gesunde Bergwasser, das die Gäste hier trinken und mit dem sie duschen.

Christos Athanasiadis, ein begeisterter Wanderer, gab sein Geschäft in Athen auf, um zusammen mit seinem Freund Dimitris Panagopoulos sein „Traumdorf" zu schaffen – was ihnen dank ihrer unermüdlichen *meraki* (Leidenschaft) gelungen ist.

Montanema liegt auf einer Höhe von 1000 m und umfasst 34 Steinvillen, einen Bauernhof, Gärten, Obstgärten, eine nette Bar und ein Spa. Überall sorgen Antiquitäten und Kunst für ein wunderbares Ambiente. Fast alles ist handgemacht, vom *batzina*-Kuchen zum Frühstück bis hin zum Duschgel.

Zum Team von Christos gehört auch Dinos Volotopoulos, der sein Insiderwissen bei der Pilzsuche, bei Wanderungen und Allradtouren durch unberührte Wälder, vorbei an Wasserfällen und Steinbrücken weitergibt.

Outdoor-Abenteuer am Plastira-Stausee

WASSERSPORT UND KIRCHENFRESKEN

Etwas mehr als eine Autostunde südlich von Kalambaka entfernt schimmern die ruhigen Gewässer des **Plastira-Stausees**, der von Eichen- und Fichtenwäldern umgeben ist. Am Westufer liegen kleine Siedlungen wie Kalyvia Pezoulas, wo Anbieter Kanus, Waterbikes und Stand-up-Paddleboards vermieten. Wie wär's mit einer Mountainbike-Tour um den See? Oder mit einem erfrischenden Bad? Oder mit einem Picknick am Wasser? Hier muss es niemandem langweilig werden.

Von dort aus geht's weiter nach Südwesten zum **Moni Panagia Pelekiti**, einem Kloster, das im 16. Jh. in eine 1400 m hohe Felswand gemeißelt wurde. Dort bietet der super entspannte Pater Ioannis weise Ratschläge, während er auf Details in den Fresken der kretischen Schule hinweist und die nächste Bergwanderung schildert, die er mit seinen bretonischen Hunden in Angriff nehmen will.

Noch weiter südlich führt eine Schotterstraße (Allrad hilft!) hinauf zum **Observatorium am Plastira-Stausee** – mit großartigem Panoramablick auf den See.

Auf einer Nebenstraße (weiterhin Richtung Süden) gelangt man zur **Staumauer**. Auf der Ostseite der Brücke kann man an den Kiosken am Straßenrand hausgemachte Süßigkeiten und Konserven wie zuckerfreie Kürbis-Retzeli, Eichenhonig und andere seltene Köstlichkeiten kaufen.

Traditionelle Tavernen, die einen Besuch wert sind

FRISCH AUF DEN TISCH

Zum Mittagessen mit Blick auf grasende Schafe servieren Babis Tsilikas und seine Frau Stavroula Korobila im **Tsardaki** moderne ländliche Gerichte wie langsam geschmorte Kichererbsen mit Auberginen und würzige Linsen mit Lauch und Dorfwurst. Im **Floresi**, der einzigen Taverne des Dorfes Anthohori, pflückt Eleni Bairami pralle Tomaten aus ihrem Garten und bereitet im Handumdrehen einen leckeren *tiganopsomo* (Käsekuchen) zu. Es lohnt sich, nach *provatina*-Koteletts (Hammelkoteletts) zu fragen, die die Thessalier:innen für schmackhafter halten als Lammfleisch.

UNTERWEGS VOR ORT

Am besten mietet man sich ein Auto (wenn möglich Allrad). Man sollte sich nicht auf Google Maps verlassen, sondern die Wunschroute im Voraus planen, dann den Straßenschildern folgen – und die Einheimischen um Rat fragen. Vorsicht! Langsam fahren und auf freilaufende Tiere achten, einschließlich Rindern und Pferden, die die Straße überqueren oder gerne auch einfach mitten im Weg stehen.

PILION

Pilion
Athen

Die Mythologie besagt, dass die olympischen Götter auf der fruchtbaren, gebirgigen Halbinsel Pilion, die nach Achilles' Vater, König Peleus, benannt ist, ihre Sommer verbracht haben. Die in Thessalien gelegene Halbinsel war auch Heimat der Zentauren – der Mythologie nach.

Während der osmanischen Besatzung Griechenlands bot die Abgeschiedenheit der Insel Pilion den Menschen relative Freiheit. Ende des 18. Jhs. blühten die Gemeinden auf, vor allem dank des Seidenexports. Handwerker aus Epirus führten einen architektonischen Stil aus Stein und Holz ein, der zum Synonym für Pilion wurde und heute gesetzlich geschützt ist.

Pilion ist überraschend vielfältig: vom dschungelartigen Nordosten mit seinen schillernden Stränden der Ägäis über die sanfteren Hänge des Nordwestens bis hin zu den ruhigen Gewässern des Pagasitikos-Golfs im Süden. Bergquellen bewässern Tannen, Platanen, Kastanien, Eichen und Buchen sowie Apfelplantagen, Olivenhaine und unzählige Kräuter. Jede Jahreszeit ist hier etwas ganz Besonderes – was sich nicht zuletzt auf das auswirkt, was (immer lecker) jeweils aus der Küche kommt.

TOP TIPP

Slow Travel heißt hier das Gebot der Stunde. Je nach Dauer des Aufenthalts und der Jahreszeit sollte man sich auf einen Teil der Halbinsel konzentrieren, z.B. den Nordosten im Sommer oder den Nordwesten im Herbst. Auch dann sollte man sich ein paar Dörfer und Sehenswürdigkeiten aussuchen – und sich Zeit lassen.

Spaziergang durch die Dorfstraßen von Nordwest-Pilion

QUELLEN UND COMFORT FOOD

Fährt man von Volos aus Richtung Nordwesten, dann ist **Portaria** das erste größere Dorf. Und ein Halt dort lohnt sich. Wie wäre es z. B. mit einer Wanderung über den gut ausgeschilderten, teilweise steinigen „Zentaurenpfad“, der entlang eines Baches und über Holzbrücken durch einen wunderschönen Platanenwald bergauf führt? Oben angekommen, kann man den Durst mit Quellwasser aus der Mutter aller Brunnen, **Mana Vrisi,** stillen. Der Abstieg erfolgt über einen Rundweg, der an beeindruckenden Herrenhäusern aus dem späten 19. Jh. vorbeiführt. Auf dem weitläufigen zentralen Platz gibt es im Restaurant **Kritsa** unter einer 800 Jahre alten Platane einheimische Spezialitäten zu genießen, darunter *trahana*-Suppe mit Wurst oder sautiertes Wildgemüse mit Ei. Auf dem nahe gelegenen **Bauernhof Karaiskos** werden Kochkurse angeboten. Im Oktober findet hier auch das jährliche Gastronomie-Festival von Pilion statt.

Als Nächstes geht es gen Norden zur denkmalgeschützten, nur für Fußgänger:innen zugänglichen Siedlung **Makrinitsa**. Bei einem Spaziergang über die *kalderimia,* die kopfsteingepflasterten Wege, die ursprünglich für Esel und Pferde gedacht waren, kann man gut erhaltene Herrenhäuser im epirotischen Stil bewundern. Viele davon wurden inzwischen zu Gästehäusern umgebaut. Der weite Blick vom Hauptplatz auf Volos und den Golf von Pagasitikos verdeutlicht, warum die Stadt als

PILION

0 5 km
Ägäis
Horefto
Pelion Scout
Zagora
Pourianos Stavros (1624 m)
Anilio
Agios Ioannis
Kissos
Damouhari
Mouressi
Damouhari
Makrinitsa
Pliassidi (1651 m)
Hania
Skizentrum Pilion
Kissos-Wasserfälle
Tsagarada
Portaria
Agriolefkes
Anakasia
Ano Volos
Bauernhof Karaiskos
Drakia
Xourichti
Volos (3 km)
Pilio (1455 m)
Agios Georgios Nilias
Agria
Pinakates
Kato Lehonia
Ano Lehonia
Vyzitsa
Milies
Minas Agios
Platanidia
Malaki
Ano Gatzea
Kato Gatzea
Kala Nera
Pagasitischer Golf
Neohori (3,5 km)

„Balkon von Pilion" bezeichnet wird. Die kleine, aber imposante **Kirche von Agios Ioannis Prodromos** (1806) bietet sich für eine besinnliche Pause an. Neben ihr steht eine hohle Platane, die groß genug ist, um eine Schar kichernder Kinder zu fassen (was auch passiert). Eine Treppe führt hinauf zum **Byzantinischen Museum von Makrinitsa**, unter dessen Schätzen eine Marmorikone aus dem 13. Jh. hervorsticht, die aus dem Kloster stammt, um das sich die Stadt entwickelt hat.

Wasserfallspaß & Seekajakfahren

STRÄNDE UND DSCHUNGELARTIGE WÄLDER IN NORDOST-PILION

Lange Straßen schlängeln sich von Volos hinauf zu den Dörfern im Nordosten Pilions. Zwei Routen, eine im Landesinneren und die andere an der Küste, führen in das abgelegene **Tsagarada**,

ÜBERNACHTEN IN PORTARIA UND MAKRINITSA

Archontiko Melanthi
Das märchenhafte Herrenhaus in Makrinitsa bietet herzliche Gastfreundschaft und einen Blick auf den Golf von Pagasitikos. **€€**

Kritsa Gastronomy Hotel
Die Zimmer sind schlicht, aber dieses zentral in Portaria gelegene B&B lohnt sich allein schon wegen des fantastischen Frühstücks. **€**

Archontiko Naoumidi
Antikes Mobiliar und bestickte Laken schmücken dieses elegante neoklassizistische Herrenhaus von 1893. In Portaria. **€**

das sich auf vier kleine Bezirke verteilt, die jeweils nach der Kirche auf ihrem zentralen Platz benannt sind und einst nur durch steingepflasterte *kalderimia* (Wege) verbunden waren. Auf dem Platz von **Agia Paraskevi** kann man eine tausend Jahre alte Platane bestaunen. In **Agii Taxiarhes** stammt die gleichnamige Kirche aus dem Jahr 1746. Es wird angenommen, dass ein einzelner Handwerker die hölzerne Ikonostase, die reich an Details und theologischer Symbolik ist, einschließlich einer zweischwänzigen Meerjungfrau, geschnitzt hat. Nordwestlich von Agios Stefanos liegen die **Kissos-Wasserfälle**, in denen man im Sommer schwimmen kann, die aber auch dann eiskalt sind. Bei einer halbtägigen Wanderung führen Guides von **Bike or Hike** durch dichten Buchenwald hinab zu den Wasserfällen.

Zagora ist ein weiterer toller Ausgangspunkt für die Erkundung des Nordostens. Das größte Dorf von Pilion lebt seit Langem vom Apfelanbau, einschließlich des aromatischen Firiki mit geschützter Herkunftsbezeichnung (DOP), und weniger vom Tourismus. Auf dem **Agios-Georgios-Platz** kann man sich im Café der Frauenkooperative für Agrotourismus Zagora (siehe unten) mit süßen Wundern verwöhnen lassen.

Eine kurze Fahrt bergab führt zur Küstensiedlung Horefto. Von dort aus bietet Pelion Scout familienfreundliche Kajaktouren auf dem Meer und eine Bootstour zum Strand von Damouhari an, wo Szenen von *Mamma Mia!* gedreht wurden.

Mit Liebe zubereitete Köstlichkeiten

EIN SÜSSER ZWISCHENSTOPP

Ein breites Lächeln und süße Düfte begrüßen alle, die die **Frauenkooperative für Agrotourismus Esperides Vyzitsa** betreten. Die Frauen hinter dem erfolgreichen Unternehmen an der Hauptstraße, die durch das Dorf Vyzitsa führt, rühren in großen Töpfen mit Früchten der Saison, die aus der Region stammen, darunter Feigen, Kirschen und die pilionischen Firiki-Äpfel, und reißen dabei Witze. Die zehn Frauen sind zwischen 25 und 70 Jahre alt, und ihre Mission ist es, traditionelle Rezepte zu bewahren, die von Mutter zu Tochter weitergegeben werden. Man sollte sich hier mit köstlichen Leckereien wie dem begehrten Tomatenchutney, Holundermarmelade und *tsitsiravla* (eingelegte wilde Pistaziensprossen) eindecken.

Eine vergessene Metzgerei

ÜBERBLEIBSEL EINER VERGANGENEN ÄRA

Die meisten Traveller zieht es wegen der tausendjährigen Platane nach **Agia Paraskevi** in Tsagarada. Nur wenige wissen jedoch, dass sich unterhalb des Hauptplatzes des Viertels die

UNZÄHLIGE BRUNNEN

Überall auf Pilion findet man *vrises* (auch *krines* genannt), steinerne Brunnen, aus denen das Quellwasser der Berge fließt. Die meisten wurden im 19. Jh. gebaut und boten den Menschen und ihrem Vieh einen einfachen Zugang zu Wasser.

Hier wuschen die Frauen des Dorfes ihre Wäsche und tauschten Neuigkeiten aus, aber hier wurden auch Ehen geschlossen und Streitigkeiten beigelegt. Es gibt Hunderte dieser Brunnen... auf Dorfplätzen, vor Kirchen, entlang gepflasterter Straßen und an Straßenrändern. Es heißt, ein Schluck Wasser aus dem kunstvoll gestalteten Marmorbrunnen, der 1809 auf dem Hauptplatz des Dorfes Makrinitsa errichtet wurde, verleihe Langlebigkeit.

Springbrunnen, Makrinitsa

ÜBERNACHTEN IN TSAGARADA UND ZAGORA

Amanita Guesthouse
Die liebenswürdigen Gastgeber:innen Filaretos und Marianna bieten in ihrem Gästehaus in Tsagarada ein einzigartiges Gastronomieerlebnis. **€€€**

Archontiko Stamou
Hübsches Herrenhaus in Zagora aus dem Jahr 1863. Das Frühstück wird im ruhigen Innenhof eingenommen. **€€**

Hotel Maistra
Elegantes Boutique-Hotel in Tsagarada mit gepflegten Gärten und Aussicht auf die Ägäis. **€€**

PILIONS BESTE STRÄNDE

Mylopotamos
Bei Sonnenaufgang fällt das Licht durch einen natürlichen Steinbogen. Smaragdgrünes Wasser ohne Menschenmassen.

Agii Saranda
Wer einen Platz an diesem breiten Sandstrand am azurblauen Meer ergattern will, sollte früh aufstehen.

Fakistra
Türkisfarbenes Wasser umspült einen kleinen Halbmond aus Kieselsteinen am Fuß einer steilen Klippe.

Kalamaki
Unverfälschte Wildheit und felsige, von den Elementen geschliffene „Throne". Der Lieblingsstrand der Einheimischen.

Potistika
Ägäische Schönheit mit dramatischen Felsformationen und einem breiten Streifen groben Sandes.

Überreste einer Metzgerei aus dem Jahr 1890 befinden. Hier kann man sehen, wo einst die Tiere geschlachtet, zerlegt, in dem durch einen schmalen Kanal fließenden Bergquellwasser gewaschen und für den Verkauf an Haken aufgehängt wurden.

Die „Umgedrehte Platane"

EINE SCHATTENHAFTE GESCHICHTE

In Tsagaradas Stadtteil **Agia Kyriaki** gibt es einen gut versteckten Platz. Dort spendet eine große Platane an heißen Sommertagen willkommenen Schatten. Schaut man genauer hin, kann man ins Grübeln kommen… irgendetwas ist seltsam. Nun, die Legende besagt, dass ein Büchsenmacher vor etwa 2 Jh. hier einen Ast verkehrt herum gepflanzt hat. Dadurch scheinen die Äste des Baumes nach unten zu wachsen.

Skilanglauf durch Wälder

SCHNEE UND MEERBLICK

Skifahren oder Snowboarden mit Meerblick? Auf Pilion ist das möglich. Das **Skizentrum Pilion** liegt 1471 m über dem Meeresspiegel in Agriolefkes und ist von etwa Ende Dezember bis Ende März in Betrieb. An klaren Tagen kann man bei der Abfahrt sowohl die Ägäis als auch den Golf von Pagasitikos sehen. Es gibt fünf Skilifte und sechs Pisten mit unterschiedlichen Schwierigkeitsgraden, darunter eine 5 km lange Langlaufpiste, die durch Buchen-, Pappel- und Kastanienwälder führt. Es empfiehlt sich vor dem Besuch auf der Facebook-Seite des Skizentrums oder auf snowreport.gr nachzuschauen, ob es geöffnet ist.

Wunderbare Dörfer im Westen und Zentrum von Pilion

EPIROT-VILLEN UND VOLKSMÄRCHEN

In Zentralpilion liegt inmitten einer sanften Berglandschaft eine Reihe hübscher Dörfer, die alle mit reichlich Quellwasser gesegnet sind. Gestartet wird in **Agios Georgios Nilias**, 35 Autominuten südöstlich von Volos, einer gepflegten, ruhigen Siedlung unter Buchen, Kirschbäumen und wilden Kastanien. Hier wird die Tradition mündlicher Überlieferung weiterhin gepflegt – was erklärt, weswegen hier jeden August ein Mythologie- und Volksmärchenfest stattfindet.

In **Pinakates** kann man sich leicht in den Gassen verlieren. Es gibt verwunschen wirkende, schiefergedeckte Herrenhäuser zu sehen, von denen einige verlassen und von Efeu überwuchert sind. Eine 500 Jahre alte Platane dominiert den Platz, zu dessen Highlights ein Marmorbrunnen mit dorischen Säulen gehört.

ESSEN IN TSAGARADA

Aggelika
Oberhalb des Strandes von Mylopotamos gibt's perfekt gegrillten Fisch wie *gofari* (Blaufisch) mit *vlita* (Grünzeug) der Saison. **€€**

Itamos
In diesem Restaurant in Agii Taxiarhes kann man traditionelle Gerichte wie *boubari* (in Darm zubereitete Leber) probieren. **€€**

Anapodo Platani
Die im Sommer geöffnete Weinbar in Agia Kyriaki verbindet mediterrane und östliche Einflüsse und präsentiert griechische Winzer:innen. **€€**

GEORGIOS TSICHLIS/SHUTTERSTOCK ©

Pinakates

Ebenfalls einen Besuch wert ist **Vyzitsa**, ein lebendiges Zeugnis der architektonischen Tradition von Pilion. Die restaurierten Herrenhäuser im Epirot-Stil fügen sich harmonisch in die natürliche Umgebung ein. Die von außen imposanten Gebäude stammen aus dem 18. und 19. Jh. Ein 1 m dickes, steinernes Erdgeschoss mit einem niedrigen, schmalen Eingangstor, das Eindringlinge abschrecken soll, führt zu zwei Stockwerken, von denen das oberste mit einem geschlossenen Balkon, dem sogenannten *hayiati*, ausgestattet ist. Viele dieser Gebäude durften nach strengen Richtlinien zu Gästehäusern umgebaut werden.

Schließlich wäre da noch **Milies**, dessen schattiger Hauptplatz einen Blick auf den Golf von Pagasitikos bietet und dessen Straßenränder mit griechischen Erdbeerbäumen gesäumt sind. Im Museum von Milies erfährt man mehr über die Dorfgeschichte. In der Kirche von Agii Taxiarhes aus dem 18. Jh. sind die ungewöhnlichen Fresken sehenswert. Den Moutzouris (Schmutzfink), den historischen Dampfzug, der an den Wochenenden Tagesausflügler von Ano Lechonia zum kleinen Bahnhof von Milies bringt, sollte man sich keinesfalls entgehen lassen. Und wem das Schwimmen mit Pferden Spaß macht, sollte sich an Ippikos Fisiolatrikos Omilos Mileon (IFOM) wenden.

WARUM ICH PILION LIEBE

Helen Iatrou, Lonely Planet Autorin. *@heleniatrou*

Für mich ist Pilion ein fast perfekter Mikrokosmos Griechenlands: hohe Berge, mit Olivenbäumen bewachsene Ebenen und aquamarinblaues Meer. Vom Schwimmen in der Morgendämmerung an Stränden wie Mylopotamos bis hin zu Wanderungen durch Wälder und Skifahren mit Meerblick – ich liebe Pilion das ganze Jahr über.

Abgesehen von der natürlichen Schönheit bin ich dankbar, dass das einzigartige Architektur-Erbe und die kulinarischen Traditionen des Slow Food erhalten geblieben sind. Aber Pilion wäre nichts ohne seine wunderbaren Menschen. Wenn ich Zeit in den Dörfern verbringe, aus Quellwasserbrunnen trinke und den herumtollenden Kindern zusehe, wird mein Glaube an die Menschheit wiederhergestellt.

In der Nähe liegt das schrullige Volos, dessen jahrhundertealtes soziokulturelles *tsipouradiko*-Ritual der Inbegriff von Geselligkeit ist.

UNTERWEGS VOR ORT

Das Autofahren in Pilion kann eine Herausforderung sein. Die Bergstraßen sind meist kurvenreich, was langsameres Fahren empfiehlt. Besonders vorsichtig sollte man bei der Fahrt durch das Zentrum einiger Dörfer sein – hier sind die Straßen oft sehr eng.

In ein paar Dörfern gibt es Parkplätze, die sich jedoch im Sommer und an den Wochenenden schnell füllen. Die Kopfsteinpflasterwege (*kalderimia*) können hügelig und bei Nässe rutschig sein, daher sind Wanderschuhe keine schlechte Idee.

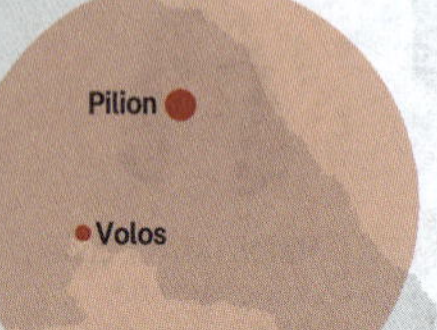

Rund um Pilion

Auf dem Weg nach Pilion sollte man einen gemächlichen Zwischenstopp in der Universitätsstadt Volos einlegen, die für ihre temperamentvollen *tsipouradika* bekannt ist.

TOP TIPP

Volos steckt voller Überraschungen. Verirrt man sich in den Gassen der Stadt, stößt man auf antike Ruinen, interessante Wandmalereien und hübsche Gebäude. Die Jugend der Stadt erweitert gern ihre Englischkenntnisse, also nicht zögern und nachfragen, falls man einen Rat braucht.

Volos, einer der wichtigsten Häfen Griechenlands, liegt im Golf von Pagasitikos, im Osten erhebt sich die Halbinsel Pilion. Die Universitätsstadt, einst ein Industriezentrum, ist eine kuriose Mischung aus neoklassizistischer und Jugendstil-Architektur, umgestalteter Fabriken und archaischer Ruinen.

Westlich von Volos liegt die antike Stätte Dimini, die Archäolog:innen in jüngerer Zeit mit dem antiken Iolkos in Verbindung gebracht haben, von dem aus Jason und seine Argonauten auf der Suche nach dem Goldenen Vlies in See gestochen sein sollen. An der Uferpromenade von Volos lässt sich eine Nachbildung des legendären Schiffs *Argo* besichtigen (eine kleinere Version aus Edelstahl steht am Dimarchiou-Kreisverkehr). Außerdem bietet die Stadt einige sehenswerte Museen und einen farbenfrohen Bahnhof aus dem späten 19. Jh., der von Evaristo De Chirico entworfen wurde.

Bahnhof, Volos

PIT STOCK/SHUTTERSTOCK ©

ADONAIS/SHUTTERSTOCK ©

Tsipouro

Die hohe *tsipouradiko*-Kunst

EINE SOZIOKULTURELLE INSTITUTION

Auf den ersten Blick mag **Volos** nicht sonderlich attraktiv erscheinen. Doch jenseits des geschäftigen Hafens und der unscheinbaren Wohnhäuser stößt man überall auf *tsipouradiko* – eine soziokulturelle gastronomische Tradition, die hier seit mehr als hundert Jahren gepflegt wird.

Ein *tsipouradiko* ist eher eine Bar als ein Restaurant und ein Ort, an dem *tsipouro* mit Meze gepaart wird. *Tsipouro* ist eine klare Spirituose, die aus Traubenrückständen destilliert wird. Einige führen die Ursprünge des Getränks, dessen Alkoholgehalt bis zu 45 % vol. betragen kann, auf Kreta im Jahr 500 v. Chr. zurück. Während der Blütezeit des Osmanischen Reiches war die thessalische Region Tyrnavos ein Hauptproduzent von *tsipouro*, der damals als Getränk des armen Mannes galt.

Griechische Flüchtlinge, die 1922 aus Kleinasien fliehen mussten, verfeinerten das Ritual des *tsipouradiko*. Fisch und Seafood, frisch aus dem Golf, wurden zu *tsipouromeze* und bereicherten so die bescheidenen Gerichte aus Tomaten, Gurken und Oliven, die gewöhnlich serviert wurden.

Die Hafenarbeiter versammelten sich beim *tsipouradiko*, um sich über ihre Mühen auszutauschen und durchzuatmen, bevor sie zum Mittagessen nach Hause gingen. Dies stärkte nicht nur ihr soziales Zusammengehörigkeitsgefühl, sondern diente auch als billige und fröhliche Therapie.

Heute sind *tsipouradika* eine leidenschaftlich gepflegte Institution, die allen offensteht. Jeden Tag gegen 13 Uhr sieht man Studierende und Berufstätige in den über 200 *tsipouradika* von Volos, um auf die Freundschaft und die einfachen Freuden des Lebens anzustoßen.

BESTE TSIPOURADIKA IN VOLOS

Demiris
Muscheln wie die seltene Seefeige sind der Renner. Das gilt auch für frittierte Seeanemone, eine regionale Delikatesse.

Kavouras
Zu den Highlights gehören Seeteufelleber mit Zitrone und sonnengetrocknete Bastardmakrele.

Mezen
Chefkoch Grigoris Helmis war der Wegbereiter einer neuen Generation von *tsipouradika* in Volos, die er mit avantgardistischem Flair und Respekt vor der Tradition weiterführt.

To Filaraki
Fachmännisch gegrillter Fisch und Meeresfrüchte, serviert mit Fava, Kartoffelsalat und sautierten Pilzen. Im Voraus reservieren.

Nikos-Gianna
Hier trifft man sich zu gegrillten Makrelen, gebratenen Rochen mit Knoblauchdip und Tintenfisch, der mitsamt Tinte gebacken wird.

UNTERWEGS VOR ORT

Die Ziele zwischen Volos und Pilion erreicht man am besten mit dem eigenen Auto. Wer keines hat, kann auch mit den regelmäßig verkehrenden KTEL-Überlandbussen zu zahlreichen Dörfern auf der Halbinsel kommen. Volos selbst ist leicht zu Fuß oder mit dem Fahrrad zu erkunden.

YK/SHUTTERSTOCK ©

Oben: Olymp (S. 221); rechts: Thessaloniki (S. 206)

DIE WICHTIGSTEN ZIELE

NORD-GRIECHENLAND

BERGE & MAGIE

Versteckte Strände, schimmernde Seen, Dörfer, die in der Zeit stehen geblieben sind, hohe Gipfel und Städte mit pulsierender kreativer Energie – willkommen in Griechenlands am wenigsten besuchter, aber wohl magischster Region.

Von der zweitgrößten Stadt Griechenlands, Thessaloniki, blickt man über das schimmernde Mittelmeer direkt auf den Olymp. Die Geschichte des höchsten Gipfels des Landes ist ebenso beeindruckend wie seine Höhe: Hier befindet sich der mythische Sitz der zwölf olympischen Götter und der Thron des Zeus. Selbst an wolkenverhangenen Tagen kann man den schneebedeckte Gipfel des Berges erkennen; eine seltsame meteorologische (oder spirituelle?) Eigenart, die Homer in der Odyssee dazu veranlasste, ihn als „in reiner Höhenluft ruhend" zu beschreiben.

K_SAMURKAS/SHUTTERSTOCK ©

Der Norden Griechenlands ist unverfälscht. Die Region, die sich über fast 700 km von der ionischen Küste und der albanischen Grenze im Westen bis zur türkischen Grenze im Osten erstreckt, ist die am wenigsten besuchte des Landes. Manche Gebiete scheinen in der Zeit stehen geblieben zu sein: Es gibt Bergdörfer, in denen man von den Cafébesitzern mit einem Glas *tsipouro* (Tresterbrand) empfangen wird, und ganze Straßenabschnitte oder Wanderwege, auf denen man kaum einem anderen Menschen begegnet. Aber es ist auch eine sehr vielseitige Region, die von bewaldeten Parks mit tiefen Schluchten und herabstürzenden Wasserfällen bis zur karibisch-blauen Küste und Thessalonikis pulsierendem kosmopolitischen Rhythmus reicht.

Die unmittelbare Nähe Nordgriechenlands zu anderen Ländern hat eine Kultur hervorgebracht, die sich deutlich vom Süden und den Inseln unterscheidet. Im Lauf der Jahrhunderte zogen hier Mazedonier, Illyrer, Römer, Byzantiner, Slawen und Osmanen durch und hinterließen ihre Spuren in Architektur, Kultur und Küche.

IOANNINA
Geschichte am See **S. 226**

PINDOS
Berge und Dörfer **S. 235**

KAVALA
Tor zum Evros **S. 243**

Thessaloniki, S. 206

Die zweitgrößte Stadt Griechenlands bietet ausgezeichnete Restaurants, eine lebendige kreative Atmosphäre, byzantinische Gebäude und Festivals von Weltrang – und das alles direkt am Meer. Sie ist auch das Tor zu alten Ruinen und wunderbaren Weingütern.

Pindos, S. 235

Fast 50 Dörfer liegen in dieser bergigen Landschaft, in der es Kalksteinbecken, Steinwälder und die tiefste Schlucht der Welt gibt.

Olymp, S. 221

Von den herrlichen Wanderwegen, die zu versteckten Wasserfällen führen, bis hin zu alten religiösen Stätten – dies ist der spirituellste Ort der Region.

Ioannina, S. 226

Diese stimmungsvolle Stadt aus der osmanischen Zeit liegt an einem schimmernden See und bietet beeindruckende Ruinen und Museen. Sie ist auch der Eingang zum Tzoumerka und zur ionischen Küste.

OBEN: FRANTIC00/SHUTTERSTOCK ©

Erste Orientierung

Nordgriechenland, das an vier Länder grenzt und sich über 700 km von Ost nach West erstreckt, ist eine der größten Regionen des Landes. Jeder Ort, der in diesem Kapitel erwähnt wird, ist ein Knotenpunkt für die individuelle Entdeckung Nordgriechenlands.

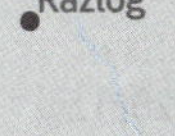

Kavala, S. 243
Eine „amphitheatralisch" am Meer errichtete osmanische Stadt mit Zugang zu Inseln, Landschaften und Weinstraßen.

Chalkidiki, S. 215
Diese dreifingrige Halbinsel birgt einige der schönsten Küstenabschnitte Griechenlands. Die Auswahl reicht von schicken Resorts bis zu FKK-Stränden, oder man fährt zum Berg Athos, einer bedeutenden Stätte der griechisch-orthodoxen Kirche.

AUTO

Mit dem eigenen Auto lässt sich die Region am besten erkunden – man kann jedes Bergdorf, jeden geheimen Strand und jedes Weingut besuchen und hat die Freiheit, alles in seinem eigenen Tempo zu entdecken.

BUS

Die KTEL-Busse fahren alle größeren Städte in Nordgriechenland an, die Regionalbusse verbinden die kleineren Dörfer mit den Städten. Das Bussystem funktioniert viel effizienter als die Züge, ist aber immer noch etwas begrenzt, vor allem außerhalb größerer Städte.

ZUG

Das Eisenbahnsystem in Griechenland ist ziemlich langsam und veraltet und sollte der letzte Ausweg sein. Einige Städte in der Region sind mit der Bahn verbunden, aber nicht alle.

Perfekte Tage

Nordgriechenland ist hervorragend zum Wandern geeignet. Ein großer Teil des Charmes liegt in der Natur, den Dörfern und den zufälligen Begegnungen entlang des Weges – also geht man langsam und genießt.

COLORMAKER/SHUTTERSTOCK ©

Thessaloniki (S. 206)

Wenn die Zeit drängt

- Starte in **Thessaloniki** (S. 206) – die Hauptstadt der Region ist ein perfekter Einstieg in den Norden Griechenlands. Die Geschichte ist hier nicht zu übersehen, also begibt man sich nach einem stärkenden **Frühstück** mit *bougatsa* (S. 209) auf einen **Rundgang** (S. 208) zu den beeindruckendsten Sehenswürdigkeiten der Stadt. Am späten Nachmittag genießt man im **Mourga** (S. 211) ein Mittagessen mit Meeresfrüchten und einem Glas griechischen Naturwein.

- Danach geht es zu Fuß (oder mit dem Taxi) in das hügelige Viertel Ano Poli, ein Labyrinth aus Kopfsteinpflasterstraßen. Nach dem Blick auf den Sonnenuntergang kann man sich in der **Taverna Igglis** (S. 211) ein Abendessen gönnen und die von anatolischen Flüchtlingen mitgebrachten *rembetika* (Blues-Songs) anhören.

VON LINKS: DFLC PRINTS/SHUTTERSTOCK ©, ALEXANDROS MICHAILIDIS/SHUTTERSTOCK ©, NATALIYA NAZAROVA/SHUTTERSTOCK ©

Beste Reisezeit

Der Sommer in Thessaloniki ist bekanntlich heiß und schwül, an der Küste oder in den Bergen kann man eine kühlere Brise genießen. Frühling und Herbst eignen sich am besten zum Wandern, der Winter bringt den nördlichen Städten ihren eigenen, verschneiten Charme.

JANUAR

In **Metsovo** locken verschneite Wanderungen und stärkende Mahlzeiten wie gegrillte Lammkoteletts und dampfende Bohnensuppe.

MAI

Der Frühling ist offiziell da: Man kann beim **griechisch-orthodoxen Osterfest** in den Bergdörfern mitfeiern oder die Rabatte an der Küste nutzen.

JULI

In **Chalkidiki** die Sonne genießen und in den Strandbars die ganze Nacht lang tanzen.

Ein langes Wochenende

- Nach ein oder zwei Tagen in Thessaloniki geht es in Richtung Süden zum **Olymp** (S. 221), dem Sitz der antiken griechischen Götter. Man besucht die archäologische Stätte von **Dion** (S. 222), bevor man zu einer **Bergwanderung** (S. 223) aufbricht, z. B. um einen schönen Wasserfall und ein Naturbecken zu erreichen.

- In der stimmungsvollen Bergstadt **Litochoro** (S. 224), die ein guter Ausgangspunkt für weitere Wanderungen in den Bergen ist, kann man sich ein wenig ausruhen. Hier gibt's nette Bars und Restaurants, wie das **Disko Romeiko** (S. 224). Anschließend fährt man zurück in den Norden zur einzigartigen Halbinsel **Chalkidiki** (S. 215), wo man sonnenbaden und in kristallklarem Wasser schnorcheln kann. Am letzten Tag bietet sich eine Bootstour zum heiligen Berg **Athos** (S. 215) an.

Wenn Zeit keine Rolle spielt

- Startpunkt ist die westlich des Sees gelegene Stadt **Ioannina** (S. 226), wo man zwei oder drei Tage die unglaubliche Geschichte der Stadt in den vielen historischen Stätten und Museen, darunter das **Ali-Pascha-Museum** (S. 226), auf sich wirken lassen kann. Abends kann man sich in einer der vielen **Tsipouradika** (S. 228) in melodische Klarinettenmusik vertiefen.

- Anschließend geht's weiter nach Zagoria im **Pindos** (S. 235), wo es fast 50 Kalksteindörfer zu entdecken gibt, die alle ihren eigenen Charme haben. Hier wandert man durch die tiefste Schlucht der Welt, schwimmt in Felsenpools, fährt mit dem Raftingboot auf dem Fluss und genießt in **Metsovo** (S. 238) das köstlichste gegrillte Fleisch, das man jemals gegessen hat.

AUGUST
Im heißesten Monat ist auch am meisten los. Aber auch der August hat seine Reize: In **Zagoria** sind z. B. die berühmten *panagiri* (religiöse Feste) in vollem Gange.

SEPTEMBER
Es ist immer noch warm genug, um in **Chalkidiki** an den Strand zu gehen oder auf dem **Olymp** zu wandern.

NOVEMBER
Man nutzt das kühlere Wetter und fährt nach Thessaloniki, wo jedes Jahr das **Internationale Filmfestival** stattfindet.

DEZEMBER
Die Temperaturen sinken, und es kann sogar Schnee geben. Die Städte und Dörfer erstrahlen in **weihnachtlichem** Lichterglanz und feiern Straßenfeste.

THESSALONIKI

Es ist fast zu leicht, sich in Thessaloniki zu verlieben. Die zweitgrößte Stadt Griechenlands steht direkt am Wasser, und der Blick auf den schneebedeckten Olymp wird nie langweilig. Geschichte ist hier überall spürbar, vom Geschmack der *soutzoukakia* (Fleischfrikadellen), einem Relikt aus dem Osmanischen Reich, bis zu den meist leeren Synagogen (bis zum Zweiten Weltkrieg war die Stadt die Heimat der größten jüdischen Gemeinde des Landes). Altes und Neues koexistiert in architektonischer Anarchie: Die Ruinen byzantinischer Kirchen stehen neben Wohnblocks aus den 1960er-Jahren, und *hammams* (türkische Bäder) aus osmanischer Zeit wurden zu Cafés und Blumenläden.

Aber Thessaloniki ist nicht in der Vergangenheit stecken geblieben. Die Stadt hat eine kreative Renaissance erlebt, mit neuen Restaurants, Kunsträumen, Bars und Geschäften. Mit einer lebhaften Studentenschaft und einem gesunden Sinn für gute Unterhaltung ist Thessaloniki vielleicht die coolste Stadt Griechenlands (dies sollte man aber nicht den Athenern sagen!).

TOP TIPP

Schuhe schnüren und auf geht's – Autofahren (und Parken) in Thessaloniki ist nichts für schwache Nerven, und außerdem ist diese Stadt am besten zu Fuß zu erkunden. Taxis sind billig und reichlich vorhanden, falls man mal müde ist.

DER WEISSE TURM

Das Wahrzeichen Thessalonikis ist der Weiße Turm – hinter seinem hellen Äußeren verbirgt sich eine grausame Vergangenheit. Er wurde von den Osmanen im späten 15. Jh. errichtet (er ersetzte einen kleineren byzantinischen Turm) und diente einst als Gefängnis und Hinrichtungsstätte.

Irgendwann im 19. Jh. strich ihn ein Gefangener im Austausch gegen seine Freilassung weiß, was dem Turm eine neue Identität gab. Heute kann das Bauwerk besichtigt werden, und im Inneren finden Kunstausstellungen statt.

Über die Märkte schlendern

LOKALE MÄRKTE FÜR ANTIQUITÄTEN UND GRIECHISCHES ESSEN

Die Thessaloniker sind bekannt für ihre Vorliebe fürs Shoppen, aber dafür gibt es weitaus interessantere Optionen als die Hauptstraße. In der **Tositsa-Straße** tummeln sich unzählige Antiquitätenläden, die von kommunistischen Gürtelschnallen bis zu Nippes aus der osmanischen Zeit alles anbieten. Es gibt Schallplatten, Schmuck, Möbel, Bücher, Militäruniformen und vieles mehr. Man sollte sich auch nicht über nationalsozialistische Utensilien wundern, ein bedauerliches Relikt aus der Zeit der deutschen Besetzung Griechenlands im Zweiten Weltkrieg.

Feinschmecker sollten einen Abstecher zum **Kapani-Markt** machen. Hier im Zentrum kann man sich mit Produkten wie Bergtee, Mastix aus Chios und Pinienhonig eindecken und durch die Fisch- und Fleischabteilung des Marktes schlendern. Mittags empfiehlt sich ein Besuch im **Kafines Stou Mitsou**, ein *tsipouradiko*, das zwischen den Marktständen köstliche gegrillte und gebratene Gerichte anbietet.

Das jüdische Thessaloniki

GESCHICHTE UND ERINNERUNG

Bis zum Zweiten Weltkrieg hatte Thessaloniki die größte jüdische Bevölkerung in Griechenland. Im 15. Jh. lud das Osmanische Reich die aus Spanien vertriebenen sephardischen Juden ein, sich in Thessaloniki niederzulassen, was einen bedeutenden kulturellen Beitrag für die Stadt darstellte. Als Griechenland 1943 von Nazi-Deutschland besetzt wurde, wurden jedoch fast

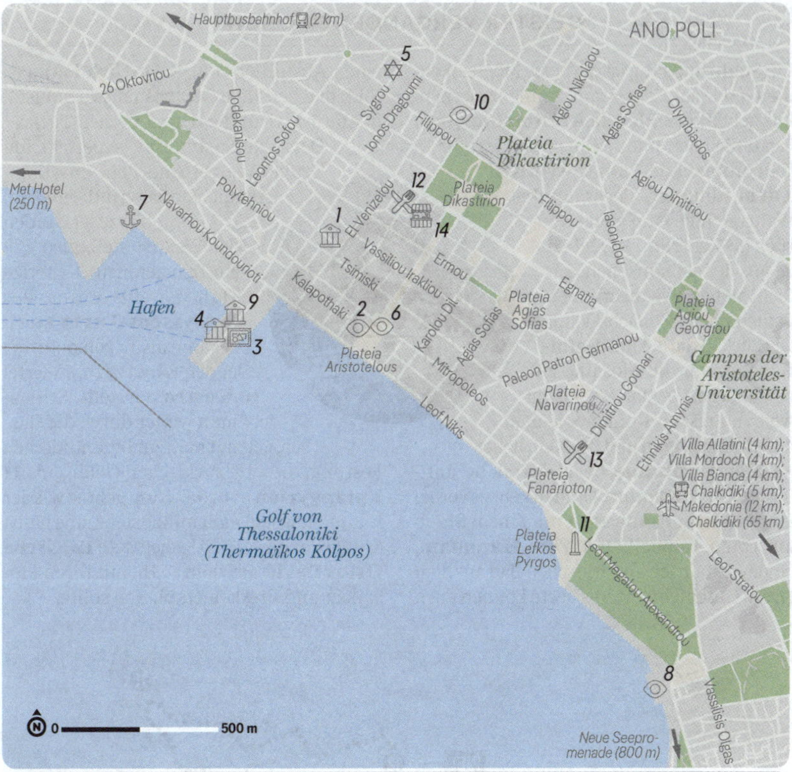

SEHENSWERTES
1 Jüdisches Museum Thessaloniki
2 Ladadika
3 MOMus Experimental Center for the Arts
4 MOMus Thessaloniki Museum of Photography
5 Monastirioton
6 Plateia Aristotelous
7 Hafen von Thessaloniki
8 Die Regenschirme
9 Thessaloniki Cinema Museum
10 Tositsa
11 Weißer Turm

ESSEN
12 Kafines Stou Mitsou
13 Trigona Elenidis

SHOPPEN
14 Kapani-Markt

50 000 Juden nach Auschwitz geschickt; viele Überlebende wanderten nach Israel aus. Heute leben nur noch 1200 Juden in Thessaloniki. Im kleinen, aber informativen **Jüdischen Museum** erfährt man mehr darüber; es gibt eine Datenbank, in der man nach griechisch-jüdischen Einzelpersonen und Familien suchen kann. Die Hauptsynagoge von Thessaloniki, **Monasti-**

ÜBERNACHTEN IN THESSALONIKI

Bahar Boutique Hotel
Ein stimmungsvolles Boutique-Hotel in einem blauen neoklassizistischen Gebäude in einem von Bäumen gesäumten Block in der Innenstadt. **€€**

Electra Palace
Das neu gestaltete Fünf-Sterne-Hotel am Aristoteles-Platz verfügt über zwei Pools, ein Dachrestaurant und eine atemberaubende Aussicht. **€€€**

Zeus is Loose
Ein Hostel (oder eher Poshtel) mit gedeckten Farben, großen Fenstern, eleganten Möbeln und einer Bar auf dem Dach (S. 210). **€**

GEISTER VERGANGENER REICHE

Ein Stadtrundgang ist die beste Möglichkeit, die Geschichte der Stadt kennenzulernen. Los geht's am **1 Plateia Aristotelous**, dem Herzstück der Stadt. Man schlendert die Uferpromenade zum **2 Weißen Turm** hinunter, Thessalonikis Wahrzeichen. Nun geht es zurück ins Zentrum, wo Gebäude aus der osmanischen Zeit dicht neben byzantinischen Bauten stehen. Zunächst lohnt der Blick in die **3 Agia-Sofia-Kirche**, um die Mosaike zu bewundern. Von dort ist es nicht weit zu antiken Ruinen wie dem **4 Galeriusbogen** und der 30 m hohen **5 Galeriusrotunde**, beide aus der byzantinischen Zeit. Richtung Norden geht es vorbei am **6 Forum Romanum** mit einem Stopp am roten Kuppelbau **7 Yeni Hammam**, einem restaurierten türkischen Bad aus dem 17. Jh. Geschichtsinteressierte können auch einen Abstecher zum **8 Atatürk Haus** (s. Bild) machen, dem Geburtshaus von Mustafa Atatürk, Gründer der modernen Türkei.

Der späte Nachmittag ist perfekt, um das Viertel Ano Poli, das Kopfsteinpflasterlabyrinth rund um die Akropolis, zu erkunden (der Weg ist steil, also ggf. ein Taxi nehmen). Der erste Halt ist die Ruine des **9 Alysseos-Turm** (auch bekannt als Trigonionturm), der den Eingang zum Viertel **10 Kastro** darstellt. Schlendert man weiter durch die Gassen, gelangt man zur byzantinischen Festung, die zum türkischen Gefängnis **11 Eptapgyrion** wurde. Nun geht's wieder hinunter, wobei man mindestens eine halbe Stunde für die UNESCO-gelistete **12 Kirche Osios David** aus dem 5. Jh. mit ihren Mosaiken und Fresken einplanen sollte.

Terkenlis

rioton, kann ebenfalls besichtigt werden. Sie diente als Zentrum des Roten Kreuzes und blieb daher im Krieg verschont.

Internationales Filmfestival

AUF DER GROSSEN LEINWAND

Jedes Jahr findet in Thessaloniki das bedeutendste Filmfestival des Landes statt. Es wurde 1960 als nationales Filmfestival ins Leben gerufen und hat sich den Zeiten angepasst: In den ersten Jahren lag der Schwerpunkt auf dem Neuen Griechischen Kino, nach dem Ende der griechischen Militärdiktatur förderte das Festival dann ein viel politischeres Kino. Heute dreht es sich immer noch vor allem um das Arthouse-Kino, wobei der Fokus auf Beiträgen aus den Balkanländern liegt. Jedes Jahr im November wird die Stadt zehn Tage lang mit Vorführungen, Premieren, lebhaften Gesprächen und Diskussionen gefüllt. Cineasten sollten es nicht verpassen. Weitere Infos: filmfestival.gr.

Nea Paralia

STATUEN, MEER UND PANORAMABLICKE

Ein Spaziergang entlang der Uferpromenade Nea Paralia ist in Thessaloniki nicht nur eine Freizeitbeschäftigung, sondern

DIE BESTEN BÄCKEREIEN IN THESSALONIKI

Milano
Die mit Abstand besten *tyropita* (Käsekuchen) der Stadt gibt's in dieser Bäckerei im Viertel Neapoli.

Trigona Elendis
Die *trigona*, mit Pudding gefüllte und mit süßem Sirup beträufelte Dreiecke, sind ein typisches Dessert aus Thessaloniki. Elendis serviert sie seit den 1960er-Jahren.

Bougatsa Bantis
Salziger Käse oder süßer Pudding wird in Filo geschichtet, in Quadrate geschnitten und warm serviert. Das ideale Frühstück.

Terkenlis
Tsoureki, das leicht süße, zähe Hefegebäck mit dem unverwechselbaren Geschmack von Mastix, ist der griechische Hefezopf. Man isst es pur oder mit Schokolade überzogen und mit Kastanienpüree, Nüssen oder Trockenfrüchten gefüllt.

ÜBERNACHTEN IN THESSALONIKI

Antigon Boutique Hotel
Ein städtisch schickes Hotel, in dem man sein Frühstück auf einem über Steinruinen schwebenden Glasboden genießen kann. **€€€**

The Triology House
Designliebhaber werden von dem Gebäude aus den 1920er-Jahren mit einem Mix aus modernen und neoklassischen Elementen begeistert sein. **€€**

Little Big House
In diesem hübschen und vielseitigen Hostel im charmanten Ano Poli kann man zwischen privaten Doppelzimmern und kleinen Schlafsälen wählen. **€**

AUSGEHEN IN THESSALONIKI

Vasileios Bakasis, Chemieingenieur bei Tag, Restaurantkritiker bei Nacht, verrät seine Lieblingslokale im Stadtzentrum. *@vasileios.bakasis*

Alea
Lust, alte und seltene griechische Weine zu probieren oder lieber einen Bordeaux aus den 1980er-Jahren? Betritt man diesen rustikalen Ort, liegt der Geruch von Korken und Iberico-Schinken in der Luft.

Nectar Distillery
In der obersten Etage des Design-Hostels Zeus is Loose (S. 207) befindet sich diese Bar mit einer großartigen Aussicht. Die charakteristischen Cocktails würdigen Kreaturen aus der griechischen Mythologie.

Gorilla
Im Stadtteil Valaoritou, dem alternativsten Viertel von Thessaloniki, befindet sich die Gorilla-Bar. Hier treffen hochwertige Getränke auf Partystimmung, wenn das Wochenende vor der Tür steht.

PIT STOCK.SHUTTERSTOCK ©

Stadtviertel Ladadika

praktisch eine Lebenseinstellung. Im Griechischen gibt es dafür sogar ein eigenes Wort: *volta*. Man beginnt am Hafen, wo in diesem ehemals schäbigen Teil der Stadt eine Reihe neuer Cafés und Restaurants eröffnet wurden. In Richtung Weißer Turm (S. 206) kommt man an Händlern vorbei, die geröstete Erdnüsse und Popcorn verkaufen, an Straßenkünstlern, die Gitarre spielen, an Joggern und an Kindern, die vor Freude schreien. Auf dem weiteren Weg steht links die Statue Alexanders des Großen, während rechts das Kunstwerk „Die Regenschirme", das der griechische Bildhauer Giorgios Zongolopoulos 1997 schuf, als Thessaloniki Kulturhauptstadt Europas war, die Skyline perfekt einrahmt. Man kann bis zur Konzerthalle von Thessaloniki laufen, ohne die Uferpromenade zu verlassen. Der 3,5 km lange Spaziergang ist bei Sonnenuntergang besonders schön.

Der Hafen von Thessaloniki

ZEITGENÖSSISCHE KUNST UND NACHTLEBEN

Vor über 2300 Jahren wurde der Hafen von Thessaloniki von König Kassander von Makedonien gebaut. Als Hauptstadt der römischen Provinz Makedonien war der Hafen ein wirtschaftlich und militärisch strategisch wichtiger Vorposten. In den folgenden Jahrhunderten wurde er regelmäßig von verschiedenen Besatzungs- und Invasionsmächten angegriffen und wieder aufgebaut. Der am Rande der Uferpromenade gelegene Hafen hat in den letzten Jahren ein ganz neues Gesicht bekommen.

OUZO TRINKEN & *MEZEDHES* ESSEN IN THESSALONIKI

Stou Mitsou
Diese *ouzerie* (Ouzo-Restaurant) versteckt sich am Kapani-Markt und ist auf frische Fischgerichte spezialisiert. €

Lola
Eine *ouzerie* mit kykladischem Flair. Unbedingt den sonnengetrockneten Oktopus probieren. €

Karavokyris
In dieser *ouzerie*, die von einem syrischen Koch geführt wird, werden arabische *mezedhes* wie Baba Ganoush und Tabouleh serviert. €

Heute, da keine ausländischen Armeen mehr versuchen, ihn zu erobern, ist er zur Hochburg der zeitgenössischen Kunst geworden und beherbergt das **MOMus Thessaloniki Museum of Photography**, das **MOMus Experimental Centre for the Arts** und das **Thessaloniki Cinema Museum**. An dem beliebtesten Treffpunkt der Stadt räkeln sich Pärchen auf Holzstühlen und sitzen Teenager am Rand des Hafens, die die Füße Richtung Wasser strecken. In der Nähe des Hafens liegt das Viertel **Ladadika**, wo ehemalige Lagerhäuser aus Backstein zu Tavernen, Cafés und Bars umgebaut wurden. Besonders nachts wird das ganze Viertel lebendig.

Auf der Plateia Aristotelous Leute beobachten

MARMOR, CAFÉS UND BOULEVARDS

Thessalonikis Herzstück ist zweifellos der **Aristotelesplatz**, eine Mischung aus einem Pariser Boulevard, den überdachten Arkaden von Bologna und dem Markusplatz in Venedig, mit unverkennbar griechischem Flair. Die neoklassizistischen, pastellfarbenen Gebäude, die den Platz säumen, wurden alle von verschiedenen Architekten erbaut, und es herrscht ein ständiges Gewusel von Menschen, die die *plateia* (Platz) aus Marmor überqueren. Da es die Hauptverkehrsader der Stadt ist, kommt man hier sicherlich mehrmals vorbei. Hier kann man gut Kaffee trinken oder sich auf eines der Dächer begeben, um einen Panoramablick auf den Platz und das Meer zu genießen. Und natürlich sollte man sich die Gelegenheit nicht entgehen lassen, ein frisches *tsoureki* aus der Bäckerei Terkenlis (S. 209) zu naschen.

Ist Makedonien griechisch?

GESCHICHTE UND NATIONALISMUS

Wenn es darum geht, Anspruch auf ganz Makedonien zu erheben, ist niemand so hartnäckig wie die Thessaloniker:innen. „Makedonien ist Griechenland", ist ein gängiger Graffiti-Spruch, und es dürfte schwer werden, Thessaloniker:innen zu finden, die das Land Nordmazedonien anders als „Skopje" (Hauptstadt) nennt. Statuen von Alexander dem Großen und seines Vaters Philipp sind überall in der Stadt zu finden, und „Makedonien" ist ein gängiger Name für Hotels und Restaurants. Der nationalistische Eifer kann manchmal etwas übertrieben sein – aber für einen (äh, etwas voreingenommenen) Crash-Kurs in Geschichte empfiehlt sich ein Besuch im **Museum des Makedonischen Kampfes**.

DIE BESTEN RESTAURANTS IN THESSALONIKI

Mourga
Hervorragendes Restaurant mit einer täglich wechselnden Speisekarte mit Schwerpunkt auf Meeresfrüchten und lokalen Zutaten sowie einer ausgezeichneten Auswahl an griechischen Naturweinen.

Taverna Igglis
In diesem stimmungsvollen Restaurant in Ano Poli gibt es traditionelle griechische Tavernengerichte und dazu *rembetika* (Bluesmusik).

Iliopetra
Das Restaurant in Ano Poli bietet jeden Tag andere Menüs mit Zutaten aus der Region und traditionellen Rezepten, die modern interpretiert werden.

Deka Trapezia
Das Restaurant mit kleinen Portionen und nur wenigen Tischen serviert gehobene griechische Klassiker in schickem Ambiente.

Katsamaka
Köstliche gegrillte Fleischsandwiches (Gyros-Pita und *kontosouvli*, ein größeres Souvlaki, sollte man sich nicht entgehen lassen) und Tavernenklassiker im Zentrum.

UNTERWEGS VOR ORT

Angesichts der überfüllten öffentlichen Busse, der wirklich erschreckenden Fahrweise und der Tatsache, dass der Bau der U-Bahn ständig durch archäologische Funde gestört wird, ist Thessaloniki eine Stadt, die sich am besten zu Fuß erkunden lässt. Abgesehen von dem hügeligen Viertel Ano Poli liegt die Stadt auf Meereshöhe und ist recht flach und bequem zu erkunden.

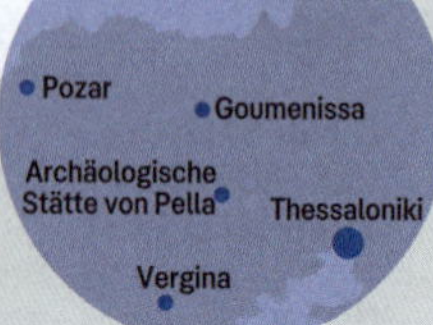

Rund um Thessaloniki

In der Umgebung von Thessaloniki warten heiße Quellen, antike Ruinen und eine hügelige Landschaft, in der einige der interessantesten Weingüter des Landes zu finden sind.

Thessaloniki ist zwar die Hauptstadt Makedoniens, aber historisch gesehen ist das Gebiet rund um die Stadt am bedeutendsten. Der Geburtsort Alexanders des Großen, des berühmtesten Makedoniers, liegt nur eine Autostunde außerhalb von Thessaloniki in der ehemaligen Königsstadt Pella, die königlichen Gräber und die letzte Ruhestätte seines (etwas weniger) ruhmreichen Vaters, Philipp II. von Makedonien, befinden sich 11 km entfernt.

Verlässt man die Stadt Richtung Westen, kommt man in eine üppige Landschaft, in der man einige der interessantesten Naturweingüter Griechenlands besuchen kann. Weiter nördlich, nahe der Grenze zu Bulgarien, entstanden durch thermische Aktivitäten eine Reihe von Thermalquellen, die Besucher aus beiden Ländern anziehen.

TOP TIPP

Um sich fortzubewegen, ist ein eigenes Auto am besten geeignet, wenn man die Weingüter oder Thermalquellen besuchen möchte, die nicht von öffentlichen Verkehrsmitteln angefahren werden.

Thermalquellen von Pozar

Natürliche Spas in Pozar

THERMALQUELLEN UNTER DEN STERNEN

Nahe der Grenze zu Bulgarien gibt es ein Netz von Thermalquellen, Naturpools und Flüssen, deren Wasser auf natürliche Weise auf 37 °C erwärmt wird. Thermalwasser wird in Griechenland schon seit langem als Heilmittel für müde Körper eingesetzt; dieses spezielle Thermalbad wird seit den 1960er-Jahren genutzt und ermöglicht auf wohltuende Art, Spannungen zu lösen.

Man kann nicht nur unter freiem Himmel baden, sondern auch aus 48 individuellen Innenbädern wählen. Nachts, unter dem Sternenhimmel und bei Vollmond, ist es ein besonders beeindruckendes Erlebnis. Das 105 km nordwestlich von Thessaloniki gelegene **Pozar** bietet sich für einen Tagesausflug an, doch für die ultimative Entspannung sollte man übernachten.

Die archäologischen Stätten von Vergina & Pella

ALTE KÖNIGSGRÄBER UND STÄDTE

Der Held Nordgriechenlands ist zweifellos Alexander der Große, König des antiken Makedoniens, der im 4. Jh. v. Chr. einige Jahrzehnte lang riesige Landstriche in Europa und Asien eroberte und Griechenland bekannt machte. Eines der größten archäologischen Rätsel unserer Zeit ist die Frage, wo genau dieser berühmte Herrscher begraben wurde. Vielleicht sind die Gräber von **Vergina** deshalb so bedeutend.

Die UNESCO-Welterbestätte und das zugehörige Museum sind wirklich beeindruckend: Über Kilometer erstrecken sich der Palast Philipps II. (das größte und aufwändigste erhaltene Gebäude des klassischen Griechenlands), das Theater, in dem Philipp ermordet wurde, die Heiligtümer der Eukleia und der Mutter der Götter, die Stadtmauern und die königliche Nekropole mit mehr als 500 *tumuli* (Hügelgräber), darunter zwölf überdimensionale, tempelartige Gräber. Die meisten dieser Gräber wurden geplündert, weshalb das Grab von Philipp, das 1977 völlig unversehrt freigelegt wurde, umso beeindruckender ist.

Eine 40-minütige Fahrt von Vergina entfernt liegt die archäologische Stätte von **Pella**. Die einst glorreiche Stadt Pella wurde von dem dynastischen König Archelaos (413–399 v. Chr.) gegründet, der sie zur Hauptstadt Makedoniens machte. Die meisten Artefakte sind im angeschlossenen Museum zu sehen; am interessantesten ist die Abteilung mit den Grabschätzen, darunter Helme, Schwerter, das malvenfarbene Gewand und der bemerkenswerte Goldschmuck der Dame von Aigai, der Ehefrau von Amyntas I.

Es ist möglich, beide Orte am selben Tag zu besuchen.

XINOMAVRO

Weinliebhaber sollten sich die Gelegenheit nicht entgehen lassen, die bekannteste Rebsorte Nordgriechenlands zu probieren: *xinomavro*. Im Griechischen bedeutet *xino* sauer und *mavro* schwarz; diese sauer-schwarze Traube ist eine der vier griechischen Ambassador-Rebsorten.

Die in Nordgriechenland beheimatete Rebsorte gedeiht besonders gut in den Bergregionen von Pella und Goumenissa, wo sie facettenreiche und eigenwillige Weine hervorbringt. Sie wird oft mit Nebbiolo oder Pinot Noir verglichen, hat eine schöne rubinrote Farbe, ist reich an Tanninen und hat einen hohen Säuregehalt.

ÜBERNACHTEN RUND UM THESSALONIKI

Olympia Guesthouse
Ein einfaches Gästehaus nur fünf Gehminuten von der archäologischen Stätte von Pella entfernt. **€**

Pozar Salt Cave Hotel Spa
Ein etwas kitschiges Drei-Sterne-Hotel mit Salzgrottenzimmern in der Nähe der Thermalquellen von Pozar. **€€**

Varosi Guesthouse
Stimmungsvolle Pension mit altmodischen Details (antike Messingbetten, bestickte Vorhänge) im Dorf Edessa. **€**

DIE BESTEN WEINGÜTER IN PELLA & GOUMENISSA

Domaine Tatsis
Während der Zwangsumsiedlung 1924 verließ die Familie Tatsis die Türkei und ließ sich in Griechenland nieder, wo sie das Familienunternehmen fortsetzte: den Weinanbau. Tatsis gilt als der Urvater des Naturweins in Griechenland. In den 1990er-Jahren gehörte die Familie zu den ersten, die natürliche und biodynamische Verfahren auf dem Feld und bei der Gärung einsetzten.

Domaine Ligas
Thomas Ligas, der seine Ausbildung in Frankreich absolvierte, ließ sich in den 1980er-Jahren in Pella nieder und begann mit biodynamischen Techniken, um das Terroir aufzuwerten. Das Weingut gehört heute seinen Kindern, die die natürliche Atmosphäre beibehalten haben und für ihre Orangenweine bekannt sind.

Domaine Hatzivaritis
Neben den griechischen Rebsorten stellt Hatzivaritis auch Weine aus bekannten Rebsorten wie Merlot und Chardonnay her. Das Weingut ist eines der größeren in der Region und legt den Schwerpunkt auf Bio- sowie natürlichen Anbau und Gärung.

LARS OVE JONSSON/SHUTTERSTOCK ©

Weinrebe, Pella

Geführte Touren & Verkostungen in Pella & Goumenissa

BIO-WEINBERGE UND BIODYNAMISCHER WEIN

Es gibt nur wenige Orte, die sich so gut für den Weinbau eignen wie die Regionen Pella und Goumenissa. Seit der Antike wird diese fruchtbare Ecke Griechenlands mit dem Weinbau in Verbindung gebracht und poetisch als „Mutter des Weines, wo die Reben gedeihen" beschrieben. Besonders bekannt für Rotweine (aus den lokalen Trauben *xinomavro* und *negoska*), findet man hier versteckte Weinkellereien, die einige der dynamischsten Naturweine des Landes erzeugen. Die Landschaft – sanfte, grüne Hügel mit Weinreben – trägt nur noch mehr zum Reiz bei.

Man sollte unbedingt vorher anrufen, um einen Besuch zu reservieren – und man sollte die Erntezeit meiden, denn dann arbeiten alle und können nicht bedienen. Meist umfasst der Besuch eine Besichtigung der Weinberge sowie die Verkostung einiger Flaschen und Snacks. Wer am Tag des Heiligen Tryphon (1. Feb.) in der Gegend ist, erlebt die lokalen Feierlichkeiten zu Ehren des Schutzpatrons des Weinbaus. Wer bei der Weinlese – eine anstrengende, aber lohnende Erfahrung – mitmachen möchte, sollte vorher bei den Weingütern anrufen und fragen, ob noch zusätzliche Helfer gesucht werden. Die Erntezeit variiert je nach Wetterlage von Jahr zu Jahr, liegt aber normalerweise im Spätsommer oder Frühherbst.

UNTERWEGS VOR ORT

Hier kann man sich nicht auf den Bus verlassen, um herumzukommen – für Besuche auf den Weingütern sollte man sich frei bewegen können. Am besten mietet man ein Auto.

CHALKIDIKI

Griechenlands Inseln sind bei den Besucher:innen sehr beliebt, aber das bekannte Sprichwort „Nirgendwo ist es so schön wie in Chalkidiki“ vermittelt einen Eindruck davon, was das Festland den Einheimischen bedeutet.

Eine Autostunde von Thessaloniki entfernt, ist diese dickbäuchige, dreifingrige Halbinsel ein Rausch der Sinne und ein bevorzugter Urlaubsort für die Menschen der Region. Duftende Pinienwälder (aus denen der beste Honig des Landes gewonnen wird) fallen sanft zum karibikblauen Wasser mit seinen weißen Sandstränden und unbewohnten Inselchen ab. Wenn die Hitze zu erdrückend ist, kann man in die traditionellen Bergdörfer flüchten oder eine Wanderung durch dichte Eichenwälder mit gurgelnden Bächen und stürzenden Wasserfällen machen.

Und dann gibt es natürlich noch Ouranoupoli mit dem Berg Athos: eine der heiligsten Stätten der griechisch-orthodoxen Gemeinde und ein religiöser Wallfahrtsort, der Männern vorbehalten ist (Frauen, denen der Zutritt verboten ist, können die Aussicht vom Boot aus genießen).

TOP TIPP

Jeder der drei Teile der Halbinsel hat seinen eigenen Charme. Kassandra ist am besten entwickelt, mit endlosen Resorts, Stränden mit vielerlei Einrichtungen und Nachtleben. Sithonia ist eher alternativ und eignet sich am besten für diejenigen, die in die Natur flüchten wollen. Athos beherbergt natürlich den heiligen Berg Athos, hat aber auch eine unberührte Küste und schicke Hotels zu bieten.

Beten am Athos

BERGE, MÖNCHE UND MYSTIKER

Obwohl der Berg **Athos** am stärksten mit dem orthodoxen Christentum verbunden ist, hat er eine andere, noch ältere spirituelle Vergangenheit: Der hellenischen Religion zufolge entstand der Berg, als Athos, einer der thrakischen Giganten, einen gewaltigen Felsen nach Poseidon warf. Der Felsen stürzte ins Ägäische Meer und wurde zum Berg Athos.

Erst im 4. Jh. wurde dieser südliche Zipfel der östlichsten Halbinsel christianisiert, und Einsiedlermönche ließen sich nieder, weil sie hier einen idealen Ort für die friedliche Anbetung Gottes fanden. Diese Gemeinschaften wurden immer größer, und 963 wurde das erste Statut niedergeschrieben, das die Rechte dieser heiligen Männer anerkannte. Der Berg Athos umfasst heute 20 Klöster mit über 2000 Mönchen, die im gleichen Rhythmus leben und arbeiten wie vor elf Jahrhunderten. Der athonitische Staat wurde noch nie angegriffen, und jeder, vom osmanischen Sultan bis zum Nazi-General, hat die Halbinsel in Ruhe gelassen.

Das selbstverwaltete Gebiet um den Athos ist nur männlichen Besuchern zugänglich (S. 217) – mit einer Sondergenehmigung, die man frühzeitig in Thessaloniki oder Ouranoupoli beantragen muss. Jedes Kloster hat seinen eigenen Charakter; zwei der beeindruckendsten sind Iviron, das wie eine Festung gebaut ist und die Ikone der Panagia Portaitissa beherbergt, und das **Kloster Panteleimon** (bekannt als das „russische“ Kloster). Für einen umfassenderen Ausflug bietet sich eine Tageskreuzfahrt entlang der Küste des Athos an, bei der man die Klostertürme und Berge vom Meer aus sehen kann.

OLYNTH

Die antike Stadt Olynth hat eine dunkle Vergangenheit: Ursprünglich 650 v. Chr. von Flüchtlingen aus Pereia besiedelt, wurde sie 200 Jahre später von den Persern zerstört. Nach dem Beitritt zum athenischen Bündnis blühte die Stadt eine Zeitlang auf, da ihre Armee wuchs und sie ihre Grenzen in den Peloponnesischen Kriegen ausdehnte. Sie wurde von den Spartanern zerstört, und nachdem sie kurzzeitig wieder auf die Beine gekommen war, von Philipp II. erneut zerstört – und nie wieder aufgebaut. Heute befinden sich die meisten Artefakte der Stätte im Archäologischen Museum in Thessaloniki, aber die großartigen Mosaikböden und Stadtmauern sind erhalten geblieben.

CHALKIDIKI

SEHENSWERTES
1 Antikes Stagira
2 Glarokovas
3 Athos
4 Nea Potidea
5 Nikiti
6 Olynthus
7 Pyrgos Prosforeiou
8 Sani
9 Varvara

Insel-Hüpfen

UNBEWOHNTE INSELN UND UNBERÜHRTE GEWÄSSER

Chalkidiki ist vielleicht gerade deshalb so berühmt, weil es keine Insel ist – zwischen den Halbinseln Sithonia und Athos gibt es aber eine Handvoll Eilande, die absolute Abgeschiedenheit vermitteln. Östlich von Sithonia liegt **Diaporos**, eine Ansammlung unbewohnter Inseln, die in unglaublich klarem, türkisfarbenem Wasser liegen. In Vourvourou auf Sithonia kann man ein Boot mieten und auf eigene Faust auf Erkundungstour gehen und ankern, wo immer das Herz begehrt (kein Boots-

ESSEN AUF CHALKIDIKI

O Miltiadis
Im Dorf Agios Prodromos gibt es die besten Souvlaki der Gegend. Sie sind jeden Tag ausverkauft, also früh kommen. **€**

Andromeda
Schick speisen am Meer in Nikiti, wo griechische Zutaten raffiniert in Szene gesetzt werden. **€€€**

Trizoni
Frischer Fisch und Käse aus der Region in einem privaten Garten im Schatten der Maulbeerbäume auf Kassandra. **€€**

NONIXPHOTO/SHUTTERSTOCK ©

Kloster Panteleimon (S. 215)

führerschein erforderlich). Man sollte auf jeden Fall genügend Essen und Getränke für den Tag mitnehmen.

Von Ouranoupoli fahren täglich Fähren nach **Ammouliani**, einer Insel mit grasbewachsenen Feldern, die in Sandstrände übergehen, und einem Dorf mit zahlreichen Übernachtungs- und Essensmöglichkeiten. Wer mehr Abgeschiedenheit wünscht, sollte nach **Drenia** fahren, das von fünf kleinen Satelliteninseln umgeben ist (kräftige Schwimmer können zwischen den Inseln schwimmen). Diese Inseln, auch als Eselsinseln bekannt (einer lokalen Legende zufolge brachten die Menschen früher ihre Esel zum Ausruhen hierher), bieten einige der unberührtesten Küstenabschnitte der Region. Es gibt einen Strand mit Erfrischungen, und wie auf Diaporos kann man mit dem eigenen Boot von der Küste aus hierher fahren.

Das antike Stagira

AUF DEN SPUREN EINES PHILOSOPHEN

Aristoteles, einer der größten Philosophen des Abendlandes, wurde 384 v. Chr. in Chalkidiki, in der antiken Stadt **Stagira**, geboren. Die Stadt wurde 348 v. Chr. von Philipp II. von Makedonien, dem Vater von Alexander dem Großen, besetzt und zerstört. Philipp baute die Stadt später

WARUM KEINE FRAUEN?

Der Athos (S. 215) ist seit 1060 eine reine Männerdomäne, als Konstantin IX. Monomachos Frauen, weibliche Haustiere, bartlose Personen und Eunuchen verbot. Bis heute sind Frauen und weibliche Tiere (außer Vögel) verboten.

Das heißt aber nicht, dass das Verbot nicht übertreten wurde. 1821 wurden Frauen und Kinder, die im Unabhängigkeitskrieg Zuflucht suchten, in den Klöstern aufgenommen. Aber die interessanteste Geschichte ist die von Aliki Diplarakou, einer wohlhabenden Griechin und ehemaligen Miss-Europa-Gewinnerin: In den 1930er-Jahren segelte Diplarakou auf ihrer Yacht an Athos vorbei. Als sie von dem Verbot erfuhr, lieh sie sich die Kleidung eines Matrosen, sprang von Bord und betrat den Berg Athos als Mann verkleidet.

MEHR GESCHICHTE

Um mehr über Philipp II. und seinen Sohn Alexander den Großen zu erfahren, empfiehlt sich ein Besuch der archäologischen Stätte von **Vergina** (S. 213).

Boukadoura
Leicht abgewandelte traditionelle griechische Rezepte mit unglaublich frischen regionalen Zutaten in Sithonia. **€€**

Aristos
Eine klassische Fischtaverne, die es seit 1971 in Sithonia gibt, mit Spezialitäten aus dem Fang des Tages. **€**

Melia
Gehobene griechische Küche in einem minimalistischen Restaurant in einem Pinienwald außerhalb von Vourvourou. **€€**

DIE BESTEN STRÄNDE OHNE EINRICHTUNGEN

Kap Possidi (Kassandra)
Diese atemberaubende weiß-goldene Sandbank reicht weit ins Wasser und bietet einen Panoramablick auf das Mittelmeer. Es gibt einen Leuchtturm, aber sonst keine Einrichtungen.

Kriaritisi (Sithonia)
Die kleine goldene Bucht, versteckt hinter ein paar Felsen, ist ein geheimer FKK-Strand, an dem manche auch wochenlang ihr Lager aufschlagen.

Tigania (Sithonia)
Dieses versteckte Fleckchen Erde mit tollem Blick auf den Berg Athos besteht aus drei Sandbuchten. Sonst gibt's nur eine Hippie-Strandbar und eine Handvoll Sonnenschirme aus Palmenblättern.

Kavourotrypes (Sithonia)
Wer eine Pause vom Sand braucht, sollte diese zerklüfteten Buchten aufsuchen (der Name bedeutet „Krabbenlöcher"). Es gibt keine Einrichtungen, die Buchten sind aber beliebt, also früh kommen, um einen Platz zu erhaschen.

wieder auf, als Gegenleistung dafür, dass Aristoteles Alexander unterrichtete.

Die auf 500 m Höhe gelegenen, weitläufigen Ruinen (die befestigten Stadtmauern und die Überreste einer Zitadelle sind noch zu sehen) bieten einen herrlichen Blick auf das Meer und sind nicht allzu überlaufen, sodass man sich das Leben im antiken Griechenland gut vorstellen kann. Eine 17 km lange Wanderung beginnt im Aristoteles-Park, einem modernen Komplex mit einer Reihe von Messinstrumenten, darunter ein Kompass und eine Sonnenuhr, die die grundlegenden Naturgesetze veranschaulichen, wie sie in Aristoteles' *Physik* beschrieben sind. Wenn man weitergeht, erreicht man schließlich das antike Stagira; die Wanderung dauert etwa sechs Stunden. Die Stätten können auch mit dem Auto besucht werden.

Chalkidikis Strände

SONNE, SAND, SURFEN

Die Strände von Chalkidiki sind aus gutem Grund so beliebt – es gibt 500 km Küstenlinie zu erkunden, und die Region hat mehr Sandstreifen zu bieten als die meisten Inseln. Zunächst muss man sich entscheiden, ob man einen Strand mit Einrichtungen (mit Liegestühlen, Bars, Kantinen, Toiletten, Umkleidekabinen und meist lauter Musik) oder einen Strand, bei dem man alles selbst mitbringen muss, bevorzugt. Auf Kassandra, der ersten Etappe, gibt es fast ausschließlich Strände mit Einrichtungen; etwas wilder geht es auf Sithonia zu, wo sogar FKK-Strände existieren.

Glarokovas auf Kassandra ist ein natürlicher Sandhafen, der sich sehr weit ausdehnt und daher ideal für große Gruppen ist. Hier gibt's tolle Strandbars und Imbisswagen, und auf den Felsen kann man angeln. **Sani** ist einer der größten Strände Kassandras, mit duftenden Pinienwäldern, die bis zum mit der Blauen Flagge ausgezeichneten weißen Sandstrand reichen. Hier findet man viele Annehmlichkeiten für Familien und Kinder. Wassersportbegeisterte sollten sich nach Nea Potidia begeben, ebenfalls auf Kassandra, wo man zahlreiche Wasserspielzeuge mieten kann, die das Herz höher schlagen lassen.

Chalkidikis Schönheit zeigt sich auch unter der Wasseroberfläche. Zum Tauchen empfiehlt sich ein Ausflug nach **Nikiti** in Sithonia, wo das fachkundige **Atlantis Diving Centre** (atlantis-scubadiving.com) Tauchexpeditionen für Anfänger und Kinder anbietet. Das ist die Chance, Skorpionfische, Seebarsche und einen mit Anemonen übersäten Meeresboden zu sehen.

ÜBERNACHTEN AUF CHALKIDIKI

Sarti Vista B&B Resort
Ländliches Resort mit Selbstversorger-Apartments in Sithonia mit herrlichem Blick auf den Berg Athos. €€

Sani Resort
Familienfreundliches Fünf-Sterne-Resort auf Kassandra mit vielen Annehmlichkeiten, das man nur verlassen muss, wenn man es will. €€€

iCamp Max
Glamping der Extraklasse in einem Kiefernwald auf Sithonia. €€

ARNAOUTIS CHRISTOS/SHUTTERSTOCK ©

Pyrgos Prosforeiou

Chalkidikis byzantinische Steintürme

HIMMELHOHE GESCHICHTE

Überall auf Chalkidiki findet man Steintürme, ein Überbleibsel aus der byzantinischen Zeit, in der sie als Klöster oder Verteidigungsanlagen genutzt wurden. Einige sind verfallen, aber andere sind gut erhalten und einen Besuch wert – vor allem der **Pyrgos Prosforeiou** in Ouranoupolis. Ursprünglich im 12. Jh. erbaut, erhielt der Turm in den 1920er-Jahren ein neues Leben, als das britisch-australische Ehepaar Joyce und Sydney Loch das Gebäude kaufte und zu einer humanitären Umsiedlungseinrichtung für Flüchtlinge des griechisch-türkischen Krieges von 1920 umfunktionierte. Heute ist das Gebäude ein Museum, in dem wechselnde Kunstausstellungen gezeigt werden.

Wildes Baden in Varvara

VERWUNSCHENE WÄLDER UND MAGISCHE WASSERFÄLLE

Im üppigen östlichen Landesinneren von Chalkidiki warten einige der interessantesten wilden Bademöglichkeiten, die die Halbinsel zu bieten hat. Hier tauscht man das salzige Mittelmeer gegen die kühlen, klaren natürlichen Teiche am Fuß mehrerer

DIE BESTEN CAMPINGPLÄTZE AUF DER HALBINSEL SITHONIA

Armenistis Camping
Dieser beliebte Campingplatz liegt an einem Sandstrand in einem Kiefernwald. Es gibt ein Restaurant, Bars, einen Lebensmittelladen, ein Kino, Sportplätze und ein Gesundheitszentrum. Zur Wahl stehen Campingplätze, Zelte, Bungalows oder Glamping. Im Sommer gibt es legendäre Tanzpartys mit DJs bis tief in die Nacht.

Akti Oneirou
Der luxuriöse Campingplatz an einem Privatstrand hat eher den Charakter eines Resorts. Man kann elegante, moderne Bungalows und Wohnmobile mieten, und es gibt reichlich Platz, um ein Zelt aufzustellen.

Areti Camping
Wer mal eine Pause von anderen Menschen braucht, sollte hier sein Zelt aufschlagen – ein schnörkelloser Campingplatz am Ende einer unbefestigten Straße. Zwei Sandstrände sind zu Fuß erreichbar.

Blue Bay Hotel
Familienfreundliches Hotel mit modernen Zimmern und einem Pool mit Mosaikboden auf Kassandra. **€€**

Ekies All Senses
Glamouröses Fünf-Sterne-Resort mit vielen modernen Elementen auf Sithonia, das auf Gäste in den Flitterwochen ausgerichtet ist. **€€€**

Xenios Zeus
Preisgünstige Pension im Zentrum von Ouranoupoli, luftig und sauber, wenn auch nicht sehr modern. **€**

Cholomondas

ARNEAS ARCHITEKTUR

Ein Großteil von Chalkidiki wurde für den Massentourismus umgestaltet, und das macht das verschlafene kleine Dorf Arnea so besonders. Einst eine wichtige Weberstadt, ist sie in der ganzen Region für ihre gut erhaltene makedonische Architektur bekannt. Die im 19. Jh. erbauten zweistöckigen Holz- und Steinhäuser sind in leuchtenden Farben gestrichen; es ist ein Genuss, durch die kopfsteingepflasterten Straßen zu schlendern.

versteckter Wasserfälle. Von Olympiada aus fährt man Richtung **Varvara** durch dichtes Blattwerk – eine der landschaftlich reizvollsten Strecken in der Region. Eine 4 km lange Wanderung durch den Wald führt zu den Varvara-Wasserfällen, an denen man sich für einen Tag wie eine Fee fühlen kann.

Cholomondas

ABENTEUER IN DEN BERGEN

Über den drei Halbinseln erhebt sich der Cholomondas mit einem üppigen, weitläufigen Netz von Bächen und Quellen, das von Kastanien, Eichen, Tannen und Kiefern beschattet und von Wildblumenfeldern durchzogen wird. Das Gebiet, das von der Forstverwaltung in Zusammenarbeit mit der Aristoteles-Universität Thessaloniki verwaltet wird, beherbergt alle Arten von Wildtieren, darunter Füchse, Wildschweine und Wölfe, sowie eine beeindruckende Anzahl von Vögeln, die dieses Gebiet zu einem Paradies für Vogelbeobachter machen.

Mit seinen scharfen Kurven und steilen Anstiegen eignet sich der Cholomondas besonders gut zum Mountainbiken, entweder allein oder auf organisierten Touren mit dem **Breakfree Mountain Biking Club** (facebook.com/breakfreemtb). Wer lieber festen Boden unter den Füßen hat, kann einem der vielen markierten Wege durch den Wald folgen.

UNTERWEGS VOR ORT

Chalkidiki eignet sich hervorragend für eine Autotour, denn mit dem eigenen Auto kann man die Strände, Dörfer und Berge in aller Ruhe erkunden. Der Busverkehr in der Region ist begrenzt und die Fahrpläne sind lückenhaft.

DER OLYMP

Der höchste Gipfel Griechenlands hat eine genauso erhabene Geschichte: Er soll die Heimat der zwölf olympischen Götter sein und ein Ort, an dem Zeus Blitze schleuderte und die alten Griechen am Fuß des Berges beteten. Heute findet man hier eher Kiwi-Farmen und Wanderer als hellenische Mystiker (obwohl es auch davon noch ein paar gibt), aber der Olymp ist immer noch einer der schönsten und energiegeladensten Orte des Landes.

Ein Netz der besten Wanderwege Griechenlands führt durch eine üppige Landschaft, die von eiskalten Flüssen, natürlichen Schwimmbecken und Wasserfällen durchzogen ist. Die interessantesten Abschnitte des Gebirges sind nur zu Fuß erreichbar. Jedes Jahr erklimmen Heerscharen von Wanderern die Gipfel und durchqueren die Schluchten. Die meisten wählen den Hauptort der Region, Litochoro, als Ausgangspunkt. Hinzu kommen charmante Dörfer, rustikale Tavernen, byzantinische Kirchen und ein zugängliches Meer – und schon hat man einen der besten Urlaubsorte in Nordgriechenland.

TOP TIPP

Die beste Zeitpunkte für einen Besuch des Olymp sind der späte Frühling und der frühe Herbst, wenn das Wetter gut ist und die Menschenmassen noch überschaubar sind. Im Winter sind die meisten Wanderwege wegen gefährlicher Wetterbedingungen geschlossen.

Das antike Dion

ÜBER GÖTTER UND STERBLICHE

Im Schatten des Olymp liegen die Ruinen von **Dion**, ein grünes Heiligtum, in dem die alten Makedonier die olympischen Götter anbeteten, vor allem Zeus, von dem man annahm, dass er auf dem Gipfel des Berges residierte. Alexander der Große opferte hier vor seinen Eroberungen den Göttern, und noch immer liegt eine besondere Energie über dem weitläufigen Komplex.

Man kann locker ein paar Stunden damit verbringen, durch die Ruinen zu wandern: Zuerst erreicht man das **Demeter-Heiligtum** aus dem 6. Jh. v. Chr., weiter geht's zum unter Bäumen liegenden **Zeus-Hypsistos-Heiligtum** mit Kopien von Statuen und Säulenbasen. Höhepunkt ist das **Heiligtum der Isis**, wo eine Statue der ägyptischen Göttin der Geburt zwischen raschelndem Bambus aufragt (das Heiligtum ist meist überflutet). Auch andere Bauten, darunter Ruinen christlicher Basiliken und mit Mosaiken verzierte öffentliche Bäder, sind zu sehen.

Man muss auf Schlangen achten (in der Antike dachte man, sie beschützen die Tempel), es gibt hier aber auch viele andere Tiere, darunter Frösche und Vögel. Im antiken Dion kann man wunderbar am Fluss sitzen und Feigen von den Bäumen pflücken – ein buchstäblicher Nektar der Götter, an einem höchst heiligen Ort. Der Eintritt für das **Archäologische Museum Dion** ist ebenfalls im Ticketpreis enthalten.

DIE OPFER DES OLYMP

Bis zum Ende des 19. Jhs. gab es über 25 Versuche, den höchsten Gipfel des Olymp (2917 m) zu erreichen – die Versuche scheiterten an den Wetterbedingungen, an der Sicherheit, an geopolitischen Verwicklungen und militärischen Konflikten sowie an der umständlichen Bürokratie.

Doch 1913 trafen zwei Schweizer, der Fotograf Frédéric Boissonnas und der Schriftsteller Daniel Baud-Bovy, in Thessaloniki ein, entschlossen, den höchsten Gipfel Griechenlands zu bezwingen. Sie heuerten Christos Kakkalos, einen lokalen Wildziegenhirten, an und brachen Ende Juli auf. Kakkalos führte den Aufstieg barfuß an, während die beiden Schweizer Forscher mit einem Seil aneinander gebunden waren; offiziell erreichte das Trio den Gipfel am 2. August.

Kakkalos wurde der erste offizielle Bergführer des Olymp, und das Team wurde in der griechischen und ausländischen Presse gefeiert.

Kloster Agios Dionysus

VERSTECKTE KIRCHEN MIT GESCHICHTE

Das Kloster Agios Dionysos, versteckt zwischen Pinien, ist die schönste Kirche der Region und hat eine faszinierende Geschichte, die von vielen Widrigkeiten geprägt ist. Ursprünglich wurde das Kloster 1542 von einem Einsiedler, dem heiligen Dionysos erbaut, der in einer nahen Höhle lebte. Unter der türkischen Herrschaft erlebte das Kloster eine Blütezeit, als es für seine reiche Bibliothek und seine Handschriftenwerkstatt bekannt wurde. Im Krieg von 1821 nahmen die Mönche an der Revolution teil. 1873 wurde das Kloster zu einem Zufluchtsort für Flüchtlinge in der Region. Während der Besetzung Griechenlands durch die Nationalsozialisten wurde das Kloster erneut als Versteck für Widerstandskämpfer genutzt, was die Deutschen veranlasste, das Gebiet zweimal zu bombardieren und die Anlage fast vollständig zu zerstören. Im Lauf der Jahre wurden Teile des Klosters wiederaufgebaut und sind für Besucher zugänglich. Etwa 30 Minuten Fußweg vom Kloster entfernt befindet sich die **Heilige Höhle des Agios Dionysos**, wo eine winzige Kirche unter einem behauenen Felsen errichtet wurde.

ESSEN RUND UM DEN OLYMP

Papy's
Für ein schnelles Gyros oder ein Souvlaki-Sandwich empfiehlt sich dieses bei den Einheimischen beliebte Lokal. €

Ambrosia
Ausgezeichnetes Schaf-Souvlaki für ein Essen zwischendurch. €

To Pazari
Der einzige Ort in Litochoro, wo man Fisch bekommt; täglich werden frische Meeresfrüchtegerichte zubereitet. €€

Kloster Agios Dionysus

Den Olymp besteigen

AUF- UND ABSTIEGE

Mit seinen drei Hauptgipfeln Mytikas, Skolio und Stefani ist der Olymp der höchste Berg Griechenlands, mit 46 Erhebungen von über 2000 m. Das üppige und unberührte Gebiet beherbergt über 1700 Pflanzenarten, von denen einige selten und endemisch sind, sowie Wölfe, Schakale, Hirsche und mehr als 100 Vogelarten. Es wurde 1981 zum UNESCO-Biosphärenreservat erklärt.

Mytikas ist der höchste Gipfel des Bergs (2917 m), der Thron des Zeus liegt auf dem **Stefani** (2909 m). Kletterer kommen an der Nordwand des **Skolio** (2911 m) auf ihre Kosten. Aber unabhängig vom Niveau oder der Erfahrung des Wanderers – auf dem Olymp ist für jeden etwas dabei. Eine der beliebtesten Routen ist der Wanderweg **E4 Prionia**, der in Litochoro beginnt und in Mytikas endet. Er führt am Kloster Agios Dio-

ÜBERNACHTEN RUND UM DEN OLYMP

Ktima Bellou
Das umweltfreundliche Gästehaus auf der weniger touristischen Westseite hat einen Bio-Garten, einen Pool und Cocomat-Matratzen. Die Gäste können sich über Landwirtschaft, Honigherstellung und ätherische Öle informieren. Auch Nicht-Gäste sollten das Restaurant besuchen, in dem köstliche Speisen aus lokalen Zutaten serviert werden.

Robolo Boutique Hotel
Dieses charmante Drei-Sterne-Hotel in einem renovierten Steinhaus mit traditionellem Mobiliar ist das schönste in Litochoro. Einige Zimmer verfügen über einen Kamin, und jeden Morgen wird ein leckeres Frühstück serviert.

Xenonas Papanikolaou
Das romantische Gästehaus in einem blühenden Garten bietet 18 geräumige Zimmer zur Selbstverpflegung mit Blick auf die Terrakotta-Dächer von Litochoro. In der Lounge gibt es einen Kamin und Sofas.

Ktima Bellou
Das Hotelrestaurant serviert neu interpretierte griechische Klassiker mit lokalen Zutaten aus dem Garten. **€€**

Stavros Refuge
Bergtaverne mit deftigen Suppen, gegrilltem Fleisch und schönem Blick auf das Meer. **€**

MezeMeze
Beliebtes Restaurant in Litochoro mit einer soliden Auswahl an unkomplizierten griechischen Klassikern. **€€**

DIE BESTEN RESTAURANTS RUND UM DEN OLYMP

Gastrodromio en Olymbo
Das Gastrodromio mit der experimentierfreudigsten Küche in Litochoro vergisst die Wurzeln der guten griechischen Küche keinesfalls, sondern fügt nur etwas Pfiff hinzu, z.B. bei Gerichten wie Jakobsmuscheln mit Linsen, Pilzen, Weizencreme und Fischrogen oder Wildbolognese mit Safranpasta und Schafskäse.

Disko Romeiko
Die von einem kretisch-litochoranischen Ehepaar geführte Meze-Bar unten am Fluss bietet den ganzen Tag über eine ausgezeichnete Auswahl an Raki und Wein sowie köstliche Snacks aus Olymp und Kreta. Die Musik ist großartig, und die meisten Abende enden mit einer Tanzparty.

Prionia Taverna
Direkt am Start (oder Ziel) des Prionia-Wanderwegs gelegen, serviert diese traditionelle Taverne unter freiem Himmel große Portionen von Klassikern. Unbedingt zu empfehlen ist die Bohnensuppe, die mit hausgemachtem Brot serviert wird.

Palaios Panteleimonas

nysos und der Hütte Spilios Agapitos vorbei. Eine vollständige Besteigung des Olymp dauert zwischen zwei und drei Tagen, mit Übernachtungen in einer der sechs Berghütten, die über die Landschaft verteilt sind. Im Informationszentrum Nationalpark Olymp in Litochoro gibt es weitere Infos über alle Wanderungen, die man in der Gegend unternehmen kann.

Litochoro

TOR ZU DEN BERGEN

Das größte Dorf beim Olymp, Litochoro, liegt am Rand der Enipeas-Schlucht und bietet sich für einen angenehmen Aufenthalt oder Besuch an. Es gibt einen hübschen Stadtplatz mit einer großen Kirche und dem Informationszentrum Nationalpark Olymp. Der schönste Teil von Litochoro liegt aber entlang des

ÜBERNACHTEN RUND UM DEN OLYMP

Olympos Beach
Gut geführter Campingplatz an der Plaka Litohorou, der im Schatten von Pinien liegt und über ein Restaurant, einen Minimarkt, eine Bar und Ferienhäuser mit WLAN verfügt. €

Spilio Agapitos
Bergherberge in einem Steingebäude, die bis zu 100 Wanderern auf dem Wanderweg E4 Prionia Platz bietet. €

Giosos Apostolidis
Auf dem Plateau der Musen befindet sich die höchstgelegene Schutzhütte Griechenlands – ein bequemer Zwischenstopp vor dem Gipfel. €

Flusses Enipeas, wo einige Cafés und Restaurants bis in den späten Abend hinein geöffnet sind. Weiter flussaufwärts, etwa 15 Minuten Fußweg vom Zentrum entfernt, befinden sich die Enipeas-Wasserfälle, die über eine erhöhte Holzplattform erreichbar sind.

Strandpause nach der Wanderung

MEER UND SONNE

Eines der besten Dinge am Olymp ist, dass man nach einer Wanderung einfach zum Meer hinuntergehen kann. Der schönste Strand der Gegend ist die **Plaka Litohorou**, ein langer, schmaler Streifen mit mehreren versteckten Buchten. Der Strand bietet Einrichtungen, und es gibt viele Gelegenheiten, einen Liegestuhl zu mieten und ein Getränk zu kaufen. Beim Schwimmen sollte man sich unbedingt umsehen, um den imposanten Blick auf den Olymp zu genießen, der sich über einem erhebt.

Entspannung in Palaios Panteleimonas

FLUCHT IN EIN CHARMANTES DORF

In den frühen 1700er-Jahren zwang eine Choleraepidemie die Bewohner des Küstendorfes Platamonas, sich in höher gelegene Gebiete in Sicherheit zu bringen. Die Einwohner bauten eine Kirche zu Ehren des Heiligen Panteleimonas, von dem sie glaubten, dass er sie vor der Krankheit bewahrt hatte. Jahrhunderte später ist **Palaios Panteleimonas** immer noch erhalten, eingebettet in die grünen Hänge auf 700 m Höhe. Von hier aus kann man sowohl das Meer als auch die Berge sehen, aber der wahre Charme des Dorfes liegt in den gewundenen Kopfsteinpflasterstraßen, den von riesigen Platanen beschatteten *plateia* und den vielen stimmungsvollen Restaurants und Cafés.

Fährt man Richtung Palaios Pateleimonos, sieht man die gut erhaltenen Ruinen einer Festung, die sich von einer imposanten Küstenklippe abhebt. Ursprünglich von den Kreuzrittern im 13. Jh. erbaut, überstand die **Burg von Platamonas** (zum größten Teil) eine Reihe von Eindringlingen, darunter Byzantiner, Türken, Venezianer und Deutsche.

ZEUS HULDIGEN

Der Hellenismus mag als antike Religion angesehen werden, aber es gibt in Griechenland immer noch Menschen (etwa 2000), die Zeus und sein Pantheon anbeten und an den Sitten und Gebräuchen ihrer Vorfahren von vor Tausenden von Jahren festhalten.

Als heidnische Religion wurden die Hellenisten von den orthodoxen Regierungen Griechenlands verfolgt und gingen weitgehend in den Untergrund. 2017 erhielten sie endlich den offiziellen Religionsstatus und den damit verbundenen rechtlichen Schutz. Gelegentlich kommen Hellenisten, um an den antiken Stätten Griechenlands, darunter Dion und Olymp, zu beten.

Mosaik, Dion

UNTERWEGS VOR ORT

Abgesehen von den Wanderwegen ist es am besten, ein Auto zu mieten, um sich rund um den Olymp frei bewegen zu können. Die Straßen sind in der Regel gut gepflegt, aber man muss sich auf viele Serpentinen einstellen.

IOANNINA

Ioannina, die Hauptstadt der Region Epirus, liegt an den Ufern des Pamvotis-Sees und ist ein Highlight Nordgriechenlands – eine stimmungsvolle Stadt, in der jeden Morgen eine dünne Nebelschicht aufzieht. Der Sonnenuntergang verleiht dem Wasser einen silbrigen Glanz und die eindrucksvollen Berge dahinter werden in Lila getaucht. Als multikulturelle Stadt, in der Juden, Muslime und Christen zusammenlebten, hat Ioannina eine faszinierende Geschichte, die noch heute in den vielen gut erhaltenen Ruinen und Stätten zu spüren ist. Ioannina wurde im 6. Jh. von dem byzantinischen Kaiser Justinian gegründet und erreichte ihre Blütezeit in der osmanischen Zeit, als sie eine wichtige Silberschmiedestadt von großer politisch-strategischer Bedeutung war.

Ioannina besticht zudem durch eine der besten Küchen der Region (viel gegrilltes Fleisch, frische Salate und würzige Käsesorten, aber auch überraschende kulinarische Köstlichkeiten wie Frosch und Aal) und eine großartige *tsipouro*- und Musikkultur, die von mehrstimmigen Volksliedern und traditionellen Instrumenten wie der *clarino* (griechische Klarinette) geprägt ist.

TOP TIPP

Ioannina hat zu jeder Jahreszeit einen anderen Charme – der Winter bringt Schnee und Regen, während die Sommer heiß und feucht sein können. Ostern und Weihnachten sind besonders zauberhafte Zeiten für einen Besuch, mit Straßenfesten mit traditioneller *clarino*-Musik und glänzenden Lichtern überall, ebenso wie der Herbst, wenn die Stadt in gelbes und rotes Laub gehüllt ist.

DIE ALTE AGORA

Der alte Markt von Ioannina hat sich bewährt – jahrhundertelang war er das Herz der Stadt, wo die Händler unter den steinernen Arkaden ihre Waren feilboten. Heute ist es hier viel ruhiger, aber er eignet sich immer noch für einen reizvollen Spaziergang am Nachmittag, wenn die Restaurants und Meze-Bars öffnen und die Gegend zum Leben erwacht.

Wer shoppen möchte, sollte sich Telis nicht entgehen lassen, einen fantastischen Laden, in dem fachmännisch hergestellte Messer und Werkzeuge verkauft werden, darunter riesige Scheren zum Scheren von Schafen.

Ioannina-Insel

BOOTE, INSELN UND GESCHICHTE

Das in der Mitte des Sees gelegene, von Schilf umgebene Fleckchen Land, das die Einheimischen einfach To Nisi (die Insel; es gibt keinen offiziellen Namen) nennen, ist ein hübsches, friedliches Ziel, egal ob man Lust auf Sightseeing hat oder nur eine Bootsfahrt und einen Spaziergang auf autofreien Straßen machen möchte. Von der Anlegestelle nahe Plateia Mavili fahren häufig Boote; die Fahrt dauert rund zehn Minuten.

Berühmt ist die Insel vor allem als Sommerresidenz von Ali Pascha, dem grausamen albanischen Herrscher. Seine Residenz wurde inzwischen in das **Ali-Pascha-Museum** umgewandelt, ein charmantes kleines Ausstellungshaus, das von einem ehemaligen Bäcker geführt wird, der vor einigen Jahrzehnten begann, Erinnerungsstücke an Ali Pascha zu sammeln und das Museum 2012 eröffnete. Man achte auf die Einschusslöcher im Fußboden; hier wurde Ali Pascha ermordet. Auf der Insel befindet sich auch **Moni Filanthropinon**, eine byzantinische Klosterkirche aus dem 13. Jh. mit erstaunlich gut erhaltenen Fresken; man könnte Stunden damit verbringen, die komplizierten Szenen zu betrachten. Obwohl die meisten von ihnen grausame Momente der christlichen Geschichte darstellen, gibt es auch eine kleine Abteilung mit Fresken, die im 16. Jh. hinzugefügt wurden und Darstellungen der griechischen Philosophen Platon, Aristoteles und Plutarch enthalten.

Die Insel ist immer noch bewohnt, ca. 200 Menschen leben hier das ganze Jahr über. Die hiesigen Delikatessen sind Frosch und Aal, die in den Restaurants an der kleinen Küste serviert werden.

Das jüdische Ioannina

AUF DEN SPUREN DER GESCHICHTE

Früher war Ioannina eine der Städte mit dem größten jüdischen Bevölkerungsanteil in Griechenland, heute ist sie dafür bekannt, den einzigen jüdischen Bürgermeister des Landes gewählt zu haben. Die Mehrheit der jüdischen Einwohner wurde jedoch im Zweiten Weltkriegs in Konzentrationslager gebracht, und die einst beeindruckend große Gemeinde schrumpfte sehr stark zusammen – von den 1900 Juden, die in die Lager deportiert wurden, kamen nur 100 zurück. Um die Bedeutung der Ge-

ESSEN IN IOANNINA

Souzi Trois
Neo-Taverne mit ausgezeichneten Fleischgerichten und frischen Salaten. **€€**

Metsovitiki Folia
Äußerst beliebtes Schnellrestaurant, das vor allem für seine *kotosouvli* (große Souvlaki) bekannt ist. **€**

Folk
Leckere Burger und Hot Dogs aus Fleisch aus der Region, darunter Hammelfleisch, im Holzofen gegrillt. **€**

HOCH DIE TASSEN!

Ioannina ist für *tsipouro* das, was Kreta für Raki ist – es ist eine symbiotische Beziehung, man kann sich das eine nur schwer ohne das andere vorstellen. Ein doppelt destillierter Schnaps aus Weintrauben, der entweder kalt in kleinen Gläschen oder heiß mit Honig (besonders schön im Winter) serviert wird.

Es gibt zwei Arten von *tsipouradika* in Ioannina: Klassische Restaurants, die zu jeder Bestellung Mezedhes reichen, und modernere Lokale mit besonderem Design. Aber Vorsicht beim Trinken – *tsipouro* geht leicht runter, ist aber ein starkes Gebräu, das unglaublich betrunken macht.

Rakoumel ist ein beliebtes *tsipouradiko* mit kitschigem Dekor und lebhaftem Publikum. Dann gibt es noch das **Thomas**, seit 1983 eingesessenes Stammlokal, wo der *tsipouro* mit Mezedhes serviert wird. **Oinopnevmata** ist ein weiteres stimmungsvolles Lokal mit üppigen Portionen und reichlich *tsipouro*.

meinde zu verstehen, empfiehlt sich ein Besuch der **Kahal-Kadosh-Yashan-Synagoge**. Sie wird meist als „Alte Synagoge“ bezeichnet, vielleicht weil sie die größte und älteste romanische Synagoge auf dem Balkan ist; heute wird sie vor allem als Museum genutzt, und es gibt einen angeschlossenen Friedhof.

Am Rand des Viertels Kastro liegt das alte Viertel Kourmanio, in dem die wohlhabendsten jüdischen Einwohner der Stadt lebten. In der Soutsou-Straße befindet sich die **Joseph & Esther Gani Foundation**, die temporäre Ausstellungen und eine Bibliothek mit vielen Büchern über die jüdische Geschichte und Gemeinde von Ioannina beherbergt.

Das Viertel Kastro

MOSCHEEN, GRÄBER UND ZITADELLEN

Das befestigte alte Burgviertel von Ioannina beherbergt den Großteil der beeindruckendsten Sehenswürdigkeiten der Stadt, darunter die Fetichié-Moschee, die Aslan-Pascha-Moschee, den *hammam*, die *madrassa* (Religionsschule) und das Grabmal von Ali Pascha, die alle einen Einblick in die facettenreiche Geschichte der Stadt geben. Seit 2022 ist der gesamte Bereich für Rollstuhlfahrer zugänglich.

Von den bröckelnden Mauern aus hat man einen atemberaubenden Blick auf den Pamvotis-See und die Berge mit den in den Himmel ragenden Minaretten; es gibt auch ein Café, in dem man sich bei einem griechischen Kaffee oder einem Glas *tsipouro* entspannen kann.

Sehr empfehlenswert ist auch das **Silberschmiedemuseum**. Dieser mehrstöckige Ausstellungsraum in der Mauer der Zitadelle bietet einen guten Überblick über die Bedeutung der Silberschmiedekunst im osmanischen Ioannina. Besonders interessant ist das oberste Stockwerk, wo viele silberne Objekte an transparenten Fäden von der Decke hängen. Auch das **Kommunale Ethnografische Museum** lohnt den Besuch; besonders faszinierend sind die lokalen Trachten und Gegenstände.

Pamvotis-See

MAGISCHE MOMENTE IN DER NATUR

Als größter See in Epirus genießt der 8 km lange Pamvotis-See eine besondere Stellung in Ioannina. Am besten schließt man sich den Einheimischen an, die den ganzen Tag Arm in Arm auf dem Fußgängerweg um den See flanieren, Rad fahren und joggen. Jede Stunde des Tages bringt ein anderes Licht und eine andere Atmosphäre mit sich; besonders stimmungsvoll ist es am frühen Morgen oder bei Sonnenuntergang.

Entlang des Sees stehen mehrere Statuen, darunter Tribute an Ali Pascha aber auch modernere Werke. Man sieht zwar nieman-

ESSEN IN IOANNINA

Magazaki pou Legame
„Der Ort, zu dem wir gehen“ bietet frische und fantasievolle Gerichte mit vielen täglich wechselnden Specials. €

Fisa Roufa
Sehr traditionelle Taverne, die in einem unprätentiösen Ambiente Gerichte wie bei Oma serviert. €

Porikis
Jahrzehntealte Bäckerei, die Sauerteigbrot, herzhafte Torten und süße Leckereien wie *tsoureki* zaubert. €

YIANNISSCHEIDT/SHUTTERSTOCK ©

Silberschmiedemuseum

den schwimmen, aber es gibt Angler, die den ganzen Tag am Ufer stehen und ihre Angelruten im Wasser treiben lassen. Eine einstündige Schifffahrt auf dem See bietet die Möglichkeit, Ioannina und die Berge vom Wasser aus zu bewundern, während man über die schimmernde Oberfläche gleitet.

Perama-Höhle

EINE MÄRCHENHAFTE UNTERWELT

Wer wissen möchte, welche Schätze sich unter dem Boden verbergen, sollte einen Abstecher zur Perama-Höhle machen, der größten und eindrucksvollsten Höhle Griechenlands, die sich auf einer Fläche von 15 000 m² auf der Nordseite des Sees befindet. Die Höhle hat eine bewegte Vergangenheit. Sie wurde 1940 zufällig von Bewohnern entdeckt, die vor deutschen Bombenangriffen flohen. Ein Ehepaar begann in den 1950er-Jahren mit der eigentlichen Höhlenforschung.

Die Touren (ca. 45 Min.) durch die feuchten Gänge starten stündlich. Ohne Führer ist der Zugang zu den Höhlen nicht möglich, aber die kundigen Führer haben faszinierende Fakten über die Geologie und die einzigartige Fauna der Höhle parat. Man lernt etwas über die 19 verschiedenen Arten von Stalaktiten und Stalagmiten, die unterirdischen Seen und die Höhlenforscher, die Fossilien von Tierzähnen und -knochen gefunden haben (darunter die des Höhlenbären, eines sehr seltenen Tieres, das hier entdeckt wurde). Auch im Sommer sollte man eine Jacke mitnehmen, denn in der Höhle ist es kühl.

DIE BESTEN RESTAURANTS IN IOANNINA

Select
Die besten *bougatsa* der Region gibt es in dieser jahrzehntealten, familiengeführten Bäckerei. Zur Auswahl stehen süße Pudding- oder herzhafte Käse-*bougatsa*, die dann mit einem Zweihandmesser geschnitten und dampfend heiß serviert werden.

DuSel
Ein gastronomisches Erlebnis am See, das die Klassiker der Epirus-Küche auf ein neues Niveau hebt. Die Speisekarte wechselt saisonal, die Weinkarte ist griechisch, und der Service ausgezeichnet.

Hotel Kastro
Dieses stimmungsvolle Restaurant im ältesten Teil der Stadt, dem Kastro, serviert traditionelle Tavernenklassiker mit rustikalem Touch. Besonders köstlich sind die Suppen.

SHOPPEN IN IOANNINA

Petridis Deli
Familienbetrieb, der auf Wurstwaren, Käse und andere Delikatessen aus Epirus spezialisiert ist.

Kollias Coffee Roastery
Erste Adresse, um duftenden griechischen Kaffee und verschiedene süße Leckereien zu kaufen.

Gianniotiko Kosmima
Schmuckgeschäft, das durch eine Auswahl an Repliken von Gürtelschnallen und Halsketten aus dem 18. Jh. besticht.

ÜBERNACHTEN IN IOANNINA

Its Kale Boutique Hotel
Ein aus Stein gebautes Drei-Sterne-Gästehaus mit einem schönen Garten in den Mauern der Zitadelle. Die Einrichtung ist modern und schnörkellos, mit viel natürlichem Licht.

Ialna Boutique Hotel
Einige der Zimmer dieses gemütlichen Hotels sind über archäologischen Ruinen gebaut; auf dem Weg ins Bett kann man sie durch Glasböden bewundern. Der kleine Innenhof, in dem das Frühstück serviert wird, ergänzt den Charme.

Hotel Kastro
Das restaurierte Herrenhaus neben der Zitadelle ist makellos in einem antiken Stil eingerichtet und dennoch hell und luftig. Die sieben Zimmer umgeben einen ruhigen Innenhof.

PAVLEMARJANOVIC/SHUTTERSTOCK ©

Theater, Dodoni

Dodoni

EIN VERBORGENES ARCHÄOLOGISCHES JUWEL

Obwohl Dodoni heute in Griechenland vor allem als Marke für Fetakäse bekannt ist, war dieses mit Wildblumen bedeckte Tal einst die religiöse Hauptstadt der antiken Epiroten-Allianz. Am berühmtesten ist ihr riesiges Theater aus dem 3. Jh. v. Chr. Von der **Akropolis** auf der Nordseite sind Mauerreste erhalten, während sich östlich des Theaters die Fundamente des **Bouleuterion** (Haus des Stadtrats) und des kleinen **Aphrodite-Tempels** befinden. Wie in *Die Odyssee* beschrieben, befand sich hier das älteste Orakel Griechenlands, im Zentrum stand eine Eiche, deren raschelnde Blätter den Priestern zum Wahrsagen dienten.

Das **Theater** mit seiner Stadionbestuhlung ist bei weitem das eindrucksvollste; wenn man in der Mitte der Bühne steht und flüstert, kann man das von der Treppe aus hören – ein Zeugnis für die akustischen Fähigkeiten der alten Griechen. Dodoni liegt nur eine kurze Autofahrt von Ioannina entfernt.

UNTERWEGS VOR ORT

Ioannina ist eine kompakte Stadt, die man gut zu Fuß erkunden kann. Die nahe gelegenen Dörfer und Sehenswürdigkeiten erreicht man mit öffentlichen Bussen.

Rund um Ioannina

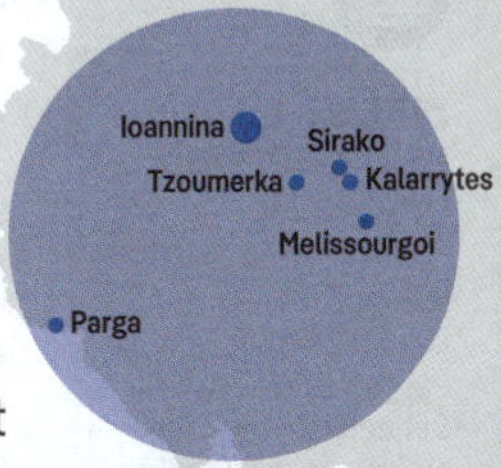

Türkisfarbene Küsten, Bergdörfer, in denen die Zeit stehen geblieben ist, und Aktivitäten, die das Herz eines jeden Abenteurers höher schlagen lassen, warten jenseits der Landeshauptstadt.

Ioannina
Sirako
Tzoumerka
Kalarrytes
Melissourgoi
Parga

Als Hauptstadt von Epirus ist Ioannina das Tor zu den anderen atemberaubenden Sehenswürdigkeiten der Region. Die meisten Leute fahren nach Zagoria, um in luftige Höhen zu entkommen (S. 235), aber direkt südlich von Ioannina liegt das ausgedehnte Bergmassiv Tzoumerka, mit einem wenig besuchten Nationalpark, der mit ausgezeichneten Wanderwegen, hoch aufragenden Brücken und einigen der besten Raftingmöglichkeiten des Landes aufwartet. Hier gibt es bezaubernde Dörfer mit Häusern aus Kalkstein und gemütlichen Tavernen, in denen sich die Besitzer bei einem Glas *tsipouro* gern mit Gästen unterhalten.

Westlich von Ioannina liegt die Küste des Ionische Meers, wo klares, azurblaues Wasser an die Sandküste spült. Sie ist weniger touristisch als die Ionischen Inseln, bietet großartige Badeplätze und charmante Küstenorte, in denen der Fang des Tages im Freien serviert wird.

TOP TIPP

Für die Fahrt in die Berge sollte man doppelt so viel Fahrzeit wie normal einplanen – Kurven und Umwege gehören zum Standardrepertoire.

Tzoumerka

DIE BESTEN STRÄNDE RUND UM PARGA

Krioneri
Der Stadtstrand von Parga bietet gestreifte Sonnenschirme, Liegestühle, einen herrlichen Blick auf die kleine Insel Pangia und ein gewisses Capri-Flair. Im Sommer wird es hier ziemlich voll, daher sollte man früh kommen, um sich einen Platz zu sichern.

Agios Sostis
Es ist nicht einfach, in dieser Gegend einen Strand ohne Einrichtungen zu finden. Umso lohnender ist dieser Strand am Ende einer langen unbefestigten Straße, die durch Olivenhaine führt. Unter einem riesigen Felsen versteckt sich eine kleine Kirche.

Sarakiniko
Der lange, goldene Sand- und Kieselstrand ist nicht so überlaufen wie andere Strände in der Gegend und bietet nützliche Annehmlichkeiten wie Tavernen, Sonnenschirme und Kajaks zum Mieten.

Tzoumerka

BERGE, DÖRFER UND BRÜCKEN

Das auch als Athamanika bekannte Bergmassiv erstreckt sich zwischen Arta und Ioannina. Die 47 Dörfer sind zusammen als Tzoumerkohoria bekannt und verstecken sich in den zerklüfteten Granithängen des Gebirges. Die vom Fluss Arachtos durchschnittenen Gipfel und Täler bieten Wanderwege mit versteckten Wasserfällen, Bächen, Naturpools und Quellen (das Wasser ist trinkbar). Auf der Website des Tzoumerka-Nationalparks (visitsyrrako.gr) gibt's eine aktuelle Liste aller Wanderrouten in diesem Gebiet. Eine der schönsten ist die vom Dorf **Melissourgoi** zum **Kefalovrassi**, dem höchsten Wasserfall Griechenlands.

Auf der anderen Seite der Gebirgskette findet man Steinbrücken, die der Schwerkraft trotzen und sich anmutig dem Himmel entgegenstrecken. Die bekannteste ist die **Plaka-Brücke**. Der 2015 restaurierte Bogen über den Fluss Arachthos ist eine technische Meisterleistung. Diese Region wurde während der deutschen Besatzung im Zweiten Weltkrieg stark bombardiert, weshalb es im Abschnitt Arta keine traditionellen Steinbauten mehr gibt. Besonders zu empfehlen sind **Kalarrytes** und **Sirako**, hübsche Steindörfer, deren besonderer Stil per Gesetz geschützt ist. Selbst die Dächer bestehen aus geschichtetem Gestein (sie werden alle 10 bis 15 Jahre von Hand ausgetauscht).

Der gewundene Fluss **Arachtos** ist einer der schönsten in Griechenland. Es gibt eine 10 km lange Raftingstrecke, die an der Politsa-Brücke (die das Dorf Ampelochori mit Fortossi verbindet) beginnt – also: Schwimmweste anziehen und mit einem der zahlreichen örtlichen Ausrüster losdüsen.

Parga

ANTIKE RUINEN AN DER KÜSTE

Man könnte meinen, das malerische Dorf Parga, das 99 km südwestlich von Ioannina an der Ionischen Küste liegt, sei eine Insel – obwohl es auf dem Festland liegt, ähnelt es mehr Korfu. Die kopfsteingepflasterten Straßen, die sich durch das bunte Häusergewirr entlang der türkisfarbenen Bucht schlängeln, laden zu einem angenehmen Spaziergang ein. Der berauschende Geruch des salzigen Meeres gemischt mit dem Duft der Pinien bleibt in der Nase hängen.

Die Hauptattraktion der Stadt ist die **venezianische Burg**, eine romantische Ruine direkt am Meer. Seit dem 11. Jh. diente die Stätte der Verteidigung; die bestehenden Wälle wurden von den Venezianern Anfang des 15. Jhs. errichtet. 1819 verkauften die Briten sie (zusammen mit der ganzen Stadt) an Ali Pascha. Eine weitere lohnenswerte Attraktion ist das gespenstische

ESSEN RUND UM IOANNINA

Nektarios
In diesem Lokal in Pramanta treffen sich die Einheimischen, um Fleischgerichte wie *kokoretsi*, Lamm und *frigadeli* (Lammleber in Innereien) zu essen. €

Akanthos
Der schnauzbärtige Wirt Napoleon serviert unter einem Baldachin aus Weinblättern in Syrrako ausgezeichnete Tavernenklassiker. €

Sfykas
Familiengeführte Taverne in Kryoneri, in der griechische Klassiker mit regionalen Zutaten zubereitet werden. €

JOAN PHOTO/SHUTTERSTOCK ©

Nekromanteion von Acheron

Nekromanteion von Acheron, der Hades und Persephone geweihte Tempel. Homer zufolge befragten Orakel in der Antike hier die toten Vorfahren um Rat. Heute ist die Stimmung viel weniger gruselig.

Das Heilige Kloster Kipina

EINE KIRCHE IM HIMMEL

In der Nähe des Dorfes **Kalarrytes**, 65 km südöstlich von Ioannina, befindet sich das beeindruckende **Kloster Kipina**. Dieses in die Bergwand gemeißelte Bauwerk aus dem 13. Jh. ist eines der eindrucksvollsten Zeugnisse spirituell geprägter Architektur im Land.

Die Geschichte des Klosters ist so vielfältig wie sein Standort: Es wurde 1212 von einer Gruppe von Mönchen, die nach einem Streit mit ihrem Abt im nahegelegenen Kloster Vyliza einen neuen Orden gründen wollten, aus lokalen Materialien errichtet. In den folgenden Jahrhunderten wurden rundum Brücken und hohe Mauern errichtet, um das Kloster vor Überfällen zu schützen; später diente es als Zufluchtsort während der griechischen Revolution.

Die Kirche ist für die Öffentlichkeit zugänglich, aber man muss die Schlüssel des Klosters in der letzten Taverne in Kalarrytes holen (nach dem Schild „Schlüssel hier" Ausschau halten).

WÄSCHE WASCHEN IN AGNADA

Es ist eher unwahrscheinlich, dass man auf der Reise einen Teppich waschen muss, aber im Dorf **Agnada** gibt es einen Whirlpool, der von einer Wassermühle angetrieben wird und in dem die Einheimischen (und einige Reisende!) ihre Decken und *flokatis* (zottelige Wollteppiche) auf altmodische Weise nur mit der Kraft des Wassers reinigen. Eine Wäsche kostet 0,8 €. Zusehen ist kostenlos.

Eden
In diesem erfrischenden Bistro in der Altstadt von Parga werden italienisch inspirierte Gerichte mit einem Lächeln serviert. **€€**

Bostani
Leicht abgewandelte griechische Klassiker, serviert auf weißen Leinentischdecken. **€€**

Pappas Tavern
Beliebte, schnörkellose, fleischlastige Taverne in Melissourgous mit besonders leckeren Eintöpfen und herzhaften Pasteten. **€**

DIE BESTEN BRÜCKEN, DIE EINEN UMWEG WERT SIND

Neraidogefiro
Diese kleine, einbogige Brücke, die auch als Feenbrücke bekannt ist, liegt versteckt im dichten Wald und versprüht definitiv eine starke Feenstimmung. Sie steht etwas außerhalb des Dorfes Vourgareli.

Papastathis-Brücke
Die beeindruckende vierbogige Brücke wurde um 1700 erbaut und überstand die Bombenangriffe im Zweiten Weltkrieg. Sie verbindet die Dörfer Anatoliki und Arachthos.

Brücke von Arta
Die im 17. Jh. von den Osmanen errichtete Brücke inspirierte eine schaurige lokale Volksballade: Die Brücke sollte jeden Tag einstürzen, bis der leitende Ingenieur seine Frau opferte, damit die Konstruktion bestehen blieb. Er tat es, und die Brücke stürzte nie wieder ein.

JUDITH ENGBERS/SHUTTERSTOCK ©

Kloster Kipina (S. 233)

Museum für zeitgenössische Kunst: Theodoros Papagiannis

EIN ÜBERRASCHENDES KUNSTMUSEUM

Versteckt im Dorf **Ellion**, 20 km südlich von Ioannina, befindet sich ein kleines Museum für moderne Kunst, das dem verlorenen Sohn des Dorfes gewidmet ist: dem Bildhauer Theodoros Papagiannis, dessen überlebensgroße Skulpturen weltweit zu finden sind, darunter seine berühmten *The Runners* am O'Hare International Airport in Chicago. Es ist in einer ehemaligen Grundschule untergebracht und beherbergt Papagiannis' Werke aus recycelten oder ausrangierten Materialien; weitere Skulpturen befinden sich in den schön angelegten Gärten.

UNTERWEGS VOR ORT

In den meisten Dörfern von Tzoumerka gibt es keine öffentlichen Verkehrsmittel, am besten mietet man sich ein Auto. Die ganze Region ist wie geschaffen für lange Fahrten durch die üppige Landschaft, mit Stopps, wo immer das Herz begehrt.

PINDOS

Der als „Rückgrat Griechenlands" bekannte Pindos ist eine 160 km lange Kette von Gipfeln und Tälern, die sich über die Grenze nach Albanien erstreckt. Sie verläuft sowohl durch die Regionen Makedonien als auch Epirus in Griechenland, und eine neue, 2015 fertiggestellte Autobahn macht den Zugang zu diesem einst verborgenen Teil des Landes einfacher denn je.

Eine der Hauptattraktionen ist die Zagorochoria (Zagori-Dörfer), die in der nordwestlichen Ecke von Epirus liegt und ein Abenteuerland für Naturliebhaber ist. Das aus zwei Nationalparks bestehende Gebirgsgebiet ist eine der schönsten Regionen des Landes, mit fast 50 traditionellen Dörfern, der tiefsten Schlucht der Welt, Steinwäldern und Felsbecken, sich schlängelnden Flüssen und sanften Hügeln mit duftenden Pinien. Die Menschen leben seit prähistorischen Zeiten in dieser Region und bewirtschaften das reiche Land, um zu überleben; Kräuter und Wildtiere sind hier besonders reichlich vorhanden.

TOP TIPP

Um sich in der Zagorochoria fortzubewegen, braucht man ein Auto und eine Karte auf Papier, denn im östlichen Teil der Region gibt es keinen Handyempfang. Man sollte in Ioannina auf jeden Fall tanken, und wenn man im Winter unterwegs ist, sollte man sein Fahrzeug mit Winterreifen ausstatten.

Vikos-Schlucht

DIE TIEFSTE SCHLUCHT DER WELT

Der Star der **Zagorochoria** ist die Vikos-Schlucht, ein 12 km langes und 900 m tiefes Tal, das in Jahrmillionen vom Fluss Voïdomatis („gutes Wasser", aus dem Slawischen) gegraben wurde. Sie wird oft als die größte Schlucht der Welt bezeichnet, und das ist nicht wirklich falsch – laut dem *Guinness-Buch der Rekorde* ist sie die tiefste Schlucht der Welt im Verhältnis zu ihrer Breite. Die O3-Wanderwege um und in der Schlucht sind meist gut gepflegt und markiert. Die übliche, wenn auch recht anspruchsvolle Route beginnt in **Monodendri**, wo es steil bergab geht; am Ende der Schlucht führt ein Pfad rechts nach Mikro Papingo; die Wanderung dauert mehr als sechs Stunden. Das einzige Wasser gibt es an der **Klima-Quelle**, auf halbem Weg durch die Schlucht; es ist ratsam, genug Wasser und Proviant einzupacken.

Wer lieber nur mal einen Blick riskieren möchte, kann durch den Steinwald zum **Aussichtspunkt Oxya** fahren, der leichter zu erreichen ist als der Aussichtspunkt Vikos. Achtung: Es gibt keine Absperrung, d. h. beim Gehen an der Kante muss man sehr vorsichtig sein, denn es ist wirklich schwindelerregend!

SELTENE EINBLICKE

Im **Restaurant Stane** (S. 238) stehen Nachbildungen der lebensgroßen Sarakatsani-Hütten.

Der Fluss Aoös

NERVENKITZELNDE ABENTEUER-SPORTARTEN

Der Fluss Aoös, der in Griechenland beginnt und etwa 100 km entfernt in Albanien endet, ist die Lebensader der Zagorocho-

DIE BESTEN PENSIONEN

Saxonis
Hübsches Gästehaus aus Stein in Papingo, mit herrlichem Blick auf die Berge, hausgemachtem *tsipouro* in jedem Zimmer und traditioneller Einrichtung. Der freundliche Besitzer organisiert auch geführte Wanderungen in der Zagorochoria.

Archontiko Dilofou
Das Herrenhaus von 1693 wurde in eine stimmungsvolle Pension im ruhigen Dilofou umgebaut. Einige der Zimmer haben einen Kamin, und das Frühstück kann im steinernen Innenhof eingenommen werden.

Aristi Mountain
Luxuriöses Resort im Grünen, mit Innenpool, Gourmet-Restaurant und wunderschönem Gelände. Ideal, um unterzutauchen und in der Natur zu entspannen.

ria – und ein ausgezeichneter Ort für Abenteuersportarten. Im Dorf **Konitsa** findet man den örtlichen Veranstalter **No Limits** (nolimits.com.gr), bei dem der Reiseleiter Nikos Kyritsis Monorafting und Flusstrekking auf dem Aoös anbietet, aber auch Aktivitäten, die das Herz höher schlagen lassen, wie z. B. Seilrutschen und das Gänsehaut verursachende Begehen der *via ferrata*, des längsten und beeindruckendsten Klettersteigs Griechenlands (mit Stahlseilen, Sprossen oder Leitern, die am Felsen befestigt sind). In den trockensten Sommermonaten ist der Wasserstand recht niedrig, daher eignet sich diese Zeit besonders für Familien mit kleinen Kindern.

ESSEN IM PINDOS

5F
Ausgezeichnetes Grillfleisch (unbedingt *provotina* oder *kokoretsi* probieren) mit Käse aus der Region und einer schönen Terrasse in Metsovo. **€**

Vika Giatoris
Taverne mit hausgemachten Klassikern und heißen Tees aus heimischen Kräutern. **€**

Kanela & Garyfallo
Bei „Zimt und Pilz" in Vitsa kann man einheimische Wildpilze in allen möglichen kulinarischen Formen probieren. **€€**

VERVERIDIS VASILIS/SHUTTERSTOCK ©

Drakolimni

Dorf-Hopping

IN DER ZEIT STEHENGEBLIEBENE KALKSTEINDÖRFER

In der Zagorochoria macht es Riesenspaß, mit dem Auto umher zu fahren und in jedem Dorf anzuhalten, das einem gefällt. Jedes der 47 Dörfer hat seinen eigenen Charme und seine eigene Atmosphäre. Die Dörfer im Westen der Region sind jedoch intakter, da der östliche Teil der Zagorochoria im Zweiten Weltkrieg stark bombardiert wurde und sich nie wieder ganz erholt hat. Die meisten Dörfer sind architektonisch gleich aufgebaut: Kalksteinhäuser mit Steindächern, ein stimmungsvoller, von Bäumen beschatteter Platz mit einem *kafeneio* (Kaffeehaus) oder einer kleinen Taverne und ein Geflecht aus kopfsteingepflasterten, mit Brombeeren bewachsenen Straßen, die ins Tal führen.

Das romantische **Dilofo** im relativen Flachland hat nur eine Handvoll Einwohner und ist sehr ruhig. Zudem gibt's hier eine der besten Tavernen der Gegend, Takis Place, und mehrere Pensionen, die den Ort zu einer schönen Übernachtungsoption machen. **Monodendri**, in der Nähe des Schluchtenrandes, ist ein Ausgangspunkt für Wanderungen und zieht die meisten Ausflügler an; das nahe **Vitsa** ist eine ruhigere Alternative. Jenseits eines Bergrückens hinter der Schlucht liegen die weni-

OUTDOOR-AKTIVITÄTEN IM PINDOS

Vasilis Nasiakos ist Eigentümer des Saxonis Houses Hotel, eines traditionellen Hotels, das sich auf Outdoor-Aktivitäten spezialisiert hat.

Wandern
Jeder kennt die Vikos-Schlucht und den Drakolimni, aber wie wäre es, auf abgelegenen Pfaden im Pindos-Nationalpark zu wandern, nur wilden Ziegen und (mit etwas Glück) Bären zu begegnen, in geheimen Hirtenhütten zu übernachten und zum Frühstück frischen Feta-Käse serviert zu bekommen?

Canyoning
Die dramatische Formation der Felsen hier sorgt für atemberaubende kleine Schluchten, die zum Canyoning, zum Rutschen durch Felsen und zum Planschen in kristallklarem Wasser einladen.

Skifahren & Snow-Racketing
Nur wenige wissen, dass das Gebiet im Winter Skifahren abseits der Pisten und Schneeschuhlaufen auf sicheren Pisten für alle Schwierigkeitsgrade bietet.

Sta Riza
Klassische Taverne in Vitsa, die es schon seit Jahren gibt, mit herrlicher Aussicht und leicht abgewandelten klassischen Gerichten. **€€**

Thucydides
Herzhafte Berggerichte werden in einem stimmungsvollen Speisesaal mit Kamin in Ano Pedina serviert. **€€**

Mikri Arktos
Noch mehr deftige Küche, diesmal in Tsepelovo; zu empfehlen ist das „Bärengericht", geschmortes Schweinefleisch mit Honig, Nüssen, Trockenfrüchten und Holzapfel. **€€**

DIE BESTEN RESTAURANTS IN DER ZAGOROCHORIA

Takis Place
Das vielleicht schönste Restaurant in Zagoria bietet göttliche Gerichte wie gegrillte Pilze, deftige Eintöpfe und hausgemachtes Brot. Der Blick über Dialfo ist atemberaubend und der hausgemachte *tsipouro* schmeckt einfach köstlich.

Virginia Restaurant
Virginias Elternhaus wurde mit viel Liebe in ein Restaurant umgewandelt, in dem hervorragende Hausmannskost serviert wird. Der Filoteig wird täglich hergestellt, die herzhaften Pasteten sind ein Muss, das gegrillte Fleisch stammt aus der Region, und der Butterbohnenauflauf wird mit acht Arten von Wildgemüse zubereitet.

Stane
Fleisch spielt hier die Hauptrolle. Gegrillte Steaks, Würstchen und Burger werden über offenem Feuer perfekt gegrillt und mit knackigen Salaten, handgeschnittenen Kartoffeln und würzigen Käsesorten serviert.

Gegrilltes Rindfleisch, Metsovo

ger besuchten Orte **Elafotopos**, **Kato Pedina** und **Ano Pedina**, die wie ein eigenes, Tal wirken. Die Papingo-Dörfer – **Megalo Papingo** und **Mikro Papingo** – sind sehr beeindruckend und ideal für einen Besuch des **Drakolimni** (Drachensee) und der **Felsbecken von Papingo**, einer Reihe von Karstbecken.

Metsovo

QUALMENDE MAGIE IN DEN BERGEN

Wahrscheinlich riecht manMetsovo, bevor man es sieht – eine Duftmischung aus Kiefern, gegrilltem Fleisch und brennendem Holz. Dann sieht man den weißen Rauch, der über den roten Ziegeldächern aufsteigen und im dichten Wald verschwinden. Metsovo ist ein ganzjähriges Reiseziel, das bei den meisten Griechen und immer mehr ausländischen Besucher:innen nostalgische Gefühle auslöst. Es ist ein einzigartiges Dorf, das zwar vom Tourismus lebt, aber dennoch einen natürlichen Charme hat, mit freundlichen Menschen, leckerem Essen und einer unvergleichlichen alpinen Kulisse. Im Winter lockt das Skifahren, im Sommer kann man gut wandern, und das ganze Jahr über ist es ein schöner Ort, an dem man ein oder zwei Nächte verbringen und die Kultur, die reichhaltigen Käsesorten und die interessante Geschichte auf sich wirken lassen kann.

Die gastfreundlichen Einheimischen sind größtenteils Vlachs (*armani* auf Griechisch), Nachkommen eines nomadischen Schafhirtenvolkes, die Aromunisch sprechen, eine romanische Sprache. Im byzantinischen und im osmanischen Reich wurden sie jahrhundertelang zur Bewachung des Katara-Passes (1705 m), der einzigen Route über den Pindos, eingesetzt.

UNTERWEGS VOR ORT

Busse fahren nur sporadisch durch den Pindos, man sollte sich also auf jeden Fall ein Auto besorgen – es muss einem nur klar sein, dass man in den Bergen unterwegs ist und einige Teile der Gegend besser instand gehalten sind als andere.

Rund um den Pindos

Abgesehen von den Bergen gibt es Täler mit atemberaubenden Seen, stimmungsvolle Dörfer und Griechenlands Weinanbaugebiet.

Sobald man den Pindos Richtung Norden oder Osten verlässt, beginnt sich die Landschaft zu verändern: Die kurvenreichen Straßen werden gerader, die Berggipfel weichen dem Flachland, und der dichte Wald lichtet sich, während sich vor einem Seen und Weinberge ausbreiten. Dieser mittlere Teil des Landes ist kaum besucht, das heißt, man findet sich in einer unberührten Landschaft und atemberaubenden, fast menschenleeren Dörfern wieder.

Nördlich vom Pindos, an der gemeinsamen Grenze mit Albanien und Nordmazedonien, liegt der Prespasee (genau genommen: einer der drei Prespaseen), an dem Bambus im Wind pfeift und Frösche in das silbrige Wasser springen. Richtung Osten gehen die Berge in sanfte Hügel über, in denen sich Nymfaio versteckt, eines der schönsten Dörfer Griechenlands. Dies ist auch das Gebiet von Naoussa, dem sogenannten Napa Griechenlands, wo die Winzer die lokalen Trauben zu vollmundigen Rotweinen und Schaumweinen verarbeiten.

TOP TIPP

Am besten meidet man diese Gegend im Hochsommer, wenn Hitze und Schwüle unausweichlich sind und man weit von den kühlenden Bergen oder dem erfrischenden Meer entfernt ist. Frühling und Herbst sind besonders schön.

Aghios Achillios (S. 240)

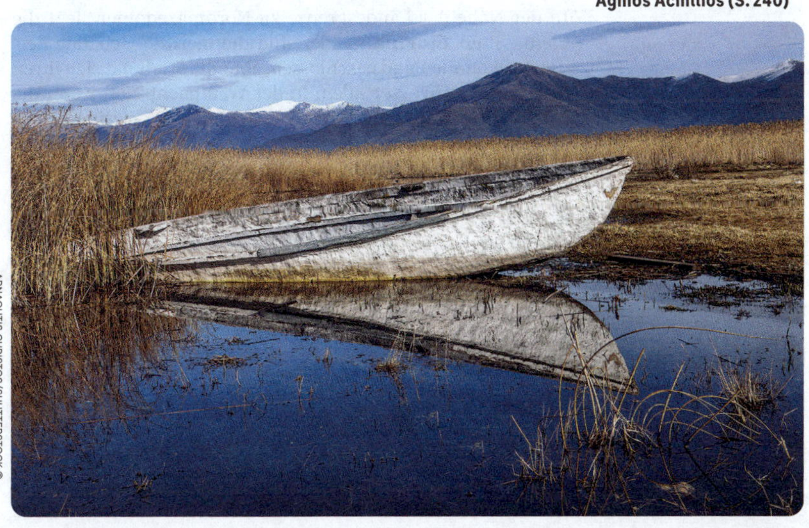

ARNAOUTIS CHRISTOS/SHUTTERSTOCK ©

DAS FESSELNDE KINO VON THEO ANGELOPOULOS

Ab den 1970er-Jahren war Theo Angelopoulos einer der international angesehensten Filmemacher, der das griechische Kino mit Filmen wie *Die Ewigkeit und ein Tag* und *Die Wanderschauspieler* bekannt machte.

Für seine meisterhaften Studien der griechischen Geschichte und Politik, des Faschismus und des Widerstands und der tiefen, dunklen Bandbreite menschlichen Verhaltens, einschließlich unserer emotional verheerendsten Momente, gewann er 1998 die Goldene Palme.

Viele seiner Filme spielen in den abgelegenen Regionen Griechenlands, vor allem in der Gegend um Florina und den Prespasee, wo die eindringliche Landschaft eine zentrale Rolle einnimmt.

Europas ältester See

VOGELBEOBACHTUNG IN FEUCHTGEBIETEN

Der Nationalpark Prespa beherbergt den (Kleinen) **Prespasee**, der als der älteste See Europas gilt. Der See grenzt an Albanien und Nordmazedonien und ist buchstäblich der Rand Griechenlands – und was für einer. Das Gebiet ist ein Hort der biologischen Vielfalt: Über 275 Vogelarten wurden hier gezählt (160 davon nisten hier, darunter der Krauskopfpelikan), dazu 60 Säugetierarten (wie Bären, Wildschweine und Hirsche) sowie 26 Fledermausarten und 23 Fischarten. Mehr als die Hälfte der griechischen Schmetterlinge und Motten sowie ein Drittel der endemischen Pflanzenarten wurden hier registriert. Früher war der See vor allem für seine Forellen berühmt, doch durch Naturschutzmaßnahmen wurde der Fischfang stark eingeschränkt (die Hälfte des Jahres ist er verboten). So stammen die geräucherten Forellen, die in den Tavernen am See angeboten werden, nicht aus dem See selbst, aber die berühmten Prespa-Bohnen, die in marinierten Salaten oder in Suppen serviert werden, werden vor Ort angebaut. Eine weitere regionale Delikatesse, die man probieren sollte, sind die köstlichen Florina-Paprikaschoten.

Der See lässt sich am besten mit dem Boot erkunden; bei einer Tour mit **Vrakada Prespes** (varkadaprespes.gr) gleitet man über die schimmernde Oberfläche. Man kann den See auch mit dem Fahrrad oder zu Fuß umrunden und auf Teilen des Sees Kajak fahren. Unbedingt besuchen sollte man die kleine Insel **Aghios Achillios**, die über eine 1 km lange schwimmende (und quietschende) Brücke mit dem Festland verbunden ist. Auf dem Eiland befinden sich auch die einzigartigen Ruinen einer Kirche aus dem 10. Jh. Ein Aufstieg auf die Anhöhe wird mit einem atemberaubenden Panoramablick über die Umgebung belohnt.

Weihnachtstraditionen in Florina

HEIDNISCHE FESTE AN DER GRENZE

In der Nähe der Landesgrenze zu Nordmazedonien liegt die kleine Stadt **Florina**. Leider sind die meisten Gebäude heruntergekommen und geschlossen, aber die Stadt hat sich ihren Charme bewahrt, vor allem in der Weihnachtszeit, wenn die berühmten **Weihnachtsfeuer** stattfinden: 35 riesige Lagerfeuer werden nach alter Tradition angezündet, und die ganze Stadt verwandelt sich in ein Fest unter freiem Himmel, mit Musik, Tanz, Getränken und reichlich kostenlosem Essen. In der übrigen Zeit des Jahres ist es ein schöner Ort für einen gemütlichen Kaffee oder ein Mittagessen am Fluss; man sollte Ausschau nach lokalen Köstlichkeiten wie gerösteten oder zu Marmelade verarbeiteten Florina-Paprikaschoten halten.

WEINGÜTER, DIE DEN BESUCH LOHNEN

Ktima Alfa
Größte und bekannteste Weinkellerei Griechenlands, allerdings mit leicht industriellem Flair.

Ktima Karanika
Biodynamische Weinkellerei, die den einzigen Schaumwein Griechenlands nach der Champagnermethode herstellt.

Ktima Kyr-Yianni
Dieses Familienweingut, ein weiterer großer griechischer Name, bietet seit Jahrzehnten kräftige Rotweine an.

LEFTERIS PAPAULAKIS/SHUTTERSTOCK ©

Kirchenruinen, Aghios Achillios

Nymfaio

DAS SCHÖNSTE DORF GRIECHENLANDS

Es ist keineswegs übertrieben zu sagen, dass Nymfaio eines der schönsten Dörfer Griechenlands ist – es wurde sogar zu einem der zehn schönsten Dörfer Europas gewählt. In diesem aristokratischen, traditionellen Vlach-Dorf lebten einst über hundert Gold- und Silberschmiedefamilien, deren Reichtum sich in der Architektur des Dorfes widerspiegelt. Es scheint nur Herrenhäuser zu geben, die alle zwischen dem 17. und 19. Jh. erbaut wurden (einige davon wurden in unglaublich charmante Gästehäuser umgewandelt), und die kopfsteingepflasterten Straßen und die gleichmäßigen Schieferdächer tragen ebenfalls zur märchenhaften Atmosphäre bei. Im Winter ist das ganze Dorf mit Schnee bedeckt (es liegt eingebettet zwischen Bergen), und die Einheimischen bewegen sich auf Langlaufskiern fort.

In dem dichten Birkenwald, der Nymfaio umgibt, liegt das **Arcturous-Bärenschutzgebiet**. Fast 20 der schwer zu fassenden Braunbären leben in dem Schutzgebiet; man kann sie durch den Zaun hindurch erspähen.

DIE BESTEN PENSIONEN IN NYMFAIO

Archontiko Athina
Die Pension in einem alten Adelssitz mit traditionellen Möbeln und Gegenständen ist die schönste in Nymfaio. Im stimmungsvollen Speisesaal wird ein hausgemachtes Frühstück serviert, und der freundliche Besitzer (kein Englisch) versorgt seine Gäste mit Snacks für die Heimfahrt.

Argyro Guesthouse
Neoklassizistisches Dekor in einem umgebauten Herrenhaus am Rand des Dorfes. Von hier aus hat man einen herrlichen Blick über Nymfaio und die Birkenwälder. Das Frühstück wird wahlweise im Speisesaal oder im Freien serviert.

Kastoria

GESCHICHTE AM SEE

Verlässt man den Pindos Richtung Thessaloniki, sollte man einen Nachmittag in Kastoria, der alten makedonischen Stadt am Orestiada-See (auch Kastoria-See), verbringen. In früheren Jahren waren die meisten Reisenden in Kastoria Russen, die

ESSEN RUND UM DEN PINDOS

Del lago
Ehemaliger Schafstall, der in ein Restaurant umgewandelt wurde; es gibt eine große Auswahl an Fleisch- und Fischgerichten. €€

Taverna To Prespeiou
Hervorragende hausgemachte Klassiker (unbedingt die Pasteten probieren), die die Vielfalt der Region zeigen. €€

Ntoltsó
Familienrestaurant mit ausgezeichneter Kastoria-Küche und Blick auf den belebten Stadtplatz. €€

DIE BESTEN RESTAURANTS

Thomas Restaurant
Seit Jahren pilgern griechische Feinschmecker zu diesem Restaurant in dem unscheinbaren Dorf Sklithro, das einige der besten Gerichte des Landes zu erstaunlich günstigen Preisen anbietet. Der Schwerpunkt liegt auf Fleisch, und es gibt eine ebenso beeindruckende Weinkarte.

Gentiki
Dieses „Slow-Food"-Restaurant am Fluss Florina serviert das beste Essen der Stadt: meist über offenem Feuer gekocht, mit lokalen Zutaten und einer regelmäßig wechselnden Speisekarte. Auch der *tsipouro* ist ausgezeichnet.

Ta Psaradika
Am Ufer des Prespasees serviert dieses hübsche, moderne Restaurant lokale Köstlichkeiten wie geräucherte Forelle mit Zwiebeln und köstlichen Bohnensalat mit Walnüssen. Auf der Terrasse kann man die Aussicht so richtig genießen.

TRABANTOS/SHUTTERSTOCK ©

Kastoria (S. 241)

Pelze kauften (die Stadt war früher eine Pelzhändlerstadt), aber das Beste ist ein Spaziergang durch die Altstadt **Doltso**, die einige der interessantesten Bauwerke aus der osmanischen Zeit und über 70 Kirchen aus der byzantinischen Zeit beherbergt.

Naoussa

REBEN UND WEINE

Zwischen dem Pindos und dem makedonischen Flachland liegt Naoussa, das den Spitznamen „Napa Valley Griechenlands" trägt. In dieser fruchtbaren Region wird seit Tausenden von Jahren Wein angebaut, und auch die Rebsorte *xinomavro*, der „König der roten Rebsorten Griechenlands", wird hier kultiviert. Die griechisch-niederländische Weinkellerei **Ktima Karanika** ist am interessantesten, da hier der einzige Schaumwein des Landes nach der Champagnermethode hergestellt wird. Man sollte vorher anrufen, um eine Besichtigung und Verkostung zu buchen (und die Erntezeit meiden). Auf der Fahrt durch die Gegend sieht man überall Stände am Straßenrand, in denen frisches Obst und Gemüse in Hülle und Fülle angeboten werden – ein Beleg dafür, wie fruchtbar der Boden hier ist. Um *xinomavro* zu probieren, empfiehlt sich das **Weingut Dalamara**, das auch Verkostungen und Führungen anbietet.

UNTERWEGS VOR ORT

In diesem Teil Griechenlands ist Autofahren ziemlich unkompliziert – die Straßen sind wunderbar flach und leer. Im Winter auf Eis und Schnee achten.

KAVALA

Diese farbenfrohe Stadt, die am Thrakischen Meer auf der Halbinsel Panagia liegt, haben die meisten Reisenden, die auf dem Weg zu den Inseln der nordöstlichen Ägäis (S. 459) vorbeikommen, nicht auf dem Plan. Kavala wurde im 7. Jh. v. Chr. von Siedlern der nahen Insel Thassos gegründet. Dank seiner strategischen Lage entwickelte sich Kavala schnell zu einer wichtigen Hafenstadt, von der aus das Gold aus dem nahe gelegenen Berg Pangeo über das Meer transportiert wurde.

Römer, Normannen, Byzantiner, Venezianer und Osmanen haben dieser stimmungsvollen Stadt ihren Stempel aufgedrückt, aber letztere hinterließen die deutlichsten Spuren. Tatsächlich verfügt Kavala über einige der interessantesten Bauwerke aus der osmanischen Zeit und ist zudem der Geburtsort von Mohammed Ali, dem Gründer des modernen Ägyptens. Mit einer munteren jungen Bevölkerung, einer Vielzahl neuer Bars, hervorragenden Fischtavernen und mehreren familienfreundlichen Stränden ist die Stadt ein angenehmer Ort, um ein paar Tage zu verbringen.

TOP TIPP

Um den schönsten Sonnenuntergang zu erleben, empfiehlt sich die Burg von Kavala oben auf der hügeligen Altstadt. Hier sieht man die Sonne über der Ägäis untergehen. Noch schöner wird es mit einer Flasche Wein oder ein paar Flaschen Bier zum Anstoßen.

Das Kavala aus der osmanischen Zeit

GESCHICHTE, ARCHITEKTUR UND RELIGION

Von 1387 bis 1912 gehörte Kavala zum Osmanischen Reich. Über 500 Jahre Herrschaft hinterließen unauslöschliche Spuren in der Architektur der Stadt, vor allem im Altstadtviertel Panagia. Über dem Zentrum von Kavala erhebt sich das 280 m lange **Kamares-Aquädukt**, das von Ibrahim Pascha, dem Großwesir von Suleiman dem Prächtigen, erbaut wurde. Die **Palia Mousiki** (Halil-Bey-Moschee) wurde von den Osmanen über der Kirche Aghia Paraskevi erbaut; man kann die Stadien der Bebauung sehen, wenn man über den Glasboden läuft. Der unbestrittene Star der osmanischen Ära ist aber das **Imaret**, das ursprünglich als Priesterseminar diente und sich über 4200 m² erstreckte. 2001 wurden die 60 Gewölbezellen in das führende Luxushotel der Stadt umgewandelt. Auch wenn man sich den aufgerufenen Preis nicht leisten kann, kein Problem – das Hotel Imaret bietet täglich Führungen durch die Moschee und Teile des Priesterseminars an.

Ein weiteres Highlight ist das Geburtshaus von Muhammad (oder Mehmed) Ali Pascha, dem Wali von Ägypten und einer wichtigen Person in der modernen ägyptischen Geschichte. Das ursprünglich 1770 erbaute Haus wurde inzwischen in ein charmantes Museum umgewandelt. Auf zwei Etagen wird gezeigt, wie der Pascha im späten 18. Jh. gelebt hat: Es gibt ein Frauenzimmer, die Privaträume des Paschas, viele Schwerter und Messer sowie schöne osmanische Holzschnitzereien und Teppiche.

ARCHITEKTONISCHE DETAILS AUS DER OSMANISCHEN ZEIT

Sachnisi
Ein traditioneller Erkertyp, der von Holzbalken gestützt wird und in der Regel mit Gitter- oder Zierwerk versehen ist.

Bagdati
Diese ursprünglich aus Bagdad stammende Technik aus Lehmflechtwerk (bei der Holzstreifen mit einem klebrigen Material bestrichen werden) wurde bei der Konstruktion von Gebäudemauern verwendet.

Domes
Sowohl in der islamischen als auch in der osmanischen Architektur sind Kuppeldächer eine symbolische Darstellung des gewölbten Himmels.

KAVALA

Archäologische Stätte von Philippi (16 km)
Xanthi (52 km)
Aquädukt
Kountouriotou
Gravias
Dervenakion
Plateia Doxas
Plateia Karaoli Dimitriou
Akropolis
Pavlidou
Anthemiou
Isidorou
PANAGIA
Thasos (28 km); Limnos (145 km)
Panagia-Viertel
Palia Mousiki
Mehmed Ali
Haus von Muhammad Ali
Golf von Kavala
0 200 m

Die Archäologische Stätte von Philippi

ANTIKE STÄTTEN UND GESCHICHTE

Diese eindrucksvoll gelegene antike Stadt wurde 356 v. Chr. von Philip II. gegründet, dem energischen makedonischen Dynasten und Vater von Alexander dem Großen. Die beeindruckende Stadt ist UNESCO-Weltkulturerbe und liegt 16 km nordwestlich von Kavala. Wegen ihrer strategischen Lage an einer wichtigen Handelsroute zwischen Europa und Asien wurde sie in der hellenistischen Zeit nach dem Tod Alexanders immer mächtiger und prächtiger. Diese Bedeutsamkeit hielt sich bis in die folgende römische, byzantinische und postbyzantinische christliche Zeit, deren Überreste aus Stein Besucher heute besichtigen können.

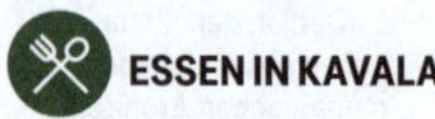

ESSEN IN KAVALA

Tsalapeteinos Urban Farm
Gut besuchtes Konzeptrestaurant mit internationaler Küche und schönen Außenplätzen. **€€**

Nafpigion
Authentische Old-School-Taverne mit Fischgerichten und *tsipouro* im Werftviertel. **€**

Apiko
Schnörkellose griechische Gerichte mit Schwerpunkt auf Fisch in modernem Ambiente. **€€**

Archäologische Stätte von Philippi

Zu den Highlights gehören das beeindruckend am Hang gelegene hellenistische Theater, das Forum und die Ruinen der Basiliken, die hier entstanden, nachdem Philippi ein wichtiges Zentrum der frühen Christen geworden war. Auch der Besuch des Museums lohnt sich; es zeigt grazilere Fundstücke und informiert über die Geschichte der Stadt.

Die Akropolis von Kavala

HISTORISCHE ARCHITEKTUR UND SONNENUNTERGÄNGE

An der Spitze der Panagia-Halbinsel erhebt sich über der Altstadt die Akropolis (oder Kastro, oder Burg, wie sie auch genannt wird) von Kavala. Ursprünglich im frühen 15. Jh. auf den Überresten der byzantinischen Akropolis von Christoupolis (der frühere Name von Kavala) erbaut, die 1391 zerstört wurde, wurde die Burg und ihre Umgebung von Byzantinern, Venezianern und Osmanen ausgebaut und befestigt.

Es ist möglich, das Innere der Burg zu besichtigen, einschließlich des runden Hauptturms, der Zisterne, des Wachhauses und des Arsenals sowie des Lebensmittellagers, das später im 18. Jh. in ein Gefängnis umgewandelt wurde. Von den Festungsmauern und dem Dach des Turms aus hat man einen herrlichen Blick über die Stadt und das Meer – ein besonders schöner Platz, um den Sonnenuntergang zu erleben.

DIE BESTEN UNTERKÜNFTE IN KAVALA

Hotel Imaret
Dieses Fünf-Sterne-Luxushotel in einem ehemaligen osmanischen Priesterseminar (S. 243) ist seinen Preis absolut wert. Vom stimmungsvollen Dekor bis zum tadellosen Service fühlt man sich hier für eine Nacht wie ein Pascha.

Lucy Hotel
Schickes, modernes Hotel direkt am Strand mit Fünf-Sterne-Annehmlichkeiten und Resort-Feeling (einschließlich zwei Restaurants und einem Außenpool) zu Zwei-Sterne-Preisen.

Old Town Inn
Das Hotel liegt perfekt direkt im Zentrum (obwohl es nachts etwas laut sein kann) in einem neoklassischen Gebäude mit frisch renovierten Zimmern.

UNTERWEGS VOR ORT

Kavala ist aufgeteilt in den alten und den neuen Teil der Stadt und lässt sich gut zu Fuß erkunden – man sollte nur bequeme Schuhe tragen und sich darauf einstellen, dass es viel bergauf geht und das Kopfsteinpflaster durch die jahrhundertelange Nutzung rutschig ist. In der Innenstadt ist es fast unmöglich, einen Parkplatz zu finden.

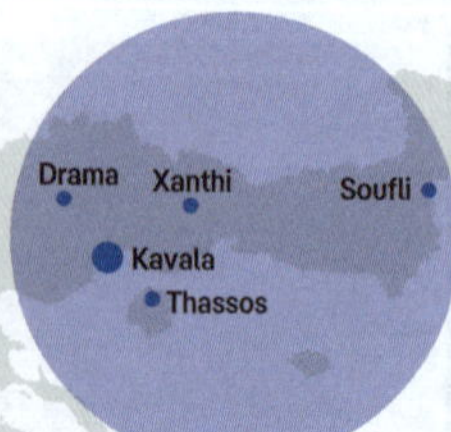

Rund um Kavala

Die Region rund um Kavala ist zwar eine der am wenigsten besuchten in Griechenland, aber hier findet man alles, von Inseln, Weinstraßen und den besten Backwaren bis hin zu stimmungsvollen Städten mit islamischem Flair.

Kavala dient als Tor zum langen, behäbigen östlichen Arm Nordgriechenlands. Je näher man der Türkei kommt, desto weniger Reisenden und Ausländer:innen begegnet man. An manchen Orten, z. B. in Thrakien und Evros, kann es sein, dass man komplett allein ist. Die Landschaft verflacht zu Grasland und Feuchtgebieten, außer an der Grenze zu Bulgarien, wo sich die Rhodopen nach Griechenland schlängeln.

Nordöstlich von Kavala liegen die bezaubernden Städte Drama und Xanthi, in denen der Islam noch deutlich spürbar ist – die Frauen tragen Kopftücher, es wird täglich zum Gebet gerufen, und in den Geschäften werden religiöse Bücher und Gegenstände verkauft. Der Hafen von Kavala bedient auch einige der Inseln der nordöstlichen Ägäis (S. 459), darunter das imposante Thassos.

TOP TIPP

Obwohl die Entfernungen zwischen diesen Orten nicht allzu groß sind, empfiehlt es sich, ein Auto zu mieten, da die öffentlichen Verkehrsmittel in dieser Gegend oft langsam und lückenhaft sind.

Xanthi

GEORGIOS TSICHLIS/SHUTTERSTOCK ©

Xanthi

OST TRIFFT WEST

In Xanthi, 55 km nordöstlich von Kavala, lebt die zahlenmäßig größte Gruppe muslimischer Griechen des Landes – ein Überbleibsel des Bevölkerungstransfers mit der Türkei im Jahr 1928. Historisch gesehen ist dies ein Schmelztiegel der Kulturen: Griechen, Bulgaren, Pomaken, Türken, Thraker, Armenier und andere lebten und arbeiteten hier jahrhundertelang Seite an Seite. Diese vielfältige Kultur ist auch heute noch zu spüren: Der Ruf zum Gebet schallt über die Stadt, und am Freitagnachmittag ist die Moschee voll von Gläubigen.

Am interessantesten ist die malerische Altstadt mit ihren verwinkelten Gassen und Treppen, gesäumt von pastellfarbenen Fachwerkhäusern und prächtigen neoklassizistischen Villen. Einige der Gebäude sind in einem besseren Zustand als andere, aber man kann hier prima einige Tage mit den Einheimischen verbringen. Jeden Samstag findet ein großer Markt statt, der Menschen aus der ganzen Region und von jenseits der Grenze anzieht; ein lebhaftes Gewusel von Händler:innen, die alles Mögliche feilbieten, von Maulbeeren bis zu türkischen Spitzen.

Xanthi ist ein Musterbeispiel für interreligiöses Leben. Am schönsten erlebt man diesen Frieden etwas außerhalb der Stadt an der Grabstätte eines Derwischs des Bektaschi-Ordens, der wichtigsten islamischen Sekte in Thrakien. Auffallend ist, dass der Ort sowohl muslimisch als auch christlich geprägt ist: Im Vorraum befinden sich eine orthodoxe Ikone des Heiligen Georg sowie Kerzen und im Hauptkuppelraum das Grab des Baba, das mit einem grünen Tuch verhüllt ist.

Weinregion Drama

ATEMBERAUBENDE LANDSCHAFT

Außerhalb von **Drama** produzieren neun Weinkellereien auf rund 500 ha einige der köstlichsten Weine Griechenlands. Seit der Antike wird das Terroir von Drama sehr geschätzt. Auf den fruchtbaren Böden und in dem milden Klima gedeihen einheimische Rebsorten ebenso gut wie internationale, z. B. Cabernet Sauvignon und Merlot. Sieben dieser Weingüter sind für Gäste geöffnet, sechs davon liegen in einem Kreis direkt östlich von Drama. Das bekannteste ist die **Domaine Costa Lazaridis** (domaine-lazaridi.gr), die seit Jahrzehnten in großem Stil Wein produziert und international verkauft. Am besten ruft man die Weingüter vorher an, um einen Termin zu vereinbaren, vor allem während der Erntezeit. Die Weinregion Drama liegt 40 km nordwestlich von Kavala. Die Fahrt dorthin dauert etwa 50 Minuten.

DIE BESTEN BÄCKEREIEN IN XANTHI

Nea Ella
Traditionelle Bäckerei mit ausgezeichneten Süßwaren aus Kleinasien. Besonders gut sind die Puddings, die man am besten mit einer Tasse griechischem Kaffee genießt.

Kazani
Ein pomakisches Ehepaar betreibt diese fantastische, altmodische Bäckerei, in der alles vor Ort hergestellt wird. Das Baklava ist besonders gut, ebenso wie das *kazan dipi*, ein traditioneller türkischer Pudding, der in einem Kupfertopf zubereitet und dann flambiert wird.

Papaparaskevas
Das ursprüngliche Geschäft wurde 1926 eröffnet, ist aber heute eine kleine Kette. Es ist vor allem für seine berühmten schokoladenüberzogenen *kariokes* (mit Nüssen gefüllte Bonbons) bekannt.

ÜBERNACHTEN RUND UM KAVALA

Elisso Xenia Hotel du Nord
Wunderschön renoviertes historisches Xenia-Hotel in der Nähe des Flusses Nestos in Xanthi. **€€**

1905 Boutique Hotel
Komfortable Zimmer in einem stimmungsvollen neoklassizistischen Gebäude in der Altstadt von Xanthi. **€€**

A For Art
Fantasievolles Hotel auf Thassos mit Möbeln im Dalí-Stil und skurrilen Skulpturen sowie einer Gartenbar für gesellige Stunden. **€€**

ESSEN RUND UM KAVALA

Masabuka
Ausgezeichnetes Souvlaki, köstliche Dips und freundlicher Service in diesem Lokal in Thassos.

Palia Polis
Taverne in Xanthi aus Holz und Stein, die thrakische und nahöstliche Küche sowie eine gute Weinkarte bietet.

Pilima
Langsam gekochte Gerichte und gegrilltes Fleisch mit türkischem Flair in Xanthi.

Thassos

NATUR, STRÄNDE UND RUINEN

Die 380 km^2 große Insel Thassos ist eine der grünsten und sanftesten Inseln Griechenlands und liegt 10 km von Kavala entfernt. Das Klima und die Vegetation lassen die Insel wie eine Erweiterung Nordgriechenlands erscheinen, doch gibt es hier wunderbare Sandstrände und ein bewaldetes Bergland. Für griechische Verhältnisse ist die Insel recht preiswert und daher bei Familien und Student:innen aus Bulgarien und den ehemaligen jugoslawischen Republiken sehr beliebt.

Die Hauptattraktionen der Insel sind ihre natürliche Schönheit, die Strände, die Dörfer im Landesinneren und die historischen Sehenswürdigkeiten. Das hervorragende **archäologische Museum** in der Hauptstadt Thassos (Limenas) wird ergänzt durch das byzantinische **Moni Arhangelou** mit seiner atemberaubenden Lage auf einer Klippe und dem **antiken griechischen Tempel** in Alyki an der ruhigen Südostküste. Besonders empfehlenswert ist ein Ausflug mit dem Boot, das die Insel bei Tagesausflügen umrundet.

Häufige Fähren vom Festland ermöglichen es Individualreisenden, schnell hierher zu gelangen, und das ausgezeichnete Busnetz auf der Insel macht die Fortbewegung einfach. Auch wenn die Fähre von Kavala aus nur 1½ Stunden braucht, bleiben die meisten Besucher:innen lieber über Nacht.

Das Seidenmuseum in Soufli

KUNSTHANDWERK AN DER GRENZE

Das **Seidenmuseum** befindet sich im Tsiakiri-Haus, einem Seidenhersteller mit 60-jähriger Tradition. Begeisterte, mehrsprachige Mitarbeiter führen durch die Geschichte der Seidenraupenzucht in Soufli und den Prozess der Seidenproduktion, angefangen bei den winzigen Würmern (die lebendig sind und Maulbeerblätter fressen), die den weichen Kokon aus Seidenfaden bilden. Vorn gibt es einen Laden, in dem man Seidenprodukte kaufen kann. Zu sehen sind u. a. Handwebstühle und Seidenwickelmaschinen sowie aufwändige Trachten. Das Museum liegt etwa 210 km östlich von Kavala. Die Fahrt mit dem Auto dauert etwas mehr als zwei Stunden.

UNTERWEGS VOR ORT

Die Region im etwas weiteren Umkreis von Kavala wird nur sporadisch von Bussen und Zügen angefahren – am besten mietet man ein Auto. Die Anreise nach Thassos ist nur mit der Fähre möglich, die im Sommer mehrmals täglich von Kavala aus startet.

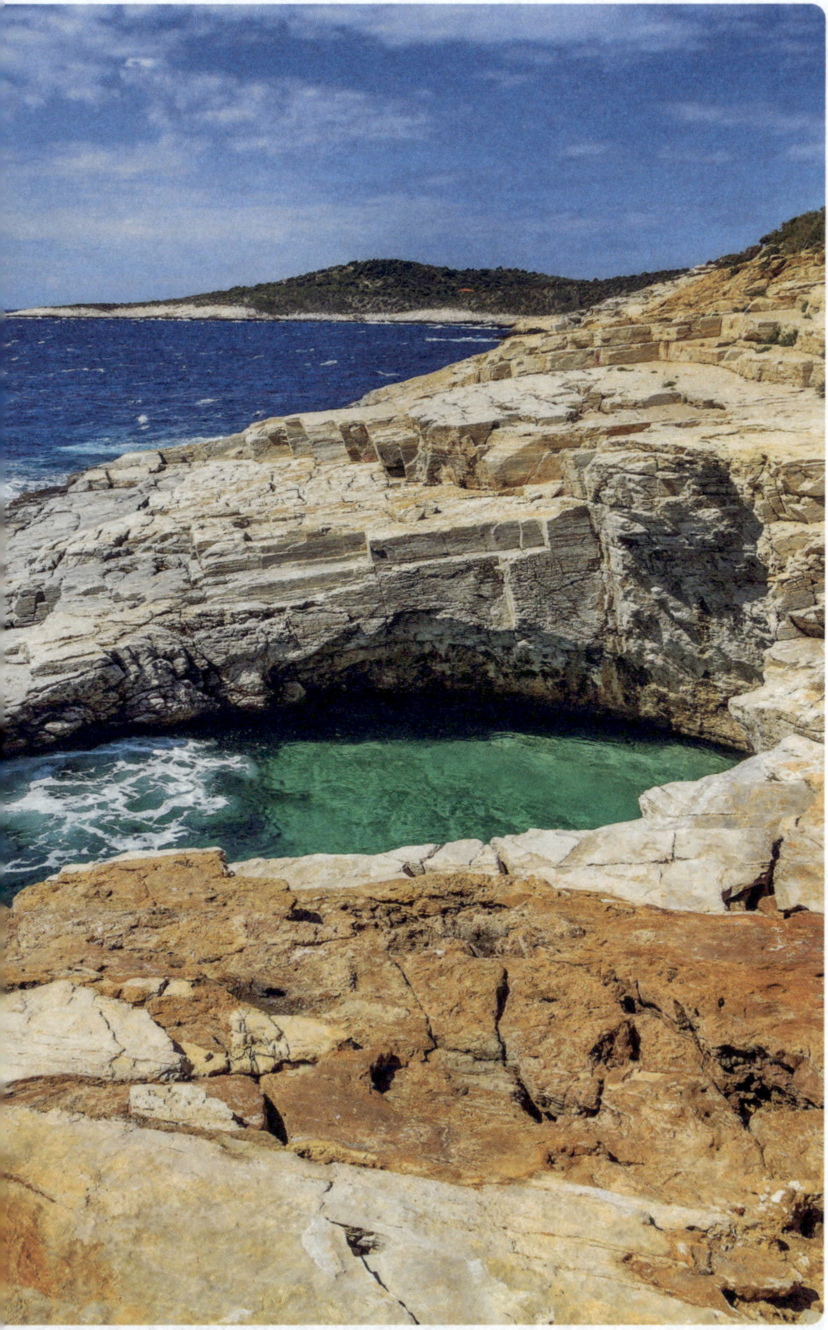

NATAL'YA NAZAROVA/SHUTTERSTOCK ©

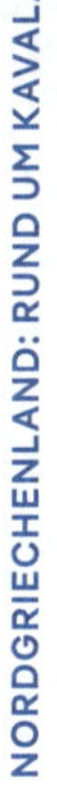

Thassos

IMAGIN.GR PHOTOGRAPHY/SHUTTERSTOCK ©

Oben: Hydra (S. 262). Rechts: Hafen, Ägina (S. 257)

SARONISCHE INSELN

HÄFEN & GESCHICHTE

Diese kleinen Inseln, die in den Gewässern zwischen Athen und dem Peloponnes glitzern, laden zu kurzen Tagesausflügen oder idyllischen Aufenthalten ein.

Die Inseln des Saronischen Golfs liegen verstreut im Meer vor Athen und verkörpern das griechische Inselleben. Wie alle griechischen Inseln hat auch jede der Saronischen Inseln eine besondere Atmosphäre und ihre eigene Kultur. Traveller können zwischen klassischer Antike, touristischen Stränden, herausragender Architektur und entlegenen Schlupfwinkeln wählen.

Lange Zeit ein strategisches Gebiet in den Konflikten zwischen Sparta, Athen, Persien und später dem Osmanischen Reich, bauten mehrere der Saronischen Inseln ihre maritimen Kapazitäten aus und nutzten sie für Handel, Quasi-Piraterie und Krieg. Heute bedeutet dies eine Fülle interessanter Architektur, ein lebhaftes kulturelles Leben und Wohlstand für Generationen. In Verbindung mit der Nähe zum Festland (sowohl Athen als auch der Peloponnes) ergibt das eine dynamische Inselgruppe.

ROMAN SIGAEV/SHUTTERSTOCK ©

An langen Wochenenden bevölkern die Athenerinnen und Athener Äginas Hafen. An den Hängen stehen die spektakulärsten antiken Tempel und byzantinischen Dorfruinen der Region. Im nahe gelegenen, von Pinien bewachsenen Angistri mit seinen ruhigen Gewässern fühlt man sich außerhalb der Hochsommermonate geschützt.

Weiter südlich liegt Poros mit pastellfarbener Altstadt und bewaldetem Hinterland, nur wenige hundert Meter vom Peloponnes entfernt.

Hydra, das saronische Schmuckstück, ist eine wunderschöne autofreie Insel mit sorgsam erhaltenen Steinhäusern, die sich in einem eleganten, geschichtsträchtigen Hafen erheben.

Das am tiefsten im Süden gelegene, nach Kiefern duftende Spetses weist ebenfalls eine lebhafte nautische Geschichte und eine hübsche Stadtarchitektur auf und ist von unzähligen Wasserbuchten umgeben, nur wenige Minuten vom Festland entfernt.

DIE WICHTIGSTEN ZIELE

ÄGINA
Betriebsame Stadt, Tempel auf dem Hügel, byzantinische Ruinen S. 256

HYDRA
Schillernde autofreie Schönheit S. 262

SPETSES
Historischer Hafen und glitzernde Buchten S. 270

Erste Orientierung

Die fünf bewohnten Inseln des Saronischen Golfs ziehen sich von Piräus aus um die östlichste Spitze des Peloponnes. Sie eignen sich hervorragend für Tagesausflüge oder herrliche längere Aufenthalte und bieten sich als Ausgangspunkt für Reisen auf den Peloponnes an.

FÄHRE

Fähren und Hochgeschwindigkeits-Tragflügelboote legen in Piräus ab und bedienen auch Ermioni und Porto Heli auf dem Peloponnes. Kleine Boote verbinden Poros mit Galatas, Hydra mit Metochi und Spetses mit Costa. Es gibt keine Direktfähren von Ägina nach Hydra und Spetses, die Verbindungen gehen über Piräus oder Poros. Tagesausflugsboote fahren die Inseln von Piräus und Nafplio aus an.

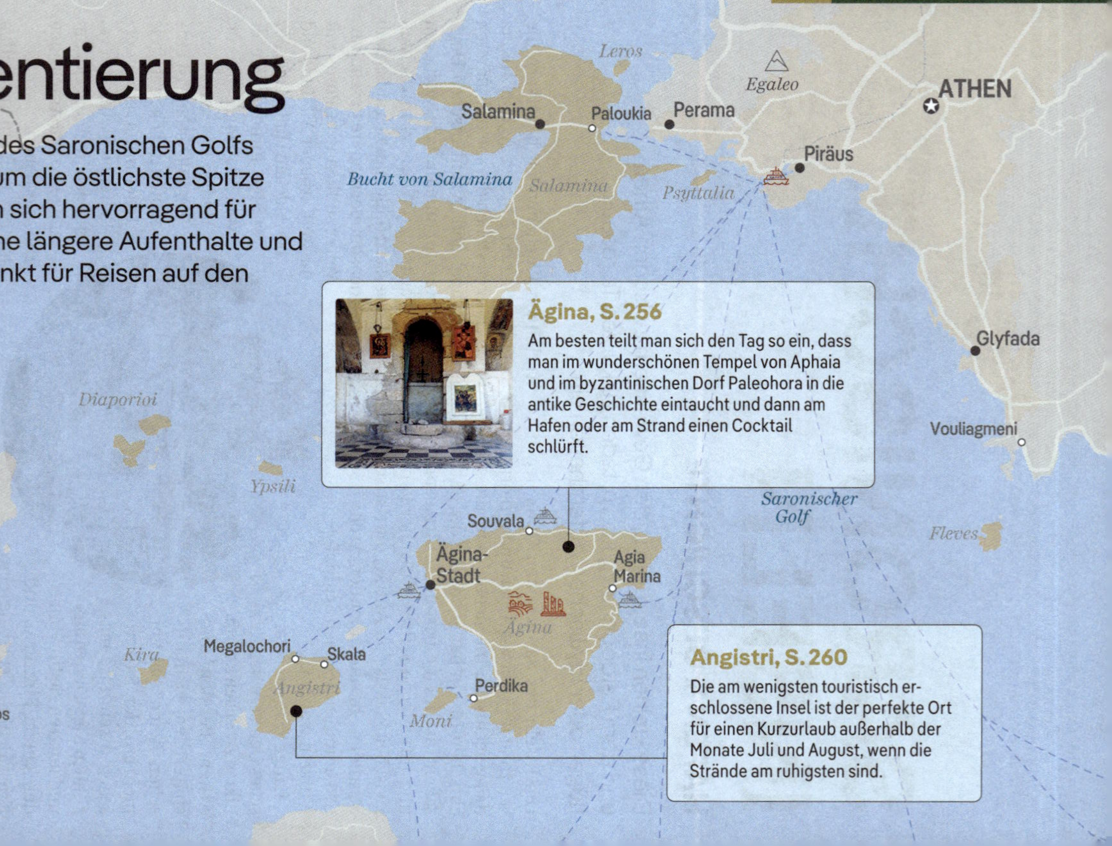

Ägina, S. 256

Am besten teilt man sich den Tag so ein, dass man im wunderschönen Tempel von Aphaia und im byzantinischen Dorf Paleohora in die antike Geschichte eintaucht und dann am Hafen oder am Strand einen Cocktail schlürft.

Angistri, S. 260

Die am wenigsten touristisch erschlossene Insel ist der perfekte Ort für einen Kurzurlaub außerhalb der Monate Juli und August, wenn die Strände am ruhigsten sind.

AUTO

Um die Umgebung von Ägina zu erkunden, empfiehlt sich ein Auto oder ein Motorroller, auch wenn es einen begrenzten Busservice gibt. Auf Poros gibt es Busse und Taxis. Die meisten Strände liegen in der Nähe der Stadt. Die Ringstraße von Spetses lässt sich am besten mit dem Roller, Quad oder Fahrrad erkunden.

ZU FUSS

Alle Städte sind am besten zu Fuß zu besichtigen. In einigen, wie Hydra und Spetses-Stadt, sind Autos verboten. Angistri ist größtenteils mit Wanderwegen erschlossen.

Poros, S. 267

Das ruhige, bewaldete Landesinnere erkunden und durch die farbenfrohen engen Gassen von Poros-Stadt mit den erstklassigen Tavernen und Cafés, in denen sich die Segler:innen tummeln, schlendern.

Hydra, S. 262

Die autofreie und zeitlose Stadt ist ein beliebtes Ausflugsziel, um den wunderschönen Hafen mit seinen hervorragenden Museen und seiner stilvollen Szene zu erkunden. Naturbelassene Pfade führen zu den zahlreichen schwimmenden Felsen.

Spetses, S. 270

Die Museen der Zwillingshäfen mit ihren Herrenhäusern erinnern an die Geschichte der Region. Die Ringstraße mit ihren glitzernden Buchten ist ideal für eine Fahrrad- oder Rollertour.

OBEN: YIANNISSCHEIDT/SHUTTERSTOCK ©; UNTEN: AERIAL-MOTION/SHUTTERSTOCK ©

Perfekte Tage

Der Saronische Golf lässt sich auf drei Arten erkunden: als schneller Tagesausflug, als gemütlicher Aufenthalt, um sich die Zeit zu vertreiben oder als Besuch von mehreren Inseln. Auch von Athen aus ist es ein idealer Last-Minute-Inselbesuch.

AERIAL-MOTION/SHUTTERSTOCK ©

Strand Plakes (S. 264)

Sehr wenig Zeit

- Als erstes fährt man mit der Fähre nach **Hydra** (S. 262), einer autofreien Insel mit historischer Architektur. Eine Stärkung gibt's im **Pirate** (S. 264). Dann geht es auf Kulturtour, beginnend mit dem Klosterkomplex **Faneromeni** (S. 265). Im **Historischen Herrenhaus von Lazaros Koundouriotis** (S. 265) erhält man einen Einblick in das Leben im 18. Jh., danach pilgert man zum **Atelier des großen Künstlers Panayiotis Tetsis** (S. 265).

- Entweder läuft man zum Strand **Plakes** (S. 264), um zu schwimmen und Meeresfrüchte zu essen oder man kehrt in die Stadt zurück, um im **Techne** (S. 263) zu essen und von den Felsen aus zu schwimmen. Das **Historische Archiv und Museum von Hydra** (S. 266) bietet immer gut kuratierte Ausstellungen, und die einzigartige Sammlung der **Deste-Stiftung** (S. 266) im ehemaligen Schlachthof am Meer überrascht – ein Besuch lohnt sich, wenn es die Zeit erlaubt.

Beste Reisezeit

Im Juli und August platzen die Saronischen Inseln vor Touris aus allen Nähten. Hydra und Spetses haben länger Saison als die meisten anderen Inseln, da ihre Faszination nicht vom Strand abhängig ist. Frühling und Herbst eignen sich hervorragend für Wanderungen.

APRIL

Die einwöchige **Osterfeier** auf Hydra wird mit einer Parade mit einem blumengeschmückten Epitaph im Hafen von Kamini gefeiert.

MAI

Die Inseln erwachen aus dem Winterschlaf. Jetzt kann man durch die Blumenpracht spazieren und beobachten, wie sich alle auf die neue Saison vorbereiten.

JUNI

Das **Miaoulia-Festival** erinnert mit Bootsverbrennung und Feuerwerk an den Beitrag der Bewohner:innen Hydras zum Unabhängigkeitskrieg.

VON LINKS: IMAGIN.GR PHOTOGRAPHY/SHUTTERSTOCK ©, IVAN BASTIEN/SHUTTERSTOCK ©, NETCRAWLERLR/SHUTTERSTOCK ©

Mehrere Tage

● Nach ein oder zwei Tagen in Hydra geht es weiter nach **Spetses** (S. 270), um die Seemächte des Saronischen Golfs zu vergleichen. Im **Hafen von Dapia** (S. 271) tummeln sich zahlreiche Geschäfte und Restaurants, am **Alten Hafen** (S. 271) kann man Jachten beobachten und den ganzen Tag über in Café-Bars einkehren. Das **Bouboulina-Museum** (S. 272), das der Seeheldin gewidmet ist, die im Unabhängigkeitskrieg eine Flotte befehligte, ist einen Besuch wert.

● Um die **Strände** (S. 272) zu erkunden, sollte man sich ein Fahrrad oder einen Motorroller leihen. Mittagessen gibt's unterwegs. Zuerst der kleine, von Pinien gesäumte Xilokeriza. Agia Paraskevi und Agii Anargyri werden auch mit Booten vom Hafen aus angefahren. Man sollte zur **Bekiris-Höhle** (S. 273) schwimmen, bevor es in die Stadt zurückgeht, um im **Patralis** (S. 271) Meeresfrüchte zu essen und in der **Bar Spetsa** (S. 272) zu feiern.

Länger Zeit

● Dazu sollte man noch Ägina und Angistri in die Reiseplanung einplanen. Auf **Ägina** (S. 256) steht der **Aphaia-Tempel** (S. 258) wunderschön gelegen auf einem Hügel (mit Blick auf die Akropolis und den Sounio-Tempel, die ein Dreieck bilden). Für einen Ausflug empfiehlt sich ein Besuch der halb verfallenen byzantinischen Kapellen von **Paleochora** (S. 258). Ein Mittagessen am Meer in **Perdika** (S. 259) einplanen und am Strand schwimmen oder mit einem kleinen Boot zum vorgelagerten Inselchen **Moni** (S. 259) fahren.

● **Angistri** (S. 260) ist nach wie vor ein wunderschöner Zufluchtsort mit Stränden und Wegen in den Pinienwäldern. Eine andere Alternative ist, sich einfach eine Insel auszusuchen… Hydra, Spetses, Angistri… und die Tage verstreichen zu lassen – Zeit ist Luxus.

JULI & AUGUST

Hitze und Menschenmassen erreichen ihren Höhepunkt am 15. August mit dem **Fest der Jungfrau Maria**, das in ganz Griechenland gefeiert wird.

SEPTEMBER

Das **Armata-Fest** auf Spetses gipfelt in der Nachstellung einer Seeschlacht von 1822. Auf dem Fistiki-Fest auf Ägina wird die Pistazie groß gefeiert.

OKTOBER

Ein wolkenloser Himmel und immer weniger Menschen und kühlere Temperaturen laden zum Wandern und Schwimmen in der Nebensaison ein.

DEZEMBER

Glitzernde, gemütliche Wintersaison mit dezenter **Weihnachts-** und Neujahrsstimmung. Am Wochenende ist mehr los, da kommen die Athener:innen.

ÄGINA

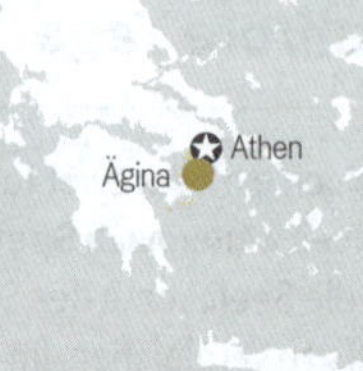

Abgesehen von dem lebhaften Hafen bietet Ägina den verlockenden, unbeschwerten Charakter einer typischen griechischen Insel. Dazu kommen noch zahlreiche renommierte antike Stätten wie der prächtige Aphaia-Tempel aus dem 5. Jh. v. Chr. und die magischen byzantinischen Ruinen von Paleochora. Zu entspannten Inselbewohner:innen und Pendler:innen, für die die Insel eine Art Vorort von Athen ist, gesellen sich jedes Wochenende Wochenendausflügler aus der Hauptstadt.

Ägina war im 7. Jh. v. Chr. die führende Seemacht im Saronischen Golf, die durch Handel und politische Vorherrschaft zu Wohlstand kam. Die Insel trug wesentlich zum Sieg der Griechen über die persische Flotte in der Schlacht von Salamis 480 v. Chr. bei. Trotz dieser Solidarität zum athenischen Staat überfielen die Athener die Insel 459 v. Chr. Die Insel konnte ihren früheren Ruhm nie wiedergewinnen, obwohl sie im frühen 19. Jh. eine wichtige Rolle bei dem Sieg über die Türken spielte und zwischen 1827 und 1829 vorübergehend Hauptstadt des teilweise befreiten Griechenlands war.

TOP TIPP

Die meisten griechischen Inseln verfügen nur begrenzt über Wasser aus Brunnen, von Booten, die Wasser heranschaffen oder neuerdings aus Entsalzungsanlagen – und das meiste davon ist nicht trinkbar. Einzigartig ist, dass Ägina aufgrund seiner Nähe zum Festland ab 2022 über eine 14 km lange Pipeline versorgt wird, womit das Wasser trinkbar wird.

Piräus (22 km)
Kap Tourlos
Souvala
Agii
Vaia
Kap Plakakia
Vathy
Kypseli
Haldeika
Aphaia-Tempel
Livadi
Paleochora
Mesagros
Agia Marina
Ägina-Stadt
Alones
Ägina
Kap Kiranitsa
Angistri (4,5 km)
Gianakides
Pahia Rahi
Nikolaki
Marathonas
Portes
Anitseo
Ellanio Oros
Vlahides
Perdika
Moni
Sfendouri
Kap Pyrgos
Saronischer Golf
Methana (20 km); Poros (27 km)
0 5 km

MILAN GONDA/SHUTTERSTOCK ©

Promenade, Ägina-Stadt

ÄGINAS PISTAZIEN

Fistiki bedeutet Pistazie, und Äginas berühmte Pistazie *(fistiki aeginis)* mit geschützter Ursprungsbezeichnung (g.U.) ist auf der ganzen Insel weit verbreitet.

Sie gelangte in den 1800er-Jahren auf die Insel und braucht etwa acht Jahre, um zu produzieren, ist dann aber sehr langlebig. Überall werden Tüten zum Verkauf angeboten, und auf Speisekarten findet man ein köstliches Pesto, das mit Pistazien anstelle von Pinienkernen zubereitet wird. Sie stecken auch in *Baklava* und *pasteli* (einem gepressten Honigriegel).

Im September, zur Erntezeit, findet ein Pistazienfest statt, bei dem die einheimische Nuss mit Live-Musik, Kunstveranstaltungen, Messen und kulinarischen Wettbewerben gebührend gefeiert wird.

Hafen & beeindruckende Tempelruinen

LEBHAFTES LOKALES LEBEN

Den glitzernden Hafen von Ägina-Stadt säumt eine belebte Promenade voller Menschen, Motorräder und Restaurants. Sobald man in die engen Gassen der Stadt eintaucht, wo Kinder Rad fahren und zwischen den Balkonen Leinen voll Wäsche gespannt sind, wird das Tempo wieder langsamer.

In den parallelen Straßen Iroti und Rodi, hinter dem Hafen, reihen sich alle möglichen Geschäfte aneinander, gelegentlich durchbrochen von einigen klassizistischen Gebäuden aus dem 19. Jh. und von weiß gekalkten Häusern – Abstecher in die Wege und Gassen neben den Hauptwegen lohnen sich. Im örtlichen **Folklore-Museum** sind historische Kleidungsstücke, Haushaltswaren und Kunstwerke ausgestellt, die die Stimmung des damaligen Insellebens wiedergeben.

Die beeindruckenden Ruinen des **Apollon-Tempel** befinden sich nördlich des Hafens. Verfallene Mauern, Zisternen und Säulenreste aus honigfarbenem Stein werden von einer einzigen erhaltenen Säule überragt. Sie ist alles, was von einem Tempel aus dem 5. Jh. v. Chr. übrig geblieben ist, der damals zu einer antiken Akropolis gehörte (die auf einer prähistorischen Stätte errichtet wurde). Das informative **Archäologische Museum** bietet Erklärungen in Englisch und Deutsch.

MEHR ESSEN & WEIN

Auch 33 Weine, viele Olivenöle und Käsesorten, peloponnesischer Kiefernhonig, Mastix aus Chios und griechischer roter Safran gehören zu den zu den griechischen Erzeugnissen mit geschützter Ursprungsbezeichnung (g.U.).

ESSEN AUF ÄGINA

Le Café Aegina
In Ägina-Stadt den ganzen Tag am Wasser speisen, vom Brunch bis zum Cocktail bei Sonnenuntergang. **€**

Miltos
Die beliebteste Taverne am Kai von Perdika, in der man hochwertige Meeresfrüchte und einfache griechische Gerichte genießen kann. **€€**

O Thanassis
An der Ostküste in Portes bedient eine charmante Familie ihre Gäste in einer mit Blumenkübeln geschmückten Taverne am Meer. **€**

Aphaia-Tempel

TERRAIN MAPS

Die Wanderkarten von Terrain Maps (terrainmaps.gr) sind eine unschätzbare Hilfe für Reisende, die abseits der ausgetretenen Pfade die griechischen Inseln zu Fuß oder auf Rädern erkunden wollen. Die lokalen Papierkarten sind von unterschiedlicher Qualität und das Mobilfunksignal außerhalb der Städte nur spärlich vorhanden (vorausgesetzt, man hat überhaupt Roaming-Daten). Auf staubigen, unmarkierten Nebenstraßen und Pfaden kann man sich leicht verirren, wenn man keine geeigneten Offline-Ressourcen hat.

Die regelmäßig aktualisierten Terrain Maps enthalten auch Informationen über Geschichte, Mythen, Sehenswürdigkeiten, Geografie und Wanderwege. Sie sind in einigen Buchhandlungen und Souvenirläden auf den Inseln erhältlich.

Vorhellenischer Tempel & byzantinische Ruinen

DIE SCHÖNSTEN RUINEN DES SARONISCHEN GOLFS

Äginas **Aphaia-Tempel** ist Pflicht. Dieser eindrucksvolle, gut erhaltene Tempel steht stolz auf einem mit Kiefern bewachsenen Hügel und bietet einen weiten Blick über den Saronischen Golf. Er wurde 480 v. Chr. zu Ehren einer örtlichen Gottheit aus der prähellenischen Ära erbaut. Die herrlichen Giebelskulpturen stellten Szenen aus den Trojanischen Kriegen dar. Die meisten Skulpturen wurden im 19. Jh. gestohlen und stehen heute in der Münchner Glyptothek. Erklärende Tafeln vor Ort enthalten auch englischen Text.

Um den Tag ausklingen zu lassen, empfiehlt sich ein Abstecher nach **Paleochora**. Dieser bezaubernde und entlegene Berghang wird von den Überresten eines byzantinischen Dorfes überzogen. Mehr als 30 erhaltene Kirchen verteilen sich über die felsige Anhöhe der ursprünglichen Festung, und einige wurden renoviert. Sie sind durch Wege verbunden zwischen denen im Frühling Wildblumen blühen. Die antike Stadt Paleochora war vom 9. Jh. an und über das Mittelalter die Hauptstadt von Ägina und wurde erst in den 1820er-Jahren aufgegeben.

AUSGEHEN AUF ÄGINA

Tortuga Artcafé Winebar
Den ganzen Tag über Kaffee und Getränke, dazu gutes Essen und Wein in Ägina-Stadt.

Retro Cafe-Bar
Unkonventionelle, holzgetäfelte Bar mit gelegentlicher Live-Musik in Ägina-Stadt.

Kahlua Bar
Coole Rockbar mit Motorraddekor und einer hervorragenden Cocktail- und Whiskeykarte in Agia Marina.

Gelassenes Fischereidorf & Inselchen

ENTSPANNEN AN DER KÜSTE

Im Frühjahr ist Ägina üppig bewachsen mit blühenden Wildblumen. Dank der Hügel und Berge im Landesinnern die Insel mit einer sehenswerten Landschaft, doch die Strände sind nicht besonders schön. In **Agia Marina** an der Ostküste befinden sich die Ferienanlagen. Der Strand mit seinem flachen Wasser ist ideal für Familien, liegt aber an einer ziemlich überfüllten Hauptstraße. Einige schmale Sandstrände, wie z. B. **Marathonas**, säumen die Straße von Ägina-Stadt nach Perdika.

Das malerische Fischereidorf **Perdika**, etwa 9 km südlich von Ägina-Stadt ist einer der entspanntesten Orte auf der Insel. Die besten Badeplätze erreicht man mit einem *kaik* (kleines Boot) zur kleinen Insel **Moni**, ein Naturschutzgebiet mit einem von Bäumen gesäumten Strand und Cafébetrieb im Sommer.

Auf der höhergelegenen Hafenterrasse von Perdika mit ihren vielen Tavernen verwandelt sich die entspannt-schwüle Sonnenuntergangsatmosphäre in ein vibrierendes Nachtleben.

Künstlerheim & Museum

MALEREI UND BILDHAUEREI AM MEER

Das Wohnhaus und Atelier des gefeierten Bildhauers Christos Capralos (1909–1993) an der Küste in der Nähe von **Livadi**, 1,5 km nördlich von Ägina-Stadt, wurde in ein Museum verwandelt, in dem viele seiner kraftvollen Werke ausgestellt sind. Wie beispielsweise die monumentale Skulptur des 40 m langen Pindos-Fries.

Über die Meere segeln

EIN BOOT MIETEN

Ägina liegt in der Nähe vieler wunderschöner Orte, von Angistri und Hydra bis hin zum antiken Theater von Epidauros, und ist damit ein idealer Ausgangspunkt für Ausflüge in die Region. **Christos** (aegina-cruise.com) nimmt Gäste auf seinen Booten mit. Oder man mietet ein Boot bei **Aegina Rent a Boat** oder **Blue Day**.

ÜBERNACHTEN AUF ÄGINA

Hotel Rastoni
Geräumig, mit Blick auf einen schönen Garten und den Apollon-Tempel sowie großzügigem Frühstück und freundlichem Personal. €€

Plaza Hotel
Die komfortablen, modernen Zimmer verfügen über Balkone und liegen direkt am Hafen der Stadt. €€

Fistikies Holiday Apartments
Gepflegte, familienfreundliche Apartments mit Terrassen rund um einen zentralen Pool, ideal für Familien. €€

UNTERWEGS VOR ORT

Vom wichtigsten Hafen Äginas, Ägina-Stadt, und in der Hauptsaison von Agia Marina und Souvala fahren normale Fähren von Piräus aus, die online unter saronicferries.gr und anes.gr gebucht werden können. Hellenic Seaways und Aegean Flying Dolphins bieten Hochgeschwindigkeits-Tragflügelboote von/nach Piräus und Angistri. Die Fähren halten am großen äußeren Kai, die Tragflügelboote am kleineren inneren Kai. Selbst im Winter sind die Hochgeschwindigkeitsfähren von Piräus an den Wochenenden ausgebucht, also unbedingt frühzeitig buchen.

Angistri Express bietet in der Hauptsaison mehrere Tagesausflüge nach Skala und Mylos auf Angistri. Die Abfahrt ist in der Mitte des Hafens von Ägina, wo die Fahrpläne hängen.

Wassertaxis fahren überall auf der Insel oder nach Piräus und werden pro Fahrt berechnet, unabhängig von der Anzahl der Fahrgäste.

Von Ägina-Stadt aus fahren mehrmals täglich Busse auf drei Routen über die Insel. Die Fahrpläne hängen am Fahrkartenschalter an der Plateia Ethnegersias (Ethnegersias-Platz) aus; Fahrkarten können nur hier gekauft werden.

Zahlreiche Anbieter vermieten Fahrzeuge, z.B. CarPlan und Avance.

Aktuelle Verkehrsinformationen gibt es unter aeginagreece.com.

Ägina
Angistri

Rund um Ägina

Kiefern spenden Schatten auf den lehmigen Wegen, die über Angistri, eine winzige Insel vor Ägina, führen. Eine perfekte Atempause.

Die winzige Insel Angistri liegt wenige Kilometer von der Westküste Äginas entfernt. Außerhalb der Hauptsaison sind ihre sanften Wege und blauen Buchten perfekt für einen Tagesausflug, aber auch für eine längere Auszeit. In der Hauptsaison wimmelt es hier von Touris, die das kristallklare Wasser suchen.

Angistri ist seit jeher eng mit Ägina verbunden. Es heißt, sie waren während des Trojanischen Krieges Verbündete – und Angistri wurde Kekryfaleia genannt. Obwohl man von Ägina oder sogar Piräus aus leicht einen Tagesausflug machen kann, lohnt es sich, hier etwas Zeit zu verbringen und die Atmosphäre der kleinen Insel aufzusaugen.

TOP TIPP

Vor allem im August und an den Sommerwochenenden sollte man im Voraus buchen. An der Hauptstraße von Skala gibt es eine Bank mit Geldautomat.

Skala, Angistri

AERIAL-MOTION/SHUTTERSTOCK ©

Angistri

Zentrales Örtchen

RUHIGE SIEDLUNG

Der recht gemächliche Ferienort und Hafen von **Skala** ist voll mit kleinen Hotels, Apartments, Tavernen und Cafés. Von der Kaimauer rechts abbiegend, gelangt man zu einer kleinen Hafenbucht und zu einer Kirche auf flachem Heideland. Dahinter liegt der schönste Strand der Insel. Im Juli und August verschwindet er allerdings unter vor sich hin brutzelnden Körpern.

Wanderungen & Strände

SPAZIERGANG ÜBER DIE KIEFERNBEWACHSENE INSEL

Rund 1 km westlich von Skala liegt Angistris anderer Hafen, **Mylos (Megalochori)**, mit ansprechendem Ambiente, Zimmern und Tavernen sowie einem kleinen Strand voller Sonnenliegen.

Links von der Kaimauer in Skala führt ein unbefestigter Weg nach Süden, vorbei an der abgeschiedenen Bucht vom **Sklir-Strand** bis zum breiten, schönen Kieselstrand **Chalikadha** mit klarem Wasser, an dem auch FKK erlaubt ist.

Von Metohi aus kann man auch auf dem Landweg durch kühle Kiefernwälder bis zum **Dhragonera-Strand** fahren.

Im Südwesten bietet Aponissos türkisfarbenes Wasser, eine kleine Insel vor der Küste und eine Taverne mit zuverlässig leckerem Essen. Das Örtchen **Limenaria** hat eine tolle Taverne und befindet sich neben dem ruhigen **Mariza-Strand** an der Südostküste, mit tiefgrünem Wasser.

ESSEN, AUSGEHEN & ÜBERNACHTEN AUF ANGISTRI

Toxotis
Beliebtes Restaurant in Skala mit köstlichen Fleisch- und Fischgerichten, ausgezeichneter Weinauswahl und einer lebendigen Terrasse. €

A Bar
Top-Spot für Cocktails in einer Reihe von guten Bars hinter dem Strand in Skala.

Hotel Kekrifalia
Direkt am Meer in Skala mit Zugang zum Wasser und freundlichem Personal, aber weit weg vom Trubel. €€

Rosy's Little Village
Einfache Kuben im Kykladenstil, die sanft zum Meer hin abfallen mit einem Restaurant, das auf Bio-Produkte setzt. €€

Saronis Hotel
Freundliches Personal in einem kleinen Hotel mitten in Skala und nur wenige Schritte vom Strand entfernt. €€

UNTERWEGS VOR ORT

Die schnellen Tragflächenboote und die Autofähren fahren von Piräus über Ägina nach Skala oder Mylos. Angistri Express fährt montags bis samstags mehrmals täglich nach Ägina. Wassertaxis verkehren zwischen Ägina und Angistri. Im Sommer fahren täglich mehrere Busse von Skala und Mylos (Megalochri) nach Limenaria und zum Strand von Dragonera. Um die Küstenstraße zu erkunden, lohnt es sich, einen Roller oder ein Fahrrad zu mieten, es sind ca. 6,5 km, 1½ Stunden zu Fuß.

HYDRA

Die atemberaubende Insel Hydra ist eine der wenigen griechischen Inseln, die frei von Autos und Rollern ist. Dafür gibt's Kopfsteinpflaster aus Marmor, Esel, Felsen und das Meer. Über die Jahre war Hydra Ziel vieler Kunstschaffenden (Brice Marden, Nikos Chatzikyriakos-Ghikas, Panayiotis Tetsis), Musiker:innen (Leonard Cohen, David Gilmour), Schauspieler:innen und Promis (Melina Mercouri, Sophia Loren). Neben der hervorragend erhaltenen Steinarchitektur bietet die Insel paradiesische Wanderwege und klares, tiefes Wasser – und einen guten Cappuccino am Hafen, wo man perfekt Leute beobachten kann.

Hydra-Stadt ist das Zentrum des Insellebens und mehr als ein gewöhnlicher Hafen. Das wunderschöne historische Ambiente, die Villen und die Café-Szene verleihen der Insel einen Mittelpunkt wie ein Amphitheater. Maultiere und Esel sind die Haupttransportmittel und prägen zusammen mit den rustikalen Aspekten des Lebens auf der Insel die zwei Gesichter von Hydra: schick und urig.

TOP TIPP

Die lange Touri-Saison in Hydra dauert von Mai bis Oktober. Buche im Voraus, um die besten Plätze zu bekommen. Und lass dich nicht von Treppen abschrecken – egal, ob du in einem Hotel oder einer Ferienwohnung wohnst, die Vermieter:innen können dir helfen, ein Maultier für den Gepäcktransport zu mieten. Du wirst mit einer tollen Aussicht von der Unterkunft aus belohnt.

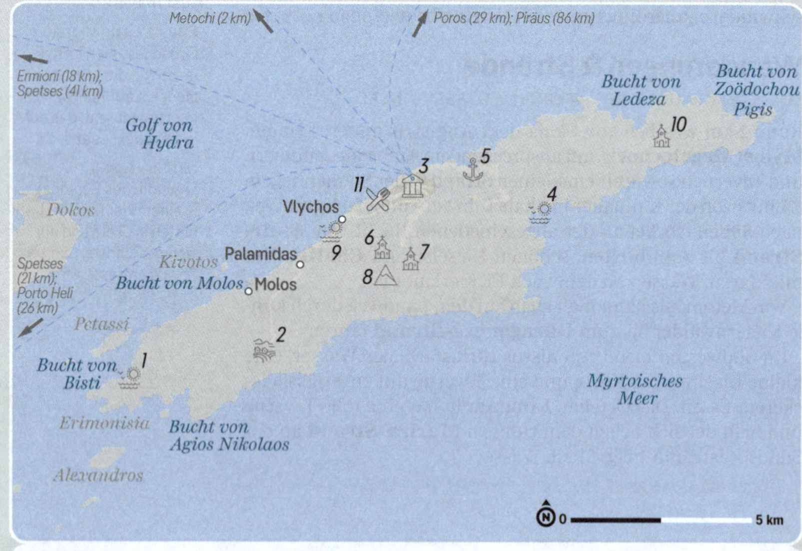

SEHENSWERTES
1 Bisti-Strand
2 Episkopi
3 Hydra-Stadt
4 Limnioniza-Strand
5 Mandraki-Bucht
6 Moni Agias Efpraxias
7 Moni Profiti Ilia
8 Berg Eros
9 Plakes-Strand
10 Kloster Zourva

ESSEN
11 Castello

PHOTO STELLA/SHUTTERSTOCK ©

Esel, Hydra

Herrlicher Hafen

SICH DIE ZEIT VERTREIBEN

Egal, ob man mit einem Segelboot oder der Fähre nach Hydra kommt, der glitzernde Hafen mit seinen vielen Booten und das helle Sonnenlicht, das die sorgfältig erhaltenen Reihen aus Steinhäusern anstrahlt, sorgen für einen Anblick, den man nie vergessen wird. In der Hauptsaison ist der Hafen ein Ökosystem für sich mit hinein- und hinausflitzenden Jachten, *kaiks* und Wassertaxis. Auf den Hafenmauern aus Marmor ertönen die Geräusche von Eseln, Besucher:innen, Stammgästen der Cafés und Wassertaxibetreibern. Nachts verwandelt sich der Kai in eine Promenade – am besten einen Stuhl schnappen, ein Getränk bestellen und dem Treiben zuschauen.

Zurück im Gewirr der Häuser am Hafen, die steilen Wege hinauf weg vom Stadtzentrum entdeckt man das andere Leben auf Hydra In ruhigen Gassen schwatzen Großmütter über das Abendessen, bis die Straßen langsam zu unbefestigten Wegen werden, die in die Berge führen, deren Farben sich abhängig von der Tageszeit ständig ändern.

GESCHICHTE

In der Antike war Hydra spärlich besiedelt und wird bei Herodot nur nebenbei erwähnt. Der wichtigste Beweis für eine Besiedlung stammt aus der mykenischen Zeit. Doch erst im 16. Jh. war Hydra Ziel vieler Menschen, die vor den Scharmützeln zwischen den Venezianern und den Ottomanen flohen. Viele stammten aus dem Gebiet des heutigen Albanien.

Mitte des 18. Jhs. fingen die Inselbewohner:innen an, Schiffe zu bauen, und bewegten sich mit Begeisterung auf dem schmalen Grat zwischen Handel und Piraterie. Sie reisten bis nach Ägypten und ins Schwarze Meer und durchbrachen die britische Blockade (1803–1815) während der Napoleonischen Kriege. Die beständigen Steuerzahlungen sorgten dafür, dass die Insel vom Ottomanischen Reich nur wenig behelligt wurde.

Die Insel entwickelte sich zu einer starken Seemacht und in ihrer Blütezeit 1821 hatte sie 28 000 Einwohner:innen. Die Seefahrtsgeschichte Hydras und ihre herausragende Rolle im Unabhängigkeitskrieg werden jedes Jahr im Juni mit dem **Miaoulia-Festival** gefeiert. Mehr dazu auf S. 595.

ESSEN IN HYDRA-STADT

Techne
Mit Blick auf das weite Meer und den Sonnenuntergang werden tagsüber leckere leichte Gerichte und abends edle Speisen serviert. **€€€**

Plakostroto
Versteckt in einem Innenhofgarten gibt es eine große Auswahl an entspannten internationalen Rezepten. **€€**

Giasemi
Traditionelle griechische Grillspezialitäten und Gerichte im ruhigen Hinterland der Stadt – nach den Empfehlungen des Besitzers fragen. **€€**

ESSEN IN HYDRA

Fast alle Produkte (abgesehen von Berggemüse und einigen Meeresfrüchten) auf Hydra kommen mittlerweile von außerhalb – ein Paradies für Gourmets ist es nicht. Aber Hydras Uferpromenade ist gesäumt von Restaurants und Cafés, die bekanntesten sind **Oraia Hydra**, **Psarapoula** und **Sunset**.

Mehr Glück hat man vielleicht in Kamini (mit **Pirofani** und **Christina**) oder an den Stränden (Vlyhos mit **Marina**, Plakes mit **Four Seasons** und Mandraki mit **Mandraki 1800**) sowie im hinteren Teil der Stadt. In **Caprice** gibt's die beste Pizza.

Die Restaurants in Hydra sind im Allgemeinen teuer für das Produkt, das man erhält. In der Hauptsaison, wenn Hydra zum Bersten voll ist, muss man im Voraus einen Tisch für das Abendessen reservieren, sonst wird man abgewiesen.

PAUL SHARK/SHUTTERSTOCK ©

Avlaki

Küstenpfade & Strände

HERRLICHE SPAZIERGÄNGE ZU KIESELSTRÄNDEN

In Hydra gibt es keine Sandstrände; stattdessen springt man von den Felsen ins Wasser, z. B. an der Landspitze von **Spilia** und **Hydronetta**, oder an weiteren Kieselstränden. Die autofreie Küstenstraße von Hydra wird hinter dem winzigen Strand bei **Avlaki** und dem Fischerhafen **Kamini** ca. 1,5 km westlich des Hafens zu einem teilweise gepflasterten, wirklich herrlichen Küstenweg.

Kamini hat gute Tavernen, Badefelsen und einen kleinen Kiesstrand mit der schicken Restaurant-Bar **Castello**. 1,5 km hinter Kamini liegt **Vlychos**. Der winzige Ort ist der letzte vor den Bergen und bietet zwei etwas größere Kiesstrände (einer heißt Vlychos, der andere, etwas unberührtere, **Plakes**), Tavernen am Meer und einer restaurierten Steinbrücke aus dem 19. Jh. Bei **Palamida**, einer Bootswerft, führt der Weg dann ins Landesinnere.

In östlicher Richtung erreicht die Küstenstraße nach 2,5 km den Kiesstrand mit guter Taverne bei **Mandraki**, dem historischen Marinehafen der Insel. Etwas weiter unten befindet sich ein kleiner Badeort mit einem (importierten) Sandstrand, der neben einem teuren Restaurant mit Hotelzimmern auch große Sonnenliegen anbietet.

Vom Hafen fahren Ausflugsboote zu diesen Stränden sowie zu den entlegenen Buchten von **Bisti** oder **Agios Nikolaos** im Südwesten der Insel mit ihren entlegenen, aber mit Sonnenschirmen vollgestellten Kiesstränden und grünen Buchten.

AUSGEHEN IN HYDRA-STADT

Pirate
Tagsüber Kaffee am Hafen, abends Cocktails vom Mixologen Zeus.

1821 Hydra
In einem Gewirr von Bars und Restaurants mit köstlichen Cocktails und einladender Atmosphäre.

Hydronetta
Den ganzen Tag Kaffee und herrliche Cocktails mit Blick auf den Sonnenuntergang oberhalb der schwimmenden Felsen.

Viele Boote verlangen den Preis für Hin- und Rückfahrt, unabhängig davon, ob man in beide Richtungen fährt oder nicht (z. B. wenn man eine Strecke zu Fuß zurücklegt). Taxiboote bieten Rundfahrten über die Insel an, oder man bucht bei **Hydra Rent a Boat**.

Wandern im Inland

WANDERN IN DEN HOHEN HÜGELN

Das felsige Landesinnere von Hydra ist ein starker, aber friedlicher Kontrast zum Lärm an der Küste. Viele Wege in der Stadt münden in Bergpfade, die man begehen oder auf einem gemieteten Pferd von **Harriet's Hydra Horses** entlangreiten kann. Am Kai hängt eine einfache Karte aus. Über die gesamte Insel erstrecken sich einige ausgeschilderte Wege. Sobald man die Orte Hydra/Kamini/Vlychos verlässt, gibt es keine Geschäfte mehr, also ausreichend Wasser einpacken.

Eine unschlagbare Erfahrung ist der lange Weg hinauf zur **Moni Profiti Ilia**. Die herrliche Klosteranlage bietet wunderschöne Ikonen und spektakuläre Ausblicke. Der Weg führt eine gute Stunde über von Kiefern gesäumte Zickzackpfade. Das kleinere Kloster Moni Agias Efpraxias liegt direkt unterhalb von Profiti Ilia.

Es gibt weitere Wege zum höchsten Punkt der Insel, **Berg Eros** (588 m), und in östlicher Richtung über den Rücken der Insel zum Zourva-Kloster und dem Leuchtturm dahinter. In der Nähe der drei Klöster Matrona, Triada und Nikolaos gabelt sich der Weg und führt einen steilen Hang hinunter zum abgelegenen Kieselstrand von **Limnioniza**. In westlicher Richtung führt die Küstenstraße zu der auf einem Hügel gelegenen Ortschaft **Episkopi** (keine Geschäfte) und der dahinterliegenden Landzunge Nisiza.

Museen, Ateliers & Shows

STAR DER KUNST UND DER ARTEFAKTE

Hydras historisches und künstlerisches Erbe lädt zu kulturellen Entdeckungen ein. Die Tour beginnt in der friedlichen Klosteranlage **Faneromeni** am Hafen. Die schöne Kathedrale **Kimisis Tis Theotokou** stammt aus dem 17. Jh. und hat einen Glockenturm aus tizianischem Marmor. Im **Kirchenmuseum** wird eine Sammlung aus Ikonen und Ornaten ausgestellt. Angemessen anziehen (bedeckte Schultern, lange Röcke und Hosen).

Dann geht es den kleinen Anstieg hinauf zu Hydras kultureller Hauptattraktion, dem **Historischen Herrenhaus von Lazaros Koundouriotis**. In diesem hübschen ockerfarbenen *arhontiko* (Steinvilla) hoch über dem Hafen

WARUM ICH HYDRA LIEBE

Alexis Averbuck, Lonely Planet Autorin.
@alexisaverbuck

Wer Hydra ansteuert, segelt aus der Zeit. Man lässt das moderne Leben mit all seinem Lärm und Chaos hinter sich und kehrt auf eine Insel zurück, auf der man nicht erkennen kann, welches Jahr gerade ist. Es befreit meinen Geist und meine Seele und mein Herz als Malerin und Schriftstellerin geht auf. Ich verstehe, warum es Kunstschaffende über die Jahrzehnte hierher gezogen hat, und ich bin dankbar, dass Hydra mein Zuhause ist. Ich liebe besonders die Nebensaison, wenn ich den Gesang der Insel ungehindert hören und die ruhigen Spaziergänge und Ausblicke genießen kann.

FÜR KINOFANS

Viele Filme wurden auf Hydra gedreht, von Sophia Lorens *Der Knabe auf dem Delfin* (1957) bis zu Steve Coogan und Rob Brydons *Trip to Greece* (2020). Mehr über das griechische Kino, s. S. 608.

ÜBERNACHTEN IN HYDRA-STADT

Cotommatae
Unaufdringlicher Luxus in einem restaurierten Herrenhaus. Einige Suiten haben private Terrassen oder einen Whirlpool. **€€€**

Hotel Sophia
Wunderschöne kleine Zimmer direkt am Hafen, einige haben einen Balkon, und alle beinhalten ein tolles Frühstück. **€€**

Nereids
Die fröhlichen Besitzer haben wunderschöne Zimmer in zwei Gebäuden in einer ruhigen, von Kiefern gesäumten Straße. **€**

KÜNSTLERINSEL

Hydra übt seit jeher eine große Anziehungskraft auf Künstlerseelen aus, so auch auf den berühmten griechischen Maler Nikos Hadjikyriakos-Ghikas (1906–1994), dessen palastartiges Haus und Atelier als Salon für Maler und Schriftsteller diente, von Patrick Leigh Fermor, John Craxton und Henry Miller bis zu den Hydra-Einheimischen Charmian Clift und George Johnston. 1961 abgebrannt thront es heute als schwermütiger Klotz über Kamini.

Der wohl berühmteste ehemalige Einwohner war Leonard Cohen (1934–2016). Der 26-jährige Cohen landete auf Hydra, kaufte ein Haus und veröffentlichte den Gedichtband *Blumen für Hitler* (1964) sowie die Romane *Das Lieblingsspiel* (1963) und *Beautiful Losers* (1966), während er mit der Vertonung seiner Gedichte experimentierte. Seine Jahre mit Marianne Ihlen, die er in seinem Lied „So Long, Marianne" besingt, werden in dem Dokumentarfilm *Marianne & Leonard* (2019) beleuchtet, der auch in Hydra spielt.

THEASTOCK/SHUTTERSTOCK ©

Historisches Archiv und Museum

wohnte einst einer der wichtigsten Freiheitskämpfer Griechenlands. Das typische Beispiel traditioneller Architektur aus dem 18. Jh. zeigt Originalmöbel aus der Zeit, Volkstrachten, Kunsthandwerk und eine jährliche Gemäldeausstellung.

Das inspirierende **Studio von Panayiotis Tetsis**, einem der besten Maler Griechenlands und Sohn von Hydra zeigt das Familienheim des Künstlers und sein Atelier mit intakten Farben und Gemälden sowie ein informatives Video. Zu sehen ist auch der perfekt erhaltene Laden, den seine Familie führte und in dem noch Dosen und Waren stehen.

Am Hafen beherbergt das **Historische Archiv und Museum von Hydra** eine Sammlung von Porträts und Marinegegenständen. Schwerpunkt der Sammlung ist die Rolle der Insel im Unabhängigkeitskrieg. Im Sommer gibt es außerdem gut kuratierte Kunst- und Kulturausstellungen sowie Konzerte auf der Dachterrasse. Ein paar Türen weiter gibt es in den **Ausstellungsräumen von Melina Mercouri** in der Hauptsaison Kunstaustellungen und Konzerte, und das Hydra School Project zeigt Kunst in der Marine Academy. Eine hochkarätige Ausstellung internationaler Kunst wie z. B. Kara Walker, Jeff Koons, Matthew Barney bietet die **Deste-Stiftung** im ehemaligen Schlachthaus.

UNTERWEGS VOR ORT

Hochgeschwindigkeitsfähren verbinden Hydra mit Piräus, Poros und Spetses sowie mit Ermioni und Porto Heli auf dem Peloponnes. Im Winter ist der Betrieb stark eingeschränkt. Zwischen Hydra und Metohi (kaum größer als ein Parkplatz) auf dem Peloponnes verkehren Shuttle-Boote von Freedom.

Auf der autofreien Insel sind Maultiere und Esel die wichtigsten Transportmittel. Am Hafen warten die Eselbesitzer:innen, um Gepäck zu den Hotels zu bringen. Sie bieten außerdem flotte Eselsritte durch die Umgebung des Hafens. Tierrechtsgruppen fordern Reisende auf, darauf zu achten, dass die Tiere gut behandelt werden, bevor sie sich für einen Ritt entscheiden.

Im Sommer fahren *kaiks* von Hydra-Stadt zu den Stränden der Insel. Wassertaxis fahren überall hin, die Preise hängen am Kai aus.

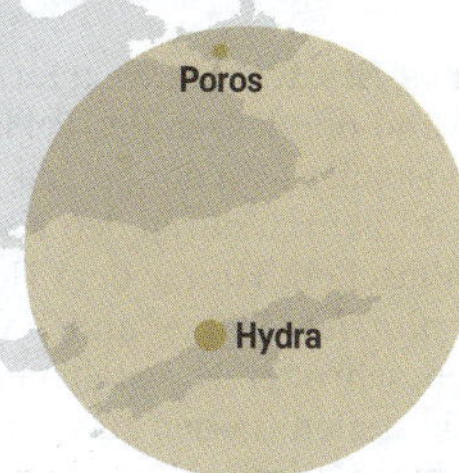

Rund um Hydra

Zwischen Ägina und Hydra liegt die süße Insel Poros, die in der Chartersaison von fröhlichen Segler:innen bevölkert wird.

TOP TIPP

Autofähren pendeln zur peloponnesischen Stadt Galatas am gegenüberliegenden Ufer und machen Poros zu einem praktischen Ausgangspunkt für die Erkundung der antiken Stätten auf dem Peloponnes.

Zwischen dem felsigen Peloponnes und Poros liegt nur eine schmale Meerenge. Die geschützte Lage sorgt dafür, dass Poros-Stadt wie ein pulsierender Ferienort an einem See wirkt. Der Blick auf die pastellfarbenen Häuser, die sich bis zu einer Turmuhr den Hang hinaufstapeln, kann kaum romantischer sein.

Poros besteht aus zwei Inselteilen, die durch eine winzige Landbrücke miteinander verbunden sind: Über Sferia erstreckt sich vor allem die Stadt Poros, während Kalavria wesentlich größer und bewaldeter ist, mit Stränden und Sommerhotels entlang der Südküste. Poros vermittelt im spärlich besiedelten und bewaldeten Inselinneren ein Gefühl von Abgeschiedenheit.

Poros

GEORGIOS TSICHLIS/SHUTTERSTOCK ©

LIEBLINGSPLÄTZE ZUM BADEN

Die aus Hydra stammende **Margarita Kontzia** ist eine griechische Schwimmmeisterin, Pionierin des Babyschwimmens in Griechenland und Besitzerin des Athener Fitnesshotels Alkima. *alkimathens.com*

Hydronetta & Spilia (Hydra)
Ich liebe es, morgens bei den Felsen bei Hydronetta und Spilia zu schwimmen, während die Stadt über mir thront.

Limnioniza (Hydra)
Ich nehme das Mittagessen mit ins Boot und tauche mit meinen Kindern, um die absolute Ruhe zu genießen.

Chalikiada-Strand (Angistri)
Ein perfekter Strand im September, wenn es auf der Insel ruhig zugeht.

Moni Eginas-Strand (Ägina)
Mit einem kleinen Boot erreicht man diesen Strand mit seinem kristallklaren Wasser, wenn die Sonne scheint.

Ligoneri-Strand (Spetses)
Schöner großer Kiesstrand mit blauem Wasser und guten Liegeplätzen unter Pinienbäumen.

Die Stadt erkunden

FRÖHLICHES HAFENLEBEN

Der belebte Hafen von **Poros-Stadt** liegt direkt an der schmalen Meerenge vor Galatas und den Felsen des Peloponnes. Es herrscht eine quirlige Atmosphäre – an der langen Hafenmole tänzeln Segelboote, während Fähren durch den Kanal gleiten und kleinere Boote vorbeihuschen. Hinter dem Hafen liegen von Blicken gut geschützt *plateies* (Plätze) und Tavernen und hoch oben auf einem steilen, schroffen Fels steht ein Uhrturm. Es ist ein Genuss, durch die steilen Gassen zu schlendern und die schönen Farben und leicht verfallenen Häuser zu bewundern.

Das kleine **Archäologische Museum Poros** am Hafen bietet eine schöne Sammlung klassischer griechischer Skulpturen aus der Gegend. Nicht verpassen: **Citronne**. Die helle und aufgeweckte lokale Galerie zeigt Arbeiten von Kunstschaffenden aus ganz Griechenland.

Die wichtigsten Bars und Clubs von Poros liegen direkt am Wasser und laufen im Hochsommer zur Hochform auf.

Strände & Wassersport

PLANSCHEN AUF DER INSEL KALAVRIA

Poros' beste Strände befinden sich alle auf **Kalavria** und sind relativ gut erschlossen. Dazu zählen der Kieselstrand **Kanali**, 1 km östlich von der Brücke, sowie der lange Sandstrand **Askeli**, etwa 500 m weiter östlich, der von vielen Hotels und Restaurants gesäumt ist.

Am **Neorion-Strand**, 3 km westlich der Brücke, gibt's Angebote für Wasserski, Bananenboot und Airchair. **Passage**, beliebte Wasserskischule und Slalomzentrum, bietet Kurse für Anfänger und Ziehdienste an und hat ein größeres Resort auf der anderen Seite des Peloponnes in Drepani.

Der schönste Strand liegt in der **Russenbucht**, einem Sandbogen mit Strandbar, 1,5 km hinter Neorion, die Musik kann allerdings aufdringlich sein.

Kloster & Tempelruinen

HISTORISCHES POROS

Moni Zoödohou Pigis, das „Kloster der lebenspendenden Quelle" aus dem 18. Jh., liegt wunderschön im Wald mit Blick auf das Meer, 4 km östlich von Poros-Stadt. Es ist gut ausgeschildert. Angemessen gekleidet (Schultern und Knie bedeckt) kann man hineingehen, um die strahlende vergoldete Ikonostase (eine Leinwand mit Symbolen) aus Kleinasien zu sehen.

ÜBERNACHTEN AUF POROS

7 Brothers Hotel
Charmante, gemütliche Zimmer mit antiken Details; einige haben kleine Balkone, einige einen atemberaubenden Meerblick. **€**

Sto Roloi
Gute Adresse für stilvolle, saubere Wohnungen und Häuser rund um Poros-Stadt. **€€**

Sirene Blue Resort
Luxusurlaub am Meer, vom glitzernden Pool bis zur feinen Bettwäsche, am wunderschönen Monastiri-Strand. **€€**

Poseidontempel

Von dem **Poseidontempel** aus dem 6. Jh. ist wenig übrig geblieben. Dennoch bietet die Wanderung oder Fahrt dorthin herrliche Ausblicke über den Saronischen Golf und den Peloponnes. Das einst herrliche Gebäude, in dem Flüchtlinge und gekenterte Seeleute Zuflucht suchten, wurde im 18. Jh. mehr oder weniger zerlegt, um mit dem Material auf Hydra ein Kloster zu bauen.

Mit dem Auto geht's von der Straße bei Moni Zoödochou Pigis ins Binnenland bis zu den Ruinen. Von dort führt die Straße weiter zurück zur Brücke nach Sferia. Insgesamt 6 km.

ESSEN & AUSGEHEN IN POROS-STADT

Taverna Karavolos
Karavolos bedeutet „große Schnecke" – eine der köstlichen Hausspezialitäten neben griechischen Fleischgerichten in diesem wirklich urigen Lokal mit freundlichen Inhabern. €

Apagio
Eine von zwei gleichermaßen beliebten, familiengeführten Tavernen nebeneinander am Wasser, die griechische Klassiker und Meeresfrüchte servieren. €€

Serenità
Kaffee, Cocktails und Snacks direkt am Kai.

Ampelos Wine Bar
Gemütliches Plätzchen für Weinverkostungen, einschließlich des eigenen Jahrgangs, und gelegentliche Live-Musik.

Regatta Cocktail Bar
Wie der Name vermuten lässt, liegt es am Hafen auf einem oberen Balkon mit Sonnenuntergangsblick.

UNTERWEGS VOR ORT

Im Sommer verkehren täglich Fähren zwischen Piräus und Poros (im Winter reduzierter Fahrplan). Mit Hochgeschwindigkeitskatamaranen geht es weiter in Richtung Süden nach Hydra, Spetses, Ermioni und Porto Heli. Konventionelle Fähren verbinden Ägina mit Poros und Methana auf dem Festland.

Kaiks pendeln laufend zwischen Poros und Galatas (5 Min.). Sie legen am Kai gegenüber der Plateia Iroön ab, dem dreieckigen Platz in der Nähe des Hauptfähranlegers in Poros-Stadt. Tragflügelboote legen etwa 50 m nördlich von hier an. Autofähren nach Galatas starten von der Anlegestelle einige hundert Meter weiter nördlich an der Straße nach Kalavria.

Die Filialen von Pop's Car bieten am Flughafen von Athen und in Galatas (oder Ermioni) Autos zur Einwegmiete an.

Poros-Stadt ist der Knotenpunkt für den nur im Sommer verkehrenden Inselbus sowie für lokale Taxis und Wassertaxis.

SPETSES

Spetses erhebt sich stolz nur wenige Kilometer von der Halbinsel des Peloponnes entfernt aus dem Wasser. Dennoch scheint das Inselleben hier unbeschwerter als auf den anderen Inseln des Saronischen Golfs. Die trubelige, geschichtsträchtige Altstadt ist der einzige Ort auf der Insel. Ansonsten gibt es eine einfache Straße, die die Insel umrundet, Hügellandschaften, Kiefernwälder und kristallklare Buchten.

Die entspannte Stadt Spetses ist vielleicht nicht so pittoresk wie andere Städte im Saronischen Golf, bietet aber ein ausgelassenes Nachtleben, einige sehr gute Restaurants und großartige, leicht erreichbare Badestellen. Die Seefahrergeschichten der Insel sind legendär, Jachtbesitzer legen hier noch immer gern an. Darüber hinaus zieht die pulsierende Kultur Kunstschaffende, Intellektuelle und Fans guter Inselfeste an.

Die für die Insel typischen Wälder aus Aleppo-Kiefern, ein Erbe des weitsichtigen Philanthropen Sotirios Anargyros, wurden in den letzten 20 Jahren mehrmals durch verheerende Brände verwüstet. Die Bäume erholen sich aber allmählich.

Athen
Spetses

TOP TIPP

Spetses hat Unterkünfte der gehobenen Klasse, mit vielen schicken, kleinen Hotels, einem prachtvollen historischen Hotel und vielen Pensionen. Außerhalb des Sommers gibt es meist Preisnachlässe. Im **Kommunalen Informationskiosk** am Kai beantworten Saisonmitarbeiter:innen allgemeine Fragen über die Insel.

SEHENSWERTES
1 Agia Marina
2 Agia Paraskevi
3 Agii Anargiri
4 Bekiris-Höhle
5 Ligoneri
6 Spetses-Stadt
7 Spetsopoula
8 Vrellos
9 Xilokeriza
10 Zogheria

APOSTOLIS GIONTZIS/SHUTTERSTOCK ©

Hafen, Spetses-Stadt

ÜBERNACHTEN AUF SPETSES

Poseidonion Grand Hotel
Leben wie eine Grande Dame in den wilden 1920er-Jahren. Jeder Zentimeter dieses großartigen alten Hotels, von den eleganten Zimmern bis zur anmutigen Bar, verkörpert Luxus. €€€

Orloff Resort
Hinter hohen weißen Mauern verbergen sich stilvolle Zimmer, private Terrassen und ein kristallklarer Pool. €€€

Armata Boutique Hotel
Kleine Zimmer, teilweise mit Balkon, mitten im Geschehen mit reichhaltigem Frühstück und Pool. €€

Kastro Hotel
Ruhige Anlage mit Studios und Appartements mit Pool, in der Nähe des Zentrums. €€

Kreuzfahrt durch die Stadt

VON HAFEN ZU HAFEN

Die betriebsame Stadt Spetses erstreckt sich entlang der gewundenen Küste und umfasst mehrere Anlegestellen und Strände. Im **Haupthafen Dapia** legen die Fähren an. In der Umgebung der angrenzenden Plateia Limenarhiou und der landeinwärts gelegenen Plateia Orologiou (Glockenturmplatz) wimmelt es von schicken touristischen Cafés und Geschäften.

Bewegt man sich in den ruhigeren Gassen landeinwärts – oder in östlicher Richtung entlang der Uferstraße Sotiriou Anargyriou, am Stadtstrand und der Plateia Agiou Mama vorbei – repräsentieren alte eindrucksvolle *arhontika* den historischen (und weiterhin bestehenden) Wohlstand von Spetses.

Hinter der Kirche von **Moni Agios Nikolaos** folgen dann der hübsche **Alte Hafen** (Palio Limani) und der interessante Jachthafen mit den Schiffsbauanlagen von Baltiza.

Nördlich vom Hafen Dapia verläuft eine Promenade und Straße durch den Bezirk von **Kounoupitsa** am Meer.

Vorbilder & Geschichte

DIE GROSSEN AUS SPETSES' VERGANGENHEIT

Das Wohnhaus der berühmten Tochter von Spetses, der seefahrenden Schiffskommandantin Laskarina Bouboulina, aus dem 19. Jh., wurde in ein Museum umgewandelt, das **Boubou-**

ESSEN AUF SPETSES

Patralis
Seit mehr als 70 Jahren gibt es hier hervorragende Meeresfrüchte direkt am Meer in Kounoupitsa. €€

Aldebaran Spetses
Mit Blick auf den Hafen, ganztägigem Brunch und Snacks, freundlichem Service und einer Weinbar am Abend. €

Vanilia
Dekadenter Süßwarenladen mit freundlichem Besitzer und kleiner Terrasse zum Verzehr der Leckereien. €

GESCHICHTE

In Spetses-Stadt konnten in der Nähe des alten Hafens und rund um den Hafen von Dapia frühe helladische Siedlungen nachgewiesen werden. Spuren von Römern und Byzantinern wurden in dem Gebiet hinter Moni Agios Nikolaos gefunden, auf halbem Weg zwischen den beiden Häfen.

Man glaubt, dass Spetses vom 10. Jh. an für fast 600 Jahre unbewohnt war, bis albanische Flüchtlinge auf der Insel landeten, die im 16. Jh. vor den Kämpfen zwischen Türken und Venezianern flohen.

Spetses kam wie Hydra durch den Schiffsbau zu Wohlstand. Kapitäne von Hydra sprengten die britische Blockade während der Napoleonischen Kriege und schlossen sich mit umgebauten Schiffen während des Unabhängigkeitskriegs der griechischen Flotte an. Eine Bewohnerin (die allerdings ursprünglich von Hydra kam) erlangte in dieser Zeit unsterblichen Ruhm, die großartige Laskarina Bouboulí, Schiffskapitänin und furchtlose Kämpferin.

STEFANOS KYRIAZIS/SHUTTERSTOCK ©

Bouboulina-Museum

lina-Museum, das im Rahmen von 40-minütigen Führungen besichtigt werden kann. Während der Covid-19-Pandemie gab es nur gedruckte Flugblätter. Im Museum finden ab und zu auch Konzerte statt. Im Hafen gegenüber dem Poseidonion Grand Hotel befindet sich eine eindrucksvolle **Statue von Bouboulina**.

Um mehr über Spetses' bewegte Vergangenheit zu erfahren, empfiehlt sich ein Besuch im **Museum von Spetses**. In der alten Villa von Chatzigiannis Mexis (1754–1844), Schiffsbesitzer und erster Gouverneur der Insel, sind kleine, faszinierende Sammlungen zu bestaunen. Darunter befinden sich Kunstgegenstände, traditionelle Trachten und Porträts der Gründerväter der Insel.

Strände über Strände

ERKUNDUNG DER INSELGEWÄSSER

Die wunderschöne Küstenlinie von Spetses ist mit kieseligen Buchten und kleinen, von Pinien beschatteten Stränden durchzogen. Eine asphaltierte Straße führt an der gesamten Küste entlang, sodass Motorroller, Quads oder Fahrräder ideal für Erkundungen sind. In der Hauptsaison sollte man sich früh an

AUSGEHEN AUF SPETSES

Bar Spetsa
Diese großartige kleine Bar ist eine Institution auf Spetses mit richtig ausgelassener Stimmung

Mourayo
Man kann hier gut essen, sollte aber auf jeden Fall bleiben, um einen Cocktail bei Sonnenuntergang oder bis spät in die Nacht am Wasser zu genießen und zu tanzen.

Booze
Trinken im alten Hafen und Tanzen bis spät in die Nacht zu DJ-Sets.

den Strand begeben, um eine Sonnenliege zu ergattern oder sich einen schattigen Platz unter einem Baum zu sichern. In einigen Tavernen muss man im Voraus einen Tisch reservieren.

Der winzige, hübsche **Xilokeriza** an der Südwestküste verfügt über einige Sonnenliegen und einen Kiosk, aber der Service ist mitunter unzuverlässig und im Sommer kann es sehr voll werden.

Etwas weiter entfernt liegen der beliebte lange Kiesstrand **Agia Paraskevi** und der sandigere **Agii Anargyri** mit malerischen, wenn auch überfüllten Stränden. Beide verfügen über Snackbars und Wassersportmöglichkeiten aller Art und werden im Sommer von Booten und Bussen angefahren. Paraskevi ist von Pinien umgeben, an dem man, wenn man sich beeilt, auch ohne Sonnenschirm etwas Schatten finden kann. Am nördlichen Ende von Anargyri führt ein kleiner Pfad zur **Bekiris-Höhle,** die unter Wasser liegt und durchschwommen werden kann.

Auch schön sind die Strände **Vrellos** und **Zogheria**, beide im Norden, mit Sonnenliegen und Gastronomie.

Agia Marina ist ein kleiner Ferienort in der Nähe der Stadt mit einem stark frequentierten Strand und teuren Sonnenliegen. Der unerschlossene Kieselstrand von **Ligoneri**, etwa 2,5 km nordwestlich von Spetses-Stadt, ist leicht mit dem Bus zu erreichen.

Die kleine, der Südküste vorgelagerte Insel Spetsopoula, ist im Besitz der Familie Niarchos und nicht öffentlich zugänglich.

PEDAL-POWER

Die ringförmige Küstenstraße von Spetses kann mit Motorrädern und Quads befahren werden, aber eigentlich schreit sie geradezu nach einem Fahrrad – ein perfektes Gegenmittel für all das gute griechische Essen. Die Straße ist angenehm kurvenreich und führt 26 km lang an der Küste entlang. Die Einheimischen raten, gegen den Uhrzeigersinn zu fahren, um die heftigen Anstiege hinter sich zu bringen, aber wenn man im Uhrzeigersinn fährt, hat man am Ende den wohlverdienten Leerlauf.

Shoppen & Kunst

BUMMELN DURCH DIE BOUTIQUEN

Die Geschäfte und Galerien auf Spetses setzen auf Kreativität. Bei einem Bummel durch die Straßen am Hafen von Dapia findet man alles, was das Herz begehrt: von **Monoi**, das Bade- und Strandmode anbietet, bis zum **Sox Art Shop**, der sich auf griechisches Kunsthandwerk spezialisiert hat. Letzterer bietet Schmuck, Skulpturen und Gemälde sowie die für das Armata-Festival entworfenen Plakate, die ein tolles Souvenir sind. Bei Emon gibt es interessante Kleidung mit griechischem Design.

MEHR MARITIME GESCHICHTE

Spetses und Hydra waren starke Seemächte und spielten im griechischen Unabhängigkeitskrieg eine entscheidende Rolle. Weitere Infos über Schiffbau und Seefahrt auf S. 605.

UNTERWEGS VOR ORT

Schnellbootfähren verbinden Spetses mit Hydra, Poros und Piräus sowie mit Ermioni und Porto Cheli auf dem Peloponnes. Im Sommer fahren vom Hafen *kaiks* und eine Autofähre nach Kosta auf dem Festland.

Auf Spetses dürfen nur Autos von Inselbewohner:innen fahren (und im Stadtzentrum sind auch diese nicht erlaubt). Das eigene Auto kann in Kosta abgestellt werden. Auf spetses.com.gr stehen alle Regeln. Das Hauptverkehrsmittel ist aber der Roller. Verleiher von Motorrädern und Quad-Bikes gibt es in Hülle und Fülle (internationalen Führerschein mitbringen). Bike Center hinter dem Fischmarkt vermietet Fahrräder (8 €/Tag), inkl. Kindersitz.

Im Sommer fahren *kaiks* zu den Stränden der Insel. Die Gebühren für ein Wassertaxi werden auf einer Tafel am Kai angezeigt. Abfahrt vom Kai gegenüber von Bardakos Tours.

Ab Ostern verkehren zwei Buslinien, die von Juni bis September ihre Taktung erhöhen und dann sogar 3- bis 4-mal am Tag fahren. Fahrpläne hängen an Bushaltestellen und überall in der Stadt. Eine Linie fährt von Plateia Agiou Mama in Spetses-Stadt über Agia Marina und Agii Anargyri nach Agia Paraskevi (40 Min.). Die andere Linie startet vor dem Poseidonion Grand Hotel und fährt über Ligoneri nach Vrellos. Taxis sind eine weitere Alternative.

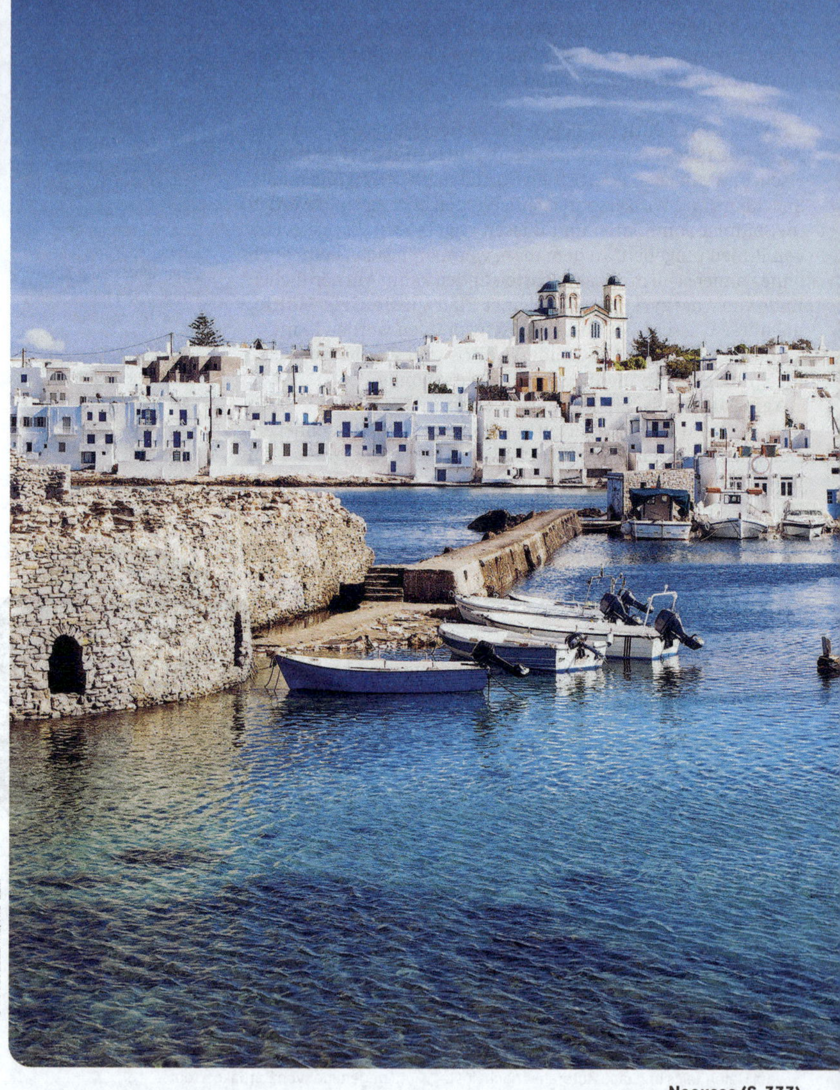

KITE_RIN/SHUTTERSTOCK ©

Naoussa (S. 333)

DIE WICHTIGSTEN ZIELE

SANTORIN (THIRA) Unglaubliche Caldera S. 280

IOS Nachtclubs und angenehme Strände S. 289

FOLEGANDROS Ein abschüssiges Dorf und Bergpfade S. 294

MILOS Baden an Vulkanstränden, die sich um die Insel ziehen S. 297

SIFNOS Der Inbegriff einer wundervollen Kykladeninsel S. 303

SERIFOS Ein wunderschönes Dorf und ländliches Leben S. 307

SYROS Der wimmelnde Brennpunkt der Kykladen S. 312

KYKLADEN

STRÄNDE, SCHÖNHEIT & KULTUR

Ein Meisterstück aus azurblauem Meer, kubistisch anmutenden, leuchtend weißen Dörfern, reiche antike Zivilisationen und munterem modernem Leben – willkommen auf den Kykladen!

Auf der Suche nach den griechischen Inseln seiner Träume sollte man mit den Kykladen anfangen. Die zerklüfteten, von Sonnenlicht durchtränkten Felsen mitten im türkisblauen Wasser, getupft mit leuchtend weißen Dörfern und Kirchen mit blauen Kuppeln, verkörpern ein Griechenland wie aus dem Bilderbuch.

Die Kykladen waren seit der Jungsteinzeit ein Treffpunkt der Kulturen – die Kykladenkultur, die Minoer, die Delier, die Venezianer und die Osmanen wechselten sich hier ab. Zur Erkundung locken archäologische Stätten wie Akrotiri, Alt-Thera und Delos, aber auch befestigte Burgstädte wie das Kastro auf Naxos. Zwischendurch hat man die Wahl zwischen zahllosen bilderbuchwürdigen Stränden. Hinzu kommen muntere Restaurants und Weinlokale, ein paar berühmte Partyziele und jede Menge Eleganz. Kurz: Hier kommen die unwiderstehlichen Reize, die die griechischen Inseln auszeichnen, alle zusammen.

Die vielleicht größte Überraschung ist jedoch die große Vielfalt innerhalb dieser Inselgruppe. Mykonos und Ios locken mit Hedonismus, Delos mit Geschichte, Andros mit seinen Wanderwegen. Wer Romantik sucht, ist auf Santorin richtig. Schlemmermäulchen finden ihr Paradies auf Tinos oder Amorgos. Naxos hat Berge und Strände zu bieten, Paros das ganze Jahr über ein reichhaltiges kulturelles Leben. Und der Realität einfach mal entfliehen kann man wunderbar auf Donousa, Iraklia oder Anafi.

Aber natürlich lassen sich die jeweiligen Inseln nicht auf ein einziges Merkmal reduzieren. Und man sollte sich auch nicht ausschließlich von den großen Namen verführen lassen – wer einfach eine Fähre nimmt, landet vielleicht in einem ruhigen Refugium, wo man in aller Ruhe in einer Taverne am Ufer ein ausgedehntes Mittagessen genießt oder sich einfach eine Sonnenliege an einem spektakulären Strand mietet. Auf den Kykladen werden Träume wahr.

ANDROS
Wanderungen durch üppige Täler und Seefahrtsgeschichte
S. 316

TINOS
Marmorkunst, herrliche Natur und reichhaltige Küche
S. 319

MYKONOS
Weltberühmte Partyszene
S. 323

PAROS
Kitesurfen und Landleben
S. 332

NAXOS
Berge, eine geschichtsträchtige Stadt und Strände
S. 340

AMORGOS
Unberührte Hügelhänge und kobaltblaues Wasser
S. 350

Erste Orientierung

Mehr als 220 Inseln und Inselchen bilden die Kykladenkette im Ägäischen Meer. Nur 24 davon sind bewohnt, und jede hat ihr eigene Lebensart und eigene landschaftliche Merkmale (Geländekarten sind ein Muss; terrainmaps.gr), die erkundet werden wollen.

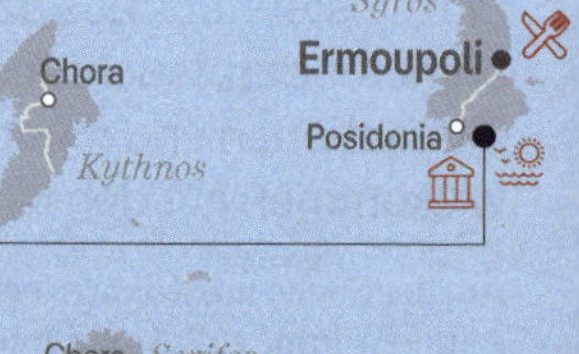

Syros, S. 312

Die Hauptinsel der Kykladen lockt mit dem kosmopolitischen Ermoupoli – einem Zentrum des Bootsbaus, des Handels und der Cafés. Die „Stadt des Hermes" ist nach dem Götterboten der griechischen Antike benannt.

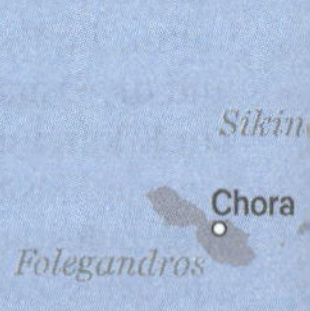

FÄHRE

Der Schlüssel zur Zusammenstellung eines Insel-Reiseplans besteht darin, zu wissen, welche Fähren wann und wohin fahren. Im Juli und August ist Hochsaison, im Winter aber ist das Angebot eingeschränkt und einige Strecken werden gar nicht bedient. Nachschauen kann man auf ferries.gr, die einzelnen Fährverbindungen findet man in Echtzeit unter vessel finder.com.

FLUGZEUG

Auf den Kykladen gibt's sechs Flughäfen: auf Mykonos, Syros, Paros, Naxos, Santorin und Milos. Alle bieten täglich Verbindungen nach Athen und einige im Sommer auch Flüge zu anderen europäischen Städten. Direktflüge zwischen den Inseln gibt es kaum, so dass man praktisch immer über Athen fliegen muss.

UNTERWEGS AUF DEN INSELN

Auf den Inseln sind Autos, Motorroller und Geländefahrzeuge die einfachste Möglichkeit, herumzukommen. Die Fahrzeuge sind außerhalb der Hauptsaison recht günstig. Auf den größeren Inseln gibt's Busse (die im Sommer überfüllt sind), und auf den meisten fahren auch kleine Boote zu den Stränden. Auf den kleinsten Inseln kommt man gut zu Fuß herum.

Tinos, S. 319

Ein Wunderland der schönen Natur mit über 50 mit Marmor versehenen Dörfern auf terrassierten Hängen und nebligen Bergen. Die Insel ist zudem eine griechisch-orthodoxe Pilgerstätte.

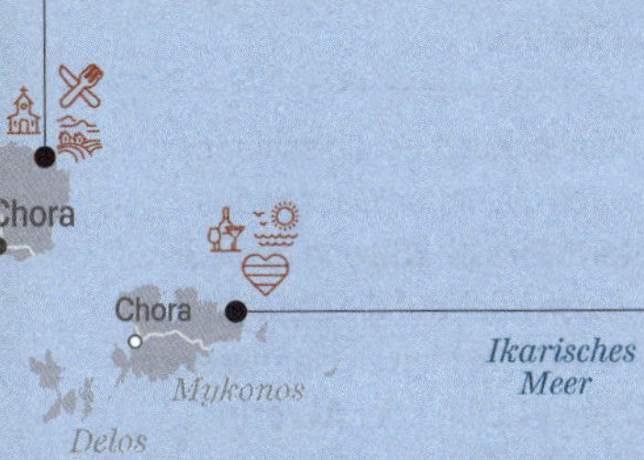

Mykonos, S. 323

Die Glamour-Insel ist bekannt für ihren aufregenden Stil sowie als Party-Location. In der Hauptsaison regieren hier Hedonismus, Kreuzfahrttourismus sowie jede Menge muskelbepackte Männer und Fashionistas, die sich in Pose werfen.

Naxos, S. 340

Das reiche Naxos ist die größte Insel und hat einfach alles zu bieten – von einem bezaubernden Hafen bis hin zu antiken Ruinen, traditionellen Bergdörfern und einigen der schönsten weißen Sandstrände auf den gesamten Kykladen.

Paros, S. 332

Nach Kräutern duftende Wiesen, glühende Sonnenuntergänge und eine Rundfahrt auf engen Straßen zu winzigen Bergdörfern, Stränden und idyllischen Häfen machen Paros zu einem allseits beliebten Reiseziel.

Santorin (Thira), S. 280

Man verbringt seine Tage damit, sich von spektakulären Klippen und malerischen Sonnenuntergängen verzaubern zu lassen, oder erkundet antike Stätten und taucht an vulkanischen Stränden ins funkelnde Wasser ein.

Perfekte Tage

Die Kykladen sind eine Region mit viel Spielraum für Entdeckungen. Es finden sich Inseln für alle Wünsche und Stimmungslagen.

ZEBRA-STUDIO/SHUTTERSTOCK ©

Oia, Santorin (S. 280)

Zeit für nur eine Insel

- Falls nur Zeit für den Besuch einer Insel bleibt, sollte dies **Santorin** (S. 280) sein, die beliebteste aller Kykladeninseln. Die mit kleinen Inselchen durchsetzte spektakuläre Caldera verzaubert auch die abgebrühtesten Traveller.

- Bei einem Kurzbesuch schlendert man durch die engen Gassen des Hauptorts **Fira** (S. 281) und genießt überall den Blick auf die Caldera. Als nächstes macht man sich entweder in **Alt-Thera** (S. 284) oder **Akrotiri** (S. 284) mit Santorins Vergangenheit vertraut. Man nimmt sich etwas **Strandzeit** (S. 283) und genießt den Sonnenuntergang bei einem fabelhaften Essen.

Beste Reisezeit

Im Sommer ist es auf den Kykladen immer mild, an manchen Tagen aber auch richtig heiß. Glücklicherweise ist der nächste Strand, an dem man sich mit einem Bad abkühlen kann, niemals fern.

APRIL

Das **orthodoxe Osterfest** bringt Gottesdienste und große Familienfeiern überall auf den Inseln mit sich. Das Fest markiert den Beginn der Touristensaison.

MAI

Die Strände sind ruhig, aber das Meer wird wärmer, und bei Spaziergängen im Inselinneren betört einen der Duft der Kräuter und Blumen.

JUNI

Ein idealer Monat: Die Temperaturen sind warm, aber erträglich, die Inseln sind munter und betriebsam, aber noch nicht überfüllt.

VON LINKS: PIT STOCK/SHUTTERSTOCK ©, PIOTR PIATROUSKI/SHUTTERSTOCK ©, STEFANO ZACCARIA/SHUTTERSTOCK ©

Ein paar Tage zum Herumreisen

● Nach Santorin wird es Zeit für eine weniger hektische und überladene Insel, die dem Ideal einer Kykladeninsel näherkommt. **Naxos** (S. 340) ist die größte Kykladeninsel und hat allen etwas zu bieten, darunter auch ein Gefühl von Weite und Entspannung. Ideale Ausgangspunkte einer Erkundung sind der faszinierende Hafen, die antiken Ruinen und die herrlichen Strände.

● Angemessen erholt stürzt man sich nun in den hedonistischen Hexenkessel von **Mykonos** (S. 323). Hier frühstückt man um 16 Uhr und feiert bis zum Morgengrauen. Außerdem nimmt man sich ein wenig Zeit für einen Besuch der unverzichtbaren heiligen Insel **Delos** (S. 329), ehe man man die brummenden, energiegeladenen Strandclubs unsicher macht.

Länger Zeit

● Mit einer langsamen Fähre lässt sich die Inselwelt der Kykladen wundervoll erkunden. **Tinos** (S. 319) bietet dabei mehr Zauber als viele doppelt so große Inseln. Küche, Dörfer und reine Schönheit finden sich auf **Ios** (S. 289). Hier verbinden sich Gaumenfreuden und Spaß mit einer rauen und schönen Landschaft.

● Weniger bekannte Inseln wie **Serifos** (S. 307) mit seiner ungeschliffenen Pracht oder **Folegandros** (S. 294) mit einer unvergleichlichen Landschaft und Küche können einen dazu veranlassen, seine Reisepläne über Bord zu werfen und länger zu bleiben. Und dann sind da noch die wenig besuchten, aber sehenswerten **Kleinen Kykladen** (S. 345) sowie die wundervollen, abgelegenen Strände von **Milos** (S. 297).

JULI

Pluspunkte: Sonne, Meer, Sand, laue Nächte und jede Menge Leben. Minuspunkte: Spitzenandrang und Spitzenpreise.

AUGUST

Mariä Himmelfahrt gibt dem Monat eine spirituelle Note – vor allem auf Tinos; Mykonos macht beim **XLSIOR** Party.

SEPTEMBER

Die Weinernte ist in vollem Gange, und Sifnos feiert seine Küche beim **Festival der kykladischen Küche „Nikolaos Tselementes“**; die Urlauber:innen kommen spärlicher.

OKTOBER

Es wird Zeit, die Oliven für das köstliche griechische Olivenöl von Hand zu pflücken. Die Inseln besinnen sich auf sich selbst und bereiten sich auf den bevorstehenden Winter vor.

SANTORIN (THIRA)

Nähert man sich Santorin (auch Thira genannt) vom Wasser aus, versetzen einen die aus dem türkisblauen Meer aufragenden nackten Klippen in ehrfürchtiges Staunen. Das Boot fährt in den riesigen Krater eines versunkenen Vulkans ein, während sich hoch oben die beiden Hauptorte Fira und Ia als eine Ansammlung schneeweißer kykladischer Häuser präsentieren. Der Eindruck ist fast übernatürlich, und wenn man später am Rand der Caldera herumspaziert, ruft der kleinste Ausblick dieses Wunder in Erinnerung. Hinzu kommen die Sonnenuntergänge, bei denen die Menge in Applaus ausbricht, während die Sonne am Horizont versinkt.

In der langen Hauptsaison von Mai bis Oktober wird Santorin von Besuchermassen überrannt, die diese Pracht erleben wollen. Die Insel ist auch eine Spielwiese der Superreichen, was bei der Finanzierung einiger hervorragender Restaurants und Weingüter geholfen hat. Die Überbeanspruchung der Infrastruktur allerdings ist offensichtlich. Wer es versucht, findet gelegentlich noch Momente relativer Ruhe an antiken Stätten, auf Wanderwegen und beim Tauchen im Meer.

TOP TIPP

Jenseits der Caldera neigt sich die Insel auf ihrer Ost- und Südseite sanft dem Meeresspiegel zu; dort findet man vulkanische Sand- und Kieselstrände sowie eine stetig wachsende Bebauung. Man sollte sich im Klaren sein, dass Santorin teuer und überlaufen ist und daher besser in der Nebensaison (und nicht im Juli oder August) kommen.

Hafen von Ammoudi

Ein magisches Dorf & Wanderungen an der Caldera

ÜBERWÄLTIGENDE PRACHT

Ia funkelt: Viele der weißen Häuser des Dorfs, das an einem Steilhang am nördlichen Endpunkt der Caldera errichtet wurde, sind in den vulkanischen Fels gehauen. Im Altertum ein Handelszentrum, ist Ia heute für seine Sonnenuntergänge weltberühmt, weshalb den ganzen Nachmittag über die Besucher einströmen. Am besten kommt man morgens oder bleibt über Nacht, um jenseits der Touristenmassen, Läden und Restaurants das eigentliche Dorf mit seiner wundervollen Architektur und seiner herrlichen Lage zu erleben.

Der winzige Hafen von **Ammoudi** mit seinen bunten Fischerbooten liegt 300 Stufen unterhalb von Ia. Es ist ein steiler Weg über die Treppe, aber der Verkehr auf der asphaltierten Straße ist (außer in den frühen Morgenstunden, bevor die Busse damit beginnen, die Leute zu den Bootstouren durch die Caldera herzubringen) ein wahrer Alptraum. Die Gründe, trotzdem zu kommen, sind der Anblick der blutroten Klippen, der Hafen und ein Mittagessen in einem der Meeresfrüchtelokale direkt am Rand des Wassers. Man kann auch zur **Armeni-Bucht** auf der anderen Seite der Landzunge hinunterlaufen, wo es ein ausgezeichnetes, gleichnamiges Restaurant gibt; von Ammoudi aus kann man auch per Boot hinkommen.

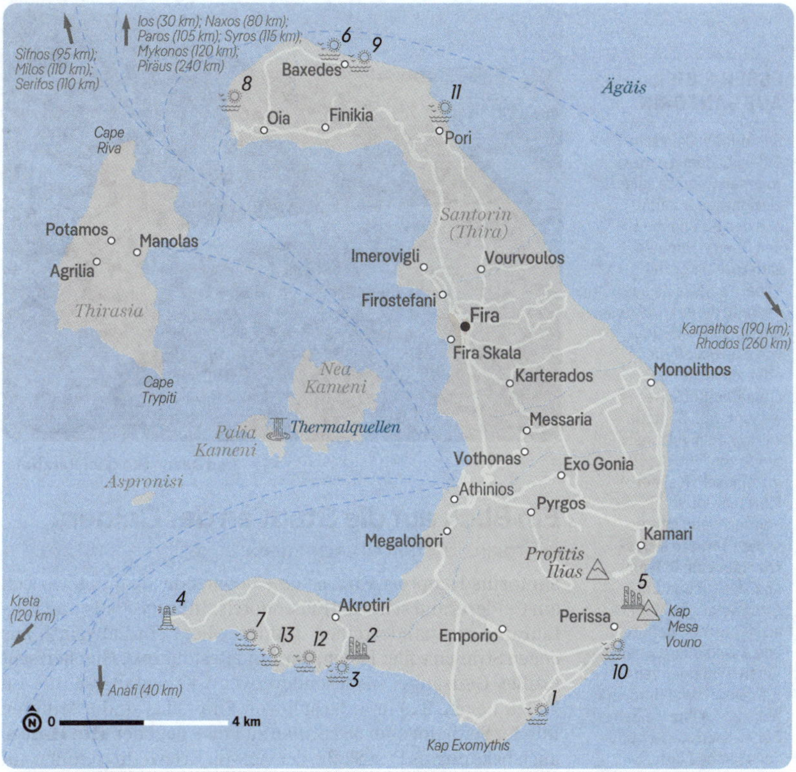

SEHENSWERTES
1 Agios Georgios
2 Akrotiri
3 Strand von Akrotiri
4 Leuchtturm von Akrotiri
5 Alt-Thera
6 Strand von Baxedes
7 Strand von Mesa Pigadia
8 Katharos
9 Paradise Beach
10 Perissa
11 Pori
12 Kokkini Paralia
13 Aspri Paralia

Santorin ist für seine Wanderoptionen zwar nicht besonders bekannt, es gibt aber mehr als ein Dutzend Wege unterschiedlicher Schwierigkeit, von denen der beste wohl von **Fira nach Ia** (3 Std., 9,1 km) führt. Man wandert am Rand der Caldera über Imerovigli und den **Skaros-Felsen**, wo man gen Westen auf die in die Caldera vorspringende Halbinsel klettern kann. Hier befand sich das erste von fünf im 15. Jh. erbauten *kasteli* (Festungen), die vor Piraten schützen sollten. Doch zerstörten Erdbeben die Festung; die Menschen siedelten nach Fira um.

ESSEN AUF SANTORIN

Aroma Avlis
Das wunderbare, zum Weingut Artemis Karamolegos gehörende Restaurant zaubert brillante Gerichte aus örtlichen Zutaten. **€€**

Alisachni Art & Wine Gallery
Kunst, Wein und köstliches Essen in dem entspannten Dorf Megalochori – ein Erlebnis für alle Sinne. **€€€**

Fistikies
Das Restaurant in einem eleganten Hof in Kamari im Hinterland serviert Meeresfrüchte, Pasta und griechische Kost. **€€**

ESSEN & BIER AUF SANTORIN

Santorins vulkanische Erde gibt dem hier gezogenen Gemüse seine einzigartige Qualität. Aus den berühmten süßen Cherry-Tomaten wird zusammen mit Kapern eine Paste hergestellt, die auf Brot gegessen oder als Zutat von *psevdokeftedes* oder *tomatokeftedes* (Tomaten-Köfte) verwendet wird. Santorin war vor dem Vulkanausbruch von 1950 die „Tomateninsel". Mehr erfährt man im überraschend interessanten **Tomato Industrial Museum D. Nomikos**, das zur Santorini Arts Factory (santorini artsfactory.gr) gehört und Ausstellungen und Veranstaltungen zeigt.

Die Insel ist außerdem bekannt für ihre weißen Auberginen, Kapern und Fava (gelbe Platterbsen, ähnlich wie Linsen). *Chlorotyri* ist ein weicher, cremiger Ziegenkäse, der dem traditionellen griechischen Salat eine eigene Note gibt.

Und nben den Weingütern gibt's auch noch die **Santorini Brewery Company**, die das auf der Insel beliebte Donkey-Bier braut, sowie den Newcomer **Ftelos**. Beide lohnen eine Verkostung.

YINGNA CAI/SHUTTERSTOCK ©

Red Beach (Kokkini Paralia)

Ein Blick auf die Stadt an der Caldera

SANTORINS ZENTRALER BRENNPUNKT

Santorins Hauptort **Fira** ist eine boomende Siedlung, wo sich am Calderarand schicke Höhlenhotels, Infinity-Pools und Restaurants aneinanderreihen. Dahinter liegt ein Labyrinth aus engen Straßen voller Läden, Bars und Restaurants. Hier herrscht großes Gedränge, insbesondere wenn Kreuzfahrtschiffe im Hafen liegen. 220 m unterhalb von Fira – das sind 3 Minuten mit der Seilbahn oder 587 Stufen zu Fuß – liegt der **alte Hafen**, auch bekannt als Fira Skala, der viel von Kreuzfahrtschiffen auf Tagesbesuch frequentiert wird.

Die Mengen an staunenden Menschen können den Eindruck der überwältigenden Landschaft außerhalb von Fira aber nicht trüben. Der Blick über die vielfarbigen Klippen ist atemberaubend, und zum Sonnenuntergang versammeln sich die Massen am Rand der Caldera, um eines der großartigsten kostenlosen Schauspiele auf Erden zu genießen. Hinter den Klippen zeigt sich aber der Preis des Ruhms in Form eines grauenhaften Verkehrs und einer unkontrollierten Erschließung.

Fira geht in zwei andere Dörfer über: **Firostefani** (rund 15 Gehminuten nördlich) und das schickere **Imerovigli** (rund 30 Gehminuten außerhalb von Fira). Beide Orte sind mit Läden vollgestopft; man kann hier nach Kunst, Keramik, Holzarbeiten, örtlichen Lebensmitteln, Mode der Spitzenklasse und wertlosem Krimskrams stöbern. Fira ist auch das Zentrum des Nachtlebens mit Bars samt Caldera-Blick und einer Reihe von Clubs.

ESSEN AUF SANTORIN

Mylos
Das schicke Restaurant in einer ehemaligen Windmühle am Rand der Caldera in Firostefani kocht ambitioniert. **€€€**

Varoulko
Der mit Michelin-Stern ausgezeichnete Chefkoch bietet Meeresfrüchteverkostungen. Herrliche Aussicht! **€€€**

Veganissimo
Firas beliebtestes veganes Restaurant liegt an der Hauptstraße. **€**

Firas Museen

EINE REISE IN DIE VERGANGENHEIT

Firas hervorragendes **Museum des prähistorischen Thera** beherbergt außerordentliche Funde, die in Akrotiri, das seit der Jungsteinzeit besiedelt war, ausgegraben wurden. Man kann (unten) die wundervollen minoischen Fresken bewundern, die Keramiken und das glänzende Goldfigürchen eines Steinbocks aus dem 17. Jh. v. Chr. Ebenfalls faszinierend sind die versteinerten Olivenbaumblätter aus der Caldera, die sage und schreibe 62 000 Jahre alt sind.

Am nördlichen Ende von Fira zeigt das **Gyzi Megaron** in einer friedlichen Villa, der zwei ausgezeichnete Kunstläden angeschlossen sind, faszinierende Fotos von vor und nach dem Erdbeben von 1956, jahrhundertealte Landkarten der Kykladen, Gemälde und Handschriften aus dem 15. Jahrhundert.

Nahe der Seilbahnstation befindet sich das **Archäologische Museum,** das gerade vollständig renoviert wird. Es besitzt eindrucksvolle Artefakte und Marmorstatuen aus Akrotiri und Alt-Thira.

DER MELTEMI

Im Sommer bläst der *meltemi*, ein trockener Nordwind, nach Süden über die Ägäis. Er kann manchmal tagelang stürmen. Dieser Sturm bringt nicht nur die Fahrpläne der Fähren durcheinander, sondern wirbelt auch Staub in die Luft und ruiniert damit jeden Traum von einem Essen unter freiem Himmel.

Im Ionischen Meer, wo der bedeutendste Wind im Sommer der *maïstros* ist, ein leichter bis mäßiger Nordwestwind, der am Nachmittag aufkommt und üblicherweise zum Sonnenuntergang abflaut, macht der Wind keine Probleme.

Auch wenn der *meltemi* weht, kann man schwimmen, sofern man sich an Strände und geschützte Buchten hält, die der Windrichtung abgewandt sind.

Sich die Farbe seines Strandes aussuchen

VULKANISCHE KÜSTEN

Zwei der schönsten Eigenschaften der Strände auf Santorin sind ihre spektakulären Klippen und das Spiel des unterschiedlich gefärbten Vulkansands und der Kiesel mit den Farben des Wassers. Der zu Recht berühmte **Red Beach (Kokkini Paralia)** nahe dem antiken Akrotiri im Süden punktet mit besonders eindrucksvollen roten Klippen, Liegestühlen und Restaurants. Man kann von einem Parkplatz aus über die Ostspitze dorthin laufen. Alternativ gibt's von der ganzen Insel zahlreiche Katamaran-Kreuzfahrten. Vom hübschen **Strand von Akrotiri** aus fahren Kaiks hierher und zu der geschützten Bucht des (nach seinen Klippen, nicht dem Sand benannten) **White Beach (Aspri Paralia)**, ehe sie den mit Sonnenliegen übersäten **Black Beach (Strand von Mesa Pigadia)** ansteuern, wo es eine Taverne (und eine Straße) gibt.

Unter den besten Stränden an der Ost- und Südküste, langen Stränden mit schwarzem Sand, Kieseln und Bimssteinen, herrscht der größte Betrieb in **Perissa,** während es in **Perivolos** und dann **Agios Georgios** zunehmend ruhiger wird. Der beschauliche Strand von **Vlihada** liegt vor eindrucksvoll erodierten Klippen und bietet einen malerischen Fischerhafen und darüber das ausgezeichnete Restaurant **To Psaraki**.

FÜR INSELHÜPFER:INNEN

Die Kykladen sind ideal für Touren von Insel zu Insel, sei es mit dem eigenen Segelboot oder einer Fähre. Mehr dazu steht in unserem Guide zum Inselhüpfen auf S. 574.

AUSGEHEN AUF SANTORIN

Oia Vineyart
Das Lokal in einer Seitengasse an der Rückseite von Ia hat hervorragende Weine sowie lokale Gerichte der Spitzenklasse.

PK Cocktail Bar
Auf drei Terrassen genießt man hier Cocktails und den Sonnenuntergang über dem Rand der Caldera.

Iriana
Das Lokal mit nettem Personal und tollem Ausblick auf die Caldera ist ideal für den Sundowner oder einen Brunch.

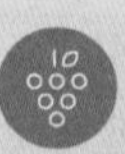

BESTE WEINGÜTER AUF SANTORIN

Estate Argyros
Auf einem prächtigen Weingut mit Blick auf die Berge und das Meer gibt's hervorragenden, international renommierten Assyrtiko, Nykteri und Mavrotragano sowie außergewöhnlichen Vinsanto.

Hatzidakis Winery
Santorins einziges Bio-Weingut wird von der Familie eines Önologen aus Kreta geführt.

Art Space
Das kleinste Weingut punktet mit einer interessanten Kunstgalerie.

Vassaltis
Modernes Weingut mit beschaulichem Blick aufs Meer.

Gaia
Ein Weingut am Meer mit wundervollem Assyrtiko und Rotweinen aus Nemea.

Gavalas
Kleines, familiengeführtes Weingut mit preisgekröntem Vinsanto.

Canava Roussos
Santorins ältestes Weingut serviert gereifte Dessertweine unter einem Spalier mit Weinranken.

Bei einem Besuch der südwestlichen Strände lohnt ein Abstecher zum **Leuchtturm von Akrotiri,** um einen Sonnenuntergang zu erleben, der mit dem in Ia vergleichbar ist.

Kamari ist das am stärksten erschlossene Resort auf Santorin und besitzt einen langen schwarzen Sandstrand. Die Uferstraße ist gesäumt von Restaurants und Bars, und in der Hauptsaison ist es sehr hektisch. Boote verbinden Kamari mit Perissa.

An der Nordküste gehen weniger bebaute, schmale Kiesel- und Sandstrände wie **Katharos** oder **Baxedes** nahtlos nach **Paradisos** und rund um das **Kap Koloumpo** mit seinem Strand nach **Pori** über. An diesen Stränden gibt es kaum Einrichtungen (nur gelegentlich oben auf den Klippen), und sie sind nicht vor dem *meltemi* geschützt, dafür aber vergleichsweise einsam.

Die örtlichen Weine verkosten

EINIGE DER BESTEN WEINE GRIECHENLANDS

Santorin ist mit einem trockenen vulkanischen Mikroklima gesegnet, das einige der besten Weine Griechenlands hervorbringt. Zudem sind die hiesigen Weinstöcke die ältesten in Europa , weil sie immun gegenüber der Reblaus sind, der im späten 19. Jh. die meisten Weinstöcke in ganz Europa zum Opfer fielen. Die meisten örtlichen Weingüter, von denen viele zur Weltklasse gehören, veranstalten Verkostungen (gegen eine kleine Gebühr) einschließlich Snacks oder Mahlzeiten. **Santorini Wine Adventure** und **Santorini Wine Tour** gehören zu den Anbietern, die einen herumfahren.

Zwei verlorene Zivilisationen

ANTIKE RUINEN AUF DEN KYKLADEN

Schwindelerregend auf einer Bergspitze zwischen Kamari und Perissa hatte die elegante Stadt **Alt-Thera** eine faszinierende Lage. Sie wurde erstmals von den Dorern im 9. Jh. v. Chr. besiedelt und präsentiert sich heute als ein massiver Irrgarten aus hellenistischen, römischen und byzantinischen Ruinen. Man spaziert zwischen gut ausgeschilderten Tempeln, Häusern mit Mosaikböden, einer *agora* (Markt), einem Theater und einem Gymnasion, während man die herrliche Aussicht genießt. Die schmale Serpentinenstraße klettert von Kamari 3 km bergauf und ist im Juli und August für den Autoverkehr gesperrt. Von Perissa führt ein staubiger Pfad her, für den man mehr als eine Stunde braucht.

1967 wurde bei Ausgrabungen im Südwesten Santorins eine antike minoische Stadt freigelegt, die tief unter der Asche des katastrophalen Vulkanausbruchs des Jahrs 1613 v. Chr. lag. Heute liegt die Stätte unter einer Konstruktion, die sie vor Son-

AUSGEHEN AUF SANTORIN

Akrothiri Bistro & Cafe
Die entspannte Terrasse im Dorf Akrotiri sorgt für eine angenehme Stärkung im Süden der Insel.

Kira Thira
Die älteste Bar in Fira präsentiert sich in dunklem Holz und mit einer gewölbten Decke und serviert milde Cocktails und sanften Jazz.

Volkan on the Rocks
Auf der luftigen Terrasse gibt's Volkan-Bier, Filmvorführungen im Freien und gegenüber eine Kunstgalerie.

DIMITRIS PANAS/SHUTTERSTOCK ©

Palia Kameni

ne und Wetter schützt. Holzstege führen durch die Stadt **Akrotiri**. Man blickt in gut ausgeschilderte dreistöckige Gebäude und sieht Straßen, Abwasserleitungen und Stapel von Töpferwaren. Um unzählige gut erhaltene Fundstücke zu sehen, sollte man vorab das **Museum des prähistorischen Thera** besuchen.

Inseln der Caldera & Tauchen

STREIFZUG DURCH DIE CALDERA

Die vom Tourismus relativ unberührte Insel **Thirasia** (200 Ew.) wurde im Jahr 236 v. Chr. durch eine Eruption von Santorin getrennt. Das auf der Klippe sitzende Manolas, die Hauptsiedlung, besitzt Tavernen und ein paar *domatia* (Ferienzimmer in Privathäusern) und liegt abseits ausgetretener Pfade.

Die unbewohnten Eilande mitten in der Caldera zeigen immer noch vulkanische Aktivität. Bootstouren steuern den Krater auf **Nea Kameni** sowie die (eher lauwarmen als heißen) Thermalquellen auf **Palea Kameni** und **Thirasia** an.

Santorins Unterwasser-Topografie ist nicht weniger spektakulär als das Land über dem Meer. Vulkanische Höhlen, schroffe Felsabbrüche in die Tiefe, von Leben nur so wimmelnde Riffe und Wracks (eines verliert immer noch Öl – die MS *Sea Diamond*) bieten eine echte Spielwiese zum Tauchen. Die Sicht ist mit 20 bis 30 Metern ausgezeichnet. Unter den Tauchveranstaltern zeichnet sich

WIE LANGE?

Nicht nur die spektakuläre Caldera, die Sonnenuntergänge und überfüllten Einkaufsstraßen stehen auf Santorin auf dem Plan. Diese ließen sich in ein, zwei Tagen bewältigen. Bei der Planung der Reise sollte man aber bedenken, wieviel Zeit man für die zwei eindrucksvollen antiken Stätten (mindestens einen halben Tag), etwas Entspannung auf den schwarzen Sandstränden (unbegrenzt), den Besuch von Weingütern und einer Brauerei (wer auf Wein oder Bier steht) und eine Bootstour oder auch einen Tauchgang in der Caldera (jeweils einen ganzen oder halben Tag) ansetzen will.

Wenn man in einem Hotel mit Blick auf die Caldera wohnt, sollte auch Zeit bleiben, einfach zu genießen und das Spiel des Lichts auf dem Wasser und den Steinen zu beobachten.

FÜR WEINFANS

Mehr über Santorins Weine und die griechische Weinkultur findet sich in unserem Essay über die griechischen Weine auf S. 596.

SHOPPEN AUF SANTORIN

Holistic House
Umweltfreundliche Dinge – von Kosmetik bis hin zu Textilien – sowie Massagen und Yoga in Kamari.

Atlantis Books
Kleine Höhle in Ia mit Bücherregalen bis zur Decke und oben einer Terrasse für Konzerte und Events.

Ceramic Art Studio
Andreas Alefragkis perfektioniert seit drei Jahrzehnten kunstvolle Glasuren auf einmaligen Gefäßen und Platten.

ÜBERNACHTUNGEN PLANEN

Wenn man es sich leisten kann, sollte man am Rand der Caldera wohnen. Bei einer solchen Aussicht bräuchte man sein Hotel fast nicht zu verlassen. Die meisten Unterkünfte (vor allem der mittleren und Spitzenkategorie) konzentrieren sich rund um Fira und Ia; die teuersten liegen am Rand der Caldera. Unterkünfte der mittleren und unteren Preiskategorie finden sich u. a. rund um Kamari, Perissa und Messaria. Wer Ruhe liebt, kann im Nordosten oder in kleineren Dörfern suchen.

Viele Hotels am Rand der Caldera sind über Stufen zu erreichen – man sollte schauen, dass einem jemand mit dem Gepäck hilft. Am Hafen werden angeblich im Ort liegende Zimmer angepriesen – man sollte sich eine Karte zeigen lassen, die die genaue Lage zeigt, und klären, ob der Transfer zum Hafen oder Flughafen im Preis enthalten ist!

Atlantis Oia aus, Mitglied von Cousteau Divers mit einer hervorragenden Bilanz im Meeresschutz; zu empfehlen ist auch das Waterworld Dive Center der Marine.

Kreuzfahrten in der Caldera

HINAUS AUFS WASSER

Sehr beliebte halbtägige (5–6 Std.) Boots- und Katamaran-Kreuzfahrten starten morgens und zum Sonnenuntergang. Sie führen meist zu einigen Vulkaninseln in der Caldera und passieren Santorins Leuchtturm sowie den Red und den White Beach an der Südküste. Ganztägige (9 Std.) laufen oft auch Thirasia, und/oder den Hafen Ammoudi unterhalb von Ia an.

Die Faustregel lautet: je billiger die Tour, umso überfüllter das Boot und umso weniger Zeit an jedem Ort. Wenn das Reisebudget es zulässt, kann man sich für eine private Tour entscheiden. Vor der Buchung immer genau nachfragen, was im Preis enthalten ist (für gewöhnlich zumindest Essen und Erfrischungen) und wo man aussteigen kann (statt nur schnell daran vorbeizufahren).

Santorini Sailing, **Sunset Oia** und **Spiridakos Sailing Cruises** sind beliebte Veranstalter.

Winzige Dörfer & Spitzenrestaurants

RUHIGERE ECKEN

Im Inselinneren locken bezaubernde traditionelle Dörfer mit überkuppelten Kirchen und Spitzenrestaurants, z. B. **Vourvoulos** nördlich von Fira sowie **Megalohori** und **Exo Gonia** im Süden. Insbesondere das auf einer Bergspitze gelegene **Pyrgos** (santorinipyrgos.com) besitzt fabelhafte Restaurants wie das **Capri** oder das **Madame Sousou,** die eine herrliche Aussicht besitzen, oder das **Rymidi** und das **Brusco** im Zentrum der Fußgängerstraßen. **Metaxi Mas** liegt gleich den Hügel hinunter. Das mit Höhlen durchsetzte Dorf **Finikia** nahe Ia verspricht einen friedlichen Aufenthalt mit den Spitzenrestaurants **To Krinaki** und **Lefkes** gleich vor der Haustür.

UNTERWEGS VOR ORT

Der Flughafen Santorin bietet ganzjährig Flüge ab/nach Athen und saisonal Verbindungen zu europäischen Städten. Man sollte bei der Abreise viel Zeit einplanen, da es auf dem kleinen Flughafen chaotisch zugehen kann.

Fähren verbinden Santorin mit Piräus und vielen Inseln der Kykladen. Der wichtigste Hafen Santorins, Athinios, liegt auf einer Landzunge am Fuß der Klippen. Man sollte mit Chaos rechnen, aber irgendwann klärt sich alles. Busse und Taxis stehen bereit, um die Passagiere über Serpentinen nach Fira zu transportieren. Die Unterkünfte und Autovermieter können meistl eine Abholung arrangieren. Nicht nach oben laufen – das ist gefährlich!

Das Auto ist zwar der bequemste Weg, um die Insel zu erkunden, aber der Verkehr in der Hauptsaison ist fürchterlich. Einbahnstraßen umgeben Fira und Ia, und die Straßen sind überlastet mit rasenden Bussen und unerfahrenen Touristen auf Motorrollern und in Geländewagen.

Zu den guten Vermietern vor Ort zählen Tony's Rent a Car und Rousso's Rentals. Für Zweiräder braucht man den richtigen Führerschein, für Geländewagen den normalen Autoführerschein. Einzelheiten findet man unter santorini.com/rentals/motorbikes.

Firas Taxistand befindet sich an der Dekigala um die Ecke vom Busbahnhof. Santorini Transport bietet Transfers zum Festpreis vom/zum Flughafen bzw. dem Hafen Athinios.

Auf der Website von KTEL Santorini Buses stehen der Fahrplan und die Preise. Von Mai bis September sind die Busse überfüllt. Man kann froh sein, einen Platz zu kriegen. Fahrscheine gibt's im Bus.

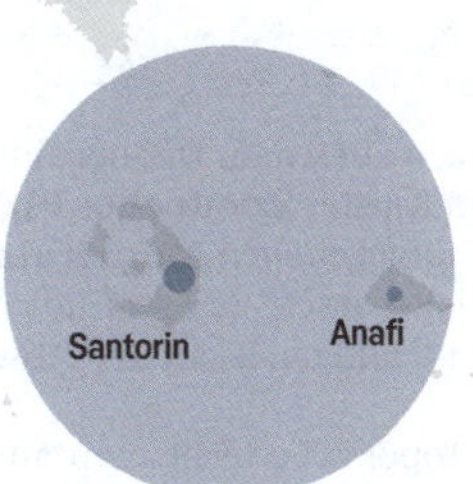

Rund um Santorin

Die hübsche Insel Anafi liegt am Rand des Kretischen Meeres ganz nahe der Inselkette des Dodekanes und ist eine Welt für sich.

TOP TIPP

Der Hafen Agios Nikolaos liegt an der Südküste, der Hauptort Chora eine steile, 2 km lange Straße hinauf im Norden.

Obwohl Anafi nur 22 km östlich von Santorin liegt, gehört die Insel mit ihrer zerklüfteten hügeligen Landschaft, in der Kaktusfeigen und einige zähe Olivenbäume gedeihen und die vom Kalamos überragt werden, dem 463 m hohen Klosterfelsen, der (nach dem Felsen von Gibraltar) der zweithöchste Felsen am Mittelmeer sein soll, zu den am wenigsten besuchten der Kykladen. Laut der Sage diente sie einst den erschöpften Argonauten als Zufluchtsort, der ihnen aber erst von Apollon offenbart wurde, nachdem sie stundenlang gegen einen Sturm gekämpft hatten. Die Insel ist immer noch eine Zuflucht, heute jedoch vor den Massen auf den Nachbarinseln. Wer Abgeschiedenheit und tolle Wandermöglichkeiten sucht, ist hier genau richtig.

Anafi

BESTE KLEIN-BRAUEREIEN

Pol Emmanouilidis besitzt einen Laden für Craftbeer in Athen und berät Kleinbrauereien bei ihren Bierrezepten. *youtube.com/@beer_deli*

Nissos Beer (Tinos)
Ausgezeichnete Lagerbiere auf einer Insel, die sich bestens zum Urlauben eignet.

Ftelos Brewery (Santorin)
Die brandneue Kleinbrauerei ist ein Muss, wenn man auf der Insel ist.

Mikònu Craft Beer (Mykonos)
Diese winzige Brauerei hat tolle Biere, von denen manche im Fass gereift sind.

Anastasiou Brewery (Athen)
Echte Lagerbiere deutscher Art, IPAs und englische Ales.

Paragon Brewery (Athen)
Wer IPAs und APAs liebt, findet sie in Griechenlands neuster Brauerei, die auch einen Schankraum besitzt.

Wandern auf Anafi

DAS GELÄNDE ERKUNDEN

Wandern ist das große Vergnügen auf Anafi. Der berühmteste Weg ist der felsige Aufstieg vom Kloster **Zoodochos Pigi** zum Gipfel des **Kalamos** und zum aufgegebenen **Moni Kalamiotissas**. Es ist ein steiler „Gewaltmarsch" (2,5 km mit einem Höhenunterschied von 400 m) mit einigen leichteren Abschnitten nahe dem Gipfel.

Anafis abwechslungsreiche Topografie lernt man auf dem etwas leichteren, 7 km langen Weg von Chora zur Kapelle **Agia Irini** kennen, der über Land, vorbei an Kapellen und terrassierten Feldern führt und mit dem recht steilen Aufstieg zur Agia Irini endet. Man kann vorab die Abholung zurück mit einem Geländewagen vereinbaren.

Lohnend ist auch der 7 km lange Marsch vom Kloster Zoodochos Pigi längs der Südküste zur **Agios-Nikolaos-Bucht**, obwohl der Weg nicht überall gut markiert ist.

Am Strand entspannen

SPAZIEREN AM MEER

Eine Reihe hübscher Strände säumt Anafis Südküste; sie beginnen ungefähr bei Agios Nikolaos. Der Strand von **Klissidi**, 800 m (10 Gehminuten) östlich des Hafens, ist der nächste und beliebteste und wartet mit Margarita's Taverna auf. Rund 2,4 km (40 Gehminuten) weiter östlich und vorbei an den Buchten von **Katsouni**, **Phlamourou**, **Exo Roukounas** und **Mikros Roukounas** liegt der breite **Roukounas**, ein Sandstrand hinter Dünen mit einer Reihe ordentlicher Tavernen. Noch weiter schlängelt sich der Weg an der schönen Bucht von **Katalimatsa** und an drei weiteren kleinen Stränden vorbei und führt dann vom Kieselstrand von **Prasies** hinauf zum Kloster.

UNTERWEGS VOR ORT

Anafi ist abgelegen, und pro Woche kommen nur ein paar Fähren. Bei rauem Wetter fällt das Anlegen schwer, da die Insel keine geschützte Bucht besitzt.

Der Inselhafen ist Agios Nikolaos. Von dort erreicht man den Hauptort Chora in einer 10-minütigen Busfahrt über eine kurvenreiche Straße oder über einen direkteren 2 km langen, aber steilen Fußweg. Zwischen Mai und September fahren Busse eine Stunde vor der fahrplanmäßigen Abfahrt der Fähren zum Hafen, einige fahren auch zum Kloster. Aktuelle Fahrtinfos findet man unter www.anafi.gr.

Im Sommer fahren Kaiks zu Stränden und nahegelegenen kleinen Inseln.

In Chora vermieten ein paar Anbieter Autos, Motorroller und Geländewagen; auch einige Unterkünfte tun das.

IOS

Ios' Image ist seit schon lange mit Ferien, Sonne, Strand und Sex sowie der Reputation verbunden, dass hier rund um die Uhr mit viel Alkohol gefeiert wird. Das trifft teilweise auch zu: Es lässt sich nicht leugnen, dass die Insel von Juni bis August die vielgeliebte Spielwiese der Jugend und des Hedonismus ist. Sie ist aber auch noch viel mehr; und die Partys erreichen nicht jedes Dorf und jeden Strand.

Man kann seine Tage z.B. an einem Sandstrand zubringen, aber auch mit der Erkundung der gewundenen Gassen der auf einer Hügelspitze liegenden Altstadt. Oder man entdeckt das einsame Inselinnere und breite Strände wie den von Manganari im Süden. Oder man wandert auf wenig benutzten Pfaden zu den Hügelklöstern der Insel. Wer ein ruhigeres Tempo vorzieht, kommt in der Zwischensaison, wenn Ios Familien und reifere Traveller anlockt. Es ist ziemlich einfach, den Massen zu entkommen: Man mietet sich einfach einen fahrbaren Untersatz und fährt hinaus in die Landschaft mit ihren Ziegenfarmen, Honigkisten und spektakulären Ausblicken.

TOP TIPP

Chora, die Hauptsiedlung auf Ios, besitzt eine breite Palette an Unterkünften, von einem legendären Hostel über Pensionen und Boutiquehotels am Ortsrand sowie Hotels nahe zentral gelegenen Bars und Clubs. Campingplätze, Schlafsäle und private Villen finden sich rund um Mylopotas. Die wenigsten Pensionen/Hotels gibt's am Strand von Ormos – für Juli und August früh buchen!

Brillantes Strandvergnügen

SANDIGER SPASS FÜR JEDEN GESCHMACK

Ios ist zu Recht für seine spektakulären Strände berühmt. Eine ganze Reihe von ihnen ist über die asphaltierte Straße erreichbar. Der breite goldene Sandstrand von **Mylopotas** liegt von Chora aus gleich über den Hügel. Der Strand besitzt schillerndes azurblaues Wasser und ist ein größeres Wassersportzentrum.

Manganari, einen weiten Streifen aus weißem Sand an der Südküste, erreicht man mit dem eigenen Auto (45 Min. ab Chora), dem Bus oder im Sommer mit einem Kaik. **Agia Theodoti** besitzt das allerschönste blaue Wasser und wird von griechischen Familien bevorzugt. Das nahegelegene **Psathi** ist ruhiger, besitzt eine beliebte Taverne und ist ein erstklassiger Treff für Windsurfer.

Eine ganze Kaskade weiterer schöner Strände sind nur per Kaik oder zu Fuß erreichbar – einfach umschauen!

Hinaus aufs Wasser

ERSTKLASSIGER SPOT FÜR WASSERSPORT

Ios ist ein wichtiges Wassersportzentrum, also ideal, wenn man seinen Adrenalinspiegel in die Höhe treiben will. Die beste Auswahl von Veranstaltern findet sich am Strand von Mylopotas.

Das passend benannte **Meltemi Watersports & Dive Centre** hat seinen Sitz im Far Out Beach Club. Bei einem ständigen Zustrom eifriger Kunden bietet Meltemi eine ganze Palette von Möglichkeiten, nass zu werden: Man kann einen Probetauch-

BESTER AUSBLICK DER INSEL: PANAGIA GREMIOTISSA

Die Sonnenuntergänge auf Ios sind legendär. Pastelltöne erhellen den Himmel, sichtbar von den Bergstraßen und geschützten Stränden. Einen der schönsten Ausblicke findet man aber direkt in Chora. Man geht die Gasse hinter **Sally's Rooftop Garden** aufwärts und bahnt sich seinen Weg über zerborstene Stufen und alte Torbögen zur Spitze von Chora. Hier kommt man neben der Kirche **Panagia Gremiotissa** heraus und genießt den Sonnenuntergang. Einen noch besseren Aussichtspunkt erreicht, wer zu den drei kleinen Kapellen darüber hinaufklettert.

gang machen, vollständige PADI-Kurse buchen, zu Wracks und Höhlen oder auch nachts tauchen. Man kann Windsurfen, Wasserskifahren, Wakeboarden oder Paddleboarden lernen, sich einer Kanu-Safari anschließen oder einen „Hell Ride" (will sagen: eine Reifenschlauchfahrt) unternehmen. Natürlich kann man es auch einfacher haben und sich einfach ein Kajak mieten.

Odyssee zu Homers Grab

TOLLE FAHRT ZU DICHTERISCHER GRÖSSE

Eine ruhige und schöne 13 km lange Fahrt entfernt liegt nordöstlich von Chora jene Stelle, die die Einheimischen für die letzte Ruhestätte Homers halten, des größten griechischen Dichters, der die Epen „Ilias" und „Odyssee" verfaste. Diverse Legenden verbinden Homer mit Ios, und der holländische Archäologe Pasch van Krienen behauptete 1771, dies sei das Grab des Dichters. Obwohl die historische Beweislage dürftig ist, gibt es griechische Münzen aus Ios, die Homers Porträt zeigen und seinen Namen tragen. Und die Anfahrt ist so und so einfach wunderschön.

FÜR PARTYPEOPLE

Wer nach Griechenland wegen des Nachtlebens kommt, kann sein Erlebnis auf Ios mit einem Abstecher nach **Mykonos** (S. 323), dem zweiten Party-Hotspot auf den Inseln, verbinden. Dort feiert man an den Stränden oder erkundet in der Stadt eine der berühmtesten Clubszenen der Welt.

ESSEN AUF IOS

Polydoros
Eine Spitzenadresse für authentische griechische Kost auf einer überdachten Terrasse nahe dem Strand von Koubara. **€**

Salt
Ein lichtdurchfluteter luftiger Raum unter einem Vordach aus weiß getünchtem Bambus mit Blick auf den Strand von Mylopotas. **€€**

Katogi
Man fühlt sich, als wäre man in eine Party in einem skurrilen Haus hineinmarschiert. Es gibt viele versteckte Nischen, Cocktails und kleine Gerichte. **€**

TOMASZ WOZNIAK/SHUTTERSTOCK ©

Skarkos

Eintauchen in die antike Vergangenheit

RUINEN UND FUNDE

Auf einem niedrigen Hügel gleich nördlich von Chora thronte in der frühen Bronzezeit die Siedlung **Skarkos,** eine der wichtigsten prähistorischen Stätten der Ägäis. Es gibt restaurierte ummauerte Terrassen, die dem Relief des Hügels folgen sowie die niedrigen Ruinen mehrerer Bauwerke im kykladischen Stil.

Der Besuch des **Archäologischen Museums** in Chora liefert den Kontext. Es zeigt eine Menge von Funden aus dieser Stätte – von Keramiken und Marmorfigürchen bis hin zu Waren aus Obsidian, Werkzeugen aus Knochen und Begräbnisstelen. So vermittelt es einen erhellenden Einblick in die frühe Kykladenkultur und ihre Gesellschaftsstruktur.

Wer mit dem Auto unterwegs ist, nimmt den ausgeschilderten Abzweig zwischen Ormos und Chora. Ansonsten nimmt man den alten Steinpfad von der Rückseite von Chora (15 Min.) und genießt die tolle Aussicht.

NACHTLEBEN AUF IOS

Ios ist eine der Partyinseln der Kykladen und bietet Bars und Clubs für fast jeden Geschmack. Ein abendlicher Spaziergang durchs Zentrum von Chora läuft auf einen Pub-Crawl hinaus.

Jar Bar
Freundliche Barkeeper servieren die besten Cocktails auf Ios.

Blue Bar
In der legendären, zentral gelegenen Stätte wird bis in die Morgnstunden auf der *plateia* (dem Platz) gefeiert.

Astra
Skandinavisch cooles Dekor und frische, fruchtige Cocktails.

Helios Rock Music Bar
Die Anlaufstelle in Chora für klassischen Rock.

Free Beach Bar
Sirenenruf von den Strandhütten und dem Pool, umgeben von hängenden Betten für DJ-Sets am Strand von Mylopotas.

UNTERWEGS VOR ORT

Ios liegt bequem auf der Achse der Fährrouten von Mykonos nach Santorin und hat regelmäßige Verbindungen nach Piräus. Im Sommer fahren ungefähr alle 20 Minuten überfüllte Busse zwischen Ormos, Chora und dem Strand von Mylopotas. Einige weitere Busse fahren häufig nach Koubara und weniger häufig zu den Stränden von Agia Theodoti, Psathi und Manganari. Der Fahrplan ist an den Haltestellen im Hauptort angeschlagen und steht im Netz. Taxis ruft man über den Ios Taxi Service.

Im Sommer segeln Kaiks von Ormos über Mylopotas nach Manganari.

Es gibt jede Menge Anbieter auf der Insel, die Autos, Motorräder und Geländewagen vermieten.

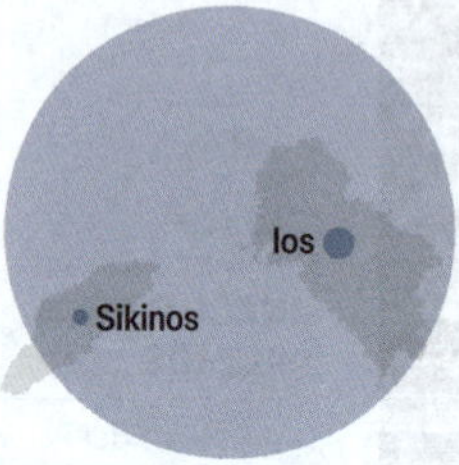

Ios
Sikinos

Rund um Ios

Mit seiner charmanten alten Siedlung, terrassierten Hügeln und wundervollem Wandergelände ist Sikinos der ruhige Gegenpart zu den Partys auf der Nachbarinsel Ios.

TOP TIPP

Im Juli und August kommen viele griechische Besucher, aber vom Sommer abgesehen sind die Restaurants geschlossen und alles geht einen gemächlichen Gang.

Laut der Legende soll Thoas, der König von Lemnos, versteckt in einem Baumstamm nach Sikinos geflohen sein, als sich die Frauen seiner Insel erhoben und alle Männer umbrachten. Später kamen die Mykener, die Ionier, die Dorer, die Venezianer und die Türken. In den späten 1930er-Jahren war die Insel ein Verbannungsort für Kommunisten und Sozialisten.

Heute ist Sikinos immer noch ruhig und abgelegen; gerade einmal 273 Personen leben hier. Sikinos ist das richtige Ziel, wenn man das traditionelle Inselleben ohner Kommerz erleben will. Die Hauptsiedlungszentren sind der Hafen Alopronia und die miteinander verbundenen Orte Chorio und Kastro im Inselinneren, die zusammen als die Chora bezeichnet werden.

Häuser auf Sikinos

KATERINA ELEONORA RASSIA/SHUTTERSTOCK ©

Das Dorf & das Kloster erkunden

EINTAUCHEN INS ÖRTLICHE LEBEN

Weiß getünchte Häuser und Kapellen bilden das Gassenlabyrinth von Chora, in dem drei winzige, ganztägig geöffnete Cafés liegen. Von dort führt eine weiße Treppe hoch hinauf zum befestigten Kloster **Moni Zoödohou Pigis**. Das Gebäude wurde 1690 als Nonnenkloster gebaut, in dem sich Nonnen und Dorfbewohner bei Piratenangriffen versteckten. Das Kloster ist rund um den Sonnenuntergang geöffnet. Sehenswert ist der Fluchtweg: Hinten konnte man sich an den Klippen abseilen.

Waten im unberührten Meer

RUHIGES SCHWIMMEN

Der kleine Strand des Hafens **Alopronia** bildet einen hübschen Auftakt – er hat Sand, etwas Schatten und blickt direkt auf Santorin. Ein 20-minütiger Weg über Land gen Norden führt zum Strand von **Agios Nikolaos**, einer engen, dramatischen Bucht mit einem kleinen Streifen Sand. Der nahegelegene Strand von **Agios Georgios** ist auch über die Straße erreichbar.

Im Sommer fahren Kaiks zu den Stränden, darunter nach **Maltas** im Norden (wo es antike Ruinen auf dem Hügel über dem Strand gibt) und nach **Kara** im Süden.

Ruinen bei Sonnenuntergang & ein Weingut

ERHABENER ANBLICK

Man sollte versuchen, die prächtigen Überreste des **Moni Episkopis** eine Stunde vor Sonnenuntergang zu besuchen. Das römische Mausoleum aus dem 3. Jh. wurde im 7. Jh. in eine Kirche und im 17. Jh. in ein Kloster umgewandelt und thront auf einem Hügel mit herrlicher Aussicht.

Den eigentlichen Sonnenuntergang erlebt man dann auf dem Weg zurück in den Ort in der familiengeführten **Manalis Winery**, die an einem Hügel liegt, der dem Sonnenuntergang zugewandt ist. Hier kann man Wein verkosten, der auf traditionelle, nachhaltige Art produziert wird. Dazu gibt's passende Inselgerichte.

WANDERN AUF SIKINOS

Sikinos ist beliebt bei Wanderern, und die Insel besitzt sieben Kulturpfade und ein Netz gut ausgeschilderter Wege, das sich über die ganze Insel zieht. Terrain (terrainmaps.gr) bietet eine ausgezeichnete Wanderkarte von Sikinos.

1 Chorio über Moni Episkopis und die Kapelle St. Panteleimon nach Alopronia (4½ Std., 12,9 km)

2 Chorio über Moni Episkopis und die Kapelle St. Panteleimon zurück nach Chorio (5 Std., 14,3 km)

3 Kastro nach Alopronia (50 Min., 3,8 km)

4 Kastro über Moni Zoödohou Pigis zum Strand von Maltas (2½ Std. einfache Strecke, 6,2 km)

5 Kastro über Moni Zoödohou Pigis zurück nach Kastro (3½ Std., 9,3 km)

6 Moni Episkopis zur Agia Marina (30 Min., 1,4 km)

7 Chorio über die Kapelle St. Dimitrios nach Alopronia (3 Std., 8 km)

UNTERWEGS VOR ORT

Der Ortsbus erreicht die Fähren und fährt im August alle halbe Stunde zwischen Alopronia und Chorio/Kastro, in den anderen Sommermonaten 10-mal täglich und in der übrigen Zeit seltener. Ein Fahrplan ist an der Endhaltestelle gleich landeinwärts vom Hafen ausgehängt. Ein Bus fährt täglich von Kastro weiter nach Agios Georgios, und ein Bus um 19.15 Uhr fährt zur Manalis Winery und zum Moni Episkopis; die Rückfahrt ist um 20.45 Uhr.

Autos und Motorroller vermieten Drosos und RaC am Hafen.

FOLEGANDROS

Folegandros liegt am südlichen Rand der Kykladen; das Südufer wird vom Kretischen Meer umspült. Die Insel besitzt eine ruhige Schönheit, die durch das auf der Klippenspitze gelegene Chora, eines der ansprechendsten Dörfer auf den Kykladen, noch verstärkt wird.

Die Insel ist kaum 12 km lang und 4 km breit. Mit seiner hügeligen Topografie, den zum Meer hin abfallenden terrassierten Feldern, seiner grünen Landschaft, in der sich Kapellen und Ruinen verstecken, sowie den zahlreichen Stränden, von denen manche nur mit anstrengenden Märschen erreichbar sind, ist Folegandros bei Wanderern besonders beliebt.

Heute finden sich davon keine Spuren mehr, aber Folegandros hat eine düstere Vergangenheit. Die Abgelegenheit der Insel machte sie zu einem Verbannungsort für politische Gefangene von der Zeit der Römer bis zu jener der griechischen Militärdiktatur von 1967-1974. Da der Charme der Insel inzwischen entdeckt wurde, startet gerade ein Bauboom bei Ferienwohnungen und Spitzenklassehotels.

TOP TIPP

Der stimmungsvolle Ort Chora ist die Adresse zum Übernachten auf Folegandros, obwohl es auch exzellente neue Unterkünfte im ruhigen Ano Meria sowie schlichte Optionen mit Blick auf den Strand von Angali gibt. Der Hafen Karavostasis ist weniger ansprechend. Für Juli und August früh buchen! Die meisten Unterkünfte holen ihre Gäste am Hafen ab.

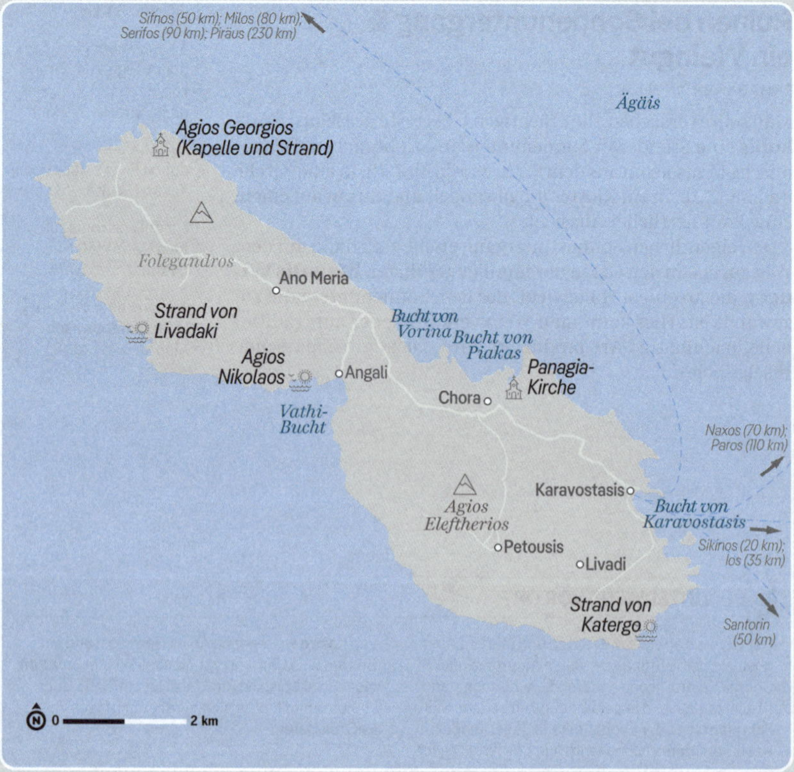

Sifnos (50 km); Milos (80 km);
Serifos (90 km); Piräus (230 km)
Ägäis
Agios Georgios (Kapelle und Strand)
Folegandros
Ano Meria
Strand von Livadaki
Bucht von Vorina
Bucht von Piakas
Agios Nikolaos
Angali
Panagia-Kirche
Chora
Vathi-Bucht
Naxos (70 km); Paros (110 km)
Karavostasis
Agios Eleftherios
Bucht von Karavostasis
Petousis
Livadi
Sikinos (20 km); Ios (35 km)
Strand von Katergo
Santorin (50 km)
0 — 2 km

HERACLES KRITIKOS/SHUTTERSTOCK ©

Panagia-Kirche

Befestigtes Dorf & faszinierende Kirche

SPEKTAKULÄRES AM KLIPPENRAND

Chora liegt auf einem Plateau, das am Klippenrand schroff abbricht. Mit seinem autofreien Labyrinth aus mit leuchtenden Bougainvilleen geschmückten Häusern und Kirchen im kykladischen Weiß und Blau gehört es zu den schönsten Dörfern der Kykladen. Die Hauptgasse schlängelt sich entlang fünf grüner Plätze, auf denen vollbesetzte Restauranttische stehen. Am östlichen Ende des Dorfs betritt man durch einen niedrigen Torbogen das befestigte **Kastro,** ein Viertel mit zweistöckigen Stadthäusern aus der Zeit, als der Venezianer Marco Sanudo im 13. Jh. die Insel beherrschte.

Von der zentralen Plateia Pounta führt ein weithin sichtbarer, spektakulärer Pfad im Zickzack hinauf zur gleißenden **Panagia-Kirche**. Sie wirkt wie ein Magnet auf Leute, die den Sonnenuntergang beobachten wollen (dann ist die Kirche auch geöffnet). Der Ausblick ist übrigens beim Sonnenaufgang genauso schön. Der 15-minütige Weg, bei dem keine Stufen überwunden werden müssen, ist unkompliziert. Von oben hat man einen

TOLLES ESSEN AUF FOLEGANDROS

To Goupi
Das zwanglose, freundliche *ouzeri* in Chora bietet tolle kleine Gerichte. €

Barbounaki
Die besten Meeresfrüchte im Herzen von Chora. €€

Belegra Aegean
Date-Night-Angebot: örtliche Rezepte mit Raffinesse. €€

To Zimaraki
Die erste Adresse für frische Pastagerichte in Chora. €€

Sinadisi
Das Lokal in Ano Meria wurde 1920 vom Großvater des Betreibers eröffnet. Zu empfehlen ist *matsata* (ein Pastagericht) mit Käse aus Folegandros. €

Eirini's
Minimarkt mit Hausmannskost in Ano Meria. €

Chrisopsilia
Das beliebte Café mit Honigladen in Ano Meria ist ideal für Erfrischungen nach einer Wanderung. €

Sweet Chora
Dekadentes Café mit Dessertladen in Chora. €€

UNTERKÜNFTE AUF FOLEGANDROS

Anemomilos
Der stilvolle Komplex hat eine erstklassige Lage auf den Klippen, so dass man von seinen hübschen Terrassen aus eine herrliche Aussicht genießt. €€€

Folegandros Apartments
Die freundlichen Apartments liegen in einem gepflegten Garten um einen unberührten Teich gleich oberhalb der Plateia Pounta in Chora. €€

Ampelos
Theos und Aretis prachtvoller Familienbetrieb punktet mit einem funkelnden Pool, geschmackvollen Farben und schönen Zimmern. €€

BESTE INSEL-TOUREN

Angesichts der schwierigen Erreichbarkeit vieler Strände ist die sechsstündige Bootstour rund um die Insel sehr beliebt. In ihr sind das Mittagessen und mindestens vier Aufenthalte zum Schwimmen enthalten (buchbar über Diaplous Travel).

Sea U Dive Centre
Spyros und sein Team sind begeisterte, professionelle Tauchguides, die alle möglichen Unternehmungen unter Wasser an einem Dutzend Tauchstellen leiten.

Local Path
Touren in kleiner Gruppe über die Insel, von gastronomischen Touren bis hin zu Spaziergängen in ländlichen Gebieten.

Island Spirit Cruises
Private Bootstouren und Transfers zu anderen Inseln.

Blick hinunter auf Chora, die Klippen und die Inseln Milos und Sifnos in der Ferne.

Fantastische Gerichte & Weine

ÖRTLICHE SPEZIALITÄTEN UND SPITZENWEINE

Folegrandros bietet eine Menge kulinarischer Optionen und eine hervorragende, italienisch beeinflusste Küche. Die Spezialität der Insel ist *matsata,* frische Pasta mit Tomatensauce mit einer Zugabe von Ziegen-, Hühner-, Schweine- oder Kaninchenfleisch. Man kann das Gericht aber auch pur mit nur etwas Tomatensauce und Streukäse bekommen. Zu den örtlichen Spezialitäten zählen der weiche, weiße Ziegenkäse *souroto* und der *manoura,* ein herber, härterer Käse, den es hauptsächlich im Frühjahr gibt.

Unter den Süßspeisen der Insel eignen sich die Sesam-*pasteli* (Süßigkeit mit Honig) fabelhaft zum Abschluss eines Mahls: *portokalopita,* ein feuchter Orangenkuchen, wird meist quadratisch zugeschnitten nach dem Essen serviert und geht aufs Haus.

Die **Merkouri Wine Bar** ist ein Muss für Weinkenner:innen. Das gastliche Lokal mit Blick auf einen Weinberg serviert mehr als 40 griechische Weine. Man kann sich mit dem Inhaber über Weinkunde unterhalten und Weine von der **Domaine Paliomilos** probieren, der Winzerei gleich nebenan. Beider servieren Gerichte, die fast so gut sind wie ihre Weine.

Hügeldörfer & Strandwanderungen

VON DEN DÖRFERN ZUM MEER

Ano Meria, eine 9 km von Chora entfernte Kette winziger Weiler, erstreckt sich auf mehrere Kilometer längs der Straße auf dem Hügelkamm und bietet fabelhafte Aussichtspunkte. Man kann die Strecke wandern und zurück den Bus nehmen.

Mehrere ausgezeichnete Wanderwege starten hier. Einer führt hinunter zur Kapelle **Agios Georgios** und zum Strand an der Nordküste. Den Strand von **Livadaki** erreicht man von den imposanten Windmühlen im Zentrum von Ano Meria aus oder auf dem Weg, der vom anderen Ende des Dorfs vorbei an der Kirche Agii Anargiri führt.

Zu den weiteren hervorragenden Stränden rund um die Insel, die zu Fuß oder per Boot erreichbar sind, zählen **Katergo** im Süden und **Agios Nikolaos**, eine hübsche, von klarem, himmelblauem Wasser umspülte, bei FKK-Anhängern beliebe Bucht. Sie liegt gleich neben dem Strand von **Angali Beach**, der von mehrfarbigen Klippen umgeben und leicht per Auto oder Bus erreichbar ist.

FÜR GOURMETS & WEINFANS

Infos zu allen griechischen Spezialitäten vom **Essen** (S. 34) bis zum **Wein** (S. 596) ermöglichen es, die Angebote der Inseln richtig zu nutzen.

UNTERWEGS VOR ORT

Folegandros hat von Mai bis September gute Fährverbindungen mit Piräus und Santorin. Die Insel ist Teil der Route Ios–Sikinos–Folegandros.

Busse fahren zwischen Chora und dem Fährhafen, und im Sommer fahren Busse von Chora nach Ano Meria und zum Strand von Angali. Es gibt Taxis. Autos, Geländewagen und Motorräder kann man u.a. von Donkey Scooters und Tomaso mieten. Im Sommer verkehren kleine Boote zwischen den Stränden.

MILOS

Das vulkanische Milos zieht sich bogenförmig um eine zentrale Caldera und ist von spektakulären Küstenlandschaften mit farbkräftigen, surrealen Felsformationen umringt. Die in die Dutzende gehenden Strände der Insel (angeblich mehr als auf jeder anderen Kykladeninsel) bieten für alle Stimmungs und Wetterlagen etwas. Viele sind leicht zugänglich, andere, vor allem im dünn besiedelten, rauen Westen, sind nur per Geländewagen und/oder Boot erreichbar. Wer Expeditionen zu abgelegenen Stränden unternehmen will, ist auf Milos genau richtig.

Die Bebauung auf Milos belegt nur einen kleinen Teil der Insel. Plaka ist das Dorf in der Höhe und ideal gelegen für Wanderungen. Die meisten Neankömmlinge landen in der geschäftigen Hafenstadt Adamas, deren kleine Altstadt sich den Hügel hinaufzieht. Die breite Uferpromenade ist gesäumt von Läden, Autovermietungen, Cafés, Bars, Eisdielen und Tavernen. Dutzende Jachten docken hier im Sommer nachts an, sodass Adamas der Mittelpunkt des eher beschaulichen Nachtlebens der Insel ist.

TOP TIPP

Milos ist klein, aber welchen Charakter die Reise annimmt, hängt davon ab. wo man wohnt. Adamas ist eine Ansammlung von Tavernen, Bars und Läden und ideal, wenn man eine frühe Fähre nehmen will. Plaka bietet dörfliches Leben und einen wundervollen Ausblick, während Apollonia und andere Strandorte schnellen Strandzugang gewähren.

Piräus (155 km)
Sifnos (40 km); Paros (125 km); Syros (175 km)
Kimolos
Myrtoisches Meer
Ägäis
Nerodafni & Trachilas
Glaronisia Islet
Kap Pelekouda
Pollonia
Plathiena
Firopotamos
Kap Vani
Mandrakia
Fourkovouni
Areti
Plaka
Mandrakia
Antikes Theater von Milos
Sarakiniko
Buchtvon Voudia
Trypiti
Triovasalos
Gebiet wegen schlechter Straßen und der Kykladenviper für Mietwagen gesperrt
Klima
Adamas
Milos
Gebiet wegen schlechter Straßen und der Kykladenviper für Mietwagen gesperrt
Bucht von Milos
Zefiria
Paleohori
Provatas
Firiplaka
Aghia Kyriaki
Kleftiko
Kap Firiplaka
Kretisches Meer
0 3 km

Firopotamos

Die Venus von Milo

Nachdem 1735 alte römische Ruinen entdeckt wurden, plünderten europäische „Archäologen" die Stätte, um sie zu „retten". Frankreich errang dabei den Hauptpreis, als man eine bemerkenswert gut erhaltene Statue von ungewöhnlicher Schönheit, die ein Bauer 1820 gefunden hatte, einsackte und in den Louvre brachte. Die *Venus von Milo* blieb bis heute eine Sensation.

Seit mindestens zweihundert Jahren wird allerdings spekuliert, wo die Arme der Statue geblieben sind. Unglücklicherweise setzte die Entdeckung von 1820 blindwütige Grabungen in Gang, bei denen die Nische, in der die Statue stand, vollständig zerstört wurde; ihren genauen Standort kennt heute niemand mehr.

Eine Replik der berühmten Venus ist im archäologischen Museum von Plaka (S. 300) ausgestellt.

Eine Insel der Strände

SANDIGE IDYLLE FÜR JEDEN GESCHMACK

Milos und seine vorgelagerten Inselchen haben mehr als 70 herrliche Strände mit unterschiedlich gefärbtem Sand und Fels. Man kann immer einen geschützten Strand finden, aus welcher Richtung der Wind auch weht. Für die meisten von ihnen braucht man ein eigenes Fahrzeug; für jene an der rauen Westküste sogar einen Geländewagen oder ein Quad. Hier eine Übersicht der Strände, die man mit einem normalen Mietwagen erreicht:

Prouvatas wird von dunklen Landzungen eingerahmt und prunkt mit einem langen Streifen goldenen Sands. Der Strand ist einer der schönsten auf Milos und verfügt über ein paar Tavernen und Vermieter von Wassersportausrüstung.

Plathiena liegt jenseits von Plaka am Ende eines Tals im Norden. Dieser Kiesel- und Sandstrand ist besonders schön und hat an jedem Ende zerklüftete Kalksteinformationen. Im Sommer ist eine Strandbar geöffnet.

Firopotamos ist ein ruhiger Strand, der von einer kleinen Bucht mit zerklüfteten Kalksteinklippen und *syrmata* (Wohnhäusern mit Bootsunterbringung) umgeben ist.

Sarakiniko besitzt an Baisers erinnernde Felsformationen und Höhlen. Der Sandstrand ist winzig, es gibt aber einen tiefen, zum Schwimmen idealen Kanal und ausreichend Platz, um sich auf den Felsen auszubreiten.

ESSEN AUF MILOS

De Milos
Eine von mehreren ansprechenden gehobenen Tavernen am Ufer in Apollonia. Tische stehen auch draußen auf dem Sand. **€€**

Bakalikon Galanis
Eins der altmodischen Lokale in den Gassen von Plaka. Es gibt guten Kaffee und ausgezeichnetes Essen. **€€**

Akri
Das Lokal versteckt sich oberhalb des Hafens und hat eine schöne Terrasse mit Meerblick; die Leute von den Jachten sitzen hier bis zum späten Abend. **€**

Nerodafni und Trachilas an der Nordspitze von Milos sind abgelegene Kiesel- und Felsstrände, die durch eine Landzunge getrennt sind. Trachilas zeichnet sich durch winzige Inselchen mit Felsbögen aus, die dem Strand vorgelagert sind.
Mandrakia ist ein niedlicher, winziger Fischereihafen. Zu beiden Seiten befinden sich kleine Kiesstrände. Frauen aus dem Dorf kochen in der fabelhaften Medusa Taverna, einem der inselweit besten Lokale für ein Mittagessen. Die Aussicht ist wundervoll, aber man sollte möglichst früh herkommen.
Agia Kyriaki ist ein netter langer Strand mit feinem hellen Sand vor unwirklich erscheinenden grau-, rosa- und rostfarbenen Klippen. Es gibt Schatten, und die Tavernen lenken nicht vom Erscheinungsbild ab.
Firiplaka hat eine atemberaubende Lage an den Klippen. Es gibt eine Reihe unbefestigter Parkplätze über mehreren winzigen Buchten. Der größere Hauptstrand ist überwiegend von den Liegestühlen eines eleganten Clubs belegt.
Paleochori hat einen langen bogenförmigen Strand vor der Kulisse gestreifter Klippen. Leider steht hinter dem Strand eine zusammengewürfelte Schar von Tavernen und Pensionen. Es gibt nur wenig Schatten.

Klima – ein Dorf am Meer

EIN FISCHERDORF MIT MALERISCHEN BEHAUSUNGEN

Das ansprechende Fischereidorf **Klima** war der Hafen des antiken Milos. Hier sieht man die schönsten Beispiele der *syrmata* – Gebäude, deren Untergeschoss mit den bunt bemalten Türen bei schlechtem Wetter zur Unterbringung der Boote dient, während die Familie darüber wohnt. Die Häuser, von denen die meisten heute als Ferienwohnungen in Gebrauch sind, sind in die Felsen einbezogen. Im Ort gibt's Cafés mit Blick aufs Meer.

Antikes Milos

EIN SEHENSWERTES THEATER UND EIN TOLLES MUSEUM

An einem einsamen Hügelhang inmitten von Olivenbäumen steht das große **römische Theater,** das den Bürgern des antiken Melos vom 1. bis zum 4. Jh. Unterhaltung bot. Es wurde 1735 wiederentdeckt, aber nur rund ein Zehntel des ursprünglichen Gebäudes wurde freigelegt und teilweise restauriert, darunter ein Teil der reich verzierten Marmorfassade des Bühnenhauses gegenüber den Rängen, die einst bis zu 8000 Zuschauern Platz boten.

Der Pfad zum Theater ist gut ausgeschildert. Ein Schild erläutert die Geschichte der Statue der *Venus von Milo.*

VERGNÜGEN AUF DEM WASSER

Ausflugsboote säumen das Ufer von Adamas und werben für **Kreuzfahrten** zu abgelegenen Stellen von Milos und seinen Nachbarinseln Kimolos (S. 301) und Polyegos. Diese Tagestouren sind gut geeignet, um die eindrucksvollen Küstenlinien, bizarren Felsformationen und Strände kennenzulernen, die per Auto nicht erreichbar sind. Kleftiko im Südwesten von Milos ist mit seinen eindrucksvollen Felsbögen und Höhlen ein besonders beliebtes Ziel (neben anderen abgelegenen Stränden in seiner Nähe). Die Ausflüge enthalten häufig auch Stopps zum **Schnorcheln**.

Es gibt große und kleine Boote, private Charterboote, Schnellboote, Boote mit Holzrumpf, Katamarane und Segelboote. Bei einer Tour mit **Sea Kayak Milos** kann man selber zu den abgelegenen schönen Stellen paddeln. Je nach Wetterlage wird jeden Tag eine andere Route gewählt. Die Teilnehmer paddeln ungefähr drei Stunden, weitere zwei Stunden sind dem Schwimmen, Schnorcheln und Sonnenbaden gewidmet.

ÜBERNACHTEN AUF MILOS

Studios Betty
Die schlichten, aber guten und günstigen Studiowohnungen am Klippenrand von Plaka bieten einen herrlichen Blick aufs Wasser und in den Sonnenuntergang. €

Captain Zeppos Boutique Suites
Stilvoll-luxuriöse Zimmer nahe dem Strand auf einer kleinen Landzunge in Apollonia. €€€

Aelia Suites Milos
Die luxuriösen Ferienwohnungen auf einem Hügel hinter Adamas bieten eine weite Sicht über die Bucht von Milos. €€€

EINE NEUNTAUSENDJÄHRIGE GESCHICHTE

Milos besitzt eine faszinierende Geschichte, die bis in die Jungsteinzeit zurückreicht, als Obsidian zu den Minoern auf Kreta exportiert wurde. Rund 6000 Jahre später wurde die Insel ein Bevölkerungszentrum der Griechen, die ab etwa 1400 v. Chr. begannen, Tempel und Städte zu errichten.

Die Invasionswellen, die durch die Ägäis rollten, bestimmten auch Milos danach über viele Jahrhunderte. Das winzige **Kleftiko** im äußersten Südwesten legt durch seinen Namen nahe, das es früher einmal ein Piratennest war.

Die ursprüngliche Industrie, der Bergbau, lebt auch heute noch weiter, und man trifft auf dem Weg zu einigen Stränden auf immer noch genutzte Minen. Das **Bergbaumuseum von Milos** in Adamas zeichnet die Geschichte des örtlichen Bergbaus nach und erklärt die unglaublichen geologischen Kräfte, die die wirbelnden bunten Farben an den Klippen der Insel hervorbrachten.

ALEKSANDRA TOKARZ/SHUTTERSTOCK ©

Katakomben

Die einzigen christlichen **Katakomben** Griechenlands finden sich an den Hängen unterhalb von Trypiti. Sie stammen aus dem 1. Jh. und waren die Begräbnisstätte der frühesten Gläubigen. In dem 183 m langen Tunnelnetz wurden mehr als 2000 Personen bestattet.

Um den Kontext zu den Ruinen zu verstehen, sollte man das **Archäologische Museum von Melos** oben in Plaka besuchen. Die kleine, aber gut kuratierte Ausstellung enthält einige faszinierende Stücke, darunter einen großen *pithos* aus Ton, der zur Bestattung eines Kindes verwendet wurde. Die kleinen bunten Steine, die zusammen mit den Knochen des Kindes gefunden wurden, waren wohl dessen wertvollster Besitz.

Plaka, Trypiti & Triovasalos

HERRLICHE AUSBLICKE UND SPAZIERGÄNGE

Die meisten Einwohner von Milos leben in drei ineinander übergehenden Orten auf einer Hügelspitze.

Das bezaubernde **Plaka** verkörpert mit seinen weißen Häusern und labyrinthischen Gassen am Rand einer Abbruchkante das kykladische Ideal. Vom Hof der 1840 erbauten Kirche **Panagia Korfiatissa** hat man eine spektakuläre Sicht nach Westen über das Wasser; hier kann es zum Sonnenuntergang voll werden. **Trypiti** ist ein nettes Dorf vor einer Kulisse aus Kirchen und Windmühlen. **Triovasalos** ist der prosaische Teil des Trios mit Läden des täglichen Bedarfs.

UNTERWEGS VOR ORT

Auf Milos verbindet ein Busdienst Adamas mit Plaka und den Hügeldörfern. Es gibt auch Fahrten nach Apollonia und zu den beliebteren Stränden.

Um die Insel zu erkunden, braucht man zumindest einen Mietwagen. Mit normalen Autos muss man sich allerdings auf die östliche Hälfte der Insel beschränken. Den Westen und viele abgelegene Strände erreicht man, wenn überhaupt, nur mit Geländewagen oder Quad.

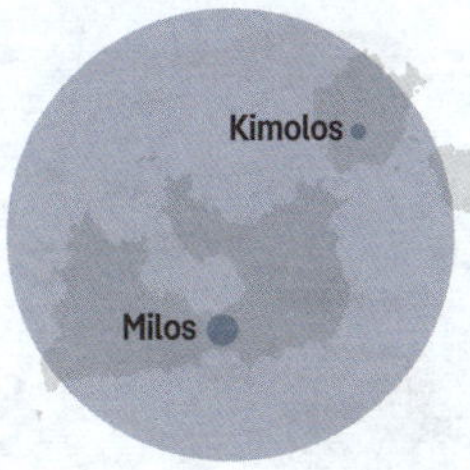

Rund um Milos

Um einmal wirklich von allem loszukommen, bietet sich das winzige Kimolos an. Hier sind die Nächte ruhig und die Tage ausgefüllt mit der Erkundung der Strände.

TOP TIPP

Man sollte stets den Fahrplan der Fähre im Auge haben, weil man von Kimolos immer erst nach Milos fahren muss, um weiterzukommen.

Die kleine Insel Kimolos vor der Nordostspitze von Milos wirkt wie eine Reise in die Vergangenheit. Wenige Besucher nehmen allerdings die Gelegenheit wahr, die winzige Altstadt, die funkelnden Buchten und malerischen *syrmata* zu erkunden.

Kimolos ist von Milos aus ein leichter Tagesausflug. Die Boote docken in Psathi an, wo es einen Kiesstrand und paar Cafés und Tavernen gibt. Der hübsche alte Hauptort Chora liegt rund 800 m den Hügel hinauf. In der Mitte der stimmungsvollen kleinen Gassen liegt das Kastro, eine verfallene quadratische Festung aus dem 14. bis 16. Jh. Inmitten der Trümmer steht die winzige, weiß getünchte Kirche der Geburt Christi, die 1592 erbaut wurde. Als Wanderung bietet sich der herausfordernde Aufstieg auf die 358 m hohe Klippe an, auf der die venezianische Festung Paleokastro thront.

Chora, Kimolos

Prassa

ESSEN & AUSGEHEN AUF KIMOLOS

Kimolos hat eine ordentliche Auswahl von Unterkünften und Restaurants, in denen man allerdings keine modernen Abwandlungen mediterraner Kost erwarten darf. Familiengeführte Tavernen gibt's in Chora, Psathi und an den (wenigen) Stränden im Norden und Süden. Ein paar Cafés sorgen für Kaffeesüchtige und Leute, die den sommerlichen Strom der Tagesausflügler:innen beobachten wollen.

In kleinen Märkten werden Wasser und alle wesentlichen Vorräte für Wanderungen oder einen längeren Aufenthalt an einem abgelegenen Strand verkauft.

Die kleinen Hotels und Pensionen ballen sich – was fast schon übertrieben klingt – im Übergangsbereich zwischen Chora und Psathi. Die Unterkünfte sind alle nicht schick, man kann aber leicht eine mit Balkon oder Terrasse ergattern, um den Ausblick zu genießen. Ein paar Ferienwohnungen verteilen sich südwärts bis zum Strand von Bonatsa.

Abgeschiedene Strände

VON RUHIG BIS SEHR RUHIG

Wie sein großer Nachbar im Süden hat Kimolos sehr unterschiedliche Strände, die teils leicht und teils nur auf abenteuerlichen Wegen erreichbar sind. Neben Kiesel- gibt's erfreulicherweise auch Sandstrände.

Der prächtige helle Sandstrand **Prassa** hat eine hübsche, nach Osten blickende Lage. Zu Fuß erreicht man ihn von Chora aus in rund einer Stunde, auf der guten Straße kommt man per Auto viel schneller hin. Die Buchten weiter im Norden und Westen sind nur per Boot erreichbar.

Südwärts von Psathi führt eine einfache, aber befahrbare Straße die Südostküste entlang bis zum hübschen Strand von **Bonatsa**, einem schönen halbmondförmigen hellen Sandstreifen mit schattenspendenden Bäumen im Hintergrund. In Richtung Westen finden sich ein halbes Dutzend Sandstrände ohne Schatten (z. B. **Ellinika**), die nur zu Fuß oder per Boot erreichbar sind.

Unberührtes Polyegos

DIE KLASSISCHE EINSAME INSEL

Die dritte Insel des Trios, zu dem auch Milos und Kimolos gehören, ist das winzige **Polyegos**. Die weitgehend wüstenartige Insel ist heute unbewohnt, während es früher hier eine kleine, von Bauern und Mönchen bewohnte Siedlung gab. Der beste Strand, **Ammura**, ist ein einigermaßen beliebter Zwischenstopp bei Tagesausflügen. Über den Himmel ziehen Falken, und in den abgelegensten Buchten ist die seltene Mittelmeer-Mönchsrobbe zu Hause.

Ausflügler:innen freuen sich über die idyllischen Gewässer. Beim Camping genießt man an den Stränden die Einsamkeit, muss sich aber vollständig selbst versorgen. Bootsüberfahrten lassen sich auf Milos und Kimolos vereinbaren.

UNTERWEGS VOR ORT

Auf Kimolos kann man einen fahrbaren Untersatz mieten, aber das geht meist nur ad hoc. Man kann auch ein Auto, ein Fahrrad oder einen Motorroller auf der kleinen Autofähre von Milos (3–8-mal tgl.) mitbringen, um das Herumkommen zu erleichtern. Achtung: Die Insel ist nur über Milos erreichbar!

Abgelegene Strände lassen sich mit einem Boot (Kaik) von Psathi oder Milos aus erreichen.

SIFNOS

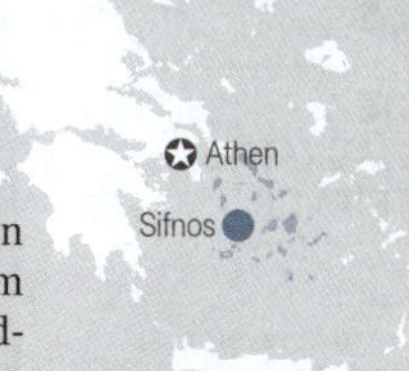

Sifnos ist wahrlich eine Pracht. Weiß getünchte Dörfer sitzen um den Hauptort Apollonia wie die Perlen einer Kette auf dem Kamm der Insel. Das wechselnde Licht schmeichelt der Landschaft, und während man die Abhänge der zentralen Berge erkundet, entdeckt man unzählige Terrassen mit Olivenhainen, Oleander und aromatischen Kräutern. Alle Buchten der Insel bieten türkisblaues Wasser und eine betörende Aussicht.

Während der archaischen Periode (ab etwa dem 8. Jh. v. Chr.) wurde Sifnos durch Gold- und Silbervorkommen reich, aber im 5. Jh. v. Chr. waren die Lagerstätten erschöpft, und Jahrhunderte eines beschwerlichen Lebens folgten.

Heute hat Sifnos einen glamourösen Ruf, der so gar nicht zu dieser Vergangenheit passt. Die Insel ist zu allererst bekannt für ihre Küche, deren Tradition fast 100 Jahre zurückreicht. Ausgezeichnete Restaurants, die sich auf die Fruchtbarkeit der Insel stützen, finden sich überall. Die Massen strömen in die Strandorte, aber niemand sollte auf das bildschöne alte Kastro oder das Kloster und den Strand von Chrysopigi verzichten.

TOP TIPP

Wer nur kurz da ist, entscheidet sich vielleicht für Kamares, das dem Klischee eines Fährhafens deutlich widerspricht. Wer in Apollonia und dessen Umgebung wohnt, ist dem Nachtleben ganz nah. Für Meersüchtige empfehlen sich Strandorte wie Platys Gialos, Faros oder Vathy. Herrlich ist es auch, ein ruhiges Zimmer im Kastro zu finden.

Apollonias enge Gassen

GANZ IN DER MITTE

In der Saison erwecken gut gekleidete Spaziergänger:innen auf der belebten Odos Prokou, die wegen ihrer geringen Breite als **Steno** (was „eng“ bedeutet) bekannt ist, das labyrinthische, mit vielen Kirchen durchsetzte **Apollonia** zu neuem Leben.

Alle Straßen führen wortwörtlich hierher – in den Hauptort und das Zentrum der Insel. Von Apollonia aus setzt sich die Kette der weißen Häuser ununterbrochen ins Nachbardorf **Ano Petali** und dann nach **Artemonas** mit seinen Oliventerrassen, Villen und Kirchen mit blauen Kuppeln fort.

Tagsüber öffen hier schicke Läden, die Designerkleidung, teuren handgemachten Schnickschnack und gehobene Lebensmittel verkaufen. Abends ist es jedoch mit den gehobenen Ansprüchen vorbei: Die Bars am Steno bieten „Sex on the beach“-Cocktails, aus den Clubs dröhnt Musik, und in den Lokalen tanzen die Feierwütigen auf den Tischen.

Kastro nicht versäumen

DER ANSPRECHENDSTE ORT AUF DER INSEL

In dramatischer Lage auf einer Felsspitze, die steil ins kristallklare Wasser abfällt, präsentiert sich **Kastro** als die stimmungsvollste und magischste Siedlung auf Sifnos. Bis 1836 war Kastro der Hauptort der Insel, heute ist es ein verschlafenes Nest, in dem die Katzen den ganzen Tag auf den Treppen dösen. Ein paar Gassen ziehen sich um die Hügelspitze des Weilers; sie

BESTE RESTAURANTS AUF SIFNOS

Camaron
Die kreative Taverne ist der beste Grund für ein Abendessen in Kamares. Viele Gerichte verwenden Bio-Zutaten, z.B. gilt das für den Vollkorn-Pizzateig. **€€**

Drimoni
Man genießt die Aussicht oder liegt am Pool, während Chefkoch Giorgos Patriarchis kreative Abwandlungen traditioneller Gerichte zubereitet. **€€€**

Glykia Matia
Die elegante Bäckerei in Apollonia sorgt mit raffinierten Pasteten und Backwaren immer für einen guten Snack. **€**

To Steki
Die ausgezeichnete traditionelle Taverne am Ufer in Platys Gialos hat Tische auf einer von Bäumen beschatteten Steinterrasse. **€€**

Cafe Mosaic
Das Café in Artemonas serviert eine wechselnde Palette von *mezedes* zusammen mit *rakomelo* (warmem Grappa mit Honig, Zimt und Nelken). **€€**

führen durch Tunnel, die von alten Häusern gebildet werden, und kommen auf Terrassen heraus, von denen sich ein hinreißender Blick auf die Küste und über die Ägäis bis nach Paros bietet. Von ein paar Tavernen aus bietet sich ein Blick über terrassierte Hügelhänge ins grüne Inselinnere.

Wie ein Diamant auf einem Ring sitzt die **Kirche der sieben Märtyrer** auf einem vom wogenden Wasser umgebenen Felsvorsprung gleich unterhalb des Kastro. Die außergewöhnlich schöne Lage inspiriert die Leute dazu, den nicht ganz leichten Spaziergang zu der (in der Regel aber verschlossenen) Tür anzutreten. Das kleine **Archäologische Museum von Sifnos** zeigt archäologische Funde aus der antiken Stadt.

ESSEN AUF SIFNOS

Dipseli
Das winzige Café mit Bäckerei am Steno serviert einen ausgezeichneten *melopita*, die saftige Cremetorte der Insel mit Honig und Zimt. **€**

Yalos Seaside Obsession
Örtliche Meeresfrüchte, Gemüse und Käse stehen im Mittelpunkt; die Tische stehen auf dem Sand direkt am Wasser. **€€€**

Krypti
Der winzige Laden in Kastro liefert leckere *loukoumades* (frittierte Teigbällchen) sowie himmlische hausgemachte Marmelade. **€**

Kirche der sieben Märtyrer

Seit 1000 v. Chr. siedeln hier ununterbrochen Menschen. Auf der Spitze der Stadt, wo einst ein Tempel stand, sind immer noch die Überreste einer Akropolis zu erkennen. Die Römer hinterließen mehrere große Steinsarkophage, die man beim Herumspazieren schnell erblickt.

Faros & Chrysopigi

STRÄNDE UND EIN TYPISCHES KLOSTER

Das Stranddorf **Faros** ist ein freundlicher traditioneller Ort mit einem Hafen voller Fischer- und Freizeitboote. Der Hauptstrand besteht aus Sand und Kieseln, auf dem die Tische der Tavernen und die Sonnenbadenden um ein Plätzchen konkurrieren. Es lohnt sich, ein kurzes Stück auf dem Pfad vorbei an einer Reihe von Tavernen zum heiteren Weststrand zu laufen, der frei von Kommerz ist und an dem Tamarindenbäume Schatten spenden.

Von hier aus führt eine kurze Wanderung um einen kleinen Hügel zum schönen, azurblauen Strand von **Chrysopigi**, wo sich zwei ausgezeichnete Tavernen befinden. Von hier aus erblickt man das (auch leicht mit dem Auto erreichbare) Kloster **Moni Chrysopigi** (und kann es schnell zu Fuß erreichen). Das schöne, weiß getünchte Kloster steht auf einem Inselchen, das über eine kleine, steinerne Fußgängerbrücke mit dem Strand verbunden ist, und gilt als der Beschützer von Sifnos. Es wurde 1650 erbaut und ist der lebensspendenden Quelle geweiht, die in der orthodoxen Tradition ein Symbol der Mutter Christi ist. In der Kirche befindet sich eine uralte, aus Holz geschnitzte Ikonostase. Der Ausblick aufs Meer ist himmlisch.

DER GEFEIERTE KOCH AUS SIFNOS

Die Verbindung der Gastronomie mit Sifnos ist keine neue, von Promotern aufgebrachte Idee, um den täglichen Umsatz zu erhöhen; gute Lebensmittel und Kochkunst gehen hier schon seit den 1930er-Jahren und dank eines der berühmtesten Köche Griechenlands Hand in Hand.

Nikolaos Tselementes (1878–1958) wurde auf Sifnos geboren und kam als Erwachsener in die USA, wo er eine neue Welt der Zutaten und der Kochkunst entdeckte. Bei seiner Rückkehr nach Griechenland schickte er sich an, den griechischen Geschmack zu revolutionieren.

In den 1930er-Jahren veröffentlichte Tselementes Kochbücher, die neue Horizonte beim Essen weit über Griechenland hinaus erschlossen. Doch bei all dem behielt er immer enge Verbindungen nach Sifnos. Heute wird sein Erbe alljährlich beim **Festival der kykladischen Küche „Nikolaos Tselementes“** im September in Artemonas gefeiert.

AUSGEHEN AUF SIFNOS

Loggia
An klaren Tagen kann man von der stilvollen Weinbar in Kastro über das Meer bis nach Paros blicken.

Kavos Sunrise
Die Schließzeit ist im Namen enthalten; die Kneipenlegende in Kastro ist schon seit Jahrzehnten im Geschäft.

To Kohyli
Das einladende Ufercafé mit Bar in Kamares ist der beste Grund, seine Fähre zu verpassen.

WANDERN AUF SIFNOS

Sifnos besteht nicht nur aus Steno und glamourösen Strandorten – mit (geringer) Anstrengung kann man das Gelände zu Fuß erkunden.

Die meisten Leute passieren den Abzweig der kleinen Straße zur **Akropolis von Agios Andreas**, ohne von ihr auch nur Notiz zu nehmen. Dabei stammt die gut ausgegrabene Akropolis auf einer Hügelspitze auf dem Grat der Insel aus der mykenischen Zeit (13. Jh. v. Chr). Hier kann man nicht nur über Apollonia hinaus aufs Meer blicken, sondern auch auf die mit Kirchen bestückten Gipfel und Täler im grünen Inselinneren von Sifnos. Die danebenstehende **Kirche des Hl. Andreas** stammt aus der Zeit um 1700.

Im Norden liegt der felsige Strand von **Vroulidia** an einer kobaltblauen Bucht am Ende einer abschüssigen unbefestigten Straße (den Mietwagen vorher abstellen). Das an der äußersten Nordspitze gelegene Cheronisos wirkt wie das Ende der Welt. Es gibt zudem einen Sandstrand, ein paar gute Tavernen und täglich einen schönen Sonnenuntergang.

AERIAL-MOTION/SHUTTERSTOCK ©

Kamares

Kamares, das Tor zur Insel

EINE ATTRAKTIVE HAFENSTADT

Der malerisch von steilen Bergen eingefasste Fährhafen **Kamares** ist nicht nur nützlich, sondern auch ansprechend. Es gibt Cafés am Wasser, Tavernen, Läden, kleine Kirchen und einen schönen breiten Strand. Das Wasser ist flach, daher ist er für Familien ideal. Man liegt gemütlich auf einer Strandliege auf dem weichen, braunen Sand und wartet auf seine Fähre.

Luxuriöse Entspannung

ENTSPANNTES LEBEN IM LUXUS

Platys Gialos besitzt Luxusläden und Restaurants am Wasser. Zwischen den Bistros gibt es feinen, hellen Sand – ein idealer Zwischenstopp für ein elegantes, entspanntes Mittagessen.

Vathy an der Südwestküste ist ein lässiger Ferienort an einer runden, geschützten Bucht von aquamarinblauer Schönheit. Der Strand ist breit und liegt teils im Schatten. Die Kette der etwas besseren Cafés, Tavernen und Läden reicht allerdings bis ans Ufer. Da es keine Promenade gibt, braucht man, wenn man hier bei Flut herumspazieren will, Badekleidung.

UNTERWEGS VOR ORT

Die Straßen führen wie die Tentakel eines Kraken zu Buchten mit Stränden hinunter, wobei Apollonia den Kopf bildet. Die Entfernungen sind kurz, und man wird kaum einmal in den vierten Gang schalten. Eine Menge Autovermietungen haben ihren Sitz direkt am Fährhafen in Kamares. Verlässliche öffentliche Busse verbinden die größeren Ortschaften; Apollonia bildet natürlich den Mittelpunkt des Netzes.

Radfahrer:innen werden die kurvenreichen Straßen als eine kleinere Herausforderung empfinden. Die meisten Punkte auf Sifnos lassen sich zu Fuß erreichen, so auch der idyllische Pfad nach Kastro. Wenn man sich wegen der Richtung unsicher ist, einfach fragen.

Ausgezeichnete Karten für Autofahrer, Radfahrer und Wanderer sind im Book Shop in Apollonia erhältlich.

SERIFOS

Serifos ist eine raue, zerklüftete Schönheit mit braunen Bergen, die zu breiten, ultramarinblauen Buchten abfallen. Abgesehen von Livadi und dem idyllisch auf einer Hügelspitze gelegenen Hauptort Chora wirkt die Insel nahezu menschenleer und wunderbar wild. Die weiten offenen Flächen werden nur gelegentlich von Überresten ehemaliger Bergbauunternehmen (verrostete Gleise, Kräne), perfekten kleinen Stränden und dem Rauschen des Windes (der heftig werden kann) unterbrochen.

Doch auch Veränderungen liegen in der Luft, und zwar in Form schicker Ferienhäuser nahe der Buchten auf den Hügelhängen. Und selbst das alte Chora besitzt nun ein, zwei trendige Bars. In den Hügeln oberhalb von Platys Gialos produziert die Chrysoloras Winery einige gute Bio-Weißweine. Bevor die Nachricht von Serifos' Schönheiten aber zu den Massen durchdringt, sollte man selber die scheinbar zeitlose Insel erkunden.

In der griechischen Mythologie ist Serifos die Insel, auf der Perseus aufwuchs. Er brachte das Haupt der Medusa zurück, um seine Mutter vor den Nachstellungen von Polydektes zu bewahren. Außerdem sollen hier die Zyklopen gewohnt haben.

TOP TIPP

Die Hauptstraße der Insel zieht eine praktische Schleife, so dass das Umherfahren einfach ist. Am besten fährt man im Uhrzeigersinn, weil man dann den Norden später am Tag erreicht und schöne Ausblicke in den Sonnenuntergang genießen kann. Danach ist die Rückfahrt nach Livadi kurz.

Entspanntes Livadi

HÜBSCHE, GESCHÄFTIGE STRANDSTADT

Der größte Ort und wichtigste Hafen auf Serifos ist beliebt bei Jachtbesatzungen auf Tour. Würden nicht regelmäßig Fähren an dem langen, aus Stein gebauten Pier anlegen, würde man gar nicht merken, dass man in einer Hafenstadt ist, weil Livadi einfach wie ein entspannter Strandort wirkt. An der Uferstraße sammeln sich die besten Tavernen und Bars der Insel sowie lässige Pensionen mit Blick auf den langen, schmalen Sandstrand.

Die nahegelegenen Strände wie **Livadakia** und **Agios Sostis** liegen in kurzer Gehentfernung von der Stadt.

Idyllisches Chora

WEISS GETÜNCHTE GEBÄUDE, TOLLE AUSSICHT

Das weiß getünchte Dorf zieht sich vom Gipfel des felsigen Bergs über Livadi hinunter und hat damit unter den Hauptorten der Kykladen eine besonders spektakuläre Lage. Von dem kleinen Hauptverkehrsknoten im Schatten alter Windmühlen fächern die Gassen in das Labyrinth des eigentlichen Chora aus.

Folgt man den engen Gassen und Treppen, an denen nur ein paar Läden liegen, Richtung Südosten und nach oben, gelangt man zu der antiken Akropolis und den spärlichen Überresten des venezianischen **Kastro** (Festung) aus dem 15. Jh. sowie zur Kirche **Agios Konstantinos** – dort bietet sich eine spektakuläre Aussicht auf die Insel und über das Meer bis zum fernen Sifnos.

WANDERN AUF SERIFOS

Die Insel lässt sich auf einem Netz von (teilweise ausgeschilderten) Wegen unterschiedlicher Länge und Schwierigkeit erkunden; detaillierte Infos finden sich auf der „Hiking"-Seite von serifos-greece.com. Bei Wanderungen über Land sollte man Nahrungsmittel und Wasser mitnehmen, da es unterwegs nur wenige Einrichtungen gibt.

Der uralte, 5 km lange Pfad, der Livadi mit Chora verbindet, bildet eine tolle Einstimmung auf die Insel. Man kann den Pfad hinauf oder hinunter wandern und für den Hin- bzw. Rückweg den Bus nehmen.

Von Chora führt ein Weg rund 4,5 km nach Norden zu dem winzigen Dorf **Kendarchos** (oder Kallitsos), von wo aus man auf der kurvenreichen Hauptstraße weitere 3 km bis zum **Moni Taxiarchon** marschieren kann. Die Wanderung von Chora bis zu dem Kloster dauert rund zwei Stunden.

Ebenfalls lohnend ist der teilweise steile Weg vom Dorf **Panagia** hinunter zum abgelegenen Strand von **Sykamia**.

Eine Kette von Stränden

KEIN ANDRANG UND ÜBERRASCHENDE FARBSPIELE DES WASSERS

Umkreist man die Insel im Uhrzeigersinn, kann jeder der folgenden Strände einen für mehrere schöne Stunden in seinen Bann ziehen.

Die besten Strände an der Südküste sind in der Regel breite Sandstrände, die jenseits der Hauptsaison einsam sind. Es ist eine öde Landschaft, in der gelegentlich zurückgelassene Bergbaugerätschaften herumstehen. Drei dieser Strände teilen sich eine große, geschützte Bucht. **Koutalas** ist ein kleines Fischerdorf mit einem schattigen Kieselstrand und einer altmodischen Taverne. **Ganema** besitzt einen von Tamarisken eingefassten goldenen Sandstrand und eine Strandbar mit Liegestühlen. Hinreißend ist der hufeisenförmige goldene Sandstrand von **Vagia**, an dem sich ein paar neue Ferienwohnungen angesiedelt haben.

Das faszinierende **Megalo Livadi** führt einen mit seinen stimmungsvoll verfallenden neoklassizistischen Gebäuden des 19. Jhs. (Überresten der Bergbauära jener Zeit) und den schlichten, zeitlosen, familiengeführten Tavernen am Ufer zurück in eine andere Zeit. Der Strand ist schmal, bietet aber Schatten.

UNTERKÜNFTE AUF SERIFOS

Amfitriti Studios
Die entspannenden Wohnungen auf einem Hügelhang am östlichen Ende des Strands bieten eine schöne Aussicht über die Bucht von Livadi. **€€**

Ammòa Feelgood Boutique Houses
Eine von vielen neuen Luxusoptionen direkt auf dem Sandstrand von Vagia. **€€€**

Maistrali Hotel Serifos
Das schlichte Hotel bietet mehr als ein Dutzend ordentliche Zimmer mit Balkonen, die auf den Strand von Livadi blicken. **€€**

FEELMYTRAVEL/SHUTTERSTOCK ©

Kloster Taxiarches

Weitere Informationen zum Dorf und die Anstrengungen zur Restaurierung seiner alten Gebäude finden sich unter view.megalivadi.org.

Sykamia ist einer der schönsten Strände der Insel (und das bei starker Konkurrenz); die Anfahrt auf einer steilen asphaltierten Straße, die über terrassierte Hügel führt und kurz vor dem Strand endet, ist spektakulär.

Der gleich abseits der Hauptstraße gelegene Strand von **Platys Gialos** im äußersten Norden bietet kieshaltigen Sand und eine gute, saisonal geöffnete Taverne.

Das alte Serifos

ZYKLOPEN UND EIN KLOSTER

Nicht weit vom Strand von Platys Gialos entfernt steht das **Kloster Taxiarches** (der Name bezieht sich auf die Erzengel Michael und Gabriel). Es wurde 1572 als Wehrkloster erbaut, um die Insel vor Piraten und anderen Plünderern zu schützen, und lohnt einen Besuch wegen der eindrucksvollen Fresken aus dem 18. Jh. und des kleinen Friedhofs.

Gleich nördlich der Abzweigung nach Megalo Livadi erhebt sich der einsame **Aspros Pyrgos** (Weißer Turm) einen kurzen Marsch von der Hauptstraße entfernt. Der wahrscheinlich aus hellenistischer Zeit stammende Turm wurde der Legende nach von den Zyklopen erbaut.

BESTE RESTAURANTS & BARS AUF SERIFOS

Metalleio
Das Lokal abseits des Wassers in Livadi hat eine kurze Tageskarte mit Gerichten aus örtlichen Zutaten. €€

Passaggio Cafe-Restaurant
Gehört zu den vielen guten Alternativen für Tavernengerichte und Meeresfrüchte am Ufer von Livadi. €€

Yacht Club Serifos
Eine der legendären Bars der Ägäis, wo sich eine fröhliche, vielsprachige Menge über die Terrassen verteilt. €

Basileas
Das geschäftige Café befindet sich an der Kreuzung von Chora direkt im Mittelpunkt des örtlichen Lebens. €€

Grandma's Cafe Resto Bar
Die klassischen griechischen Gerichte und Strandfood wie Burger werden gut aus Zutaten zubereitet, die aus dem Familiengarten in Ganema stammen. €€

UNTERWEGS VOR ORT

Busse verbinden Livadi mit Chora. Im Sommer drehen sie mehrmals täglich eine Schleife um die Insel. Radfahrer:innen lieben Serifos, weil der Straßenverkehr nicht so stark ist. Räder kann man in Livadi mieten.

Kea
Kithnos
Serifos

Rund um Serifos

Die Nachbarinseln Kythnos und Kea liegen fern der Touristenroute der Kykladen, haben aber viel zu bieten.

TOP TIPP

Am besten kommt man nicht an Sommerwochenenden nach Kythnos oder Kea, weil beide Inseln dann mit feiernden Athenern überfüllt sind.

Kythnos und Kea, die beiden dem Festland am nächsten liegenden Kykladeninseln sind eher Wochenendziele der Athener als touristische Reiseziele. Allerdings liegen sie nicht weit von Serifos entfernt, und beide bieten Strände, Wanderoptionen in den Bergen, traditionelle Dörfer und Tauchstätten, die eine Erkundung lohnen.

Das entspannte Kythnos (auch Kithnos oder Thermia) präsentiert sich als eine Abfolge gewellter Hügel mit Steinhütten, alten Trockenmauern, grünen Tälern und einigen wundervollen Stränden. Der Hafenalltag in Merichas sowie das Dorfleben im schönen Chora und in Dryopida verlaufen geruhsam.

Kea besitzt mit seinen schroffen Klippen, der spektakulären Küstenlinie und fruchtbaren Tälern voller Eichen und Olivenhaine einen großen natürlichen Reiz. Ebenso attraktiv sind aber einige interessante historische Sehenswürdigkeiten und viele ausgezeichnete Wanderwege.

Loutra, Kythnos

STAMATIOS MANOUSIS/SHUTTERSTOCK ©

Städte & Dörfer auf Kythnos

TRADITIONELL UND MALERISCH

Kythnos' bescheidener Hauptort **Chora** (auch bekannt als Kythnos oder Mesaria) besitzt ein hübsches Netz von Gassen, die von einer langen Hauptstraße abzweigen, die von weißen Kirchen, Cafés, Tavernen und Läden gesäumt wird. Trotz des touristischen Überzugs ist die Stadt im Grunde ländlich geblieben.

Das entspannte Dorf **Loutra** liegt an einer windigen Bucht. Die große Marina ist voller Jachten. Im Sommer ist dies der munterste Ort auf der Insel. Eine kurze Wanderung an der Küste Richtung Norden führt nach Maroulas, wo Gräber aus dem Mesolithikum freigelegt wurden.

In der Mitte der Insel klammert sich das weitgehend verkehrsberuhigte **Dryopida** an die beiden Seiten einer Schlucht. Es gibt eine Reihe von Cafés, Tavernen und kleinen Museen rund um eine eindrucksvolle Kirche. Im winzigen Fährhafen **Merichas** konzentriert sich das Inselleben in der Nebensaison.

Die Strände auf Kythnos

TEILS MUNTER, TEILS EINSAM

Die besten Strände der Insel liegen im Nordwesten. **Apokrousi** ist ein breiter Strand aus Kiessand mit ein paar Tavernen. Die wundervolle Doppelbucht von **Kolona** besitzt einen schmalen Sandstreifen, der mit der Hauptinsel verbunden ist. Man kann von Apokrousi aus laufen oder nimmt ein Boot.

Die Hauptstraße verläuft nach Süden bis **Agios Dimitrios**, einem geschützten Strand mit Steinen und grauem Sand. Von den einsamen Stränden an der Ostküste ist der am leichtesten zugängliche und hübscheste die sandige Bucht neben dem Dorf **Kanala**. Eine schöne Wanderung führt von Dryopida hinunter zu den wenig besuchten Stränden von **Lefkes**, **Kato Livadi** und **Liotrivi**.

KEA ERKUNDEN

Keas Hafen **Korissia** besitzt eine Reihe munterer Tavernen und Bars. Die Jachtbesatzungen legen in **Vourkari** an und feiern dort. Keas Hauptort **Ioulida** hat die besten Restaurants. Ein Highlight ist die kurze Wanderung zum antiken **Löwen von Kea**, eine aus dem Granit herausgehauene Figur eines lächelnden Löwen mit abgewetzten Hüften, die zwischen dem 9. und 6. Jh. v. Chr. geschaffen wurde.

Kea bietet mit die besten **Tauchoptionen** in Griechenland; es gibt mehr als ein Dutzend vielfältige und herausfordernde Tauchstätten, u.a. mit Felswänden, Schiffs- und Flugzeugwracks sowie Unterwasserhöhlen. Tauch- und Schnorcheltouren lassen sich leicht vereinbaren.

Kea besitzt ein Dutzend malerische Wanderwege von unterschiedlicher Länge und Schwierigkeit. Wegebeschreibungen findet man unter praktoreio keas.gr. Zu den besten Stränden zählen **Spathi** und das vornehme **Koundouros**.

UNTERWEGS VOR ORT

Kythnos und Kea sind per Fähre mit Lavrio an der Südspitze Attikas verbunden. Außer nach Serifos sind die Verbindungen anderswohin nur saisonal und eingeschränkt. An Sommerwochenenden sollte man seinen Platz vorab buchen.

Der Busverkehr auf beiden Inseln beschränkt sich auf die Hauptorte. Radfahrer:innen kann das aber eigentlich nur recht sein.

SYROS

Auf dem bezaubernden Syros verschmelzen das traditionelle und das moderne Griechenland. Syros ist zwar eine der kleinsten Inseln der Kykladen, hat aber die meisten Einwohner, weil sie das rechtliche und administrative Zentrum des gesamten Archipels ist. Die Insel ist auch der Fährknotenpunkt der nördlichen Inseln und Sitz von Ermoupoli, der prächtigsten Stadt auf den Kykladen. Als Zentrum der Kykladen ist Syros weniger auf den Tourismus angewiesen, und die Handvoll schöner Strände sind nie so überlaufen wie auf den Nachbarinseln. In der Hauptstadt herrscht das ganze Jahr über Tag und Nacht Leben. Sie besitzt tolle Restaurants und zeigt das Beste des griechischen Alltagslebens.

Wenn man in das eindrucksvolle Ermoupoli (wörtlich Stadt des Hermes, des Gottes des Handels) einläuft, erblickt man die beiden jeweils von prächtigen Kirchen bekrönten Hügelspitzen, hinter denen sich noch höhere Hügel erheben. Die bebauten Bereiche halten sich nicht an das Kykladen-Klischee der weißen Häuser: Hier ziehen sich beige-, rosa- und apricotfarbene Gebäude die rostroten Hügel hinunter.

TOP TIPP

Ermoupoli beherrscht die Mitte der Ostküste. Nur wenige Ziele auf Syros sind mehr als 30 Fahrtminuten von hier entfernt. Kaum fünf Minuten außerhalb der Stadt befindet man sich in einer kahlen, schroffen Landschaft, in der sich Trockenmauern an den Hügeln entlangziehen. Die besten Strände liegen an der Westküste, insbesondere Richtung Süden.

SVEN HANSCHE/SHUTTERSTOCK ©

Vaporia, Ermoupoli

Ermoupolis urbane Atmosphäre

GROSSSTADTTRUBEL, KLEINSTADTCHARME

Ermoupoli ist ein Labyrinth aus abgestuften Gassen und Einkaufsstraßen. Das katholische **Ano Syros** (Ober-Syros) war die ursprüngliche Siedlung auf dem Hügel und ist von der **St.-Georgs-Kathedrale** bekrönt; man fährt mit einem Bus bis oben und spaziert dann durch das von mittelalterlichen Kirchen und weiß getünchten Häusern geprägte Gassengewirr hinunter.

Während der griechischen Revolution gründeten orthodoxe Flüchtlinge, die von noch türkisch besetzten Inseln kamen, die moderne Stadt in der Ebene, die sich auf den **Vrontado**, den anderen Hügel, ausweitete, auf dem sie ihre eigene prächtige Kirche, die **Kirche der Auferstehung (Anastasis)** errichteten.

Im 19. Jh. war Ermoupoli für kurze Zeit Griechenlands wichtigster Hafen. Der Reichtum der Schiffseigner zeigt sich bei einem Spaziergang durch **Vaporia**, ein schönes Viertel mit palmenumsäumten Plätzen, eleganten Villen und der Kirche **Agios Nikolaos** (im Volksmund als St.-Nikolauskirche der Reichen bekannt).

Im Zentrum strahlt das Leben vom großen Hauptplatz aus, der **Plateia Miaouli**. Hier, auf dem vielleicht schönsten städtischen Platz der Kykladen, treffen sich abends Familien, plau-

SPASS UND KÖSTLICHKEITEN IN DEN STRASSEN VON ERMOUPOLI

Die Straßen der Hauptstadt und viele Fußgängerzonen sind tagsüber, aber auch nachts belebt, wenn der Alltag der Zerstreuung weicht. In den Gassen, die von Märkten, Cafés, Souvlaki-Ständen und Bars gesäumt sind, unter einem Dach aus Bougainvilleen umherzuschlendern, gehört zu den größten Vergnügungen auf Syros.

Die zwischen dem Hafen und dem Platz verlaufende **Chiou** ist von Läden gesäumt, die örtliche Lebensmittel verkaufen, darunter die ausgezeichneten Käsesorten der Insel. Im **Corner Cafe** mit seinen vielen Büchern kann man einen Kaffee aus eigener Röstung trinken. Für etwas Süßes zwischendurch kann man sich im vor Ort legendären **Sykoutris Turkish Delights** eindecken.

Django Gelato ist einfach prima. Der Inhaber empfiehlt, was gerade im Angebot ist und aus den Früchten der Saison zubereitet wurde (das immer wieder angebotene Eis aus frischen Feigen ist wundervoll).

ESSEN IN ERMOUPOLI

Street Food Stories
In einer engen Gasse findet sich diese moderne Version einer typischen Souvlaki-Bude. Das Essen ist lecker und von Spitzenqualität. **€**

Alley of Happiness
Die von einer freundlichen Familie geführte Taverne wird hinsichtlich der Lage und des Essens ihrem Namen gerecht. **€**

Cantina Analogue
Das Lokal besitzt hohe Decken und einen wilden Innenraum und serviert kreative Abwandlungen von Tavernenkost sowie sättigendes Frühstück. **€€**

BESTE RESTAURANTS AUF SYROS

Avant Garden
Das stilvolle Restaurant in einem eleganten, abgeschlossen Hof in Ermoupoli serviert kreative griechische Gerichte aus örtlichen Zutaten. €€€

Taverna Savvas
Die Taverne am Strand von Galissas hat Tische auf dem Sand und serviert leckere, farmfrische Gerichte. €€

Hygge Ano Syros
Das beste von mehreren Restaurants in Ano Syros mit Terrasse und toller Aussicht serviert moderne mediterrane Kost. €€

Dioskouroi
Das entspannte Café am Strand von Kini serviert tagsüber Drinks an die Strandliegen und abends Tavernengerichte. €€

Seminario
Das Restaurant liegt zusammen mit anderen an einem weiten, verkehrsberuhigten Platz in Ermoupoli und bietet ausgezeichnete griechische Spitzenküche. €€

PIT STOCK/SHUTTERSTOCK ©

Rathaus, Ermoupoli

schen und haben Spaß. Von Palmen flankiert und an allen Seiten von Cafés und Bars gesäumt, trägt der Platz den Namen des griechischen Admirals und Freiheitskämpfers Andreas Miaoulis, an den zudem eine Statue erinnert.

Die Nordseite des Platzes wird von dem neoklassizistischen **Rathaus** dominiert, einem prachtvollen Gebäude aus dem Jahr 1889. Die Besucher können das Innere bewundern, das mit die Perspektive wechselnden Trompe-l'oeil-Fresken sowie Gemälden und Skulpturen örtlicher Künstler geschmückt ist. Das Gebäude beherbergt auch die bescheidene Sammlung des **Archäologischen Museums von Syros**.

Wie reich Ermoupoli im 19. Jh. war, beweist auch das **Apollon-Theater**, das teils der Mailänder Scala nachempfunden ist.

Der Hafenbereich im Westen wird von der Schiffswerft **Onex Neorion** beherrscht. Mehr über die Geschichte dieser Industrie erklärt das faszinierende **Industriemuseum Ermoupoli**.

An der Ostseite des Hafens kann man an der langen Steinmole entlang marschieren und die Aussicht bewundern. Ein Teil des Zollgebäudes aus dem 19. Jh. beherbergt die **Galerie der Kykladen**, die Ausstellungen zu Kunst und Kultur zeigt.

Ein Halbmond aus Stränden

TEILS AUSGEBAUT, TEILS ABGELEGEN

Außerhalb von Ermoupoli besitzt Syros eine Handvoll schöner Strände in kleinen Buchten an seiner narbigen Westküste. Ein

UNTERKUNFT AUF SYROS

Aktion Hotel
Komfortables, einladendes Hotel aus dem 19. Jahrhundert am Ufer in Ermoupoli mit gutem Frühstück. €€

Hotel Ploes
Elegantes Boutiquehotel in einer Villa des 19. Jhs. am Ufer von Ermoupoli. €€€

Syros Atlantis
Ein freundliches, einladendes, von zwei Brüdern geführtes Hotel an einer ruhigen Gasse nahe dem Strand von Vari. €€

paar weitere befinden sich im Südosten. Die Strände liegen dicht beieinander, so dass man einen Tag damit zubringen kann, von einem zum anderen zu tingeln. Achten sollte man auf die Dünen-Trichternarzissen, die hinter der Gezeitenlinie wachsen.

Kini an der Westküste besitzt einen Strand mit pulvrigem, graubraunem Sand in einer hufeisenförmigen Bucht mit einem kleinen Streifen von Bars und Tavernen. Es gibt hier Schatten und Strandliegen. Der Strand ist wegen seines flachen Wassers bei Familien beliebt. Gleich hinter der felsigen Landzunge liegt der noch entspanntere und einsamere Strand von **Loto**.

Galissas besitzt einen ansprechenden breiten Strand mit kleinen Dünen und Wassersportaktivitäten. Für Akzente sorgen nette Tavernen und eine niedliche weiße Kirche auf der Landzunge (vor dem Hintergrund von Ferienhäusern). Ein kurzer Weg hinter der Kirche führt zum **Armeos**, einem Kieselstrand für FKK-Fans in einer winzigen Bucht.

Weiter südlich liegt **Finikas** an einer großen Bucht mit einem Jachthafen an einem Ende und einem schmalen Streifen von Kieseln und Sand. Dieser Strand ist stärker ausgebaut als die meisten anderen und wirkt etwas ungepflegt. Weiter die Bucht entlang folgt nahe dem Dorf Posidonia der Strand von **Voulgari**. Er wirkt abgeschiedener, und Tamarindenbäume spenden Schatten. Der Strand ist bei Windsurfern beliebt.

Südlich der großen Landzunge befindet sich der kurze, aber beliebte Strand von **Agathopes** mit vielen Liegestühlen und schicken Strandclubs. Zehn Gehminuten südlich liegt der Strand von Komito an einer geschützten Bucht vor dem Hintergrund von Olivenhainen. Hier gibt's wenig Erschließung, so dass der Strand eine gute Option für alle ist, die Einsamkeit suchen. Wegn führen quer über die öden Landzungen.

Winziges, abgelegenes San Michalis

TOLLES ESSEN UND TOLLER AUSBLICK

Nicht auslassen sollte man die Fahrt auf dem bergigen Kamm von Syros zum nördlichen Dorf San Michalis, wo sich zu beiden Seiten eine spektakuläre Aussicht auf unberührte Täler und nahegelegene Inseln bietet. San Michalis ist ein kleiner Weiler mit Steinhäusern und Weinbergen.

Ein Felspfad führt zur katholischen Kirche **St. Michael**. Anschließend kehrt man für ausgezeichnete Inselkost und eine tolle Aussicht ins Fachwerkgebäude des **Plakostroto** ein. Das Lokal serviert den berühmten örtlichen Käse und Fleisch vom Holzkohlegrill.

DIE GESCHICHTE VON SYROS

Die Insel ist wenigstens seit der Jungsteinzeit besiedelt; ein früher kykladischer Begräbnisplatz in Kastri stammt aus der Zeit zwischen 2800 und 2300 v. Chr. Im 6. Jh. v. Chr. soll der Philosoph Pherekydes eine komplexe Sonnenuhr erfunden haben, während er auf Syros lebte.

Die Venezianer bemächtigten sich der Herrschaft über die Insel im Jahr 1204 und blieben bis 1522; während dieser Zeit traten die meisten griechischen Inselbewohner zum katholischen Glauben über.

Während des Unabhängigkeitskrieges flohen Tausende orthodoxe Bewohner von Inseln, die von den Türken verwüstet wurden, nach Syros. Sie brachten den griechisch-orthodoxen Glauben und einen frischen Unternehmergeist mit, der Syros zu einem wirtschaftlichen, kulturellen und Seefahrtszentrum Griechenlands im 19. Jhs machte. Syros verlor seinen Spitzenrang zwar während des 20. Jhs., ist aber auch heute noch wohlhabend.

UNTERWEGS VOR ORT

Die Hauptstrände werden in der Saison regelmäßig von Bussen angefahren. Die Inselstraßen sind allerdings stellenweise sehr eng, was zu Rückstau führen kann, wenn irgendein langes Gefährt um die Kurven muss.

Radbegeisterte werden Syros lieben, weil die Straßen außerhalb von Ermoupoli meist wenig befahren sind. Wandern kann man nahezu überall. Gute Karten kann man sich bei Bibliopontikas in Ermoupoli besorgen.

ANDROS

Andros, die zweitgrößte Kykladeninsel, hat eine lange und stolze Seefahrergeschichte, ist aber auch ein Wanderparadies. Die wilden Berge sind von fruchtbaren Tälern mit plätschernden Bächen und alten Steinmühlen durchzogen. Auf der üppig bewachsenen Insel scheint es praktisch in jedem Dorf eine Quelle zu geben; fast das ganze Jahr über stürzen Wasserfälle die Hügelhänge hinunter.

Es lohnt sich, ein Auto zu mieten, um hinaus zu den Wanderwegen zu kommen, von denen viele gepflastert und mit Stufen versehen sind. Die Wege führen durch majestätische Landschaften, vorbei an Wildblumen und archäologischen Überresten, von denen manche bis auf das 10. Jh. v. Chr. zurückgehen.

Der hübsche Hauptort von Andros (auch Chora genannt) ist eine historische Enklave reicher Reeder voller neoklassizistischer Villen. Man kann hier wunderbar herumspazieren und das Seefahrererbe sowie die sensationelle Aussicht genießen.

Ein paar weitgehend entspannte Strände säumen die Küsten. Dies ist keine Insel für notorische Partymacher.

TOP TIPP

Die Hauptstraße folgt der Westküste bis zum Abzweig nach Chora und dreht dann eine riesige Schleife um das ländliche südliche Drittel von Andros. Eine enge, kurvenreiche Straße führt durch die Mitte, von der grünen Wasserscheide um Arni über raue, windige Hügel bis nach Vourkoti und Agios Nikolaou, wo es einen weiten Ausblick gibt.

Chora – imposant & faszinierend

EIN FESSELNDER, ZU FUSS ERKUNDBARER HAUPTORT

Andros' Hauptort hat Klasse und thront dramatisch auf einer felsigen Halbinsel. An den neoklassizistischen Villen vorbei hat man zu beiden Seiten überraschende Durchblicke auf große sandige Buchten. Die Altstadt verdankt ihre hübschen, pastellfarbenen Villen und Plätze dem venezianischen Erbe und den Schiffseignern, die sich später hier niederließen. Choras kulturelle Bedeutung unterstreichen ein eindrucksvolles archäologisches Museum (S. 318) und mehrere wichtige Kirchen.

Die Hauptstraße der Stadt ist eine verkehrsberuhigte Allee, die sich bis zur Spitze der Landzunge erstreckt, auf der sich die Stadt erhebt. Dort finden sich die malerischen Ruinen der Festung, die der venezianische Doge Enrico Dandolo im frühen 13. Jh. auf jener Insel errichten ließ, die mit der Landspitze über eine verwitterte, steile (und gefährliche) Brücke verbunden ist.

Strände für jeden Geschmack

MAL BELIEBT, MAL EINSAM, MAL BETÖREND

An der Hauptstraße zwischen Gavrio und Batsi liegen drei Strände, die erfrischend unerschlossen wirken: **Agios Petros**, der versteckte, aber beliebte **Chrisi Ammos (Golden Beach)** und der lange Sandstrand von **Kipri**.

Der nahe Chora gelegene Strand von **Gialia** ist ein eleganter, entspannter Kieselstrand. Der Strand von **Niborio** bietet eine weite Aussicht auf Chora und den Leuchtturm. Er ist ein schma-

ler Streifen feinen Sands mit einer langen Reihe von Cafés am Ufer.

Viele der besten Stränden, so die im Nordosten gelegenen Strände von **Vori**, **Vitali** und **Ahla** (der von vielen als der schönste der Insel angesehen wird), sind nur mit einem Geländewagen, bei einer Wanderung oder per Boot erreichbar.

Lebenssprühendes Batsi

ATTRAKTIVER STRANDORT MIT NACHTLEBEN

Der wichtigste Ferienort der Insel liegt gleich südlich des Goldenen Strandes an der Westküste der Insel. Der attraktiv gekrümmte Uferstreifen liegt an einer hübschen Bucht mit einem Hafen und einem hellen Sandstrand. In **Batsi** gibt's eine lebenssprühende Ansammlung von Restaurants, Cafés und Bars.

DIE NATUR AUF ANDROS

Die Kykladen sind die Heimat von 1760 Pflanzenarten, von denen 1046 auf Andros vorkommen. Das nordöstliche Drittel der Insel ist wild. Es gibt hier fast nur unbefestigte Pisten und fast keine Erschließung.

Angesichts der großen jährlichen Regenmenge, 19 Feuchtgebieten und üppiger Wälder, durch die elf Bäche fließen, besitzt die Insel reiches tierisches und pflanzliches Leben. Dichte Erlenwälder füllen die Täler, die zu den Buchten von Vori und Lefka führen. Quellen finden sich überall.

In versteckten Buchten siedelt die seltene Mittelmeer-Mönchsrobbe. Sie sind auch das Brutgelände eines Wasservogels, nämlich der seltenen Mittelmeer-Krähenscharbe.

Zwei Gruppen, die sich für den Schutz der einmaligen Schönheit von Andros einsetzen, sind das Projekt Andros Routes (androsroutes.gr) und Life Andros Park (life-androspark.gr).

ESSEN AUF ANDROS

Nostalgia 1950
Der Name sagt alles – nette, alte Taverne unter einem Baum an der Hauptstraße in Chora. €

Swell Cafe Bar
Dieses Café am Strand von Niborio bietet gutes Essen, Trinken und eine tolle Aussicht. €

Oti Kalo
Auf der Terrasse der Taverne über dem Hafen bewundert man den Sonnenuntergang gern. €€

WANDERN AUF ANDROS

Über 150 km an wundervollen, markierten Wanderwegen ziehen sich kreuz und quer über Andros und bieten Wanderungen, die von einer halben Stunde bis zu mehreren Tagen dauern.

Zu den Gebieten nördlich von Chora, die sich zu tollen Wanderungen eignen, zählen die Dörfer **Stenies** und **Apikia**. Eine hübsche kurze Wanderung führt von Apikia nach **Pithara,** einer schattigen, von Bächen durchzogenen Waldwiese. Als Ziel einer längeren Wanderung bietet sich die dramatische **Dipotamata-Schlucht** an, die bei der Fahrt ins Inselinnere hinter Sineti (südöstlich von Chora) ausgeschildert ist. Der Weg ist teilweise mit Kopfsteinen gepflastert und führt vorbei an alten Brücken und Wassermühlen durch eine Landschaft mit üppigem Grün und plätschernden Wasserläufen.

Das wundervolle Projekt Andros Routes (androsroutes.gr) unterhält die Trails (weitere 150 km sind in Arbeit) und veranstaltet geführte Wanderungen; wer auf Andros eine Wanderung gleich welcher Länge unternehmen will, sollte einen Blick auf die Website des Projekts werfen.

LEMONAKIS ANTONIS/SHUTTERSTOCK ©

Chora, Andros

Das antike Andros

SCHÄTZE DES GRIECHISCHEN ALTERTUMS

In der Zeit der klassischen griechischen Antike war Andros eine blühende Insel. Die im **Archäologischen Museum von Andros** in Chora ausgestellten Schätze bestätigen das. Das unumstrittene Highlight des ausgezeichneten kleinen Museums ist die im 1. Jh. entstandene römische Marmorkopie der von Praxiteles geschaffenen Bronzestatue des *Hermes Chthonios*, die den schönen, lebensgroßen Gott nackt mit einem nonchalant über die Schulter geworfenen Umhang zeigt. Die Marmorkopie einer Artemis ebenfalls aus römischer Zeit wirkt in ihrem schimmernden Gewand außerordentlich dynamisch, obwohl der Kopf ganz und die Gliedmaßen fast vollständig fehlen.

An der Westküste wird die Ausgrabung der antiken Stadt **Hypsili,** einer befestigten Stadt, die bis ins 10. Jh. v. Chr. zurückreicht, fortgesetzt. Die auf einem Vorsprung über der Ägäis befindlichen Fundamente der Stadt kann man in diesem modernen archäologischen Park besichtigen. Ein ausgezeichnetes Museum liefert mit seinen Exponaten den Kontext. Zu den hiesigen Funden zählt ein Becher aus dem 8. Jh. v. Chr. mit dem Buchstaben Alpha – eines der frühesten Zeugnisse der griechischen Schrift.

Das nahegelegene **Archäologische Museum von Palaiopolis** fungiert als eine Erweiterung des Museums in Chora. Es zeigt Objekte aus der alten Hauptstadt von Andros, die an dieser Stelle vom 7. Jh. v. Chr. bis ins 6. Jh. n. Chr. existierte.

UNTERWEGS VOR ORT

Die Fähren docken in dem praktischen Hafenort Gavrio an. Dort gibt's es Autovermietungen und Läden, in denen man Wanderkarten und Vorräte kaufen kann. Außerdem finden sich hier ein paar ordentliche Cafés, in denen man auf sein Boot warten kann.

Die Insel erlebt man am besten mit einem eigenen fahrbaren Untersatz. Viele Ziele sind abgelegen und liegen in ländlichen Gebieten; die Entfernungen sind zu groß, um sie auf andere Weise zu erreichen. Fitte Radfans können sich jedoch über den geringen Verkehr und die Landstraßen freuen.

TINOS

Tinos bezaubert mit einer Mischung aus Tradition, Intrigen, Heiligkeit und dem besten Essen der Region. In Griechenland ist sie wegen ihrer orthodoxen Pilgerstätte bekannt, der Kirche Unser Lieben Frau von Tinos (*Panagía Evangelístria*) im Hafen- und Hauptort Chora.

Tinos ist ein Wunderland voller Naturschönheit. Mehr als 50 marmorverzierte Dörfer liegen an versteckten Buchten, auf terrassierten Hügelhängen und auf dem Gipfel nebliger Berge. Über die Landschaft verstreut finden sich zahllose Taubenhäuser, ein Erbe der Venezianer.

Auf Tinos gibt es eine starke künstlerische Tradition, vor allem in der Marmorbildhauerei wie im Dorf Pyrgos im Norden. Und so reizvoll die Insel auch ist, man findet immer noch herrliche Einsamkeit, z. B. an der Straße von Katapolioani nach Aetofolia.

Und dann ist da noch die Küche. Die örtlichen Köche, von denen viele ihre eigenen Familientavernen führen, zaubern außerordentliche kulinarische Genüsse aus den örtlichen Produkten (Käse, Wurst, Tomaten, wilde Artischocken, Honig und mehr).

TOP TIPP

Beim Übernachten auf Tinos gibt's viele Optionen. Chora hat schlichte, aber komfortable Hotels am Ufer wie das Aegli 1876. Ferienwohnungen finden sich an der Küste und den Stränden im Südosten. Anderswo findet man Unterkünfte aller Art an den Stränden, in den Dörfern und an den Hügelhängen. Hinweis: In offenen Gebieten kann es sehr windig werden.

Frommes, munteres Chora

HEILIGE KIRCHE, TOLLE TAVERNEN

Chora (auch Tinos genannt) ist der geschäftige Hafen und der Hauptort der Insel. Für weniger Fromme ist das ansprechendste Merkmal der Stadt das Gewirr enger Gassen hinter dem Ufer mit seinen Cafés und ausgezeichneten Tavernen. Der eigentliche Besuchermagnet der Stadt ist jedoch die Kirche **Unserer Lieben Frau von Tinos (Panagía Evangelístria)**: Die große Kirche, die sich hinter dem Zentrum von Chora erhebt, ist eine der wichtigsten orthodoxen Pilgerstätten in Griechenland.

Zwei Hauptstraßen führen hinauf zur Kirche. Die **Evangelistria** ist von Läden und Ständen gesäumt, die Souvenirs und religiöse Devotionalien verkaufen, während an einer Seite der **Leoforos Megalocharis** Teppiche ausgelegt sind, auf denen sich die Pilger knieend voranbewegen und lange Kerzen vor sich herschieben. An Festtagen füllt sich die Stadt.

Das wichtigste sakrale Objekt der Kirche ist die Ikone **Unser Lieben Frau von Tinos**. Sie wurde 1823 in den Ruinen einer Kapelle unter der heutigen Kirche gefunden, nachdem einer Nonne, der inzwischen heiliggesprochenen Pelagia, die Jungfrau Maria erschienen war, die ihr erklärt hatte, wo das Kultbild zu finden war. Von Anfang an wurden der Ikone Heilkräfte zugesprochen, aber der Zeitpunkt der Entdeckung führte auch dazu, dass die Entdeckung mit der Wiedergeburt der griechischen Nation verknüpft wurde. So kam es zu Pilgerströmen.

Das Bild ist heute fast vollständig von Juwelen bedeckt. In der gesamten Kirche hängen hunderte Silberlampen, an die Votiv-

BESTE RESTAURANTS IN CHORA

Mikro Karavi
Das recht elegante Restaurant verarbeitet örtliche Produkte mit Sorgfalt und Kreativität. €€€

Botilia
Das beliebte Lokal in einer Nebenstraße wird von einer talentierten Familie geführt, die sich gut auf die Zubereitung der klassischen Gerichte versteht. €€

To Koutouki Tis Elenis
Das farbenfrohe, rustikale Lokal in einer kleinen, überdachten Gasse setzt die örtlichen Aromen in Szene. €€

Itan Ena Mikro Karavi
Das elegante Lokal serviert griechisch-mediterrane Kost. €€

Mamadistiko
Toller Imbiss mit prima Angeboten; nachmittags schrumpft die Karte. €

MARMOR AUS TINOS & DAS DORF PYRGOS

Die Marmorbildhauerei begann auf Tinos in der klassischen Ära der griechischen Kunst. Der grün und weiß gestreifte Marmor der Insel wird auch heute noch abgebaut. Viel wird exportiert, aber viel wird auch vor Ort für Gebäude und Verzierungen aller Art verwendet.

Das Zentrum der Marmorindustrie auf Tinos ist das faszinierende, mit vielen Kirchen versehene Dorf **Pyrgos**, eine der schönsten Ortschaften auf den gesamten Kykladen. Enge, weiße Gassen, die mit Marmor akzentuiert sind, schlängeln sich auf einen kleinen, mit Cafés gesäumten Platz zu. Im späten 19. und frühen 20. Jh. war das Dorf Zentrum einer bemerkenswerten Bildhauerschule.

Vom Ort einen kurzen Marsch hügelauf findet sich das **Museum des Marmorhandwerks,** ein hervorragender moderner Komplex, in dem kreativ und anhand historischer Beispiele erklärt wird, wie auf der Insel der Stein abgebaut und mit welchen Techniken zu Skulpturen verwendet wurde.

gaben geknüpft sind: ein Schiff, eine Wiege, ein Herz, eine Lunge, eine Kettensäge.

Die Kirche, die 1830 mit Marmor aus den auf der Insel gelegenen Steinbrüchen von Panormos errichtet wurde, steht in einem schönen Hof. Unterhalb der Kirche befindet sich das **Baptisterium,** das aus drei verbundenen eingewölbten Kapellen besteht, die die Stätte markieren, wo die berühmte Ikone gefunden wurde. Sehenswert ist auch das Denkmal für das während des Zweiten Weltkriegs im Hafen versenkte griechische Kriegsschiff *Elli*. Die Aussicht vom Gelände ist herrlich. Im Komplex gibt's zudem eine Reihe kleinerer Museen, die religiöse Artefakte, Ikonen und weltliche Kunst zeigen.

Wundervolle Dörfer

EINFACH BEZAUBERND

Das ländliche Innere von Tinos präsentiert sich als wunderbarer Mix aus terrassierten Hügelhängen, Bergspitzen mit schroffen Klippen und mehr als 50 gut erhaltenen Dörfern mit faszinierender Architektur. Von dem einen winzigen, weiß getünchten Dorf aus erblickt man, wie das auf den Kykladen üblich ist, in der Ferne viele andere.

Sehenswert sind die aufwändigen Taubenhäuser aus venezianischer Zeit, die immer noch in Gebrauch sind. Auch die von

ESSEN IN DEN DÖRFERN AUF TINOS

Akrogiali Taverna
Das Lokal hinter dem Strand von Agios Romanos serviert in einem grünen Garten Tavernengerichte aus örtlichen Produkten. **€€**

Dimitra
In diesem Lokal im verfallenen Kardiana verteilen sich die Tische über winzige Terrassen. Es gibt tolle traditionelle Kost und leckere Fleischbällchen. **€**

Isternia
Das Lokal im gleichnamigen Dorf bietet eine fabelhafte Aussicht von seiner Terrasse und serviert frische Kost mit ländlichen Zutaten von Tinos. **€€**

fähigen Köchen geführten kleinen Tavernen sind Juwelen, die es in den Dörfern zu entdecken gilt.

Trockenmauern ziehen sich durch das gewellte Land, in dem die Überreste alter Windmühlen an noch ältere Burgen erinnern. Im Sommer, wenn die Heide blüht, präsentieren sich ganze Hügel leuchtend purpurn.

Nördlich von Chora thront das schöne **Ktikados** über einem Tal. Der Ort besitzt eine gute Taverne und eine Skyline, aus der eine Kirche mit blauer Kuppel und einem eleganten Campanile hervorsticht. **Kampos** sitzt auf einem malerischen, von Feldern umgebenen Hügel und beherbergt das Costas-Tsoclis-Museum, das Werke des renommierten zeitgenössischen Künstlers zeigt.

Nicht auslassen sollte man **Tarabados**, ein Labyrinth aus kleinen Straßen, Häusern mit blauen Fensterläden und Marmorskulpturen. Ausgezeichnete Hinweisschilder informieren über die Ortsgeschichte. In den umliegenden windigen Tälern stehen Taubenhäuser und über alles wacht Tinos' prominentes Wahrzeichen, der Felsgipfel des Exobourgo.

Loutra präsentiert sich teils verfallen, teils gepflegt. Der Ort wird von dem mächtigen, etwas gespenstisch wirkenden **Ursulinenkloster** überragt. Das winzige **Aetofolia** klammert sich an einen Hügelhang und blickt auf ein weiteres grünes Tal.

Ein kleiner Abstecher führt ins himmlische **Agapi**, ein hübsches Dorf in einem üppig grünen Tal mit Taubenhäusern. Der Ort wird seinem Namen, der auf Griechisch „Liebe" heißt, durchaus gerecht. Das nahegelegene **Volax** sitzt in der Mitte eines Amphitheaters aus niedrigen Hügeln, die mit Hunderten riesiger, nicht zusammenpassender bunter Felsen übersät sind. Rund um das Dorf, das für seine Läden und Tavernen bekannt ist, gibt es schöne lange und kurze Wanderwege.

Die Hauptstraße verläuft hoch an der Nordwestküste entlang und bietet einen berauschenden Ausblick auf Syros. Das liebenswerte **Kardiani** thront auf einem steilen Klippenhang. Gassen schlängeln sich bergauf und bergab, vorbei an einer Kirche mit herrlichem Ausblick. Das bezaubernde **Isternia** könnte man als „den Balkon Europas" bezeichnen.

Strände ohne Massenandrang

VON ABGELEGEN BIS IDEAL

Tinos besitzt nicht viele Strände, aber diese sind überwiegend gut und nicht überfüllt.

Agios Romanos ist der beste Strand an der Nordwestküste. Er ist über eine kurvenreiche, steil abfallende Straße zu erreichen und bietet hellbraunen Sand, Schatten und Sonnenliegen.

Nördlich von Pyrgos endet die Hauptstraße in **Panormos**, wo man einen malerischen Hafen mit guten Fischtavernen findet.

WANDERN ZUM EXOBOURGO

Tinos ist von Wanderwegen durchzogen. Eine gute Wanderung führt zu den Ruinen der **venezianischen Festung** auf dem Gipfel des mächtigen, 640 m hohen **Exobourgo**. Der Gipfel ist ein Wahrzeichen und von Chora sowie von großen Teilen des südlichen Tinos aus sichtbar. Am besten bewundert man die Befestigungsanlagen aus der Nähe vom Komplex des ruhigen, würdigen **Katholischen Schreins vom Heiligen Herzen Jesu** an ihrem Fuß aus.

Wege führen zum Gipfel, vorbei an winzigen **Kirchen** wie der des Hl. Georg. Während man sich der Spitze nähert, kann man nur über die unausdenklichen Mühen staunen, die erforderlich waren, um die riesigen Steine zur Erbauung der Festung hinaufzuschaffen. Sie widerstand mehreren osmanischen Belagerungen im 16. und 17. Jh., ehe sie im 18. Jh. aufgegeben wurde.

Weitere Informationen zum Wandern auf Tinos finden sich unter tinostrails.gr.

Kournaria
Das Lokal an Aetofolias einziger Gasse ist bekannt für sein *louza* (mariniertes Schweinefleisch) und hat einen gemütlichen Speiseraum für stürmische Tage. €€

O Rokos Myrsini
Das Restaurant in Volax serviert perfekte Tavernengerichte auf einer langen Terrasse mit Bäumen und schöner Aussicht in die Hügel. €€

Tereza
In dem winzigen alten Markt im Labyrinth der Gassen von Myrsini, der ein beliebter Ort für ein Mittagessen ist, werden hervorragende Mahlzeiten serviert. €€

FABELHAFTE KULINARIK

Tinos ist zu Recht berühmt für die Qualität der Nahrungsmittel aus seinen grünen ländlichen Gebieten.

Eine Adresse, wo man eine Auswahl des Besten findet, ist der **Laden der landwirtschaftlichen Kooperative von Tinos** im Herzen von Chora. Es gibt hier Behälter mit Käse, Regale mit Konserven und vieles mehr. Den ganzen Tag über erscheinen Erzeuger aus der Umgebung mit ihren Produkten.

Ebenfalls in Chora gibt's nahe der Fähranlegestelle täglich einen kleinen **Bauernmarkt** mit frischen Produkten aus dem Zentrum der Insel.

In Pyrgos bietet das **Haus des Honigs,** was der Name verspricht – der Thymianhonig ist außergewöhnlich. In Arnados produziert das Weingut **Ballis Tinos** Weine aus dem Trauben der umliegenden Weinberge. Überall auf der Insel bekommt man die renommierten Biere von **Nissos Beer**.

Die kostenlose, jährlich erscheinende Broschüre *Tama* stellt die besten örtlichen Nahrungsmittelerzeuger und ihre Verkaufsstellen vor.

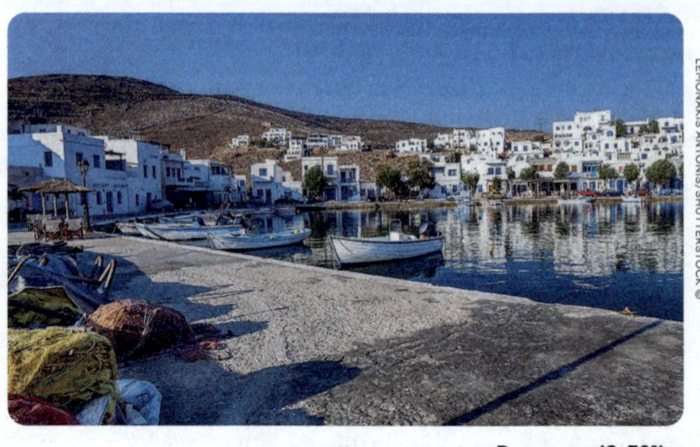

LEMONAKIS ANTONIS/SHUTTERSTOCK ©

Panormos (S. 321)

Die Aussicht auf die winzige Insel vor der Küste, auf der eine Kirche steht, ist schön. Gleich daneben liegt der Sandstrand von **Rochari** mit schattenspendenden Bäumen.

Weiter die Nordküste hinunter besitzt **Kolimbithra** zwei schöne Strände, einen langen mit ausgelassener Stimmung und einen zweiten an einer Bucht mit einigen Cafés. Bei hohem Wellengang findet sich hier eine kleine Surfergemeinde ein.

Der abgelegene Strand von **Livada** an der Nordostküste ist spektakulär. Östlich von Chora liegt der geschützte Strand von **Agios Ioannis** mit pulvrigem Sand und einem Ausblick auf Mykonos. Näher bei der Stadt sind die Strände schmal und grenzen an Ferienwohnungen.

Das antike Tinos

GESCHICHTE UND SCHÖNHEIT AM MEER

Das **Heiligtum des Poseidon & der Amphitrite** nahe bei Chora gewährt einen faszinierenden Einblick in die klassische Ära Griechenlands. Vom 4. Jh. v. Chr. bis zum 3. Jh. n. Chr. war das Gebiet neben dem Strand von Kionia ein größeres religiöses Heiligtum, welches dem Meeresgott Poseidon und seiner Frau Amphitrite geweiht war. Heute vermitteln die ausgegrabenen Fundamente der Tempel, Altäre, Brunnen und Bäder einen guten Eindruck davon, wie diese Siedlung am Meer einst ausgesehen haben muss.

Ein gutes Modell dieses antiken Komplexes findet sich im kleinen **Archäologischen Museum von Tinos**. Unbedingt sehenswert ist dort die große Amphore aus dem 7. Jh. v. Chr., die die vielleicht früheste Darstellung der Geburt der Athena aus dem Haupt des Zeus zeigt.

UNTERWEGS VOR ORT

Karten sind auf Tinos unerlässlich, weil einen Apps oft auf unpassierbare Pisten schicken. Der Buchladen Claudianos Christos in Chora hilft weiter.

Busse ab Chora fahren zu den größeren Dörfern und zu den Strandorten an der Nordküste. Radfbegeisterte freuen sich über die Herausforderung der kurvenreichen, hügeligen Straßen, von denen sich eine schöne Aussicht bietet. Normale Mietwagen reichen aus, aber es gibt natürlich auch Orte, die nur per Wanderung zu erreichen sind.

MYKONOS

Mykonos ist anders – und das nicht nur, weil die Kirchen hier rote und nicht, wie sonst auf den Kykladen üblich, blaue Dächer haben. Von Mai bis Oktober legt die Insel den Umhang traditioneller Respektabilität ab und wird zu einem der Top-Partyziele des Planeten sowie zur Spielwiese von Leuten, die mit Entourage reisen.

Und dabei handelt es sich nicht nur um die Superreichen: Ein großer Teil der Energie der Insel kommt von ihrer ungeheuren Popularität bei Schwulen, die hier mit Hingabe feiern, neue Leute in ihren Freundeskreis aufnehmen und das Leben mit alten Bekannten genießen, die sie hier jedes Jahr treffen.

In der Nebensaison (Nov. bis zum orthodoxen Osterfest) ist Mykonos ein ganz anderer Ort: Der Hedonismus hält Winterschlaf, 95 % der auf Touristen ausgerichteten Geschäfte haben geschlossen, und Mykonos wird wieder eine kleine, konservative Kykladeninsel.

Zwischenzeitlich richtet sich der örtliche Zeitplan schlicht nach der Realität: Frühstück bis 16, Mittagessen um 18.30 Uhr, Abendessen um 23 Uhr und Party bis zur Morgendämmerung.

TOP TIPP

Chora ist das Zentrum des Lebens in der Spitzensaison, vor allem zwischen Sonnenunter- und Sonnenaufgang. Tagsüber verführen die sagenumwobenen Strände wie mit Sirenengesang. Im Westen und Süden liegen die Strände, wo der Bär steppt. Die felsigen Buchten sind besetzt mit Clubs, angesehenen Restaurants und vielem mehr. Der Norden und der äußerste Westen liegen abseits der ausgetretenen Pfade.

ALENA VEASEY/SHUTTERSTOCK ©

Chora, Mykonos

Das Zentrum des Geschehens in Chora

VERWIRRENDER, ZEITLOSER EXZESS

Chora (oder Mykonos-Stadt) ist ein Labyrinth aus engen Gassen und weiß getünchten Gebäuden. Im Herzen des mittelalterlichen Irrgartens – der absichtlich unübersichtlich gestaltet wurde, um Piraten zu verwirren – drängeln sich winzige blumengeschmückte Kirchen und Luxusboutiquen; hinter jeder Ecke wächst eine Kaskade von Bougainvilleen.

Das Szenario eines nahezu gecastet wirkenden typisch griechischen Inseldorfs hat seinen Preis: jede Menge Menschen. In der Hauptsaison spuckt ein Kreuzfahrtschiff nach dem anderen langsam trottende Phalanxen von Reisenden aus, die ihrer Flagge hinterherlaufen und sich der Laufsteg-Besetzung der Möchtegern-Influencer, Promi-Süchtigen, Partyboys und benommen oder verkatert wirkenden Menschen zugesellen, die sich an den schicken Läden, Cafés und Bars vorbeiquetschen.

Seit die immer größeren Schiffe in den praktischeren Neuen Hafen nördlich von Chora umgezogen sind, tummeln sich im Alten Hafen nun eher kleinere Ausflugsboote und die Fähren nach Delos – sowie ein paar Jachten (die wirklich großen werfen allerdings vor den Stränden Anker, an denen sich die gerade angesagtesten Clubs befinden).

NACHTLEBEN AUF MYKONOS

Von Mai bis Oktober kommen die Menschen nach Mykonos, um Party zu machen. Die Szene erreicht ihr Crescendo im Juli und August, wenn man den Eindruck haben kann, einem weltweiten Treffen der Dekadenz beizuwohnen. Einige Strandclubs, vor allem am Paradise Beach, haben bis spät in die Nacht Betrieb. Das eigentliche Nachtleben konzentriert sich aber in Chora.

Die nächtliche Action startet bei Sonnenuntergang, wenn sich die Bars in Little Venice füllen. Nachdem das Schauspiel vorbei ist, ziehen die Leute weiter in die – meist recht stilvollen – Bars in den weiß getünchten Straßen. Oft verbirgt sich hinter einem bescheidenen Eingang ein opulentes Interieur.

Nach 23 Uhr geht's in die teils riesigen Clubs, die abseits der Gassen liegen. Mykonos ist eine wichtige Station auf der Route der DJs der ultimativen A-Liste. Mit der Morgendämmerung beruhigt sich dann alles ein wenig.

AUSGEHEN AUF MYKONOS

180°
Der Name beschreibt die Aussicht von dieser großen Barterrasse auf einem Hügel hinter Chora.

Astra
Choras bester Danceclub wirkt von außen klein, ist innen aber sehr groß.

Skandinavian Bar
Der legendäre Club füllt einen ganzen Block in Chora und hat immr Top-DJs.

Die weiß getünchte Kirche **Panagia Paraportiani**, ein Wahrzeichen von Mykonos, wirkt, als sei sie organisch aus dem Fels gewachsen; sie ist leider fast immer geschlossen. Sie wurde zwischen dem 15. und 17. Jh. errichtet und ist eine von mehr als 70 Kirchen und Votivkapellen in Chora, die vielen verborgen bleiben, obwohl sie gut sichtbar sind. Die Kirche schließt an die verbliebenen Grundmauern einer Burg aus dem 13. Jh. an.

Little Venice & Windmühlen

SONNENUNTERGANGS-SELFIES UND COCKTAILS

Auf der Westseite von Chora schlängelt sich eine schmale Gasse vorbei an den dichtgedrängten Bars und Läden von Little Venice, einer malerischen Reihe von Häusern mit Balkonen und Bereichen, die bis an das Wasser reichen. Der einzige Ort in Chora, wo das Gedränge bei Sonnenuntergang noch größer ist, ist die nahegelegene Anhöhe mit der berühmten Reihe der 6½ Windmühlen der Insel (eine ist nur teilweise restauriert), die die Massen in der Abenddämmerung anlockt.

Museen in Chora

PIRATEN, TORSOS UND EPHEMERES

Für eine Pause zum Nachdenken zwischen zwei Cocktails bieten sich die folgenden Museen an.

Schiff ahoi! Inmitten von mit Seepocken verkrusteten Amphoren, alten nautischen Karten und Navigationsinstrumenten zeigt das **Ägäische Schifffahrtsmuseum** zahlreiche detailreiche Modelle berühmter Segelschiffe und Schaufelraddampfer.

Eine kopf- und fast gliederlose, aus parischem Marmor gefertigte Statue des Herakles aus dem 2. Jh. v. Chr. ist das Highlight der gut präsentierten Sammlung des **Archäologischen Museums von Mykonos**. Davon abgesehen sieht man viele Töpferwaren und Begräbnisstelen: Vieles stammt aus Delos und von der Nachbarinsel Rinia.

Lenas Haus, ein bescheidenes, traditionelles Wohnhaus des 19. Jhs. (mit noch vorhandenem Mobiliar), verdankt seinen Namen der letzten Bewohnerin, Lena Skrivanou, die 1968 starb. Es wäre interessant zu erfahren, was sie über das heutige Chora denken würde.

Galerien in Chora

KÜHN, WECHSELHAFT, FASZINIEREND

Inmitten von Läden, die Billigkopien von Warhols Marilyn verkaufen, besitzt Chora auch Galerien, die sich wirklich originaler Kunst verschreiben. Die vornehme **Rarity Gallery** zeigt kühne zeitgenössische Gemälde, Skulpturen und Fotos. In der

LGBTIQ+ AUF MYKONOS

Mykonos ist in der Touristensaison eines der weltweit beliebtesten Strandurlaubsziele bei schwulen Männern. Die Insel ist überaus tolerant, und fast jedes Verhalten in der Öffentlichkeit ist akzeptiert. Einige Hotels vermieten ausschließlich an schwule Männer.

Die Tage werden oft in schicken Strandclubs verbracht, wo Cruising angesagt ist. Nach einem Nickerchen und einem Outfitwechsel ist es Zeit für einen Drink zum Sonnenuntergang in einer der vielen Bars von Little Venice. Abends macht man dann die Runde durch die Bars in Chora, gefolgt von den Clubs und dem Ground Zero des sorglosen Feierns in den frühen Morgenstunden, dem legendären **JackieO'** direkt am Ufer.

Ende August steigt das riesige, legendäre schwule Club-Festival **XLSIOR** (xlsiorfestival.com), das rund 30000 Partylustige anlockt.

ESSEN AUF MYKONOS

To Maereio
Man sitzt auf der Treppe und wartet auf einen Tisch in dieser perfekt umgesetzten klassischen Taverne in Chora. €€

M-Eating
Keine Reservierung? Einfach nach 23 Uhr wiederkommen (wenn wenig los ist). Wechselnde mediterranen Gerichte. €€

Georgia's Garden
Die Oase in einem Garten im Zentrum von Chora ist eine erstklassige Option für einen ruhigen Brunch. €€

Nähe präsentiert die **Municipal Art Gallery** gut kuratierte Wechselausstellungen in der restaurierten Kalogera-Halle. Kunsthändler findet man in der Mavrogenous-Straße.

Partystrände

HEDONISMUS, LEUTE BEOBACHTEN, SPASS HABEN

Die Strände an der Südküste von Mykonos gehören zu den ausgelassensten im Mittelmeerraum. Aufgestylte Clubs, Bars, wo den ganzen Tag gefeiert wird, zusammengedrängte Liegestühle und eine Stimmung von rotzfrech bis freizügig sorgen für eine unvergleichliche Szene.

Psarou ist jene Art von Strand, für die man sich aufbrezeln muss. Es gibt einen Luxusclub und eine Luxus-Einkaufsmeile; die Möglichkeiten zum Beobachten der Leute sind unübertroffen.

Platys Gialos ist einer der beliebtesten Strände auf Mykonos, man muss schon fast über Leute hinwegsteigen, um ans Wasser zu gelangen. Der Strand ist ideal, um Bekanntschaften zu schließen. Tipp: Man sollte den kostenpflichtigen Parkplatz in Anspruch nehmen, denn die engen Gassen sind verstopft von aufgeregten Menschen, die verzweifelt versuchen, einen freien Parkplatz zu finden.

Der Strand von **Paraga** liegt an einer halbmondförmigen Bucht und ist für seine Partys bekannt. Es gibt drei Strandclubs, in denen die Atmosphäre zwischen gechillt und manisch rangiert. Die Leute drängeln, um die Chance zu bekommen, einen Martini für 20 € zu bestellen.

Der **Paradise Beach** ist vollständig von brummenden Strandbars wie dem Tropicana und engen Reihen von Sonnenliegen und Sonnenschirmen belegt. Die Party flacht nur in den Morgenstunden etwas ab.

Super Paradise ist schrill, trashig und ideal zum Leutebeobachten. Das Geschehen verteilt sich auf den glitzernden und teuren **JackieO' Beach Club** und die Strandbar **Super Paradise**.

Hinter dem Strand **Elia** liegt ein großes Resort, und Reihen von Sonnenliegen drängen sich auf dem Sand. Dieser Strand ist besonders beliebt bei Schwulen. Weiter westlich schließen sich der FKK-Bereich und eine intime Bucht an.

Sanfte Strände

SCHÖNE SANDIGE REFUGIEN

Nicht alle Strände sind von energiegeladenen Clubs und pausenloser Party geprägt. Es gibt viele Optionen, wo man entspannen und die raue, natürliche Schönheit der Insel genießen kann.

Agios Sostis prunkt mit einem prächtigen, weiten Streifen aus goldenem Sand und empfängt viel weniger Besucher:innen

DINIEREN AUF MYKONOS

Auf Mykonos sind Chefköche mit großem Namen fast genauso häufig wie ihre Promi-Kunden.

Chora besitzt eine Mischung aus Spitzenklasserestaurants, traditionellen Tavernen, Souvlaki-Läden, die die Partygänger abfüttern, und vielen guten Eisdielen. Man kann abends durch überfüllte Gassen schlendern, darf aber nicht erwarten, spontan einen Tisch zu ergattern, da alles ausgebucht sein wird.

Abgesehen vom äußersten Osten der Insel findet sich an fast allen beliebten Stränden mindestens eine gute Taverne. Aber wenn man in die Glitzerwelt des Südens eintaucht, hat man die Qual der Wahl zwischen Spitzenoptionen: Das ist die Domäne berühmter Chefköche und jener, die ihnen nachstreben.

Wer etwas trinken will, was von der Insel kommt, schaut nach dem Bio-Wein der örtlichen Winzerei **Vioma** oder den hervorragenden Kleinbrauereibieren von **Mikònu**.

ESSEN AUF MYKONOS

Funky Kitchen
Das Lokal abseits eines Platzes in Chora, den durchschnittliche Tavernen säumen, serviert gute Gerichte mit französisch-mediterranem Akzent. **€€€**

Gioras Pastry Cafe
Ist das „seit 1420“ Übertreibung? Vermutlich, aber die Backwaren und Snacks sind hervorragend. **€**

Fokos
Das Lokal gleich hinter dem namensgleichen Strand überzeugt mit Grillspeisen vom Grill und perfekt zubereiteter Tavernenkost. **€€**

FOKKE BAARSSEN/SHUTTERSTOCK ©

Strand von Ornos

als die Strände der Südküste. Es gibt hier keinen Schatten, aber die zu Recht beliebte **Kiki's Tavern** mit einer kleinen geschützten Bucht direkt unter ihr. Ein Stück weiter nördlich finden sich zwei weitere empfehlenswerte, aneinander angrenzende Strände: **Kirkines** und **Majnona**. Beide gehören zu einer Reihe kleiner Buchten und bieten einen wundervollen Ausblick auf die felsige Küstenlinie; Einrichtungen gibt es keine.

Ein Teil des prächtigen Sandstrands von **Panormos** ist von einem protzigen Resort- und Strandbarkomplex belegt, es bleibt aber noch viel freier goldener Sand, um sich auszubreiten. Es gibt hier auch eine gute, schlichte Taverne.

Die Halbinsel westlich von Ornos bietet drei entspannte Optionen. Die familienfreundlichste, der **Ornos Beach,** hat eine Kette von Tavernen und sanfte Wellen. Der Strand liegt 30 Gehminuten südlich von Chora und ist im Sommer überfüllt.

Ruhiger und gleichzeitig näher bei Chora ist der schmale Sandstrand von **Agios Ioannis**. In schattigen Tavernen wird hier bis zum Abend Mittagessen serviert, und einige der relaxteren Hotels der Insel säumen die Buchten. Am westlichen Ende führt ein kurzer Trampelpfad zu einer abgeschlossenen Bucht und dem beschaulichen Strand von **Kapari**.

Die Strände im Osten sind wegen ihrer Ferne zu Chora noch unbeleckt von Angeberei und Massenandrang. In der Nähe

SCHLAFEN AUF MYKONOS

Chora hat wohl die größte Vielfalt an Unterkünften, aber Hotels, Ferienwohnungen und Luxusresorts verteilen sich über alle beliebten Orte.

Nahezu jede gewünschte Unterkunft ist hier zu finden, aber man muss sich im Klaren darüber sein, dass dies allerhand kostet. Für ein Zimmer, für das auf einer Nachbarinsel 100 € pro Nacht verlangt werden würde, darf man auf Mykonos leicht 250 € veranschlagen. Und jene Villa mit privatem Pool, die online von einem Influencer begeistert gepriesen wird, kostet, wie man nach ein paar Clicks feststellt, womöglich nicht weniger als 2000 € pro Nacht.

Sobald man die Preise verdaut hat, kann man sich an die Auswahl des richtigen Orts machen. Die Hotels in Chora sind bequem, wenn man feiern will, können aber unter dem damit verbundenen Lärm leiden. Die Unterkünfte an den Stränden können idyllisch sein, sind aber teuer. Viele greifen auf Ferienwohnungen zurück, die aber Transportprobleme mit sich bringen. So hat eben alles Vor- und Nachteile.

UNTERKUNFT AUF MYKONOS

Cali Mykonos
Das neue Luxusresort mit Blick auf die nicht überfüllten östlichen Strände hat private Pools und einen umfassenden Service. **€€€**

Kouneni Apartments
Ein kompaktes Hotel auf einem grünen Gelände in der Mitte von Chora: vernünftig und einladend. **€€**

MyCocoon
Das stylishe Hostel in Chora hat eine Dachterrasse und entsprechend erhöhte Preise – aber das ist nun einmal Mykonos! **€**

AKTIVSPASS

Gleichgültig, was man tun will, irgendjemand auf Mykonos macht es möglich. Hier einige der beliebtesten Unternehmungen:

An Tagen, wenn der Wind es verbietet, das Boot nach Delos zu nehmen, kann man auf den Wellen windsurfen. Wakeboards, Stehpaddelausrüstung, Kajaks und noch viel mehr kann man in den Wassersportzentren mieten.

Wracks, Steilwände und Höhlen unter dem berühmten blauen Wasser von Mykonos kann man mit mehreren guten Tauchorganisationen erkunden. Geführte Touren, das Mieten der Ausrüstung und Unterricht fürs PADI-Zertifikat lassen sich problemlos vereinbaren.

Die Straßen auf Mykonos sind nicht lang, bieten aber Radfahrer:innen viel. Man kann auf den engen Pisten des Hinterlands zu jedem der mehr als zwei Dutzend Strände strampeln. Radtouren lassen sich leicht vereinbaren.

Wer die filigrane Küste von Mykonos richtig würdigen will, kann auch ein Segelboot (mit oder ohne Besatzung) mieten.

FMILANO_PHOTOGRAPHY/SHUTTERSTOCK ©

Strand von Elia

einer zum Windsurfen beliebten Wasserfläche liegt der Strand von **Kalafatis,** eine Mischung aus Sand und Kieselsteinen, die keine Massen anlockt. Zu den weiteren Wassersportmöglichkeiten hier zählen Schnorcheln und Schwimmen.

Die nordöstlichen Strände erringen in Sachen Ruhe und Schönheit den Hauptpreis. Am Strand von Fokos herrscht nie viel Betrieb, doch gibt es hier die zu Recht beliebte namensgleiche Taverne, die alleine schon die Anfahrt wert ist. Sie lockt den ganzen Sommer über eine lässige Meute an. Nur einen kurzen Marsch rund um die Landzunge folgt weiter östlich der Strand von **Mersini,** der mit Abstand ruhigste Strand auf Mykonos. Die Einrichtungen sind dürftig, aber der Sand und das Meer sind erster Klasse.

Zu guter Letzt ist der Strand von **Agrari** ein ruhiger Hafen in dem Sturm der Ausgelassenheit. Er liegt 15 Gehminuten westlich des Strands von **Elia** und hat Sand, der weißer ist als bei den meisten anderen sowie eine lockere Atmosphäre. Die Leute entspannen sich auf den Strandliegen, zwischen denen noch etwas Platz bleibt, und schlürfen Drinks, die von den beiden Strandtavernen kommen.

UNTERWEGS VOR ORT

Auf Mykonos kann man zwar ganz besondere Autos mieten, aber den Lamborghini wird man kaum aus dem zweiten Gang herausbekommen. Fast alle Strände lassen sich mit einem bescheidenen normalen Auto erreichen. Abgesehen von der Hauptstraße entlang des Rückgrats der Insel, sind die Zufahrtsstraßen zu den Stränden – auch den berühmtesten – oft extrem eng. Eine ruhige Fahrt darf man allenfalls auf einer der Gigajachten vor der Küste erwarten.

Den ganzen Sommer über fahren regelmäßig Busse zwischen Chora, dem Neuen Hafen (2 km nördlich von Chora, dort legen die Fähren an), dem Flughafen und den Stränden an der Südküste. So muss man sich nicht selbst mit dem Verkehr herumschlagen. Es gibt zudem jede Menge Taxis.

Am besten kommt man mit Booten herum, und Shuttles mit vernünftigen Preisen fahren zwischen dem Neuen und dem Alten Hafen sowie zu den größeren südlichen Stränden.

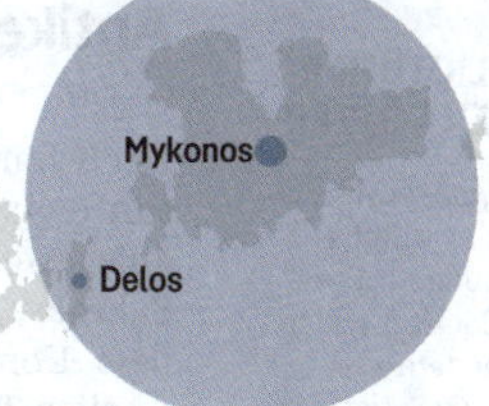

Rund um Mykonos

Die unbedingt sehenswerte, bedeutende antike Insel Delos liegt im Zentrum der Kykladen, aber auch der griechischen Mythologie.

Die Kykladen entsprechen ihrem Namen (*kyklos* bedeutet Kreis), weil die Inseln einen Kreis um die heilige Insel Delos bilden. Das prächtige antike Delos, der mythische Geburtsort der Zwillinge Apollon und Artemis, war ein Heiligtum, das zu einem sakralen Schatzhaus und einem Wirtschaftszentrum wurde. Die UNESCO-Welterbestätte ist eine der wichtigsten archäologischen Stätten Griechenlands. Man muss seine Fantasie anstrengen, um die ausgebreiteten Ruinen in die einstige prächtige Stadt zu verwandeln – dann ist es nicht schwer, sich das antike Delos in all seiner ursprünglichen Pracht vorzustellen.

Die nur 5 km lange und 1300 m breite Insel bietet einen beruhigenden Kontrast zu Mykonos, ihrem Hauptzugangspunkt. Übernachtungen sind nicht erlaubt, Besuche richten sich also nach den Bootsfahrplänen. Man kann hier problemlos zein, zwei Stunden oder aber einen ganzen Tag zubringen.

TOP TIPP

Am besten begibt man sich zuerst zur Informationstafel nahe der Vorderseite des Museums, von wo man einen guten Überblick über einen großen Teil der Stätte hat.

Delos

DIE HEILIGTÜMER FREMDER GÖTTER

Viele Einwohner von Delos waren wohlhabende Kaufleute, Reeder und Bankiers aus so fernen Ländern wie Ägypten und Syrien. Sie errichteten Tempel für die Götter ihrer Heimat in dem **Heiligtümer der fremden Götter** genannten Areal an den Hängen des Kynthos. Nahe dem Stadion wurden die Überreste einer Synagoge aus dem 1. Jh. v. Chr. ausgegraben.

Die Kabiren, kaum verstandene, rätselhafte Gottheiten aus Samothraki, die von einem geheimnisvollen Kult in der nördlichen Ägäis verehrt wurden, fanden Würdigung mit dem **Samothrakeion**.

Das gegen 150 v. Chr. erbaute **Heiligtum der syrischen Götter** war den syrischen Gottheiten Atargatis und Hadad geweiht, die auch in der griechischen Welt bekannt waren.

Zu den Gottheiten, die im **Heiligtum der ägyptischen Götter** verehrt wurden, zählten der Sonnengott Serapis sowie Isis, die Göttin der Liebe, der Heilkunst, des Mondes und der Magie.

Antikes Delos

EINE UNBEDINGT SEHENSWERTE KULTURSTÄTTE

Der Schlüssel zu jeder Erkundung ist das **Heiligtum des Apollon**, das spirituelle Zentrum des Komplexes links von der Fähranlegestelle. Zwei große *stoen* (Säulengänge) säumten einst den Sakralweg zu den **Propyläen**, dem monumentalen Eingang zu dem Komplex prächtiger Tempel und Schatzhäuser. Drei Apollon-Tempel standen nebeneinander, gegenüber einer kolossalen, 9 m hohen Statue des Gottes. Ebenfalls innerhalb der Anlage befindet sich das Artemision mit dem Artemistempel. Auf der anderen Seite erblickt man die bei den Massen beliebte **Löwenterrasse**. Die stolzen Marmorbestien wurden Delos im 7. Jh. v. Chr. von der Einwohnerschaft von Naxos geschenkt; sie sollten den (1925 als Schutzmaßnahme gegen die Ausbreitung der Malaria durch Moskitos trockengelegten) Heiligen See bewachen, in dem Leto ihre Zwillinge gebar.

Rechts von der Fährstelle befindet sich das **Theaterviertel**, wo Delos' reichte Einwohner in Häusern rund um Peristylhöfe wohnten. Jenseits davon führt ein Pfad hinauf zum **Kynthos** (113 m); der steile Aufstieg lohnt sich wegen der herrlichen Aussicht auf die umgebenden Inseln.

Viele bedeutende Funde aus Delos befinden sich heute im Archäologische Nationalmuseum in Athen (S. 87), das entsprechende **Museum** der Insel besitzt aber auch eine interessante Sammlung, darunter die Originale viele der Fresken, Mosaiken und Statuen, die von ihrem Standort entfernt und dort durch Repliken ersetzt wurden. Zur Zeit unserer Recherchen wurde das Museum gerade renoviert, ohne dass ein Termin für die Fertigstellung genannt wurde. Wenn es wieder geöffnet ist, sollte man sich unbedingt die originalen Löwenstatuen und das Löwenmosaik anschauen.

In der Geschichte von Delos schwelgen

GÖTTER, SKLAVEN UND PIRATEN

Während man durch das antike Delos streift und seine Ruinen erkundet, kann man über die dramatische Geschichte der Insel nachdenken. Die Insel wurde schon früh als die mythische Geburtsstätte der Zwillinge Apollon und Artemis gefeiert, die Leto hier gebar, nachdem sie Zuflucht auf der Insel gefunden hatte. Bewohnt war Delos wahrscheinlich seit dem 3. Jt. v. Chr. Ab dem 8. Jh. v. Chr. wurde es zu einem Heiligtum des Apollon; die ältesten Tempel der Insel stammen aus jener Zeit. Die dominierenden Athener erlangten bis zum 5. Jh. v. Chr. die volle Kontrolle über Delos und damit die Ägäis.

PICKNICKEN AUF DELOS

Heiligtum des Zeus & der Athena
Das Gelände hoch oben auf dem Kynthos bietet eine weite Aussicht auf die benachbarten Inseln und ein wenig Schatten.

Hypostyl-Halle
Unten am Wasser genießt man die Meeresbrise und kann sich den antiken Schiffsverkehr vorstellen.

Heiliger See
Dieser ist zwar trockengelegt und aufgefüllt, aber von schattigen Sträuchern umgeben.

Löwenterrasse, antikes Delos

Delos erreichte den Höhepunkt seiner Macht in der hellenistischen Zeit, als es zu einem der drei wichtigsten religiösen Zentren Griechenlands und zu einem florierenden Handelszentrum wurde.

Die Römer machten Delos im Jahr 167 v. Chr. zu einem Freihafen. Das brachte noch größeren Wohlstand, vor allem wegen des lukrativen Sklavenmarkts, auf dem bis zu 10 000 Personen täglich den Besitzer wechselten.

Heute sieht man in der historischen Stätte immer noch Hinweise auf die verheerenden Piratenangriffe, die in der Plünderung der Insel im Jahr 69 v. Chr. gipfelten. Tempel wurden niedergerissen, um Material zum Bau von Mauern zu gewinnen, aber die Stadt erholte sich nie. In den folgenden Jahrhunderten wurde die antike Stätte viele Male geplündert. Erst seit der Renaissance wurde ihr Wert für die Altertumskunde erkannt.

TIPPS ZUR DELOS-TOUR

Die Boote laden die Besucher am Heiligen Hafen aus, wo der Kauf der Eintrittskarten zu einem wüsten Gedränge wird. Wer zu mehreren kommt, sollte nur einen in den Trubel schicken.

Tourgruppen, die über die Stätte laufen, folgen in der Regel dem gleichen Weg, aber **das muss nicht sein**. Bei einem Besuch von Delos gibt's keinen vorgeschriebenen „richtigen" Weg.

Es gibt nur **wenig Schutz,** daher sind ein Hut, Sonnencreme und Laufschuhe geboten, ebenso die Mitnahme von viel Wasser. Die wenigen Verkaufsautomaten sind in der Regel überlastet.

Es lohnt sich, die über das Gelände verteilten Informationstafeln zur Kenntnis zu nehmen: Sie liefern wichtige Details und Kontext. Trotzdem sollte man einen **Reiseführer** mitnehmen. Der Buchladen am Eingang ist unverständlicherweise oft geschlossen.

Lizenzierte Guides können helfen, das Gesehene in den Kontext zu stellen. Man kann sie beim Kauf der Fährtickets buchen.

UNTERWEGS VOR ORT

Die Boote nach Delos legen im Alten Hafen auf Mykonos ab. Im Sommer fahren täglich mehrere; ansonsten gibt's vielleicht nur ein Boot, sodass sich der Besuch auf drei Stunden beschränkt.

In der Hauptsaison sollte man sein Ticket am Abend zuvor am Ticketschalter oder online (delos tours.gr) kaufen. Das Boot um 10 Uhr ist am beliebtesten, man sollte aber bis 9.30 Uhr an Bord sein, um noch einen Sitzplatz zu bekommen. Die Rückfahrtzeiten der Boote ändern sich: man sollte sich die Abfahrtzeit bei der Ankunft auf Delos von der Besatzung bestätigen lassen.

Auf Delos gibt's keine Fahrzeuge. Man muss unbedingt viel Wasser und Sonnencreme mitbringen, da man mehrere Stunden ungeschützt in der Sonne verbringen wird.

PAROS

Die große, fruchtbare Insel Paros duftet nach Kräutern, das Geläut der Ziegenglocken erklingt, und die Insel erstrahlt von der Morgen- bis zur Abenddämmerung in wechselndem Licht. Dank einer schnellen Ringstraße um den Berg in der Mitte, die Strände und Dörfer verbindet, ist Paros bei Familien beliebt. Und dank des *meltemi* und des Kanals nach Andiparos ist die Insel auch ein weltberühmtes Ziel für Wind- und Kitesurfer.

Paros wurde nacheinander von den Kretern, Minoern, Ioniern, Arkadiern, Makedoniern, Römern, Byzantinern und anderen beherrscht, die alle ihre Spuren auf der Insel hinterließen. Paros ist schon lange ein Star in Griechenland. Der reine weiße Marmor aus dem Berg der Insel, dem heutigen Profitis Ilias, der in klassischer Zeit Marpessa hieß, machte die Insel seit der frühkykladischen Periode reich.

Heute gibt's auf Paros viel zu tun: Da sind der muntere Hauptort Parikia mit seinen antiken Überresten und interessanten Cafés und Läden, das charmante Hafenstädtchen Naoussa und niedliche ländliche Dörfer mit guten Wandermöglichkeiten.

TOP TIPP

Realistisch gesehen braucht man auf Paros einen eigenen fahrbaren Untersatz. Die Insel ist groß und es gibt so viel zu tun, dass das Busnetz überlastet ist. Außer Stränden und Dörfern bietet Paros ganzjährig ein reiches kulturelles Leben. Was gerade ansteht, erfährt man unter visitparosweb.com oder friendsofparos.com.

AUSSERHALB ESSEN

Bei Vorstößen über Parikia und Naoussa hinaus kann man in winzigen Dörfern gute traditionelle Küche erkunden, bei der die meisten Zutaten von Familienhöfen stammen. Wer etwas Anleitung sucht, kann die Paros Herbs & Wine Tour von **Paros Hikes** buchen. Das Unternehmen veranstaltet auch Ökotouren zu weniger bekannten Seiten von Paros und Andiparos, von Wanderungen über Land bis hin zu einer Tour, die dem parischen Marmor gewidmet ist.

Zu empfehlen sind das an einem Hügel gelegene **Santa Pacou, O Xilofournos** mit seinen Holzofenbroten und Desserts sowie die **Halaris Ouzerie** am Hafen von Piso Livadi wegen ihrer Meeresfrüchte.

Hauptort, Ruinen & Kirchen

WANDERUNG DURCH DIE ZEIT

Angesichts ihrer geringen Größe hat **Parikia**, die Hafenstad in der die Fähren anlegen, ziemlich viel zu bieten. Die labyrin thische Altstadt ist unberührt und faszinierend, die Kopfstein gassen säumen Boutiquen, Cafés, Restaurants und funkelnde blumengeschmückte Kapellen.

Während man umherschlendert, kann man auch die massive Außenmauern des **Kastro** bewundern, einer Festung, die Mar co Sanudo, der venezianische Herzog von Naxos, im Jahr 126 mit Steinen aus dem archaischen Athenatempel und einem io nischen Tempel des 5. Jhs. v. Chr, die einst hier standen, erbau en ließe.

Die **Panagia Ekatontapyliani** in Parikia geht bis auf da Jahr 326 zurück und ist eine der schönsten Kirchen der Kykla den. Sie besteht tatsächlich aus drei Kirchen: Die größte ist di Agios Nikolaos, die sich durch herrliche Säulen aus parischer Marmor und einer geschnitzten Ikonostase im Osten der An lage auszeichnet; die beiden anderen sind die ausgeschmückt Marienkirche und das antike Baptisterium. Der Name der Kir che bedeutet „Madonna mit den hundert Pforten". Im zugehö rigen **Byzantinischen Museum** findet sich eine Sammlun von Ikonen und Artefakten.

Noch weiter zurück in die Zeit führt das schöne **Archäologische Museum**, vor dem vier fein behauene Steinsarkophag stehen. Zu den bedeutenden Werken zählen eine Nike aus der 5. Jh. v. Chr. und eine Gorgo aus dem 6. Jh. v. Chr. sowie di älteste bekannteste griechische Sitzfigur (8. Jh. v. Chr.). Die be

deutende Tafel der **Parischen Chronik** aus dem Jahr 264 v. Chr. listet die bedeutendsten Persönlichkeiten und künstlerischen Ereignisse des antiken Griechenlands auf.

Bezauberndes Hafendorf

SHOPPEN, MEERESFRÜCHTE UND SPASS

Das unglaublich malerische Dorf **Naoussa** hat sich schrittweise von einem ruhigen Fischerdorf zu einem immer angesagteren Highlight entwickelt. Das Dorf liegt am Gestade der großen Bucht von Plastira; Boote schaukeln in seinem Hafen, bewacht von den zerfallenen Überresten eines venezianischen Kastros aus dem 15. Jh.

TAUCHEN AUF PAROS & ANDIPAROS

Im blaugrünen Wasser rund um Paros und Andiparos finden sich Höhlen, Wracks und Riffe, die sich gut als Tauchziele eignen. Es gibt auch mehrere flache und schöne blaue Lagunen, die ideal sind, um das Tauchen zu lernen.

Wie in großen Teilen der Ägäis ist es vom Glück abhängig, ob man viele Meeresbewohner zu Gesicht bekommt, doch kann man unter anderem auf Barrakudas, Aale, Kraken, Makrelen und Skorpionfische treffen.

Blue Island Divers, am Nordufer von Andiparos-Stadt, ist ein angesehenes Unternehmen, und die kundigen, engagierten Tauchlehrer:innen machen einen mit den Tauchstellen von Andiparos bekannt. Es gibt auch nächtliche Tauchgänge und PADI-Kurse aller Art. Auf Paros wendet man sich an den ebenfalls ausgezeichneten Veranstalter **Eurodivers**.

ESSEN IN PARIKIA

Symposium
Das Restaurant mit einer prächtigen Lage unter einer mächtigen Bougainvillea serviert köstliche leichte Gerichte, untermalt mit Jazz und klassischer Musik. **€**

Koutouki
Das Lokal, das sich an der Rückseite der Stadt versteckt, ist bei Einheimischen bekannt für seine traditionellen kleinen Gerichte. **€**

Mira
Die Taverne am Wasser hat eine große Auswahl von parischem Käse über Meeresfrüchte bis hin zu Grillspeisen. **€€**

Man sollte sich viel Zeit nehmen, um hinter dem Ufer den Irrgarten der engen, weiß getünchten Gassen mit ihren Bars, Cafés und weißen Modeboutiquen zu erkunden. In der Nähe gibt's gute Strände, ausgezeichnete Meeresfrüchterestaurants und eine stetig wachsende Zahl schicker Strandhotels. Das Dorf eignet sich also als eine prima Ausgangsbasis, außerdem liegt hier im Sommer das Zentrum des Nachtlebens auf der Insel.

Naoussa kann in der Hauptsaison völlig überlaufen sein. Wer zu dieser Zeit kommt, sollte das möglichst morgens tun, außer man legt Wert auf ein Bad in der Menge.

BESTE BARS AUF PAROS

Trickster & Kosmos
Diese beiden Bars fassen eine muntere Fußgängerstraße in Naoussa ein, in der eine Bar in die nächste übergeht.

Santé
Kundig gemixte Cocktails und sanfte Beats unter einem Eukalyptusbaum in Naoussa.

Evinos
Cocktails auf einer Dachterrasse in Parikia mit Blick aufs Wasser.

Sativa Music Bar
Tolle Adresse in Parikia, um tagsüber bei einem Kaffee und abends bei Cocktails Leute zu beobachten.

Mikro Cafe
Das ganztägig geöffnete Café liegt ein paar Türen von der bezaubernden kleinen Kirche Pammegiston Taxiarchon entfernt.

Pirate Bar
Die Bar versteckt sich in den Nebenstraßen von Parikia hinter einer weiteren blumengeschmückten Kapelle.

Von Strand zu Strand

RINGSTRASSE ZU STÄTTEN AM STRAND

Das Schöne an Paros' Ringstraße ist, dass sie einen zu fast jedem Strand bringt. Der bekannteste der Insel ist der **Chrysi Akti** (Golden Beach) im Südosten, ein breiter, halbmondförmiger Strand mit dem seinem Namen entsprechenden Sand und ausgezeichneten Bedingungen für Wassersport. Doch wenn der *meltemi* tost, begibt man sich besser zum geschützten **Faragas** mit seiner kleinen Strandbar oder nach **Tripiti** mit seiner rauen Küstenlinie.

Zu den besten Stränden im Norden gehört der magische **Kolimbythres** inmitten sagenhafter Felsformationen. Der Strand **Monastiri** bietet gute Schorchelbedingungen im Küstenschutzgebiet. Auch der entspannte Strand von **Lageri** lohnt einen Besuch. **Santa Maria**, auf der anderen Seite der Landzunge im Osten, ist ideal zum Windsurfen. Von Naoussa fahren im Juli und August auch zu diesen nördlichen Stränden Kaiks.

Weingüter & Weinbars

WUNDERBARER TRAUBENSAFT

Paros ist eine landwirtschaftlich reiche Insel. Ein großer Teil der Nahrungsmittel – von Oliven über Feigen und Kartoffeln bis hin zu Zitrusfrüchten – wird vor Ort angebaut, und die Weingüter liefern zunehmend interessante Weine.

In der Nähe von Naoussa verarbeitet die Familie Moraitis seit 1910 Trauben und hat das zur Kunst entwickelt. In der Bar der **Moraitis Winery** kann man ihre Produkte verkosten. Ihr Verkaufsschlager ist der Paros White, der aus der einheimischen Monemvasia-Traube gemacht wird, die auch zur Produktion des Likörweins Malvasia verwendet wird. Die Winzerei betreibt auch die Moraitis Vinothéque direkt in Naoussa.

Ein Newcomer ist die **Domaine Myrsini** im Süden der Insel, wo eine Frau aus Nantes und ihr Ehemann begonnen haben, ihren eigenen parischen Wein zu produzieren. Sie veranstalten Verkostungen (außer während der Erntezeit im August).

ESSEN IN NAOUSSA

Amalaya
Eine leckere Meeresfrüchte-Alternative zu den vollgepackten Restaurants am Hafen. €€

Daverona
Kreative Interpretationen beliebter griechischer Gerichte. €€

To Parodosiako
Ein unverzichtbarer Zwischenstopp am Abend wegen der legendären frischen *loukoumades* (griechische Donuts). €

LEOKS/SHUTTERSTOCK ©

Lefkes

In Parikia ist das **Ela** der richtige Platz für ein köstliches Mahl mit einer umfangreichen Weinkarte. In Naoussa genießt man Weine mit Hafenblick auf dem Balkon von **Koukos Paros Fine Wines & Delicacies**.

Zauberhaftes Bergdorf

WEITE AUSSICHT UND HÜGELCHARME

Das hübsche **Lefkes** liegt in einem natürlichen Amphitheater inmitten von Hügeln, auf denen Windmühlen stehen. Das Dorf nur 9 km südöstlich von Parikia an der quer über die Insel führenden Straße war im Mittelalter der Hauptort von Paros. Hiesiges Highlight ist das Schlendern durch die Gassen. Außerdem kann man Richtung Osten auf dem byzantinischen Pfad nach Marpissa wandern.

Die zentrale, eindrucksvolle **Agia-Triada-Kirche** besitzt einzigartige Glockentürme. Auf dem Platz vorne bietet das nette Retro-Café **Kafeneio tis Marigos** hausgemachte Fleischbällchen und Kuchen. Das **Agiazi Cafe** hat guten Kaffee und Snacks in einem Ambiente aus bunt zusammengewürfelten Stühlen. Wer substanziellere Kykladen-Kost mit selbstgezogenem Gemüse will, schaut im **Aranto** vorbei. Ein beliebtes Grillrestaurant ist das **Klarinos**.

WELTBERÜHMTER MARMOR

Paros und Naxos sind berühmt für den besten Marmor der Welt. Jahrtausendelang wurde er für die wertvollsten Statuen und Denkmäler verwendet, weil er sehr feinkörnig, nahezu transluzent und glänzend weiß ist. Aus parischem Marmor sind so berühmte Statuen gehauen wie die *Venus von Milo* oder die *Nike von Samothrake*, ebenso auch viele Marmorarbeiten auf der Akropolis.

Beide Inseln besitzen nicht sowohl antike als auch noch genutzte Steinbrüche, sondern auch Marmorbildhauer. Der französische Künstler **Jb Leullier** schafft Statuen und Schmuck, die er auf der Insel verkauft. Er veranstaltet im Sommer auch Seminare. Wer teilnimmt,lernt, ein kleines Erinnerungsstück zu gestalten. **Manolis Fokianos** arbeitet in großem Maßstab in der Nähe von Marathi.

FÜR MARMORFANS

Informationen zum Marmor auf Naxos, den Steinbrüchen der Insel, den Bildhauern und den gestürzten *kouros*-Skulpturen stehen auf S. 340.

SHOPPEN IN NAOUSSA

All We See is the Sea
Das innovative Künstleratelier mit Laden in Naoussa bietet Entwürfe rund ums Thema Meer mit einem ökologischen Einschlag.

Petra Farm Store
Kräuter, Honig und andere Delikatessen aus Paros in einem winzigen Laden in Naoussa.

To Melissi Delicatessen
Der Laden am Rand von Naoussa bietet die ganze Paletten an örtlichen Nahrungsmitteln sowie Kosmetika.

RAWF8/SHUTTERSTOCK ©

Kitesurfen, Pounta

KÜNSTLERINSEL

Paros ist die Heimat vieler einheimischer und ausländischer Künstlerinnen und Künstler, so dass Kunstfreund:innen die Qual der Wahl haben.

Neben den kreativen Keramikarbeiten in Lefkes lohnt auch ein Besuch in **Stelios Gikas Atelier (Yria Ceramics),** das sich in einem magischen Bergambiente befindet. In Parikia verkauft der dynamische Laden von **Yria Ceramics** seine Arbeiten wie auch die von Monique Mailloux und Ramona Gika. **Cecelia Art** zeigt Werke von Gemälden über Schmuck bis hin zu Holzarbeiten.

Noé Ceramics zeigt auf einem Weidengelände im Südosten nahe bei Aspro Chorio einige delikate, florale und von Seeigeln inspirierte Arbeiten.

Wenn man vor Ort ist, sollte man auch den ausgezeichneten **Todd Marshard and the Lefkes Ceramic Workshop** besuchen, wo Kostas Fifas seine preisgekrönten, minimalistischen Keramiken mit Rissglasur herstellt.

Windsurfen, Kitesurfen, Tauchen & Boote

RAUS AUFS MEER

Paros' Westküste rund um **Pounta** ist das Zentrum für erstklassigen Wassersport: Die lange Küstenlinie mit flachem Wasser und der ideale Seitenwind machen die Gegend bestens geeignet für Kiteboarder und Windsurfer aller Leistungsstufen. **Paros Kite** kann einem vermitteln, was man dazu braucht. Mit **Eurodivers** kommt man unter Wasser.

Ein Alternative ist das **Force7 Surf Centre**, ein gut geführtes Unternehmen drüben am Chrysi Akti (Golden Beach), das Windsurf-Unterricht anbietet und Surfbretter, Kajaks, Stehpaddelausrüstung und Katamarane vermietet.

G3 Boats ist der gut geführte Bootsverleih des freundlichen Georgios, der einen aufs Meer bringt; ein weiterer Anbieter ist **Michael Zeppos**.

UNTERWEGS VOR ORT

Paros besitzt einen Flughafen mit täglichen Flügen nach Athen. Parikia ist ein wichtiger Fährhafen für normale und Schnellfähren aus Piräus, von vielen ägäischen Inseln und sogar von Kreta und aus dem Dodekanes.

Wassertaxis fahren von Parikia und Naoussa zu den Stränden rund um Paros und nach Andiparos.

Obwohl das Busnetz viele Orte auf der Insel erreicht, ist es im Sommer oft überlastet und der Verkehr unregelmäßig. Auch Taxis sind schwer zu bekommen. Vermietstationen für Autos und Motorroller gibt's viele in den Ortschaften und am Flughafen; viele bringen das Fahrzeug auch zur Unterkunft ihrer Kundschaft.

Paros
Andiparos

Rund um Paros

Andiparos hat eine traumhafte Lage vor der Küste von Paros. Sobald die Fähre anlegt, wird man zur Entspannung verführt.

Der Hauptort und Hafen der Insel heißt ebenfalls Andiparos und bietet sich (außer vielleicht zur Abendessenszeit während der Hauptsaison) zu einem lässigen Spaziergang an. Während das Ufergebiet und der Hauptfußweg entschieden glamourös wirken, führt das Dorf tief ins Hinterland zu ruhigen Plätzen und Gassen, die urplötzlich offenen Feldern weichen.

Der Rest der Insel erstreckt sich südlich der Hauptsiedlung durch eine ruhige ländliche Gegend, die vom leuchtend himmelblauen Wasser begrenzt wird. Nachdem Andiparos im Lauf der Jahrtausende die für die Kykladen typische Abfolge von Zivilisationen und Herrschern (Hellenen, Piraten, Venezianer, Osmanen) erlebt hat, genießt es heute den Ruf eines Geheimtipps für jene, die einmal nicht gestört werden wollen: Mitglieder europäischer Königshäuser, Hollywood-Größen und weltbekannte Rockstars machen hier Urlaub.

TOP TIPP

Die ausgezeichneten Unterkünfte auf Andiparos haben in der Regel ein besseres Preis-Leistungs-Verhältnis als die auf Paros. Man kann die Insel bei einem Tagesausflug besuchen, es lohnt sich aber, länger zu verweilen.

Andiparos

DIE WURZELN DER KYKLADISCHEN ZIVILISATION

Die Kykladen sind wahrscheinlich seit mindestens 7000 v. Chr. bewohnt und gegen 3000 v. Chr. bildete sich eine zusammenhängende Kykladenkultur heraus, die mit dem Seehandel verknüpft war. Während der Frühkykladischen Epoche (3000–2000 v. Chr.) entstanden die berühmten, kleinen, aber unverkennbaren kykladischen Marmorfigürchen, hauptsächlich stilisierte Skulpturen unbekleideter Frauen, die heute weltweit in Museen zu finden sind.

Während der Mittelkykladischen Epoche (2000–1500 v. Chr.) waren viele der Inseln von den Minoern besetzt, die von Kreta aus expandierten. Zu Beginn der Spätkykladischen Epoche (1500–1100 v. Chr.) kam der Archipel unter den Einfluss der Mykener von der Peloponnes, die dann im 8. Jh. v. Chr. durch aus dem Norden eindringende Dorer verdrängt wurden.

In der Mitte des 5. Jhs. v. Chr. standen die Kykladen dann unter der Herrschaft Athens, das sich auf dem Höhepunkt seiner Macht befand.

Spaziergänge, Läden & Leute beobachten

DER HERZSCHLAG DER INSEL

Die lange, verkehrsberuhigte Hauptstraße des Dorfs **Andiparos** ist gesäumt von stilvollen Boutiquen, eigenwilligen Cafés, peppigen Bars und beliebten Restaurants. Man folgt ihr bis zu ihrem Ende, der **Plateia Agios Nikolaou** mit der auffälligen, riesigen Platane. Von dort führt eine schmale Gasse zu den faszinierenden Überresten des alten **venezianischen Kastro**, das man durch einen Torbogen betritt. Diese alte, zur Verteidigung gegen Piraten befestigte Siedlung stammt aus der Mitte des 15. Jhs. Der erhaltene Wehrturm ist ein herrlicher Ort für den Blick in den Sonnenuntergang. Danach geht's zurück ins Zentrum, wo man in einem Straßencafé oder einer Bar die vorbeiziehenden Leute beobachtet, ehe man in einem der vielen ausgezeichneten Restaurants zu Abend isst.

Höhlenerkundung

ANSPRUCHSVOLLE HÖHLENFORSCHUNG

Die riesige, stimmungsvolle **Tropfsteinhöhle von Andiparos** bleibt prächtig und eindrucksvoll, obwohl in der Vergangenheit viele Stalaktiten und Stalagmiten geplündert wurden. Der Abstieg über die mehr als 400 Stufen stählt die Beinmuskulatur.

Im Dezember 1673 hielt der Marquis de Nointel, der Botschafter Frankreichs am Hof des osmanischen Sultans Mehmeds IV., hier die Weihnachtsmesse ab. Er und spätere Würdenträger (darunter König Otto und Königin Amalia von Griechenland) hinterließen ihre Graffiti auf den Felsformationen.

Strände, Klippenspringen & eine Taverne am Meer

PERFEKTER AUSFLUGSTAG

In Andiparos geht's um erholsame Tage. Eine Tour über die kleine Insel führt vorbei an kleinen Stränden wie **Psaralyki** nahe dem Hauptort. Weiter im Süden bieten die Strände von **Glyfa** und **Soros** beide einen herrlichen Blick auf Paros. Geländewagen oder Quads sind nützlich, um zu entlegeneren Stellen zu gelangen, man kann aber auch ein Boot nehmen. **Captain Sargos Boat Trips** veranstaltet Touren, die auch einen Besuch der archäologischen Stätte Despotiko beinhalten, ansonsten verbringt man dabei Zeit an dem spektakulären Strand der Insel und kreuzt durch Meereshöhlen.

Abseits der Südküste, nördlich des Strands von **Faneromeni** erheben sich steile weiße Klippen, die sich für Fitte und Unerschrockene prima zum Klippenspringen eignen. Über eine unbefestigte Straße erreicht man die Spitze einer Meereshöhle

ESSEN IM ORT ANDIPAROS

Kalokeri
Einfallsreiche moderne griechische Gerichte mit Pfiff und Verständnis von saisonalen Zutaten. **€€**

Lollo's
Frisch im Holzofen zubereitete Bio-Pizzen am Hafen des Orts. **€**

Vicky's
Hausgemachtes Eis in vielen Geschmacksrichtungen, zu finden hinten in den Gassen von Andiparos. **€**

Strand von Faneromeni

und klettert nach dem Sprung zurück, falls er nicht Teil eines Bootsausflugs ist.

Ein Highlight eines Ausflugstags ist ein Mittagessen im **Captain Pipino's** direkt am Wasser in Agios Georgios. Das Warten auf einen Tisch in dieser prächtig altmodischen Fischtaverne mit Panoramablick auf Despotiko lohnt sich.

Antike Ruinen auf einem unbewohnten Inselchen

ABGELEGENE ANTIKE GESCHICHTE

Die wenig bekannten Ruinen von **Despotiko** liegen auf dem gleichnamigen Inselchen gleich vor der Südwestecke von Andiparos. Die Ruinen werden immer noch ausgegraben, und es treten wundervolle Funde aus dem prähistorischen und archaischen Griechenland zu Tage. Despotiko, das wahrscheinlich einst mit Andiparos über eine Landbrücke verbunden war, war einst eine blühende maritime Siedlung. Neben der Besichtigung der Ruinen lockt hier der herrliche Ausblick auf Ios, Sikinos, Folegandros, Kimolos, Sifnos, Serifos und Syros.

Von Agios Georgios fahren einige kostengünstige öffentliche Boote zur Insel. Alternativ kann man eine Bootstour unternehmen, in der der Besuch von Despotiko inbegriffen ist.

FÜR GESCHICHTS-INTERESSIERTE

Die Kykladen waren immer eine Wegscheide der Kulturen. Mehr über Minoer, Mykener und den von Athen angeführten Delisch-Attischen Seebund, Venezianer und das Osmanische Reich auf S. 590.

UNTERWEGS VOR ORT

Im Sommer fahren zahlreiche kleine Boote von Parikia nach Andiparos, und es werden Tageskreuzfahrten zu den Stränden beider Inseln angeboten, die in Parikia, Pounta, Aliki oder Naoussa starten. Eine Autofähre legt in Pounta an der Westküste von Paros ab.

Oliaris Tours betreibt im Sommer einen Bus vom Hafen von Andiparos zur Tropfsteinhöhle und einen weiteren zu den Stränden an der Ostküste bis nach Agios Georgios.

Autos und Räder sind kein Problem. Man kann ein Auto bei Dimitris Rent A Car mieten oder bringt seines von Paros auf der Fähre mit. Die Straßen sind gut, und es gibt Parkplätze am Rand des Hauptorts, den man am besten zu Fuß erkundet. Für unbefestigte Pisten braucht man ein Quad.

NAXOS

Naxos, die größte und eine der prächtigsten Kykladeninseln, beeindruckt schon, wenn man an der Mündung des Hafens die Überreste des Apollontempels erblickt. Der Hauptort Chora liegt an einem prächtigen Ufer. Steile Kopfsteingassen führen hinauf zum dramatisch auf einem Hügel gelegenen Kastro, einer Hinterlassenschaft der dreihundertjährigen venezianischen Herrschaft. Vom Ort aus leicht zu erreichen sind ausgezeichnete Strände, faszinierende Bergdörfer, inspirierende antike Stätten und bizarr anmutende Marmorsteinbrüche.

Der Zas (oder Zeus) ist der höchste Gipfel der Kykladen und Zentrum des gebirgigen Inselinneren. Die Berge ziehen Regenwolken an, und die Insel ist mit Quellen gesegnet und fruchtbarer als die meisten Kykladeninseln. Angebaut werden etwa Oliven, Trauben, Feigen, Zitrusfrüchte, Getreide und Kartoffeln. Naxos spielte ein wichtige Rolle im klassischen Griechenland und dem Byzantinischen Reich, und auch die Herrschaft der Franken und Venezianer hinterließ Spuren.

TOP TIPP

Naxos ist eine große Insel. Wenn man nur wenig Zeit hat und alles sehen möchte, empfiehlt es sich, einen fahrbaren Untersatz für eine Straßentour zu mieten. Man kann Chalki, Filoti, Apiranthos und Melanes in einer großen Schleife an einem Tag besichtigen oder sogar bis nach Apollonas oder Lionas vordringen.

LIKÖRCHEN?

Die Zitronatzitrone oder Zedrat wirkt wie eine große, klumpige Zitrone und ist roh kaum essbar. Die Rinde ist jedoch sehr aromatisch, wenn sie in Sirup eingelegt wird, und der *kitro*, ein starker Likör aus den Blättern des Zedratbaums, ist seit dem späten 19. Jh. ein Markenzeichen von Naxos.

Die Blätter werden von Oktober bis Februar geerntet, getrocknet, gewässert und bis zu drei Mal mit Wasser und Zucker destilliert. Farbstoff wird je nach Variante hinzugefügt: gelb ist der stärkste und grün der leichteste und süßeste Likör. Der klare Likör liegt in der Mitte.

In der Destillerie/Bar **Vallindras** in Chalki gibt's alle Sorten; in Chora locken **Probona's** (Laden) und **Kitrón** (Cafe´).

Spiralförmige Stadt & Wehrturm

SICH IN EINEM VENEZIANISCHEN IRRGARTEN VERLIEREN

Chora bzw. Naxos-Stadt wirkt anders als andere Hauptorte auf den Kykladeninseln. Die Stadt ist größer und geschäftiger, und die Überreste des **venezianischen Kastro** ragen hoch über das Ufer. Dies war das Machtzentrum von Marco Sanudo, einem Venezianer des 13. Jhs., der die Stadt gründete und Naxos zum Mittelpunkt des Herzogtums des Archipelagos machte. Das Gewirr der steilen Fußpfade verteilt sich auf zwei venezianische Viertel: Bourgos, wo die Griechen lebten, und das auf dem Hügel gelegene Kastro, wo römische Katholiken wohnten.

Innerhalb der Überreste von Sanudos Festung finden sich venezianische Stadtpaläste rund um den **Sanudo-Turm**.

Chora ist zwar recht groß, aber leicht zu Fuß zu bewältigen, auch wenn man sich leicht in der Altstadt verlaufen kann; Karten sind von wenig Nutzen. Aber das ist schon Teil des Spaßes.

Strände ohne Ende

STRÄNDE, TEILS VOLLER ACTION, TEILS IDYLLISCH

Die Strände südlich von **Agios Georgios** (dem Stadtstrand von Chora) werden ruhiger, je weiter man geht. Als nächstes folgt der schöne Sandstrand **Agios Prokopios**, der flaches Wasser besitzt und in einer geschützten Bucht südlich des Kaps von Mougkri liegt. Er geht über in den **Agia Anna**, einen meist ziemlich vollen Streifen weißen Sands. Das ganze Gebiet ist auf voller Länge erschlossen.

Breite, weiße Sandstrände wie **Glyfada** folgen nun. Es geht vorbei am türkisblauen Wasser des traumhaften Strands von **Plaka Beach** und prächtigen, von Felsvorsprüngen durchsetzten Buchten (einige sind bei FKK-Fans beliebt) bis nach Agiasos. Es gibt in dieser Gegend Restaurants, Unterkünfte und Bushaltestellen – ideal für einen entspannten Strandaufenthalt.

In **Mikri Vigla** teilen goldene Granitfelsen den Strand in zwei Hälften. Beide sind zunehmend beliebter in der Kitesurfer-Gemeinde, da die Windbedingungen zuverlässig sind. Wind- und Kitesurfen kann man auch am Strand von **Pyrgaki**, der hinter der Landzunge von Aliko über eine unbefestigte Straße erreichbar ist. Der **Hawaii Beach**, gleich nördlich der Landzunge, zeichnet sich durch klares blaues Wasser aus.

Die Strände an der Nord- und Ostküste sind eher kleine, felsige Buchten, die Strände im Süden sind abgelegen.

ESSEN IN CHORA

Avaton 1739
Das Restaurant im Kastro bietet eine erhabene Aussicht und ist beliebt wegen der Sundowner und der kreativen Küche. **€€**

Doukato
Magische Lage in einem ehemaligen Kloster und Spezialitäten wie *kalogeras* (Rindfleisch, Auberginen und Käse). **€€**

Barozzi
Raffinierte, luxuriöse Verkostungsmenüs mit passenden Weinen. **€€€**

BESTE MUSIK & KUNST AUF NAXOS

Domus Festival & Naxos Festival
Kulturfestivals im Sommer im Kastro, im Bazeos-Turm und überall sonst auf der Insel.

Kunstgalerie Petalouda
Die Galerie nahe dem Fußgängerweg ins Zentrum von Choras Kastro stellt Werke aufstrebender junger Künstlerinnen und Künstler sowie etablierter internationaler aus.

Fish & Olive
Die Galerie in Chalki zeigt die Arbeiten der auf Naxos lebenden Töpferin Katharina Bolesch und des Künstlers und Schmuckgestalters Alexander Reichardt.

Penelope
Weberei in vierter Generation in Chalki.

Phos Gallery
Die Insel, gesehen durch die Linse des talentierten Fotografen Dimitris Gavalas.

Tempel & antike Vergangenheit

STIMMUNGSVOLLE RUINEN UND EIN MUSEUM

Von jenem Moment an, wenn man Naxos anläuft und den unvollendeten **Tempel des Apollon** passiert, ist man auf Großes vorbereitet. Die Insel ist seit dem Altertum ein Zentrum der Kultur, und die Portara, das „Portal", nur eine von mehreren antiken Stätten. Man erreicht die beiden Marmorsäulen über einen Damm zur Insel Palatia, wo viele Leute den Sonnenuntergang genießen.

Rund 2 km südlich des Dorfs Sangri liegt, in einem spektakulären fruchtbaren Tal auf einem kleinen Hügel, der seit prähistorischen Zeiten eine Kultstätte war, der im 6. Jh. v. Chr. erbaute **Tempel der Demeter**. Der kleine, inspirierende Tempel widmet sich der Göttin des Getreides, der Fruchtbarkeit und der Ernte. Das neue Museum vor Ort erklärt gut die Objekte und Statuen, die hier gefunden wurden. Sehenswert sind auch die Ruinen des **Tempels des Dionysos** in Yria nahe dem Flughafen.

Das **Archäologische Museun von Naxos** in Choras Kastro residiert in der einstigen Jesuitenschule, auf die der Romancier Nikos Kazantzakis kurze Zeit ging. Das Museum zeigt Funde aus der Zeit der Ionier und Dorer sowie mykenische Gefäße, das Highlight sind aber die frühkykladischen Marmorfigürchen.

Ein Füllhorn an Essen & Wein von der Insel

DIE REICHSTE KYKLADENINSEL

Naxos produziert wundervolle Lebensmittel, von Honig über Käse (*graviera, xinomyzithra* etc.) bis hin zu Obst, Wurst, Kartoffeln und Kräutern. Im Hinterland gibt's tolle Bergtavernen (wie **Sta Kala Kathimena** in Keramoti nahe dem Wasserfall von Routsounas, **Stou Vasilarakiu** in Kinidaros oder **Matina & Stavros Taverna** in Koronos). Das **Axiotissa** im Südwesten serviert mit die besten Gerichte auf der Insel.

Wer selber etwas kochen will, kann einen Kochkurs im **Vioma Naxos** bsuchen oder bucht ein geführtes Erlebnis wie **All About Olive Farming in Naxos** oder **Naxos Truffle**.

Lokales gibt's in Chora bei **Pantopoleio Bays** (beim Krankenhaus) und **Tziblakis** (z.B. Käse, Wein, Süßes, etwa Organic-Islands-Lavendel-Lokum). **Naxos Cheese Koufopoulos** für Käse.

Einen Besuch lohnt die **Saint Anna Winery** in einem üppigen Tal mit Olivenhainen, zu erreichen über historische Wanderwege zwischen den Dörfern **Ano** und **Kato Potamia**.

Ein Bergdorf, Weberei & Essen

MAGISCHES BERGLEBEN

Apiranthos wächst heraus aus den felsigen Flanken des Fanari (883 m), und die schmucklosen Steinhäuser und marmorge-

AUSGEHEN IN CHORA

Rum Bar
Die Bar oberhalb des geschäftigen Ufers in Chora punktet mit Cocktails und schönem Blick in den Sonnenuntergang.

La Vigne Wine Bar
Die von zwei Französinnen geführte Weinbar in einer winzigen Gasse bietet neben Weinen auch prima Fusion-Küche.

Oinochoros
Weinbar mit toller Auswahl an Weinen und Likören; sie liegt an einer Seitenstraße nahe dem Strand von Agios Georgios.

pflasterten Straßen spiegeln den rauen Individualismus der Dorfbewohner wider. Viele sind Abkömmlinge von Flüchtlingen aus Kreta, was sich an ihrem besonderen Dialekt zeigt.

Heute ist das Dorf für sein Kunsthandwerk bekannt, etwa das Weben am *argalio* oder an der *krevataria* (traditionelle Webstühle), was man am besten bei der **Frauenvereinigung für traditionelle Kunst** (paradosiakaifanta.gr) erleben kann, die auch Süßwaren verkauft. Am Nachmittag locken super Tavernen: **Lefteris** hat Fleischgerichte, **Amorginos** Traditionelles mit Ausblick, und **Bakalogatos** überzeugt mit *mezedes*.

Mythische Berge

WANDERN ZUR HÖHLE DES ZEUS

Naxos' schöne Binnenlandregion Tragaea ist eine große Ebene mit Olivenhainen und unberührten Dörfern hoch in den Bergen und vielen kleinen byzantinischen Kirchen sowie verfallenen venezianischen Türmen. Die Landschaft beherrscht der **Zas** (auch Zeus), der mit 1004 m höchste Berg der Kykladen. Das an seinen Hängen gelegene **Filoti** ist das größte Dorf der Region.

Um den Zas von Filoti aus zu besteigen, wandert oder fährt man hinauf zur **Aria-Quelle** mit Picknickbereich (rund 800 m nach Filoti ist an der Straße der Abzweig zur Aria-Quelle und zur Zeushöhle ausgeschildert). Nach 20 Minuten erreicht man die **Höhle des Zeus**, eine jener Höhlen, in der der Gott aufgewachsen sein soll. Der Gipfel bietet Panoramablicke auf die Kykladen.

Autotour: der Norden der Insel

UNTERWEGS ZU STEINBRÜCHEN UND KOUROI

Bei der Fahrt von Chora die Küste entlang nach Norden (siehe Karte S. 344) hält man am **1 Engares-Olivenölmuseum,** um die Einrichtung zu besichtigen, Lebensmittel zu probieren und sich mit Olivenprodukten einzudecken. Hinter dem **2 Turm von Agia**, der majestätischen Ruine einer Burg vor einer spektakulären Meereskulisse, wendet sich die Straße nach Norden.

Neun Kilometer weiter erreicht man das nette Dorf **3 Apollonas**. Ausgeschildert in einem antiken Steinbruch am Hügelhang oberhalb liegt der kolossale **4 Kouros von Apollonas** aus dem 7. Jh. v. Chr. Mit 10,7 m Höhe und einem Gewicht von rund 80 t ist er der größte der „gefallenen" *kouroi* von Naxos, antiken Marmorstatuen von Jünglingen, die in den Steinbrüchen vor Jahrtausenden zurückgelassen wurden, weil sie beschädigt waren.

Anschließend kann man am Kiesel- und Sandstrand von Apollonas baden und in einer der Tavernen am Ufer zu Mittag essen oder man folgt der Hauptstraße von Apollonas nach Süden gen Apiranthos bis zum Abzweig nach **5 Lionas**, wo eine malerische

AKTIV AUF DER INSEL

Mit Kiteboarding vor den südlichen Stränden und traditionellen Fußpfaden, die zwischen den Dörfern zu Kirchen und anderen Sehenswürdigkeiten führen, lockt Naxos Outdoorfans an.

Örtliche Buchläden führen Reiseführer und Karten – Terrain (terrain maps.gr) bietet eine ausgezeichnete Wanderkarte von Naxos. *Walking in Naxos* von Dieter Graf deckt 25 Trails ab und nennt die GPS-Koordinaten. Für thematische Wanderungen kann man sich an die Tourveranstalter **Naxos Trekking** oder an Stella von **Naxos Hiking** wenden.

Naxos Bike bietet alles von Fahrrädern über Helme bis hin zu Tipps, Karten und Touren.

Naxos Kitelife, das **Kite Center Naxos** und das **Flisvos Kite Centre** bieten Kite- und Windsurfing-Kurse und vermieten Ausrüstung an Surfer:innen.

Das **Nima Diving Center** und **Blue Fin Divers** bringen einen mit den besten örtlichen Gerätetaucher:innen zusammen.

Viele Tourveranstalter bieten eintägige Segel- und Bootsausflüge rund um Naxos und weiter zu den Kleinen Kykladen an.

ÜBERNACHTEN IN CHORA

Hotel Grotta
Familiengeführtes Hotel in hoher Lage zwischen dem Strand von Grotta und dem Kastro samt Dachterrasse mit Bar. **€€**

Hotel Glaros
Das makellose Boutiquehotel mit 13 Zimmern liegt ein paar Schritte vom Strand von Agios Georgios entfernt. **€€**

Castle Houses
Stimmungsvolle Unterkünfte in einem schön restaurierten venezianischen Haus mitten im Zentrum des Kastro. **€€**

KÜNSTLERISCHE INSPIRATION

Ingbert Brunk, in brillanter Bildhauer, der mit Marmor aus Naxos arbeitet, über die Orte der Insel, die ihn künstlerisch besonders inspirieren. *ingbert-brunk.de*

Archäologisches Museum von Naxos
In meinen ersten Tagen auf der Insel schmissen sie mich jedes Mal abends heraus, um morgen wiederzukommen – so sehr fesselten mich die frühkykladischen Figuren.

Demetertempel
Bei der Wanderung über die Stätte fühlt man die schiere Kraft und Schönheit.

Bazeos-Turm
Der beste Ort für das Sommerprogramm von Theater, Kunst und Musik.

Die Landschaften von Naxos und seine Dörfer
Die Landschaften beziehen mich ein, sie ergreifen mich, ich bin kein bloßer Betrachter.

8 km lange Fahrt vorbei an alten Schmirgelminen zu einem steinigen Strand und dem freundlichen **6 Delfinaki** führt, das tolle Hausmannskost mit extra frischen Zutaten serviert.

Südlich des Abzweigs nach Lionas verzweigt sich die Straße an der Kirche Stavros Keramotis. Hier nimmt man die rechte Abzweigung nach **7 Moni** mit seinen Holzschnitzerwerkstätten, einem tollen Ausblick auf den Zas und der Kirche **8 Panagia Drosiani** aus dem 7. Jh., die ein Pilgerziel ist. Erfrischungen erhält man im Café To Pefko oder der Taverne Kalliopia.

Von Moni kehrt man über die **9 Marmorsteinbrüche**, die zwischen Kinidaros und Melanes die Straße überragen, nach Chora zurück. Nahe Mili sieht man Spuren der antiken Steinbrüche und zwei gefallene *kouroi*. Nun folgt das **10 Quellen-Heiligtum** bei Flerio, Stätte eines antiken Aquädukts, der Wasser nach Chora brachte. Über ein halb asphaltiertes Bachbett erreicht man den 570 v. Chr. gemeißelten **11 Kouros von Flerio**. Läuft man auf dem Pfad zwischen Bauernhöfen den Hügelhang hinauf, gelangt man zum schön gelegenen **12 Kouros von Farangi**, von dem aus man in der Ferne Steinbrüche erblickt.

UNTERWEGS VOR ORT

Der kleine Flughafen auf Naxos hat täglich mehrere Flüge ab/nach Athen. Naxos ist ein Fährknoten mit normalen und Schnellfähren ab/nach Piräus sowie Verbindungen ab/zum Hafen Rafina.

Die Busse fahren vom Ende des Fährdocks in Chora; die Fahrpläne sind vor dem Informationsbüro angeschlagen, das sich schräg links auf der anderen Straßenseite gegenüber der Bushaltestelle befindet. Tickets erhält man im Büro oder am Automaten davor (aber nicht beim Busfahrer!).

Busse fahren häufig zum Strand von Agios Prokopios und nach Agia Anna, sieben Busse fahren täglich über Chalki nach Filoti; fünf fahren über Filoti und Chalki nach Apiranthos und mindestens zwei täglich nach Apollonas, Pyrgaki und Melanes. Die Busse zu anderen Dörfern fahren seltener.

Für längere Ausflüge mietet man besser ein Auto, das man auf den städtischen Parkplätzen am Rand von Chora (das man besser zu Fuß erkundet), abstellt. Taxis sind nur für kurze Strecken sinnvoll.

Rund um Naxos

Die Kleinen Kykladen gehören nach wie vor zu den entspanntesten Inseln Griechenlands. Man taucht unter den Radar und lässt es sich gutgehen.

TOP TIPP

Donousa ist die nördlichste Insel der Gruppe und am weitesten von Naxos entfernt; die übrigen liegen dicht beieinander nahe der südöstlichen Küste von Naxos.

Sechs kleine Inseln verteilen sich über die See zwischen Naxos und Amorgos, und dabei sind zahlreiche Eilande und Felsen noch gar nicht mitgezählt. Heute sind nur vier von ihnen – Koufonisia, Schinoussa, Iraklia and Donousa – dauerhaft bewohnt. In Charakter und Terrain sind sie erstaunlich unterschiedlich: Koufonisia ist besonders einladend für Strandgänger, das ruhige Schinoussa und das zerklüftete Donousa bieten sich für Wanderer an, und Iraklia ist berühmt für die Pilgerzüge zu seiner Höhle.

Alle Inseln haben Jahrtausende von Kulturen und Wandlungen erlebt. Aus dicht bevölkerten Handelszentren des Altertums wurden befestigte venezianische Vorposten, dann Piratenverstecke und verarmte Fischersiedlungen zur Zeit des Zweiten Weltkriegs. Heute kehren sie als zunehmend modischer werdende Refugien ins Rampenlicht zurück.

Pano Koufonisi (S. 346)

Glitzerndes Koufonisia

AZURBLAUE BUCHTEN UND STYLISHES LEBEN

Koufonisia, die kleinste der bewohnten Kykladen, verwandelt sich langsam in ein Trend-Ziel mit entsprechenden Preisen: ein schöner Ort zum Ausspannen, ganz im Gegensatz zur frenetischen Hektik auf Mykonos oder Santorin.

Die Inselgruppe besteht aus drei Hauptinseln, von denen zwei – **Kato Koufonisi** und **Keros** – unbewohnt sind. **Pano Koufonisi** empfängt in jedem Sommer dank seiner herrlichen Strände, schmucken Hotels und schicken Restaurants einen Strom munterer Traveller. Das von Bougainvilleen gesäumte Dorf **Chora** breitet sich hinter der Fähranlegestelle aus. Das Viertel Loutro am westlichen Ende der Hauptfußgängerzone umfasst eine steinige Bucht, eine kleine Bootswerft, eine Windmühle und eine weiß getünchte Kirche.

Koufonisias strahlend weiße Sandstrände spiegeln sich in herrlich blauem Wasser. Zu ihnen gehört der vor dem *meltemi* geschützte Strand von **Ammos** in Chora. Ein 1,2 km langer Marsch auf der sandigen Küstenstraße östlich der Stadt führt vorbei an ein paar felsigen Buchten zum Strand von **Finikas**, der ruhiges Wasser und eine Taverne besitzt. Fünf Gehminuten östlich rund um die Landzunge folgt der Strand von **Fanos** mit einer Strandbar und etwas Schatten. Nach weiteren fünf Minuten erreicht man den bei FKK-Fans beliebten und vor dem *meltemi* geschützten Strand von **Italihda**.

Jenseits von Italihda folgt das Highlight der Insel: Ein Pfad, der die Landzungen umrundet und an dem spektakuläre, vielfarbige Felsbuchten zum Schwimmen einladen, darunter **Piscina**, eine mit dem Meer verbundene Schwimmstelle. Von dort sind es weitere zehn Minuten zu der mit Jachten besetzten Bucht von **Pori**, wo ein langer, halbmondförmiger Sandstrand ins klare Meer abfällt. Dahinter liegen die **Meereshöhlen von Ksylompatis**. Es gibt hier ein solides Meeresfrüchterestaurant und ein Café.

Prasino's Boat Tours betreibt im Sommer häufige Fahrten von/zu den Stränden und Kato Koufonisi. **Koufonissia Tours** organisiert Segel-, Tauch- und Seekajaktouren.

ABSEITS AUSGETRETENER PFADE: KATO KOUFONISI & KEROS

Die flache unbewohnte Insel **Kato Koufonisi** liegt gleich südlich von Pano Koufonisi und ist von ihr nur eine kurze Fahrt mit einem Kaik von **Prasinos Boat Tours** entfernt. Die unberührten Strände im Süden der Insel sind durch einen rauen Wanderweg miteinander verbunden.

Die Buchten von **Laki** und **Panaghia** teilen sich in eine zwischen ihnen liegende Taverne. Einen energischen 45-minütigen Fußmarsch entfernt, folgt hinter der geschützten Bucht von **Dhetis** der wundervoll weite Strand von **Nero**. Das unberührte **Pezoulia** ist noch weiter entfernt.

Das eindrucksvolle **Keros**, eine raue Insel mit hohen Klippen, ist wegen seiner archäologischen Fundstellen gesperrt. Zu den Funden zählen mehr als 100 frühkykladische Figürchen, darunter der berühmte Harfen- und der Flötenspieler, die heute im Nationalen Archäologischen Museum in Athen ausgestellt sind.

Schwimmen auf Schinoussa

WANDERN ZU RUHIGEN BUCHTEN

Die gewellten Hügel der kleinen, entspannten Insel **Schinoussa** zeigen eine bunte, die Aufeinanderfolge vieler Kulturen spiegelnde Mischung aus Feldern, alten Steinmauern, byzantinischen Kapellen und Ruinen venezianischer Festungen. Während drei Jahrhunderten der türkischen Herrschaft beherbergte die Insel

ESSEN & TRINKEN AUF KOUFONISIA

Mikres Cyclades
Das elegante Restaurant an der Hauptgasse setzt elegant die besten Produkte der Kykladen in Szene, von Fava aus Schinoussa bis hin zu Käse von Naxos. **€€€**

Capetan Nikolas
Das fröhliche Meeresfrüchtelokal in Loutro blickt auf den Hafen und den Sonnenuntergang. **€€**

Scholio
Die gemütliche kleine Barhöhle ist ein hipper Treff am späten Abend mit einer langen Liste von Cocktails.

GIOVANNI RINALDI/SHUTTERSTOCK ©

Keros

Piraten aus der Mani, heute lockt sie Sonnenanbeter an. Wegen der Vielzahl ihrer ausgezeichneten Strände wirken sie nie so überfüllt wie auf den Nachbarinseln, was sich allerdings im Juli und August neuerdings ändert.

Der Hauptort **Chora (Panagia)** ist im Wesentlichen eine schmale Hauptstraße auf dem Kamm der Insel. Abends ist das Autofahren hier verboten, sodass sie zu einer Fußgängerpromenade alter Schule mit Cafés und Restaurants wird. Die Fähren legen im Hafen von Mersini an, von wo aus ein steiler, 1 km langer Pfad hinauf nach Chora führt; die Unterkunftsbetreiber holen ihre Gäste aber vom Hafen ab.

Unbefestigte Straßen führen zu nicht weniger als 16 Stränden auf Schinoussa. Die nächstgelegenen sind der Sandstrand von **Tsigouri** (7 Gehminuten) und der weite Strand von **Livadi** (15 Gehminuten). Beide liegen südlich von Chora und sind außer im Juli und August nicht überfüllt. Ein 20-minütiger Marsch hügelabwärts Richtung Südosten führt zu den kleineren Buchten **Fountana** und **Almyros** mit Sand- und Kieselstränden und seichtem Wasser. Tsigouri, Livadi und Almyros bieten Tavernen oder Strandbars; das auf einer Hügelspitze gelegene Restaurant Vrachos hat ausgezeichnete traditionelle griechische Kost und einen schönen Ausblick.

ÜBERNACHTUNGSPLANUNG

Alle Inseln der Kleinen Kykladen bieten hochwertige Unterkünfte, die größte Anzahl und Vielfalt findet man auf Koufonisia – dort gibt's einen Boom an luxuriösen Boutiquehotels. Viele öffnen nicht vor Mitte Mai. Für Juli und August, wenn die Preise um rund 50% steigen, sollten man frühzeitig buchen. Die Unterkunftsbesitzer holen ihre Gäste von der Fähre ab.

Zu den guten Adressen auf Koufonisia zählen die **Aeris Suites** (schick, erstklassiger Service) und das **Pyrthea** (modern, am Ufer).

Auf Schinoussa: **Notos Studios & Villas** (Strand oder Villa) und **Iliovaseilema** (zurückhaltend elegant in Chora).

Auf Iraklia: **Alexandra Suites** (freundlich, herrlicher Ausblick) und **Speires** (schick, ebenfalls guter Ausblick).

Auf Donousa: das **Argalios Guesthouse** (anheimelnd und umweltbewusst) und die **Pahivouni Studios** (modern, am Ufer).

ESSEN & TRINKEN AUF SCHINOUSSA

Loza
Hausgemachte Pizza und traditionelle griechische Gerichte wie Ziegenbraten, außerdem leckere Süßspeisen. €

Okto Adelphia
Das familiengeführte Restaurant auf einer Terrasse in Chora serviert großzügige Portionen von Gerichten aus guten örtlichen Zutaten. €

Kafeneio Hara
Das Hara wird seinem Namen – Freude – mit tagsüber Brunch und abendlicher guter Stimmung mit gelegentlicher Livemusik voll gerecht.

WEGE AUF DONOUSA

Donousa besitzt fünf nummerierte und gut markierte Wanderwege, von denen vier alte Verbindungswege zwischen den Dörfer sind. Im einzelnen:

1 **Von Stavros nach Kalotaritissa** (4,4 km, 1¼ Std.) Der längste und schwierigste Weg, mit steilen Abschnitten und herrlicher Aussicht.

2 **Von Kedros nach Messaria** (1,1 km, 30 Min.) Verbindet den beliebtesten Strand mit dem Dorf.

3 **Von Mersini nach Livadi** (0,9 km, 30 Min.) Ein steiler Weg hinunter zu einem schönen Strand.

4 **Von Kedros nach Kato Mylos/Vathy Limenari** (2 km, 45 Min.) Der Küstenweg verbindet den Strand von Kedros vorbei an einer Windmühlenruine mit dem Strand von Limenari.

5 **Von Kampos nach Limni/Aspros Kavos** (2,1 km, 40 Min.) Der Weg beginnt in der Nähe von Stavros und führt zur Spitze eines einsamen Kaps.

Der **Donoussa Trail Run** im Oktober ist beliebt.

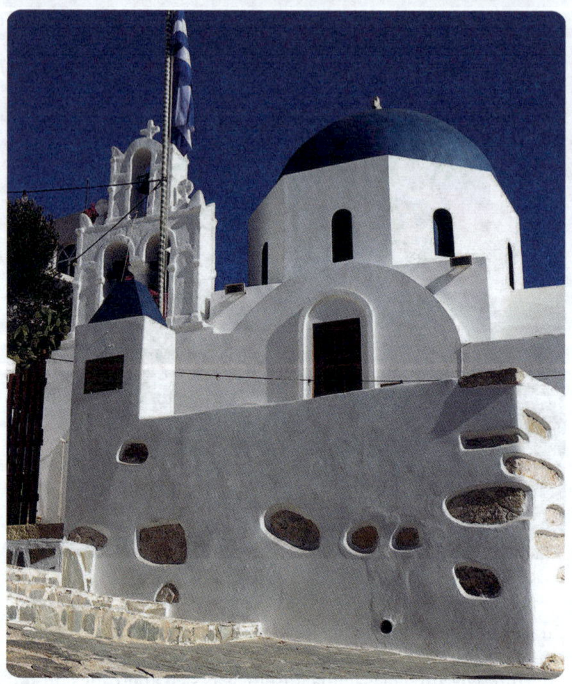

Stavros, Donousa

Dreißig Gehminuten nördlich von Chora und östlich des Weilers Mesaria liegt die geschützte Bucht von **Psili Ammos,** wo das Hotel Harama und die Taverne To Petrino locken.

Von Juni bis September bietet Kapitän Manolis Touren auf der **Aeolia** zu Stränden sowie nach Iraklia, Keros und Koufonisia.

Viel Muße auf Donousa

PRÄCHTIGE WANDERUNGEN

Laut der griechischen Mythologie brachte der Weingott Dionysos Ariadne nach Donousa, um sie vor Theseus zu verbergen. Das kann durchaus sein, und noch heute ist Donousa wunderbar abgelegen. Die Hauptsiedlung **Stavros** ist eine Ansammlung weiß getünchter Gebäude rund um eine hübsche Kirche, die auf die Fähranlegestelle und einen schönen Sandstrand blickt.

Im Juli und August kommen scharenweise Urlauber:innen, doch außerhalb der Saison haben Frischluftfans die sandigen Buchten und felsigen Wege, die über die trockenen Hügel führen, fast für sich allein.

ESSEN & TRINKEN AUF IRAKLIA

Araklia
Sensationeller Meerblick und kreative Kykladenküche in munterer Atmosphäre. **€€**

Surfin Bird/Thymari
Lässige, zum Sonnenuntergang beliebte Cocktailbar und Restaurant mit Blick in die Berge und auf den Strand von Livadi. **€€**

En Lefko
Die von Nikos und Anna mit Liebe geführte Dachbar bietet Brunch, Cocktails und Snacks bis in den späten Abend.

Zu den fabelhaften Stränden auf Donousa zählt **Kedros**, ein breiter, prächtiger halbmondförmiger Strand mit einer saisonal geöffneten Taverne, kostenlosen Campingstellen und ruhigem, himmelblauen Wasser. **Limenari**, von Kedros aus 40 Gehminuten längs der Küste, ist eine abgeschiedenere, felsige Bucht. Beide Strände sind für FKK bekannt. Noch weniger Besucher kommen zu dem weiten, weißen Sandstrand von **Livadi**.

Am Ende der Straße an der Nordostküste liegt das winzige Dorf **Kalotaritissa** mit drei kleinen Stränden. Die **Taverna Mitsos** ist großartig. Hierher gelangt man per Minibus, auf einer Fußwanderung oder im Sommer mit dem Boot *Margissa*. Ein paar Höhlen sind per Boot zugänglich.

Beschauliches Iraklia

STRAHLENDE EINSAMKEIT

Das kaum bewohnte (115 Personen!) Iraklia verändert sein verschlafenes Flair nur im Juli und August, wenn die Hafenbucht und das Dorf **Agios Georgios** erwachen und Jachten in der **Livadi-Bucht** liegen. Inmitten der Olivenhaine sind die Ruinen griechischer Tempel, venezianische Befestigungsanlagen und die geheimnisvollen, 5000 Jahre alten *bousoules* (runde Petroglyphen) Zeugnisse der Geschichte der Insel.

Iraklia belohnt Wanderbegeisterte, die seine Hügel erkunden, mit abgeschiedenen Buchten und nach Thymian duftender Einsamkeit. In den örtlichen Restaurants sollte man sich nach Thymianhonig, Ziegenkäse und Fava umschauen.

Es gibt auch ein paar ausgezeichnete, nur kurze Märsche entfernte Strände. Die befestigte Straße links von der Fähranlegestelle führt über den Hügel zum 1 km entfernten **Livadi**, dem besten Strand der Insel. Es handelt sich um einen weiten weißen Sandstrand mit seichtem, klarem Wasser, ideal für Kinder und zum Schwimmen. Auf der anderen Straßenseite gibt's eine Taverne und am Rand ein schön gelegenes Restaurant mit Bar. Eine steile Wanderung führt nach 2,5 km zum kaum noch vorhandenen Weiler **Chora** (alias Panagia). Von dort setzt sich die Straße fort zum Strand von **Tourkopigado**, einer dramatisch steilen Bucht mit nur ein paar Ruderbooten zum Fischen.

Im Sommer tuckert das kleine Boot **Anemos** zum hübschen Strand von **Alimnia** oder nach Schinoussa. Die Tickets kauft man am Vortag im Supermarkt Perigiali.

HÖHLENWANDERUNG AUF IRAKLIA

Fünf gut markierte Wanderwege ziehen sich über Iraklia. Man sollte eine Karte mitnehmen, ordentliche Schuhe tragen und viel Wasser dabei haben – draußen gibt's wenig, und der Handyempfang ist eher sporadisch.

Man folgt den zusammenhängenden Wegen von der Kirche Agios Ioannis auf der Rückseite von Agios Georgios, um in weniger als zwei Stunden zur **Höhle der heiligen Ikone des Agios Ioannis,** die mit Stalaktiten und Stalagmiten prunkt, zu gelangen. Der Weg führt durch Olivenhaine und das **verlassene Dorf Agios Athanasios,** ehe er recht steil zur Spitze des Hügels ansteigt, von wo ein felsiger Pfad hinunter zur Höhle führt.

UNTERWEGS VOR ORT

Es gibt wöchentlich mehrere Fährverbindungen zwischen Piräus und den Kleinen Kykladen über Naxos und täglich Verbindungen zwischen Naxos und Koufonisia (seltener zu den anderen Inseln). Donousa kann besonders schwer zu erreichen sein. Small Cyclades Line betreibt ganzjährig den Verkehr mit der kleinen *Express Skopelitis,* mit der man die Überfahrt auf Deck machen kann, was für den Sprung von Insel zu Insel wunderbar ist.

Alle Inseln erkundet man am besten zu Fuß oder mit Roller oder Rad, weil sie recht klein sind und asphaltierte Straßen (und Busse) nur spärlich vorhanden sind. Boote fahren zu den Stränden.

Fahrräder mieten kann man auf Koufonisia bei Koufonisia Bikes, auf Schinoussa bei Faros Bikes, die auch Motorroller und Autos vermieten, und auf Iraklia bei Iraklia Scooters. Auf Donousa werden weder Autos noch Motorroller vermietet. Ein Minibus verbindet zwischen Anfang Juni und Ende August Stavros auf der einzigen Straße von Donousa mit dem Weiler Kalotaritissa auf der anderen Seite der Insel.

AMORGOS

Das spektakuläre Amorgos ist wie ein Seepferdchen geformt, das nach Osten auf den Dodekanes zuschwimmt. Die Straße, die sich am Gebirgskamm entlangschlängelt und die wichtigsten Dörfer miteinander verbindet, bietet Ausblick in alle Richtungen und gehört zu den schönsten der gesamten Kykladen.

Die Insel liegt immer noch abseits gebahnter Pfade – selbst die Schnellfähre aus Athen braucht für die Anfahrt sieben Stunden! Fans des Freitauchens oder von Luc Bessons Kultklassiker *Im Rausch der Tiefe* kommen, um sich in der Ägäis zu vergnügen, während Wandersleute die Tage damit verbringen, die zahlreichen Wege zu erkunden, die sich kreuz und quer durch das zerklüftete Terrain ziehen. Sie führen zu abgeschiedenen Stränden, über Hügel und verlassene Steinterrassen und vorbei an den Ruinen kykladischer Mühlen und den Resten antiker Siedlungen.

Von den drei wichtigsten Siedlungen wird der muntere Hafen Katapola von Familien bevorzugt, während der Hafenort Egiali jüngeres Publikum anlockt. Der bezaubernde Hauptort Chora ist ein Labyrinth aus Gassen mit Bougainvilleen.

TOP TIPP

Katapola ist der Haupthafen; Chora liegt 6 km den Hügel hinauf im Hinterland. Der Hafenort Egiali liegt 15 km nordöstlich von Chora. Amorgos erscheint zwar groß, doch beträgt die Fahrtstrecke zwischen den beiden Hafenorten nur 21 km, wenn sich die Fahrt auch wegen der kurvenreichen, steilen Straßen länger anfühlt.

Chora, Amorgos

Streifzug durchs Land

HÄFEN, HÜGEL UND HERRLICHE AUSSICHT

Katapola erstreckt sich im grünsten Teil der Insel rund um die gekrümmte Uferlinie einer malerischen Bucht, in der Jachten schwimmen. Die Überreste der antiken Stadt **Minoa** liegen hoch oben und sind über einen Fußpfad oder eine steile, betonierte Straße zu erreichen. Bei den Ruinen gibt's keine Informationen, aber die Aussicht ist prächtig. Auf Amorgos wurden auch viele Zeugnisse der Kykladenkultur gefunden: die größte kykladische Figur im Nationalen Archäologischen Museum von Athen wurde in der Nähe von Katapola entdeckt.

Wundervoll stimmungsvoll ist der von einem Kastro des 13. Jhs. und Windmühlen bekrönte historische Hauptort **Chora**. Das Spazieren durch die zeitlosen Straßen ist eine Freude, und man spürt eine gewisse Raffinesse in der Handvoll modischer Bars, Bekleidungs- und ausgefallenen Schmuckläden, die die Hauptfußgängerzone beleben. Auch örtliche Konserven und Liköre werden zum Kauf angeboten.

Die prächtige, 16 km lange Fahrt zwischen Chora und Egiali gehört zu den spektakulärsten Straßen der Kykladen. Man folgt ihr, während sich auf der einen Seite die von Sträuchern bedeckten Berge auftürmen und auf der anderen das Land steil zum Meer hin abfällt. Die unbewohnten Inseln Nikouria und Grabonisi leuchten vor der Küste.

WARUM ICH AMORGOS LIEBE

Alexis Averbuck, Lonely Planet-Autor *@alexisaverbuck*

Wenn ich an Amorgos denke, will ich gleich dorthin zurückkehren. Ich sehe vor mir die Ziegen, die in Klippen Schatten suchen, die Berghänge, die bis zum bewegten Wasser reichen, dessen Farbe sich ständig verändert (ist es himmelblau, kobaltblau oder azurblau?). Ich fühle das kristallklare Wasser, während ich dahingleite, das weiße Kloster hoch über mir. Und das Essen – einfach sagenhaft. Ich bin hier nie enttäuscht worden. Und dann erinnere ich mich natürlich vor allem auch an die freundlichen Menschen, denen ich hier begegnet bin.

FÜR FILMFANS

Amorgos ist nicht der einzige griechische Ort, der eine Filmrolle spielt. Von *Alexis Sorbas*, der auf Kreta tanzt, bis hin zu Piräus in *Sonntags… nie!*, erfährt man viel über Filmgeschichte auf S. 608.

ESSEN & TRINKEN AUF AMORGOS

Botilia
Eine von mehreren ausgezeichneten Bars und Restaurants in der Hauptfußgängerzone in Chora. **€**

Liostasi
Das Lokal gehört zu den vielen hervorragenden Landtavernen und Cafés im Süden der Insel. **€**

Embassa Bar
Die beste Cocktailbar auf Amorgos liegt gegenüber der kleinen Windmühle am Kai von Egiali und bietet einen herrlichen Blick in den Sonnenuntergang.

DIE BRILLANTE KÜCHE VON AMORGOS

Auf Amorgos ist kaum, eine schlechte Mahlzeit zu finden. Wegen der aromatischen Bergkräuter, des leckeren Ziegenkäses und der grenzenlosen Virtuosität der örtlichen Köchinnen und Köche verwanden sich „normale" griechische Gerichte in pure Magie. Mehr über die örtliche Küche, das Sammeln von Kräutern und kulturelle Unternehmungen erfährt man bei **Findin Greece**.

Ston Pyrgo
Das ausgezeichnete *mezedhopoleio* wird von der hervorragenden Chefköchin Vangelitsa geführt und bietet mit die besten Fleischbällchen auf den Kykladen, *patatato* (Eintopf aus Kartoffeln und Ziegenfleisch) und Bergkräuter.

Youkali
Die verwendeten Zutaten stammen aus örtlicher Produktion. Das Lokal auf der anderen Seite der Bucht gegenüber dem Hafen Katapola bietet leckere, schön präsentierte Menüs und freundlichen Service.

Falafel
In einer Gasse von Egiali bergauf schnappt man sich einen Tisch draußen und genießt ein Potpourri der Küchen der Welt, etwa Carbonara mit geräuchertem Schweinefleisch.

GIOVANNI RINALDI/SHUTTERSTOCK ©

Panagia Chozoviotissa

Egiali, der zweite Hafenort auf Amorgos, hat einen weiten weißen Sandstrand und ist gut geeignet für Wassersport. Wanderslustige nutzen den Ort als Ausgangspunkt für Touren hinauf zu den hübschen Dörfern Langada und Tholaria. Auf der entgegengesetzten Seite der Bucht führt ein Pfad über Landzungen zu drei Sand- und Kieselstränden.

Auf dem Weg von Chora nach Süden legen Fans des französischen Films *Im Rausch der Tiefe* auf dem Weg zur **Kalotaritisas-Bucht** einen Halt ein, um dem Wrack der *Olympia* ihre Reverenz zu erweisen, die in dem seichten Wasser der **Liveros-Bucht** liegt. Kalotaritisas an der westlichen Inselspitze ist der beliebteste Sandstrand auf Amorgos. Es gibt Sonnenliegen, und Jachten und Fischerboote schaukeln auf dem himmelblauen Wasser der geschützten Bucht. Im Juli und August werden Bootstouren zur unbewohnten Insel **Gramvousa** veranstaltet.

Ein prächtiges Kloster & Schwimmrevier

GEIST UND KÖRPER MIT SCHÖNHIT VERWÖHNEN

Das berühmte **Panagia Chozoviotissa** aus dem 11. Jh. ist ein blendend weißes Kloster, das scheinbar in die Klippenwand hoch über dem Meer an der steil abfallenden Ostküste unterhalb von Chora hineingebaut ist. Schwimmt man von dem kleinen, felsigen Strand von **Agia Anna** durch das ruhige, kobaltblaue Meer, bis das Kloster in Sicht kommt, wird einen dieses Erlebnis

UNTERKUNFT AUF AMORGOS

Aspes Village
Makellose Ferienwohnungen am schönen Strand von Agios Pavlos, umgeben von Weingütern und Bergen. **€**

Emprostiada Traditional Guesthouse
Die Unterkunft in einem alten Kaufmannshaus in Chora bietet jede Menge Charme und charaktervolle Suiten. **€€**

Yperia
Moderne Zimmer mit Pool und Blick über das Meer in Egiali. **€€€**

auf immer begleiten. Das Kloster wurde so entworfen, dass es aus den meisten Blickpunkten nicht sichtbar ist. Der Ort spielt eine Hauptrolle in *Im Rausch der Tiefe,* und am Strand steht eine malerische, weiß getünchte Kapelle. Auf der anderen Seite des Parkplatzes befindet sich ein größerer Strand mit Felsen und Sand. Das gut etablierte **Amorgos Diving Center** hilft dabei, in die Tiefe zu tauchen.

Um in das Kloster zu gelangen, erklimmt man von dessen separatem Parkplatz aus 350 Stufen. Im Kloster herrscht eine strenge Kleiderordnung: Keine Shorts, keine Miniröcke, keine unbedeckten Schultern und keine Frauen in Hosen. Ausnahmen werden nicht gemacht.

Dörfer, Wege & Blicke in die Sterne

BEZAUBERNDE SIEDLUNGEN ERKUNDEN

Eingebettet zwischen den zerklüfteten Abhängen oberhalb von Egiali liegen die kleinen Dörfer **Langada** und **Tholaria.** Sie sind malerische Labyrinthe aus weißen Gassen mit ausgezeichneten Tavernen und Läden, die schönes, vor Ort produziertes Kunsthandwerk verkaufen. Alle drei Dörfer sind miteinander und mit anderen Teilen der Insel durch Wanderwege verbunden.

Tholaria liegt nahe den Ruinen des **antiken Aigiale**. Die jahrtausendealte, noch nicht ausgegrabene Siedlung ist in einem leichten, 10-minütigen Spaziergang zu erreichen. Anschließend gönnt man sich ein Abendessen im **Kali Kardia** an einem kleinen Dorfplatz und blickt von der hochgelegenen Cocktailbar Seladi aus in die Sterne.

Einer der größten Türme auf den Kykladen

BEFESTIGTE GESCHICHTE

Abseits der Hauptstraße entdeckt man den im 4. Jh. v. Chr. erbauten befestigten **Turm der Agia Triada**, der nacheinander von Griechen, Römern, Byzantinern und modernen Leuten genutzt wurde. Töpferscherben und Obsidianklingen, die vor Ort gefunden wurden, belegen, dass das Gebiet seit prähistorischer Zeit (3000 v. Chr.) bewohnt war. Heute kann man die massiven, von Steinmauern umgebenen Ruinen erkunden und die herrliche Aussicht genießen. Ebenfalls hier gefunden wurden *pithoi* (Vorratsgefäße) aus der Zeit des 2. Jhs. v. Chr. bis zum 3. Jh. n. Chr. und eine (inzwischen kopflose) Marmorstatue der Artemis.

WANDERN AUF AMORGOS

Amorgos' raue Schönheit macht die Insel zu einem beliebten Wanderziel mit mehr als einem Dutzend Wanderwegen, von denen acht nummeriert und gut markiert sind. Die Routen kann man sich online unter amorgos.gr anschauen.

Der längste Weg (13,5 km) führt von Chora nach Egiali und gehört auch zu den spektakulärsten. Von Chora geht's hinunter zum Kloster Panagia Chozoviotissa, anschließend bergauf an den Klippen entlang und schließlich über den Weiler Asfodilitis (wo man eine Mittagspause einlegen kann) und vorbei an den Ruinen von Windmühlen quer durch das felsige Land, bis der Weg schließlich, nachdem man das Dorf Apano Potamos passiert hat, schrittweise nach Egiali absteigt.

UNTERWEGS VOR ORT

Die Small Cyclades Line fährt montags bis samstags und verbindet Naxos über die Kleinen Kykladen mit den Häfen von Amorgos. Weitere Fähren steuern sie ebenfalls mehrfach pro Woche an.

Busse der Amorgos Bus Company fahren regelmäßig von Katapola nach Chora, zum Kloster Panagia Chozoviotissa und zum Strand von Agia Anna sowie weniger häufig nach Egiali. Es gibt auch Busse von Egiali hinauf nach Langada und Tholaria.

Der einfachste Weg, um auf der Insel herumzukommen, ist ohne Zweifel ein eigener fahrbarer Untersatz. Autos, Quads und Motorroller kann man bei Thomas Rental oder Evis Cars mieten.

GEORGIOS TSICHLIS/SHUTTERSTOCK ©

Oben: Bali (S. 380); rechts: Meeresfrüchte in einer Taverne

KRETA

ATEMBERAUBENDE KÜSTEN, MÄCHTIGE BERGE, HISTORISCHE WUNDER

Herrliche Strände, antike Schätze, alte Landschaften, pulsierende Städte, verträumte Dörfer und Einheimische, die ihre Traditionen und ihre wunderbare Küche gern mit ihren Gästen teilen. All das, und noch viel mehr, ist Kreta.

Kreta ist Griechenland in Reinkultur. Die Landschaft hat etwas unbestreitbar Künstlerisches, von den sonnenverwöhnten Stränden im Norden bis zu den zerklüfteten Schluchten, die sich an der von Klippen und Buchten gesäumten Südküste erstrecken. Dazwischen schmiegen sich Täler an stimmungsvolle Dörfer, und Hügel sind die Ouvertüre zu oft schneebedeckten Bergen. All das kann man bei einer Rundfahrt genießen, oder einer Fährfahrt, oder einer Wanderung. Hinzu kommen Sandstrände, kristallklare Gewässer und jede Menge Wassersport.

Zu den Naturwundern Kretas kommt der Reichtum seiner Geschichte. Der Palast von Knossos ist nur eines der vielen Überbleibsel der geheimnisvollen minoischen Zivilisation. Venezianische Festungen, türkische Moscheen und byzantinische Kirchen lassen überall auf Kreta Geschichte lebendig werden.

Die Schönheit der Insel wird nur noch von ihrer Küche übertroffen. Tavernen ernten oft aus eigenen Gärten und fangen ihre eigenen Fische. Auf einer Gourmettour durch die Landschaft warten besondere Kräuter, Käse und Honig, ausgezeichneter regionaler Wein und der eine oder andere feurige Raki. Die vom Massentourismus unberührten Dörfer sind das Rückgrat der kretischen Kultur und Identität – dies gilt vor allem für die Orte in den Bergen. Die temperamentvolle Bevölkerung der Insel pflegt noch viele ihrer Bräuche, und altehrwürdige Traditionen sind nach wie vor ein wichtiger Teil des täglichen Lebens.

DIE WICHTIGSTEN ZIELE

CHANIA
Einzigartige historische Stadt und Strände. S. 360

RETHYMNO
Venezianische Stadt und eindrucksvolle Berge. S. 374

IRAKLIO
Sensationelle Palast- und Landsschaftererkundungen. S. 382

AGIOS NIKOLAOS
Herausragende Sehenswürdigkeiten und wildes Hinterland. S. 391

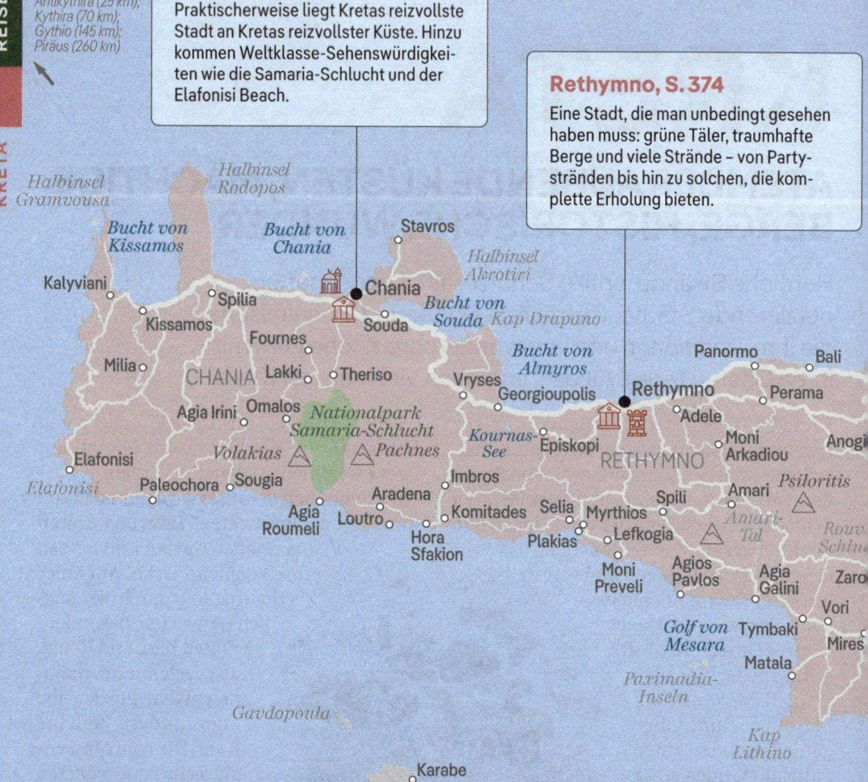

Chania, S. 360

Praktischerweise liegt Kretas reizvollste Stadt an Kretas reizvollster Küste. Hinzu kommen Weltklasse-Sehenswürdigkeiten wie die Samaria-Schlucht und der Elafonisi Beach.

Rethymno, S. 374

Eine Stadt, die man unbedingt gesehen haben muss: grüne Täler, traumhafte Berge und viele Strände – von Partyständen bis hin zu solchen, die komplette Erholung bieten.

Erste Orientierung

Kreta ist groß! Eine Fahrt über die lang gestreckte Insel dauert mehr als einen Tag. Selbst um von der Nordküste in den Süden zu gelangen, muss man manchmal die hohen Gipfel der zentralen Gebirgsketten überqueren.

Iraklio, S. 382

Großstadt-Vergnügen, Ruinen wie Knossos, Weinreben, die sich an sanften Hängen hochziehen, und wunderbare Küsten prägen Kretas Kernland.

Agios Nikolaos, S. 391

Traumstrände, Schluchten, kleine Bergdörfer und Städte – all das verschmilzt in Kretas weniger bekanntem „Wilden Osten" zu einem berauschenden Abenteuer-Cocktail.

AUTO

Perfekt vor allem zur Erkundung ländlicher Regionen und Dörfer. Auch abseits der Hauptstraßen sind die meisten Straßen asphaltiert, aber oft schmal und kurvenreich; einige sind allerdings nur für Allradfahrzeuge geeignet.

BUS

Das kretische Bussystem ist gut ausgebaut und bedient alle wichtigen Ziele. Gleichwohl werden viele Dörfer und einige Strände nicht angefahren, und im Winter ist der Verkehr stark eingeschränkt. Fahrplanauskünfte für Westkreta gibt's unter e-ktel.com, für Zentral- und Ostkreta unter ktelherlas.gr.

FÄHRE

Von Hora Sfakion im Westen bis nach Paleochora an der Südwestküste gibt es reichlich Fähren, die Strandorte anfahren – auch solche, die über Straßen nicht erreichbar sind. Zudem steuern Boote die vielen Inseln an, die rund um Kreta vor der Küste liegen.

Perfekte Tage

Kreta ist ein Reiseziel, für das man keinen exakten Zeitplan haben sollte. Die unzähligen Reize der Insel laden dazu ein, sie in aller Ruhe zu erkunden, sei es in der Stadt, in den Bergen, in den Schluchten oder an den Stränden.

PROSLGN/SHUTTERSTOCK ©

Chania (S. 360)

Wenig Zeit

● Los geht's mit einem Spaziergang durch die Gassen von **Chania** (S. 360), der stimmungsvollsten Stadt Kretas. Dann sollte man die **venezianischen Festungsanlagen** (S. 360) erkunden, bevor man sich in einem Café mit Blick auf den **venezianischen Hafen** (S. 360) einen Kaffee gönnt. Das faszinierende, neu erbaute **Archäologische Museum von Chania** (S. 362) ist unbedingt einen Besuch wert.

● Am Nachmittag fährt man Richtung Osten zum antiken **Aptera** (S. 367), einer gut erhaltenen römischen Stadt. Zurück in Chania bietet sich eine Wanderung entlang der **Wellenbrecher** (S. 360) zum berühmten Leuchtturm an, um hier den Sonnenuntergang zu genießen.

Beste Reisezeit

Im Sommer sind die Temperaturen hoch, das Meer ist warm und die Menschenmassen groß. Das späte Frühjahr und der frühe Herbst sind ideal – alles ist geöffnet und nichts ist überlaufen.

FEBRUAR

Die ersten Frühlingsboten wehen aus Afrika heran und erste Wildblumen bedecken die Hänge. Traveller haben Sehenswürdigkeiten wie Knossos für sich allein.

APRIL

In der Woche des **orthodoxen Osterfestes** ist das in Kreta fast alles zu – abgesehen von den Tourismusbetrieben; die Einheimischen genießen deftige Mahlzeiten in den Bergdörfern.

MAI

In den Wochen nach dem orthodoxen Osterfest startet Kreta in die Sommersaison – an den Stränden stehen Liegestühle bereit.

VON LINKS: BALOUNM/SHUTTERSTOCK ©, FTIARE/SHUTTERSTOCK ©, DMITRY NAUMOV/SHUTTERSTOCK ©

Drei Tage zum Erkunden

● Nach einem Tag in Chania sollte man sich sofort auf den Weg zum großartigen minoischen **Palast von Knossos** machen (S. 387) – gefolgt von einem Besuch des **Archäologischen Museums Iraklio** (S. 382) in Iraklio. Dann fährt man Richtung Süden durch die **Weinregion von Iraklio** (S. 387) und zum Strand von **Matala** (S. 388) mit seinen berühmten Höhlen. Ausflüge zum römischen **Gortyna** (S. 388) und dem minoischen Palast von **Phaestos** (S. 388) lohnen sich ebenfalls.

● Dann geht's zurück nach Norden in das bezaubernde **Rethymno** (S. 374), möglichst durch das üppige **Amari-Tal** (S. 381). Rethymnos hübsches Labyrinth aus venezianischen Gassen lädt zum Spazierengehen ein. Am Abend entspannt man sich in einer der vielen guten Tavernen der Stadt.

Länger Zeit

● Jenseits von Kretas Zentrum wartet die Erkundung des Westens und des Ostens der Insel.

● Man fährt Richtung Westen nach **Paleochora** (S. 370) und erkundet von dort die Bergdörfer, die den kretischen Charakter ausmachen. Man besucht den herrlichen Strand von **Elafonisi** (S. 371) an der Westküste mit seinem rosafarbenen Sand. Dann geht's mit der Fähre an die Südküste, um **Sougia** (S. 369) und die unzähligen Strände zu erleben. Zudem warten Wanderungen durch die berühmte **Samaria-Schlucht** (S. 369) oder durch eine der weniger überlaufenen Alternativen.

● Im Osten bietet die Bucht von **Agios Nikolaos** (S. 391) Strände und eine herrliche Berglandschaft. **Zakros** (S. 396) hält Canyons, minoische Sehenswürdigkeiten und faszinierende Strände bereit. Auch **Ierapetra** (S. 396) ist für seine Traumstrände bekannt, während die **Lasithi-Hochebene** (S. 397) mit hoch gelegenen Vergnügungen und Aktivitäten lockt.

JUNI

Das Meer ist perfekt für Schwimmspaß. Das **Sommerfestival** von Chania beginnt. Es folgen drei Monate mit Theater, Konzerte und Aufführungen unter freiem Himmel.

AUGUST

Sommerhitze und Hochsaison werden eins. Einheimische, die nicht fast rund um die Uhr im Tourismus arbeiten, flüchten in ruhigere Orte.

SEPTEMBER

Das **Cretan Street Food Festival** (Mitte Sept. in Agios Nikolaos) ist eine Gelegenheit, die Köstlichkeiten der Insel zu probieren. Wetter und Wasser bleiben wunderbar.

NOVEMBER

Die Tage werden kürzer und auffrischender Wind aus dem Norden mischt sich mit einer milden Brise aus dem Süden – ideal, um sich Ganzjahreszielen in der Region zu widmen.

CHANIA

Chania ist Kretas eindrucksvollste Stadt. Im Verlauf der Geschichte war sie Sitz venezianischer, türkischer und dann kretischer Herrscher. In Chania finden sich zahlreiche Überreste venezianischer und türkischer Architektur (viele alte Stadthäuser wurden inzwischen in stimmungsvolle Restaurants und Boutiquehotels umgewandelt).

Obwohl sich die Altstadt aufgrund ihrer Schönheit im Sommer mit Menschenmassen füllt, bleibt sie ein großartiger Ort für einen Besuch. Ein Spaziergang durch das Gewirr von Gassen und Gässchen ist eines der größten Vergnügen auf der Insel, mit überraschenden Kleinodien wie einer versteckten Kirche oder einer alten Synagoge und einer Fülle von Geschäften.

Die Uferpromenade umschließt den schönsten Teil Chanias, den venezianischen Hafen, mit Museen und jahrhundertealten Gebäuden. Die Aussicht, besonders bei Sonnenuntergang, ist ein Traum.

Wenn es an der Zeit ist, eine Pause einzulegen, warten eine Vielzahl von Lokalen, viele davon mit kretischer Küche.

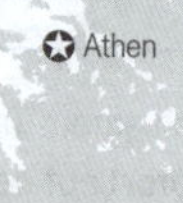

TOP TIPP

Von der Plateia 1866 aus ist der venezianische Hafen nur einen kurzen Spaziergang nördlich des Halidon entfernt. Die Landzunge auf der Westseite des Hafens ist das Topanas-Viertel, in dem noch Reste der alten Befestigungsanlagen zu sehen sind. Im Westen liegt das Viertel Nea Hora und östlich das Koum-Kapi-Viertel.

CHANIA AN...

...einem Tag Spaziergang am wunderschönen venezianischen Hafen von Chania und zum Leuchtturm. Erkundung der Altstadt mit ihren vielen kleinen Gassen. Dann besucht man das Maritime Museum of Crete und die Ruinen der venezianischen Festungsanlagen. Abendessen in Topanas.

...zwei Tagen Am zweiten Tag schlendert man am Meer entlang zum beeindruckenden Archaeological Museum of Chania. In der Altstadt lohnen sich die Kirchen und Moscheen sowie die Synagoge. An einem der Strände kann man sich erfrischen – und den ganzen Tag über die einheimische Küche mit ihren sensationellen Gerichten genießen.

Der venezianische Hafen

EIN ATEMBERAUBENDES ZENTRUM

Es gibt nur wenige Orte, an denen der historische Charme und die Erhabenheit Chanias so spürbar sind wie im venezianischen Hafen. Die ältesten Teile der Stadt stammen aus dem 15. Jh. und sind von pastellfarbenen Gebäuden gesäumt, die aus dem Labyrinth aus engen Gassen voller Geschäfte und Tavernen hervorstechen. Die Ostseite dieses ältesten Viertels wird von der Kuppel der Kioutsouk-Hasan-Moschee (S. 363) beherrscht, die heute als Ausstellungshalle dient. Auf der Westseite führen kurze, steile Straßen hinauf zu den Überresten der venezianischen Wehranlagen.

In östlicher Richtung um den Hafen herum befindet sich im restaurierten Großen Arsenal das **Centre of Mediterranean Architecture**. Weiter geht es zu den etwas verfallenen Neoria, den venezianischen Werften.

Von der Uferpromenade führt eine über 500 m lange Mole aus dem 14. Jh. hinaus ins Meer. Von hier bietet sich ein toller fesselnder Blick auf die Altstadt oder das Meer sowie auf den berühmten **Leuchtturm**.

Venezianische Festungsanlagen

GEGEN PIRATEN – FÜR TRAVELLER

Teile des Verteidigungssystems von 1538 sind immer noch beeindruckend. Das als **Topanas** bekannte Gebiet gilt heute als eines der hübschesten Viertel von Chania. Der Name leitet sich passenderweise von dem türkischen Wort für Kanone ab.

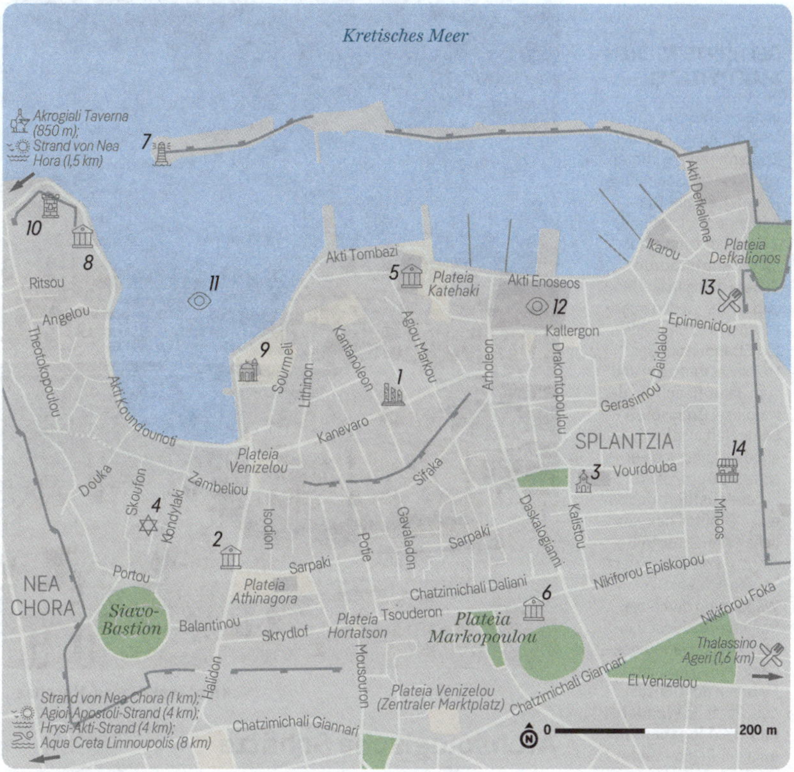

SEHENSWERTES
1 Antikes Kydonia
2 Archäologisches Museum von Chania
3 Agios-Nikolaos-Kirche
4 Etz-Hayyim-Synagoge
5 Großes Arsenal
6 Greek National Football Museum
7 Leuchtturm
8 Maritime Museum of Crete
9 Kioutsouk-Hasan-Moschee
10 Venezianische Wehranlagen
11 Venezianischer Hafen
12 Venezianische Werften (Neoria)

ESSEN
13 To Stachi

SHOPPEN
14 Samstagsmarkt

Der am besten erhaltene Teil der Festungsanlage ist die **westliche Mauer**, die vom Fort Firkas bis zur Siavo-Bastion verläuft. 1645 fielen die Türken ein und verwandelten die Festung in eine Kaserne und ein Gefängnis. Der Zugang zur Festung erfolgt durch das Tor neben dem Schifffahrtsmuseum. Oben wartet ein wunderbarer Blick auf den restaurierten **Festungsgraben**, der von einem Park umgeben ist.

Fort Firkas

EIS ESSEN IN CHANIA

Domenico
In dieser Eisdiele in Topanas kann man dabei zusehen, wie Eiscreme hergestellt wird. €

Giannoulis Ice Cream
Sehr beliebte Eisdiele – im Geschäftsviertel südlich der Altstadt. €

Gelato follia Chania
Toller, kleiner Laden in der Nähe des Hafens. Das Bananen-*gelato* ist super lecker. €

GEFÜHRTE TOUREN & AKTIVITÄTEN

In den Häfen und entlang der Küsten werden Bootstouren angeboten, vor allem bei Sonnenuntergang. Es gibt Glasbodenboote, Oldtimer, Segelboote und mehr. Einige **Bootstouren** dauern den ganzen Tag und führen zu den abgelegenen und unberührten Stränden auf der Halbinsel Rodopou und zum Balos Beach auf der Halbinsel Gramvousa – beide Halbinseln sind auf dem Landweg nur schwer zu erreichen.

Landausflüge decken einen Großteil des westlichen Kretas ab. Unbedingt auf die Dauer der Touren achten: Die Wanderung durch die Samaria-Schlucht dauert z.B. von der Morgendämmerung bis nach Einbruch der Dunkelheit. Für tolle **Wander- und Trekkingabenteuer** in der Region sollte man sich an Trekking Plan Outdoor Activities (cycling.gr) wenden.

Die **Tauchmöglichkeiten** um Chania sind gut. Blue Adventures Diving (blueadventures.gr) hat ein Büro am östlichen Ende des Hafens.

DALIU/SHUTTERSTOCK ©

Kioutsouk-Hasan-Moschee

Archäologische Schätze

NEUE HEIMAT FÜR ANTIKE HINTERLASSENSCHAFTEN

Allein die Lage in einem beeindruckenden neuen Gebäude ist Grund genug, das **Archäologische Museum von Chania** zu besuchen. Die Schätze aus ganz Kreta werden in zwei lichtdurchfluteten Galerien ausgestellt, die mit zahlreichen Schildern Informationen und Zusammenhänge vermitteln. Artefakte aus der Jungsteinzeit bis zur Römerzeit füllen das Hauptgeschoss, wobei römische Mosaike, die durch ihre Detailtreue verblüffen, einen Ehrenplatz einnehmen. In der Nähe wird in einer fesselnden Ausstellung die archäologische Ausgrabung nachgestellt, bei der das Haus einer Familie entdeckt wurde, das ein Erdbeben im Jahr 365 zerstörte.

Das Museum liegt 1,5 km östlich der Altstadt im Viertel Chalepa. Am besten kommt man am Nachmittag und spaziert dann

ESSEN IN CHANIA

Bougatsa Iordanis
Seit 1924 lässt man sich hier von den feinen *bougatsa* (gefüllte herzhafte Pasteten) beglücken. €

Pulse
Vegange Gerichte sind eine Spezialität dieses Lokals in der Nähe des Fort Firka. Die Tische im Freien bieten einen Blick auf den Sonnenuntergang und das Meer. €€

Pallas
Eines der besseren Restaurants am Hafen, wo man in Korbstühlen mit Blick auf die Stadt moderne kretische Gerichte genießen kann. €€

an der Küste zurück, wo man bei Sonnenuntergang einen Blick auf abgelegene Strände unterhalb eines kleinen Parks und die Überreste von Gerbereien werfen kann (die vor einem Jahrhundert ein wichtiger Wirtschaftszweig in Chania waren).

Maritimes Erbe

SCHIFFE UND BOOTE IM WANDEL DER ZEIT

Am Fuße des von den Venezianern errichteten Fort Firkas am westlichen Hafeneingang befindet sich das **Maritime Museum of Crete**, mit Schiffsmodellen, Marineinstrumenten, Gemälden, Fotos, Karten und mehr. Ein Highlight des Schifffahrtsmuseum ist ein großes Modell, das Chania, seinen Hafen und seine Befestigungen im 17. Jh. darstellt.

Das antike Chania

12 000 JAHRE ENTDECKEN

Die Entdeckung von Tontafeln mit Linearschrift B bei Ausgrabungen auf dem **Kastélli-Hügel** östlich des Zentrums hat Archäologen zu der Schlussfolgerung veranlasst, dass das heutige Chania auf einer bedeutenden minoischen Stadt- und Palastanlage liegt. Infotafeln auf Englisch an den Ruinen vermitteln eine Fülle von Details über die Stätte und Chania, wie es vor mehr als 12 Jahrtausenden, während der Jungsteinzeit (also nicht lange nach der Steinzeit) existierte.

Kirchen und Moscheen

GESCHICHTE IM NAMEN GOTTES

Die christlichen Venezianer und die muslimischen Osmanen haben in Chania viele Spuren hinterlassen, nicht zuletzt durch ihre Gotteshäuser. Die Hinterlassenschaften der beiden großen Religionen treffen in der Altstadt aufeinander, so auch im vielleicht faszinierendsten Gebäude von Chania.

Eines der schönsten und dominantesten Überbleibsel der türkischen Ära ist die **Kioutsouk-Hasan-Moschee**, ein dunkelrosafarbenes Gebäude mit mehreren Kuppeln an der Ostseite des Hafens. Die Moschee wurde 1645 erbaut und ist damit das älteste osmanische Gebäude der Stadt.

Die aus venezianischer Zeit stammende **Agios-Nikolaos-Kirche** hat sowohl einen Glockenturm als auch ein doppelkonisches Minarett – letzteres ersetzte einen zweiten Glockenturm, als die Kirche unter türkischer Herrschaft als Moschee diente. Im Inneren dieser Kirche lassen sich die massiven Bronzeleuchter bewundern, die von einer tonnengewölbten Kassettendecke herabhängen.

MINOER, VENEZIANER & TÜRKEN

Kreta ist vor allem als Wiege der ersten Hochkultur Europas bekannt, der Minoer, die im 3. Jahrtausend v. Chr. nach Kreta einwanderten. Ihre künstlerischen, architektonischen und kulturellen Leistungen waren außergewöhnlich. 67 v. Chr. war Kreta eine römische Provinz; nach der Teilung des Römischen Reiches im Jahr 395 n. Chr. fiel Kreta unter die Zuständigkeit des griechischsprachigen Byzantinischen Reiches.

Ein Großteil der beeindruckendsten noch erhaltenen Architektur Kretas stammt aus der venezianischen Periode, die vom 13. bis 17. Jh. dauerte. Die anschließende türkische Herrschaft brachte die islamische Kultur mit sich.

Nach dem Zerfall des Osmanischen Reiches im späten 19. Jh. wurde Kreta britisches Protektorat. Im Zweiten Weltkrieg litt Kreta enorm, da es wegen seiner strategischen Lage wichtig für Adolf Hitler war.

ÜBERNACHTEN IN CHANIA

Serenissima Boutique Hotel
Ruhiges venezianisches Stadthaus, das in seinen historischen Mauern eine Menge Design bietet. Zentral gelegen. **€€€**

Iason Studios
Schön gelegen in Topanas, kleine Zimmer im Apartmentstil mit Balkonen und vielen hübschen Details. **€€**

Cocoon City Hostel
Modernes Hostel mit gut ausgestatteten Schlafsälen und Zimmern in bester Lage. **€**

Kretas letzte Synagoge

DIE ERINNERUNG AN EIN VERLORENES VOLK

Etz Hayyim, die einzige verbliebene Synagoge Kretas, wurde im Zweiten Weltkrieg schwer beschädigt und erst 1999 wiedereröffnet. Sie bietet eine *mikwe* (rituelles Bad), Gräber von Rabbinern und eine Gedenkstätte für die von den Nazis ermordeten Juden der Region. Heute dient die Synagoge einer kleinen Gemeinde und bietet hervorragende Ausstellungen, darunter eine über die enormen Anstrengungen, die für ihre Restaurierung unternommen wurden.

Im Zweiten Weltkrieg wurden alle 300 Juden Kretas von den Nazis zusammengetrieben und im Marineschiff *Tanais* eingesperrt, um sie nach Auschwitz zu bringen. Doch sie sind nie dort angekommen. Als sich die *Tanais* am 9. Juni 1944 dem Hafen von Piräus näherte, wurde sie von einem britischen U-Boot torpedierte und versenkt, wobei alle an Bord ums Leben kamen. Ein Denkmal für die Gefallenen befindet sich östlich des Hafens, am nördlichen Ende von Koum Kapi.

Die Synagoge hält die Erinnerung an diese Tragödie hoch, blickt aber auch über Kreta hinaus und dokumentiert das Schicksal der jüdischen Sephardim in Nordafrika. Viele von ihnen haben im Zweiten Weltkrieg schwer unter der deutschen Wehrmacht gelitten, wurden aber nie offiziell als Opfer der Shoah anerkannt.

WANDERN IM WESTLICHEN KRETA

Vangelis Stavroulakis, Bergführer und Ausbilder bei der Hellenic Federation of Mountaineering and Climbing, hat Empfehlungen, die über die Samaria-Schlucht (S. 369) hinausgehen. *trek@cycling.gr*

Gigilos
Der Gipfel liegt auf 2080 m. Los geht's an der selben Stelle wie zur Samaria-Schlucht – allerdings muss man nach oben, statt nach unten. Der Treck in die Schlucht von der Kallergi Hütte ist unglaublich.

Figou-Schlucht
Die schöne Strecke lässt sich wunderbar mit der Agia-Irini-Schlucht bei Sougia verbinden.

Falasarna
Wanderung auf der Halbinsel Gramvousa nach Balos – schlicht atemberaubend!

Tor! Das griechische Fußballmuseum

MEHR ERINNERUNGSSTÜCKE ALS PLATZ HABEN

Das winzige (und kostenlose) **Greek National Football Museum** sieht zwar aus wie ein Laden, ist aber tatsächlich mit über 2000 Fußball-Erinnerungsstücken vollgestopft. Geleitet wird es von Nikos, dem leidenschaftlichen Präsidenten des Greek Football Supporters Club. Es zeigt signierte Trikots von legendären Spielern wie David Beckham, Pelé und Zinedine Zidane sowie den von Griechenland gewonnenen Europapokal 2004 – ein Ereignis, an das sich viele Griechen noch erinnern, als sei es erst gestern gewesen.

Markttag

DAS BESTE, WAS KRETA ZU BIETEN HAT

Um das gesamte Angebot an regionalen Lebensmitteln zu bestaunen – einschließlich köstlichem, saisonalem Gemüse, Käse, Eingemachtem und nativem Olivenöl – gibt es nichts Besseres als den **Samstagsmarkt** entlang des Minoos am östlichen Ende

AUSGEHEN IN CHANIA

Kleidi
Es gibt kein Schild – Ausschau halten nach dem Schlüsselloch-Logo (*kleidi*). Draußen gibt's Tische im Schatten der Bäume.

Fagotto Jazz Bar
Beliebte Bar in Topanas. Die Tische reichen den Hügel hinunter bis zum Hafen. Gute Musik.

Plaka
Hervorragende Auswahl von griechischen Mikrobieren zu Musik aus der Vinyl-Sammlung des Hausherrn.

Greek National Football Museum

der Altstadt. Dutzende von Verkäufern bieten das Beste an, was Kreta zu bieten hat.

Im **To Stachi** wird fast alles, was für die hervorragenden veganen und vegetarischen Gerichte Verwendung findet, auf dem nahe gelegenen Bauernhof von Stelios Michelakis und seiner Familie angebaut. Stelios kommt jeden Tag um 5 Uhr morgens und beginnt mit dem Backen seines hervorragenden Vollkornbrots.

DIE BESTEN RESTAURANTS IN CHANIA

To Maridaki
Dieses moderne *mezedhopoleio* (ein auf *mezedes* spezialisiertes Restaurant) ist in der Regel gut besucht. Hervorragende Küche. €€

Kouzina EPE
Stilvolles Café mit einer kreativen Mischung aus klassischen- und ausgefallenen Tagesgerichten. €€

Thalassino Ageri
Wunderbare Fischtaverne inmitten der Überreste der alten Gerbereien von Chania, in der Nähe des Archäologischen Museums. €€

Christostomos
Versteckt in Hafennähe. Wegen seiner klassischen kretischen Küche bei Einheimischen wie Travellern beliebt. €€

UNTERWEGS VOR ORT

Wer mit dem Auto nach Chania kommt, braucht gar nicht erst versuchen, in der Altstadt zu parken. Man muss das Fahrzeug am Stadtrand abstellen und zu Fuß hineingehen; im Süden gibt's Parkhäuser. Sogar Taxis setzen Leute oft ein gutes Stück von ihrem Hotel entfernt ab – vor allem, wenn es tief im Gewirr der kopfsteingepflasterten Gassen liegt. Am Flughafen darauf bestehen, dass sich das Fahrer an den angegebenen Festpreis hält – und zwar bevor es losgeht!

Es gibt keine Busse vor Ort, aber alles in Chania-Stadt ist leicht zu Fuß zu erreichen. Daran denken, dass die Gassen in Topanas und an der venezianischen Festung steil sein können. Der Busbahnhof für Busse, die die Region an sich bedienen, liegt südlich der Altstadt.

Falasarna
Chania
Aptera
Omalos
Samaria-Schlucht
Elafonisi
Chora Sfakion

Rund um Chania

Der Westen Kretas ist ein Land riesiger Berge und grandioser Legenden, und er wartet mit den besten Stränden der Insel auf.

Die schroffen, zerklüfteten und steil abfallenden Gebirgszüge, die das Zentrum Westkretas und das Libysche Meer beherrschen, sind nicht nur das geologische Herz der Region, sondern auch der Ort, an dem Kretas zäher, unabhängiger Geist geschmiedet wurde – und an dem sich kretische Familien in den Tavernen der Bergdörfer zu stundenlangen Festessen mit gebratenem Fleisch niederlassen.

Die Berge enden am wunderbaren Wasser und den verlockenden Stränden der Südküste. In Städten wie Paleochora und Sougia, die durch Fähren verbunden sind, könnte man seinen gesamten Urlaub verbringen. Nimmt man dazu noch Griechenlands großartigste Schluchtenwanderung, weitere Strände an der Westküste und Bergdörfer hinzu, wird mancher Traveller die Gegend vielleicht nie wieder verlassen wollen.

TOP TIPP

Für die Fahrt durch die Berge zu den Stränden an der Südküste sollte man sich Zeit nehmen. Es gibt viele interessante Dörfer, die sich perfekt für eine Mittagspause eignen.

Antikes Aptera

GEORGIOS TSICHLIS/SHUTTERSTOCK ©

Moni Agias Triadas

Antike Stadtruinen

EINBLICKE INS RÖMISCHE LEBEN

Die Ruinen der antiken Stadt **Aptera** bieten eine Vorstellung des römischen Kreta und liegen weniger als eine Autostunde von Chania entfernt (etwa 13 km östlich). Die Stätte erstreckt sich über zwei Hügel, die die Bucht von Souda überragen. Aptera wurde im 7. Jh. v. Chr. gegründet und war einer der wichtigsten Stadtstaaten im Westen Kretas und bis zur Zerstörung durch ein Erdbeben im 7 Jh. n. Chr. durchgängig bewohnt. Sehenswert sind die Überreste eines Wehrturms, eines Stadttors und eines Amphitheaters.

Klösterliches Leben

EINSAME UND EINDRUCKSVOLLE HEILIGE STÄTTE

Nur 30 Autominuten von Chania entfernt befindet sich einer der besten Gründe, die Halbinsel Akrotiri zu erkunden: das beeindruckende, wunderschöne Kloster **Moni Agias Triadas** aus dem aus dem 17. Jh. Das Kloster wird noch immer benutzt und hat eine opulente Bibliothek, ein prächtiges Altarbild und einen blumenreichen Gärten.

AB IN DIE SCHLUCHT

Die verlassene Siedlung von **Aradena**, ca. 14 km westlich von Anopoli, ist berühmt für die Vardinogiannis-Brücke, die über die Aradena-Schlucht führt. Vielleicht sieht man Menschen, die sich von der Brücke in die Schlucht stürzen – mit 138 m ist sie die höchste Bungee-Jumping-Brücke Griechenlands. Mehr Infos gibt's bei **Liquid Bungy Aradaina**, dem Betreiber.

Der beliebte **Aradena-Schlucht-Wanderweg** zum Marmara Beach führt durch die Schlucht, dauert rund zwei Stunden (3,5 km) und ist für Schlucht-Neulinge nicht geeignet. Der Weg ist teilweise steil und Trittsicherheit ist nicht immer gegeben. Vom Strand aus kann man zum nahen Hafen von Loutro laufen und dann eine Fähre zurück nach Chora Sfakion nehmen.

ÜBERNACHTEN IM SÜDEN

Rooms Sofia
Ruhige, familiengeführte Pension in Loutro mit schlichten Zimmern, die sich eine Terrasse mit schönem Ausblick teilen. **€€**

Georgoshouse Taverna & Rooms
Familienbetrieb mit einfachen Zimmern direkt am Strand von Likos bei Loutro. Schöner Rückzugsort. **€**

Consolas Gavdos Studios
Komfortable Studios direkt über dem Strand von Sarakiniko auf der Insel Gavdos. **€**

WARUM ICH SOUGIA LIEBE

Ryan Ver Berkmoes,
Lonely Planet-Autor
@ryanverberkmoes

Das Beste, was man auf Reisen erleben kann? Für mich ist das einen Tag inmitten der antiken Pracht von Lissos zu verbringen, bevor ich auf dem schönen Spaziergang zurück nach Sougia die Aussicht genieße. Alles an der Stadt ist idyllisch, besonders wenn ich einen Nachmittag am Strand verbringen kann. Meine Freude wird am frühen Abend bestätigt, wenn zahlreiche riesige Reisebusse den Hafen ansteuern, um Hunderte von müden Tagesausflüglern aus der Samaria-Schlucht von der Fähre abzuholen und zurück nach Chania zu bringen. Sie rumpeln davon, aber ich darf im Paradies bleiben.

GEORGIOS TSICHLIS/SHUTTERSTOCK ©

Insel Gavdos

Chora Sfakion

ENTSPANNTES HAFENDORF

An der Südküste, zwei Autostunden von Chania entfernt, liegt **Chora Sfakion**. In der kretischen Geschichte nimmt es wegen der Rebellion gegen ausländische Besatzer einen wichtigen Platz ein. Heute ist das winzige Fischerdorf ein liebenswerter Ort und Drehkreuz für die Fähren entlang der Südküste. Viele Traveller hier waren zuvor in der Samaria-Schlucht und legen im Dorf eine Pause ein, andere wollen sich einfach am Strand von Loutro erholen.

Fischer- und Touristendorf

BELIEBT UND AUTOFREI

Außerhalb des Sommers ist das winzige Fischerdorf **Loutro** ein beschaulicher Ort – ein Halbmond aus blumengeschmückten weiß-blauen Häusern, der sich an einen schmalen Kiesstrand zwischen Agia Roumeli und Chora Sfakion schmiegt (eine 30-minütige Fährfahrt). Der Ort hat keine Straßenanbindung, was ihn isoliert und zur ruhigen Oase machen sollte; in der Hochsaison ist er jedoch bei Tagesausflüglern sehr beliebt.

AKTIVITÄTEN IN LOUTRO

Hotel Porto Loutro
Vermietet Kanus, Seekajaks und Tretboote zur Erkundung der Küste von Loutro.

Chania Boat
Vermietet kleine Motorboote in Loutro; kein Bootsschein erforderlich.

Stavros Taxi Boat
Bietet maßgeschneiderte Fahrten entlang der gesamten Südküste, auch zu versteckt liegenden Stränden.

Über einem einfachen Feldweg nach Westen kann man dem Rummel entfliehen. Ein 10-minütiger Spaziergang bringt einen zur **Kirche des Christus Erlösers (Sotiros Christou)**, die von ihrem markanten Hügel aus das Meer überblickt.

Der südlichste Punkt Europas

RUHIG, ABGELEGEN, WUNDERSCHÖN

Im Libyschen Meer, mit der Fähre 45 km von Chora Sfakion entfernt, liegt die **Insel Gavdos**. Sie ist der südlichste Punkt Europas und ebenso sehr ein Geisteszustand wie eine Insel. Es ist ein glücklicher, ruhiger Ort mit nur wenigen Zimmern, Tavernen und unberührten Stränden, von denen einige nur zu Fuß oder per Boot erreichbar sind. Außer Schwimmen, Spazierengehen und Entspannen gibt es hier wenig zu tun.

Sanftes Sougia

KRETAS BESTER BADEORT

Sougia ist einer der entspanntesten und erfrischend unerschlossenen südlichen Strandorte Kretas. An der mit Tamarisken beschatteten Uferpromenade entlang eines grauen Kies- und Sandstrandes, an dem einige Liegestühle vermietet werden, reihen sich Cafés und Tavernen aneinander. Neben dem Faulenzen am langen und nicht überfüllten Strand ist dies ein Ort zum Wandern: Die beeindruckenden Ruinen von **Lissos** aus der Römerzeit sind über den weitläufigen Küstenweg leicht zu erreichen.

Für ein so kleines Küstenstädtchen bietet Sougia auch einige großartige Restaurants – man könnte eine Woche damit verbringen, sich durch das Angebot zu futtern. Sougia hat mehrere einfache Unterkünfte, die alle entsprechend unauffällig sind. Ein paar liegen direkt am Wasser, die anderen befinden sich auf der Hauptstraße, etwa 100 bis 200 m von der Küste entfernt.

Schluchtenwandern auf höchstem Niveau

DAS BERÜHMTESTE NATURWUNDER KRETAS

Die **Samaria-Schlucht** ist eines der größten geologischen Wunder Europas. Die beste Art, die Schlucht zu erleben, ist eine 18 km lange Wanderung vom Startpunkt im Bergdorf Xyloskalo bei Omalos aus. Man beginnt auf einer Höhe von 1230 m und endet auf Meereshöhe in Agia Roumeli.

Der erste Abschnitt ist ein steiler, serpentinenartiger Steinweg, der 600 m in die Schlucht hinabführt. Weiter geht es zur einfachen, von Zypressen eingerahmten **Agios-Nikolaos-Kirche**.

DIE BESTEN RESTAURANTS IN SOUGIA

To Tzitziki
Raffinierte kretische Tagesgerichte und eine gute und abwechslungsreiche Speisekarte. €€

Omikron
Der renommierte Küchenchef Jean-Luc Delfosse bietet wohltuende Abwechslungen zu den üblichen Tavernengerichten. *Flammekuche* (ja, elsässer Flammkuchen!) ist besonders empfehlenswert. €€

Taverna Rembetiko
Kretische Bergküche vom Holzkohlegrill in gemütlichem Ambiente direkt am Strand. €€

Diktamo
Café am Wasser mit kleinem Markt für Bio-Lebensmittel, ideal als Proviant auf Wanderungen. €

ESSEN IN DEN BERGEN

Alfa Restaurant
Ein von der Gemeinde geführtes Kleinod in Azogires mit ländlicher kretischer Küche, Getränken und angenehmer Atmosphäre. €

To Skolio
Der Name bedeutet „Schulhaus" – mit der täglich wechselnden Speisekarte in diesem Lokal in Anydri lernt man die regionale Küche kennen. €€

Elaias Thea
Bergrestaurant in der Nähe von Anoskeli (30 km von Chania entfernt, an der Hauptstraße nach Paleochora) mit hervorragenden traditionellen Gerichten. €€

UNTERSCHÄTZTE HAFENSTADT

Die meisten kommen nur nach **Agia Roumeli**, wenn sie zuvor durch die Samaria-Schlucht gewandert sind und auf die Abreise warten. Doch die Stadt, die nur mit der Fähre oder zu Fuß erreichbar ist, ist mehr als nur einen flüchtigen Besuch wert. Abseits der von Fährpassagieren überfüllten Cafés gibt es einige gute Tavernen. Außerdem findet man bescheidene Gästehäuser, einige mit Meerblick. Statt mit den Massen auf den spätnachmittäglichen Fähren nach Chora Sfakion und Sougia zu fliehen, kann man sich in dieser ruhigen Hafenstadt mit ihrem Kieselstrand, der vom glitzernden Meer umspült wird, wunderbar entspannen.

Hinweis: Das Dorf ist auch bei denjenigen beliebt, die die Schlucht auf die „faule Art" erkunden, indem sie nur ein kurzes Stück nach Norden wandern, und es ist auch der Endpunkt der 14 km langen Wanderung nach Loutro.

Danach ist die Schlucht für die nächsten 6 km weit und offen, bis man den Hauptrastplatz erreichen.

Nächste Station ist die **Kirche der Heiligen Maria von Ägypten** aus dem 14. Jh. Im weiteren Verlauf verengt sich die Schlucht und wird noch dramatischer. Bei Kilometer 11 sind die Wände nur noch 3,5 m voneinander entfernt. Es folgen die berühmten **Sideroportes** (Eisentore), wo ein wackeliger Holzweg etwa 20 m weit über das Wasser führt. Der Nationalpark endet bei Kilometer 13, von wo aus es noch 3 km bis zum Meer sind.

Tagesausflüge zur Schlucht werden auf ganz Kreta stark beworben, und im Sommer ist sie überfüllt. Am besten bricht man so früh wie möglich auf, um den Menschenmassen zuvorzukommen. Achtung: Der Park ist nur von Mai bis Mitte Oktober geöffnet (manchmal ist er aber auch schon ab April offen). Nachmittags ist es Travellern nicht mehr gestattet, den gesamten Weg zu begehen, da alle den Park bis 16 Uhr verlassen haben müssen. Tagesausflüge zur Samaria-Schlucht beginnen am Parkeingang und beinhalten eine Abholung entweder in Sougia oder Chora Sfakion nach einer Fährfahrt von Agia Roumeli aus.

Berg-Attraktionen

SEHENSWÜRDIGKEITEN ZWISCHEN NEBLIGEN GIPFELN

Abseits der Hauptstraße zwischen Sougia und Chania führen kurvenreiche Bergstraßen zum Startpunkt für die Samaria-Schlucht. Die Sehenswürdigkeiten und Dörfer sind vielfältig und oft spektakulär.

An der Hauptstraße zwischen Chania und Omalos, etwa auf halbem Weg zwischen Fournes und Lakki, liegt der **Botanical Park & Gardens of Crete**. Die 15 ha großen, üppigen Gärten wurden von einer Familie mit grünem Daumen angelegt und haben thematische Abteilungen mit medizinischen, tropischen, Zier- und Obstbäumen. Im Laden werden die hier angebauten Produkte verkauft, auch das Restaurant ist ausgezeichnet.

Die meisten Menschen eilen durch **Omalos** auf dem Weg zur 4 km entfernten Samaria-Schlucht, aber für die, die sich für die Einsamkeit oder die Natur interessieren, lohnt sich ein längerer Aufenthalt in dieser Hochgebirgssiedlung. Im Sommer ist die Luft im Vergleich zur dampfenden Küste erfrischend kühl, und es gibt tolle Wandermöglichkeiten in den Bergen. Omalos ist auch eine gute Basis, um zu übernachten und früh aufzustehen, um die Samaria-Schlucht vor den Ansturm der Massen zu erreichen.

Die Strände von Paleochora

NICHT EINER, SONDERN ZWEI

Paleochora ist nicht nur ansprechend und gemütlich (und doch lebhaft), auch die Lage ist atemberaubend. Paleochora liegt auf

ESSEN IM SÜDEN

Oasis Taverna
Am westlichen Ende des Strandes von Frangokastello, mit Blick von der blumengeschmückten Terrasse aus aufs Meer. **€€**

Taverna Stratis
Etwas oberhalb des Hafenviertels von Loutro werden hier allerlei Arten gegrillten Fleischs serviert. **€€**

Taverna Sarakiniko
Taverne auf der Insel Gavdos, in der täglich Frischfang vom Fischerboot der Familie serviert wird. **€**

OSKARS KUPICS/SHUTTERSTOCK ©

Samaria-Schlucht (S. 369)

einer schmalen Halbinsel, die in das Libysche Meer hineinragt und auf der einen Seite von einem langen, geschwungenen, von Bäumen beschatteten Sandstrand (Pahia Ammos) und auf der anderen Seite von einem Kieselstrand (Halikia) flankiert wird. Das seichte Wasser und die Ruhe machen das Dorf ideal für Familien mit kleinen Kindern.

Der malerischste Teil des Städtchens ist das Labyrinth enger Gassen unterhalb der Burg. Die Cafés erstrecken sich bis auf den Bürgersteig, und der Morgenkaffee scheint kein Ende zu nehmen. In der Abenddämmerung stellen zahlreiche Fischtavernen ihre Tische entlang der Halikia auf. Der Wettbewerb ist hart, und Paleochora hat mit Abstand das beste Essen an diesem äußersten westlichen Ende der Insel zu bieten. Das Nachtleben in den engen Gassen und in den Strandclubs ist zwar nicht berauschend, aber doch sehr unterhaltsam.

Traumstrand

ROSA SAND, BLAUES WASSER

Etwa eine Autostunde von Paleochora entfernt liegt **Elafonisi**, ein atemberaubender Strand mit feinem rosa-weißem Sand,

WIE MAN ELAFONISI AM BESTEN GENIESST

Im Hochsommer ist Elafonisi alles andere als idyllisch, denn dann verstopfen Hunderte von Sonnenschirmen und Liegestühlen praktisch jeden verfügbaren Quadratmeter Sand und die Autos stauen sich. Aber selbst an den belebtesten Tagen lässt sich diese Naturschönheit in vollen Zügen genießen:

Vor 10 Uhr morgens anreisen, damit man nicht in ein Gedränge von Mietwagen gerät, die sich gegenseitig behindern.

Auf den Parkplätzen um die Autos herumfahren, die vergeblich auf die nächstgelegenen Plätze warten, und sich zu den **am weitesten entfernten**, oft freien Plätzen begeben.

Auf **nicht markierte Sandhindernisse** auf den Parkplätzen achten, in denen manch Fahrzeug steckenbleibt.

Das Inselchen besuchen! Nur Wenige legen den kurzen Weg durch das Wasser zurück, so dass hier der Strand meist leer ist (und frei von Liegestuhlverkäufern).

Rousios
Am Anfang des Wanderwegs durch die Samaria-Schlucht; serviert in einem schönen Garten Speisen aus eigenem Anbau. €

Botanical Park & Gardens of Crete
Regionale Gerichte mit Zutaten aus der Region, die teilweise im Park angebaut werden. €€

Saint Paul
Café mit atemberaubender Aussicht, 4 km östlich von Agia Roumeli am Weg nach Loutro. €€

GEORGIOS TSICHLIS/SHUTTERSTOCK ©

Elafonisi (S. 371)

türkisfarbenem Wasser und sanften Dünen. Hinter dem langen, breiten Strand, vor dem die kleine Insel Elafonisi liegt, erstreckt sich eine Reihe von halb abgeschlossenen Buchten, die gelegentlich durch eine dünne, sandige Landenge mit dem Festland verbunden sind oder erreicht werden können, indem man 50 m weit durch 1 m tiefes Wasser watet.

Dank der vielen separaten Strände von Elafonisi findet man in der Regel einen windgeschützten Platz. Im Sommer kann es jedoch schwieriger sein, den Menschenmassen zu entkommen, die in großer Zahl in das Gebiet strömen.

SPASS AUF DER FÄHRE

Die Fähren entlang der Südküste sind sehr praktisch und mit der richtigen Einstellung eine sehr unterhaltsame Angelegenheit.

Ein großer Teil der Küste ist unbewohnt und bietet mit ihren bunten Felswänden und vereinzelten, idyllisch anmutenden Stränden schlichte Schönheit. Die großen Fähren der Reederei Anendyk und die vielen kleineren Schiffe sind alle offen, sodass man sich an Deck entspannen kann, während man an der unglaublichen Landschaft vorbeigleitet. Auf den großen Schiffen gibt es auch Snackbars, an denen man sein Lieblingsgetränk schlürfen kann – was das Vergnügen noch steigert.

Schifffahrten entlang der Küste erfordern jedoch Geduld und Verständnis. Fahrpläne sind schwer zu lesen und Pünktlichkeit nicht zwingend gegeben. Im Sommer können die Fähren sehr voll sein, man sollte aber immer ein ruhiges Plätzchen an Deck finden können.

Die wunderbaren Strände von Falasarna

SONNENUNTERGÄNGE ÜBER SCHÖNEM SAND

Die schönsten Sonnenuntergänge Kretas brechen sich in **Falasarna**, einem Strandort mit einem verführerischen – und sehr beliebten – langen Strand, in Millionen zinnoberroter Funken. Der breite, cremefarbene Sandstrand gilt als einer der schönsten der Insel und ist bekannt für sein klares Wasser, die sanften Wellen und den Wassersport. Man kann sein Handtuch am **Big Beach** (Megali Paralia) am südlichen Ende ausbreiten oder sich ein Plätzchen in einer der Buchten suchen, die durch felsige Landzungen weiter nördlich getrennt werden.

ESSEN IN PALEOCHORA

To Peiratiko Bar
In dieser ausgefallenen Taverne gibt's neben Drinks ausgezeichnete moderne griechische Küche. **€€**

Taverna Methexis
Am südlichen Stadtende, mit Tischen, die sich über die Straße erstrecken und um eine kleine Lagune herum stehen. Gute kretische Küche. **€€**

Cafe Almyrida
Südlich des Zentrums, mit tollem Frühstück, sehr gutem Kaffee und einer Terrasse mit Blick aufs Wasser. **€**

Falasarna hat kein Zentrum im eigentlichen Sinn, sondern Hotels, Tavernen, Cafés und kleine Supermärkte, die über die sandigen Hügel hinter den Stränden verstreut liegen. Windsurfen, Stand-up-Paddleboarding (SUP) und Seekajakfahren sind nur einige der Möglichkeiten, sich hier aktiv zu betätigen.

Ein antiker Stadtstaat

BETÖRENDE RÖMISCHE RUINEN

In **Falasarna** gewinnen Archäologen jedes Jahr neue faszinierende Erkenntnisse zur Römerzeit. Es gibt hilfreiche Informationstafeln. Zu sehen sind auch die Überreste der Stadtmauer, die einst die Stadt schützte, sowie der ehemalige kleine Hafen.

Die Ruinen sind über eine 2 km lange unbefestigte Straße durch Olivenhaine zu erreichen, die dort beginnt, wo die asphaltierte Straße endet. Eine praktische App bietet zahlreiche Infos und vermittelt eine Vorstellung davon, wie die antike Stadt einst aussah.

Abgelegenes Strandvergnügen

ATEMBERAUBENDER STRAND UND VENEZIANISCHE FESTUNG

Im äußersten Nordwesten Kretas spielt Tourismus keine allzu große Rolle. Die Küste wird hier von der praktisch unbewohnten Halbinsel Gramvousa mit dem lagunenartigen **Strand von Balos** und dem vorgelagerten Inselchen **Imeri Gramvousa** mit seiner venezianischen Festung geprägt. Balos ist wunderschön und scheint in jeder kretischen Tourismuskampagne aufzutauchen. Der Haken an der Sache ist, dass man entweder mit dem Geländewagen kommen oder sich einem überfüllten Tagesausflug mit dem Boot anschließen muss.

Falasarna ist ein guter Ausgangspunkt für die Erkundung der Region. Wesentlich mehr zu bieten hat **Kissamos** (Kastelli), wo es viele Hotels, Ferienwohnungen und Restaurants gibt.

BERG- UND KÜSTENDÖRFER

In den Hügeln oberhalb von Paleochora findet man einige der schönsten und am wenigsten besuchten Bergdörfer Westkretas. Die **Innachorion-Dörfer** (abgeleitet von Enneia Horia, was „neun Dörfer" bedeutet) liegen im äußersten Westen der Region, entlang der Straße, die die Hauptstraße nach Paleochora mit der Westküste und Falasarna verbindet. Diese üppige Gegend ist für ihre Kastanien und Oliven bekannt, und es wird nicht an Gelegenheiten mangeln, Olivenöl, Honig, getrocknete Kräuter und Raki (kretischer Schnaps) zu kaufen.

Die Küstenstraße von Kefali nach Sfinari ist eine der schönsten Kretas: Sie schlängelt sich um die Klippen herum, und nach jeder Kurve eröffnet sich ein herrlicher Blick auf die Küste. Zu den Highlights der Dörfer gehören **Elos** (Mittagspause in den Bergen), **Kefali** (Kirche mit Fresken aus dem 14. Jh. und Blick aufs Meer) und **Sfinari** (Tavernen am Meer).

UNTERWEGS VOR ORT

Die gesamte südliche Region von Chania wird von hohen Bergen beherrscht, die sich um die Westküste winden. Über zahlreiche Bergpässe gelangt man in weniger als zwei Stunden vom Norden an die Südküste. Ein eigenes Fahrzeug ist die beste Möglichkeit, die weiten ländlichen Gebiete Chanias zu erkunden. Man braucht jedoch nicht für die gesamte Reise ein Fahrzeug, da Fähren die südlichen Strände verbinden und Busse von Chania-Stadt aus alle wichtigen Städte anfahren.

RETHYMNO

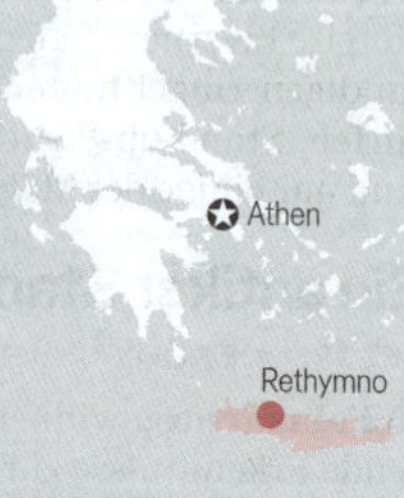

Rethymno ist eine der bezauberndsten Städte Kretas, eingebettet zwischen der imposanten Festung aus dem 15. Jh. und dem azurblauen Wasser des Mittelmeers. Das venezianisch-osmanische Viertel ist ein wunderbares Gassenlabyrinth mit blumengeschmückten Baldachinen, anmutigen Holzhäusern, kunstvollen Denkmälern und gelegentlich einem Minarett.

Rethymno belohnt diejenigen, die einfach nur flanieren wollen, mit architektonischen Details, die die Straßen schmücken, in denen die Bewohner ihrem Leben nachgehen, ohne sich um die Touristenströme im Sommer zu kümmern. In der drittgrößten Stadt Kretas gibt es köstliches Essen: Die üppige kretische Landschaft bringt hervorragende Lebensmittel hervor, und die einheimische Küche versteht es, diese zu verarbeiten. Auch hier lohnt es sich, einfach umherzustreifen.

In den engen, gepflasterten Fußgängerzonen der Altstadt gibt es vor allem touristische Restaurants und Geschäfte, aber hinter dem Glanz verbirgt sich der zeitlose Charakter von Rethymno. Und dann wäre da ja auch noch der lange Strand, der direkt in der Stadt liegt und von den quirligsten Cafés und Bars der Region gesäumt wird.

TOP TIPP

Die meisten Sehenswürdigkeiten, Unterkünfte und Restaurants liegen in der weitgehend fußgängerfreundlichen Altstadt, die sich vom venezianischen Hafen bis zur Fortezza und im Süden bis zum Stadtgarten erstreckt. Die meisten Tavernen am Hafen sind unscheinbar und es kann dort sehr voll werden. Es gibt aber auch ruhigere Viertel.

DIE BESTEN RESTAURANTS

Taverna Knossos
Das einzige gute Hafenrestaurant ist dank der Familie Stavroulaki ein sehr gutes. €€

Byraki
In dieser klassischen – und ausgezeichneten – kretischen Taverne stehen die Tische bis auf die Straße. €€

To Pigadi
In einer hübschen Gasse mit einer kleinen aber feinen kretischen Speisekarte. €€

Avli
Stimmungsvoller Garten und originelle Interpretationen regionaler Gerichte. €€€

Meli
Tolles Eis aus Ziegenmilch. Familienbetrieb. Am Rimondi-Brunnen. €

Fortezza

EINDRUCKVOLLES WAHRZEICHEN

Rethymnos größtes Monument ist einzigartig: Die 300 m lange, sternförmige **venezianische Festung** (Fortezza) thront über der Altstadt. Mit ihren massiven Mauern wirkt sie sehr imposant, konnte aber 1646 die Türken nicht abwehren. Im Lauf der Zeit entstand auf dem Gelände ein ganzes Dorf, von dem ein Großteil im Zweiten Weltkrieg zerstört wurde. Der Blick auf die Stadt, das Mittelmeer und die Berge ist großartig; die Erkundung der Festungsmauern ist ein Highlight in Rethymno. Die Festung ist auch ein wunderbarer Ort, um unter Palmen und duftenden Pinienbäumen zu verweilen und die Atmosphäre aufzusaugen. Hier kann man leicht ein paar Stunden verbringen.

Mitten im Zentrum dominiert die **Sultan-Bin-Ibrahim-Moschee** aus dem 17. Jh. mit ihrer riesigen Kuppel das Innere des Forts. In der Moschee kann man eine beeindruckende Mosaikdecke bewundern.

Der Hafen von Rethymno

DER BRENNPUNKT DER STADT

Der kleine venezianische Hafen von Rethymno aus dem 14. Jh. hat zu seiner Zeit wohl nur wenigen Schiffen Platz geboten, aber das umliegende venezianische Viertel ist ein weiteres Highlight Rethymnos (was für viele der Cafés und Tavernen nicht gilt).

Obwohl der moderne Hafen keine weiten Ausblicke zulässt, lohnt es sich, den historischen Hafendamm zu besteigen, um

SEHENSWERTES
1 Archaeological Museum of Rethymno
2 Historical & Folk Art Museum
3 Kara-Musa-Pascha-Moschee
4 Leuchtturm
5 Loggia
6 Museum of Contemporary Art
7 Neratzes-Moschee
8 Rimondi-Brunnen
9 Venezianische Festung (Fortezza)
10 Venezianischer Hafen

den Blick zu genießen. Der Leuchtturm ist 9 m hoch und wurde in den 1830er -Jahren von Ägyptern erbaut.

Archäologische Funde

MINOISCHE, BYZANTINISCHE UND VENEZIANISCHE SCHÄTZE

Nicht verpassen sollte man die Bronzelampe aus dem 1. Jh. v.Chr., die Dionysos auf einem Panther reitend darstellt. Zu

Venezianische Festung

ÜBERNACHTEN IN RETHYMNO

Casa Vitae Villas
Kunstvoll restaurierter venezianischer Palast aus dem 15. Jh. mit tollen Zimmern und hervorragendem Service. **€€€**

Rethymno Youth Hostel
Eines der besten preisgünstigen Hotels auf Kreta, zentral in einer ruhigen Straße gelegen, mit schönem Garten im Innenhof. **€**

Hamam Oriental Suites
Ehemaliges venezianisch-osmanisches Badehaus, das in ein Boutiquehotel umgewandelt wurde. Viele Zimmer weisen noch historische Details auf. **€€**

VON DEN MINOERN BIS ZU DEN TÜRKEN

Archäologische Funde deuten darauf hin, dass das Gebiet des heutigen Rethymno seit der spätminoischen Zeit besiedelt war. Um das 4. Jh. v.Chr. entwickelte sich „Rithymna“ zu einem autonomen Staat von ausreichender Größe, um eigene Münzen herauszugeben. Während der römischen und byzantinischen Zeit verlor die Stadt an Bedeutung, blühte aber unter venezianischer Herrschaft (1210–1645) wieder auf und wurde zu einem wichtigen Handels- und Kulturzentrum.

Die Venezianer bauten einen Hafen und begannen im 16. Jh., die Stadt gegen die wachsende türkische Bedrohung zu befestigen. Dennoch wurde die Fortezza 1646 von den Osmanen eingenommen, die hier bis 1897 herrschten. Der Ruf der Stadt als künstlerisches und intellektuelles Zentrum wuchs ab 1923, als der vorgeschriebene Bevölkerungsaustausch zwischen Griechenland und der Türkei viele Flüchtlinge aus Konstantinopel hierher brachte.

KAJZRPHOTOGRAPHY/SHUTTERSTOCK ©

Neratzes-Moschee

besichtigen ist sie im gut kuratierten **Archaeological Museum of Rethymno**, das Relikte aus bedeutenden Ausgrabungen in der Provinz Rethymno zeigt. Zu den Juwelen der Sammlung gehören exquisite handbemalte minoische Keramiken und eine 9000 Jahre alte Götterstatue aus Kalkstein.

Auch das Gebäude des Museums selbst, die venezianische Kirche des Heiligen Franziskus, hat eine Geschichte zu erzählen. Das kunstvoll gestaltete Hauptportal vermittelt einen Eindruck von der großen Vergangenheit des Gotteshauses.

Kirchen und Moscheen

HEILIGE STÄTTEN UNTERSCHIEDLICHER RELIGIONEN

Die **Neratzes-Moschee** war ursprünglich eine Augustinerkirche und wurde 1657 von den Türken umgebaut. Das kürzlich restaurierte Minarett kam jedoch erst 1890 hinzu. Die **Kara-Musa-Pascha-Moschee**, war ursprünglich ein Kloster, bevor es von den Türken umgewandelt und mit Kuppeln und einem Minarett versehen wurde, von dem nur noch Teile erhalten sind.

SHOPPEN IN RETHYMNO

Spantis
John Spantidakis arbeitet hier mit rohem Leder – nicht vorgefärbt oder vorgeschnitten – und fertigt Taschen, Gürtel und Geldbörsen von Hand an.

Leather Studio Kanakakis
Eine Werkstatt, in der man die Herstellung von allerlei Lederwaren beobachten kann.

Frosso Bora Pottery Studio
Der namensgebende Künstler fertigt wunderschöne Kreationen aus einheimischem Ton.

Das einst als **Agia-Sophia-Kirche** errichtete Gebäude an der Koroneou-Straße wurde während der osmanischen Zeit zu einer Moschee umgebaut.

Venezianisches Rethymno

ZEITLOSE, KUNSTVOLLE ÜBERBLEIBSEL

Bedeutende venezianische Sehenswürdigkeiten säumen das alte Viertel. Die **Loggia** am Hafen ist ein restauriertes Wahrzeichen aus dem 16. Jh., das ursprünglich als Versammlungshaus für den venezianischen Adel diente. Sie ist an drei Seiten mit Arkaden versehen und beherbergt heute den Shop des Archäologischen Museums.

Man fragt sich, was die Herrschaften des 17. Jhs. von den Scharen von Selfie-Fotografen gehalten hätten, die sich täglich vor ihrem verzierten **Rimondi-Brunnen**, der direkt westlich der Loggia liegt, ein Stelldichein geben.

Kleine, feine Kunstmuseen

BEEINDRUCKENDE WERKE UND ZWERGFLUSSPFERDE

Der Eckpfeiler der Sammlung des **Museum of Contemporary Art** sind die Werke des lokalen Malers Lefteris Kanakakis. Andere Stücke zeigen die Entwicklung der Kunst in Griechenland seit den 1950er-Jahren. Besonders an heißen Tagen eine im wahrsten Sinne des Wortes coole Sache!

Das **Historical & Folk Art Museum** in einem schönen venezianischen Herrenhaus aus dem 17. Jh. macht seinem Namen alle Ehre und zeigt Exponate zum kretischen Landleben.

TRADITIONELLE BÄCKEREIEN

Die Traditionen von Rethymno kann man in den historischen Bäckereien sogar essen. Yiorgos Hatziparaskos und seine Familie sind einige der letzten traditionellen Filo-Meister in Griechenland. In seiner **Bäckerei**, die durch eine venezianische Tür zu erreichen ist, wird immer noch feinstes Gebäck von Hand hergestellt. Die hervorragenden Baklava und *kataïfi* („Engelshaar"-Pastete) sollte man sich nicht entgehen lassen.

Ein paar Straßen weiter nördlich, versteckt in einer Gasse, gibt es seit 1958 die **Bäckerei Spanoioakis**. Neben ihrem frischem Gebäck ist sie berühmt für ihr Brot in Form von Dinosauriern und Flamingos sowie für *kouloures*, ein lackiertes, kunstvoll verziertes (aber ungenießbares) Brot. Jedes Muster hat eine symbolische Bedeutung: Granatäpfel bringen Glück, Bäume Langlebigkeit und Ringe ewige Verbundenheit.

UNTERWEGS VOR ORT

Das historische Viertel von Rethymno ist größtenteils autofrei und lässt sich hervorragend zu Fuß erkunden. Parken ist in der Stadt immer ein Problem. Man kann es auf dem riesigen Parkplatz östlich des Stadtparks versuchen oder auf dem gebührenpflichtigen Parkplatz in Kriari (wo in der Regel Platz ist).

Der Busbahnhof liegt am westlichen Rand des Zentrums und ist nur einen kleinen Fußmarsch von der historischen Altstadt entfernt.

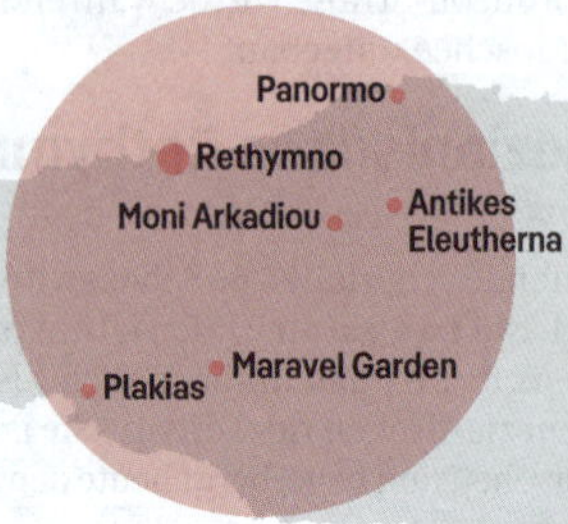

Panormo
Rethymno
Moni Arkadiou
Antikes Eleutherna
Plakias
Maravel Garden

Rund um Rethymno

Außerhalb von Rethymno warten symbolträchtige Orte, großartige Strände, die traditionelle Küche und einige echte Überraschungen.

Das gebirgige Hinterland von Rethymno bietet viele Möglichkeiten für interessante Routen und Ausflüge. An nur einem Tag lassen sich problemlos ein Besuch des symbolträchtigen Moni Arkadiou mit einem Einkaufsbummel im Töpferdorf Margarites verbinden und auch noch die ausgedehnten Ruinen des antiken Eleutherna besichtigen.

Man kann auch antiken Pfaden folgen, die die Dörfer des Amari-Tals miteinander verbinden und sich dann im Schatten des Psiloritis, des höchsten Bergs Kretas, ausruhen. Die Südküste wird von tollen Stränden in verführerischer Abgeschiedenheit und reizvollen Städten wie Plakias und Agios Pavlos geschmückt.

TOP TIPP

Wer sich die Finger klebrig machen will, findet entlang der Straßen der Region Händler, die Honig aus Thymian verkaufen.

Kragsteinbogenbrücke, antikes Eleutherna

Moni Arkadiou

Historisches Kloster

PASTORALES DENKMAL DER SEELE KRETAS

Das aus dem 16. Jh. stammende Kloster **Moni Arkadiou**, 23 km südöstlich von Rethymno, hat eine tiefe Bedeutung für die kretische Bevölkerung. Es ist ein starkes und kraftvolles Symbol des Widerstands und gilt als Katalysator für den Kampf der Insel um die Befreiung von der türkischen Besatzung.

Im November 1866 trafen osmanische Truppen ein, um die Aufstände auf der Insel niederzuschlagen. Hunderte von kretischen Männern, Frauen und Kindern flohen aus ihren Dörfern und suchten Schutz in Arkadiou. Das Kloster wurde jedoch bald von 2000 türkischen Soldaten belagert. Statt sich zu ergeben, sprengten die eingeschlossenen Einwohner die gelagerten Pulverfässer in die Luft. Fast alle kamen ums Leben.

Antike Akropolis

BEEINDRUCKENDE RUINEN UND EIN GROSSARTIIGES MUSEUM

Nur 25 km südöstlich von Rethymno liegt die archäologische Stätte des **antiken Eleutherna**. Die dorische Siedlung gehörte im 8. und 7. Jh. v. Chr. zu den bedeutendsten ihrer Art.

DÖRFER VOLLER KERAMIK

Das winzige **Margarites**, 26 km südöstlich von Rethymno, ist berühmt für seine Töpfer-Tradition, die bis in die minoische Zeit zurückreicht. Das Dorf hat zwar nur eine Straße – aber mehr als 20 Keramikläden und -werkstätten. Die meisten Ateliers bauen ihren Ton vor Ort von Hand ab (die Gegend ist für ihren Ton bekannt) und bieten einzigartige, helle, nützliche Stücke an.

Den Morgen und die Mittagszeit sollte man meiden – dann überfluten Reisebusse das Dörfchen. Am Nachmittag ist alles ruhig und man kann die stimmungsvollen Gassen erkunden, durch die Ateliers schlendern und von den mit Eukalyptusbäumen gesäumten Tavernen-Terrassen um dem Hauptplatz einen herrlichen Blick auf das Tal genießen.

ESSEN IM AMARI-TAL

Taverna Evgoritis
Kleine Taverne in der Nähe des Zentrums von Apostoli mit wunderbarer Küche. €

Moschovolies Taverna
Die mit Blumen geschmückte Taverne ist ein gemütlicher Ort für Hausmannskost; in Meronas. €

Taverna Aravanes
Herrlicher Blick auf das Tal von Thronos, traditionelle Gerichte aus dem Holzofen, sowie Kochkurse. €€

GEORGIOS TSICHLIS/SHUTTERSTOCK ©

Ammoudi Beach

IM GEDENKEN AN 1941

Etwas über 8 km südlich von Rethymno bietet das **Military Museum of Chromonastiri** eine ernüchternde Darstellung der Schlacht um Kreta – eine der berüchtigtsten Schlachten des Zweiten Weltkriegs. Sie wurde 1941 auf der ganzen Insel ausgetragen, auch hier, in der Nähe des Dorfes Chromonastiri. Das Museum bietet Einblicke in den Konflikt, mit Bildmaterial und ergreifenden persönlichen Gegenständen der alliierten und deutschen Soldaten. Es gibt auch einen Film über die deutsche Luftlande-Invasion, den ersten groß angelegten Einsatz von Fallschirmjägern. Das Museum wird vom griechischen Militär betrieben und Soldaten in Uniform fungieren als Fremdenführer.

Heute gibt es selbst in der kleinsten Stadt Kretas ein wichtiges Denkmal für die Bürger und Partisanen, die während der fast vierjährigen Kämpfe gefallen sind.

Der am leichtesten zugängliche Teil der verwirrenden und weitläufigen Anlage ist die Akropolis mit den Überresten eines Turms auf einem langen, schmalen Bergrücken hinter einer Taverne. Viele der Schätze von Eleutherna werden im beeindruckenden **Museum of Ancient Eleutherna** ausgestellt, das sich 3 km westlich der Ruinen befindet.

Panormo an der Nordküste

STRANDORTTRÄUME

Panormo ist einer der wenigen relativ unberührten Strandorte an der Nordküste. Trotz einiger größerer Hotelkomplexe hat sich der Ort ein ruhiges, authentisches Dorfgefühl bewahrt.

Östlich von Panormo liegt Kretas **Bali** – einst einer der schönsten Orte an der Nordküste. Heute ist das Städtchen stark touristisch geprägt und bietet ein aufregendes Nachtleben.

Botanischer Garten

BERAUSCHENDE DÜFTE UND ÜPPIGE SCHÖNHEIT

Der **Maravel Garden** ist ein botanischer Garten mit einer aromatischen Vielfalt von Pflanzenarten aus Kreta und der ganzen Welt. Die Mitarbeiter:innen verwenden die Pflanzen zur

ESSEN IN PLAKIAS

Tasomanolis
Familientaverne im maritimen Stil mit farbenfrohem Innenhof und Meeresfrüchten aus der Region. €€

Lysseos
Restaurant mit eigenem Kräutergarten und hervorragender Hausmannskost. €€

L'Etoile du Sud
Tische in einem Garten in Strandnähe. Die Speisekarte bietet kaum Tavernenklischees. €€

Herstellung der hier verkauften Bio-Produkte. Das nahe **Spili** ist ein charmantes Bergdorf mit gepflasterten Straßen und blumengeschmückten, weiß getünchten Häusern.

Tradionelle Dörfer

ALTE KIRCHEN UND WEITE AUSBLICKE

Die Dörfer des fruchtbaren **Amari-Tals** werden von byzantinischen Kirchen dominiert und sind von Olivenhainen und Obstgärten umgeben. Ein Gewirr enger Straßen schlängelt sich zwischen den Sehenswürdigkeiten hindurch.

Drei Dörfer gehören zu den Highlights der Region. In **Meronas** sollte man die Marienkirche aus dem 14. Jh. mit ihren Fresken besichtigen und die üppigen königsblauen Altargewänder bewundern. **Thronos** ist ein netter Weiler mit nur einer Taverne, die auf einem Hügel thront. Die Kirche Agia Panagia (Mariä Himmelfahrt) hat außergewöhnliche, wenn auch verblasste Fresken aus dem 14. Jh. zu bieten. **Amari**, das dem Tal den Namen gab, ist ein bezauberndes Gemisch aus venezianischen Gebäuden und einem Platz mit Cafés und überquellenden Blumentöpfen.

Plakia – Strand & Umgebung

BETÖRENDER KÜSTENORT

Von der Straße zwischen Rethymno und Agia Galini führt eine wunderbare Fahrt durch die zerklüftete Kotsifou-Schlucht nach **Plakias**, einem entspannten Lieblingsort vieler Traveller. Das Dorf selbst ist zwar unscheinbar, aber es liegt an einem weitläufigen, sichelförmigen Sandstrand, der von hoch aufragenden Felswänden umgeben ist.

Auch im Südosten befinden sich einige herrliche Strände, die alle weniger als 5 km von Plakias entfernt sind. Der **Ammoudi Beach** ist selbst im August ein idyllisches Eden. In einer Bucht gelegen, bietet der Strand hellen, pulverförmigen Sand, viel Schatten und eine Taverne, die Wassersportgeräte verleiht.

Die Küste südlich von Plakias ist übersät mit herrlich einsamen Strandbuchten, die sich bis nach Agia Galini erstrecken, darunter der **Preveli Beach**, einer der berühmtesten Strände Kretas (auch als Palm Beach bekannt). Er wird von zerklüfteten Klippen gesäumt, und am Rande des Wassers befindet sich ein herzförmiger Felsbrocken, der wie geschaffen für Selfies ist.

Weiter östlich und ebenfalls von Klippen umgeben, ist **Agios Pavlos** nicht viel mehr als ein paar Tavernen mit Zimmern, die um eine malerische Sichel mit dunklem, grobem Sand und Dünen angeordnet sind.

MONI PREVELI

Das Kloster **Moni Preveli** bildet eine imposante Silhouette hoch über dem Libyschen Meer. Es besteht aus zwei Teilen: der Ruine des unteren Klosters von St. Johannes dem Täufer und dem oberen Kloster von St. Johannes dem Theologen. In einem kleinen Museum sind erlesene Ikonen und reich bestickte Gewänder ausgestellt. Der eigentliche Reiz liegt jedoch in der Aussicht, die man von dieser einsamen Klippe aus hat.

Auf dem Weg zum Kloster erinnert ein Denkmal, das einen bewaffneten Abt und einen alliierten britischen Soldaten zeigt, an die Rolle des Ortes im Krieg, ebenso wie ein Brunnen auf der rechten Seite, wenn man den Klosterkomplex betritt. Wie die meisten kretischen Klöster war Preveli während der türkischen Besatzung ein Zentrum des Widerstands und spielte auch im Zweiten Weltkrieg eine Schlüsselrolle, als hier versprengte alliierte Soldaten vor den Nazis versteckt wurden, bis sie mit einem U-Boot nach Ägypten entkommen konnten.

UNTERWEGS VOR ORT

In den meisten Städten der Region fahren mindestens ein paar Busse täglich, die Rethymno als Knotenpunkt nutzen. Im Sommer kümmern sich Reisebusse um die beliebtesten Routen. Kleine Boote, die die Strände und Buchten an der Südküste miteinander verbinden, sind im Sommer die beste Wahl.

IRAKLIO

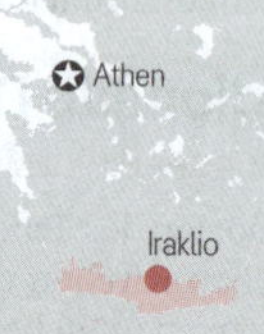

Die Hauptstadt Kretas, Iraklio (auch Heraklion genannt) ist die fünftgrößte Stadt Griechenlands und das wirtschaftliche und administrative Zentrum der Insel. Hier befindet sich auch eine der größten Sehenswürdigkeiten Kretas: das Archäologische Museum Iraklio, das – zusammen mit dem nahe gelegenen Palast von Knossos – einen faszinierenden Einblick in die antike Vergangenheit der Insel bietet.

Iraklio ist zwar nicht besonders hübsch, aber wer sich die Zeit nimmt, die verschiedenen Facetten der Stadt zu erkunden und durch die Gassen zu schlendern, wird sich verlieben. Zu entdecken gibt es eine unaufdringliche urbane Raffinesse, eine blühende Restaurantszene, gute Einkaufsmöglichkeiten und ein lebhaftes Nachtleben. Die Uferpromenade lädt zum Flanieren ein, und im historischen Zentrum gibt es belebte Plätze, die von Gebäuden aus der Zeit flankiert werden, als Christoph Kolumbus erstmals in See stach.

Die Stadt, die damals Candia hieß und unter venezianischer Herrschaft stand, entwickelte sich zu einem Zentrum der Künste und war Heimat von Malern wie Michael Damaskinos und El Greco. Die prächtige Festung Koules und viele der großen öffentlichen Gebäude und erhabenen Kirchen im historischen Zentrum stammen aus dieser Zeit.

TOP TIPP

Das historische Zentrum von Iraklio, das größtenteils aus Fußgängerzonen besteht, wird vom Hafen und den alten Stadtmauern umrahmt. Die Hauptstraße 25 Avgoustou führt um die Plateia Venizelou herum (nach ihrem Wahrzeichen, dem Brunnen, auch Löwenplatz genannt). Östlich davon, in Richtung des Archäologischen Museums Iraklio und der zentralen Plateia Eleftherias, befinden sich zahlreiche Cafés und Bars.

Morosini-Brunnen

Schätze der Antike

REISE IN DIE VERGANGENHEIT

Zu den faszinierenden Figuren, auf die man im **Archäologischen Museum Iraklio** trifft, gehören Schlangengöttinnen, Stierspringer und der Lilienprinz.

In den 27 Sälen des Museums sind die schönsten und am besten erhaltenen Kunstwerke und Artefakte ausgestellt, die auf Kreta gefunden wurden – Töpferwaren und Schmuck, Sarkophage und Fresken – und die einen Zeitraum von 5500 Jahren von der Jungsteinzeit (7000 v. Chr.) bis zur Römerzeit (200 n. Chr.) abdecken. Zu den wichtigsten Exponaten gehören der winzige goldene Bienenanhänger aus Malia (Raum II), das Geschirr aus Kamares (Raum III), der Diskos von Phaistos (Raum V), eine filigrane Stierkopfskulptur (Raum VI), die Schlangengöttinnen und der steinerne Stierkopf (beide Raum VIII) sowie die berühmten Fresken im Obergeschoss (Raum XIII).

Die in den übrigen Sälen im OG und zwei weiteren im EG ausgestellten Objekte decken die Zeit von der frühen Steinzeit bis zur Römerzeit ab und wären der Stolz jedes anderen Museums, aber hier verblassen sie angesichts der minoischen Objekte.

Alt-Iraklio

SPAZIERGANG DURCH DIE ALTSTADT

Die Cafés auf der stets belebten **Plateia Venizelou** bieten einen Blick aus der ersten Reihe auf das Wahrzeichen der Stadt, den

HIGHLIGHTS
1 Archäologisches Museum Iraklio

SEHENSWERTES
2 Agios-Markos-Basilika
3 Agios-Titos-Kirche
4 Historical Museum of Crete
5 Kotsanas Museum
6 Festung Koules
7 Morosini-Brunnen
8 Venezianische Loggia

SHOPPEN
9 Zentralmarkt Iraklio

Morosini-Brunnen. Der von vier wasserspeienden Löwen umgebene Brunnen wurde 1628 erbaut, um frisches Wasser zu liefern, das über ein Aquädukt aus den nahe gelegenen Bergen herbeigeführt wurde.

Vom Platz aus führt die Haupteinkaufsstraße von Iraklio, die 25 Avgoustou, direkt zum Hafen hinunter, vorbei an prächtigen venezianischen Gebäuden wie der **Agios-Markos-Basilika** aus dem 13. Jh.

ÜBERNACHTEN IN IRAKLIO

Olive Green Hotel
Zeitgenössisches Hotel mit minimalistischem Dekor, Solarzellen und nachhaltigen Materialien. **€€**

Crops Suites
Hippe Ein-Zimmer-Apartments mit komplett ausgestatteten Küchen und geräumigen Balkonen im Zentrum. **€€**

Lato Boutique Hotel
Modisches Boutiquehotel am alten Hafen – Iraklio goes Hollywood. **€€**

DIE BESTEN RESTAURANTS IN IRAKLIO

Peskesi
Kulinarische Magie aus Zutaten aus Familienbetrieben, serviert bei Kerzenschein in einem venezianischen Herrenhaus. €€

Thigaterra
Rustikal-elegantes Slow-Food-Restaurant beim Ammoudara Beach, das traditionellen griechischen Gerichten einen neuen Anstrich verleiht. €€

Vourvouladiko
Türkisch angehauchte kretische Küche in einem Garten in Lakkos mit Jukebox und historischen Fotografien. €€

Apiri
Hübsches Bistro mit einer toller Speisekarte mit moderner griechischer Küche, Cocktails und Craft-Bier. €€

Ein paar Schritte weiter fällt der Blick unweigerlich auf die **Venezianische Loggia**, In diesem Herrenhaus aus dem 17. Jh., in dem sich einst Adlige zum Trinken und Diskutieren trafen, befindet sich heute das Rathaus.

In der Nähe der Uferpromenade dominiert die majestätische **Agios-Titos-Kirche** den gleichnamigen, von Palmen gesäumten Platz, der von Cafés und Bars umgeben ist.

Wunderwerke am Meer

EINE MÄCHTIGE ZITADELLE UND EIN SPAZIERGANG AM WASSER

Fischerboote dümpeln sanft im Hafen und wirken zierlich im Vergleich zur massiven **Festung Koules**. Sie wurde von den Venezianern erbaut (die sie Rocca al Mare nannten) und bewacht seit 500 Jahren die Hafeneinfahrt. Sehenswert sind die Dachterrasse mit Panoramablick auf das Meer und die gewölbten Arkaden der Arsenali, der Werften, die zum Schutz und zur Reparatur der venezianischen Schiffsflotte gebaut wurden.

Bei einem Spaziergang von der Festung zum **Leuchtturm von Iraklio** entlang der 2 km langen **Mole**, die den alten Hafen schützt, bläst einem gelegentlich eine steife Brise ins Gesicht. Etwa auf halber Strecke kommt man an einigen Wandmalereien und einer filigranen Metallstatue namens *Die Meerjungfrau* vorbei.

Top-Museen

GEHEIMNISSE DER GRIECHISCHEN GESCHICHTE UND WISSENSCHAFT

Wer hätte gedacht, dass schon die alten Griechen Wecker, Roboter und Computer erfunden haben? Das kleine **Kotsanas Museum** in einem prächtigen venezianischen Steinhaus in Hafennähe ist voll mit Modellen, Videos und Informationstafeln, die die Wissenschaft hinter Dutzenden von Erfindungen erklären, die vor Tausenden von Jahren gemacht wurden.

Wer sich fragt, was Kreta in den Jahrtausenden zwischen dem Untergang der Minoer und heute getan hat, sollte sich etwas Zeit für das interessante **Historical Museum of Crete** nehmen. Bereits im ersten Raum werden die wichtigsten historischen Phasen der Insel (byzantinisch, venezianisch, osmanisch) anhand von Karten, Büchern, Artefakten und Bildern dargestellt.

Spaß, Essen & Schnickschnack

AUF EINEM LEGENDÄREN MARKT NACH LECKEREIEN SUCHEN

Der **Zentralmarkt Iraklio**, der sich in der Odos 1866 genannten Gasse befindet, ist eine lokale Institution. Den Touristenkram

AUSGEHEN IN IRAKLIO

Beer O'Clock
Burger- und Bierbar mit 100 Biersorten, vom lokalen Solo bis zum belgischen Lambic.

Xalavro
Lounge-Bar in einer dachlosen Steinruine mit kreativen Cocktails, gedämpfter Beleuchtung und interessantem Publikum.

Levare
Dieses kultige Lokal ist der Favorit vor Ort für Partys nach Feierabend – die bis in die frühen Morgenstunden andauern können.

Venezianische Loggia

kann man getrost ignorieren. Stattdessen sollte man sich auf die Stände mit einer Fülle von Frischprodukten, Fleisch, Brot und Leckereien wie lokalem Käse, Thymianhonig und Oliven konzentrieren. Nach dem Einkaufsbummels gibt's starken griechischen Kaffee im Koudoumas, einem Traditions-Café.

Der Geschmack von süßer Geschichte

WO MAN EINEN FESTLICHEN LECKERBISSEN PROBIEREN KANN

Es handelt sich zwar traditionell um ein Frühstücksgericht, aber ehrlich gesagt ist jede Zeit perfekt für cremige *bougatsa*, einen sündhaft leckeren Filoteig, der entweder mit *myzithra* (Schafskäse, ähnlich wie Ricotta) oder einer süßen, cremigen Puddingcreme gefüllt ist.

Die nebeneinander liegenden Bäckerei-Cafés **Phyllosofies** und **Kirkor**, deren Tische sich beim Morosini-Brunnen ausbreiten, sind die besten Orte in Iraklio, um diese typisch kretische Leckerei zusammen mit einem starken griechischen Kaffee zu probieren (die Einheimischen scheinen Kirkor zu bevorzugen). Beide wurden vor einem Jahrhundert von Geflüchteten aus der heutigen Türkei gegründet, wo das Gericht seinen Ursprung hat.

In Iraklio ist es eine besondere Tradition, dass der *bougatsa*-Konsum in der Silvesternacht und am Neujahrstag am höchsten ist – so soll für das kommende Jahr Glück garantiert werden.

SONNENUNTERGANGSBUMMEL AUF VENEZIANISCHEN MAUERN

Pan Kostami, Schauspielerin und Yogalehrerin, und **Jerry Vlachogiannakis**, Ingenieur und Elektroniktüftler, erzählen von ihrem Lieblingsspaziergang in Iraklio.

An klaren Tagen führt unser Lieblingsspaziergang entlang der venezianischen Stadtmauer von Iraklio. Idealerweise sollte man eine Stunde vor Sonnenuntergang die Treppen an der **Kenouryia Porta**, einem historischen Stadttor, hinaufsteigen. Geht man in nordwestlicher Richtung (im Uhrzeigersinn), kann man einen Blick auf die Berge werfen, darunter auch auf den **Berg Yiouhtas**.

Die Altstadt liegt rechts, wenn man die Martinengo-Bastion und das **Grab von Nikos Kazantzakis**, dem berühmten kretischen Schriftsteller, passiert. Die Inschrift auf seinem Grabstein lautet: „Ich hoffe auf nichts, ich fürchte nichts, ich bin frei".

Weiter geht's oberhalb des Bethlehem-Tors und dem Chanioporta (Pantokrator-Tor) bis zur **Bastion von St. Andreas**, von wo aus man den Sonnenuntergang über dem Meer beobachten kann.

UNTERWEGS VOR ORT

Die meisten Sehenswürdigkeiten von Iraklio liegen im Zentrum, das nicht nur flach und übersichtlich ist, sondern auch größtenteils aus Fußgängerzonen besteht.

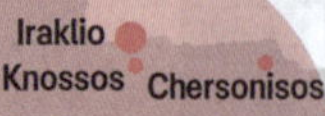

Rund um Iraklio

Die Landschaft von Iraklio ist eine Mischung aus hügeligen Weinbergen, majestätischen Schluchten, beeindruckenden historischen Stätten und herrlichen Stränden.

Iraklio ist die dynamischste Provinz Kretas und das Zuhause von fast der Hälfte der Inselbevölkerung. Zudem findet man hier die beliebteste Sehenswürdigkeit der Insel: den minoischen Palast von Knossos. Südlich von hier liegen weitere antike minoische Stätten wie Phaestos und Gortyna.

Der Küstenabschnitt östlich von Iraklio, mit Chersonisos als Zentrum, ist fast vollständig dem Pauschaltourismus gewidmet. Im Landesinneren dagegen bilden die ursprünglich gebliebenen Dörfer in den Hügeln einen angenehmen Kontrast.

Südlich von Knossos kann man in der Weinregion von Iraklio die edlen Tropfen probieren, die dort hergestellt werden. An der ruhigen Südküste ist der ehemalige Hippie-Treffpunkt Matala der einzige erschlossene Strandort, während das Leben in den Dörfern im Hinterland auf charmante Art und Weise seinen altbewährten Gang geht.

TOP TIPP

Bevor man sich auf den Weg nach Knossos macht, sollte man einen Blick in das Archäologische Museum Iraklio werfen (S. 382), in dem Originalobjekte, die in Knossos ausgegraben wurden, wertvolles Hintergrundwissen liefern.

Palast von Knossos

Kretas wichtigste historische Stätte

DIE HAUPTSTADT DES MINOISCHEN KRETA

Kretas großartigste historische Attraktion ist der **Palast von Knossos**, der 5 km südlich von Iraklio liegt. Der erste Palast (1900 v. Chr.) wurde um 1700 v. Chr. durch ein Erdbeben zerstört und in einem großzügigeren und raffinierteren Design wieder-aufgebaut. Zwischen 1500 und 1450 v. Chr. wurde er teilweise wieder eingeebnet und dann weitere 50 Jahre lang bewohnt, bevor er schließlich niederbrannte.

Die Ausgrabungen fanden vor allem zwischen 1900 und 1930 durch den britischen Archäologen Sir Arthur Evans statt. Seine Rekonstruktionsmethoden sind nach wie vor umstritten. Viele moderne Archäologen sind der Meinung, er habe allzu oft die wissenschaftlie Genauigkeit seiner lebhaften Fantasie geopfert.

Um Menschenmassen und Hitze zu entgehen, besucht man Knossos entweder um 8 Uhr morgens oder nach 15 Uhr. Eintrittskarten gibt's vorab online unter etickets.tap.gr (es wird empfohlen, die Stätte mit dem Archäologischen Museum Iraklio zu kombinieren – es gibt ermäßigte Kombi-Tickets für beide Sehenswürdigkeiten).

Von der Rebe zur Flasche

DIE WEINREGION VON IRAKLIO ERKUNDEN

Kotsifali, mandilari und *liatiko* sind keine Figuren aus einer italienischen Oper, sondern drei einheimische Weine Kretas, die jeder probieren sollte, der eine Vorliebe für vergorenen Traubensaft hat. Praktischerweise geht die Vorstadt von Iraklio gleich hinter Knossos in eine üppige Weinregion über. Hier stellen ein Dutzend Weingüter etwa 70 % des kretischen Weins her, vor allem um **Arhanes**, **Peza** und **Dafnes**.

Die meisten Weingüter bieten Führungen durch die Weinberge an und/oder haben Verkostungsräume, in der Regel gegen eine Gebühr. In der Hochsaison empfiehlt es sich, im Voraus online oder telefonisch zu reservieren. Einige Weingüter bieten auch kleine Museen, in denen historische Werkzeuge, Maschinen und der Weinherstellungsprozess gezeigt werden.

Wer nicht an einer organisierten Tour teilnehmen will, braucht ein Fahrzeug (und einen nüchtern bleibenden Fahrer!), da die Weingüter nicht mit öffentlichen Verkehrsmitteln erreichbar sind.

Streifzug durch Zeus' Hinterhof

KLIPPEN, KAPELLEN UND WILDBLUMEN

Am Fuß des Berges Psiloritis liegt **Zaros**, das für sein natürliches Quellwasser bekannt ist, das hier in Flaschen abgefüllt und auf

MEINE LIEBLINGS-WEINGÜTER

Pierre Graff, Inhaber des in Malia ansässigen Weinreiseveranstalters Made in Crete, erzählt von seinen Lieblingsweingütern in Iraklios Weinregion.

Douloufakis, Dafnes
Nikos Douloufakis ist in dritter Generation Winzer in diesem großen Weingut, das durchweg Qualitätsweine produziert.

Idaia Gi, Venerato
Die kleine Kellerei im Dafnes-Tal bietet Weine aus acht der elf auf Kreta angebauten Rebsorten an.

Stilianou, Kounavi
Stilianou ist eine der kleinsten Weinkellereien Kretas und stellt traditionelle und Bio-Qualitätsweine sowie seltene Natur- und Orangenweine her.

KRETISCHEN WEIN IN IRAKLIOS WEINREGION PROBIEREN

Minos-Miliarakis Winery
Dieser Pionier (seit 1952) verfügt über einen Verkostungsraum in Peza, der gleichzeitig ein Museum ist.

Rhous Winery
Modernes, besucherfreundliches Bio-Weingut mit in Bordeaux ausgebildeten Winzern in Hügellage über Houdetsi.

Silva Daskalaki Winery
Von Mutter und Tochter geführtes Öko-Weingut in Siva, mit Anbau und Ernte nach dem Mondkalender.

ganz Kreta verkauft wird. Das ruhige Städtchen ist aber auch das Tor zur beeindruckenden Rouvas-Schlucht, die ein Anziehungspunkt für Wander-, Vogel- und Natur-Fans ist. Der 10 km lange Hin- und Rückweg (mit einem Höhenunterschied von 700 m) ist im Frühling besonders schön, wenn Nieswurz, Mohn, Schwertlilien und andere Wildblumen der Landschaft die Lebendigkeit eines impressionistischen Gemäldes verleihen. Das ganze Jahr über ist es eine wunderbare Wanderung, die an heiligen Stätten vorbeiführt.

Strand-Treff

ERKUNDUNG DER HÖHLEN UND STRÄNDE

Mehr als 50 Jahre nach Woodstock ist der Hippie-Geist in **Matala** noch immer lebendig. Das Besondere in diesem kleinen Stranddorfs an der Südküste ist der halbmondförmige Strand, der von Klippen gesäumt wird, von denen eine von Höhlen durchzogen ist, in denen die Römer ihre Toten begruben. In den späten 1960er-Jahren zogen zahlreiche Hippies hierher, angelockt von mietfreiem Wohnen, freier Liebe und reichlich Gras.

Heute gelingt es Matala, aus seiner speziellen Mystik Kapital zu schlagen, ohne seine Seele zu verkaufen. Die Abende, wenn die mandarinenfarbene Sonne unter den Horizont sinkt und die Menschen nach ihren Ausflügen in ihre Urlaubsorte an der Nordküste zurückgekehrt sind, sind besonders magisch.

SPAZIERGANG & MITTAGESSEN

Arhanes, 15 km südlich von Iraklio, überragt vom Berg Yiouhtas (811 m; wie aus dem Bilderbuch), ist schon seit minoischer Zeit ein Zentrum des Weinanbaus. Das Labyrinth aus engen Gassen voller Blumen und sorgfältig restaurierten Häusern lädt zu einem ziellosen Spaziergang ein, den man mit einem Mittagessen auf dem von Bäumen beschatteten Hauptplatz beenden kann.

Schönheit & Geschichte in Phaestos

IN DEN FUSSSTAPFEN DER MINOER

Wenn man nur eine einzige minoische Stätte außer Knossos besuchen möchte, dann emphielt sich die Palaststadt **Phaestos**, 11 km nordöstlich von Matala, die 1700 v. Chr. auf den Trümmern eines älteren zerstörten Palast errichtet wurde. Der griechischen Mythologie zufolge regierte von hier aus König Rhadamanthus, der Bruder von König Minos.

Wer bereits in Knossos war, wird viele Merkmale und Elemente wiedererkennen – darunter den zentralen Hof, den Theaterbereich, Lagerräume, Schreine und Privatquartiere.

Die Hauptstadt des römischen Kreta

DAS LEBEN NACH DEN MINOERN

Die faszinierende archäologische Stätte von **Gortyn** (auch Gortyna oder Gortys) in der Nähe von Agioi Deka, etwa 23 km nordöstlich von Matala, ist seit dem Neolithikum bewohnt und wurde im 1. Jh. v. Chr. zur Hauptstadt des römischen Kreta. In ihrer Blütezeit sollen sich bis zu 100 000 Menschen durch die

ÜBERNACHTEN IN MATALA

Armonia Hotel
Zu den Vorzügen dieses charmanten Hotels gehören ein Pool, ein gesundes Frühstücksbüfett und die ruhige Lage mitten in der Natur. €

Hotel Fantastic Matala
Familiäres, kleines Hotel mit Zimmern mit Balkon in zwei traditionellen Gebäuden. €

Hotel Nikos
Hotel mit modernen, durchdacht eingerichteten Zimmern um einen blumengeschmückten Innenhof. €

THE_PICTURES_OF_LIFE/SHUTTERSRTOCK ©

Palast von Malia

Straßen von Gortyn bewegt haben. Keinesfalls sollte man die restaurierte Apsis der byzantinischen **Kirche des Heiligen Titus (Agnios Titos)** aus dem 6. Jh. verpassen, die als die schönste erhaltene frühchristliche Kirche Kretas gilt.

Hektisches Chersonisos

MAGNET FÜR PAUSCHALREISEN

Fährt man von Iraklio aus auf der Nationalstraße E75 Richtung Osten, öffnet sich nach etwa 20 km das weite Panorama der Bucht von Malia. Kurz darauf erreicht man **Chersonisos**. Die Eröffnung dieser Straße 1972 war der Auftakt der zügellosen touristischen Entwicklung entlang dieses malerischen Küstenabschnitts.

Wohnen am Strand – im minoischen Stil

ERKUNDUNG EINES ANTIKEN PALASTGELÄNDES

Eines der bezauberndsten Schmuckstücke aus der minoischen Zeit, das im Archäologischen Museum Iraklio (S. 382) ausgestellt ist, ist der goldene Bienenanhänger, der im **Palast von Malia** gefunden wurde. Die Anlage stammt von 1900 v. Chr. und liegt

DIE BESTEN RESTAURANTS IN DER WEINREGION

Kritiki Gi
Das gemütliche Lokal in Skalani macht Lust auf einheimische Küche mit globalem Touch. €€

Onisimos
Diese hübsche Taverne gehört zu den ersten Adressen in Peza und bietet kretische Klassiker. €

Earino
Auf der Karte dieses wunderschönen Orts oberhalb der Weinberge in Kato Asites stehen köstliche *mezedhes*, zartes Fleisch und herzhafte Eintöpfe. €

AUSGEHEN IN MATALA

Port Side
Chillige Musik, kühles Bier, sündhaft gute Cocktails und ein fantastischer Blick auf die Höhlen.

Boho Beach Bar
Entspannter Ort mit moderner Hippie-Atmosphäre – perfekt für Drinks zum Sonnenuntergang.

Music Cafe Bar Matala
Hier sitzt man an der VW-Bus-Bar oder genießt das Geschehen auf dem Platz von der ersten Reihe aus.

GEORGIOS KRITSOTAKIS/SHUTTERSTOCK ©

Potamos Beach

ABGELEGENE STRAND-SCHÖNHEIT

Der Hauptstrand von Matala liegt unterhalb der Höhlen und ist ein hübscher Halbmond, der aber oft überfüllt ist. Wer mehr Ruhe möchte, findet sie nach einer 30- bis 40-minütige Wanderung über einen felsigen Pfad zum **Red Beach** (auf die Schilder im Dorf achten). Die Belohnung ist ein herrlicher Ausblick und eine Bucht mit rotem Sand. In der Hochsaison gibt's dort sogar ein Café.

Der **Strand von Kommos,** der durch eine Landzunge von Matala getrennt ist, ist ein langer, breiter und unbebauter Streifen sonnenverwöhnten Sandes. Eine kurvenreiche Straße führt von der Straße zwischen Matala und Gortyn hinunter zu ein paar Tavernen. Der über 2 km lange Strand ist wie geschaffen für Spaziergänge zum Strandort **Kalamaki** mit seiner von Tavernen und Lounges gesäumten Uferpromenade.

auf einem traumhaften Stückchen Land am Meer, etwa 3 km östlich von Malia selbst.

Das rätselhafteste Stück vor Ort ist der Kernos, eine Steinscheibe, die von flachen Vertiefungen umgeben ist. War es ein Opfertisch oder vielleicht ein Spielbrett? Die Archäologen stehen noch immer vor einem Rätsel.

Ein wahrhaft königlicher Strand

EINTAUCHEN UND GENIESSEN

Man kann sogar dort schwimmen, wo die Minoer wohl schon vor 4000 Jahren ein Bad nahmen: Direkt neben dem Palast von Malia befindet sich der **Potamos Beach**, einer der schönsten Strände der Gegend. Das beliebte, lange, sandige Band bietet eine gute Infrastruktur (Sonnenliegen, Duschen, mobile Toilettenkabinen), aber nicht die für diesen Teil Kretas typische Partyatmosphäre.

Der Hunger lässt sich auf der schilfgedeckten Terrasse oder unter dem riesigen Tamariskenbaum der **Taverna Kalyva** stillen. Fans von buntem Gefieder sollten ihr Fernglas auf das Feuchtgebiet an der Küste hinter dem Strand richten, das auch ein bevorzugter Lebensraum für afrikanische Monarchfalter ist.

UNTERWEGS VOR ORT

In der Hochsaison steuern den ganzen Tag über Busse die wichtigsten Touristenzentren an. Die Fahrt zur Südküste und nach Matala dauert von Iraklio aus etwa zwei Stunden.

AGIOS NIKOLAOS

Agios Nikolaos liegt mitten in einer hügeligen Landschaft und bietet einen herrlichen Blick auf die geschwungene Mirabello-Bucht (auch Golf von Mirabello genannt). Zwei unbewohnte Inseln liegen direkt vor der Küste, und in der Ferne bildet das Thripti-Gebirge einen scharfen Kontrast zur Ägäis. Die Sonne über dem Horizont aufgehen zu sehen, ist magisch.

Obwohl die Hauptstadt von Lasithi bei Touristen beliebt ist, hat sie sich einen bescheidenen, lokalen Charakter bewahrt. Ein schmaler Kanal trennt den kleinen Hafen vom Voulismeni-See, dessen Ufer von Cafés und Restaurants gesäumt ist, in denen immer reger Betrieb herrscht. Die Strände der Stadt bieten sich für ein paar Stunden Entspannung und ein Bad im Meer an.

Am Abend zeigt sich Agios Nikolaos von seiner besten Seite, dann werden der See, der Hafen und die Strände in ein lebhaftes Ambiente getaucht und die Cafés füllen sich mit jungen Menschen von nah und fern.

TOP TIPP

Anders als in den meisten Städten Kretas gibt es in Agios Nikolaos noch ein klassisches städtisches Fremdenverkehrsbüro, das mit Karten, Flyern und Busfahrplänen ausgestattet ist. Es liegt direkt an der Brücke, die den See mit dem Hafen verbindet. Die Website (agiosnikolaoscrete.com) ist ebenfalls nützlich.

Wo Göttinnen badeten

DER GEHEIMNISUMWOBENE SEE VON AGIOS NIKOLAOS

Die Lage der Stadt an der Mirabello-Bucht ist zweifellos atemberaubend, aber das berühmteste Gewässer von Agios Nikolaos ist der kreisförmige, von Cafés gesäumte **Voulismeni-See** (von den Einheimischen einfach „der See" genannt), direkt im Stadtzentrum. Er ist mit dem Hafen durch einen schmalen Kanal verbunden, der von einem osmanischen Gouverneur in den späten 1860er-Jahren gegraben wurde. Unter den vielen Mythen, die mit dem See verbunden sind, ist die Geschichte von den Göttinnen Artemis und Athene, die in seinem Wasser badeten, die reizvollste.

Um ein einzigartiges Panorama auf den See und das Meer zu genießen, sollte man die steilen Treppen hinaufsteigen, die zu einem Aussichtspunkt auf den zerklüfteten Felsen führen, die den See umschließen. Der gepflasterte Steinweg rund um den See ist ein beliebt für Spaziergänge, die an Fischerbooten, Ruhebänken, einer Felsenkapelle und fetten Enten vorbeiführt.

Tauchen in der Bucht von Mirabello

FISCHE & MEHR

Die **Bucht von Mirabello** ist ein Top-Tauchrevier mit über zwei Dutzend Spots, das nur eine kurze Bootsfahrt von Agios Nikolaos entfernt ist. In der kristallklaren Unterwasserwelt warten Kriegstrümmer, versunkene Wracks und antike Amphoren aus Kretas Vergangenheit.

DIE BESTEN STRÄNDE IN AGIOS NIKOLAOS

Ammoudi Beach
Kleiner, aber belebter Sandstrand mit Bars, Restaurants und Wassersportmöglichkeiten im Nordteil der Stadt.

Almyros Beach
Etwa 2,5 km südlich des Zentrums liegt der größte Strand von Agios Nikolaos, mit feinem Sand und ruhigem Wasser.

Kitroplatia Beach
Liegt zentral und ist von Café-Bars umgeben. Eignet sich eher für ein kurzes Bad als für langes Sonnen.

Gargadoros Beach
Ein bei den Einheimischen beliebter Kiesstrand mit einer netten Café-Bar, aber sonst ohne Infrastruktur.

AGIOS NIKOLAOS

Pelagos Dive Centre
Malia (30 km)
Ammoudi Beach
Bucht von Mirabello
Andrea Papandreou
Akti Koundourou
Erythrou Stavrou
Creta's Happy Divers
Straßenmarkt
Konstantinou Paleologou
Milatou
Minotaurus-Wandbild
Nikolaou Plastira
Skordilon
Komarou
Katehaki
Kai
Epimenidou
Voulismeni-See
Sarolidi
Omirou
R Koundourou
Evans
Myli
Akti Pagalou
K Stakianaki
Filellinon
Kiprou
Kytroplatia Beach
Kritsas
Kondogianni
Kosiri
Tavla
Almyros Beach (1 km)
Latous
Anapatseos
Gargadoros Beach (350 m)
Ammos Beach
0 500 m

Das klare und ruhige Wasser ermöglicht Sichtweiten von 30 m und mehr, sodass es sehr wahrscheinlich ist, Zackenbarsche, Kraken, Muränen, Skorpionfische und andere Meeresbewohner zu sehen. **Creta's Happy Divers** und das **Pelagos Dive Centre** bieten sowohl Ausflüge als auch Kurse an.

Regionale Leckereien und allerlei Schnäppchen

DER GRÖSSTE STRASSENMARKT OSTKRETAS

Der lebhafte **Straßenmarkt** von Agios Nikolaos gibt einen Einblick ins hiesige Alltagsleben. Er findet mittwochmorgens in der engen Ethniki Antistaseos hoch über dem Voulismeni-See statt und bietet Dutzende von Ständen mit frischem Obst und

ÜBERNACHTEN IN AGIOS NIKOLAOS

Havania
Schicke Anlage am Meer, 3 km nördlich des Zentrums, mit Pool und Gemüse aus dem Garten. **€**

Palazzo Arhontiko
Moderne Apartments oberhalb des Strandes von Kitroplatia mit Balkon und mit Frühstück im Freien. **€€**

Minos Beach Art Hotel
Resort am Wasser, in dem kunstvoll angelegte Gärten zu schicken Bungalows und Villen führen. **€€€**

Voulismeni-See (S. 391)

Gemüse, Kräutern, Oliven, Fleisch und Käse. Man kann das Treiben beobachten, einen Kaffee trinken und sich für ein Picknick eindecken.

Künstlerische Treppen

KUNST IM ÖFFENTLICHEN RAUM

Es gibt Straßenkunst und es gibt „Treppenkunst", zumindest im hügeligen Agios Nikolaos, dessen über 70 Treppen ein integraler Bestandteil seiner architektonischen DNA sind. Seit 2018 setzt eine von der Stadt geförderte Initiative die Vision von mehr als einem Dutzend griechischer Kunstschaffender um und verschönert die Verbindungen zwischen Wohngebieten und dem Meer.

Der eindrucksvollste dieser künstlerischen Arbeiten ist das **Minotaurus-Wandbild** des in Athen geborenen Künstlers Manolis Anastasakos. Seine großartige perspektivische Wandmalerei zeigt das mythologische Tier in Blau auf einer Zickzack-Treppe an der Akti Koundourou (neben dem Fahrradverleih), der Uferstraße, die nach Elounda führt.

DIE BESTEN RESTAURANTS IN AGIOS NIKOLAOS

Gioma
Hervorragende *mezedhes* an Tischen unter Pinien hoch über dem Voulismeni-See. €€

Ofou To Lo
Mit Blick auf den Strand von Kitroplatia, einer fröhlichen weiß-blauen Einrichtung und innovativer Küche. €€

Pelagos
In einer elegant-rustikalen Villa mit romantischem Garten, spezialisiert auf frischen Fisch und Seafood. €€

Ble Katsarolakia
Zeitgenössische griechische Küche in einem angesagten Lokal mit Garten und Tischen mit Blick auf den Hafen. €€

UNTERWEGS VOR ORT

Das hügelige Agios Nikolaos lässt sich am besten zu Fuß erkunden, wobei man beachten muss, dass die Straßen eng und unübersichtlich sind. Der Fernbusbahnhof befindet sich auf der Epidemidou, westlich des Krankenhauses, etwa 750 m nördlich des Sees.

Rund um Agios Nikolaos

Kretas „wilder Osten“ bietet unberührte Strände, einsame Schluchten, Bergdörfer und Städte, die von urig bis elegant reichen.

TOP TIPP

Mit dem eigenen Fahrzeug lässt sich im Gewirr der Nebenstraßen von Lasithi ein Kaleidoskop kultureller, historischer und unterhaltsamer Abwechslungen entdecken.

Lasithi, Kretas östlichste Region ist wie geschaffen für Traveller, die auf der Suche nach Abenteuern sind. Hier gibt es dramatische Landschaften, menschenleere Strände sowie Städte und Dörfer, in denen die Geschichte und der Geist Kretas noch lebendig sind.

Sobald man die Mirabello-Bucht hinter sich gelassen hat, konkurriert ein Sammelsurium von Outdoor-Abenteuern um Aufmerksamkeit. Mit dem Rad kann man über das fruchtbare Lasithi-Plateau fahren, wem der Sinn nach Wandern steht nimmt dramatische Schluchten wie die berühmte Zakros-Schlucht in Angriff, und Gourmets genießen einige der besten Tavernen und Restaurants Kretas. Man kann auch die Höhle besuchen, in der Zeus geboren wurde, oder durch eine üppige Schlucht zu einem Wasserfall wandern. Schließlich gibt's noch Attraktionen wie den betörenden Palmenstrand von Vaï und Kretas Windsurfing-Hauptstadt Kouremenos.

Insel Spinalonga

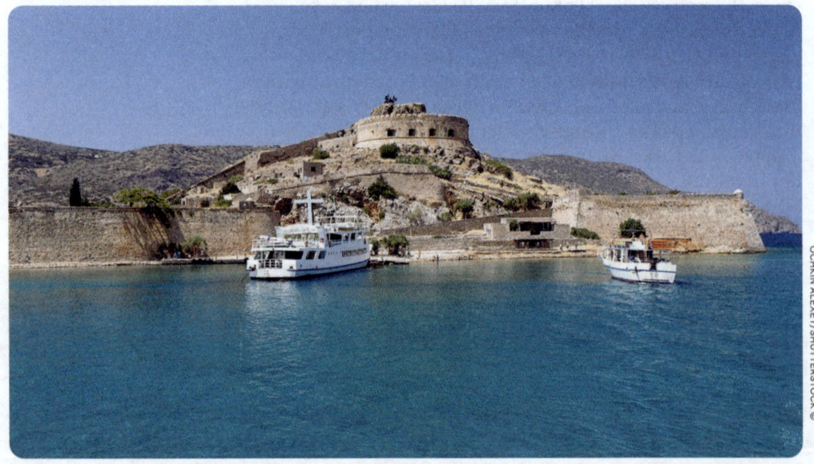

OCHKIN ALEXEY/SHUTTERSTOCK ©

Schickes Elounda

JUWEL IN DER BUCHT VON MIRABELLO

Obwohl sich hier einige der luxuriösesten Hotels und Resorts Kretas befinden, hat sich **Elounda** eine charmante, bodenständige Atmosphäre bewahrt.

Die Küstenstraße bietet vom größten Teil der 10 km langen Strecke von Agios Nikolaos aus einen atemberaubenden Blick auf die Bucht. In der Nähe des Hafens gibt's Parkplätze mit hübschen Geschäften, Bars und Tavernen. Weitere Parkplätze findet man im Norden entlang des Sandstrands der Gemeinde und im Süden an der Uferpromenade Akti Olountos.

Die Insel der Aussätzigen

GEISTERHAFTE SCHÖNHEIT, TRAGISCHE GESCHICHTE

Einst eine gefürchtete venezianische und türkische Festung, wurde die winzige **Insel Spinalonga** 1903 zu einer der letzten Leprakolonien in Europa.

Hunderte von Griechen wurden hier unter Quarantäne gestellt, zunächst unter erbärmlichen Bedingungen. Die Kolonie hat man erst 1957 geschlossen. Spinalonga wurde durch Victoria Hislops 2005 erschienenen Bestseller *Insel der Vergessenen* und die anschließende Fernsehserie *To Nisi* berühmt. Um die Festung führt ein 1 km langer Wanderweg. Fähren fahren jede halbe Stunde von Elounda und Plaka ab.

Bezauberndes Bergdorf

ROMANTIK, RUINEN UND RELIGION

Das an den zerklüfteten Hängen des Kastellos liegende **Kritsa** (ca. 10 km südwestlich von Agios Nikolaos) ist eines der ältesten und hübschesten Dörfer im Osten Kretas. Die Hauptstraße ist voll mit Läden, schicken Boutiquen und stimmungsvollen Tavernen. Schilder weisen den Weg zur zerklüfteten **Kritsa-Schlucht**, die einem mit Eichen und Olivenbäumen gesäumten Flussbett folgt.

Entspanntes Sitia

SPASS AM MEER

Sitia lockt mit Stränden und einer lebhaften Uferpromenade und ist der perfekte Ausgangspunkt für Tagesausflüge zu den Naturwundern an der Ostküste Kretas. In der ruhigen Altstadt oberhalb des Hafens stehen weiß getünchte Gebäude an einem Hang, der von steilen Treppen durchzogen ist und über dem eine venezianische Burgruine thront.

MIT DEM WIND TANZEN

Der ruhige **Kouremenos**, ein langer, breiter und sandiger Strand zwischen zwei Riffen, ist Kretas Top-Spot für Wind- und Wingsurfen. Der Strand gehört zu Palekastro, etwa 20 km östlich von Sitia, und ist dem *meltemi* ausgesetzt, einem trockenen nordwestlichen Sommerwind, der in der gesamten Ägäis teils heftig weht. Dieser Wind, gepaart mit einem lokalen Trichtereffekt, schafft ideale Windsurfbedingungen für alle, egal welcher Könnensstufen.

Gone Surfing und **Freak Surf Crete** sind die beiden lokalen Anbieter. Ausrüstung und Unterricht muss man unbedingt ein paar Monate im Voraus buchen. Die Hochsaison dauert von Mitte Juni bis Mitte September.

ESSEN IN SITIA

Rakadiko Oinodeion
Außergewöhnliche Taverne am Wasser mit rustikalem Charme, tollem Personal und mit saisonalen Spezialitäten. **€**

Mitsakakis
Eine Institution in Sitia, die für ihre zuckerhaltigen *galaktoboureko* (Gebäck mit Puddingfüllung) und *kataïfi*-Gebäcke berühmt ist. **€**

Tzivaeri
Die tolle Küche, die großen Portionen und die freundliche Bedienung machen diese Taverne zu einer der besten Adressen an der Strandpromenade. **€**

Palmenparadies in Vaï

EIN EXOTISCHER STRAND ZUM AUSRUHEN

Der Strand von **Vaï** wäre nur ein weiteres verträumtes Band aus weißem Sand, wenn er nicht von einem Palmenwald umgeben wäre, der einem das Gefühl gibt, direkt in die Tropen teleportiert worden zu sein. Es ist diese exotische Atmosphäre, die Vaï zu einem der beliebtesten und meistbesuchten Strände der Insel macht.

STRÄNDE AN DER OSTKÜSTE

Der Strand von Vaï ist zwar wunderschön, aber sehr gut besucht. Wer es ruhiger mag, sollte an die Ostküste Kretas fahren, die von einer Reihe von Sandbuchten gesäumt ist, in denen es sich perfekt entspannen lässt (wenn auch ohne Palmen und Schatten).

Psili Ammos erreicht man nach einer kleinen Kletterpartie über die felsige Landzunge am Südende des Strandes von Vaï. Etwa 2 km nördlich von Vaï wachen die Ruinen der alten griechisch-römischen Stadt **Itanos** über ein Trio hübscher, windgeschützter Buchten.

Kouremenos, 7 km südlich von Vaï, bietet flaches Wasser und Kretas beste Windsurfmöglichkeiten (S. 395). **Hiona** ist ein ruhiger Ort mit ausgezeichneten Fischtavernen, einem bei Zugvögeln beliebten Feuchtgebiet an der Küste und der nahen minoischen Stätte von Roussolakos.

Das charmante Zakros

AUSGANGSPUNKT FÜR WANDERUNGEN

Die Berge und die Küste im äußersten Südosten Kretas laden dazu ein, die Seele baumeln zu lassen und es sich mit der Natur und den Elementen gemütlich zu machen. Das kleine **Zakros**, 35 km südöstlich von Sitia, ist für sein sehr gutes Olivenöl bekannt.

Die Hauptsehenswürdigkeit ist die schaurig-schöne **Zakros-Schlucht**. Einer der Wanderwege beginnt direkt im Dorf und führt hinunter zum Strand im idyllischen **Kato Zakros** (Unteres Zakros). Dank der nur wenige Schritte vom Strand entfernten Palastruinen aus minoischer Zeit ist Zakros bisher ernsthaften touristischen Entwicklungen entgangen.

Antike Ruinen

EINEN MINOISCHEN HANDELSPLATZE ERKUNDEN

Der antike **Palast von Zakros** – die viertgrößte minoische Palastanlage nach Knossos, Phaestos und Malia – ist die wichtigste archäologische Stätte im Osten Kretas. Die Ruinen sind zwar spärlich, doch die bezaubernde Lage zwischen Bergen und Meer macht die Stätte zu einem schönen Ausflugsziel.

Schläfriges Ierapetra

ERKUNDUNGEN IN LUFTIGER HÖHE, VERGNÜGUNGEN AM WASSER

Kretas südlichste Stadt ist ein relaxter Küstenort mit einfachem Zugang zu fabelhaften Stränden und einer Berglandschaft, die mit charmanten Dörfern, üppigen Wäldern und urigen Tavernen übersät ist. **Ierapetra** bietet ein rundum traditionelles kretisches Erlebnis. Es gibt kaum etwas anderes zu tun, als sich tagsüber und abends in den Cafés am Wasser zu entspannen. Es gibt aber durchaus auch ein paar Sehenswürdigkeiten: eine **venezianische Festung** aus dem 17. Jh., die **Afentis-Christos-Kirche** aus dem 14. Jh., das **Napoleon-Haus** und die **Moschee** aus dem 19. Jh.

ESSEN AUF DEM LASITHI-PLATEAU

Café Kronio
Herrliche Landhausküche in der ältesten Taverne von Tzermiado (seit 1966), die von einem reizenden kretisch-französischen Ehepaar geführt wird. **€€**

Oropediou Geusis
Dieser gastfreundliche Tzermiado-Klassiker im Kafenio-Stil trägt den Spitznamen „Mafia's" und verwöhnt seine Gäste mit herzhaften Gerichten. **€**

Dikti Tavern
In Agios Konstantinos schätzt man diese traditionelle Taverne wegen ihres saftigen Lammfleischs. **€€**

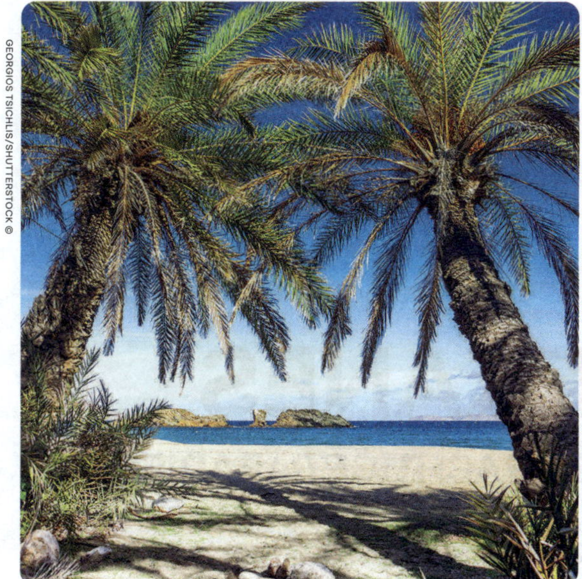

GEORGIOS TSICHLIS/SHUTTERSTOCK ©

Vaï

Erkundung des Lasithi-Plateaus

HOCHGEBIRGSVERGNÜGEN

Eine Reihe stillgelegter Windmühlen flankieren den Seli-Ambelos-Pass, den wichtigsten Zugang zum **Lasithi-Plateau**. Diese entschleunigte Welt wirkt wie ein Gegenpol zu den Städten und Küsten Kretas. Die fruchtbare, ovale Ebene ist von einem Schachbrettmuster aus Feldern und Obstgärten bedeckt.

Eine 23 km lange Ringstraße verbindet die 18 kleinen Dörfer der Hochebene (von denen **Tzermiado** das Zentrum ist). Eine der beliebtesten Wanderungen führt von Tzermiado auf den **Berg Karfi** mit seinen Überresten einer spätminoischen Siedlung und einem herrlichen Blick auf die Küste.

DIE HÖHLE, IN DER ZEUS GEBOREN WURDE

Hoch über dem Dorf Psyhro liegt die **Höhle von Psychro** – Kretas berühmteste. In der griechischen Mythologie brachte Rhea hier Zeus zur Welt, weit weg von den Klauen seines nachkommensfressenden Vaters Kronos.

Die Hitze der Sonne weicht feuchter Dunkelheit, während man die schwindelerregende Betontreppe hinabsteigt, die tief in den Berg führt, vorbei an riesigen Tropfsteinen. In der Höhle gefundene Opfergaben – darunter Dolche, Pfeilspitzen, Figuren und Doppeläxte – deuten darauf hin, dass sie von der minoischen bis zur römischen Zeit ein Ort kultischer Verehrung war.

Besucht man die Höhle am Nachmittag, ist weniger los. Vom Parkplatz aus geht's 800 m über einen sonnigen, gepflasterten und steilen Weg zum Eingang zur Höhle.

UNTERWEGS VOR ORT

Zwischen Agios Nikolaos, Sitia und Ierapetra fahren oft Busse, vor allem unter der Woche. Ansonsten wird man ohne Auto einige der zauberhaftesten Orte im Osten Kretas nicht besuchen können. Da einige Strände und Wanderwege nur über unbefestigte Straßen zu erreichen sind, empfiehlt es sich, einen Geländewagen zu mieten.

DODEKANES

ENTLEGENE, PRÄCHTIGE PARADIESE

Das ist das alte Griechenland! Zeitlose Inseln voller natürlicher Schönheit. Antike Ruinen. Und Strände, die einem den Atem rauben. Auf geht's!

Die Inselgruppe des Dodekanes – was so viel wie „zwölf Inseln" bedeutet – schlängelt sich durch die südöstliche Ägäis, parallel zur immer sichtbaren Küstenlinie der Türkei. Hier finden sich die Spuren von Griechen und Römern, von byzantinischen und osmanischen Herrschenden, von mittelalterlichen Kreuzfahrern und von italienischer Bürokratie des 20. Jhs. Jenseits der bekannteren Inseln Rhodos und Kos, beides Ziele für Pauschaltourismus und Kreuzfahrtschiffe, warten magische, verwunschen wirkende Eilande darauf, erkundet zu werden.

Tilos ist eine der wenigen Inseln im Mittelmeer, die vollständig nachhaltig bewirtschaftet wird. Sie ist ein Paradies für alle, die gern wandern und die Natur lieben, denn der Reichtum an Flora und Fauna auf dieser herrlich grünen Insel ist grandios. Kletter-Fans können die Kalksteinklippen von Kalymnos erklimmen und anschließend ihre müden Muskeln im klaren Meer baden. Ästheten und Ästhetinnen bewundern die neoklassizistischen Villen von Symi, Chalki und den kinoreifen Hafen von Kastellorizo – die Schönheit dieser Orte ist wahrer Balsam. Kitesurf-Fans zieht es wegen der legendären Winde und der fantastischen Felsen nach Karpathos, während diejenigen, die auf der Suche nach Wanderungen und gastronomischen Köstlichkeiten sind, nach Astypalea, der reizvollsten der Dodekanes-Inseln, reisen sollten. Andernorts auf dem Archipel gibt's Unterwasserhöhlen und antike Wracks zu erkunden. Und wer an Archäologie und Geschichte interessiert ist, wird mit einer Vielzahl antiker Stätten beschenkt. Auch für Party-Freudige ist gesorgt – an unzähligen Stränden fernab von den Pauschalreisenden.

DIE WICHTIGSTEN ZIELE

RHODOS-STADT Verwinkelte Gassen und byzantinische Bögen. S. 404

SYMI Der schönste aller Häfen. S. 412

TILOS Wandern, Vogelbeobachtung und Nachhaltigkeit. S. 416

NISYROS Ein herrlicher Vulkan. S. 420

KOS-STADT Hübsche Hafenstadt. S. 424

ASTYPALEA Schönheit und Top-Strände. S. 431

KASTELLO-RIZO Die blaueste aller blauen Höhlen. S. 435

Kalymnos (S. 437)

Erste Orientierung

Der Dodekanes ist die am weitesten vom griechischen Festland entfernte Inselgruppe und bietet eine einzigartige Mischung aus Geschichte, Architektur und natürlicher Schönheit – alles umspült von der wunderbaren südlichen Ägäis.

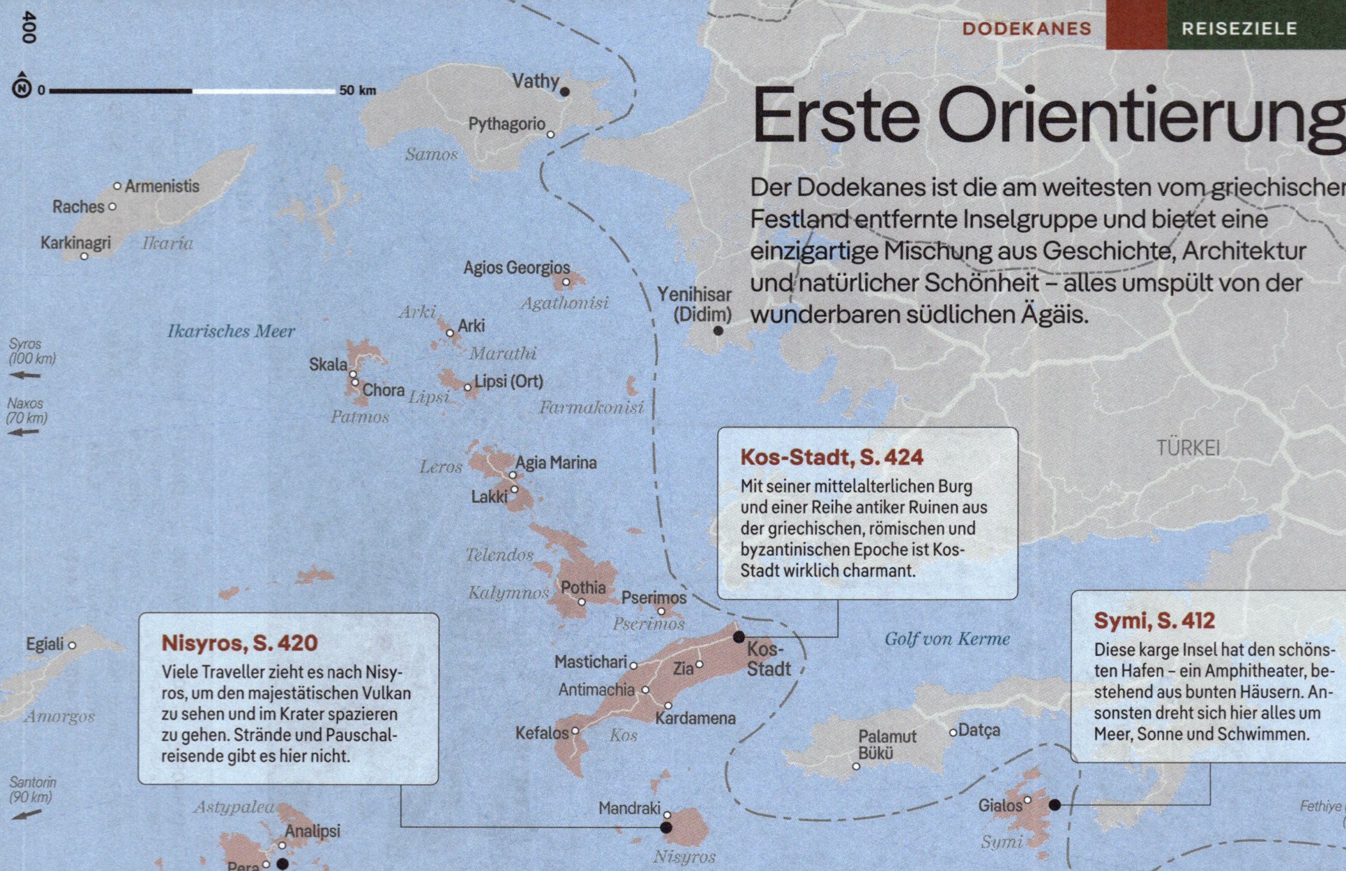

Kos-Stadt, S. 424
Mit seiner mittelalterlichen Burg und einer Reihe antiker Ruinen aus der griechischen, römischen und byzantinischen Epoche ist Kos-Stadt wirklich charmant.

Symi, S. 412
Diese karge Insel hat den schönsten Hafen – ein Amphitheater, bestehend aus bunten Häusern. Ansonsten dreht sich hier alles um Meer, Sonne und Schwimmen.

Nisyros, S. 420
Viele Traveller zieht es nach Nisyros, um den majestätischen Vulkan zu sehen und im Krater spazieren zu gehen. Strände und Pauschalreisende gibt es hier nicht.

Astypalea, S. 431

Mit ihrem tiefblauen Meer, den bergigen Wiesen und den herrlichen Stränden ist dies die ultimative Fluchtinsel. Toll sind auch die Dörfer und die Gastronomie.

Tilos, S. 416

Der goldene Stern für grüne Energie geht an diese unglaubliche Insel mit ihrer unberührten Natur, ihren seltenen Vögeln und ihren Wildblumen. Ideal zum Wandern.

FLUGZEUG

Die Dodekanes-Inseln werden von ganz Europa aus angeflogen. In Anbetracht der Entfernung vom griechischen Festland und der Distanzen zwischen den einzelnen Inseln kommt man mit dem Flieger am schnellsten ans Ziel.

SCHIFF/FÄHRE

Fürs Inselhopping, insbesondere im Sommer, sind Fähren ideal. Außerhalb der Saison gehen die Verbindungen allerdings deutlich zurück. Die beiden größten Fährgesellschaften sind Blue Star Ferries und Dodekanisos Seaways. Kleinere Schiffe (die nicht im Fahrplan der großen Fähren stehen) sorgen für Verbindungen zwischen kleineren Inseln.

AUTO

Autofahren ist auf dem Dodekanes eine wunderbare Möglichkeit, die einzelnen Inseln zu erkunden, vor allem die abgelegeneren und weniger vom Pauschaltourismus geprägten Gebiete. Autos lassen sich nahezu überall mieten (ebenso Motorroller), und die Straßen sind in der Regel gut befahrbar.

Karpathos, S. 448

Karpathos ist zerklüftet und wild, voller Berge und Buchten. Seine in Wolken gehüllten Dörfer und seine raue Schönheit machen die Insel zu einem wahren Juwel.

Karpathisches Meer

Alimia
Chalki
Emborios
Skala Kamirou
Rhodos
Laerma
Monolithos
Lindos
Kattavia
Kap Prasonisi
Argos
Saria
Diafani
Olymbos
Karpathos
Pigadia
Fry
Kasos
Kastellorizo (s. Detailplan; 130 km)

Rhodos-Stadt, S. 404

Das historische Zentrum des Dodekanes ist eine Zeitkapsel aus Ruinen und Relikten aus der klassischen, der osmanischen und der italienischen Epoche.

Kastellorizo, S. 435

Diese winzige, weit abgelegene Insel ist wunderschön! Zu sehen gibt es eine Burgruine, ein Minarett und neoklassizistische Häuser, die sich um eine türkisfarbene Bucht schmiegen.

Kastellorizo
TÜRKEI
Kaş
Rhodos (130 km)
Kastellorizo
0 10 km

Perfekte Tage

Die Dodekanes-Inseln sind vor allem Orte zum Schwimmen und Entspannen – abgesehen von Rhodos-Stadt und Kos-Stadt (hier warten Kultur und Geschichte).

MURAT AN/SHUTTERSTOCK ©

Rhodos-Stadt (S. 404)

Wenig Zeit

● Auf geht's nach **Rhodos-Stadt** (S. 404) mit seiner herrlichen Altstadt. Es gibt nur wenige Orte auf der Welt, die auf relativ kleinem Raum eine derartige historische Vielfalt aufweisen. Den Tag verbringt man damit, die herrliche Mischung aus byzantinischer, türkischer und italienischer Architektur zu erkunden.

● Nicht verpassen sollte man das **Ritterviertel** (S. 404) mit seinen strengen Bauten, die einst für die mittelalterlichen Johanniterritter errichtet wurden. Dann folgt **Chora** (S. 405), das türkische Viertel, das den größten Teil der Altstadt einnimmt (es ist leider oft überlaufen). Den Abschluss bilden das **jüdische Viertel** (S. 406) im Südosten der Stadt und der Strand. Der Tag endet mit einem griechischen Abendessen und Live-Bouzouki-Musik.

Beste Reisezeit

Der Sommer auf den Dodekanes-Inseln ist brütend heiß – es gibt jedoch so viele Strände, dass man die Hitze nicht fürchten muss. Frühling und Herbst sind ideal zum Wandern.

APRIL

Das Osterfest und die Wildblumen markieren die Mitte des Frühlings, und das Wetter ist wunderbar zum Wandern.

MAI

Die Preise sind niedrig, es ist kaum etwas los und das Meer wird langsam wärmer. Schönes Wanderwetter.

JUNI

Das Meer ist herrlich erfrischend, und noch ist nicht Hochsaison. Eine der besten Zeiten des Jahres.

VON LINKS: KURBANOV/SHUTTERSTOCK ©, SAIKO3P/SHUTTERSTOCK ©, FLORIN CNEJEVICI/SHUTTERSTOCK ©

Drei Tage fürs Inselhopping

● Nach einem Tag in Rhodos-Stadt kann man mit der Fähre nach **Chalki** (S. 446) und seinem wunderschönen Hafen übersetzen und anschließend am **Pondamos-Strand** (S. 447) entspannen. Vor einer Wanderung zum **Ftenagia-Strand** (S. 447) oder zum **Kania-Strand** (S. 447) lohnt ein Besuch des verlassenen Dorfs Chorio.

● Den letzten Tag verbringt man auf **Symi** (S. 412). Start ist der atemberaubende Hafen **Gialos** (S. 413), wo man die Architektur und den Inselalltag genießen und die berühmten Garnelen essen kann. Dann geht es die vielen Treppen zum alten Dorf **Chorio** (S. 414) hinauf und zum Baden an einen der Strände. Oder man nimmt an einem Bootsausflug teil, der einen zu weiter entfernten **Stränden** (S. 415) bringt.

Länger Zeit

● Hat man eine Woche oder länger Zeit, um die Dodekanes-Inseln zu entdecken, sollte man mindestens einen weiteren Tag auf Symi verbringen, dort schwimmen und die Buchten erkunden. Anschließend geht's nach **Tilos** (S. 416), um durch die unglaubliche Landschaft zu wandern, viele Vogelarten zu beobachten und die verlassenen Dörfer und ruhigen Strände zu genießen.

● Es folgt ein Abstecher nach **Nisyros** (S. 420), und zwar für eine Wanderung um den Krater des prächtigen Vulkans. Die letzten Tage sollte man auf **Astypalea** (S. 431) verbringen – zum Ausprobieren der Strände und um über die herrlichen Hügel und Wiesen zu wandern.

JULI
Heißes Wetter, Hochsaison für Unterkünfte und Urlauber:innen. Rechtzeitig buchen und einen Sonnenhut tragen.

AUGUST
Hitze und Menschenmassen... wer im Voraus bucht, kann sich ein nettes Plätzchen auf einer der ruhigeren Inseln reservieren. Lipsi veranstaltet ein Weinfest.

SEPTEMBER
Eine gute Zeit, um hierher zu kommen: niedrige Preise und weniger Menschenmassen.

OKTOBER
Perfekt für einen Besuch: Das Wasser ist ein Traum, die Preise sind niedrig und es gibt viele Wandermöglichkeiten.

RHODOS-STADT

Die Insel Rhodos (*ro-dos*) ist das historische Zentrum der Inselgruppe Dodekanes und gleichzeitig der touristische Mittelpunkt der Region. Rhodos-Stadt liegt an der Nordspitze der Insel und besteht aus der Alt- und der Neustadt, die jeweils eine eigene Einheit bilden.

Die Altstadt, eine UNESCO-Weltkulturerbestätte, verkörpert Geschichte auf einzigartige Weise – wie eine Zeitkapsel aus dem Mittelalter ist sie hinter einem doppelten Ring aus hohen Mauern und einem tiefen Graben versiegelt, und man findet hier Ruinen und Relikte aus der klassischen, byzantinischen, osmanischen, mittelalterlichen und italienischen Epoche, die in einem Labyrinth aus verwinkelten Gassen miteinander verwoben sind. Sich hier nach Einbruch der Dunkelheit zu verlieren, ist ein magisches Erlebnis, das sich niemand entgehen lassen sollte.

Die Neustadt ist ein moderner, mediterraner Urlaubsort mit belebten Stränden, buntem Nachtleben und Bars am Wasser, die auf Pauschalreisende eingestellt sind.

TOP TIPP

Wer Rhodos nur für ein paar Tage besuchen kann, vielleicht beim Inselhopping, wird in der Altstadt von Rhodos viel zu sehen bekommen – und das ohne großen Zeitaufwand.

Die meisten Orte innerhalb der Stadtmauern können nicht mit dem Taxi angefahren werden; man wird an dem Tor abgesetzt, das dem Ziel am nächsten liegt.

ÜBERNACHTEN IN RHODOS-STADT

S Nikolis Hotel
Dieses stilvolle und luxuriöse Hotel in der Altstadt erstreckt sich über mehrere restaurierte Gebäude und um einen blumengeschmückten Innenhof. Hervorragendes Frühstück. **€€€**

Marco Polo Mansion
Gebäude aus dem 15. Jh. mit prächtigem Innenhof und eleganten Zimmern im osmanischen Stil. **€€€**

April Luxury Suites
Geräumige, stilvolle Zimmer in einer netten Altstadtvilla mit Dachterrasse. Tolles Frühstück im hübschen Innenhof. **€€**

Antike Bauwerke und archäologische Wunder

EIN SPAZIERGANG DURCH DIE EPOCHEN

Man kann die Altstadt durch jedes ihrer neun Tore betreten, aber das **Amboise-Tor** quert einen besonders schönen Abschnitt des Stadtgrabens. Los geht es im Norden, bei den robusten Steinhäusern, den sogenannten Herbergen, die die pfeilgeraden Straßen des **Ritterviertels** säumen. Vom Amboise-Tor aus geht es die Orfeos hinunter und links in die Straße der Ritter (Ippoton). Diese auffallend strengen Häuser beherbergten das mittelalterliche Besatzungsheer der Johanniterritter, die je nach ihrem Geburtsort in sieben „Zungen" (Sprachen) eingeteilt waren – England, Frankreich, Deutschland, Italien, Aragon, Auvergne und Provence. Auf der linken Seite befindet sich der prächtige **Großmeisterpalast** aus dem 14. Jh. Er wurde während der Türkenbelagerung schwer beschädigt und dann Mitte des 18. Jhs. durch eine Explosion verwüstet. Anschließend wurde er von den Italienern wieder aufgebaut, die eine grandiose, verschwenderische Innenausstattung hinzufügten.

Folgt man der Orfeos weiter, erreicht man Apellou und das hervorragende **Archäologische Museum** von Rhodos. Das Museum befindet sich im prächtigen Ritterhospital aus dem 15. Jh. und präsentiert einige der schönsten antiken Marmorstatuen. Ebenfalls sehenswert sind die bezaubernde Statue der *Kauernden Aphrodite* aus dem 1. Jh. v. Chr., ein Pavillon mit Wandmosaiken und eine rekonstruierte Grabstätte aus dem

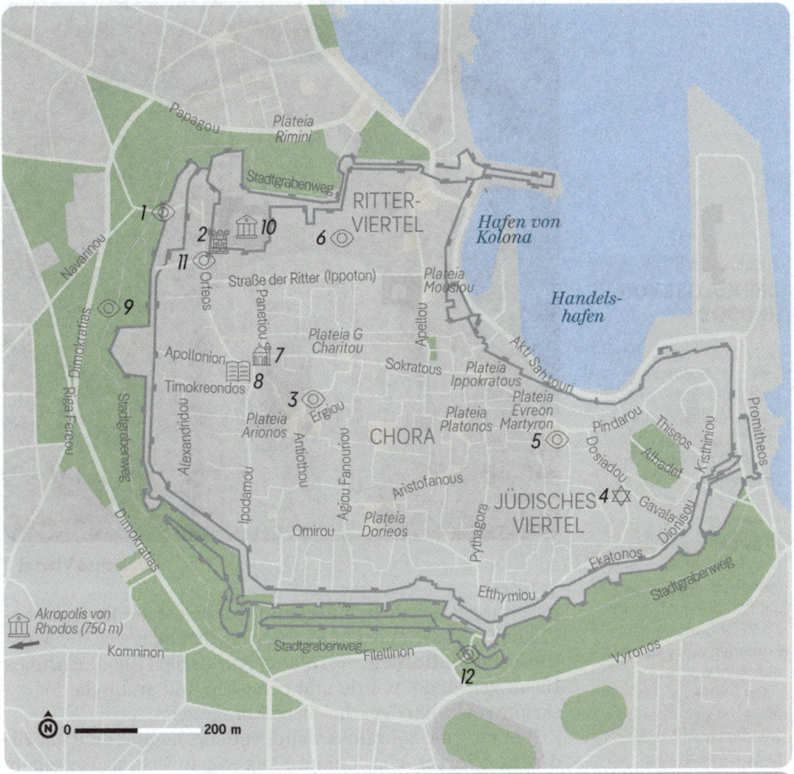

SEHENSWERTES
1 Amboise-Tor
2 Befestigungsanlagen/Stadtmauern
3 Chora
4 Jüdisches Museum von Rhodos
5 Jüdische Viertel
6 Ritterviertel
7 Süleyman-Moschee
8 Muslimische Bibliothek
9 Stadtgraben
10 Großmeisterpalast
11 Antonius-Tor
12 Johannes-Tor

Jahr 1630 v. Chr., die einen behelmten Krieger neben seinem Pferd zeigt. Die schönen Gärten bieten sich für eine Pause an.

Weiter in Richtung Süden, die Apellou hinunter, kommt man zur Sokratous-Straße und **Chora**, auch bekannt als türkisches Viertel, das den größten Teil der Altstadt einnimmt. Dieses Gewirr gepflasterter Gassen ist heute das wichtigste Geschäftszentrum mit Restaurants und Geschäften zwischen verfallenen Moscheen und muslimischen Denkmälern (und im Sommer leider überlaufen). Die wichtigste der vielen Kirchen, die zu Moscheen umfunktioniert wurden, ist die farbenfrohe, mit einer

AUSGEHEN IN RHODOS-STADT

Raxati Cafe
Relaxter Ort in der Altstadt, ideal für einen Kaffee oder einen Cocktail am Abend.

Mevlana
Café im osmanischen Stil im Zentrum von Chora mit tollem griechischen Kaffee.

Macao Bar
Schicke Bar in der Altstadt. Empfehlenswert: Cocktails mit Kräutergeschmack.

THIRASIA/SHUTTERSTOCK ©

Jüdisches Viertel

DER KOLOSS VON RHODOS

Der *Koloss von Rhodos*, eine riesige Bronzestatue des Sonnengottes Helios, wurde errichtet, um das Ende einer erfolglosen Belagerung von Rhodos zu feiern. Ihr Bau dauerte 12 Jahre, 292 v. Chr. wurde sie fertiggestellt. Sie stand jedoch weniger als ein Jahrhundert lang, bevor sie 227 v. Chr. durch ein Erdbeben zum Einsturz gebracht wurde.

Die Statue galt als eines der sieben Weltwunder der Antike. Der Legende nach überspannte sie mit ihren beiden Beinen die Einfahrt zum heutigen Hafen von Mandraki und war groß genug, dass selbst große Dreimaster darunter hindurchfahren konnten.

Nachdem der Koloss fast 1000 Jahre lang in Trümmern lag, wurde er 654 n. Chr. von einfallenden Arabern in Stücke gebrochen und an einen syrischen Juden verkauft.

rosa Kuppel versehene **Süleyman-Moschee** am Ende der Sokratous. Auf der anderen Straßenseite befindet sich die **Muslimische Bibliothek**, die 1793 vom türkischen Rhodier Ahmed Hasuf gegründet wurde und persische und arabische Manuskripte sowie handgeschriebene Korane zeigt.

Geht man die Sokratous weiter entlang, kommt man ins **Jüdische Viertel**, eine Enklave aus engen Gassen. Vor einem Jahrhundert war das Viertel das Zuhause von 5500 Menschen. Die Hälfte floh in den 1930er-Jahren. Im Jahr 1944 wurden 1673 Jüdinnen und Juden nach Auschwitz deportiert; nur 151 überlebten. Das **Jüdische Museum von Rhodos**, das über die Kahal-Shalom-Synagoge von 1577 – die älteste Synagoge Griechenlands – zugänglich ist, erzählt die ganze Geschichte.

Spaziergang entlang der Stadtmauer

KUPPELN, MINARETTE UND GÄRTEN

Die Altstadt von Rhodos zeichnet sich dadurch aus, dass die 500 Jahre alten Befestigungsanlagen fast vollständig erhalten geblieben sind. Ihre schiere Größe begreift man bei einem Spaziergang über einen breiten, grasbewachsenen (und größtenteils

SHOPPEN IN RHODOS-STADT

So Greek
Wein, Olivenöl, hausgemachter Honig, Naturkosmetik sowie Kräuter und Gewürze – alles schön verpackt.

Natura Greca
Naturprodukte aus ganz Griechenland, darunter Pflegeprodukte aus Oliven-, Mandel- und Arganöl.

Galerie
Eine wahre Fundgrube für Schnitzereien, Kunsthandwerk, Gemälde und Nippes.

unbefestigten) 1 km langen Abschnitt entlang der Festungsmauern vom Großmeisterpalast zum Johannes-Tor. Es gibt zwar keinen Schatten, aber man hat einen herrlichen Blick auf alles, was sich in der Altstadt befindet; man kann über den tiefen Graben blicken, der die Stadt umgibt, und kommt an der St.-Georgs-Bastion vorbei.

Los geht es am **Antonius-Tor**. Man folgt dem Graben entlang weitläufiger Rasenflächen und üppiger Blumenpracht. Der Graben war lediglich ein Verteidigungsgraben, der nie mit Wasser gefüllt wurde. Die Einheimischen geben hier Yoga-Kurse und kommen zum Lesen und Entspannen her. Der Park ist von den Gärten in der Nähe des Freiheitstors im Norden, vom Akandia-Tor im Südosten oder über die Treppen am Antonius-Tor und am Athanasios-Tor zugänglich.

Die Akropolis von Rhodos

RUINEN DER ANTIKEN STADT

Die heute als Akropolis von Rhodos bekannte Stätte der antiken hellenistischen Stadt Rhodos erstreckt sich an den Hängen des Monte Smith, 1 km westlich der Altstadt. Nur wenige der Ruinen wurden restauriert, darunter ein langgestrecktes, von Bäumen gesäumtes Stadion aus dem 2. Jh. v. Chr. Treppen führen von einem Theater, das von der Rhetorikschule von Rhodos (zu deren Schülern Cicero und Julius Cäsar gehörten) für Vorlesungen genutzt wurde, zu den Säulen des Tempels des Pythischen Apollon.

Die Stätte ist mit dem Stadtbus Nr. 6 oder zu Fuß über Komninon und Diagoridon vom Athanasios-Tor an der südwestlichen Ecke der Altstadt aus zu erreichen.

ESSEN IN RHODOS-STADT

Romios Restaurant
Traditionelle, elegant präsentierte rhodische Gerichte, serviert in einem grünen Innenhof in der Altstadt. **€€**

Marco Polo Cafe
Leckereien wie Schweinelende mit Feigen oder Sous-Vide-Oktopus unter Zitronenbäumen. **€€**

Kelari Pantieras
Herrliche Taverne mit guten *mezedes* und Live-Bouzouki-Musik. **€**

4 Rodies
Beliebtes, familiengeführtes Restaurant. Im hübschen Garten werden perfekt zubereitete rhodische Gerichte serviert. **€€**

Locanda Demenagas
Gebratener Fisch, guter Wein – all das mit Blick aufs Meer. **€€**

UNTERWEGS VOR ORT

Innerhalb von Rhodos-Stadt fahren Busse von der städtischen Bushaltestelle am Mandraki-Hafen ab. Fahrkarten gibt's im Bus.

Wer in der Altstadt von Rhodos untergebracht ist, sollte wissen, dass man nicht in sie hineinfahren kann. Es ist aus diesem Grund sinnvoll, ein Auto nur für die Tage zu mieten, an denen man es auch tatsächlich nutzt.

Der Haupttaxistand von Rhodos-Stadt befindet sich am nördlichen Rand der Altstadt, östlich der Plateia Rimini; die Fahrpreise für bestimmte Ziele werden auf einer Tafel angezeigt.

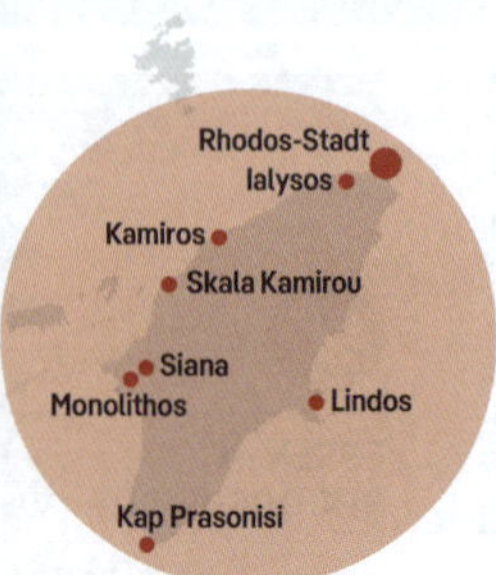

Rund um Rhodos-Stadt

Es warten die antike Akropolis bei Lindos, die üppigen Wälder im Landesinneren und die windgepeitschten Strände im Westen.

TOP TIPP

Fahrräder, Motorroller oder Autos (die sich alle mieten lassen) bieten die perfekte Möglichkeit, die wunderbare Landschaft außerhalb von Rhodos-Stadt zu erkunden.

Außerhalb von Rhodos-Stadt gibt es viel zu sehen, angefangen bei der Akropolis von Lindos aus dem 6. Jh. v. Chr., die später von den Johanniterrittern ausgebaut wurde. Dieser spektakuläre Ort ist trotz der überfüllten Stadt Lindos und ihrer belebten Strände eine Augenweide. Der Westen von Rhodos und das Inselinnere sind mit ihren ruhigen, unberührten Stränden, Burgen mit weitem Meerblick, kleinen Siedlungen und Tavernen Balsam für die Seele. Bei einer Fahrt durch das gebirgige Landesinnere sieht man verlassene italienische Ferienorte aus den 1930er-Jahren und kleine byzantinische Kirchen.

Akropolis von Lindos

FRANTICOO/SHUTTERSTOCK ©

PHILIPPOS PHILIPPOU/SHUTTERSTOCK ©

Kap Prasonisi

Die Akropolis von Lindos

EINE ZEITLOSE AKROPOLIS

Die **Akropolis von Lindos** thront über dem hübschen, aber touristischen gleichnamigen Dorf. Erstmals wurde sie im 6. Jh. v. Chr. befestigt. Heute ist sie von Zinnen umgeben, die von den Johanniterrittern errichtet wurden. Auf dem Gipfel befinden sich antike Überreste, darunter der Tempel der Athena Lindia. Die Säulen, die sich gegen den Himmel abheben, sind schlicht und großartig, und die Aussicht ist nicht von dieser Welt.

Der **Tempel der Athena Lindia** wurde im 9. Jh. v. Chr. erbaut. Das, was man heute sieht, stammt von fünf Jahrhunderten später – die ursprüngliche Version wurde 392 v. Chr. durch ein Feuer zerstört. Den lokalen Athena-Kult gab es möglicherweise schon vor dem Tempel; man nimmt an, dass er seinen Ursprung in der riesigen Höhle Spanayia Spiliotissa hat, die sich tief in der Felswand direkt unter diesem Ort befindet.

WANDERUNG ZUM GRABMAL DES KEOBOLUS

Eine leichte, angenehme Wanderung über 5 km (zwei Stunden hin und zurück) führt von Lindos aus zum sogenannten Grab des Kleobolus an der Spitze des kahlen, flachen Vorgebirges im Norden. Unterwegs bieten sich Ausblicke auf die Küste und die historischen Bauten. Am besten macht man die Wanderung am späten Nachmittag, dann kann man bei Sonnenuntergang den Blick auf die Akropolis auf der anderen Seite der Bucht genießen.

Der Weg beginnt am Parkplatz 1 oberhalb des Hauptstrandes und endet an einem felsigen Hügel, der von einem runden Grabmal gekrönt wird. Dieses wurde im 2. Jh. v. Chr. errichtet, lange nachdem Kleobolus – ein griechischer Dichter aus dem 6. Jh. v. Chr. – über Rhodos herrschte. Das eigentliche Grab soll die Begräbnisstätte einer wohlhabenden einheimischen Familie sein.

Surfen am Kap Prasonisi

SÜDLICHE WELLEN & WINDE

Wem die Strände rund um Lindos zu voll sind, sollte sich zum abgelegenen **Kap Prasonisi** begeben, dem südlichsten Punkt von Rhodos. Hier trifft die Ägäis auf das Mittelmeer und schafft

ESSEN IN LINDOS

Cesar Meze Bar
Rooftop-Restaurant, das Traditionelles neu interpretiert: Souflaki, gefüllt mit Calamari, Fenchel und schwarzer Knoblauchmayo. **€€**

Kalypso
Ehemaliges Kapitänshaus mit Dachterrasse. Empfehlung: Oktopus und die *makarounes* (eine Art hausgemachte Pasta). **€€**

Mavrikos
Die halbgepökelten Sardinen mit Meerfenchel oder den Fenchel in süßem Wein sollte man sich nicht entgehen lassen. **€€**

BEGEGNUNGEN MIT TIEREN

Blutopia Marine Park
Griechenlands erster privater Meerespark, der mit dem Boot von Skala Kamirou aus zu erreichen ist, ermöglicht das Tauchen oder Schnorcheln mit Großen Tümmlern, Riesenthunfischen, Teufelsrochen und vielem mehr.

Schmetterlingstal
Diese schmale, bewaldete Schlucht, die von schönen Wanderwegen durchzogen ist, ist ein beliebtes Ausflugsziel und wird im Sommer von farbenprächtigen Schmetterlingen bevölkert, die vom Harz der Storaxbäume angezogen werden.

Farma of Rhodes Petting Zoo
Die kleine Farm beherbergt einige ungewöhnliche Bewohner, vor allem Strauße, die auf ihre Namen reagieren und die man füttern kann. Auch Kamele und Lamas, freilaufende Pfaue, Ponys, Esel und Kängurus leben hier.

IAN WOOLCOCK/SHUTTERSTOCK ©

Paulusbucht

ideale Wind- und Wellenbedingungen zum Kite- und Windsurfen. Anbieter helfen mit allem, vom Ausrüstungsverleih über Kurse bis hin zu Übernachtungen in Herbergen im Surf-Stil (aber nur im Sommer, im Winter ist alles geschlossen).

Das Kap Prasonisi ist über eine Straße zu erreichen, die sich vom Dorf Kattavia aus 10 km nach Süden schlängelt.

Die Strände von Lindos

BELIEBT UND HÜBSCH

Der größere der beiden herrlichen Strände von Lindos erstreckt sich nördlich entlang der Bucht. Er ist als **Hauptstrand** bekannt, ist sandig und fällt sanft ins Meer ab, was ihn zu einem perfekten Badeplatz für Kinder macht. Im Sommer ist er sehr überfüllt. Auf dem Hügel oberhalb des Strandes gibt's kostenlose Parkplätze.

Der kleine, von Tavernen gesäumte **Pallas-Strand** liegt etwas unterhalb des Dorfes Lindos und ist über einen Fußweg zu erreichen, der in der Nähe des Beginns des Maultierpfads zur Akropolis hinunterführt. Unter dem Steg hier leben Seeigel. Sollten es zu viele werden, kann man sich auch von den Felsen dahinter ins Wasser stürzen.

Die **Paulusbucht**, eine fast kreisförmige Bucht, die nur durch eine schmale Lücke in den Felsen zur Ägäis hin offen ist, liegt einen kurzen Spaziergang vom südlichen Ende des Dorfes Lindos entfernt. Der winzige, geschützte Strand mit seinem türkis-

ESSEN IM WESTEN VON RHODOS

Limeri
Gasthaus am Straßenrand mit ausgezeichneter Küche, gutem Service und einer großen Terrasse. €

To Stolidi Tis Psinthou
Zwischen Holzbalken und altem Schnickschnack gibt's hervorragendes Essen in großen Portionen. €€

Mylos
Straßencafé mit Snacks, Blick auf die Burg Kritinia – und einem privaten Heimatmuseum. €

farbenen Wasser ist ein klasse Ort zum Schwimmen, aber in der Hochsaison ist er dann doch sehr überfüllt. Der örtlichen Überlieferung zufolge suchte der heilige Paulus hier im Jahr 57 n. Chr. Zuflucht, als sein Schiff wegen eines Sturms einen sicheren Ankerplatz benötigte.

Der 2 km südlich von Lindos gelegene beliebte Sandstrand **Pefki** bietet schattenspendende Pinienbäume. Der **Glystra-Strand** (ganz in der Nähe) ist oft weniger überlaufen und ebenfalls wunderbar.

Roadtrip durch den Westen und das Landesinnere von Rhodos

STRÄNDE, SCHLÖSSER UND KIEFERNWÄLDER

Der Westen von Rhodos duftet nach Pinien und dem Meer. Mit dem eigenen Auto lässt sich diese Gegend am besten erkunden – etwas, wofür man sich einen ganzen Tag Zeit nehmen sollte.

Von Rhodos-Stadt aus geht's entlang der Westküste. Unterwegs steht die Besichtigung der antiken Ruinenstädte **Ialysos** und vor allem **Kamiros**, 34 km südwestlich von Rhodos-Stadt, an. Hier hat man wirklich das Gefühl, durch die Straßen einer antiken Stadt zu gehen, mit Bädern, Tempeln, Privathäusern und öffentlichen Plätzen. Diese bemerkenswert vollständigen Ruinen liegen in einem natürlichen Amphitheater am Hang, 1 km vom Meer entfernt. Gegründet im 10. Jh. v. Chr. und bereits von Homer erwähnt, erreichte Kamiros seine Blütezeit im 7. Jh. v. Chr., wurde aber 226 v. Chr. und 142 v. Chr. durch Erdbeben verwüstet.

Die Ruinen der **Burg Kritinia** aus dem 16. Jh. erheben sich über eine Landzunge unmittelbar südlich des Dorfes Skala Kamirou. Der Aufstieg bietet traumhafte Ausblicke auf die Küste.

Die Landschaft entlang der Straße wird umso reizvoller, desto weiter man Richtung Süden fährt. So öffnen sich vor **Siana**, einem malerischen Dorf unterhalb des Berges Akramytis (825 m), und dem Dorf **Monolithos**, 5 km weiter, grandiose Gebirgspanoramen. Eine spektakulär gelegene Burg aus dem 15. Jh. steht 2 km westlich auf einem steil abfallenden Felsvorsprung. Dank einer Lücke in den Mauern ist der Zugang frei und ungehindert; vor allem bei Sonnenuntergang bietet sich ein herrlicher Ausblick. Nach weiteren 5 km über eine kurvenreiche Straße erreicht man den ansprechenden **Fourni-Strand**.

TOP-WASSER-SPASS AUF RHODOS

Trident Scuba Diving School
Ausflüge zu Tauchspots im Norden von Rhodos, Kurse für Neulinge und PADI-zertifizierte Kurse. Das Boot *Armonia* liegt im Mandraki-Hafen (Rhodos-Stadt).

Waterhoppers Diving School
Ein eintägiges Programm „Erfahrungstauchen" und PADI-Zertifizierungen. Fortgeschrittene können an verschiedenen Tauchgängen teilnehmen. Los geht's im Mandraki-Hafen in Rhodos-Stadt.

Paddle Paradise
Aufregende dreistündige SUP-Abenteuer mit Training und Paddeln zu nahe gelegenen Höhlen zum Schnorcheln – im Ostküstenort Stegna, 30 km südlich von Rhodos-Stadt.

UNTERWEGS VOR ORT

Von Rhodos-Stadt aus fahren Busse zu Zielen auf der ganzen Insel. Nur entlang der nordöstlichen Küstenlinie zwischen Rhodos-Stadt und Lindos verkehren die Busse häufig genug, um wirklich von Nutzen zu sein.

Wer die ganze Insel erkunden will, mietet sich ein Fahrzeug. Alle großen Autovermietungen sind am Flughafen von Rhodos vertreten (weitere gibt's in Rhodos-Stadt und den Ferienorten). Die Konkurrenz ist groß, also Preise vergleichen.

SYMI

Die Insel Symi ist so schön, dass schon das Einlaufen in ihren Hafen ein Ereignis ist. Der erste Anblick der pastellfarbenen Häuser, die sich zu allen Seiten erheben, ist unvergesslich. Es waren die Italiener, die vor einem Jahrhundert über die Insel herrschten und den neoklassizistischen Baustil begründeten, der seither das Markenzeichen von Symi ist.

Die Insel besteht größtenteils aus kargen Hügeln und Klippen – und aus spektakulären Badeplätzen. Die einzigen Siedlungen sind der Hafen von Gialos, das alte Dorf Chorio, das sich über den hügeligen Bergrücken dahinter erstreckt, und Pedi im dahinter liegenden Tal. Eine Straße führt bis zum Moni Taxiarhou Mihail Panormiti in Panormitis, nahe der Südspitze Symis.

Kulturell ist die Insel zwar wenig bedeutsam (abgesehen von einigen Museen), aber die Ruhe hier und die Schönheit der Bauten sind ideal zum Entspannen und Erkunden.

TOP TIPP

Übernachtet man in Chorio, sollte man sich abholen lassen oder ein Taxi nehmen. Niemand will das eigene Gepäck die Kali Strata hinaufschleppen. Das Gleiche gilt für die Abreise. Ansonsten ist es eine wunderbare Art, das Viertel zu erkunden, indem man die vielen Treppen hinauf- oder hinunterläuft – aber eben ohne Gepäck.

Tilos (30 km); Kos (60 km)
Straße von Diapori
Rhodos (20 km)
Nimborios-Golf
Oxia
Kokkinochoma-Bucht
Ausflugsboot
Nimborios
Strand von Nos
Agia Marina
Harani-Bucht
249 m
Bucht von Pedi
Gialos
Chorio
Pedi
Agios Nikolaos
Archäologisches Museum
Ladi-Bucht
471 m
Bucht von Agios Georgios
594 m
Pidima
Golf von Agios Vasilios
Nanou
Bucht von Nanou
Ghi
Kefalos-Bucht
528 m
Megalonisi
Marathounda
Bucht von Marathounda
Kos (60 km); Kalymnos (75 km)
Bucht von Lopidia
Panormitis-Bucht
Moni Taxiarhou Mihail Panormiti
Panormitis
Bucht
Ägäis
Bucht von Faneromeni
0 2 km
Rhodos (20 km)

Gialos

ESSEN IN GIALOS

Tholos
Womöglich das romantischste Restaurant auf den Dodekanes. Von den Tischen am Wasser aus kann man den Sonnenuntergang beobachten, während man auf das zitronige Rindfleisch oder den frischen Fisch wartet.

Meraklis
Taverne alter Schule in Blau-Weiß, mit Souflaki, Lammbraten und ausgezeichneten Symi-Garnelen.

Paradise Beach Bar
Am Strand von Nos. Man sollte die Weinblätter und Fischbällchen oder Tintenfisch, Hummer und Garnelen bestellen. Ist Eigentümer der Sonnenliegen am Strand.

Der schönste Hafen der Welt

EIN FEST FÜR DIE SINNE

Der erste Blick auf **Gialos** mit seinem Amphitheater aus neoklassizistischen, bunten Häusern, die sich kaskadenartig an allen Seiten des Hafens erstrecken, ist unglaublich. Fischereiboote scheinen auf dem glasklaren Wasser zu schweben, Schwammverkäufer:innen bieten ihre Schätze feil, und ab und zu trifft ein Hollywood-Star mit einer Superjacht ein.

Das Beste, was man in Gialos tun kann, ist, in einer der vielen Tavernen oder in einem Café am Kai zu sitzen und die berühmten Shrimps der Insel zu probieren, gefolgt von einem Streifzug durch die Gassen, in denen es von Obstläden, Eisdielen und Bäckereien nur so wimmelt.

Geht man vom Uhrenturm aus auf der Strandpromenade in Richtung Norden, weg vom Zentrum, gelangt man in die kleinere **Harani-Bucht**. Früher war hier der Schiffbau angesiedelt, heute gibt es stattdessen eine Reihe von Bars und Tavernen.

Nos, der nächstgelegene Strand von Gialos, liegt auf einer Landzunge, 500 m nördlich des Uhrenturms. Hier gibt's auch ein Restaurant. Entlang derselben Straße gelangt man zu Badestellen, die nicht ausgeschildert und relativ unbesucht sind – einfach auf die Treppen achten, die zum Wasser hinunterführen.

ÜBERNACHTEN IN GIALOS

Old Markets
Das beste Hotel auf Symi verfügt über wunderschöne Zimmer in zwei Herrenhäusern und bietet einen fantastischen Blick auf den Hafen. **€€€**

Thea Apartments
Stilvolle, luftige Zimmer mit Balkon. Leckeres Frühstück. **€€**

Hotel Aliki
Charme der alten Welt, am Wasser gelegen, mit Zimmern, die mit Antiquitäten ausgestattet sind. **€€**

ESSEN IN SYMI

Kali Strata
Die frischesten Gerichte der Insel, oben in Chorio, mit herrlichem Panoramablick. Das Wildgemüse, die *giapraki* (Gemüse-Blatt-Wraps) und die Souflaki sind besonders lecker. €

Marathounda Taverna
Eine typische Strandtaverne, in der die wilden Ziegen der Insel manchmal um die Tische streichen. Empfehlenswert sind die Garnelen und der gegrillte Fisch. €€

Secret Garden
Schrulliges Restaurant im Haus der Eigentümer:innen. Die Meze-Teller der Familie sind großartig, zudem gibt's Livemusik. €

ANTONY MCAULAY/SHUTTERSTOCK ©

Ikonografie, Panormiti-Kloster

Die Treppe nach Chorio

MAJESTÄTISCHE VILLEN

Steigt man die Kali Strata, den breiten Treppenweg, der von den Gassen hinter dem Hafen ausgeht, hinauf, erreicht man nach etwa 500 Stufen das auf einem Hügel gelegene Dorf **Chorio**. Auf dem Weg dorthin kommt man an einer Reihe prächtiger Villen vorbei, die für längst verstorbene Symi-Seekapitäne errichtet wurden. Einige sind völlig verfallen, andere wurden restauriert und erstrahlen inzwischen in neuem Glanz.

Chorio wurde zur Abschreckung plündernder Piraten erbaut und ist ein einziges Labyrinth. Alle Tavernen und Bars sind um das obere Ende der Kali Strata herum angesiedelt. Die meisten Häuser dahinter sind Ruinen. Das gilt auch für das **Johanniter-Kastro** ganz oben, das im Zweiten Weltkrieg durch deutschen Beschuss zerstört wurde. Das **Archäologische Museum** der Insel befindet sich ebenfalls hier oben.

Die Strände von Symi

LAUSCHIGE BADEPLÄTZE UND EIN KLOSTER

Der wahre Grund für einen Besuch auf Symi sind die Strände, die sich die Küste entlangziehen. **Nimborios** ist ein schmaler

ÜBERNACHTEN IN SYMI

Hotel Fiona
Das charmante, familiengeführte Hotel am Rand von Chorio gehört zu den günstigsten Unterkünften auf Symi. €

Niriides Apartments
Angenehme, traditionelle Unterkünfte mit Kochnischen, Kühlschränken und Balkonen mit Meerblick; im Dorf Nimborios. €€

Pedi Beach Hotel
Zimmer mit aquamarin gestreiften Betten, kobaltblauen Vorhängen und Balkonen mit Meerblick. €€

Kieselsteinstrand 3 km westlich von Gialos – ein friedlicher Ort mit einer ausgezeichneten kleinen Taverne.

Pedi, einst ein Dorf, heute eher Jachthafen und ruhiger Ferienort, liegt direkt unterhalb von Chorio. Zwei Strände auf beiden Seiten der Mündung der Bucht können von Pedi aus zu Fuß oder mit dem Wassertaxi von Gialos aus erreicht werden. **Agia Marina** im Norden ist eine lagunenartige kleine Bucht mit Blick auf eine reizvolle, von einer Kapelle gekrönten kleinen Insel im türkisfarbenen Wasser, die im Sommer sehr überfüllt ist. **Agios Nikolaos** auf der Südseite ist breiter und sandiger, mit ordentlichem Baumbewuchs und idyllischen Bademöglichkeiten.

Südlich von Pedi bieten **Nanou** und **Marathounda**, zwei große Buchten, lange Strände und Tavernen (der von Ziegen bewohnte Marathounda-Strand, der von einem üppigen Tal umgeben ist, ist besonders empfehlenswert).

Die beste Art, die Strände von Symi zu erkunden, ist per Wassertaxi. Entlang des Hafens von Gialos haben sich verschiedene Unternehmen angesiedelt (und auch eines in Pedi), die regelmäßig zu den Stränden der Insel fahren. In der Hochsaison gibt es ab 9 Uhr morgens mindestens eine Abfahrt pro Stunde, das letzte Boot kehrt normalerweise um 17 oder 18 Uhr zurück.

Das Kloster Moni Taxiarhou Mihail Panormiti

FANTASTISCHE FRESKEN UND KOMPLEXE SCHNITZEREIEN

In der Nähe der Südspitze von Symi, jenseits der duftenden Pinienwälder des hochgelegenen Landesinneren, liegt dieses große Kloster in der spektakulären Panormitis-Bucht. Klöster standen hier schon seit dem 5. Jh., doch das heutige Gebäude stammt aus dem 18. Jh. Die Hauptkirche beherbergt eine kunstvoll geschnitzte hölzerne Ikonostase, Fresken und eine Ikone des heiligen Michael, des Beschützers der Seeleute und Schutzpatrons von Symi.

Die Pilgernden, die den Heiligen um einen Gefallen bitten, hinterlassen eine Opfergabe. Man sieht ganze Stapel davon sowie Flaschen mit Gebeten, die von Booten abgeworfen wurden und ihren Weg hierher gefunden haben. Der große Komplex umfasst ein kirchliches sowie ein heimatkundliches Museum, eine Bäckerei mit leckerem Brot, ein Restaurant und ein Café. Traveller sollten sich bescheiden kleiden. Von Gialos aus fahren Busse hierher, und auch einige Fähren und Tagesausflugsboote legen hier an.

HISTORISCHES SYMI

In der *Ilias* wird erwähnt, dass Symi drei Schiffe entsandte, um Agamemnon bei der Belagerung von Troja zu unterstützen. In der antiken Legende war Glaukos, einer der Söhne der Insel, der Baumeister der *Argo*, jenes Schiffes, das Jason und seine Gefährten auf der Suche nach dem Goldenen Vlies ins ferne Kolchis bringen sollte. Unter den Osmanen erhielt Symi das Recht, in türkischen Gewässern Schwämme zu sammeln. Im Gegenzug versorgte Symi den Sultan mit erstklassigen Bootsbauern. Ansehnliche Villen wurden errichtet und die Insel blühte auf. Die italienische Besatzung im 20. Jh., das Aufkommen der Dampfschifffahrt und der Niedergang der Schwammindustrie zwangen Symi, sich als touristisches Ziel neu zu erfinden.

UNTERWEGS VOR ORT

Der Inselbus verkehrt stündlich zwischen der Südseite des Hafens von Gialos und dem Strand von Pedi (über Chorio). Das Busunternehmen der Insel, Lakis Travel, fährt rund um die Insel und hält unterwegs an Aussichtspunkten. Das Unternehmen bietet auch Hafentransfers an, die oft billiger sind als Fahrten mit Taxis.

Taxis fahren von einem Standplatz 100 m westlich der Bushaltestelle ab und bringen einen überall dorthin, wo es Straßen gibt. Sie können allerdings teuer sein.

Neben einigen Autovermietungen kann man auch über fast alle Reisebüros Autos mieten. Alle haben ihren Sitz in Gialos.

TILOS

Wer sich nach einem grünen Abenteuer inmitten einer abgelegenen Idylle sehnt, für den ist Tilos perfekt. Hier kann man auf Hirtenpfaden über Wiesen und durch Täler wandern und sich dann an einem der vielen einsamen Strände ausruhen.

Megalo Chorio, Tilos' winzige „Hauptstadt", ist ein Dorf am Hang, in dessen engen Gassen sonnenbeschienene Häuser stehen und sich jede Menge Katzen tummeln. Livadia ist ein fotogenes Durcheinander weiß getünchter Häuser, die sich um das nördliche Ende der Bucht von Agios Stefanos drängen. Tilos rühmt sich, die erste „grüne" Insel im Mittelmeer zu sein, die ihre Bevölkerung mit vollständig nachhaltig produziertem Strom versorgt.

In den azurblauen Gewässern tummeln sich Mönchsrobben und Meeresschildkröten, tatsächlich bietet die Insel eine betörende Artenvielfalt, die Vogel- und Tierliebhaber:innen aus aller Welt anzieht.

TOP TIPP

Nach einer Wanderung zum Fischereidorf Agios Antonios im Norden der Insel direkt ins **O Gialos** gehen, um sich im Schatten der Bäume einen griechischen Kaffee und *galaktoboureko* (teigumhüllter Griespudding) zu gönnen.

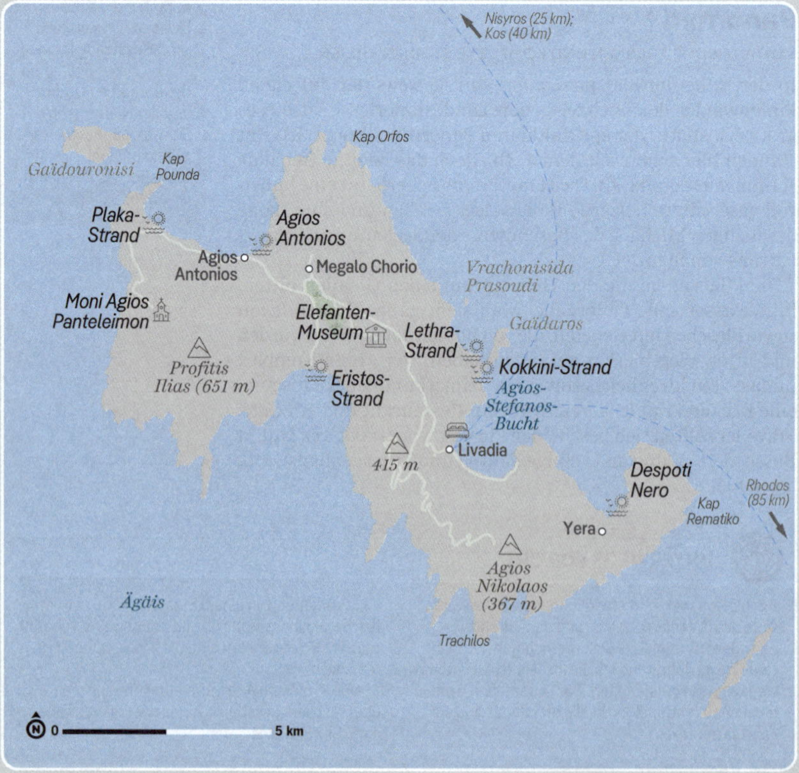

Wanderweg zwischen Livadia und dem Lethra-Strand

Wandern auf Tilos

BERGE, WILDBLUMEN UND STRÄNDE

Wandern ist der Hauptgrund, warum die Menschen nach Tilos kommen. Es gibt etwa 54 km Wanderwege, die unterschiedlich gut markiert sind. Die Website tilostrails.com bietet kurze Beschreibungen und eine Einstufung der einzelnen Wanderwege von leicht bis anspruchsvoll.

Ein gut gepflegter und landschaftlich sehr reizvoller 3 km langer Weg führt von **Livadia** nach Norden zum **Lethra-Strand**, einer unbebauten Kies- und Sandbucht mit wenig Schatten. Den Anfang der Strecke findet man, indem man dem asphaltierten Weg hinter dem Ilidi Rock Hotel am nordwestlichen Ende des Hafens folgt. Der Rückweg führt über die malerische **Potami-Schlucht** zur Hauptstraße der Insel.

Ein längerer Spaziergang bringt einen zu der kleinen verlassenen Siedlung **Yera** und dem dazugehörigen Strand bei **Despoti Nero**. Einfach der Straße folgen, die von Livadia aus südlich um die Bucht herumführt. Für die insgesamt 6 km lange Strecke (hin- und zurück) sollte man einen halben Tag einplanen.

Vogel-Fans werden begeistert sein – auf Tilos wurden mehr als 150 Vogelarten gezählt. Einige davon sind heimisch, andere

TILOS: EIN VORBILD FÜR NACHHALTIGKEIT

In den vergangenen zehn Jahren hat Tilos versucht, sich als Modell für nachhaltigen Tourismus zu etablieren, u.a. indem die Bevölkerung mit Strom versorgt wird, der ausschließlich aus erneuerbaren Ressourcen stammt. Die Insel verfügt über eine einzige Windturbine an einem abgelegenen Standort am Kap Akri Punta und einen kleinen Fotovoltaik-Park.

Tilos ist auch die erste Insel der Welt ohne Mülldeponien. Stattdessen wurde ein umfassendes Abfallmanagementprogramm, **Just Go Zero Tilos**, eingeführt. Dieser umweltfreundlichere Ansatz in Verbindung mit den Wandermöglichkeiten, der Vogelbeobachtung und den schönen Stränden macht Tilos zu einem attraktiven Sommerreiseziel und zu einem Vorbild für nachhaltigen Tourismus.

Mit diesem QR-Code erfährt man mehr über Just Go Zero Tilos.

ESSEN AUF TILOS

Gorgona
Auf der Dachterrasse werden Speisen mit Produkten aus eigenem Anbau serviert. In Livadia. €€

Omonoia Cafe
Das beliebte Ganztags-Café ist ideal für ein Frühstück, Mittagessen oder Abendessen. Am Hauptplatz von Livadia. €

Kastro Cafe
Terrasse in Megalo Chorio mit Panoramablick auf die Bucht. Empfehlung: das Schweinefleisch aus hiesiger Zucht. €

DAS VERLASSENE MIKRO CHORIO

Als die Piraten einst auf dem Dodekanes ihr Unwesen trieben, war diese mittelalterliche Siedlung (45 Gehminuten von Livadia entfernt) das wichtigste Bevölkerungszentrum von Tilos. Die letzten Einwohner:innen verließen das Dorf erst nach dem Zweiten Weltkrieg, heute steht es leer. Die Gebäude befinden sich in verschiedenen Stadien des Verfalls – ein Haus ist im Sommer als Musik-Bar geöffnet –, doch der Ort ist wunderbar für einen Spaziergang. Bei Sonnenuntergang wird die Stimmung geradezu unheimlich.

Wer lange genug wach bleiben kann, sollte den Nachtclub Mikro Chorio in der Mitte des Dorfes besuchen. Er verfügt über eine herrliche Veranda-Bar mit fantastischer Aussicht. Für Nachteulen gibt's einen kostenlosen Shuttlebus (10 Minuten), der von Livadia aus bis 1 Uhr nachts (samstags später) fährt.

DAVID FOWLER/SHUTTERSTOCK ©

Moni Agios Panteleimon

sind Zugvögel. Schätzungsweise 46 Arten sind bedroht. Ausschau halten sollte man u.a. nach dem Habichtsadler, dem Eleonorenfalken, dem Adlerbussard, der Samtkopf-Grasmücke und der Zwergohreule.

Die menschenleeren Strände von Tilos

HIMMLISCHE RUHE UND GÖTTLICHES WASSER

Auf Tilos gibt es eine Vielzahl von Stränden. In der Nähe von Livadia findet man einige gepflegte Strände, doch am besten fährt man in den nordwestlichen Teil der Insel zum langen, breiten **Eristos-Strand**, der von saphirblauem Wasser umspült wird und ideal zum Schwimmen ist. Er liegt 2,5 km südlich von Megalo Chorio. Im Allgemeinen ist er menschenleer, außer wenn ein paar Einheimische angeln.

Die abgelegene Siedlung **Agios Antonios** in der großen Bucht 1,5 km nordwestlich von Megalo Chorio bietet einen schmalen Kieselstrand mit je einer Taverne an beiden Enden. Noch schöner ist der **Plaka-Strand**, der sich in einer Bucht 3 km weiter westlich befindet. Das Wasser ist etwas wärmer, am Nachmittag gibt es Schatten und schön schnorcheln kann man zudem.

Der **Kokkini-Strand** im Süden der Insel liegt versteckt in einer kleinen Bucht. Kokkini ist das griechische Wort für die

ÜBERNACHTEN AUF TILOS

Apollo Studios
Hübsche Studios in Livadia mit hellen Küchenzeilen, modernen Bädern, Balkonen und großer Dachterrasse. €

Eleni Beach Hotel
Makellose Zimmer, einige mit Balkon, alle mit Meerblick. Üppiger Garten. In Livadia. €€

Milios Studios
In Megalo Chorio. Komfortable Zimmer, Studios für Selbstversorger:innen. Mit weitem Blick auf die Eristos-Buch. €

Farbe Rot, und der Strand hier hat wegen des Eisens im Sand eine rötliche Farbe. Weiter unten befindet sich der **Lethra-Strand** mit seinem herrlichen indigoblauen Wasser. Auch das felsige Eiland **Vrachonisida Prasoudi** westlich von Tilos hat klares, blaues Wasser.

Tilos' winzige Elefanten

UNGEWÖHNLICHE FOSSILIEN

Erstaunlicherweise ist das antike Tilos vor allem für seine Population von Mini-Elefanten bekannt. Man nimmt an, dass Elefanten in voller Größe vor 6 Mio. Jahren hierherkamen, als die Insel noch mit Kleinasien verbunden war. Schließlich wurden jene Elefanten durch das steigende Wasser des Mittelmeers vom Rest der Welt abgeschnitten. Aufgrund des Fehlens natürlicher Fressfeinde sowie einem geringeren Nahrungsangebot schrumpften sie mit der Zeit. Um 4000 v. Chr. starben sie aus, möglicherweise wegen der Ankunft der ersten menschlichen Bewohner:innen der Insel.

Im kleinen **Elefanten-Museum** bei der Charkadio-Höhle, südöstlich von Megalo Chorio, werden die 1974 entdeckten Knochen ausgestellt.

Die Sonnenuntergänge von Agios Panteleimon

GESCHICHTE, NATUR UND SPEKTAKULÄRE AUSSICHTEN

Hinter Plaka klettert die Küstenstraße den steilen Abhang hinauf (nichts für schwache Nerven) und erreicht nach 3 km das **Moni Agios Panteleimon**. Das wunderschöne Kloster ist eine der wichtigsten Stätten auf Tilos, ja, sogar auf dem Dodekanes. Es stammt aus dem 15. Jh. und besitzt eine wunderschöne hölzerne Ikonostase (1714) sowie religiöse Gemälde von Grigorios. Das Fresko von Christus Pantokrator im Kuppeldach und das Fresko der Heiligen Dreifaltigkeit am Innenbogen stammen aus dem Jahr 1776.

Hier gibt es eine Quelle, schöne Zypressen, Platanen, Walnussbäume und eine atemberaubende Aussicht – von 270 m über dem Meeresspiegel aus kann man die Inseln Nisyros und Kos sehen. Für Wander-Fans führt ein Weg hinunter nach Agios Antonios.

Das Kloster befindet sich 14 km nordwestlich von Livadia. Bevor man sich auf den Weg macht, sollte man sich über die Öffnungszeiten informieren (das Kloster ist für die Nachmittagsgebete geschlossen); im Sommer fährt sonntags ein Bus hierher.

AUSGEHEN IN LIVADIA

Cafe Bar Georges
Altehrwürdige Bar am Hauptplatz mit frischem blauen Interieur und starkem griechischen Kaffee. Die Wände sind mit Bildern längst verstorbener Fischer und alten erotischen Kalendern geschmückt (ist so).

Mikro Chorio
Nachtclub im verlassenen Dorf Mikro Chorio mit Veranda-Bar, herrlicher Aussicht und Tanz bis in die frühen Morgenstunden.

Spitiko
Café mit gutem Kaffee, Käse- und Spinatkuchen, Baklava und anderen Süßigkeiten.

UNTERWEGS VOR ORT

Tilos hat keinen Flughafen und nur wenige Fährverbindungen. Fünf Busse verkehren täglich zwischen Livadia, Megalo Chorio, dem Eristos-Strand und Agios Antonios. Taxis gibt es nicht. In Livadia kann man ein Auto oder einen Motorroller mieten.

NISYROS

Die Vulkaninsel Nisyros liegt abseits aller Touri-Ströme – abgesehen von den Tagesausflüglern aus dem nahe gelegenen Kos, die hierherkommen, um den herrlichen Vulkan zu sehen. Diese Abwesenheit von Menschenmassen – auch aufgrund der fehlenden Strände – macht die Insel perfekt für diejenigen, die ein paar Tage inmitten natürlicher Schönheit, mit wandernden Ziegen und Ausblicken über terrassierte Felder und Wildblumen verbringen möchten. Nisyros ist reich an byzantinischen Kirchen und hat eine außergewöhnliche antike Stadtmauer sowie viele Gourmetangebote. Allein der Besuch der Vulkan-Caldera mutet an, als wäre man in einem Science-Fiction-Film, mit Kühen, die zwischen bunten Felsen grasen.

Der Hauptort Mandraki ist eine pastellfarbene Stadt mit zahlreichen Cafés, die sich an der Nordküste der Insel entlangzieht. Die auf den Hügeln gelegenen Dörfer Nikea und Emborios sind atemberaubend. Man kann inmitten von Wildblumen wandern oder den Vulkankrater erkunden. Diejenigen, die die Insel besucht haben, kommen oft wieder.

TOP TIPP

Wer die Caldera besuchen will, sollte versuchen, vor 11 Uhr dort zu sein, um den Busladungen von Tagesausflüglern aus Kos zu entgehen. Wer früh genug kommt, hat den Ort vielleicht sogar für sich allein. Der Boden ist weich und heiß, man sollte also festes Schuhwerk anziehen.

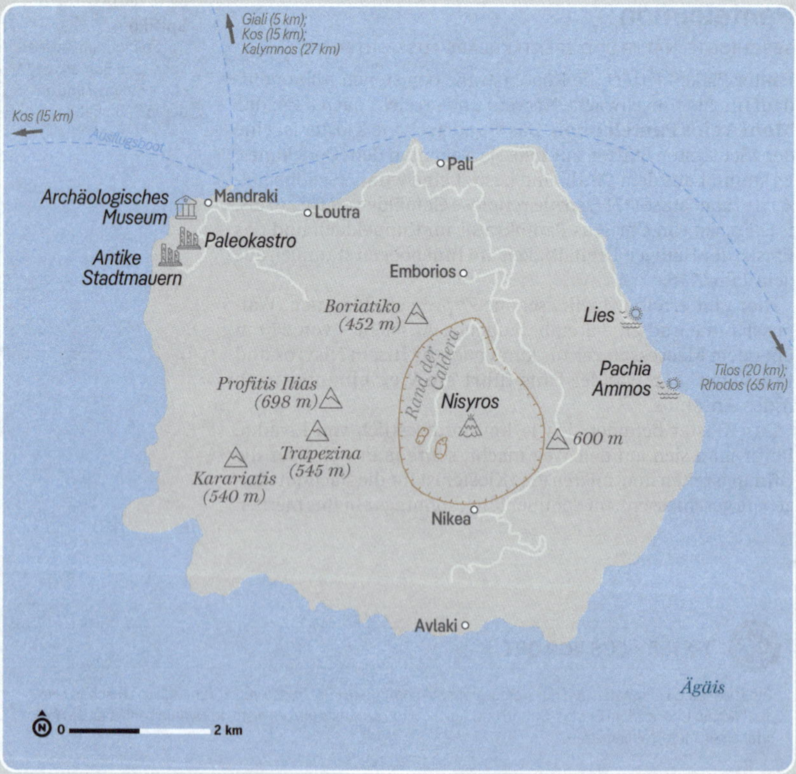

TAKIS BKS/SHUTTERSTOCK ©

Vulkan auf Nisyros

Erkundung des Vulkans

KRATERBESUCH

Nisyros liegt auf einer vulkanischen Verwerfungslinie, die sich um die südliche Ägäis schlängelt. Obwohl der letzte Ausbruch des Vulkans 25 000 Jahre zurückliegt, gilt er offiziell als ruhend und nicht als erloschen. Sein Gipfel war ursprünglich etwa 850 m hoch, doch drei heftige Ausbrüche vor 30 000 bis 40 000 Jahren sprengten die obersten 100 m ab und brachten das Zentrum zum Einsturz. An den nördlichen, östlichen und südlichen Flanken der Insel sind noch weiß-orangefarbene Bimssteine zu sehen, während ein großer Lavastrom den gesamten Südwesten um Nikea bedeckt.

Die Insulaner:innen nennen den Vulkan Polyvotis. Der Legende nach riss Poseidon während des Kampfes zwischen den Gottheiten und Titanen ein Stück von Kos ab und benutzte es, um den Giganten Polyvotis tief unter der Insel zu begraben. Dieser Felsen wurde zu Nisyros, und das Brüllen des Vulkans ist Polyvotis' wütender Protest.

Traveller zieht es zur Caldera der Insel, eine riesige, unwirkliche Ebene, die einst die Heimat tausender Bäuerinnen und Bauern war.

Das südliche Ende umfasst mehrere Krater. Ein Pfad führt hinab in den größten Krater, Stefanos, wo man die 100 °C heißen

ESSEN AUF NISYROS

Geusea
Außergewöhnliche Seafood- und Fleischgerichte, die wunderbar zubereitet sind – das sollte man sich nicht entgehen lassen. **€€**

Balcony Restaurant
Berühmt für sein frisches Fleisch aus der Region und dem unvergesslichen Ausblick auf den riesigen Krater. **€**

Apololi Kori
Griechische Gaumenfreuden. *Giouvarlakia* – Zitronensuppe mit Fleischbällchen – oder der Herings- und Pistaziensalat sind besonders empfehlenswert. **€€**

Irini
Köstliche, traditionelle Gerichte wie *dolmades* (mit Reis gefüllte Weinblätter), Ziegenfleisch in Tomatensauce, Souflaki und *saganaki* (gebratener Käse). **€**

ÜBERNACHTEN AUF NISYROS

Melanopetra
Zwei minimalistische Apartments mit wunderschönen Schlafzimmern und Küchen mit Blick aufs Meer und die Caldera. **€€€**

Anthousa Houses
Drei traumhafte, ausgefallene Design-Häuser, die um einen Garten herum angeordnet sind. **€€**

Mammis' Apartments
In der Nähe des Jachthafens, inmitten üppiger Gärten; die Studios verfügen über private Balkone mit Meerblick. **€€**

NISYROS' BESONDERE KÜCHE

Die reichhaltige Küche des Archipels basiert größtenteils auf der Ernährung der seefahrenden Vorfahren. Die Gerichte sind auch vom nahen Osten beeinflusst, was sich in einer Vielzahl von Gewürzen widerspiegelt. Jede Insel hat ihre eigene Delikatesse, doch auf Nisyros findet man die wunderbarsten Gerichte – und die schönste Aussicht. In Mandraki gibt's die besten Restaurants, von denen einige sogar einen Blick auf den Vulkankrater bieten. Zu den Leckerbissen gehören *pitia* (Kichererbsenklößchen), *kapamas* (gefüllte Ziege) und *boukounies* (geschmortes Schweinefleisch). Die Käsesorten *mezithra*, *sakouliasti* und *trigias* sollte man unbedingt probieren (*trigias* wird in Rotwein gekocht).

Zu den Getränken, die man sich nicht entgehen lassen sollte, gehören *soumad* (Mandelmilch) und *kanelada*, ein Zimtgetränk.

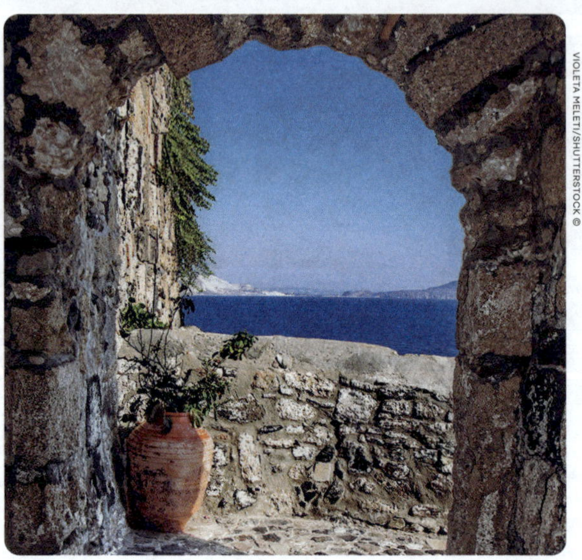
VIOLETA MELETI/SHUTTERSTOCK ©

Nisyros

Fumarolen betrachten kann – manchmal ist ihr Zischen zu hören und man kann die schwefelhaltigen Dämpfe riechen. Nicht zu weit gehen – der Boden ist instabil und kann einstürzen.

Archäologisches Museum von Mandraki

EIN MODERNES VORZEIGEMUSEUM

Das exzellente Museum in Mandrakis verkehrsfreier Zone zeigt eine tolle Sammlung hellenistischer und römischer Töpferwaren und Skulpturen sowie frühere Artefakte aus Obsidian, der im benachbarten Giali abgebaut wurde. Die Exponate sind in chronologischer Reihenfolge ausgestellt und helfen, sich einen Überblick über die historischen Epochen zu verschaffen, vom Neolithikum bis zur hellenischen Zeit und darüber hinaus.

Nisyros' nostalgische Dörfer

ERKUNDUNG ATEMBERAUBENDER SIEDLUNGEN

Das Dorf **Emborios** liegt hoch oben auf dem zerklüfteten Nordrand der Caldera, 9 km von Mandraki entfernt, und hat einige schöne Steinhäuser, zwei Restaurants und mehrere sehr ansprechende Unterkünfte. Viele der Häuser klammern sich an die steilen Flanken des felsigen Bergrückens. Zusätzlich zu ein paar Katzen leben hier nur etwa neun Menschen dauerhaft.

AUSGEHEN AUF NISYROS

Oxos
Meerblick, unter Tamarisken, mit regionalen Köstlichkeiten.

Rythmos Bar
Beliebt für einen Frappé zur Mittagszeit oder einen Drink auf der Dachterrasse bei Sonnenuntergang.

Ta Liotridia Bar
Stimmungsvolle Bar mit Holzböden, Steinwänden, gedämpftem Licht und nostalgischen Klängen.

Nikea, ein weiteres Dorf, befindet sich 4 km südlich am Rand des Kraters. In dieser engen Ansammlung blendend weißer Häuser ist kein Platz für Fahrzeuge, sodass alle Traveller den Nervenkitzel erleben, den der Gang durch eine schmale Gasse vom Ende der Straße bis zu dem winzigen zentralen Platz auslöst. Dieser Platz, der eigentlich weniger ein Quadrat als ein Kreis ist, gehört zu den schönsten Plätzen des Dodekanes, mit geometrischen Kieselsteinmosaiken in der Mitte. Überall in Nikea bieten ausgeschilderte Aussichtspunkte erstaunliche Blicke auf den Vulkan, der weit unten liegt.

Das windumtoste Dorf **Pali** liegt 5 km östlich von Mandraki an der Küste, gleich hinter der Abzweigung zum Vulkan. Heute ist es vor allem ein Jachthafen mit einer Handvoll Tavernen zwischen den sonnenbeschienenen Gebäuden am Kai. Die Küstenstraße führt 5 km weiter zum **Lies**, dem meist genutzten Strand von Nisyros. Wenn man von hier aus 1 km auf einem (unsicheren) Weg läuft, erreicht man **Pachia Ammos**, eine schattenlose Fläche mit grobem Vulkansand.

WANDERN AUF NISYROS

Caldera-Wanderung
Von Mandraki aus in etwa 2½ Stunden bis ins Herz der Caldera. Man kann direkt hinter dem Kloster Evangelistrias loswandern oder dem längeren Weg zur flacheren Südseite folgen.

Von Nikea zum Stefanos-Krater
Die Wanderung beginnt hinter dem Vulkanmuseum und dauert bis zum Krater Stefanos 45 Minuten. Auf dem Weg nach unten auf die Orientierungspunkte achten.

Von Mandraki zum Paleokastro
Ein kurzer (20-minütiger) Ausflug durch das wunderschöne ländliche Nisyros.

Stadtmauern von Nisyros

ALTE FESTUNGSANLAGEN MIT FABELHAFTER AUSSICHT

Die aus dem 4. Jh. v. Chr. stammenden antiken Mauern oberhalb von Nisyros, zu denen man über den Weg hinter dem Kloster und der mittelalterlichen Burg gelangt, zählen zu den am besten erhaltenen Festungsanlagen der Ägäis aus der Zeit der Antike. Die massiven zyklopischen Steine sind bemerkenswert, ebenso wie das eine stehende Tor. Man kann die Stufen hinaufsteigen und auf der Mauer stehen (Achtung: keine Absperrungen) – ein herrlicher Aussichtspunkt bei Sonnenuntergang. Es wird angenommen, dass sie Teil einer Verteidigungsstrategie des Mausolus von Karien war, der ab 355 v. Chr. für kurze Zeit die Kontrolle über Rhodos und Kos sowie andere kleinere Inseln hatte.

Die Akropolis von Paleokastro

ALTE VULKANISCHE STÄTTE

Die erstaunliche Akropolis von Paleokastro stammt aus mykenischer Zeit. Am besten erreicht man sie im Rahmen einer 20-minütigen Wanderung durch die Felder, entlang eines Pfades, der südwestlich des Klosters Evangelistrias beginnt. **Paleokastro** wurde vor 3000 Jahren gegründet. Die restaurierten Mauern sind etwas jünger, aus dem 4. Jh. v. Chr. – was wie moderne Graffiti aussieht, sind in Wirklichkeit antike Widmungen. Passiert man das abschreckende Tor, kann man auf die massiven Vulkanblöcke klettern und eine atemberaubende Aussicht genießen. Überall gibt's verständliche Schilder in englischer Sprache.

UNTERWEGS VOR ORT

Ausflugsboote fahren vom Mandraki-Hafen zur Insel Giali (nur im Sommer; Rückfahrt gegen 18 Uhr).

Öffentliche Busse umfahren im Sommer dreimal täglich die Insel. Die zeitliche Planung erfordert allerdings ein wenig Geschick. Die Busse halten am Hafen, wo es los geht. Darüber hinaus hat man die Möglichkeit, in Mandraki Autos und Motorroller zu mieten.

KOS-STADT

Die schönsten Strände des Dodekanes, gewaltige Klippen und fruchtbare Täler – Kos ist eine wahre Schatzkiste der Natur. Die Insel ist mit so vielen antiken griechischen Ruinen gespickt, dass manche sie nach einiger Zeit schon gar nicht mehr wahrnehmen und einfach an den jahrtausendealten korinthischen Säulen vorbeilaufen, die aus einem Teppich aus Wildblumen hervorlugen. Sogar in Kos-Stadt, der dynamischen Inselhauptstadt, finden sich architektonische Wunderwerke an jeder Ecke, und über den Hafen wacht eine imposante Mittelalterburg.

Wer nach Kos kommt, will natürlich an seine Strände. Neben Kos-Stadt gibt es drei weitere große Urlaubsorte: Kardamena an der Südküste ist die Hochburg des Pauschaltourismus. Reizvoller sind Mastichari an der Nordküste und Kamari ganz im Südwesten. Außerhalb der Feriengegenden ist die Insel noch ziemlich wild und unberührt. Nur ein paar Kilometer westlich von Kos-Stadt ragt das zerklüftete Dikeos-Gebirge fast 850 m in die Höhe.

TOP TIPP

Die Partyszene von Kos-Stadt konzentriert sich auf einen Block südlich des Hafens und entlang der Uferpromenade am Kritika-Strand. Am besten kann man Kos-Stadt und die Umgebung mit dem Rad erkunden (kann man mieten). Es gibt einen 13 km langen Radweg, Mountainbike-Strecken sind geplant.

Kos-Stadt

ATEMBERAUBENDE ANTIKE RUINEN

Kos-Stadt ist eine hübsche Hafenstadt, die von einer prächtigen mittelalterlichen Burg überragt wird und sich inmitten einer unglaublichen Anzahl antiker Ruinen aus griechischer, römischer und byzantinischer Zeit befindet.

Straße in Kos

NEJDET DUZEN/SHUTTERSTOCK ©

Am Hauptplatz befindet sich das fabelhafte **Archäologische Museum** in einem hervorragenden Beispiel eines Gebäudes aus der italienischen Kolonialzeit. Es zeigt eine Fülle von Skulpturen aus der hellenistischen bis spätrömischen Epoche, darunter eine Statue des Hippokrates und ein Mosaik aus dem 3. Jh.

Die prächtige **Ritterburg** von Kos aus dem 15. Jh., die von den Johannitern erbaut wurde, ist wieder für die Öffentlichkeit zugänglich, nachdem sie durch ein Erdbeben beschädigt worden war. Der Bau der Burg dauerte etwa 130 Jahre, was bedeutet, dass die architektonischen Stile mehrere Epochen umfassen – Geschichtsbegeisterte werden sich freuen.

Die **antike Agora**, die einen großen Bereich südlich der Burg einnimmt, ist das alte Zentrum von Kos. Zu den Wahrzeichen gehören eine massive Säulenstoa, die Ruinen eines Aphrodite-Heiligtums, der Herkules-Tempel aus dem 2. Jh. v. Chr. und eine christliche Basilika aus dem 5. Jh. Nördlich der antiken Agora befindet sich die schöne **Plateia Platanou** und die **Platane des Hippokrates**, unter der Hippokrates seine Schüler unterrichtet haben soll.

Der Hafen ist von Cafés und Tavernen gesäumt, und an der Uferpromenade reihen sich Ausflugsboote, Fischereiboote und schicke Jachten aneinander.

ESSEN & AUSGEHEN IN KOS-STADT

Pote Tin Kyriaki
Herrliche *ouzerie* – nur zum Abendessen – mit charmantem Innenhof. Die gefüllten Zucchiniblüten und Muscheln probieren! **€**

Aegli
Von einer Frauenkooperative betrieben, am Hauptplatz gelegen, mit aromatischen lokalen Spezialitäten. **€**

Ta Votsalakia
Direkt am Strand, mit schönem Blick aufs Meer. Täglich Frischfang für die Küche. **€€**

Kaseta
Mit Blick auf den Hafen. Der perfekte Ort zum Verweilen bei einem Kaffee.

Law Court Cafe
Kleines Café gegenüber der Platane von Hippokrates (und abseits der Touri-Ströme).

UNTERWEGS VOR ORT

Radfahren ist auf Kos sehr beliebt. Radwege führen durch Kos-Stadt, wobei die meistbefahrene Strecke entlang der Uferpromenade verläuft und die Stadt mit Lambi im Norden und Psalidi im Süden verbindet.

Die Taxis stehen auf der Südseite des Hafens. Die zahlreichen Boote, die in Kos-Stadt ankern, bieten Ausflüge rund um Kos und zu den nahe gelegenen Inseln an.

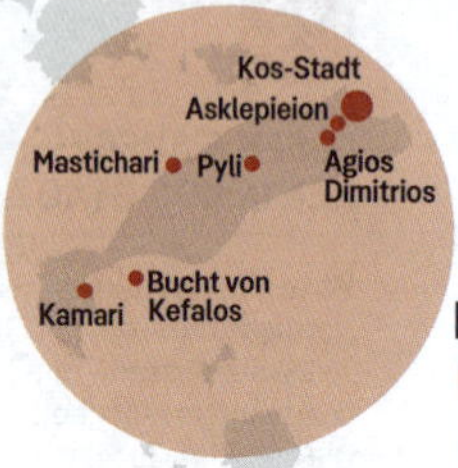

Kos-Stadt
Asklepieion
Mastichari
Pyli
Agios Dimitrios
Bucht von Kefalos
Kamari

Rund um Kos-Stadt

Entlang der Südwestküste der Insel erstrecken sich herrliche Sandstreifen – sie machen das Gebiet um Kos-Stadt zu einem einzigen langen Strand.

TOP TIPP

Die Busse von und nach Kos-Stadt halten am Kamari-Strand.

Die Südwestküste ist von grünen Hügeln umgeben und wird von warmem Wasser umspült. Hier befinden sich die schönsten und leersten Strände der Insel. Die riesige Kefalos-Bucht, ein 12 km langer, traumhafter Sandstrand, erstreckt sich entlang der gesamten Südwestküste von Kos. Der Strand selbst ist zwar zusammenhängend, aber jeder einzelne Abschnitt (erschlossen durch ausgeschilderte Wege) hat seinen eigenen Namen.

Kamari mit einem schwarzen Kieselstrand ist ein ruhiger Ferienort mit vielen Cafés, Tavernen und Unterkünften sowie guten Wassersportmöglichkeiten. Hoch über Kamari, auf einer Klippe gelegen, bietet das Dorf Kefalos einige Tavernen und Unterkünfte.

Bucht von Kefalos (S. 428)

Asklepieion

Religiöses Heiligtum

ANTIKE STÄTTE UND HEILZENTRUM

Asklepieion, die wichtigste antike Stätte der Insel, liegt auf einem mit Pinien bewachsenen Hügel 3 km südwestlich von Kos-Stadt und bietet einen herrlichen Blick auf die Türkei. Das religiöse Heiligtum, das dem Heilgott Asklepios gewidmet ist, war auch ein Heilzentrum und eine Medizinschule. Der Legende nach wurde es im 3. Jh. v. Chr. von Hippokrates selbst, dem auf Kos geborenen „Vater der modernen Medizin", gegründet. Allerdings war er zu diesem Zeitpunkt bereits tot, und die Ausbildung hier folgte einfach seinen Lehren.

Bis zur Zerstörung des Sanatoriums durch ein Erdbeben im Jahr 554 n. Chr. kamen die Menschen aus Nah und Fern zur Behandlung.

Die Ruinen erstrecken sich über drei Ebenen, wobei sich auf der ersten Ebene das **Propyläen** (Zugang zum Haupttor), die **öffentlichen Bäder** aus der Römerzeit und die Überreste der Gästezimmer befinden. Auf der zweiten Ebene sind ein Altar des **Apollon von Kyparissia**, im Osten der Apollon-Tempel aus dem 1. Jh. v. Chr. und im Westen der erste Tempel des Asklepios aus dem 4. Jh. v. Chr. Die Ruinen seines Nachfolgers, des

DER MYTHOLOGISCHE DODEKANES

Rhodos
Die Insel gehörte Helios, dem Gott der Sonne. Der Koloss von Rhodos wurde nach seinem Abbild geschaffen.

Nisyros
Im Vulkan Nisyros soll der Titan Polyvotis unter einem Felsbrocken begraben sein, den Poseidon von Kos abgerissen hatte.

Symi
Glaukos, der Sohn des Poseidon, stattete seine Nachfahren mit der Fähigkeit aus, tief zu tauchen und den Atem für längere Zeit anzuhalten.

Kos
Das heilige Land des Asklepios, des Gottes der Heilung. Hippokrates, der Vater der modernen Medizin, ließ sich hier nieder.

ESSEN AUF KOS

Haihoutes
Das in einem verlassenen Dorf gelegene, geschmackvoll restaurierte Café bietet Geschichte, traditionelle Speisen und guten Kaffee. **€**

O Makis
Ein authentisches, griechisches Erlebnis mit Seafood und Gegrilltem zu guten Preisen. **€**

Oria Taverna
Eine idyllische Taverne, die in 15 Minuten zu Fuß zu erreichen ist und in der man mit wunderbarem Blick auf den Sonnenuntergang speisen kann. **€**

Burg von Pyli

einst prächtigen **Asklepiostempels** aus dem 2. Jh. v. Chr., liegen auf der dritten Ebene. Noch ein wenig weiter oben, in den kühlen Pinienwäldern, hat man die allerbeste Aussicht. Ein kleines **Museum** auf dem Weg nach unten bewahrt antike Inschriften auf.

Die Buslinie 3 fährt stündlich von Kos-Stadt hierher. Man kann auch mit dem Fahrrad herkommen. Die Strecke ist schön, geht aber bergauf.

Kamari & Bucht von Kefalos

JENSEITS DER MENSCHENMASSEN

Am beliebtesten ist der **Paradise Beach**, außerhalb von Kos-Stadt. Obwohl es sich um einen 12 km langen Sandstrand handelt, ist der Paradise Beach in eine Reihe kleinerer Strände unterteilt, wenn auch nur jeweils dem Namen nach. Die Strände sind von Klippen und Grünflächen umgeben, wenig bebaut und liegen an atemberaubend klarem Wasser. Je weiter westlich, desto belebter wird es. Wer Abgeschiedenheit wünscht, ist am **Magic Beach** genau richtig.

Der nahe gelegene **Exotic Beach** ist für FKK-Fans geeignet. Der **Lagada-Strand** (der auch als Banana Beach bezeichnet wird) ist ebenfalls schön.

SCHWIMMEN RUND UM KOS-STADT

Lambi-Strand
Dieser belebte Sandstreifen, der Kos-Stadt am nächsten liegt (nur 2 km nordwestlich der Stadt), hat einige Hotels und Restaurants. Windsurfen ist hier äußerst beliebt.

Therma Loutra
Südlich von Kos-Stadt gibt es heiße Mineralquellen, die das Meer erwärmen – was Tausende hierher strömen lässt. Am einsamsten ist es hier in aller Frühe (etwa um 6 Uhr morgens).

Insel Pserimos
Nur wenige Kilometer von der Küste entfernt und im Sommer mit Ausflugsbooten von Marmari aus erreichbar.

ESSEN & AUSGEHEN AUF KOS

Restaurant Agios Theologos
Diese beliebte Taverne oberhalb des Strandes von Agios Theologos bietet Kos' schönste Sonnenuntergänge. €€

Mylotopi
Ideal für einen Kaffee, einen Cocktail oder eine Mahlzeit. €€

Cavo Greco
Dank Blick auf den Strand (und den Sonnenuntergang) und gutem Essen ideal für romantische Stunden. €

Der **Agios-Stefanos-Strand** am westlichsten Ende wurde leider von einer riesigen Ferienanlage verschandelt. Nichtsdestotrotz liegt direkt davor in Schwimmweite die fotogene kleine Insel Kastri, auf der sich eine winzige Kirche befindet.

An der Westküste liegt, weit ab jeglichen Trubels, der **Strand Agios Theologos**. Hier gibt es nicht viel zu tun, außer essen, schwimmen und sonnenbaden.

Die Bergdörfer von Kos

IDEALE TAGESAUSFLÜGE

Die Bergdörfer von Kos liegen verstreut an den grünen Nordhängen des Dikeos-Gebirges und sind wahre Schmuckstücke.

Erster Halt sollte **Agios Dimitrios** sein, ein Dorf, das im Zweiten Weltkrieg verlassen wurde. Hier gibt es ein wunderschönes Café und eine herrliche Dorfkirche.

Weiter geht's nach **Lagoudi Zia**, 14 km südwestlich von Kos-Stadt. Früher war es eines der schönsten Dörfer auf Kos, heute ist es im Wesentlichen ein einspuriger Themenpark. Die Aussicht auf das Meer ist so schön wie eh und je, aber alle paar Minuten werden Busladungen von Touris abgesetzt, damit sie durch die vielen Souvenirläden schlendern und in die konkurrierenden Tavernen gehen können.

Nach kurzer Weiterfahrt erreicht man das Dorf **Asfendiou**, wo man mit großartigen Ausblicken und unglaublichen Kirchen belohnt wird (die man höchstwahrscheinlich für sich allein hat). Etwa 5 km weiter westlich liegt **Pyli**. Kurz vor dem Dorf führt eine Linkskurve zu den Überresten seines mittelalterlichen Vorgängers, dem alten Pyli, die zwischen den hoch aufragenden Felsen und Pinien eines sehr magischen Hügels verstreut sind. Der Gipfel desselben wird von den Ruinen der **Burg von Pyli** gekrönt. Der ganze Ort ist so wild, man erwartet fast, Pan, der Gott der Wildnis und der Hirten, tauche jeden Moment auf. Vom Parkplatz am Straßenrand führt ein gut markierter Weg hinauf, der nach links zur Burg und nach rechts zum alten Dorf geleitet, wo das einzige noch genutzte Gebäude die im Wald versteckte **Taverne Oria** ist.

Busse verbinden Kos-Stadt mit Pyli (2- bis 4-mal täglich), aber nicht mit Alt-Pyli.

Mastichari

EIN ENTZÜCKENDER BADEORT

Dieser kleine, reizvolle und altmodische Badeort bietet alles, was man für einen unkomplizierten Familienurlaub braucht. Es gibt einen schönen, breiten Streifen feinen Sandes mit Ta-

HAIHOUTES

In dem nur noch von Geistern bewohnten Haihoutes (auch bekannt als Agios Dimitrios), einst ein blühendes Dorf mit 450 Einwohner:innen, wurde ein winziges und sehr geschmackvolles Café liebevoll restauriert. In den stilvollen olivgrünen Stühlen lässt es sich bei einer Tasse Kaffee gut entspannen. Tatsächlich fühlt es sich so an, als sitze man in einem *kafeneio* (Kaffeehaus), wie es vor Jahrzehnten existierte. Am Abend verwandelt sich dieser kleine Traum in eine Café-Bar, und manchmal gibt es Livemusik – von Inselmusik bis *rembetika* (Blues). Man sollte unbedingt das angeschlossene Museum, eine Nachbildung eines traditionellen Hauses, besuchen und die Fotos in der kleinen Kirche anschauen, die das Leben von einst zeigen.

ÜBERNACHTEN AUF KOS

Albatross Studios
Einfache, makellose Studios mit Küchenzeile, alle mit Meerblick und Swimmingpool. Am Kamari-Strand. **€€**

Katerina & Efi
Saubere Zimmer mit Kochnischen, familien- und haustierfreundlich. Super nahe am Strand von Mastichari. **€**

Zeus Hotel
Im Dorf Kampos, abseits aller Touri-Ströme. Taverne, Minimarkt und Bushaltestelle in der Nähe. Gutes Frühstück. **€**

HISTORISCHE INSEL KOS

Zu mykenischer Zeit war Kos reich genug, um 30 Schiffe in den Trojanischen Krieg zu schicken. Im Jahr 477 v.Chr. trat die Insel dem Attischen Bund bei und blühte auf. Hippokrates (460–377 v.Chr.) wurde auf der Insel geboren und lebte dort. Das Heiligtum des Asklepios (S. 427) und eine medizinische Schule wurden gebaut, die Kos in der gesamten griechischen Welt berühmt machten.

Dass Ptolemäus II. von Ägypten ebenfalls auf Kos geboren wurde, sicherte der Insel den Schutz Ägyptens. Sie entwickelte sich zu einem blühenden Handelszentrum, fiel jedoch 130 v.Chr. unter römische Herrschaft und wurde ab dem 1. Jh. n.Chr. von Rhodos verwaltet. Später wurde Kos von Rittern, den Osmanen und den Italienern regiert, heute ist die Wirtschaft der Insel stark vom Tourismus abhängig.

TOHUWABOHU1976/SHUTTERSTOCK ©

Restaurant, Mastichari

marisken, kleine Hotels sowie eine Reihe von guten Tavernen und Bars direkt am Wasser – aber keinen historischen Kern und nichts von architektonischem Interesse. Doch Mastichari hat alles, was man für einen Tag oder eine Woche in der Sonne braucht. Man ist hier zwar nicht allein (unweit wurden zwei große Resorts gebaut), aber es ist deutlich angenehmer als einige der anderen Feriendörfer der Insel.

Antike Medizin

HIPPOKRATISCHE PFLANZENKUNDE

Der **Hippocratic Botanic Garden** und die **International Hippocratic Foundation**, 1 km vor dem Asklepieion, bieten aufgrund der bescheidenen Sammlung keinen klassischen „Wow"-Faktor. Was schade ist, denn die kleine textlastige Ausstellung über Hippokrates, in der der Eid der Ärzte erklärt wird, sowie die antiken medizinischen Instrumente, die auch heute noch verwendet werden, sind unbedingt sehenswert. Das Highlight ist der Botanische Garten, in dem Kräuter und Pflanzen wachsen, die schon zu Hippokrates' Zeiten verwendet wurden. Der Garten ist wild und authentisch, und die Pflanzen werden unter den Bedingungen angebaut, die sie in der Antike gehabt hätten.

UNTERWEGS VOR ORT

Der Hauptbusbahnhof der Insel befindet sich weit entfernt von der Uferpromenade von Kos-Stadt. Er ist die Basis für die Busse von KTEL, die von hier alle Teile der Insel anfahren – das schließt auch den Flughafen und die Strände, die an der Südküste liegen, ein.

Es gibt zahlreiche Autovermietungen am Flughafen, in Kos-Stadt und in Mastichari.

ASTYPALEA

Die abgelegene Insel Astypalea, die kykladischste Insel des Dodekanes, ist mit ihren blau-weißen Straßen und Häusern sowie ihren unglaublichen Stränden einfach atemberaubend schön. Sie ist von aquamarinblauem Wasser umspült, von dramatischen Klippen umrahmt, weitläufig, schmetterlingsförmig, mit Landschaften, die direkt aus den Seiten von Homer stammen könnten, und ein Traumziel für alle, die gern wandern, campen und sich für Geschichte interessieren. Alle, die das Inselleben schätzen, finden hier ihre ultimative Zuflucht. Menschenmassen? Gibt es hier nicht.

Die wichtigsten Siedlungen der Insel, die Zwillingsorte Pera Gialos und Chora, sind ein Wirrwarr aus gebleichten, weißen Häusern mit pastellfarbenen Türen und Fenstern, die sich von einer mittelalterlichen Festung zum Hafen hinunterziehen. Trotz einiger hervorragender Restaurants und Unterkünfte ist die touristische Infrastruktur – und der Fährverkehr – nach wie vor minimal, und die meisten Traveller hier kommen aus Griechenland, der Rest reist hauptsächlich aus Frankreich und Italien an.

TOP TIPP

Sonntagmorgens um 10 Uhr kann man mit dem Verein Pardalo Katsiki wandern gehen. Man trifft sich an den Windmühlen von Chora, von wo man von einem Einheimischen durch die unglaubliche Landschaft von Astypalea geführt wird.

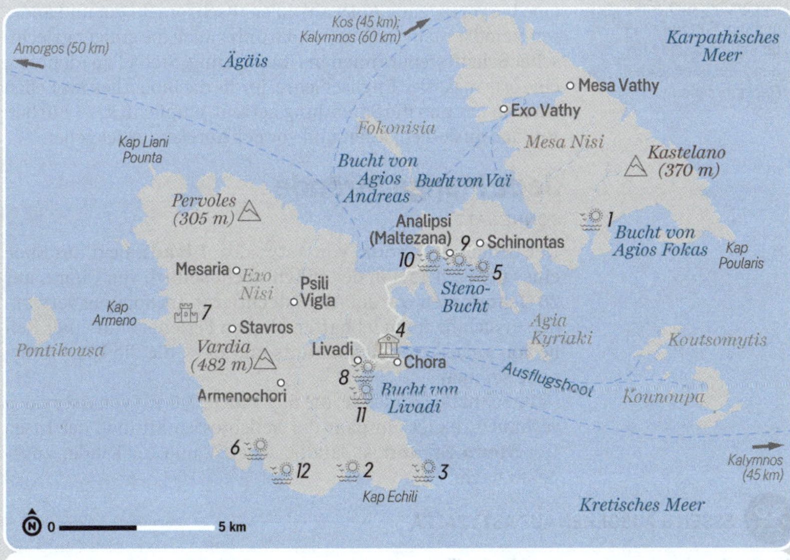

SEHENSWERTES
1 Agios-Ioannis-Makris-Strand
2 Agios-Ioannis-Rihtis-Strand
3 Agios-Konstantinos-Strand
4 Archäologisches Museum
5 Ble-Limanaki-Strand
6 Kaminakia-Strand
7 Kastro
8 Livadi-Strand
9 Plakes-Strand
10 Steno-Strand
11 Tzanaki-Strand
12 Vatses-Strand

Wanderung durch Pera Gialos & Chora

BEZAUBERNDE STRASSEN UND EINE BEEINDRUCKENDE BURG

Astypaleas wichtigste Siedlung, **Pera Gialos**, liegt in einer hübschen Bucht mit einem kleinen Sand- und Kieselstrand. Das kleine **Archäologische Museum**, das sich am Anfang der Straße nach Chora befindet, zeigt Schätze, die auf der ganzen Insel gefunden wurden – von der frühesten Frühzeit bis zum Mittelalter. Zu den Highlights gehören Grabbeigaben aus zwei mykenischen Kammergräbern und eine kleine römische Bronzestatue der Aphrodite.

Kaum jemand kann sich der Schönheit der alten Siedlung **Chora** entziehen, die sich mit ihren weißen Häusern den Hang hinunter erstreckt. Gleiches gilt für das beeindruckende **Kastro** (Burg), das Anfang des 15. Jhs. von der venezianischen Familie Quirini erbaut wurde. In den folgenden 300 Jahren lebten bis zu 4000 Menschen in diesem Gebiet, die hier vor Piratenangriffen geschützt waren. Die letzten Bewohner:innen verließen den Ort 1956, nachdem ein Erdbeben die in die Mauern integrierten Steinhäuser zum Einsturz gebracht hatte. Der einzige Zugang erfolgt durch ein Tor, das sich unter der **Kirche der Jungfrau der Festung** befindet; die bezaubernde **Agios-Georgios-Kirche** liegt dahinter.

Chora ist ein charmantes Labyrinth, das es zu erkunden gilt. Man kann durch die ruhigen Straßen schlendern und zur Festung hinaufgehen. Die **Bibliothek von Chora** ist einen Besuch wert. Sie ist in einer der Windmühlen untergebracht und bietet eine hervorragende Auswahl an englischsprachigen und anderen fremdsprachigen Titeln – darunter auch die einiger griechischer Schriftsteller:innen in Übersetzung. Stella Papadopolou, eine ortsansässige Englischlehrerin, die die Bibliothek ins Leben gerufen hat und die Sammlung betreut, empfiehlt gern Bücher. Einfach ausleihen, lesen und vor der Abreise zurückgeben.

SHOPPEN IN CHORA

Deximi Art
Deximi, eines der schicksten Geschäfte der Insel, bietet wunderschönes griechisches Design – sei es Schmuck, Kleidung oder kleine Kunstobjekte.

Art in Pelago
Hier gibt's Tuniken und Kleider mit unglaublichen Mustern aus luftigen Stoffen. Auch Schmuck von bekannten griechischen Designer:innen und fantastische Keramiken werden angeboten. Der perfekte Geschenkeladen.

Aerino
Gegenüber den Windmühlen. Handgefertigter Schmuck und Kleidung von griechischen Designer:innen.

Jede Menge Strände

SONNE SATT

Der beliebteste Strand von Astypalea, **Livadi**, liegt am Ende eines üppigen Tals in der ersten Bucht südlich von Chora, nur 20 Gehminuten von der Altstadt entfernt. Im Sommer verwandelt er sich in einen lebhaften kleinen Ferienort mit einer Reihe von angesagten Restaurants und Bars, die die Uferpromenade säumen.

Die schmale Landenge, die die beiden „Flügel" von Astypalea verbindet, bietet ein paar der beliebtesten Strände der Insel. Der **Steno-Strand** ist sandig, schattig und für Kinder angenehm flach.

ESSEN & AUSGEHEN AUF ASTYPALEA

Kantina Steno
Die Einheimischen schwören auf dieses Lokal am Steno-Strand – wegen seiner Lage, dem hervorragenden Essen und der guten Preise. **€€**

Krokodilos
Die gegrillte Makrele und *chorta*, das Zitronengemüse, sind besonders lecker. Am Strand von Livadia. **€€**

Barbarossa
Eine freundliche Taverne, die an der Hauptzufahrt nach Chora Gerichte mit Seele serviert. **€€€**

Pera Gialos

Die Straße westlich von Livadi führt durch bergige Wiesen zu mehreren abgelegenen Stränden. Der erste auf dem Weg, den man nach einem kurzen Umweg erreicht, ist der hübsche, von Bäumen beschattete **Agios-Konstantinos-Strand** an der Südseite der Bucht von Livadi. Die herrlichen Strände **Kaminakia** und **Vatses** erreicht man über eine unbefestigte Straße. Der von Granitblöcken gesäumte Kaminakia ist Astypaleas bester Strand für Sonnenfreudige. Das Wasser ist so klar, dass man durch das Türkis die Kieselsteine sehen kann. Hier gibt es während der Hochsaison eine ausgezeichnete Taverne. **Tzanaki** ist ein FKK-Strand. Die Strände **Ble Limanaki** und **Plakes** sind vor allem bei den Einheimischen sehr beliebt. Die Strände **Agios Ioannis Makris** und **Agios Ioannis Rihtis** sind über Wanderwege erreichbar – und wirklich ruhig.

Im Juli und August kann man von Pera Gialos aus mit dem Boot zum Agios Ioannis, Kaminakia und Vatses sowie zu den kleinen Inseln **Koutsomytis** (mit ihrem himmlischen, smaragdgrünen Wasser) und **Kounoupa** fahren.

WO MAN IN PERA GIALOS GUT FEIERT

Iannos Vogiatzis, Architekt, Töpfer und Besitzer des restaurierten Kafeneio Oi Myloi, verrät seine Empfehlungen für die besten Orte zum Feiern in Astypalea.

Artemis Bar
Eine unprätentiöse, typische Insel-Bar mit toller Stimmung, die nach 3 Uhr nachts so richtig voll wird – dann wird hier viel getanzt. Es gibt auch einen tollen Balkon mit Blick auf die Insel. Ich hatte dort im Lauf der Jahre viel Spaß!

Castro Bar
Eine der ältesten Bars von Astypalea und der beste Ort für einen frühen Drink auf der schönen Terrasse. Die Cocktails sind großartig und es gibt Partys und Gast-DJs.

Mylos Bar
Eine kleine Insel-Bar, in der man bis spät in die Nacht feiern kann.

Kafeneio Oi Myloi
In Choras schön renoviertem *kafeneio* gibt's Kaffee, Getränke und auch etwas zu essen. **€**

Meltemi
Am Ortseingang von Chora, gegenüber den Windmühlen. Super Frühstück, Kaffee und Desserts. **€**

Archipelagos
Unglaubliche Kuchen und Tees. Mit Terrasse, in Chora. **€**

WARUM ICH ASTYPALEA LIEBE

Vesna Maric, Lonely Planet Autorin.
@vesnamarx

Im Lauf der Jahre bin ich immer wieder nach Astypalea zurückgekehrt, um mich an der Ruhe in den Dörfern und an der Schönheit der Strände zu erfreuen. Und ich entdecke auch immer wieder etwas Neues. Die Insel ist wirklich eine Oase in der Ägäis – abgelegen und windgepeitscht, ziemlich schick und mit großartiger Gastronomie, und, was am wichtigsten ist, es ist herrlich menschenleer (zumindest an manchen Stellen). Hier kann man unglaubliche griechische Gerichte probieren, Kräuter pflücken und Kaffee trinken; außerdem gibt es ein beachtliches Nachtleben für eine so abgeschiedene Insel. Außerhalb der Hochsaison ist Astypalea ebenfalls wunderschön, mit Keramikwerkstätten, langen Wanderungen und tollen Menschen.

Kounoupa (S. 433)

Vathy: Antike erotische Graffiti

ARCHAISCHE UND FEURIGE INSCHRIFTEN

Die Entdeckung antiker erotischer Graffiti auf einem Felsen im abgelegenen **Vathy**, die unschätzbare Einblicke in das Leben der frühesten Bewohner:innen Griechenlands gewähren, war eine wahre Glanzleistung der Archäologie. Die unverblümten Darstellungen, die vor 2500 Jahren in die Dolomitkalksteinfelsen entlang des Kaps gemeißelt wurden, zeigen, dass Homosexualität damals kein Tabu war. Es gibt Theorien, dass sich hier eine Garnison von Soldaten aufhielt, da die Stätte an der höchsten Stelle der Landzunge liegt – ein wahrscheinlicher militärischer Ausguck.

Expert:innen gehen davon aus, dass jene, die die Worte in den Stein geschrieben haben (zu einer Zeit, als die Akropolis in Athen noch nicht erbaut war), sehr geschickt im Schreiben waren – was belegt, dass das Lesen und Schreiben nicht nur den herrschenden Klassen, sondern auch dem einfachen Volk zugänglich war.

UNTERWEGS VOR ORT

Astypalea bietet einen Sharing-Service mit E-Autos, Motorrollern und Rädern an, der von jedem Traveller genutzt werden kann (die Bezahlung erfolgt für die genutzte Zeit). Dazu muss man sich die astyMove-App herunterladen und sich registrieren. Die App kann man u.a. im Hafen scannen und herunterladen.

In Pera Gialos gibt's Autovermietungen, die Benziner anbieten.

Der Flughafen von Astypalea liegt auf dem flachen, schmalen „Hals" der Insel, 8 km nordöstlich von Pera Gialos. Im Sommer gibt es auch eine Busverbindung zwischen dem Flughafen und der Stadt.

In den Sommermonaten fahren Busse von Pera Gialos nach Chora und Livadi im Westen und nach Analipsi/Maltezana im Osten; sie halten unterwegs an Stränden.

KASTELLORIZO

Die winzige, abgelegene Insel Kastellorizo, die 1991 Schauplatz des mit einem Oscar ausgezeichneten italienischen Films *Mediterraneo* war, ist schlicht und ergreifend atemberaubend. Die Einfahrt in das einzige Dorf (mit demselben Namen), vorbei an der Burgruine, dem Minarett und den pastellfarbenen neoklassizistischen Häusern, die sich um die türkisfarbene Bucht drängen, ist ein Traum. Die Uferpromenade *(kordoni)* ist das Zentrum der Sommeraktivitäten. Erstaunliche 80 % der Dorfbewohner:innen sind zurückgekehrte australische Ausgewanderte, was der Gemeinde eine ganz eigene, fröhliche Energie verleiht. Im August kommen Tausende von „Kassies" zurück, um ihre Familien zu besuchen.

„Megisti", wie Kastellorizo einst genannt wurde und was so viel wie „groß" heißt, ist mit nur 10 km² die größte einer kleinen Inselgruppe. Hier gibt es keine feinen Strände, dafür aber Badeplattformen mit Leitern ins Meer, die mit dem Boot erreichbar sind.

Die Insel liegt so nah an der türkischen Küste – Kaş ist nur 2 km entfernt –, dass man die Türkei fast berühren kann.

TOP TIPP

Es ist einfach, die meiste Zeit am Hafen zu verbringen – er ist ein Magnet. Wer jedoch die 400 Stufen im Zickzack hinter dem Dorf hinaufsteigt, wird mit einem Plateau belohnt, auf dem sich ein ehemaliges Kloster und die Paleokastro, die alte Stadt und Festung, befinden. Außerdem gibt's die blaueste Grotte des Mittelmeers.

DIE BLAUE GROTTE

Diese außergewöhnliche Höhle an der Südostküste von Kastellorizo ist berühmt für ihr spiegelglattes blaues Wasser. Um dorthin zu gelangen, nimmt man von Kastellorizo eines der etwa vier konkurrierenden Wassertaxis. Das Erlebnis dauert 45 Minuten, einschließlich der insgesamt 30-minütigen Hin- und Rückfahrt und etwa 15 Minuten in der Höhle selbst. Die Boote fahren nicht hinein, wenn die Bedingungen nicht passen. Der Eingang ist so niedrig, dass man sich im Boot hinlegen muss.

Der Besuch der Höhle selbst ist frei – die Bootsfahrt kostet etwa 15 € pro Person.

Hafen, Kastellorizo

Kastellorizo (Dorf)

FASZINIERENDER HAFEN UND LABYRINTHISCHE STRASSEN

Kastellorizo (Dorf) ist die einzige Siedlung der Insel. Ihr Herzstück ist der Hafen, wo sich das ganze (gemächliche) Leben abspielt: Vor einer Kulisse aus bunten Häusern türmen sich Fischereinetze, Katzen dehnen sich genüsslich und vor den *kafeneia* (Kaffeehäuser) sitzen tiefenentspannte Fischer:innen.

Breite Stufen führen östlich vom Hafen zum Bergdörfchen **Chorafia** und zur **Bucht von Mandraki**. Ein Küstenpfad zieht sich weiter unten um die Landzunge und über abenteuerlich anmutende Stufen bis zu einem in den Fels gehauenen lykischen Grab aus dem 4. Jh. v. Chr mit einer eindrucksvollen dorischen Fassade. Solche Gräber gibt es vorwiegend an der anatolischen Küste der Türkei, in Griechenland sind sie dagegen sehr selten.

Bis zur antiken Inselhauptstadt **Paleokastro** ist es 1 km zu Fuß. Man folgt einfach den Betonstufen, die hinter einem Wachhäuschen auf dem Weg zum Flughafen beginnen. Die hellenistischen Mauern der alten Stadt umgeben eine Wasserzisterne und drei Kirchen.

Das **Archäologische Museum** umfasst antike Funde, Kostüme und Fotos von Kastellorizo. Die kargen Beschriftungen vermitteln einen guten Eindruck von der Vergangenheit der Insel.

Auf dem Hügel führt eine wackelige Treppe zu den Ruinen der **Johanniterburg**, die der Insel ihren Namen gab – dank des roten Felsens, auf dem sie stand, nannte man sie „Castello Rosso". Von hier aus hat man einen herrlichen Blick auf die Türkei.

UNTERWEGS VOR ORT

Kastellorizos Flughafen liegt auf der Hochebene, 2,5 km oberhalb des Dorfes. Da es keinen Bus gibt, muss man das einzige Taxi zum/vom Hafen nehmen.

Die wichtigsten Ausflugsziele sind Kaş in der Türkei und die spektakuläre Blaue Grotte.

Angesichts des begrenzten Straßennetzes (das nur zum Flughafen führt) benutzen die meisten Menschen das einzige Taxi auf der Insel, um von A nach B zu kommen. Wandern ist eine beliebte Alternative.

KALYMNOS

Auch wenn die Blütezeit der Schwammfischerei schon lange vorbei ist, bleibt Kalymnos untrennbar mit dem Meer verbunden. In der Hauptstadt und dem wichtigsten Fährhafen, Pothia, stehen Statuen von Poseidon und eines Tauchers, der den mit Fischereibooten vollgestopften Hafen überwacht.

Die Insel zeichnet sich durch ihre zerklüfteten Klippen und dramatischen Berge aus, die hartgesottene Kletter-Fans aus der ganzen Welt anlocken. Besonders spektakulär ist die Westflanke von Kalymnos mit ihren skelettartigen Felsen, die sich über dem strahlend blauen Wasser erheben. Neben den Felsen hat die Insel auch einige schöne, fruchtbare Täler mit Olivenhainen zu bieten.

Das hübsche, autofreie Inselchen Telendos liegt direkt vor der Küste, nur 10 Minuten mit dem Wassertaxi entfernt, und bietet eine Reihe von ruhigen, wunderschönen Stränden und Tavernen. Es ist ideal für ein paar entspannte Tage.

Schwimmen, Klettern, Tauchen und Wandern – es ist klar, warum Kalymnos auf der Liste jener griechischen Inseln steht, die man unbedingt gesehen haben muss.

TOP TIPP

Gemeinschaftstaxis fahren am Taxistand von Pothia ab, kosten kaum mehr als Busfahrten und sind eine gute Alternative zu privaten Taxis. Private Taxis kosten etwa 10 € nach Myrties, 10 € zum Flughafen, 17 € nach Vathys und 30 € nach Emborios.

ESSEN AUF TELENDOS

Restaurant Cafe Rita
Einladend und köstlich! Nicht entgehen lassen sollte man sich die Souflaki, das Lammfleisch in Zitrone und Knoblauch und das herzhafte Lammfleisch *stifadho*. €

Cafe Nautikos
Beliebter Treffpunkt für Frühaufsteher:innen, die einen leckeren Kaffee, ein Frühstück oder einen Imbiss suchen. Im Schatten eines Tamarisken, links vom Steg. €

To Kapsouli
Unglaublich malerische Taverne mit Blick aufs Meer und dem frischesten Seafood. €

On The Rocks
Gartencafé-Bar-Restaurant mit maritimem Schnickschnack, frischen griechischen Gerichten und gutem Wein. €

Das zauberhafte Eiland Telendos

EIN RUHIGES INSELCHEN UND TÜRKISFARBENES MEER

Telendos liegt wie ein perfekter Gipfel in der Ägäis, direkt vor der Westküste von Kalymnos. Gekrönt wird das Inselchen von einem 450 m hohen Gebirgskamm. Es soll durch ein Erdbeben im Jahr 554 n. Chr. vom Rest von Kalymnos abgetrennt worden sein. Heute ist die Insel ein wunderbares, autofreies Ziel für einen Tagesausflug oder einen längeren Aufenthalt.

Das tägliche Treiben auf Telendos konzentriert sich auf die wenigen Tavernen, Cafés und weiß getünchten Gästehäuser, die sich entlang der hübschen Uferpromenade zu beiden Seiten des Stegs erstrecken. Geht man nach rechts, erreicht man die Ruinen der frühchristlichen **Agios-Vasilios-Basilika** und einen Fußweg, der zur ebenfalls verfallenen Basilika von Palaiopanayia hinaufführt. Läuft man hingegen nach links, kann man einen schmalen, mit farbenprächtigem Oleander bewachsenen Bergrücken überqueren, um zum windgepeitschten, feinkiesigen **Chochlakas-Strand** oder zum dahinter liegenden **FKK-Strand Paradise Beach** zu gelangen. Auf dem niedrig gelegenen südlichen Vorgebirge des Eilands gibt es einige winzige frühchristliche Gräber, die heute von Ziegen bewohnt werden. Die Klippen entlang der nördlichen Flanken von Telendos bieten mehrere sehr beliebte Kletterrouten, die man nach einem etwa einstündigen Spaziergang über einen rauen Wanderweg erreichen kann.

Klettern & Wandern auf Kalymnos

FELSEN, KLIPPEN UND WAGHALSIGE ÜBERHÄNGE

Steile Felsen, schroffe Klippen und waghalsige Überhänge haben Kalymnos zu Griechenlands führendem Ziel für Kletterfreudige gemacht. Heute gibt es hier mehr als 80 ausgewiesene Klettergebiete mit über 3500 markierten Routen. Die meisten befinden sich oberhalb der Westküstenstraße der Insel, insbesondere um und nördlich von **Armeos** – weiße Markierungen am Straßenrand kennzeichnen die genauen Stellen. Einige der schönsten Kletterrouten befinden sich an den Flanken der Insel Telendos, gleich gegenüber.

Die Klettersaison dauert von März bis Mitte November, wobei von Mitte September bis Ende Oktober am meisten Betrieb ist. In den ersten zehn Oktobertagen findet ein jährliches **Kletterfestival** statt.

Hauptverantwortlich für den Boom ist Aris Theodoropoulos, der zusammen mit Katie Roussos den erstaunlich detaillierten und umfassenden Kletterführer *Kalymnos Rock Climbing Guide-*

ÜBERNACHTEN AUF KALYMNOS

On The Rocks
Ein Paradies für Kletter- und Strand-Fans, mit Kochnische, Balkon und Waschmaschine. Auf Telendos. €€

Villa Melina
In Pothia; verblasster Charme, elegante Zimmer und große Betten; es gibt einen Pool und einen Garten. €

Hotel Porto Potha
Telendos' einziges Hotel liegt fünf Gehminuten außerhalb des Dorfes. Saubere Zimmer. €

Wandern, Kalymnos

ESSEN AUF KALYMNOS

Mamouzelos
Zweifellos die beste Seafood-Taverne der Insel. Die Preise sind etwas höher als in einer normalen Taverne, aber dafür bekommen man den besten Fisch. In Pothia. **€€**

Agean Tavern
Gehobene Küche in einem stilvollen Gebäude, das über das Wasser ragt und die Insel Telendos überblickt. **€€**

Stukas Taverna
Stukas hat karierte Tücher und eine Terrasse am Wasser. Es serviert in Pothia deftige Küche, und es gibt auch vegetarische Gerichte. **€**

book verfasst hat und die Website climbkalymnos.com mit Kletterforum unterhält.

Kalymnos wird auch bei Wander-Fans immer beliebter. Bewährte Routen sind in der hervorragenden Kalymnos-Karte im Maßstab 1:25 000 von Terrain Maps (terrainmaps.gr) eingezeichnet. Ernsthafte Wander:innen können den sehr anspruchsvollen, mehrtägigen **Kalymnos Trail** ganz oder teilweise begehen, eine 100 km lange Route, die die Insel umrundet und auch Telendos einschließt. Kürzere Wanderungen führen zu Kirchen und Klöstern und zur Burg von Chora.

Weniger erfahrene Kletter.innen können sich bei **Kalymnos Experience** erkundigen. Alternativ kann man auch tauchen oder Kajak fahren.

UNTERWEGS VOR ORT

Vom Hafen von Pothia fahren Busse zu einer Reihe von Dörfern der Insel. Siehe kalymnos-isl.gr.

Im Sommer verkehren verschiedene Ausflugsboote von Pothia aus zu Zielen wie der Kefalas-Höhle, der Insel Pserimos und den diversen Stränden. Außerdem fahren das ganze Jahr über Wassertaxis zwischen Myrties und der Insel Telendos.

Die Anbieter reihen sich entlang des Hafens von Pothia.

LEROS

Leros soll die ursprüngliche Heimat von Artemis, der Göttin der Jagd, gewesen sein. Die Insel hat auf jeden Fall etwas verführerisch Ungezähmtes und Schönes an sich. Sie ist übersät mit beeindruckenden orthodoxen Kirchen, strahlend blauen Buchten und weiß getünchten Dörfern. Die Hauptstadt Platanos mit ihren Windmühlen und der alten Festung, die über ihr thront, ist beeindruckend, und der kleine Hafen von Agia Marina mit seinen gähnenden Katzen, den gelben Fischereinetzen und den zahlreichen Tavernen ist ein echtes Vergnügen; die biskuit- und weinfarbenen Gebäude im italienischen Stil wirken wie von einem Kunstschaffenden gemalt.

Der Norden der Insel ist übersät mit kleinen Fischereidörfern. Das Beste, was man auf Leros tun kann, ist, sich ganz der Verehrung des Helios zu widmen. Man sucht sich einfach einen Lieblingsstrand, probiert die köstliche Küche in einer sonnenverwöhnten Taverne und lässt den Zauber des Ortes langsam auf sich wirken.

TOP TIPP

Zwischen Juni und September fährt ein grün-beige gestreifter Bus 3- bis 6-mal täglich über die gesamte Länge von Leros und hält auch am Flughafen. Tatsächlich hält er in der Regel überall, wenn man darum bittet.

Leros

Inselmagie: Agathonisi, Arki & Marathi

DREI WINZIGE, ABER GEWALTIGE INSELN

Agathonisi, Arki und Marathi liegen abseits ausgetretener Pfade. Und zwar völlig. Hier Zeit zu verbringen ist unbezahlbar. Mit einer kleinen ständigen Bevölkerung gibt es dort wenig zu tun, außer zu lesen, zu schwimmen und die Höhlen zu erkunden, in denen sich die Inselbewohner:innen einst vor Piraten versteckten.

Der Hafenort Agios Georgios ist die wichtigste Siedlung des Inselchens **Agathonisi**. Hier gibt es ein paar Tavernen und einfache Pensionen. Es warten einige schöne kleine Strände, darunter der **Spilia-Strand**, 900 m südwestlich hinter der Landzunge, und **Gaïdouravlakos**, wo Wasser aus einer der wenigen Quellen der Insel ins Meer fließt. Außerdem gibt es den Tsangari-Strand, den Tholos-Strand und den Poros-Strand (den einzigen Sandstrand der Insel). Man kann 1,5 km bergauf nach **Megalo Chorio** wandern, wo in der Nähe der gleichnamigen Kirche mehrere Sommerfestivals stattfinden.

Auf **Arki** lässt sich die Kirche von Metamorfosis besichtigen, die auf einem Hügel hinter der Siedlung steht, oder man kann an mehreren Sandbuchten faulenzen, die über einen Pfad entlang der Nordseite der Bucht erreichbar sind.

ESSEN AUF LEROS

El Greco
An den Tischen am Strand oder auf der Terrasse bietet diese stilvolle Taverne tadelloses Seafood. Empfehlungen: der gegrillte Tintenfisch, die Sardinen und die gesalzene Makrele auf gebuttertem Toast. €€

Dimitris O Karaflas
Alle kennen diesen Zufluchtsort auf dem Hügel mit griechischer Musik und einer Speisekarte mit Spaghetti mit Seeigel, deftigen Inselwürsten und Carpaccio mit Tintenfisch. €€

Bakaliko Me Tsipouro
Ein außergewöhnlicher Ort mit vielen köstlichen Speisen; bietet auch herzhafte Gerichte der traditionellen Küche. €

ÜBERNACHTEN AUF LEROS

To Archontiko Angelou
Eine mit Oleander und Jacaranda bewachsene, rosafarbene Villa in Strandnähe. €€

Maison des Couleurs
Ruhiges, kleines Hotel in einer alten Villa mit fünf geräumigen, antik eingerichteten Zimmern. €€

Nefeli Hotel
Hübsche Apartments mit lavendel- und rosafarbenen Verzierungen, Küche und Balkon. €€

COOLE BARS AUF LEROS

The View
Ein großartiger Ort für einen Drink bei Sonnenuntergang. Befindet sich in einer der sechs Windmühlen, die hoch über Pandeli stehen.

Cafe del Mar
Lounge-Bar am Hang oberhalb des nördlichen Strandes mit paradiesischem Blick aufs Meer, schattigen Terrassen, weißen Sofas, Liegestühlen sowie cooler Musik und DJs.

Faros Bar
In einer Höhle unterhalb des Leuchtturms schwimmen quecksilberne Fische, während Live-Musik gespielt wird. Akkordeons an der Wand und schummriges Licht.

Marathi hat einen herrlichen Sandstrand. Die alte Siedlung mit ihrer makellosen kleinen Kirche liegt auf einem Hügel oberhalb des Hafens. Während das ganze Jahr über nur wenige Menschen auf Marathi leben, kehren jeden Sommer einheimische Familien zurück, um für die Hochsaison ihre Tavernen zu öffnen. Plant man länger zu bleiben, sollte man sein Glück bei den wenigen informellen *domatia* (Zimmern) versuchen, die manche Tavernen anbieten.

Viele schöne Strände

SAND, KIESELSTEINE, TEMPEL UND AUSBLICKE

Der Norden von Leros ist von kleinen Fischereidörfern, Bienenstöcken und zerklüftetem Gelände geprägt. Direkt westlich des Flughafens befindet sich der **Tempel der Artemis** (der antiken Schutzpatronin der Insel) aus dem 4. Jh. v. Chr., der aber noch ausgegraben werden muss. Östlich von hier liegt der **Blefoutis-Strand**, ein schmaler Sand- und Kiesstrand, in einer schönen Bucht.

Das Dorf **Pandeli**, das sich 800 m südlich von Platanos um eine halbmondförmige Bucht schmiegt, ist hübsch, aber im Sommer überfüllt. Die weißen Häuser, die von einer Reihe von Windmühlen auf den Hügeln überragt werden, ziehen sich das Tal hinunter zum Sand- und Kiesstrand und den Hafen. Es gibt einige tolle Tavernen am Wasser.

Vromolithos ist nur zu Fuß oder mit dem Auto über die Landzunge unmittelbar südlich von Pandeli erreichbar (es gibt keinen Wanderweg entlang der Küste) und besteht aus einem langen, schmalen Strand, der von Wasser in perfektem ägäischen Blauton umschmeichelt wird. Das Dorf ist wenig ansprechend, aber hier dreht sich eh alles ums Wasser.

Am südlichen Ende von Leros liegt die **Bucht von Xirokambos** mit einem Kiesel- und Sandstrand und einigen guten Schnorchelplätzen. Hier gibt's auch eine gute Strandtaverne, die von kleinen Ausflugsbooten aus Kalymnos angefahren wird. 1 km landeinwärts in Richtung Lakki führt ein Pfad zur Festungsruine **Paleokastro**, von der aus man eine unglaubliche Aussicht hat.

UNTERWEGS VOR ORT

Die Fähren halten einmal die Woche an der Insel Arki, aber nicht an Marathi. Sie fahren die Inselkette hinauf und hinunter und laufen Patmos, Leros, Lipsi, Agathonisi und Samos an (bzw. umgekehrt).

Die Katamarane von Dodekanisos Seaways verkehren zwischen Arki und Patmos (20 Minuten), Leros (1¼ Stunden), Lipsi (50 Min.) und Agathonisi (30 Min.).

Im Sommer bieten Ausflugsboote von Lipsi und *kaiks* von Patmos aus regelmäßig Tagesausflüge nach Arki und Marathi an. Nach Marathi fährt mehrmals wöchentlich ein Boot von Arki aus.

PATMOS

Patmos hat eine betörende spirituelle Ausstrahlung. Was nicht verwunderlich ist, denn hier, in einer Höhle, empfing der im Exil lebende Johannes jene apokalyptischen Visionen, die er in der biblischen Offenbarung festhielt. Pilger:innen aus aller Welt besuchen die Johanneshöhle und die Klöster der Insel, insbesondere das weiß getünchte, labyrinthische Chora auf dem Hügel. Aber auch andere Menschen, von Filmstars bis hin zu Travellern, reisen zu dieser sanduhrförmigen Insel wegen ihrer schönen Dörfer, darunter die malerische Hafengemeinde Skala, die an einer großen Bucht an der Ostküste der Insel liegt. Abgesehen von den Kreuzfahrtschiffen ist dies ein angenehmer kleiner Ort.

Es gibt ruhige Buchten mit Sand- und Kieselstränden und herrliche, mit Kiefern und Heidekraut bewachsene Hänge. Das Fehlen eines Flughafens hat die Insel vor dem Massentourismus bewahrt; die Einheimischen sind sehr gastfreundlich.

TOP TIPP

Chora ist zwar leicht über eine Straße zu erreichen, aber es ist viel stimmungsvoller, durch den Wald hinaufzuwandern. Auf dem Fußweg, der 10 Minuten von Skala entfernt an der Straße ausgeschildert ist, braucht man etwa 40 schweißtreibende Minuten. Wer unterwegs am Kloster der Apokalypse Halt machen möchte, sollte mehr Zeit einplanen.

ESSEN AUF PATMOS

Ktima Petra
Am Petra-Strand, unter einer schattigen Terrasse mit eigenem Gemüsegarten. Wer ein gesundes und authentisches kulinarisches Erlebnis auf Patmos sucht, sollte sich diesen Ort nicht entgehen lassen. **€€**

To Tsipouradiko Mas
In Skala, mit Tischen direkt am Strand und einer der besten Küchen der Insel. Allein der karamellisierte Oktopus mit Fava ist schon einen Besuch wert. **€€**

Pantheon
Weiß getüncht, mit ägäisblauen Stühlen, Blick auf Chora und griechischer Küche vom Feinsten. **€**

Ansicht des Klosters des hl. Johannes des Theologen (von Chora aus)

Die prächtigen Klöster von Patmos

HEILIGKEIT, SPIRITUALITÄT UND WUNDERBARE AUSSICHTEN

Die großartige Aussicht auf die Insel von der Anhöhe aus, die nach Weihrauch duftenden Häuser aus dem 17. Jh. und der Wind, der durch die Gassen weht, locken die Menschen immer wieder hierher zurück.

Da das riesige **Kloster des hl. Johannes des Theologen** aus dem 11. Jh. noch immer in Betrieb ist, ist nur ein kleiner Teil für Traveller zugänglich. Der Eingangshof führt zu einer wunderschön mit Fresken bemalten Kapelle, die von Marmorsäulen aus einem antiken Tempel eingerahmt wird. Das Museum der Kirchenschätze im Obergeschoss zeigt das Originaledikt zur Gründung des Klosters, das 1088 vom byzantinischen Kaiser unterzeichnet wurde.

Das **Kloster der Apokalypse** liegt inmitten von Pinien auf halbem Weg nach Chora; im Fokus steht die Höhle, in der der

ÜBERNACHTEN AUF PATMOS

Byzance Hotel
Helle, luftige und stilvolle Zimmer in Skala, direkt am Meer. **€€**

Archontariki
In der Nähe des Klosters Zoodochos Pigi, hervorragend ausgestattete Suiten in einem 400 Jahre alten Gebäude. **€€€**

Mathios Studios
Fünf Studios und zwei Apartments, alle mit Kochnische und in rustikalem Stil. **€€**

hl. Johannes als Einsiedler lebte und wo er seine Offenbarungen empfing. Pilger:innen (und weniger gläubige Kreuzfahrtgäste) strömen in die über der Höhle errichtete Kapelle, um das Felsenkissen zu sehen, auf dem der Heilige sein Haupt ausruhte, den Haltegriff, mit dem er sich von seinen Gebeten hochzog, und die Steinplatte, die ihm als Schreibpult diente.

Das orthodoxe **Kloster Zoodochos Pigi** liegt versteckt in Chora. Man darf nicht über den hübschen kleinen Innenhof hinausgehen, in dem eine kleine Kirche mit bemerkenswerten Fresken aus dem 17. Jh. steht.

Strände & Buchten

SCHÖNE STRÄNDE UND TÜRKISFARBENES WASSER

Der breite, sandige **Kambos-Strand**, 5 km nordöstlich von Skala, ist der beliebteste Strand im Norden von Patmos. Im Sommer ist er von einheimischen Familien bevölkert – weil er einfach perfekt ist für Kinder.

Fährt man ein wenig weiter, lassen sich abgelegenere und möglicherweise ruhigere Strände erreichen. Gleich nach dem Kambos-Strand kann man links ins Landesinnere abbiegen und anschließend die grünen Hänge hinunterfahren zum **Lambi-Strand** mit seinen bunten Kieselsteinen. Die Küstenstraße östlich vom Kambos-Strand führt zum **Vagia-Strand**, einer kleinen Bucht mit guten Schnorchelmöglichkeiten. Dahinter liegt der türkisfarbene, mit Kieselsteinen übersäte Strand **Livadi Geranou**, wo eine winzige, weiß getünchte Kapelle auf der vorgelagerten Insel zu sehen ist.

Die südliche Hälfte von Patmos ist mit kleinen, baumreichen Tälern und malerischen Stränden übersät. Die erste Siedlung südlich von Skala ist das kleine **Sapsila**.

Weiter südlich befindet sich der ruhige und schattige **Petra-Strand**, und eine Landzunge leitet einen zum beeindruckenden **Kalikatsos-Felsen**. Sowohl ein rauer Küstenweg vom Strand als auch eine längere asphaltierte Straße von Chora aus führen bis nach **Diakofti**, der südlichsten Gemeinde der Insel. Von dort aus zieht sich ein anspruchsvoller halbstündiger Wanderweg über die felsigen Hänge zu dem feinen, von Bäumen beschatteten Sandstrand **Psili Ammos** (an dem während der Hochsaison eine Taverne geöffnet ist). Der Strand ist bezaubernd schön und völlig abgelegen; hat man Kinder dabei, sollte man von Skala aus mit dem Boot herfahren.

SHOPPEN AUF PATMOS

Andreas Kalatzis Gallery
Unter der Leitung des byzantinischen Ikonenkünstlers Andreas Kalatzis zeigt diese Galerie eine betörende Mischung aus abstrakten Ölgemälden, Skulpturen und skurrilen Fotografien.

Selene
Der vielseitigste und älteste Kunstladen auf Patmos. Wunderbare Keramiken und schöner Schmuck.

ThanosOne-off
Bietet einzigartige Anhänger, Armbänder, Ringe, Ohrringe und Edelsteine. Liegt in einer kleinen Gasse versteckt – auf die Schaufensterauslage mit bunten Perücken achten.

UNTERWEGS VOR ORT

Busse verbinden Skala mit Chora ungefähr 7-mal täglich und mit Grikos und Kambos 4-mal pro Tag, im Juli und August sind die Busverbindungen noch häufiger.

An Skalas Hauptstraße gibt es Auto- und Motorradvermietungen. In der Hochsaison vorab buchen.

Der Taxistand von Skala befindet sich gegenüber der Polizeistation.

CHALKI

Die ehemalige Schwammtaucherinsel Chalki ist ein Griechenland, wie man es von Postkarten kennt: prächtige Villen am Hafen, ein alter Fischer, der unter einem Feigenbaum seinen Fang sortiert, ein orthodoxer Priester, der durch eine enge Gasse huscht, und bunt bemalte Boote, die am Kai dümpeln. Es gibt nur wenig zu tun, außer sich zu entspannen, die ganze verschlafene Pracht zu genießen, zu verlockenden kleinen Stränden zu fahren und in den kühleren Monaten entlang des spektakulären Hochgebirgsrückens der Insel zu wandern, um das Kloster zu besuchen und die Aussicht zu bewundern.

Die malerische Ruine des Dorfes Chorio ist alles, was vom ursprünglichen Hauptdorf der Insel übrig ist. Ein gepflasterter Fußweg führt hinauf zur Johanniterburg, die es einst schützte. Hinter dem Tor befindet sich eine restaurierte Kapelle – und ein atemberaubender Panoramablick.

TOP TIPP

Obwohl Chalki fürs Wandern nicht so gut organisiert ist wie andere Dodekanes-Inseln, gibt es einige wunderbare Wanderungen rund um die Insel – was besonders viel Spaß macht, da es hier weder Autos noch Straßen gibt.

Hafen von Chalki

JAROSLAV MORAVCIK/SHUTTERSTOCK ©

Die Strände von Chalki

FEINE KIESELSTEINE UND KLARES WASSER

Das winzige Städtchen **Emborios** auf Chalki schmiegt sich um eine geschützt liegende Bucht. Die Uferpromenade ist fast gänzlich eine verkehrsberuhigte Zone, bevölkert von ebenso vielen Katzen wie Menschen und gesäumt von Tavernen und Cafés. Einen Stadtstrand gibt es nicht, aber Leitern führen ins Wasser.

Der **Pondamos-Strand** in einer sichelförmigen Buch ist der beliebteste der wenigen kleinen Kieselstrände. Er ist in 15 Minuten zu Fuß über den Hügel westlich von Emborios zu erreichen. Die einzige Möglichkeit, einen bequemen, schattigen Platz zu bekommen, ist eine Sonnenliege neben Nick's Taverna zu mieten.

Zwei weitere Kieselstrände, beide mit guten Tavernen, die im Sommer von Bussen angefahren werden, befinden sich in Gehweite von Emborios. Der **Ftenagia-Strand** liegt 500 m südlich des Hafens hinter der Landzunge und bietet feine Kieselsteine und klares Wasser sowie Sonnenliegen auf einer Plattform dahinter. In der Ftenagia Beach Taverna gibt's leckeres Essen.

Den **Kania-Strand** erreicht man nach einer angenehmen, aber hügeligen und schattenlosen 2,5 km langen Wanderung gen Norden (auf halbem Weg nach Pondamos ausgeschildert); auch der Bus fährt ein paar Mal dorthin. Der kleine wunderschöne Strand mit klarem Wasser hat die beste Strandtaverne der Insel. Die Sonnenliegen sind für die Gäste kostenlos.

ESSEN AUF CHALKI

Kania Beach Taverna
Wunderschöne Taverne am winzigen Kania-Strand. Lecker: gegrillter frischer Thunfisch oder Brasse. €

Ftenagia Beach Taverna
Tolle kleine Taverne mit Bouzouki-Musik und ausgezeichneter Küche. Die frischen Meeresfrüchte sind vorzüglich. Noch besser ist die Lage an einem Kieselstrand mit türkisblauem Wasser. €

Nick's Taverna
Gute Seafood-Gerichte, Getränke und Snacks. Direkt am Strand. €

UNTERWEGS VOR ORT

Im Sommer fahren Busse zwischen Emborios und den Stränden Pondamos, Ftenagia und Kania; freitagabends gibt's die Moni-Agiou-Ioanni-Rundfahrt.

Ein Ausflugsboot, das allerdings nur im Sommer verkehrt, steuert die Insel Alimia an; diese ist unbewohnt.

KARPATHOS

Diese längliche, zerklüftete Insel, die für ihre Berge und Buchten berühmt ist, gehört immer noch zu den am wenigsten kommerzialisierten Inseln Griechenlands. Die Legende besagt, dass Prometheus und seine Titanen hier geboren wurden, und mit ihren wolkenverhangenen Dörfern und ihrer rauen Schönheit liegt immer noch etwas unbestreitbar Mystisches in der Luft. Homer erwähnte diesen Ort in der *Ilias* nicht aus Zufall.

Der Süden von Karpathos ist bei Adrenalinjunkies beliebt und steht jeden Sommer im Rampenlicht, wenn dort ein internationaler Kitesurfing-Wettbewerb stattfindet. Der heftige Wind, der die Gischt von den türkisfarbenen Wellen hebt, weht in den bergigen Norden, wo er an den Pinienbäumen und den Zuckerhäuschen vorbeizieht. Die Frauen an diesem Ende der Insel tragen immer noch traditionelle Trachten, vor allem in dem von der Zeit vergessenen Dorf Olymbos, das auf einem lebensgefährlichen Bergkamm liegt.

TOP TIPP

So ziemlich jede Bar und jedes Café am Wasser ist ideal für einen Drink bei Sonnenuntergang. Man hat dabei auch die Gelegenheit, die Küche der Insel zu probieren, insbesondere *makarounes* (hausgemachte Pasta mit karamellisierten Zwiebeln).

Altes, ewiges Olymbos

DAS EHRFURCHTGEBIETENDSTE DORF

Wenig ist beeindruckender, als nach der Durchfahrt durch die Kurve einer Bergstraße einen ersten Blick auf diesen nebelverhangenen Ort mit seinen pastellfarbenen Häusern zu erhaschen. **Olymbos** klammert sich, kaum haltbar, wie es scheint, an den Gipfel des Profitis Ilias (716 m), als sei es von Titanenhand dorthin geschleudert worden. Schlängelt man sich durch die windigen Gassen, vorbei an Frauen in farbenfrohen traditionellen Gewändern, meint man, sich in eine Filmkulisse verirrt zu haben. Einige Einheimische sprechen sogar in einem Dialekt, der noch Spuren des alten dorischen Griechisch enthält.

Olymbos gilt als traditionellster aller Orte in Griechenland. Und die Aussicht – „atemberaubend" kommt am nächsten, reicht aber nicht – zieht einen so sehr in ihren Bann, man könnte den Boden unter den Füßen verlieren (es geht tatsächlich sehr in die Tiefe hier). Man sollte versuchen am späten Nachmittag oder frühen Morgen herzukommen, womöglich hat man dann diesen Zauber für sich allein.

Apella-Strand

EIN STRAND, DEN MAN NICHT VERGESSEN WIRD

Eine steile Stichstraße, die von der Autobahn an der Ostküste 17 km nördlich von Pigadia zum Meer hin abfällt, bringt einen zu dem preisgekrönten **Apella-Strand**. Er gilt als der schönste des Dodekanes und wird von einem kaskadenförmigen, mit Wildblumen bewachsenen Abhang mit hoch aufragenden

HIGHLIGHTS
1 Apella-Strand

SEHENSWERTES
2 Agios-Georgios-Strand
3 Agios-Nikolaos-Strand
4 Agia-Sophia-Kirche
5 Vananda-Strand
6 Vroukounda

Klippen im Norden und Süden eingerahmt. Er wird oft als „sandig" beschrieben, obwohl er eher kieselig ist. Trotzdem ist er wunderschön.

Am Ende der Straße gibt's eine gute Taverne(direkt oberhalb des Strandes).

Freundliches Pigadia

GESPRÄCHIGE UND GASTFREUNDLICHE EINHEIMISCHE

Pigadia, Karpathos' Hauptstadt und wichtigster Fährhafen, breitet sich an einer langen Bucht im Südosten der Insel aus. Im Norden erstrecken sich anständige Strände, an denen große Resorts liegen. Der Stadt fehlen das fotogene Aussehen und die geometrisch ansprechenden, weiß getünchten Häuser anderer

OLYMBOS – EINST UND HEUTE

Das am nördlichen Ende von Karpathos, an den Hängen des Profitis Ilias (716 m) gelegene Olymbos ist eines der traditionellsten und am besten erhaltenen Dörfer Griechenlands. Aufgrund seiner Abgeschiedenheit hoch über der Ägäis war dieser winzige Weiler jahrhundertelang isoliert. Hier blieb man unter sich.

Die ersten Bewohner:innen flohen im 7. Jh. wegen der andauernden Bedrohung durch Piraten hierher. In den 1970er-Jahren wurde eine Straße gebaut, die sich entlang der nördlichen Bergkette der Insel schlängelt und atemberaubende Aussichten bietet. Traveller finden ein stolzes Dorf vor, voller kleiner, steinerner Gassen, die nur zu Fuß zugänglich sind.

ÜBERNACHTEN IN PIGADIA

Atlantis Hotel
Traditionsreiches, familiengeführtes Hotel oberhalb des Hafens mit angenehmen, schnörkellosen Zimmern. **€€**

Nereides Hotel
Stilvolle Zimmer mit Balkon und Meerblick, zudem ein guter Pool und eine Snackbar. **€€**

Rose's Studios
Einfache, aber preiswerte Unterkunft, für die es sich lohnt, 300 m vom Hafen hoch zu laufen. **€**

Wanderweg zwischen Diafani und Avlona

Inselhauptstädte. Aber das macht sie durch ihre Menschen wett, die stolz und entschlossen sind. Nicht schüchtern sein, sondern „Hallo" sagen! Man kommt hier schnell ins Plaudern, gerne auch bei einem Kaffee. Es lohnt sich, sich ein wenig Zeit zu nehmen und um den Hafen zu schlendern und die Bars am Wasser oder Bäckereien in den Hinterhöfen anzuschauen. Es ist ein angenehmes Fleckchen Erde.

Zwischen Mai und Oktober legen die Ausflugsboote im Hafen von Pigadia ab und machen unterwegs in Diafani Halt.

Wandern in Diafani

NATUR PUR

Eine kleine Ansammlung windgepeitschter weißer Häuser am kobaltblauen Wasser, dahinter die Berge – das ist **Diafani**. Außer den Wellen und ein paar alten Männern beim Backgammon bewegt sich hier kaum etwas. Da nicht viele Traveller in Diafani bleiben, hat man die Strände und Wanderwege höchstwahrscheinlich ganz für sich allein.

Die Wanderwege ab dem Dorf Diafani sind mit roten oder blauen Markierungen oder Steinmännchen gekennzeichnet. Die beliebteste Route führt landeinwärts, direkt das Tal hinauf nach Olymbos. Sie dauert etwa zwei Stunden – manche Leute ziehen es jedoch vor, mit dem Bus hinaufzufahren und dann zu Fuß wieder hinunterzugehen. Alternativ führt ein 4 km langer Weg

ESSEN IN OLYMBOS

Egal, in welcher *kafeneia* man Platz nimmt, sie sind in Olymbos alle fabelhaft. Vielleicht erlebt man sogar *mantinaden* (improvisierte Volkslieder).

Edem Garden
Eine von mehreren Tavernen im Dorf mit Terrasse samt Blick auf die Berge; im Zentrum. €

O Mylos
Neben einer alten (aber funktionstüchtigen) Windmühle. Serviert regionale Gerichte, die in einem traditionellen Ofen zubereitet werden. €€

Taverna Parthenon
Perfekt, um *makarounes* zu probieren. €

ÜBERNACHTEN IN KARPATHOS' SÜDEN

Arhontiko Finikes
Saubere, große Apartments mit grandiosem Meerblick. €

Glaros Studios
Dieser gut geführte, von einem Garten umgebene Studiokomplex hat den Agios-Nikolaos-Strand fast für sich allein. €€

Hotel Lefkorama
Wunderschön, luxuriös und in einem eigenen Paradies voller Olivenbäume gelegen. €€

(50 Min.) in nördlicher Richtung an der Küste entlang und unter Kiefern zum **Vananda-Strand**, wo es eine saisonale Taverne gibt.

Eine anstrengendere dreistündige Wanderung führt 11 km nordwestlich zur hellenistischen Stätte von **Vroukounda**, unterwegs kommt man am Bauerndorf **Avlona** vorbei. Es gibt hier nichts zu kaufen, dementsprechend muss man Essen und Wasser einpacken.

Der Zustand der Pfade ändert sich laufend, tatsächlich können sie zu jeder Jahreszeit ein wenig verwildert sein. Am besten erkundigt man sich vor Aufbruch bei den Einheimischen nach der Lage.

ESSEN IN PIGADIA

To Ellenikon
Alle, deren Gaumen nach regionalen, meisterhaft zubereiteten Gerichten verlangt, werden hier glücklich. Es gibt *saganaki*, Fleischbällchen, Krabben und Calamari, auch auf der kleinen Terrasse. **€€**

Pantheon Cafe
Das beste der beiden Cafés in der verkehrsberuhigten Zone, mit einer schönen alten holzgetäfelten Inneneinrichtung im klassischen *kafeneio*-Stil. **€**

Odyssey
Köstliche *dolmades*, gegrillte Auberginen sowie gegrilltes Fleisch mit verschiedenen Kräutern nach mazedonischer Art. **€€**

Karpathos' Süden

SCHÖNE STRÄNDE, HÜBSCHE DÖRFER

Dank ihrer Sandstrände konnten sich mehrere reizvolle Dörfer in der südlichen Hälfte von Karpathos als kleine Urlaubsorte neu erfinden. Ruhige Dörfer schmiegen sich an Hügel im Landesinneren, ein Gebiet, das von malerischen Wanderwegen durchzogen ist.

Menetes liegt hoch oben auf den Klippen über Pigadia. Eine Besichtigung sollte am höchsten Punkt beginnen, bei der Kirche, bevor es in die engen, weiß getünchten Gassen geht.

Arkasa, 9 km von Menetes entfernt, ist eine der ältesten Siedlungen auf Karpathos. Das ursprüngliche Dorfzentrum, das direkt am Wasser liegt, wird heute durch einen Badeort ergänzt. Ein Weg führt 500 m am Ufer entlang bis zu den Überresten der **Agia-Sophia-Kirche** aus dem 5. Jh. und einer antiken **Akropolis** auf der Landzunge dahinter.

Der Sandstrand **Agios Nikolaos**, der beste in der Gegend, ist vom Dorf aus erreichbar – aber nur mit dem Auto. Hier kann man auch Surfstunden nehmen (es ist der einzige Strand der Insel, der sich zum Surfen eignet).

Das malerische **Finiki** liegt nur 2 km nördlich von Arkasa an einer hübschen, sichelförmigen Bucht. Weiß-blaue Häuser und einige Tavernen säumen den verschlafenen Hafen und den kleinen grauen Sandstrand. Die besten Bademöglichkeiten gibt's am **Agios-Georgios-Strand**, ein kurzes Stück südlich von Arkasa.

UNTERWEGS VOR ORT

Tagesausflüge mit dem Boot führen von Pigadia bis nach Diafani, wo man Anschluss an Busse nach Olymbos hat, oder weiter nach Norden zu abgelegenen Stränden.

Von Pigadias Busbahnhof aus bedienen KTEL-Busse die ganze Insel. Im Sommer gibt's eine tägliche Abfahrt zum/vom Apella-Strand und ca. vier wöchentliche Verbindungen nach Finiki. Im Sommer fahren täglich Busse zu den südlichen Stränden; Rückfahrtzeiten vorab checken. Zwischen zwei und vier Busse fahren pro Woche nach Olymbos.

Alle großen Autovermietungsketten haben Filialen am Flughafen, und es gibt weitere Anbieter, vor allem in Pigadia, aber auch in den Ferienorten.

Die (ziemlich hohen) Taxipreise sind am zentralen Taxistand von Pigadia angeschlagen.

KASOS

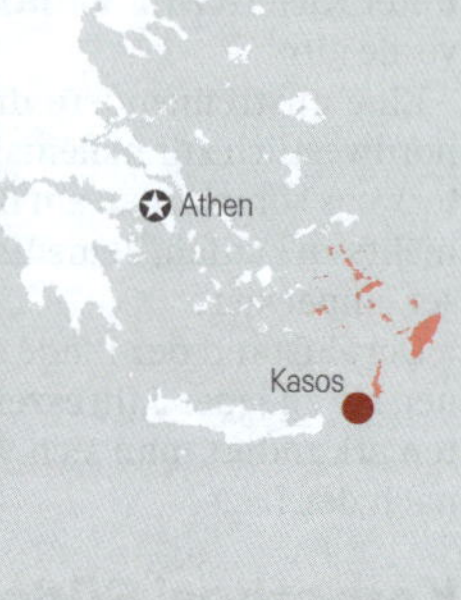

Kasos, die südlichste Insel des Dodekanes, wirkt wie das Griechenland längst vergangener Zeit. Im Sommer lädt sie mit ihren wilden Stränden und hübschen, baufälligen Dörfern zum Verweilen ein. Besucht man die Insel in den Wintermonaten, wenn heftige Winde wehen und riesige Wellen sie von der Außenwelt trennen, spürt man die Isolation der Menschen hier. Am häufigsten kommen seltene Seevögel her – die Menschen, die es einmal hierher verschlagen hat, erliegen nicht selten dem rauen Charme dieser Insel und kommen oft zurück.

Die Übernachtungsmöglichkeiten sind spärlich und nicht luxuriös. Es gibt ein paar Restaurants, die es wert sind, sie immer wieder aufzusuchen, vor allem in Fry und Agia Marina. Zu den regionalen Spezialitäten gehören *pitia,* die nicht mit den Kichererbsenbällchen von Nisyros zu verwechseln sind, sondern eher an Pasteten mit Spinat und Reis erinnern. Auch Pilaw-Reis ist sehr beliebt und wird vor allem bei Feierlichkeiten serviert.

TOP TIPP

Fry bietet die meisten Übernachtungsmöglichkeiten auf der Insel, man sollte allerdings nicht zu viel erwarten. Für Aufenthalte im August empfiehlt es sich, im Voraus zu buchen.

Fry (S. 454)

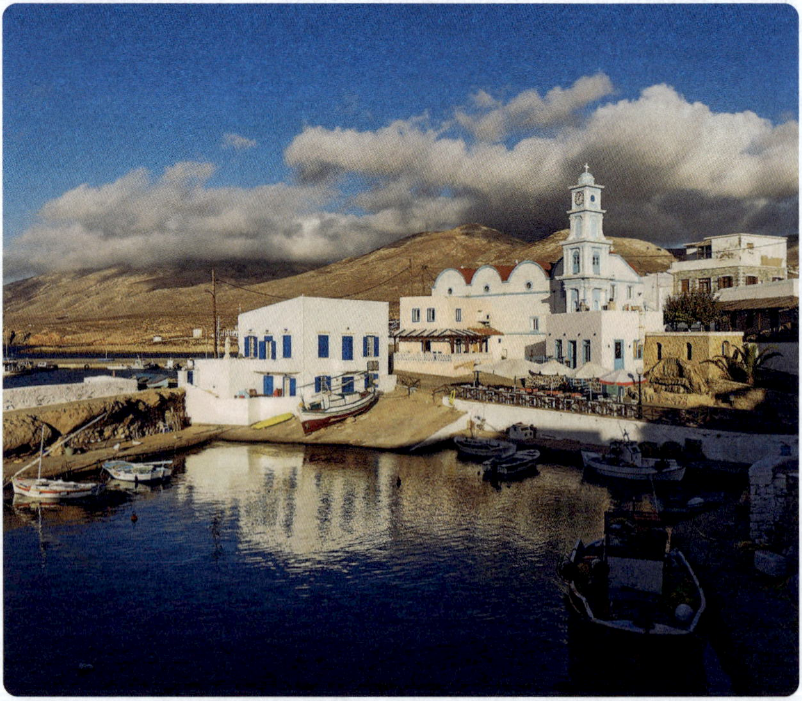

GIOVANNI RINALDI/SHUTTERSTOCK ©

Kasos Strände & Dörfer

KAHLE BUCHTEN, CHARMANTE DÖRFER

Keiner der Strände auf Kasos bietet Schatten. Der beste Strand liegt in der Kieselbucht **Chelatros** in der Nähe des Moni Agiou Georgiou Hadion, 11 km südwestlich der Hauptstadt Fry (S. 454). Man braucht aber ein eigenes Transportmittel, um die Bucht zu erreichen. In den Sommermonaten gibt's dort eine fabelhafte Kantine, die vom Besitzer des Giaeli betrieben wird. Ansonsten gibt es keine Einrichtungen. Ein weiterer kleiner, aber feiner Strand, **Avlaki**, ist zu Fuß erreichbar.

Agia Marina, 1 km südwestlich von Fry, ist ein hübsches Dorf mit einer strahlend weißen und blauen Kirche, in der am 17. Juli ein Fest gefeiert wird. Im freundlichen **To Steki** kann man gut einen Kaffee trinken oder eine Mahlzeit einnehmen. Das grüne **Arvanitochori** mit zahlreichen Feigen- und Granatapfelbäumen hat eines der schönsten *kafeneios* der Insel. Hier befinden sich auch einige hübsch renovierte Häuser. **Panagia**, 1 km südöstlich von Fry, wartet mit einem ungewöhnlichen Ensemble aus sechs miteinander verbundenen byzantinischen Kirchen mit roten Dächern auf; diese sind zwar nicht zugänglich, aber allein schon wegen ihres Anblicks sehenswert. **Poli**, 3 km südöstlich von Fry, ist die ehemalige Hauptstadt, die auf der antiken Akropolis erbaut wurde. Zu sehen gibt's hier allerdings nicht viel. Für

KASOS' GESCHICHTE

Im Jahr 1820 lebten hier 11000 Menschen unter osmanischer Herrschaft. Tragischerweise sah Mohammed Ali, der türkische Gouverneur von Ägypten, die Handelsflotte als Bedrohung für seinen Plan, einen Stützpunkt auf Kreta zu errichten. Am 7. Juni 1824 töteten seine Männer ca. 7000 Menschen auf Kasos. Die Insel hat sich davon nie erholt, aber jedes Jahr im Juni kehren die Auslands-Kasiots zurück, um des Massakers zu gedenken. Es ist eine bewegende Zeremonie, der man beiwohnen kann. Und auf der Halbinsel hinter Fry steht auf weißen Steinen 1824.

ÜBERNACHTEN IN FRY

Amfi Rooms
Auf dem Hügel hinter Fry. Studios aus Holz und Stein mit herrlicher Aussicht. **€€**

Angelica's
Attraktive, wenn auch etwas improvisierte, traditionell eingerichtete Wohnungen in einem schönen alten Dorfhaus. **€€**

Hotel Anagennissis
Direkt am Hafen gelegen. Das altmodische Hotel am Wasser ist schlicht, aber in Ordnung. **€**

die außergewöhnlichsten Aussichten geht es nach **Agia Kyriaki**, östlich von Poli, sowie zum **Moni Agios Mamas**, wo jedes Jahr am 2. September ein Festival stattfindet. Diese Gegend vermittelt einen guten Eindruck davon, wie rau und karg die Landschaft ist, und lässt erahnen, wie die Menschen früher von diesem Land gelebt haben.

ESSEN IN FRY

Giaeli
Traditionelles Essen mit Gourmet-Twist und schöner Präsentation; in wunderschöner Lage. Der beste Ort, um in Fry zu essen, und einer der besten auf der Insel. €

Meltemi
Dieses ganzjährig geöffnete, stimmungsvolle Lokal ist *ouzerie* und *mezedhopoleio* in einem. Traditionelle Artefakte schmücken das hübsche Interieur aus Holz und Kacheln. €€

Taverna Emborios
Gepflegtes Restaurant direkt am Strand mit wunderbaren lokalen Spezialitäten. Nur in der Hochsaison geöffnet. €

Die Hauptstadt der Insel

EIN CHARMANTER, BETRIEBSAMER HAFEN

Fry (ausgesprochen „frei"), die Hauptstadt, liegt an der Nordküste. Das breite, sanfte Tal dahinter ist das einzige fruchtbare Land auf Kasos, sodass die anderen Dörfer über die umliegenden Hügel verstreut sind. Obwohl Fry eher ein Arbeitshafen als ein Touri-Ziel ist, ist der winzige alte Hafen in seinem Zentrum, **Bouka** genannt, ungemein fotogen. Schäbige, aber fotogene Häuser säumen den Kai, ein paar Cafés warten auf Kundschaft, ergraute Fischer flicken geduldig ihre Netze, und die weiß-pastellblaue Kirche Agios Spyridon überblickt die Szene. Selbst im Juni wirkt Fry wie eine Geisterstadt. Die einzige wirkliche Sehenswürdigkeit ist das **Archäologische Museum**, das in einer großen Villa aus dem 19. Jh. oberhalb des Hafens untergebracht ist. In diesem Museum werden Gegenstände ausgestellt, die aus antiken Schiffswracks geborgen wurden, sowie verschiedene griechische Öllampen und hellenistische Funde, darunter beschriftete Steinplatten. Vor dem Besuch nach den Öffnungszeiten erkundigen.

Der nächstgelegene Strand befindet sich 10 Gehminuten östlich entlang der Küste im winzigen Satellitenhafen von **Emborios**. Zwischen dem Sand gibt es einige Kieselsteine, aber das Meer ist klar und schön. Zwei Boote, *Athina* und *Kasos Princess*, bieten im Sommer Ausflüge zur unbewohnten Insel **Armathia** mit ihren schönen Sandstränden an, sofern zehn oder mehr Interessenten zusammenkommen.

UNTERWEGS VOR ORT

Der Flughafen der Insel liegt 1 km westlich von Fry. Entweder läuft man die 15 Minuten die Küstenstraße entlang oder man ruft sich ein Taxi. Von Montag bis Freitag verkehrt ein kleiner Inselbus, der zwar für die Einheimischen gedacht ist, aber auch von Travellern genutzt werden kann (wobei zu bedenken ist, dass er für viele ältere Menschen das einzige Transportmittel ist).

Autos und Motorroller können in Fry gemietet werden.

LIPSI

Für eine Insel des Dodekanes ist Lipsi bemerkenswert grün. Sie mag mit nur 8 km Länge und einer ständigen Bevölkerung von kaum 800 Menschen winzig sein, aber sie lohnt doch einen Besuch. Der kleine Hafen ist mit gelben Netzen übersät, und das weiß getünchte, kirchengekrönte Dorf Lipsi erhebt sich am Hang dahinter. Der Weg zu den Stränden führt durch eine Landschaft mit Olivenhainen, Zypressen und endlosen Ausblicken. Wer auf der Suche nach zerklüfteten Hügeln, ruhigen blauen Buchten und einsamen Stränden ist, wähnt sich hier womöglich im Himmel.

In der *Odyssee* war Lipsi jener Ort, an dem die Nymphe Calypso Odysseus mehrere Jahre lang auflauerte.

Das Angebot an Übernachtungsmöglichkeiten ist groß, wobei die meisten Unterkünfte direkt am Wasser liegen. Dafür, dass die Insel so klein ist, hat sie viele hochkarätige Restaurants zu bieten.

TOP TIPP

Kein Besuch ist komplett, ohne wenigstens einmal den inseleigenen Käse *myzithra* aus Ziegenmilch und Meerwasser und den unverwechselbaren Thymianhonig probiert zu haben. Die Insel hat sogar ihr eigenes Weingut!

Hafen, Lipsi (Ort; S. 456)

ESSEN IN LIPSI (ORT)

Kalypso
Chefkoch Nicolas entfacht in dem schönen Lokal einen kulinarischen Sturm. Er verwendet dabei nur Bio-Gemüse sowie frischen Fisch und bestes Fleisch. €€

Manolis Tastes
Feines Essen in einem neoklassizistischen Gebäude; mit den Kreationen von Chefkoch Manolis. Empfehlenswert: die Muscheln mit Ouzo. €€

Kairis Lipsi Bakery Shop
Beliebte Bäckerei-Café-Gelateria am Wasser – das gesellschaftliche Zentrum der Insel. €

Die einzige Stadt auf Lipsi

GEMÜTLICH UND FEIN

Lipsi – die einzige Siedlung der Insel – ist ein stimmungsvolles altes Städtchen mit blauen Häusern, die sich in einem Gewirr von Gassen den Hügel hinaufziehen. Der Hafen ist der Dreh- und Angelpunkt des Geschehens, hier gibt es alles, was man braucht, von einer großartigen Bäckerei bis hin zu tollen Fischrestaurants. Die schöne, mit einer blauen Kuppel versehene **Agios-Ioannis-Theologos-Kirche** ist unbedingt einen Besuch wert. Jedes Jahr strömen am 22. August die Menschen in die Dorfkirche, um einer berühmten Marienikone zu huldigen. Sie kommen, um die Lilien in der Vitrine zu bewundern, die, obwohl sie keine Wurzeln haben und nicht bewässert werden, auf wundersame Weise aufblühen. Eine Prozession beginnt im Dorf und endet in der **Panagia tou Charou**, wo die Ikone ursprünglich untergebracht war (an ihrer Stelle befindet sich eine Nachbildung). Danach wird die ganze Nacht auf dem unteren Platz gefeiert.

Lipsi überzeugt mit einer großen Auswahl an Schnellrestaurants, Restaurants mit frischem Seafood und scheinbar mehr Ouzerien auf 100 m als irgendwo sonst in Griechenland. Nachts

ÜBERNACHTEN IN LIPSI (ORT)

Nefeli Hotel
Stilvolles Boutique-Hotel oberhalb des Kambos-Strands mit geräumigen Apartments und privaten Terrassen inkl. Meerblick. €€

Michalis Studios
Einfache, geräumige Studios mit Kochnische und Balkon. Hervorragendes Preis-Leistungs-Verhältnis. €

Angela Studios
Diese gepflegten Studios verfügen über schmiedeeiserne Betten, schicke Küchenzeilen und Balkone mit Meerblick. €€

schmeißt der Hafen seine Lichter an und wirft schöne Reflexe auf das dunkle Wasser. Es gibt zahlreiche Restaurants am Kai, die auch als Bars fungieren und in denen man sich eine Flasche Mythos gönnen kann.

An Unterkünften mangelt es im Ort nicht. Das Angebot reicht von stilvollen, einladenden Boutique-Hotels, in denen man vielleicht vom Ruf der Eulen in den Schlaf gewiegt wird, bis hin zu schönen Apartments und geräumigen Studios.

Der dem Dorf nächstgelegene Strand, der **Liendou-Strand**, liegt ein paar Gehminuten nördlich des Fährhafens auf der anderen Seite einer kleinen Landzunge. Es handelt sich um einen schmalen Sandstreifen, der von ruhigem, flachem Wasser umspült wird.

Lipsis schöne Strände

TOLLE WANDERUNGEN ZU HERRLICHEN STRÄNDEN

Nur 1 km nördlich des Ortes Lipsi, auf der Landzunge hinter dem Liendou-Strand, liegt der schmale, aber sandige und von Tamarisken beschattete **Kambos-Strand**. Das Wasser ist tief und der Untergrund felsig.

Zum flachen **Platys-Gialos-Strand** gelangt man, wenn man bei Kambos ins Landesinnere abbiegt und 2,5 km wandert. Das Wasser ist kristallklar, manchmal tummeln sich hier Ziegen. Im Sommer hat eine ausgezeichnete Taverne tagsüber geöffnet.

Nur 2 km südlich von Lipsi liegt der **Sandstrand von Katsadia**. Hier gibt es ein wenig Schatten und eine weitere gute Taverne, die nur im Sommer geöffnet ist und abends zur Bar wird.

Die Strände am östlichen Ende von Lipsi sind schwieriger zu erreichen, da die Straßen für Taxis oder Busse zu uneben sind. Im Sommer gibt es ein Boot, das Leute dorthin bringt.

LIPSIS WEINFEST

Das dionysische Fest findet an drei verschiedenen Tagen in den Sommermonaten statt. Es wird getanzt und es gibt kostenlosen Wein. Da auf der Insel Wein produziert wird, ist diese Veranstaltung äußerst beliebt. Das Fest findet in der Regel in der dritten Augustwoche statt, aber am besten erkundigt man sich vor Ort nach den genauen Terminen.

Außerhalb des Weinfestes kann man in allen Tavernen und Restaurants der Insel den lokalen Wein probieren. Kommt man außerhalb der Saison her, sollte man das **Angela Cafe** austesten. Das schicke kleine Café mit lavendelfarbener und weißer Dekoration bietet einen netten Rahmen für Snacks, Kaffee und Cocktails und eine luftige Außenterrasse mit Blick aufs Meer.

Katsadia-Strand

UNTERWEGS VOR ORT

Lipsi unterhält häufige Verbindungen mit seinen Nachbarn. Die Fähren kommen im Hafen von Lipsi an. Ein kleines Büro am Fähranleger verkauft Fahrkarten.

Im Sommer verkehren regelmäßig Busse zwischen Lipsi (Ort) und den Hauptstränden der Insel. Außerdem gibt's ein Taxi. In Lipsi (Ort) kann man Motorroller und Fahrräder mieten.

LEOKS/SHUTTERSTOCK ©

Oben: Psili-Ammos-Strand (S. 493). Rechts: Burg des Lykourgos Logothetis (S. 489)

NORDOST-ÄGÄISCHE INSELN

TURBULENTE GESCHICHTE & LÄNDLICHE IDYLLE

Groß, grün und facettenreich: Die nordostägäischen Inseln offenbaren ergreifende historische Dramen mit einem würdevollen und einladenden Lächeln.

An Orten wie dem Psili-Ammos-Strand auf Samos wirkt das Meer wie ein Fluss, über den man mit etwas Glück hinüberschwimmen kann. So nah und doch so fern liegt am anderen Ufer die Türkei. Dazwischen erstreckt sich eine der tiefsten politischen Bruchlinien Europas.

In Vathy auf Samos stellt die Inhaberin von Yianni's Taverne einzigartige *soutzoukakia* (Fleischbällchen à la Smyrna). Ein türkisches Paar aus Izmir fragte sie während unseres Besuchs gerade nach ihrem Rezept. Darauf folgte ein lebhafter und freundlicher Austausch.

ISABEL EVE/SHUTTERSTOCK ©

Doch diese nette Szene hat eine tragische Vorgeschichte: Smyrna ist der griechische Name für Izmir. Beim Bevölkerungsaustausch vor ca. 100 Jahren mussten Griechen in Kleinasien und Türken auf den ägäischen Inseln jeweils ihre Heimat verlassen. Dieser doppelte Exodus wirft bis heute einen langen Schatten.

Weitere Aspekte tragen zum einzigartigen Charisma der Inseln bei: Bis heute findet man hier viele Überreste aus osmanischer Zeit (Paradebeispiel: der Burgfelsen von Molyvos). Die traditionelle Landwirtschaft der Eilande ist für die Zukunft gerüstet. Auf Chios laden Mastix-Dörfer mit merkwürdiger Architektur zu Besuchen ein. Und auf Lesbos prägen die roten Backsteinkamine von Olivenpressen das Landschaftsbild.

Die natürliche Schönheit des fruchtbaren Samos und des felsigen Ikaria lässt sich kaum mit Worten beschreiben. Das entlegene Limnos prunkt mit Traumstränden und vielen privaten Weingütern.

DIE WICHTIGSTEN ZIELE

MYRINA (LIMNOS)
Felsenburg
S. 464

MOLYVOS (LESBOS)
Osmanisches Erbe und Wandern **S. 471**

MASTIHOHORIA (CHIOS)
Märchenhafte Dörfer und düstere Geschichte
S. 480

PYTHAGORIO (SAMOS)
Ein perfektes Urlaubsdorf **S. 488**

ARMENISTIS & RACHES (IKARIA)
Dorffeste und ländliche Schönheit **S. 497**

Erste Orientierung

Die nordostägäischen Inseln markieren die Grenze zwischen Europa und Asien. Die folgenden Orte geben tiefe Einblicke in ihre Geschichte und sind ideale Ausgangspunkte für Erkundungen.

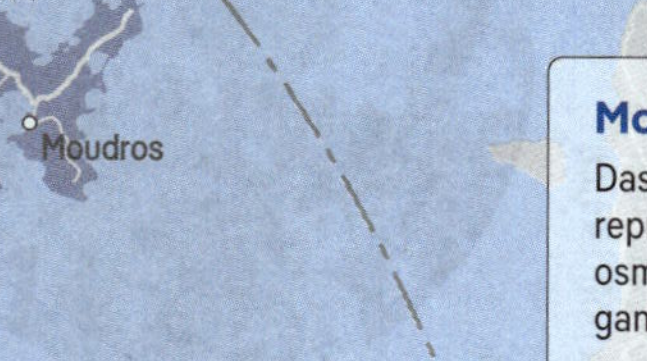

Myrina, S. 464

Die Hauptstadt von Limnos punktet mit einer schmucken Burg, raffinierter Gastronomie und einen großartigen Strand.

Molyvos, S. 471

Das märchenhafte Dorf im Norden von Lesbos repräsentiert das oft vernachlässigte Erbe aus osmanischer Zeit. Zudem ist es eine gute Ausgangsbasis für Wander- und Radtouren.

AUTO

Die schiere Größe der Inseln macht ein eigenes Vehikel zum komfortabelsten (und oft einzigen) Verkehrsmittel: Wer hier entlegene Strände und schöne Wanderwege erkunden oder in Bergdorf-Tavernen unterm Sternenzelt essen will, benötigt einfach ein Auto.

BUS

In der nordöstlichen Ägäis reichen die Busnetze von recht leistungsfähig (Lesbos) über extrem unpraktisch (Limnos) bis hin zu praktisch nicht vorhanden (Ikaria). Auf Lesbos ermöglicht sorgsames Studieren der Fahrpläne einen akzeptablen Reiseplan. Auf allen anderen Inseln gestalten sich Bustrips (weitaus) schwieriger.

TAXI

Die großen Distanzen und die Benzinpreise machen örtliche Taxis oft exorbitant teuer. Für Kurzstrecken (z.B. Armenistis–Raches auf Ikaria) kann dies aber eine praktische Möglichkeit sein.

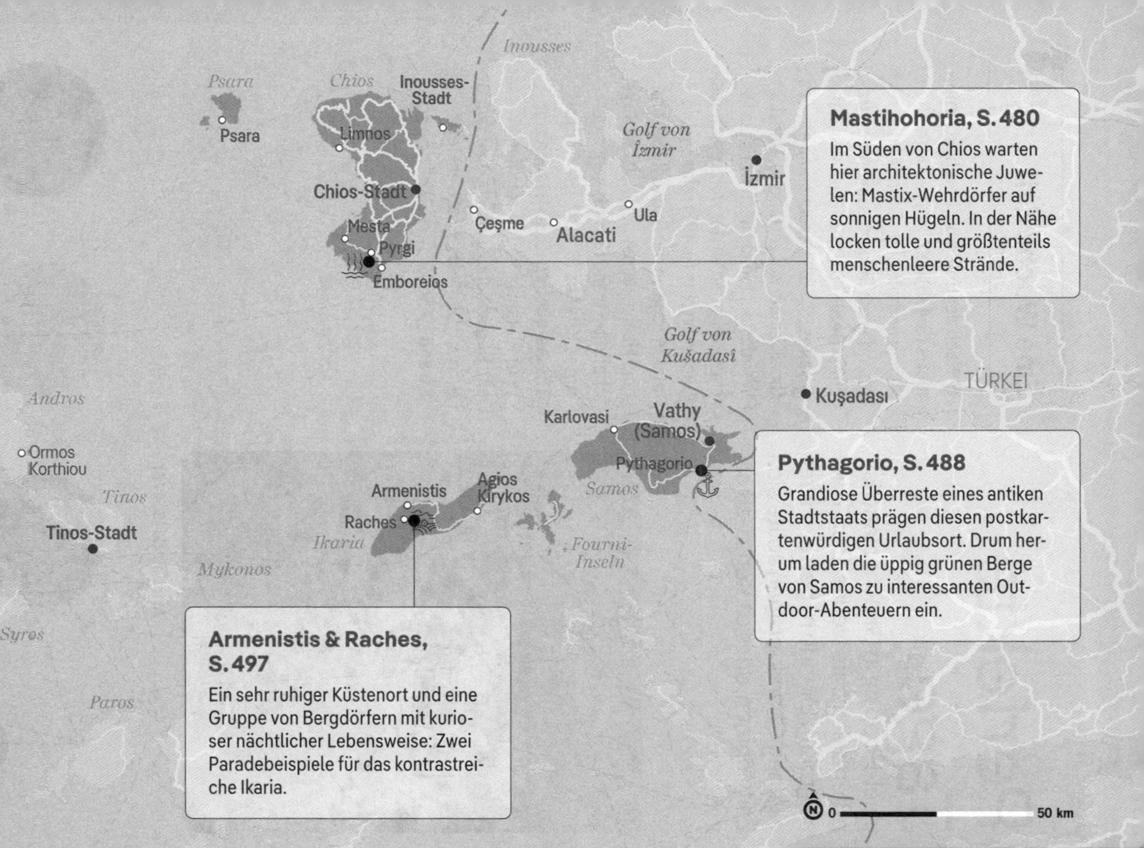

Mastihohoria, S. 480

Im Süden von Chios warten hier architektonische Juwelen: Mastix-Wehrdörfer auf sonnigen Hügeln. In der Nähe locken tolle und größtenteils menschenleere Strände.

Pythagorio, S. 488

Grandiose Überreste eines antiken Stadtstaats prägen diesen postkartenwürdigen Urlaubsort. Drum herum laden die üppig grünen Berge von Samos zu interessanten Outdoor-Abenteuern ein.

Armenistis & Raches, S. 497

Ein sehr ruhiger Küstenort und eine Gruppe von Bergdörfern mit kurioser nächtlicher Lebensweise: Zwei Paradebeispiele für das kontrastreiche Ikaria.

Perfekte Tage

Insel-Hopping in Griechenland ist potenziell nichts Neues. Doch diese großen Eilande haben alle ihren eigenen Charakter. Man sollte sich Zeit nehmen, um sie intensiv zu erkunden.

PABLO JOANIDOPOULOS/SHUTTERSTOCK ©

Armenistis (S. 498)

Eine Woche Zeit

● Nach der Unterkunftswahl in **Armenistis** (S. 498) geht's tagsüber an den Strand und zu später Stunde zum Abendessen in das faszinierende **Raches-Gebiet** (S. 499). Das **Weingut Afianes** (S. 502) besucht man am besten an einem Konzertabend. Bei einer Wandertour hinaus nach Christos Raches kann man an der wunderschönen Bucht von **Nas** (S. 499) relaxen. Die letzten Tage an der Südküste verbringen: Nach einem Aufenthalt am **Seychellen-Strand** (S. 503) geht's gen **Agios Kirykos** (S. 504). Die **Spilio-Themalquellen** (S. 504) laden zum Warmbaden in Radon-reichem Wasser ein. Den Abschluss macht eine Wanderung zur Dionysos-Höhle am **Iero-Strand** (S. 504).

VON LINKS: CEM OZER/SHUTTERSTOCK ©, ANJO KAN/SHUTTERSTOCK ©, ASAKOULIS/SHUTTERSTOCK ©

Beste Reisezeit

Die nordostägäischen Inseln besucht man am besten im Frühling oder Herbst. Der Winter ist hier etwas kälter als unten im Süden.

MÄRZ

Chios feiert eine Woche lang fröhlich **Karneval**. Das bunteste Fest namens Mostra steigt dabei in Thymiana.

APRIL

Glyzinien tauchen **Molyvos** in ein violettes Blütenmeer. Zugvö gel und Vogelbeobachter versammeln sich bei **Skala Kaloni**.

MAI

Frühlingsblumen (z.B. Klatschmohn) bedecken alle Inseln. Auf **Lesbos** folgen Wanderer den Rhododendron-Pfaden.

Zwei Wochen Zeit

● Auf Samos startet man mit einem Kurztrip von Evdilos nach Karlovasi. Dann die **Seitani-Wanderung** (S. 494) absolvieren und Lokalweine im **Hippy's** (S. 494) verkosten. Danach geht's über das zauberhafte Dorf **Manolates** (S. 495) nach Pythagorio. Von dort aus erkundet man den Tunnel des Eupalinos und die antiken Stätten von **Heraion** (S. 490). Nun folgt ein Wandertag an der großartigen **Ostküste von Samos** (S. 493) – von einem Traumstrand zum nächsten. Schnorchel nicht vergessen! Ein Tagestrip nach **Fourni** (S. 495) rundet das Ganze ab: Hier relaxt man am paradiesischen **Kampi-Strand** (S. 496) und genießt Hummer-Spaghetti in der **Psarotaverna O Miltos** (S. 496).

Drei Wochen Zeit

● Zuerst eine Fähre von Vathy nach Chios nehmen. Dann eine Bleibe im Bereich des farbenfrohen Mastix-Dorfs **Pyrgi** (S. 480) suchen und dort die Kirche Agios Apostolos besichtigen. Anschließend wandert man auf dem **Monopati-Pfad** (S. 480) zwischen den Dörfern Olymbi und Mesta – dort jeweils genügend Zeit verbringen. Die folgende Fahrt führt zum **Mastix-Museum Chios** (S. 481) und weiter zum berühmtesten Inselstrand namens Mavro Volia. Nächste Stationen sind die Zitrusfrucht-Plantagen und das **Zitrus-Museum** (S. 486) im Bereich von Kampos. Während der letzten Tage in Avgonyma besichtigt man auch das benachbarte Geisterdorf **Anavatos** (S. 484), das stumm vom Massaker von Chios zeugt.

JULI

Heiß, daher perfekt für einen Trip gen Norden: Auf Limnos steigt eine Woche lang das Wein- und Gastro-Festival **Lemnos Philema**.

AUGUST

Höhepunkt der *panigyri*-Saison auf **Ikaria**: Täglich gibt's Dorffeste, während Besucher:innen wegen Bettenmangel am Strand schlafen.

SEPTEMBER

Weniger Menschen, optimales Wetter. In Skala Eresou auf Lesbos findet das zweiwöchige **Internationale Frauen-Festival** statt.

NOVEMBER

Kühler, aber größtenteils immer noch sonnig – ideal zum Wandern. Agiassos auf Lesbos veranstaltet das **Kastanien-Festival**.

MYRINA (LIMNOS)

Myrina (Limnos)
Athen

Die zauberhafte Hauptstadt von Limnos liegt auf einer niedrigen Halbinsel. Darüber thront eine mittelalterliche Burg auf einem mächtigen Felsen. Wasser flankiert Myrina auf beiden Seiten: Am Südufer erstreckt sich der alte Hafen mit schlichten Fischerbooten und teuren Jachten. Das Nordufer säumt eine Küstenpromenade mit schicken Cafés. An diese grenzt der postkartenwürdige Riha-Nera-Strand, an dem sich tagsüber griechische Familien und abends Nachtschwärmer tummeln.

Im August kommen viele griechische Touristen nach Myrina. Doch selbst dann geht es hier so entspannt zu, dass man sich weit abseits vom Massentourismus wähnt. Limnos scheint mitten im Nirgendwo zu liegen. Seine Hauptstadt versprüht trotzdem Eleganz und Kultiviertheit: Die stilvollen Küsten-Cafés und schrägen Tavernen haben Myrina inzwischen zu einem bekannten Feinschmecker-Ziel in der Ägäis gemacht.

TOP TIPP

Für eine erholsame und ruhige Bleibe in der Nähe von Myrina empfiehlt sich der Platy-Strand: Der breite Sandstreifen mit nur wenigen Hotels und Tavernen liegt nur 2,5 km von der Stadt entfernt. Das eigentliche Dorf oberhalb davon lockt mit guten Tavernen und prima Blick auf den Sonnenuntergang.

DIE BESTEN BARS IN MYRINA

Karagiozis
Tagsüber ein schickes Eis-Café, abends eine Bar voller Schluckspechte.

Manos Bar
Ganztägig geöffneter Haupttreff am Riha-Nera-Strand mit Livemusik am Abend.

To Podilato Snack Bar
Gemütliche Strandbar. Ideal für ein schnelles Mittagessen oder Drinks in ruhiger Atmosphäre.

To Sokaki
Hippes Café, das abends zur DJ-Bar wird. An der Kyda-Straße.

Isalos
Stilvolle Bar am Meer. Prima für Sundowner mit Aussicht auf den Athos.

Festung Myrina

IMPOSANTES BOLLWERK

Wenn die Hitze zu Sonnenuntergang nachlässt, empfiehlt sich ein Aufstieg zur eindrucksvollen **Festung Myrina**: Hoch oben auf dem Felsen über der Stadt bietet sich ein weiter Rundumblick über das Meer und die Inselküste. Der Bau der Anlage begann auf dem Machthöhepunkt des byzantinischen Reichs. Der Großteil der heutigen Architektur stammt aber aus venezianischer und osmanischer Zeit. In der ganzen Ägäis zählt das Bollwerk zu den schönsten und am besten erhaltenen seiner Art.

Myrinas belebte Hauptstraße

SHOPPEN & TRAGISCHE VERGANGENHEIT

Läden säumen die **Kyda-Straße**, die teilweise von einem Dach mit rankenden Weinreben beschattet wird. Die ursprünglich römische Straße markierte in osmanischer Zeit eine ethnische bzw. politische Grenze zwischen den griechischen (Romeïkos Gialos) und türkischen Bezirken (Tourkikos Gialos) der Stadt. Die **Mariä-Geburt-Kapelle** in ihrem Zentrum erhebt sich am früheren Standort einer hölzernen Moschee, die nach der Vertreibung der türkischen Einwohner (1923) zu einem Kino umgebaut wurde. Dieses brannte wiederum ab, wobei 63 Menschen (hauptsächlich reiche griechische Flüchtlinge aus Ägypten) den Tod fanden.

SEHENSWERTES
1 Archäologisches Museum
2 Festung Myrina
3 Mariä-Geburt-Kapelle
4 Hephaistia
5 Panagia-Kakaviotis-sa-Pfad
6 Poliochni
7 Riha Nera
8 Romeïkos-Gialos-Strand
9 Kabeiroi-Heiligtum

AUSGEHEN
10 Manos Bar

SHOPPEN
11 To Kelari

Antike Schätze

SCHMERZVOLLE GESCHICHTE

Von Myrinas schönem **Villen-Museum** im neoklassizistischen Stil schaut man auf den **Romeïkos-Gialos Strand**. Die hier augestellten Exponate aus dem 8. und 7. Jh. v. Chr. stammen von den drei wichtigsten Antikstätten der Insel: Poliochni, Hephaistia und dem Kabeiroi-Heiligtum. Besonders interessant sind

Hafen und Schloss, Myrina

ÜBERNACHTEN IN MYRINA

To Arhontiko
Restaurierte Villa von 1851, die mit schicken Boutique-Zimmern und offenen Kaminen punktet. **€**

Limnia G
Erschwingliches Hotel mit gemütlichen Zimmern. In Marktnähe im Herz des Geschens. **€**

Vicky Studios
Blitzblanke, freundliche Budget-Bleibe mit zauberhaftem Garten. Kurzer Fußmarsch bis zum Riha-Nera-Strand. **€**

die Lampen-Statuetten in Sirenenform und die Details zum griechisch-türkischen Bevölkerungsaustausch (1923 angeordnet).

DIE BESTEN TAVERNEN IN MYRINA

Grammofono
Unscheinbares kleines Juwel am Haupt-Kreisverkehr. Serviert u.a. Rauchfleisch. €

O Platanos
Außergewöhnliche Hausmannskost und Regionalweine unter einer schattigen Platane. An der Kyda-Straße. €

Ouzerie To 11
Bei Einheimischen beliebt für sein Seafood (z.B. Seeigel, Langusten, Muscheln à la Kydonia). €

Sinialo
Unorthodoxe Tavernen-Küche auf einer romantischen Terrasse an einer Seitenstraße. €€

To Limanaki
Frisches, preiswertes Seafood plus Hafenblick, Grillfleisch zu später Stunde und gute Weine von Limnos. €€

Der Riha-Nera-Strand

PERFEKT MALERISCH

Von Romeïkos Gialas aus erreicht die Küstenpromenade nach ein paar Hundert Metern einen der Parade-Strände, für die Limnos berühmt ist: Umgeben von malerischen Felsformationen punktet der **Riha-Nera-Strand** mit feinem Pulversand und Flachwasser – ideal für Familien mit Kindern. Das umfassende Einrichtungsangebot beinhaltet Sonnenschirme, Duschen und ein belebtes Strandcafé: Die **Manos Bar** bietet während der Touristensaison (Mai–Sept.) auch Livemusik am Abend.

Felsenkapelle

MALERISCHE PILGER-WANDERUNG

Nahe Myrina führt der kurze **Panagia-Kakaviotissa-Pfad** zu einer lokal berühmten Felsenkapelle. Hierbei durchquert er eine Art Mondlandschaft mit kegelförmigen Bergen und Felsformationen. Die winzige, weiß verputzte Marienkapelle hat kein Dach, ist aber trotzdem vor den Elementen geschützt: Auf der Flucht vor den Osmanen errichteten Mönche den Bau im Jahr 1305 in einer großen Grotte am Berg Kakkavos (daher der Name). Zum Parkplatz am Weganfang geht's per Auto, Fahrrad oder zu Fuß (5,5 km ab Myrina).

Inselwein

MUSKATELLER AUS VERSTAUBTEN FLASCHEN

Für einen ersten Einstieg in die berühmte Weinindustrie von Limnos empfiehlt sich der winzige Laden **To Kelari** in der Nähe von Myrinas Hafen. Hier kommen sich die Besucherinnen und Besucher wie in einem Piratenfilm vor: Staub und Spinnweben bedecken hier lang gereifte Weinflaschen. Nahe der Stadt betreibt der kauzige Inhaber mit Bart selbst ein kleines Weingut, auf dem er hervorragenden trockenen Rotwein keltert und *tsipouro*-Schnaps selbst brennt.

UNTERWEGS VOR ORT

In Myrina geht's leicht zu Fuß voran – auch zum neuen Fährterminal (ca. 1 km vom Zentrum). Trips zum/ab dem Flughafen (18 km entfernt) sind komplizierter: Die öffentlichen Busse nützen nicht viel, da sie nicht auf die Flüge abgestimmt sind. Man braucht also ein Taxi oder einen Mietwagen.

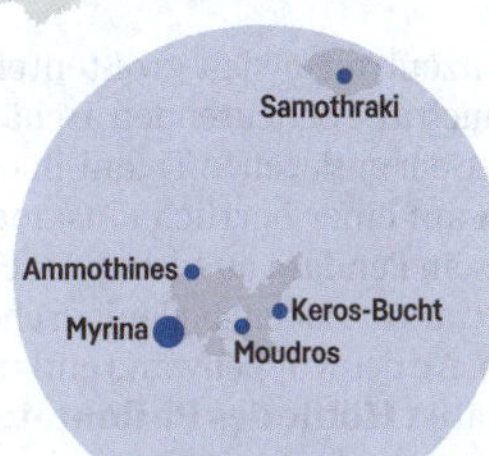

Rund um Myrina

Weit abseits vom Massentourismus punktet Limnos mit vielen historischen Stätten und Traumstränden.

Als erste Station der beliebten Inselhopping-Route ab Kavala scheint Limnos auf den ersten Blick nur für die Durchreise zu taugen. Doch das täuscht: Seine Tiefland-Hälfte mit Feldern und Feuchtgebieten voller Zugvögel wirkt wie ein Stück mazedonisches Festland in der Ägäis. Deren typische Atmosphäre versprüht wiederum der andere Inselteil mit seinem felsigen und trockenen Terrain. Beide Bereiche sind mit traumhaften Sandstränden gesegnet. Der Legende nach fiel der Feuergott Hephaistos einst als Baby ins Meer bei Limnos, nachdem ihn seine göttliche Rabenmutter Hera vom Olymp geschleudert hatte. Die Einheimischen retteten und versorgten ihn. Zudem brachten sie ihm die Schmiedekunst bei. Diese glorreichen Zeiten der Interaktion zwischen Göttern und Menschen (wenn man denn daran glaubt) bescherten Limnos insgesamt drei bedeutende archäologische Stätten.

TOP TIPP

Der Tiefland-Bereich der Insel lässt sich recht leicht per Fahrrad erkunden. Dort findet man auch die meisten Sehenswürdigkeiten.

Myrina

ZWISCHENSTOPP AN DEN RUINEN

Bei einem Trip zum Kabeiroi- und Hephaistia-Heiligtum ist das Dorf **Kotsinas** die beste Zwischenstation fürs Mittagessen: Hier warten u.a. ein beliebter Strand und die tolle Taverne **Giannakaros**. Hinzu kommt der malerische Aussichtpunkt neben der **Kapelle von Zoodochos Pigi** auf einer Hügelkuppe. Dieser spätbyzantinische Bau wurde einst neben einer heiligen Quelle errichtet. Er beherbergt eine eindrucksvolle Statue der Lokalheldin Maroula: Die grimmig wirkende Frauenskulptur mit einem Schwert in der Hand blickt trotzig in die Richtung der nahen türkischen Küste. In der Schlacht gegen die Osmanen (1478) soll Maroula mit dem Schwert ihres sterbenden Vaters weitergekämpft haben.

Antike Stätten

GÖTTERKULT & DEMOKRATIE

Das antike Leben auf Limnos konzentrierte sich größtenteils auf dessen Ostteil. So liegen dort auch alle bedeutenden archäologischen Stätten. An der Nordspitze der entlegenen Tigani-Bucht thront das **Kabeiroi-Heiligtum** auf einer herrlich einsamen Klippe. Tatsächlich ist es älter als sein Pendant auf dem benachbarten Samothraki. Seine Hauptattraktion ist ein hellenistisches Heiligtm mit elf Säulenfragmenten. An der Klippenwand entlang führt ein Pfad hinunter zur legendären **Höhle des Philoktetes**. Dieser Held des Trojanischen Krieges heilte hier angeblich seine entzündete Beinwunde (verursacht durch einen Schlangenbiss) aus, nachdem er von Odysseus auf Limnos ausgesetzt worden war.

Am anderen Buchtufer markiert ein rekonstruiertes Amphitheater aus dem 5. Jh. v. Chr. den Standort der antiken Inselhauptstadt: **Hephaistia** war mindestens seit der mykenischen Zeit bewohnt. Der Legende nach fiel hier Hephaistos (Gott des Feuers und der Schmiedekunst) als Baby ins Meer, nachdem ihn seine Mutter Hera vom Olymp geschleudert hatte. **Poliochni** an der südöstlichen Küste gilt als erste prähistorische Siedlung der Ägäis. Angeblich herrschte hier auch Europas erste konstitutionelle Demokratie. Die bedeutendste der vier örtlichen Siedlungsschichten ist eine vormykenische Stadt, die älter als Troja VI (1800–1275 v. Chr.) ist. Zum Zeitpunkt der Recherche war die Stätte gerade wegen Restaurierung geschlossen (vor einem Besuch in Myrina nachfragen).

Gedenken an Gallipoli

SOLDATENFRIEDHÖFE AUF LIMNOS

Anfang 1915 machte Winston Churchill (damals Erster Lord der britischen Admiralität) die Bucht von Moudros zur Hauptbasis des gescheiterten Gallipoli-Feldzugs. Dieser gilt in Australien und Neuseeland jeweils als größte nationale Tragödie. So ehren beide Länder ihre Gefallenen jedes Jahr mit dem Anzac Day am 25. April. An diesem Tag landeten Commonwealth-Truppen einst bei Gallipoli und wurden von den Türken vernichtend geschlagen.

Der **East Moudros Military Cemetery** mit Rasenflächen könnte auch in Mittelengland liegen. Hier ruhen 800 Soldaten aus dem ganzen britischen Weltreich, die ihren Verwundungen in einem nahegelegenen Lazarett erlagen. Hinzu kommen ca. 20 Gräber von Angehörigen der weißen Bewegung in Russland: 1921 diente Limnos auch als Internierungslager für zahllose Zaren-Anhänger, die vor dem bolschewistischen Terror im Russischen Bürgerkrieg geflohen waren.

ESSEN RUND UM MYRINA

Ennia Po'chs (Lychna)
Moderne Spitzenküche mit Limnos-Touch. Reservierung erforderlich. **€€**

Flomari (Gomati-Strand)
Super Seafood nach dem Sonnenbaden am Strand und dem Sonnenuntergangs-Genuss bei den Ammothines-Dünen. **€€**

Galazio Limani (Moudros)
Küsten-Taverne mit ägäischem Standard-Seafood und hervorragender Fischsuppe. **€€**

Gomati

Im Dorf Portianou liegt ein weiterer Soldatenfriedhof aus dem Ersten Weltkrieg: Der **Portianos Cemetery** ist die letzte Ruhestätte von 348 Soldaten des Empire. Begraben sind hier auch kanadische Krankenschwestern, denen das größte Denkmal der Stätte gewidmet ist.

Sonnenuntergang an den Ammothines

DÜNEN & DOLMEN

Diese Miniwüste im äußersten Norden der Insel ist eine Art Esoteriker-Treff: Am frühen Abend versammeln sich hier zahllose Leute, um barfuß über die Sanddünen zu laufen, Dolmen zu bauen und den tollen Sonnenuntergang zu genießen. Dies machen sie meist zwischen einem Tag am Gomati-Strand und einem Abendessen in den Tavernen **Flomari** oder **Mantella**.

Wassersport an der Keros-Bucht

SETZT DIE SEGEL!

An windigen Tagen füllen zahllose bunte Segel die **Keros-Bucht**, die bei Wind- und Kitesurfern hoch im Kurs steht: Beständige Nordwinde und flaches Wasser machen diesen Spot ideal für Anfänger. Mehrere Wassersport-Zentren bieten hier Kurse oder Leihausrüstung (inkl. Stehpaddelbretter) an. Alle verfügen über hippe Strandbars. Unterkünfte gibt's direkt am Strand und in den umliegenden Dörfern.

STRAND-HOPPING AUF LIMNOS

Andreas Toppos (Inhaber des Restaurants Gramophono) über seine Lieblingsstrände auf Limnos:

Bei wenig Wind liebe ich den **Keros-Strand**. Ich bin kein Windsurfer, komme aber gern zum Schwimmen oder Jetski-Fahren hierher. Den schönen **Evgati-Strand** besuche ich auch häufig. Am benachbarten **Karavi-Strand** unternehme ich ebenfalls Jetski-Trips sowie Ausritte mit meinem Nachwuchs. Auch den **Gomati-Strand**, wo unsere Freunde die **Taverna Flomari** betreiben, mag ich. In der Nähe erstrecken sich die **Ammothines-Dünen** (alias „Europas Sahara").

Am Gomati-Strand urlauben einige Familien aus Myrina in ihren Wohnwagen. Ich will es ihnen künftig gleichtun und mir selbst so ein Ding kaufen.

Poseidoni
Unscheinbare Strand-Taverne mit tollem Seafood, die vom kauzigen Inhaber allein betrieben wird. €

Mantella
Traditionelle Fleischgerichte, toller Käse und süße *moustoukoulika*-Nudeln in einem malerischen Bergdorf. €

Giannakaros
Gehobene Taverne am Meer. Am Wochenende wird ein ganzes Lamm oder eine ganze Ziege gegrillt, ist dann stark besucht. €€

DIE WEININSEL

Der trockene Limnio-Rotwein (alias *kalabaki*) wird seit der Antike aus einer einheimischen Rebsorte gekeltert und sogar von Aristoteles erwähnt. Seinen Ruf in der internationalen Weinkenner-Szene verdankt Limnos aber dem weißen Muskateller, den Griechen aus Alexandria (Ägypten) einst hierher brachten.

Viele Inselweingüter lassen Besucher:innen lokale Tropfen probieren. Ein paar Fahrtminuten außerhalb von Myrina ist **Savvouglu & Tsivolas** auf Muskateller und *kalabaki* spezialisiert. **Ktima Hatzigeorgiou** beim Flughafen bietet ebenfalls Verkostungen und Betriebsführungen an.

Heiligtum der Großen Götter, Samothraki

Nachbarinseln

EXILANTEN & VERGESSENE GOTTHEITEN

Agios Efstratios südlich von Limnos ist nur ein winziger Punkt auf der Landkarte. Im ganzen 20. Jh. nutzten Griechenlands autoritäre Rechts-Regierungen das Eiland als Freiluft-Internierungslager für Kommunisten. Unter diesen waren auch Prominente wie der große Komponist Mikis Theodorakis. Das **Museum der Demokratie** (gegr. 2007) erinnert an die Exilanten. Die Insel hat heute nur 270 Einwohner. Dennoch gibt's hier ein paar Tavernen und anständige *domatia* (Gästezimmer in Privathäusern). Agios Efstratios ist ein Zwischenhafen der Fährroute Kavala–Lavrio und wird auch von einem lokalen Linienboot ab Limnos angelaufen.

Im Sommer besteht eine Bootsverbindung zwischen Myrina und **Samothraki** (1-mal wöchentl.) Die entlegene Insel beheimatet das **Heiligtum der Großen Götter** (eine berühmte archäologische Stätte). Alternativ ist sie über die Festlandsstadt Alexandroupolis nahe der türkischen Grenze erreichbar.

UNTERWEGS VOR ORT

Pendelnde Fähren verbinden Limnos mit anderen nordostägäischen Inseln. Zudem bedienen sie die Festlandshäfen Kavala und Lavrio bei Athen (über Agios Efstratios). Parallel schippern lokale Bootsbetreiber nach Lavrio (ca. 1-mal tgl.) und Samothraki (nur Sommer; 1-mal wöchentl.).

Die Busse ab dem Kreisverkehr in Myrina transportieren hauptsächlich Dorfbewohner zum Markt (bzw. in Gegenrichtung). Für das Erkunden der Insel sind sie größtenteils nutzlos. Ein Leih-Vehikel (Auto, Motorroller oder Fahrrad) ist daher sehr sinnvoll.

MOLYVOS (LESBOS)

Molyvos (Lesbos)

Athen

Ein unvergesslicher Anblick: Hoch droben auf einem Felsen schaut die byzantinische Festung von Molyvos (alias Mythimna) erhaben und düster hinüber zur türkischen Küste. Die Stadt ist seit der Antike bekannt. Dächer mit rankenden Weinreben schützen ihre verschlungenen Kopfsteinpflaster-Straßen mit Steinhäusern vor der sengenden Sonne. Die meisten Gebäude stammen aus der türkischen Periode (1463–1912). Dieses Architektur-Ensemble im osmanischen Stil zählt in der ganzen Ägäis zu den am besten erhaltenen seiner Art. Am eleganten Jachthafen sieht man viele Privatboote und deren speisende Eigentümer. Die Cafés und Tavernen an der Haupt- bzw. Marktstraße haben allesamt Terrassen mit Blick auf das tiefe Blau der Ägäis. In der Nähe von Molyvos warten auch ein paar tolle Strände – teils touristisch, teils fast menschenleer.

TOP TIPP

Beim Buchen beachten: Ein paar der besten Unterkünfte in Molyvos liegen hoch droben am Hügel und sind nicht per Auto erreichbar. Die, die sich ganz oben befinden, liegen jedoch direkt am Parkplatz der Burg Molyvos.

Historische Festung

GESCHICHTE & ATEMBERAUBENDE AUSSICHT

Hoch über Molyvos wacht seit dem 14. Jh. eine **byzantinische Festung** aus rotem und braunem Trachyt. 500 Jahre lang war die Anlage der Hauptsitz der osmanischen Militärverwaltung. Der steile Aufstieg belohnt mit einer grandiosen Aussicht auf die Stadt und das Meer – sogar bis hinüber zur Türkei am Horizont. Im Sommer finden diverse Festivals in der Festung statt. Deren Haupteingang flankiert eine beliebte Tavernen-Bar mit dem passenden Namen **Byzantino**.

Osmanisches Erbe

BÄDER, VILLEN & BRUNNEN

Beim Bevölkerungsaustausch von 1923 verlor Molyvos seine türkischen Einwohner. Überbleibsel aus osmanischer Zeit werden hier seitdem etwas vernachlässigt, sind aber immer noch leicht zu finden. Interessierte besuchen am besten zuerst das **Hammam-Museum** im restaurierten öffentlichen Bad, das bis zu den 1960er-Jahren von den Einheimischen genutzt wurde. Auswanderer betreiben das Museum ehrenamtlich und erklären Besucher:innenn die Details der recht gut erhaltenen Originaleinrichtung. Zudem führen sie einen hinauf aufs Dach, das mit seinen weiß verputzten Lichtschacht-Kuppeln an die Landschaft des fiktiven Planeten Tatooine in *Star Wars* erinnert.

Etwas oberhalb der Hauptstraße beherbergt die **Komminaki-Kralli-Villa** mit ihrer prachtvoller Einrichtung aus dem 19. Jh. heute eine Kunstgalerie (Besichtigungs-Anfragen unter asfa.gr). Der unscheinbare **Konferenzsaal** etwas näher an der

DIE BESTEN RESTAURANTS & BARS IN MOLYVOS

Tropicana Platanos
Stets belebte Taverne mit Tischen unter einer großen Platane am Dorfplatz. **€€**

Maistrali
Seafood und gute griechische Standardgerichte direkt am Fischereihafen. **€€**

Misirlou
Stilvolle Cocktailbar mit leckeren Tortilla-Wraps und Pizzen. Befindet sich unter US-amerikanischer Leitung. **€**

Blue Fox
Leckere Desserts auf einer Terrasse mit atemberaubendem Blick auf die Bucht. **€**

Molly's Bar
Blaue Sternenmuster, Perlenvorhänge, Sangria-Krüge und ein Balkon mit Blick auf den Sonnenuntergang.

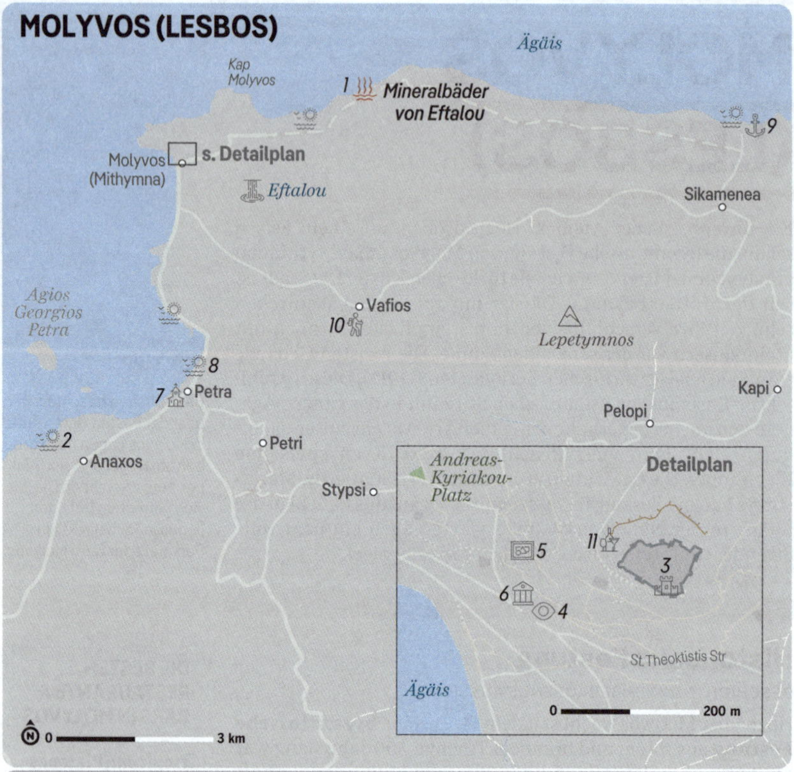

MOLYVOS (LESBOS)

HIGHLIGHTS
1 Mineralbäder von Eftalou

SEHENSWERTES
2 Anaxos
3 Byzantinische Festung
5 Konferenzsaal
6 Komminaki-Kralli-Villa
7 Ottoman Bädermuseum
8 Panagia Glykofilousa
9 Petra
10 Skala Sykaminia
11 Vafeios

AUSGEHEN
4 Byzantino

Hauptstraße war einst die Hauptmoschee von Molyvos. Ansonsten verteilen sich noch hübsche osmanische Trinkbrunnen über die ganze Stadt.

Strände bei Molyvos

TOURISTEN-TRUBEL & EINSAME WILDNIS

Linienbusse verbinden die östlich und südlich gelegenen Strände mit der Stadt. Am nächsten zu dieser liegt der lange **Petra-Strand**, der fast bis an ein paar malerische Felsen im Meer

ÜBERNACHTEN IN MOLYVOS

Nadia's Apartments
Motelmäßige Zimmer rund um einen großen schattigen Innenhof. Freundlicher Inhaber. **€**

Pineloph
Kleine Pension direkt unterhalb der Festung. Geräumige Zimmer mit Meerblick vom Balkon. **€**

Schoolmistress with the Golden Eyes
Schlichte Zimmer mit grandiosem Meerblick. Benannt nach einem Buch von Stratis Myrivilis. **€**

Byzantinische Festung (S. 471)

heranreicht. Sein gelber Sand ist komplett mit Liegestühlen bedeckt und wird von Tavernen gesäumt. Oberhalb eines riesigen Felsüberhangs (nach dem Molyvos benannt ist) thront die örtliche kulturelle Hauptattraktion: die **Panagia Glykofilousa** aus dem 18. Jh., zu der 114 gemeißelte Felsstufen hinaufführen. Den Haupteingang der Kirche zieren geheimnisvolle Skulpturen, die an die Steinköpfe der Osterinsel erinnern.

Vom Petra-Strand aus geht's per Bus weiter zum ebenso beliebten, aber nicht ganz so überfüllten **Anaxos-Strand**. Östlich von Molyvos endet die Buslinie in Eftalou mit den gleichnamigen **Mineralbädern**. Dahinter beginnt ein langer, fast menschenleerer Strandstreifen mit kunterbuntem Kies und kristallklarem Wasser.

Bergpfade

DIE PERFEKTE AUSSICHT SUCHEN

An einem kleinen Park gegenüber der Altstadt beginnen Wander- und Radrouten, die auf Rundkursen an den umliegenden Bergen entlangführen. Über den Hauptwanderpfad gelangt man zum Bergdorf **Vafeios** mit der gleichnamigen tollen Taverne. Die Radwege decken vergleichsweise mehr Terrain ab und führen z. B. zum zauberhaften Fischereihafen **Skala Sykaminia**.

DIE SCHÖNSTE STRASSE DER WELT

Der Brite **Robin Sanders** lebt in Molyvos und arbeitet ehrenamtlich im Hammam-Museum. Sein Tipp zur besten Besuchszeit:

Ein Teil des tollen Erlebnisses in Molyvos sind die Seitenstraßen. Vor allem im April, wenn die Glyzinien blühen und das ganze Dorf in ein herrliches Violett tauchen – begleitet von berauschendem Blütenduft. Einfach grandios! Nach einem einzigen Foto von Konstantinos Stamatelis wählte boredpanda.com die Agora (örtliche Marktstraße) 2017 zur schönsten Straße der Welt.

UNTERWEGS VOR ORT

Molyvos liegt weit von Mytilinis Hafen und Flughafen entfernt (Taxi ca. 70 €). Alle Busse ab Mytilini starten vor der Mittagszeit. Bei Bedarf empfiehlt sich daher ein Mietwagen. Praktische Lokalbusse verbinden Molyvos mit den Hauptstränden in der Umgebung.

Rund um Molyvos

Lesbos ist der Geburtsort der Sappho und des Ouzo. Mit seiner Größe und Vielfalt bietet es etwas für jeden Geschmack.

TOP TIPP

Auf der ganzen Insel gilt: Am besten immer nahe den jeweils eingeplanten Sehenswürdigkeiten absteigen und bei Bedarf die Unterkunft wechseln.

Für eine Definition anhand eines einzigen Orts oder Wahrzeichens ist das schmetterlingsförmige Lesbos viel zu groß. Die Insel wirkt eher wie ein ganzer Archipel, den die Götter willkürlich zusammengenäht haben – bestehend aus den Kiefernwäldern im Süden, dem kultivierten Süden dem kargen Westen. Hier gibt's sogar zwei „Binnenmeere" in Form des Golfs von Hera und des Golfs von Kalloni. Für eine komplette Erkundung im Rahmen eines normalen Urlaubs bietet Lesbos viel zu viel: Flamingos, Ouzo-Brennereien, Thermalquellen, versteinerte Mammutbäume, sakrale Schätze, Bergwanderpfade und natürlich viele tolle Strände. Darum genügend Zeit nehmen, um jeden Moment, Geruch und Geschmack richtig zu genießen!

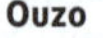
Ouzo

RAWF8/SHUTTERSTOCK ©

Skala Eresou

Skala Eresou

RELAXEN IN LGBTIQ+-FREUNDLICHER ATMOSPHÄRE

Ein Amphitheater aus Hügeln umgibt **Skala Eresou** an der Westküste. Der ruhige Urlaubsort steht im Zeichen der Sappho: Die große antike Dichterin und Feminismus-Ikone wurde hier angeblich um ca. 630 v. Chr. geboren. Entsprechend gibt's hier eine lebendige und kreative Lesben-Gemeinde – bestehend aus ortsansässigen Frauen und regelmäßig wiederkehrenden Touristinnen, die den einzigartigen Charakter und den künstlerischen Geist der Stadt schätzen. Der angenehme Ort bietet so viel, dass man ihn eventuell gar nicht verlassen will.

Der gut erschlossene, aber recht menschenleere **Sandstrand** umfasst einen FKK-Bereich am äußersten Ende. Ein Mix aus entspannten Hippie-Bars und traditionellen Tavernen säumt die Uferpromenade. Deren ruhigerer Abschnitt führt zum malerischen Fischereihafen – vorbei an mehreren **Sappho-Skulpturen** (teils höchst abstrakt). Ein gut ausgeschilderter **Rundwanderweg** folgt dem ganzen Tal und passiert dabei historische Sehenswürdigkeiten in den umliegenden Hügeln.

DIE BESTEN RESTAURANTS & BARS IN SKALA ERESOU

Passioni
Kunstvolle Nudelgerichte und Scallopini in einem zauberhaften Garten an einer Hintergasse. **€€**

Soulatso
Belebte *ouzerie*-Taverne am Strand. Spezialisiert auf Frischfisch und super *mezedhes*. **€€**

Sam Restaurant
Libanesisch angehauchte Taverne am Hauptplatz im oberen Eressos (4 km bis zum Strand). **€**

Avatara
Super für Cocktails und zum Plaudern im ruhigen Ambiente. Ganz am hinteren Ende der Strandpromenade.

Notia Jazz Bar
Hippe Jazzbar, die mit Drinks und Musik lockt.

ÜBERNACHTEN IN SKALA ERESOU

Eressian Hamam (Eressos)
Preisgekröntes Spa-Hotel in einer umgebauten Villa. **€€**

Heliotopos
Gepflegte Apartments mit Küchen in einem Palmengarten. Kostenlose Leihfahrräder. **€**

Kyma
Zauberhafte Pension. Von den Zimmerbalkonen kann man fast ins tiefblaue Meer springen. **€**

FAHRT NACH SIGRI

Rund 26 km hinter Skala Eresou liegt das verschlafene Dorf **Sigri** mit weiß verputzten Häusern und einer malerischen osmanischen Burg über einem großen Hafen. Hauptattraktion während der schönen Anfahrt ist das Kloster **Moni Ypsilou**. Der sagenumwobene Komplex entstand im 8. Jh. auf einem Einzelfelsen inmitten einer vulkanischen Ebene. Er berherbergt u. a. einen blumenreichen Innenhof mit Steinbogen und ein kleines, aber sehenswertes Museum. Dieses zeigt alte Ikonen und byzantinische Manuskripte.

Ein paar Fahrtkilometer weiter eignet sich **Andissa** perfekt für eine Pause: Das rustikale Nest mit schmalen Straßen hat einen Hauptplatz im Schatten von zwei mächtigen Platanen. Bei einem griechischen Kaffee oder Frappé kann man hier den Grillen lauschen.

DIMITRIS PANAS/SHUTTERSTOCK ©

Versteinerter Wald

International Eressos Women's Festival

TANZ, MODE & POESIE

Im September wird Skala Eresou zwei Wochen lang zur Party-Hochburg. In LGBTIQ+-freundlicher Atmosphäre gibt's dann vielerlei Aktivitäten unter der Sonne und unter den Sternen. Darunter sind z. B. Freiluft-Kinoabende, griechische Tänze, Poesie-Vorträge, Volleyball, Wassersport, Yoga, Meditation, Jeepsafaris, Foto-Workshops, Live-Tätowieren und eine alternative Modenschau. Das Liveprogramm reicht von Comedy und Spoken-Word-Performances bis hin zu Burlesque-Shows und (Rock-)Konzerten.

Versteinerter Wald

MAMMUTBÄUME & LAVA

Schwer vorstellbar: Vor ca. 20 Mio. Jahren bedeckten dichte subtropische Wälder die sonnenverbrannten Hügel von Lesbos. Doch im ganzen Westen der Insel zeugen versteinerte Bäume von dieser Tatsache.

Dieser versteinerte Wald ist ein faszinierendes und seltenes Zeugnis für geologische Vorgänge: Er resultiert aus starker vulkanischer Aktivität während des Miozäns. Damals bedeckten zuerst schnell fließende Ströme aus heißer Asche die Äste,

ESSEN IN SIGRI

Kafestiratorio Plaza
Bodenständige Strand-Taverne mit toller griechischer Hausmannskost (z. B. hervorragender *imam* bzw. Auberginen-Eintopf). **€**

Cavo Doro
Belebte Taverne mit gut zubereitetem Seafood (z. B. Hummer-Spaghetti, Tintenfisch, Scampi). **€€**

To Kati Alo
Andissas beste Taverne für Kaffee oder Abendessen mit allen Schikanen. **€**

Wurzeln, Blätter und Früchte. Danach versteinerten heiße Flüssigkeiten mit hohem Pyritanteil (abgesondert von geschmolzenem Magma) die Pflanzenfasern. Auf Molekülebene ersetzten dabei Mineralien die organische Masse und konservierten die originale Textur perfekt. Unter den örtlichen Hauptattraktionen sind z. B. die riesigen Stämme versteinerter Mammutbäume oder winzige Fossilien von Pistazien und Olivenblättern.

Für den Einstieg empfiehlt sich das **Museum für die Naturgeschichte des Versteinerten Waldes von Lesbos** im Dorf Sigri: Es hat seinen eigenen fossilen Hain. Rund 500 m weiter unten an der Straße liegt eine weitere Stätte namens **Plaka**. Der viel größere Hauptteil des **Versteinerten Waldes** erstreckt sich in ca. 11 km Entfernung. Die gut ausgeschilderte Zufahrt zweigt von der Hauptstraße nach Sigri ab.

Die wohl schönste Möglichkeit, um dieses geologische Wunder zu bestaunen, ist eine Bootstour zum **Nissiopi-Meerespark** (Buchung über das Museum). Der Park liegt auf einer Insel, die den Außenteil von Sigris riesigem Hafen bildet.

Vogelwelt in Skala Kalloni

FLAMINGOS BEOBACHTEN

Im Frühling und Herbst werden die Inselsümpfe bei **Skala Kalloni** zur Heimat von über 130 Vogelarten (z. B. Flamingos, Greifvögel, Spechte, Teichwasserläufer). Entsprechend kommen dann Scharen von Vogelbeobachtern hierher. Das **Natur-Informationszentrum Kalloni** ist die erste Anlaufstelle für alle Interessierten. Ernsthafte Ornithologen zieht es jedoch zum **Hotel Pasiphae**: In dessen Lobby-Bar vergleichen sie abends ihre Notizen mit Kollegen. Auch für Vogel-Laien potenziell interessant sind die beiden Beobachtungstürme am Rand von Kalloni: Gleich abseits der Straße nach Mytilini schaut man hier auf Flamingo-Schwärme, die ganzjährig die Salzpfannen bevölkern. Fernglas mitbringen!

Thermalquellen auf Lesbos

NATURBEHEIZTE HAMMAMS

Im Bereich von Lesbos blubbert der Erdmantel dicht unter der Oberfläche. Dies beschert der Insel viele Thermalquellen. In der Nähe von Molyvos findet man die gratis nutzbaren **Mineralbäder von Eftalou** in einem historischen osmanischen Hammam. Die Wassertemperatur in dessen kleinem Becken liegt bei stolzen 46,5 °C, denen man sich nur ein paar Minuten (keinesfalls zu lange!) aussetzen sollte. Beim Baden fällt das Tageslicht in faszinierenden Strahlen durch die Öffnungen in der Deckenkuppel. Abseits der Hauptstraße liegt bei Mytilini das noblere **Therma Spa**. Dieses kombiniert einen alten osmanischen Ham-

LESBOS: WANDERN & TREKKEN

In der nördlichen Ägäis hat Lesbos das dichteste und am besten organisierte Netz von Wander- und Radwegen. In fast allen örtlichen Touristenhochburgen gibt's entsprechende Routenkarten. Beliebt sind z. B. die Rundwege um Molyvos, Skala Eresou und Plomari. Letzterer durchquert Olivenhaine und mehrere Dörfer. Unterwegs führen Abzweigungen zum Melinda- und Vatera-Strand.

Ebenfalls im südlichen Lesbos beginnen am stimmungsvollen Bergdorf Agiassos diverse verzweigte Pfade (darunter drei Rundwege) im Bereich des Olymp. Unter lesvostrails.gr/en gibt's Details zu weiteren reizvollen Routen (z. B. mit Schwerpunkt auf blühenden Rhododendren).

ESSEN IM SÜDLICHEN LESBOS

Ouzeri to Stavri (Agiasos)
Lokale Institution am oberen Ortsrand (Straße nach Stavri). **€**

Ammoudeli (Plomari)
Freundliche Taverne in spektakulärer Lage am Rand einer fast senkrechten Felswand. **€**

Sunset (Agios-Isidoras-Strand)
Gehobenes Lokal mit Blick auf den Sonnenuntergang. **€€**

mam mit einem Freiluftbecken und einer großen Sonnenterrasse, die eine tolle Aussicht auf die Bucht von Gera bietet.

Olivenöl-Museen

EINE ALTE INDUSTRIE

Auf ganz Lesbos ragen rote Backsteinkamine empor. Diese sind unverzichtbare Bestandteile der Ölmühlen, die hier im ganzen 20. Jh. betrieben wurden. Die Mühlen gehörten meist der jeweiligen Dorfgemeinschaft und wurden darum auch als „volkseigene Maschinen" bezeichnet. Eine davon beherbergt heute das **Museum der industriellen Olivenöl-Produktion** im Dorf Agia Paraskevi südlich von Molyvos. In der schmuck restaurierten Anlage warten viele polierte Geräte und Ausstellungen mit guten Infotafeln.

Ähnlich ist das **Olivenpressen-Museum Vrana**, das sich recht unscheinbar im Dorf Papados zwischen Mytilini und Plomari an der Südküste versteckt. Ausgestellt sind hier Dampfpressen aus dem 19. Jh. und alte Gemälde mit historischen Motiven. Der kleine Bau steht auch für etwas griechische Literaturgeschichte: Errichtet wurde er einst von Nicholas Vranas, dem Großvater des griechischen Dichters und Literatur-Nobelpreisträgers Odysseus Elytis.

SAKRALE SCHÄTZE

Wie fast überall in Griechenland ist auch auf Lesbos das Leben stark vom orthodoxen Brauchtum geprägt. So findet man hier viele Kirchen und Klöster.

Das malerische Bergdorf Agiassos im Süden der Insel beherbergt eine Wallfahrtsstätte mit landesweiter Bedeutung: die **Kirche der Panagia Vrefokratousa**. Aus dieser wird die namengebende Ikone immer am 15. August herausgeholt und in einer bunten Prozession durch das Dorf getragen. Daran nehmen zahllose Pilger teil.

Eine weitere wichtige Stätte ist das imposante Kloster **Moni Taxiarhon** aus dem 17. Jh. Im Dorf Mantamados (Straße Mytilini–Molyvos) vereint es Orthodoxie, Mythos und Militarismus: Vor der Fassade erinnert ein Starfighter auf einem Pylon die Gläubigen daran, dass der Erzengel Michael der Schutzheilige der griechischen Luftwaffe ist.

Ouzo aus Plomari

ZUPROSTEN AUF GRIECHISCH

Anisschnaps ist ein weiteres lokaltypisches Produkt: Das malerische Dorf **Plomari** im südlichen Lesbos ist Griechenlands Ouzo-Mekka. Dort betreibt die Familie **Varvagianni** seit fünf Generationen ihre Ouzo-Brennerei mit angeschlossenem **Ouzo-Museum**. Bei einer Führung durch die Anlage mit Kupferkesseln können Besucher:innen verschiedene Ouzo-Sorten verkosten. Eine weitere Brennerei mit Museum, Führungen und Verkostungen ist die **World of Ouzo**. Diese liegt kurz vor Plomari im Dorf Kampos Plagias an der Hauptstraße. Zum Ausnüchtern in der Nähe empfiehlt sich der nette Agios-Isidoras-Strand mit marmorfarbenem Kies.

Insel-Kunsthauptstadt

SCHRÄGE WERKE IN URBANER UMGEBUNG

Viel Verkehr und eine lebendige Studentengemeinde prägen das schmucke **Mytilini.** Die meisten Gäste erreichen Lesbos über den Hafen oder Flughafen der unkonventionellen Inselhauptstadt. Diese selbst hat zumindest ein paar Erkundungsstunden verdient: Der Hafen liegt im Schatten einer imposanten frühbyzantinischen **Festung**, die im 14. Jh. von den Genuesern und

ÜBERNACHTEN IN MYTILINI

Theofilos Paradise Boutique Hotel
Fesch restaurierte Villa (100 Jahre alt) mit modernen Einrichtungen und traditionellem *hammam*. €€

Porto Lesvos Hotel
Freundliches und gut organisiertes Hotel jenseits des äußersten Promenaden-Endes. €

Hotel Lesvion
Modernes, gut gelegenes Hotel mit direktem Hafenblick von den Balkonen. €

GEORGIOS TSICHLIS/SHUTTERSTOCK ©

Mytilini

später erneut von den Osmanen renoviert wurde. Das **Archäologische Museum** nebenan portraitiert das Inselleben während der Römerzeit (2. Jh. v. Chr.–3. Jh. n. Chr.) und zeigt ein paar außergewöhnliche Bodenmosaike.

Potenziell sehenswert ist auch die **Kommunale Galerie** in einer eindrucksvollen osmanischen Villa. Im Wohnvorort Varia finden Kunstfans aber ein paar echte Juwelen: Das hiesige **Teriade-Museum** beherbergt eine erstaunliche Gemäldesammlung (z. B. mit Werken von Picasso, Chagall, Miró, Le Corbusier, Matisse). Zudem ehrt es den einheimischen Künstler und Kunstkritiker Stratis Eleftheriadis, der das Schaffen des Primitiv-Malers Theophilos (ebenfalls auf Lesbos geboren) international bekannt machte. Dessen 86 Gemälde sind nun im benachbarten **Theophilos-Museum** ausgestellt. Bis heute gilt Theophilos unter griechischen Intellektuellen als Volksheld. Zu seinen Lebzeiten kratzte er am Existenzminimum und zog häufig um. Seinen Lebensunterhalt verdiente er mit dem Bemalen von Caféwänden. Dabei stellte er die Menschen dar, die er während seiner Arbeit und Freizeit traf.

DIE BESTEN RESTAURANTS & BARS IN MYTILINI

Kastro
Hervorragende *mezedhes* von „Zauberer George". €€

Nan
Arabische und afrikanische Köstlichkeiten an einem Gässchen neben einem Flüchtlings-Kunstzentrum. €

Polytechnos
Sehr beliebt für Gyros, Pitta-Souvlaki und seinen flotten Service. Am Hafen. €

Loksa
Gutes Frühstück plus günstige Gerichte (griechisch, Fusion) mit Schwerpunkt auf Regionalprodukten. €

Mousiko Kafeneio
Hippe Studentenkneipe mit vielerlei Gemälden und alten Spiegeln.

UNTERWEGS VOR ORT

Mit seinem geschäftigen Hafen und Flughafen ist Mytilini für die meisten Besucher:innen das Tor zu Lesbos. Jedoch verkehren Fähren zwischen Sigri (Süd-Lesbos), Piräus und Mesta (Chios) nur im Sommer. Zwar fährt auch ein Boot ab Petra nach Küçükkuyu (Türkei; Tor zum antiken Troja) – jedoch nur sehr sporadisch (am besten bei Touranbietern in Petra oder Molyvos nachfragen).

Ein leistungsfähiges und übersichtliches Busnetz deckt ganz Lesbos ab (Fahrpläne unter ktel-lesvou.gr). Die großen Distanzen machen Taxifahrten auf der Insel teuer.

MASTIHOHORIA (CHIOS)

Mastix-Plantagen bedecken die sonnenverbrannten Hügel im Süden von Chios. Sie machten die Insel einst berühmt und bestimmten auch deren mitunter tragisches Schicksal. Mastix-Bäume wachsen überall in der Ägäis. Doch auf Chios waren sie jahrhundertelang die Basis für die einzige kommerzielle Mastix-Harzproduktion in der ganzen Region. Auf der Insel gedeihen sie in einem fruchtbaren Gebiet mit rötlicher Erde: der Mastihohoria (Mastix-Dörfer).

Auf deren sanft gewellten Hügeln ziehen sich kunstvolle Steinmauern durch Oliven- und Mastix-Haine. Auch ansonsten ist die Gegend sehr atmosphärisch: Ihre großartigen mittelalterlichen Wehrdörfer mit jeweils individuellem Charakter schützten einst die lokalen Bauern vor Eindringlingen und Piraten. Hauptattraktion der Mastihohoria: Ein paar der alten Steinhäuser wurden zu Boutiquehotels und Pensionen umgebaut – definitiv die stimmungsvollsten Bleiben der ganzen Inselgruppe. In der Nähe warten zudem diverse tolle Strände.

TOP TIPP

Der traditionelle, mit Steinen befestigte *monopati*-Pfad zwischen Mesta und Olymbi (3,5 km) vermittelt einen guten Eindruck vom Mastihohoria-Areal. Er beginnt nahe dem Parkplatz in Mesta. Wer diesen nutzt, kann sich später von einer lokalen Taxifirma (Kontakt hängt vor Ort aus) zurückfahren lassen.

Wehrdörfer

LÄNDLICHE JUWELEN AUS DEM MITTELALTER

Pyrgi ist das größte Dorf der Mastihohoria und wirkt wie ein magischer Schmuckkasten: Seine Fassaden sind mit komplexen Mustern in Weiß- und Grautönen verziert – teils geometrisch, teils in Form von Blumen-, Blatt- oder Tiermotiven. Bei dieser Technik namens *xysta* werden Zement, Lavasand und Kalk zu gleichen Teilen gemischt. Das Aufbringen erfordert verschiedene gebogene Gabeln und ein künstlerisches Auge.

Am Rand des zentralen Dorfplatzes findet man Tavernen, Läden und die kleine **Kirche des Agios Apostolos** aus dem 12. Jh. Wer diese durch die Tür zur Rechten verlässt, steht vor dem Geburtshaus des Christoph Kolumbus – wie die Einheimischen vehement schwören. Es gibt keinerlei Beweis dafür, dass der große Entdecker aus Pyrgi stammt. Sein Familienname ist hier aber weit verbreitet.

Pyrgi

Mesta ist einfach unvergleichlich: Blumen und kunstvolle Balkone zieren die romantischen Gässchen mit Steinhäusern. Dicke Festungsmauernrrichtet wurden im 14. Jh. von den Genuesern (damalige Herrscher über Chios) errichtet, um Piraten und Invasoren abzuwehren. Die fünfeckige Anlage mit zwei Ringmauern und vier Toren ist ein Meisterwerk der mittelalterlichen Verteidigungsarchitektur. In ihrem Zentrum erhebt sich die größere der beiden eindrucksvollen **Taxiarhes-Kirchen**.

Von Mesta aus führt ein malerischer traditioneller *monopati*-Pfad (heute ein Wanderweg) nach **Olymbi**. Dieses Dorf mit ein paar guten Tavernen ist vergleichsweise kleiner und weniger stark besucht.

Mastix-Museum

KÜHNE ARCHITEKTUR & TRAURIGE GESCHICHTEN

Das luftige **Mastix-Museum Chios** auf einer Hügelspitze steht in starkem Kontrast zur traditionellen Architektur der Dörfer: Es scheint neugierig auf die Mastix-Plantagen und alten Steinhäuser im Tal hinunterzublicken – wie ein hipper Teenager aus der Großstadt, der die Heimat seiner Vorfahren besucht. Das topmoderne Museum erzählt die traurige und bewegende Geschichte der Mastix-Produktion in Bild und Ton. So erklingen hier z. B. herzzerreißende Lieder über die „Mastix-Tränen" – so nannten die Bauern die Früchte ihrer Schufterei. Die Wechselausstellungen im Stockwerk unter dem Hauptsaal sind meist ebenso faszinierend. Das Museum hat einen eigenen Mastix-Garten und einen guten Souvenirladen. Es lieg auf halber Strecke zwischen Pyrgi und dem Mavra-Volia-Strand.

ARCHITEKTONISCHE HIGHLIGHTS

Der Architekt **Manolis Vournous** hat das Mastix-Museum entworfen und war auch schon Bürgermeister von Chios. Hier seine ganz persönlichen Mastihohoria-Highlights:

Kirche Agios Apostolos (Pyrgi)
Diese Kirche zeigt, wie Traditionen in Chios immer wieder neu aufgegriffen wurden. Ihre Wurzeln liegen im 12. Jh. Der heutige Bau stammt aber aus der Mitte des 16. Jhs.

Dorf-Refektorium (Olymbi)
Auf einer Wandtafel in diesem Refektorium stehen alle Hochzeiten, die hier bis heute gefeiert wurden. Einheimische öffnen den Saal auf Nachfrage.

Alte Taxiarhes-Kirche (Mesta)
Diese Kirche wurde in Mestas Außenmauer hineingebaut und dann darüber hinaus erweitert. Die Erweiterung erhielt ihre eigene Schutzmauer.

ÜBERNACHTEN IN MASTIHOHORIA & UMGEBUNG

Xysta Manor House (Pyrgi)
Eins der lokaltypischen „Schmuckkästchen". **€**

Mittelalterliche Schlosssuiten (Mesta)
20 Zimmer (verteilt über den ganzen Ort) mit modernen Bädern und traditionellen Steinelementen. **€€**

Louiza Apartments (Karinta-Bucht)
Zauberhaftes Resort mit großen Terrassenzimmern nahe Pyrgi. **€€€**

DIE BESTEN STRÄNDE IN MASTIHOHORIA & UMGEBUNG

Mavra Volia
Glatte schwarze Kieselsteine verleihen dem berühmtesten Inselstrand ein düsteres und geheimnisvolles Gesicht.

Lithi
Netter Sandstrand mit Flachwasser und guten Seafood-Tavernen.

Broulidia
Tolle Bucht mit einer Bar auf einer Kalkstein-Klippe, die Erfrischungen per Lastenseilbahn nach unten schickt.

Agia Dynami
Attraktive Sandbucht mit einer Kirche auf einer Landzunge. Hier gibt's keine Strandbars.

Karinta
Einer der wenigen besseren Strände im Mastihohoria-Bereich. Bietet Unterkünfte, hat aber keine Tavernen.

Mavra Volia

Mastix-Hafen

TEMPELRUINEN & MITTAGSFISCH

Auf dem einstigen Höhepunkt der Mastix-Produktion war Emborios der betriebsame Hafen der Mastihohoria. Heute geht's hier deutlich ruhiger zu. Dennoch locken die hervorragenden Seafood-Tavernen viele Besucher:innen des nahegelegenen **Mavra-Volia-Strands** (berühmt für seinen dunklen Kies) herüber. Oberhalb der Bucht thront die **Archäologische Stätte Emporios** auf dem Berg des Propheten Elias. Sie kombiniert die Ruinen eines Athene-Tempels mit einer herrlichen Aussicht.

Kunterbunte Höhle

AUSFLUG UNTER DIE ERDE

Rund 7 km von Olymbi entfernt wurde die 150 Mio. Jahre alte **Sykia-Höhle Olymbi** im Jahr 1985 zufällig entdeckt. Die 57 m tiefe Grotte beherbergt viele kunterbunte Stalaktiten. Hinzu kommen weitere Felsformationen mit ulkigen Namen (z. B. Orgelpfeife, Qualle, Kakteen). Führungen lassen sich telefonisch vereinbaren.

UNTERWEGS VOR ORT

Ab Chios-Stadt fahren Linienbusse zu den Mastihohoria-Dörfern. Stressfreies Pendeln zwischen diesen erfordert aber ein Leih-Fahrzeug (Auto, Motorroller oder Fahrrad). Eine Alternative ist der lokale Taxi-Service in Mesta.

Rund um Mastihohoria

Chios versprüht aus guten Gründen oft eine gewisse Traurigkeit. Doch die Heimat der Mastihohoria-Dörfer steht nicht nur für menschliches Leid.

Keine griechische Insel gleicht der anderen. Doch Chios hat hierbei eins der markantesten Gesichter. Denn nicht nur die Mastix-Produzenten haben dem Eiland ein eindrucksvolles Erbe beschert: Gleiches gilt auch für die Betreiber der lokalen Zitrusfrucht-Plantagen und Werften. Wie manche Steinhäuser in den Wehrdörfern wurden deren Villen teilweise zu Hotels umgebaut. In puncto ungewöhnliche Unterkünfte rangiert Chios somit ganz oben.

Ein weiteres dunkles Kapitel der Inselgeschichte war das Massaker von Chios. Zu den ergreifendsten Zeugnissen für diese Tragödie zählen ein Geisterdorf und eine Vitrine voller Totenschädel in einem großen Kloster. Nahe Chios teilen die wenig besuchten Nebeninselchen Psara und Inousses das große Seefahrtserbe ihres größeren Nachbarn.

TOP TIPP

Es lohnt sich, überall Getränke oder Süßigkeiten mit Mastix-Harz zu bestellen: Daheim wird man den typischen Geschmack vermissen.

Psara (S. 487)

Das Massaker von Chios

GEISTERDORF & TOTENSCHÄDEL

Im griechischen Unabhängigkeitskrieg ermordeten osmanische Truppen rund 42 000 Einwohner von Chios als Vergeltung für einen Aufstand. Diese Tragödie im Jahr 1822 ist das Motiv eines berühmten Gemäldes des Franzosen Eugene Delacroix. Bis heute prägt sie die kulturelle Landschaft der Insel.

Das ergreifendste Zeugnis für das Massaker von Chios ist **Anavatos**. Rund 20 km westlich von Chios-Stadt liegt dieses Geisterdorf mit grauen Steinhäusern und schmalen, gestuften Pfaden am Rand einer steilen Felswand. Von diesen stürzten sich einst die Dorfbewohner hinab: Sie zogen den Selbstmord ihrer Ermordung oder Versklavung vor.

Das Kloster **Nea Moni** (erb. im 11. Jh.; eine Welterbestätte) an der Straße nach Anavatos ist ein weiterer Schauplatz des Massakers. Einst zählte es zu Griechenlands reichsten Klöstern. Byzantinische Meister schufen die Mosaike in seinem *katholikon* (Hauptkirche). Ein weiteres kunstvolles Relikt aus dieser Zeit ist der Esstisch im Refektorium. Rund 3500 Menschen (hauptsächlich Frauen und Kinder) suchten während des Massakers Schutz im Kloster. Dessen heiliger Status hielt die Mörder aber nicht auf. Eine Kapelle links vom Haupteingang beherbergt heute eine Glasvitrine mit den Schädeln der Opfer.

Eine kurze Autofahrt von beiden Stätten entfernt ist das malerische Bergdorf **Avgonyma** ein guter Ausgangspunkt für Erkundungen. Wie in der Mastihohoria handelt es sich auch hierbei um ein Wehrdorf mit ein paar Boutique-Pensionen in mittelalterlichen Steinhäusern und super Stränden in der Umgebung.

DIE BESTEN RESTAURANTS IN CHIOS-STADT

Vradipus
Moderne griechische Kochkunst in den attraktiven dachlosen Ruinen des Kastro. **€€**

Kechribari Ouzerie
Leckere Abendmenüs mit vielen Gängen (Fleisch oder Fisch). **€**

Kafenes
Einladende Taverne mit fangfrischem Seafood direkt vom Hafen. **€€**

Pastards
Hausgemachte Nudeln, Risottos und *risonis (Orozos)* mit starkem lokaltypischen Bezug. **€**

Geschichte in Chios-Stadt

HISTORISCHE ÜBERBLEIBSEL

Die Hauptstadt von Chios beheimatet auch dessen Haupthafen und fast die Hälfte aller Inselbewohner. Im Gegensatz zu ihren kleineren Pendants auf den regionalen Eilanden hat sie eine spürbar urbane Atmosphäre. Hinter dem belebten Hafenbereich liegt ein historisches, vergleichsweise ruhigeres Viertel mit eigenem Reiz. Die Mauern des Kastro (genuesische Burg) umgeben hier u. a. ein paar traditionelle osmanische Häuser und einen alten **Hammam** (türkisches Bad) aus dem frühen 18. Jh. Durch die Öffnungen in dessen blasenförmigen Kuppeln dringt das Tageslicht in sanften Strahlen herein. Die Osmanen errichteten das Bad als wohltätige Einrichtung für die türkischen Bewohner des

MEHR ERFAHREN

Wer **Kampos** und Umgebung erkundet, sollte unbedingt die topmoderne Ausstellung im Kloster Agios Minas besuchen. Dessen Lage auf einer Hügelspitze bietet auch eine grandiose Aussicht.

ÜBERNACHTEN IM WESTEN VON CHIOS

Spitakia Cottages & Suites (Avgonyma)
Boutique-Apartments in mittelalterlichen Steinhäusern. Der Inhaber ist ein Experte für Orchideen-Wanderungen. **€€**

Avgonyma All Seasons (Avgonyma)
Boutique-Bleibe in einem umgebauten Steinhaus. **€€**

Zorba's (Volissos)
Spartanische, aber nette Zimmer mit Meerblick. Der Inhaber wandert leidenschaftlich gern. **€**

Anavatos

Kastro. Nach der Vertreibung der Türken (1922) verfiel der Bau allmählich. 2011 wurde er aber als Museum restauriert und kann nun besichtigt werden.

Das **Giustiniani-Palastmuseum** nahe dem Haupttor des Kastro vermittelt einen Eindruck von der genuesischen Periode der Insel. Wechselausstellungen zeigen hier Artefakte aus dem **Archäologischen Museum** im neuen Stadtteil. Dieses präsentiert wiederum prähistorische und antike Schätze, die von Archäologen der British School at Emporios entdeckt wurden. Die eindrucksvolle Sammlung umfasst auch Stücke aus Jungsteinzeit und Klassik (Münzen, Skulpturen, Keramiken).

Das **Byzantinische Museum** deckt eine weitere Hauptperiode der Inselgeschichte ab. Seltsamerweise befindet es sich in der *medjitie djami* (eine osmanische Moschee) aus dem 19. Jh. Unter seinen Ausstellungsstücken sind alte Kanonen, schöne Ikonen und Grabsteine (jüdisch, muslimisch, armenisch).

Land der Zitrusfrüchte

MANDARINEN-TRÄUME

Wer gen Süden aus Chios-Stadt hinausfährt, erreicht praktisch sofort die mächtigen Mauern von **Kampos**. Diese umschließen ein verwirrendes Straßen-Labyrinth, üppige Zitrusfrucht-Plan-

CHIOS: WANDERN & TREKKEN

Fünf einheimische Hotelbetreiber (fast alle davon heißen George) haben es sich zur Aufgabe gemacht, das weitläufige Netz der traditionellen *monopati*-Pfade auf Chios zu erhalten und zu beschildern. Ihre Unterkünfte sind daher erste Wahl für ambitionierte Wanderer: **Spitakia Cottages & Suites** (Avgonyma), **Zorba's** (Volissos), **Spilia** (Kardamyla), **Aeriko Benovias** (Karfas) und **Perleas** (Kampos).

Dabei handelt es sich zumeist um hervorragende Boutiquehotels in traditionellen Steinhäusern oder Villen auf Landgütern. Der charismatische George Missetzis (Spitakia Cottages) veranstaltet auch Orchideen-Touren auf dem Höhepunkt der Blütensaison (April–Mai). Sein Sohn betreibt in Chios das **City Inn**, das eine gute Anlaufstelle für erste Infos ist.

ÜBERNACHTEN IN CHIOS-STADT

Chios City Inn
Gepflegte Apartments in einem eleganten Haus im belebten Stadtzentrum. €

Castro Rooms Chios
Modern wirkende Zimmer in einem mittelalterlichen Haus innerhalb der Burgmauern. €

Chios Chandris
Verlässlich gutes Küstenhotel mit modernen, prima ausgestatteten Zimmern. €

LOKALTYPISCHES AROMA

Auf Chios ist das Aroma des Mastix allgegenwärtig und das aus gutem Grund: Das Harz der Mastix-Bäume (alias „Chios-Tränen") ist seit Jahrhunderten ein wichtiges Element der mediterranen Küche (z. B. in Süßigkeiten oder Getränken). Besonders typisch ist das „U-Boot": eine Süßigkeit aus Mastix-Gummiharz, die in einem Glas mit kaltem Wasser serviert wird.

Auf Chios locken aber auch noch viele andere *loukoumadhes* (traditionelle Süßigkeiten) und Naschereien. Unbedingt probieren sollte man z. B. das Mastix-Eis des **Kronos**, das Filialen in Chios-Stadt und an Mestas Hauptplatz betreibt. Selbstgemachte Mastix-Limonade passt perfekt zum Essen und wird von allen örtlichen Tavernen ausgeschenkt.

CHIOSPHOTOGRAPHER/SHUTTERSTOCK ©

Mandarinenbaum, Chios

tagen und prachtvolle Villen. Darin verbrachten reiche genuesische und griechische Kaufmannsfamilien ab dem 14. Jh. den Sommer. Ein paar der Anwesen sind nun stimmungsvolle Boutiquehotels, während andere verfallen. Das interessanteste und am leichtesten zugängliche Beispiel heißt Lykiardorpoulos/Karalis. Dort befindet sich auch das **Zitrusfrucht-Museum** mit gut beschilderten Ausstellungen zur Geschichte des Obstanbaus (vor allem der Chian-Mandarine) im Bereich von Kampos. Das Café im schattigen Museumshof serviert natürlich auch frisch gepressten Orangensaft. Sofern keine Hotels, sind die übrigen Villen kaum für Besucher:innen zugänglich. Eine Ausnahme ist die wunderschön restaurierte **Antouaniko-Villa**, die mehrmals pro Jahr einen Tag lang besichtigt werden kann (bei der Touristeninformation in Chios-Stadt nachfragen).

Panoramafahrt

HOMER & MILLIONÄRE

Nördlich von Chios-Stadt passiert die malerische Küstenstraße diverse interessante Dörfer und Sehenswürdigkeiten. Nach ca. 4 km erreicht sie **Vrontados** mit Homers legendärem Steinthron

ÜBERNACHTEN IN VILLEN-HOTELS IN KAMPOS

Mouzaliko Traditional Hotel (Avgonyma)
Zitrusfrucht-Version eines Kirschgartens à la Chekhov. Das Inhaberpaar stammt aus Griechenland und Quebec. **€€**

Perleas Mansion
Ruhiges Anwesen (erb. 1640) mit Restaurant und sieben eleganten, gut gepflegten Zimmern. **€€**

Voulamandis House
Umgebaute Villa eines reichen Händlers. Drum herum erstreckt sich eine große Mandarinen-Plantage. **€**

in Form einer Felsnadel: Die **Daskalopetra** (griech. „Lehrerstein") in Meeresnähe ist offensichtlich eine optimale Dozenten-Tribüne. Noch weiter nördlich liegt die ruhige **Langada-Bucht** mit Kiefern, Wohnhäusern, *domatia* und Tavernen. Dann folgen die Hauptdörfer **Marmaro** und **Kardamyla** mit den Stammsitzen vieler reicher Reeder-Familien.

Mondänes Leben in Inousses

SPIELWIESE DER SCHIFFSMAGNATEN

Gleich nordöstlich von Chios-Stadt beheimatet das idyllische **Inousses** die Stammsitze von fast einem Drittel aller griechischen Großreeder *(arhontes)*. Deren reiche Nachfahren wohnen meist im Ausland und verbringen hier jedes Jahr ihren Sommerurlaub. Das **Seefahrtsmuseum Inousses** zeigt die Sammlung des einheimischen Großreeders Antonis Lemos. Viele der ausgestellten Schiffsmodelle wurden während der Napoleonischen Kriege von französischen Kriegsgefangenen angefertigt. Firmen wie **Sunrise Tours** besuchen Inousses mit Tagestrips ab Chios-Stadt – aber nur im Juli und August. Außerhalb der Saison muss man hier übernachten, was sich aufgrund der akuten Knappheit an Unterkünften, für die die *arhontes* verantwortlich sein sollen, recht schwierig gestaltet.

Bootstrip nach Psara

MILITÄRISCHER RUHM & IDYLLISCHE STRÄNDE

Das berühmte **Psara** zählt zu den Kuriositäten der griechischen Seefahrtsgeschichte: Um die Insel ranken sich heute übermäßig viele Legenden. Ihre reichen Reeder-Familien spielten im Griechischen Unabhängigkeitskrieg (1821–1829) eine herausragende Rolle. Abgesehen davon findet man hier ein paar schöne Strände in Laufentfernung zum malerisch gelegenen Hauptdorf. In dessen Zentrum erhebt sich die äußerst fotogene Mauer einer verfallenen osmanischen Villa am Wasser. Der Anblick erinnert an eine steinerne Version von Edvard Munchs Gemälde *Der Schrei* oder an ein Webchat-Emoticon.

Die unpassend benannte *Psara Glory* schippert am späten Nachmittag ab Chios-Stadt zur Insel (Mo–Fr) und jeweils am frühen Morgen des nächsten Tages wieder zurück. Eine größere Fähre läuft Psara auf der Route Lavrio–Chios an.

ROUKETOPOLEMOS

Nördlich von Chios-Stadt feiert Vrontados ein einzigartiges Osterfest in Form einer Raketenschlacht: Zwei rivalisierende Pfarrgemeinden beschießen die jeweilige Kirchen-Kuppel ihrer Gegner mit Böllern. Extra angebrachte Metallplatten schützen dabei die beiden Gotteshäuser vor Schäden. Ergebnis ist ein gewaltiges Feuerwerk am dunklen Frühlingshimmel, das von zahllosen Einheimischen und Touristen beobachtet wird.

Diese Tradition stammt aus der osmanischen Zeit. Ihre ursprüngliche Bedeutung ist aber nicht zweifelsfrei geklärt. Neben den anderen bunten Feierlichkeiten zu Ostern und der Orchideenblüte ist sie ein weiterer Grund für einen Inselbesuch im Frühling.

UNTERWEGS VOR ORT

Das recht übersichtliche Chios hat ein leistungsfähiges Busnetz. Dessen Drehscheibe ist der Küsten-Busbahnhof in Chios-Stadt. Vom Zentrum ist der kleine Inselflughafen zu Fuß erreichbar.

Chios-Stadt selbst wird von Linienfähren bedient. Weitere Fähren schippern ab Mesta (Süd-Chios) über Psara nach Piräus. Außerdem geht's mit kleinen regionalen Fähren auch nach Psara und Inousses. Im Sommer kommt möglicherweise noch die Route Volissos–Psara hinzu (bei Touranbietern am Hafen von Chios-Stadt nachfragen).

PYTHAGORIO (SAMOS)

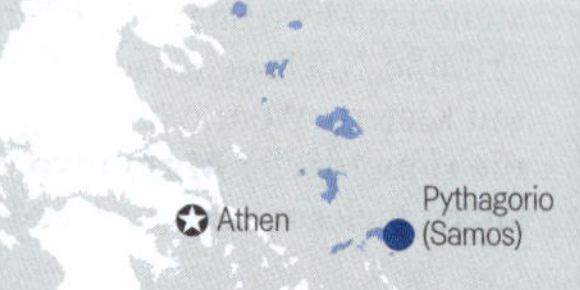

Das saubere, ruhige und strahlend weiße Pythagorio hat einen hübschen Hafen, in dem ganzjährig viele Jachten und Fischerboote liegen. Mit diesem Anblick punkten 50 % der lokalen Hotelzimmer. Einst lebte hier der berühmte Mathematiker und Philosoph Pythagoras. Bedeutende Überreste der prachtvollen antiken Stadt an diesem Ort werden aber Polykrates (Tyrann von Samos und Erzfeind des Pythagoras) zugeschrieben. Die imposante Burg oberhalb von Pythagorio besucht man am besten zu Sonnenuntergang. Der lange Sandstrand erstreckt sich bis hinüber zum Inselflughafen. Ein paar Fahrtminuten davon entfernt gibt's weitere tolle Strände.

Mit vielen gastfreundlichen Tavernen, schrägen Bars und unkonventionellen Läden vermeidet Pythagorio erfolgreich den Massentourismus-Vibe der nördlichen Inselstrände. Die meisten Gäste bleiben etwas länger: Dank der verkehrstechnisch idealen Lage kann man von hier aus Samos, den nahegelegenen Fourni-Archipel und diverse umliegende Inselchen erkunden.

TOP TIPP

Hier locken das Archäologische Museum Pythagorio, der Tunnel des Eupalinos und das Heraion (Freiluft-Heiligtum zu Ehren der Zeus-Gattin Hera) gleich westlich vom Flughafen. Für die drei Sehenswürdigkeiten gibt es vergünstigte Kombitickets (jeweils vor Ort erhältlich).

ART OF LINE/SHUTTERSTOCK ©

Pythagorio

Spaziergang durch Pythagorio

SONNENUNTERGÄNGE & KUNST

Das Leben in Pythagorio spielt sich vor allem nachts ab: Die meisten Besucher:innen erkunden die Stadt nach einem Strandtag oder einer Autotour über die Insel. Abends zieht es viele Touristen zur Burg: Zu Sonnenuntergang erstrahlen der Himmel und das Meer in Goldtönen. Auch die Berge am Horizont ändern dann ihre Farbe, während Flieger vom nahegelegenen Flughafen starten.

Bei Dunkelheit bummeln die Leute dann über die Hauptpromenade (Lykourgou Logotheti) und begeben sich schließlich hinunter zu den belebten Tavernen am Hafen. Dort befindet sich auch das **Art Space Pythagorion**, das bis zu später Stunde einen Mix aus Abendessen und moderner Kunst (griechisch, international) bietet. Das Kunstzentrum beherbergt auch eine Pythagoras-Statue, die sich gen Himmel streckt. Dabei bildet sie eine Seite eines riesigen rechtwinkligen Dreiecks aus Metall. Die beiden anderen Seiten bilden zusammen ein Kreuz.

Bei Tag lockt die **Burg des Lykourgos Logothetis** mit einer informativen Ausstellung zu ihrer turbulenten Geschichte. Im Griechischen Unabhängigkeitskrieg übernahm Samos im Jahr

DIE BESTEN RESTAURANTS IN PYTHAGORIO

To Tigani tis Platias
Appetitliche griechische Klassiker. Einheimische und Touristen schätzen vor allem die vegetarischen Auswahlmöglichkeiten. **€€**

Chalara
Praktische Bäckerei (geöffnet 24 Std.) mit großen Pasteten, Orangensaft und Kaffee. **€**

Evrepides
Gute, gemütliche Taverne mit Gartentischen und Lieferservice. **€**

Faros
Minimalistisch-modernes Bistro mit üppigen Salaten und hervorragenden Traditionsgerichten. **€€**

Taverna Maritsa
Frischfisch (Berechnung nach Kilogramm), herzhafte Suppen, Salate und Fassweine. **€€**

ÜBERNACHTEN IN PYTHAGORIO

Belvedere
Blitzblanke, nett eingerichtete Pension in einer ruhigen Ecke nahe dem Meer. **€**

Zorbas Hotel & Studios
Familiengeführtes Hotel mit toller Terrasse und sauberen, gut ausgestatteten Zimmern in allen möglichen Größen. **€**

Samaina Hotel
Gemütliche Zimmer mit vielen Holzelementen in einem markanten gelben Haus. **€**

ANTIKE PRACHT

Manolis Dzeretas ist Trainer beim Amateur-Fußballverein Polycrates in Pythagorio und Fan der örtlichen Antikstätten:

Ich liebe den Wanderweg Nr. 31. Dieser beginnt am Tunnel des Eupalinos, führt um den Berg herum zu dessen Nordeingang und endet dann auf der anderen Stadtseite. Die Route passiert den römischen Aquädukt und Teile einer alten Mauer. Unterwegs bekommt man einen Eindruck von der antiken Stadt, die in ihrer Blütezeit ca. 70 000 Einwohner hatte (heutiges Pythagorio: ca. 700 Ew.). Geschützt wurde sie von 6 km langen Festungsmauern mit 40 kleinen Bastionen – unglaublich!

Unter samoshikes.com gibt's Infos zu weiteren Wanderrouten auf der Insel.

1821 die Führungsrolle unter Lykourgos Logothetis. Dieser erbaute 1824 die Burg, die heute das größte Überbleibsel von damals ist. Von Pythagorio aus führt ein kurzer Fußmarsch (unter 1 km) gen Westen zum **Stadtstrand** mit Sonnenschirmen, Toiletten und guten Bademöglichkeiten. Essen und Getränke muss man aber selbst mitbringen.

Antikes Samos

DIE GÖTTIN & DER INGENIEUR

Rund um Pythagorio gibt's viele antike Stätten. In seiner Frühzeit als Polis verdankte Samos seine politische und kommerzielle Macht seinem riesigen Hera-Heiligtum. Dessen Überreste lassen sich 4 km westlich der Stadt an der **Archäologischen Stätte Heraion** besichtigen. Von der antiken Stadt aus führte einst ein „Heiliger Weg" mit zahllosen Marmorstatuen zu dieser Welterbestätte an Heras legendärem Geburtsort. Angesichts der verstreuten Ruinen kann man sich die einstige Pracht des Tempels nur schwer vorstellen. Dennoch vermitteln die Relikte einen ausreichenden Gesamteindruck von dem Heiligtum, das viermal größer als das Parthenon war.

Ein weiteres Highlight ist der **Tunnel des Eupalinos** (1034 m), der von dem gleichnamigen antiken Meister-Ingenieur angelegt wurde – auf Befehl des Tyrannen Polycrates, um die belebte Metropole (80 000 Ew.) mit Süßwasser zu versorgen. Der Tunnel kann nur im Rahmen von Führungen (mehrmals tgl.) unter der Leitung von Sicherheitsexperten besichtigt werden. Das malerische Höhlenkloster **Moni Panagias Spilianis** im Hügel darüber beherbergt die berühmte Ikone *Heilige Jungfrau der Höhle*.

Das **Archäologische Museum Pythagorio** an der Hauptverkehrsader der Stadt zeigt viele regionale Funde. Darunter sind z. B. wunderschön präsentierte Statuen (griechisch, römisch) oder großartige Keramiken aus der Zeit zwischen dem 9. Jh. v. Chr. und Griechenlands goldener Periode.

UNTERWEGS VOR ORT

Pythagorio liegt in praktischer Entfernung zum Flughafen (3 km) und Fährhafen (Vathi; 12 km). Jeweils dorthin und zu anderen Zielen fahren öffentliche Busse ab der Haltestelle am äußersten Ende der Fußgänger-Promenade (tgl. außer So). In deren Nähe gibt's auch einen Taxistand.

Der Dodekanisos Express Katamaran verbindet Pythagorio mit den Dodekanes-Inseln bis hinüber nach Kos. Zudem bedient er Patmos und läuft unterwegs auch Fourni und Agios Kirykos auf Ikaria an (2-mal wöchentlich; jeweils abends Rückfahrt auf derselben Route).

Abends werben Bootsbetreiber am Hafen für Trips zu entlegenen Stränden und Inselchen rund um Samos. Teils bieten sie auch spezielle Angel- oder Schnorcheltouren an.

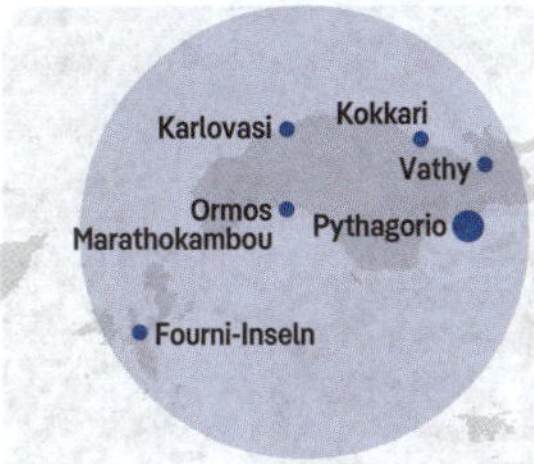

Karlovasi
Kokkari
Vathy
Ormos Marathokambou
Pythagorio
Fourni-Inseln

Rund um Pythagorio

Samos ist wunderbar reich an schönen Orten sowie verblüffenden Kuriositäten und hat eine vielfältige Geschichte.

TOP TIPP

Die beste Belohnung nach der Megalo-Seitani-Wanderung ist eine Verkostung von Lokalweinen im Hippy's am Potami-Strand.

Das ruhige, üppig grüne und rundum angenehme Samos wirkt von allen Nordostägäischen Inseln spontan am einladendsten. Dieses Land der einfachen Freuden ist geprägt von der Philosophie, die der große einheimische Denker Epikur einst hier entwickelte. Die örtliche Hauptattraktion sind großartige Strände von felsigen Buchten bis hin zu langen Streifen aus gelbem Sand oder buntem Kies. Durch die schattig bewaldeten Inselhänge ziehen sich tiefe Schluchten mit Wanderwegen und kühlen Bächen, die ins Meer münden. Die malerischen Bergdörfer locken mit hervorragenden Tavernen und grandioser Aussicht. Samos ermöglicht zudem stressfreie Tagestouren zum benachbarten Fourni-Archipel, der zu Griechenlands größten unbekannten Insel-Juwelen zählt.

Strand an der Nordküste, Samos

MUSEUM DER NATURGESCHICHTE DER ÄGÄIS

Für ein traditionelles Bergdorf wie **Mytilini** ist ein großes Museum dieser Art eine überraschende Attraktion: Die Ausstellungen beleuchten Paläontologie, Zoologie und Meeresleben. So zeigen sie z.B. gut präsentierte, auf Samos entdeckte Skelette von Vorfahren der Löwen und Giraffen aus dem Miozän. Zu sehen gibt's auch leicht bis stark heruntergekommene Präparate von heutigen Tieren. Darunter ist z.B. ein 135 Jahre alter Anatolischer Leopard, der die griechische Autorin Alki Zei zu ihrer Kindergeschichte *Wildkatze unter Glas* inspirierte. Laut Infotafel ist die literarische Bedeutung des Exponats höher als dessen wissenschaftliche Relevanz.

Mytilini liegt jeweils eine kurze Autofahrt von Pythagorio und Vathy entfernt.

Weinmuseum Samos

Inselhauptstadt

BELEBTE PROMENADE & ANTIKE GIGANTEN

Die Inselhauptstadt **Vathy** (alias Samos-Stadt) liegt wunderschön in der Falte einer tiefen Bucht. Bars, Cafés und Restaurants säumen ihre geschwungene Promenade. Steile, schmale Straßen und mit roten Ziegeln gedeckte Häuser (erb. im 19. Jh.) in Hanglage machen das historische Viertel **Ano Vathy** sehr stimmungsvoll.

Das Stadtzentrum liegt im Schatten der 100 Jahre alten **Kirche des Agios Spyridonas** mit Ikonen, eindrucksvollen Säulen aus İzmir-Marmor und einem ungewöhnlichen Silber-Kronleuchter aus Indien. Antike griechische und byzantinische Motive bedecken die Ziersäulen der Ikonenwand.

Das **Archäologische Museum** im Zentrum zeigt Funde aus dem Heraion bei Pythagorio. Der berühmteste davon ist ein eindrucksvoller, stehender *kouros* (antike Männer-Statue) – mit 5,5 m Höhe der größte bekannte seiner Art.

ESSEN IN VATHY & MYTILINI

Pera Vrehi
Große Schüsseln mit originellen Salatarrangements und eine Auswahl an griechischen *mezedhes* **€**

Yianni's Ouzerie
Freundliche Taverne mit schlichten griechischen Standardgerichten und schöner naiver Kunst als Deko. **€**

Magazaki pou Legame
Hippe gehobene Taverne mit guten Regionalweinen in Mytilinis Zentrum. **€€**

Wein auf Samos

SÜSSE INSELTRÄUME

Der lokale Muskateller mit natürlicher Süße könnte der Prototyp für den Nektar der olympischen Götter gewesen sein. Der gute Tropfen war schon in der Antike berühmt und wurde auch von Lord Byron geschätzt. Zudem war er Teil der griechischen Guerilla-Verpflegung im Unabhängigkeitskrieg. Ein schmucker Steinbau gegenüber von Vathys Fährterminal beherbergt einen der besten Weinläden der Insel: das **Weinmuseum Samos**. Weinguttouren auf Samos finden normalerweise spontan bei Erscheinen statt und umfassen praktische Gratis-Verkostungen. Meist stehen mehrere bezahlbare Weine zum Verkauf.

Die östlichen Strände

KLARES WASSER & TOLLE WANDERROUTEN

Der üppig grüne Osten von Samos liegt direkt gegenüber von Kleinasien und ist zum Glück frei vom Massentourismus. Hier gibt es steile Klippen und ruhige Buchten, die super zum Schwimmen und Schnorcheln sind. Gut markierte Wanderwege folgen dem Großteil der Küste.

Nur 10 km von Pythagorio entfernt liegt der sandige **Psili-Ammos-Strand** mit ein paar Tavernen und sehr flachem Wasser – ideal für Familien mit Kindern. Von hier aus scheint man zu den dunklen Bergen an der türkischen Küste hinüberrufen zu können. Ab dem Psili-Ammos-Strand führt ein hervorragender Wanderweg über das Fischerdorf **Poseidonio** zum idyllischen **Kerveli-Strand**.

Weiter nördlich liegt die **Kapelle des Zoodochos Pigi** mit einem atemberaubenden Aussichtspunkt neben einem Kriegerdenkmal am Fuß der Kirchenmauern. Schöne Fresken und ein geschnitzter Bischofsthron aus Holz zieren das Innere der Kapelle. Nach der Besichtigung empfiehlt sich der kleine Klosterladen, in dem Nonnen diverse selbstgemachte Waren verkaufen (z. B. Gläser mit karamellisierten Obst- und Gemüsestücken). Unterhalb des Klosters liegt der einladende **Mourtia-Strand** neben einem kleinen Fischereihafen.

Am nordöstlichen Inselrand zweigt eine unbefestigte Piste von der Hauptstraße nach Vathy ab. Sie führt zum **Livadaki-Strand** mit weichem Sand und tropisch anmutendem Wasser – warm, azurblau und sehr flach. Bei den örtlichen Beach-Partys wird oft darin geplanscht. Von der fjordartigen Bucht schaut man auf ein paar kleine Nebeninselchen.

TAUCHEN AUF SAMOS

Kristallklares Wasser und artenreiches Meeresleben machen das östliche Samos zum idealen Ziel für alle Unterwasserbegeisterten. Das **Kerveli Dive Centre** am gleichnamigen Strand offeriert Kurse vom Anfänger- bis hin zum Profi-Level. Hinzu kommen geführte Schnocheltrips (mind. 5 Pers.). Ebenfalls einen guten Ruf hat **Samos Diving** in Pythagorio. Neben PADI-Kursen gibt's hier auch geführte Tauch- und Schnorcheltouren.

ESSEN IN KARLOVASI & UMGEBUNG

Hippy's Restaurant & Cafe (Potami-Strand)
Institution mit moderner Fusion-Küche und den Weinen eines lokalen Weinguts. €€

Archontissa Potami Adventure Cafe
Für Abenteuerlustige: Steile Treppen führen hinauf zu dem Restaurant mit Aussicht. €

As Aei (Karlovasi)
Verlässlich gutes Hafenlokal: Ideal, wenn man auf seine Fähre wartet. €

Karlovasi & Umgebung erkunden

WANDERROUTEN & STRÄNDE

An der nordöstlichen Spitze von Samos gibt es rund um **Karlovasi** ein paar tolle Strände und reizvolle Wanderwege. Das **Gerberei-Museum** in dem recht schmucklosen Ort beleuchtet die Geschichte der Lederproduktion im Lauf der Jahrhunderte.

Rund 3 km hinter Karlovasi liegt der **Potami-Strand** mit Sand, Kies und einer hervorragenden Strandbar namens **Hippy's**. Diese kooperiert mit einem örtlichen Weingut und schenkt ein paar gute einheimische Weine aus. Oberhalb vom Strand lädt die **Agios-Nikolaos-Kapelle** in modernistischer Segelform zum Fotografieren und Genießen der Aussicht ein.

Am Straßenrand gegenüber vom Strand beginnt ein schattiger Waldweg (1,5 km) zu einer 2 m hohen Wasserfall-Kaskade. Hier kann man sich nach ca. 30 m Schwimmstrecke in und von kaltem Süßwasser berieseln lassen. Vom Schluchtgrund führt eine steile Holztreppe hinauf zum hervorragenden **Archontissa Potami Adventure Cafe**. Von dort aus führt der Pfad zu den nächsten Wasserfällen.

Östlich vom Potami-Strand wird die Küstenstraße zur unbefestigten Piste. Von dieser gelangt man über einen beliebten Pfad zu zwei malerischen Stränden: Entlang der schroffen Küstenlinie mit Kiefern geht's zuerst zum **Micro-Seitani-Strand** an einer zauberhaften kleinen Bucht. Von dort aus führt der Weg weiter zum langen, sandigen **Megalo-Seitani-Strand** (ca. 2 Std.) mit weiter Aussicht auf voller Länge. Genügend Trinkwasser und ein paar Snacks mitnehmen.

DIE HÖHLE DES PYTHAGORAS

Bei der malerischen Fahrt von Pythagorio nach Karlovasi empfiehlt sich ein Abstecher zur Höhle des Pythagoras: Hierher floh der große Philosoph vor der Verfolgung durch seinen politischen Gegner, den Tyrannen Polykrates. Und natürlich machte er die Grotte zum „Klassenzimmer" für seine Schüler. Im Dorfzentrum von Marathokampos zweigt die schmale Zufahrt von der Hauptstraße ab und führt dann an der Flanke des Bergs Kerkis entlang – mit grandiosem Blick auf die Südküste der Insel. Am Parkplatz der Stätte gibt's ein Café mit Erfrischungen (nur im Sommer). Von dort aus führt eine extrem steile Treppe hinauf zu Höhle mit der Sarantadaskaliotisa-Kapelle. Direkt darüber liegt die Höhle des Pythagoras. Zum Besichtigen muss man jedoch 3 m hohen Felsen erklimmen.

Nordküste

MASSENTOURISMUS & DORFIDYLLE

Zwischen Vathy und Karlovasi passiert die nördliche Küstenstraße eine Reihe von erschlossenen Stränden – teils sehr hübsch, aber in der Hauptsaison überfüllt. Am beliebtesten ist der lange, schmale **Kokkari-Strand** mit vielen Tavernen. Der historische Westteil des gleichnamigen früheren Fischerdorfs hat durchaus einen gewissen Reiz, ist aber stark überentwickelt. Die Nachbarstrände **Limanaki**, **Tsamadou** und **Tsambou** säumen alle malerische Sandbuchten voller Liegestühle.

Vergleichsweise interessanter sind da die beiden Bergdörfer hoch über der Hauptstraße: In **Vuorliotes** verteilen sich farbenfrohe Häuser mit Klappläden rund um einen hübschen Platz. Zwischen Vourliotes und Kokkari verläuft ein schöner Rundwanderweg (8 km) durch Olivenhaine und Bergwälder. Er zählt zu jenen zauberhaften *monopati*-Routen, deren Anstiege man kaum bemerkt.

ESSEN IM ÖSTLICHEN SAMOS

Vrahos (Psili Ammos)
Sehr entspannendes winziges Lokal. Das Meer umspült die Füße der Gäste. **€**

Livadaki Beach Bar
Bringt gesundes Essen (u.a. Quinoa-Bowls) direkt zu den Liegestühlen der Gäste. **€**

Marien Tavern (Poseidonio)
Schlichte, aber zu Recht beliebte Taverne am Fischereihafen. **€**

MARTIEN VAN GAALEN/SHUTTERSTOCK ©

Manolates

SHOPPEN AUF DEM LAND

Manolates ermöglicht nicht nur ruhige Restaurantbesuche: Hier kann man auch ein paar schöne Dinge kaufen. Am winzigen Hauptplatz mit dem Namen **Kerannymi** lässt sich ein Silberschmied bei der Arbeit beobachten. Dessen zauberhafte, prähistorisch anmutende Schmuckstücke kombinieren Silber mit diversen Mineralien und organischen Materialien.

Der **Museumsladen** gleich abseits des Platzes verkauft tolle Gemälde im naiven Folklore-Stil (u.a. mit Schiffen, Meerjungfrauen). Inhaber Nikitas Kiparisos hat einen Teil des übrigen Baus in ein Museum zur Dorfgeschichte im 20. Jh. verwandelt. Der ursprüngliche Eigentümer ging einst in die USA und verdiente dort eine Stange Geld. So konnte er eine Frau aus einer reichen Familie heiraten. Das Haus war ihre Mitgift.

Von der Küstenstraße führt eine beschilderte Abzweigung zu einem weiteren netten Nest: **Manolates** liegt 5 km weiter oben an den unteren Hängen des Ambelos. Inmitten dichter Kiefern- und Laubwälder werden seine großartigen traditionellen Häuser fast ganz von Bergen umgeben. Das Dorf ist eine kühlere Alternative zur drückend heißen Küste und beherbergt eine aufkeimende Kunsthandwerker-Gemeinde. Zudem findet man hier ein paar tolle Schmuck- und Souvenirläden.

In beiden Dörfern gibt's viele Tavernen. Manolates ist zwar vergleichsweise touristischer, vermittelt aber wie Vourliotes einen guten Eindruck vom alten Samos.

Ausflug nach Fourni

STRANDPARADIES

Der **Fourni-Archipel** ist leicht per Tagestrip ab Pythagorio erreichbar und zählt zu Griechenlands schönsten unbekannten Insel-Juwelen. Dieser frühere Piraten-Unterschlupf mit seltsamer Geografie punktet mit vielen kleinen Häfen und Sandstränden an verwinkelten Buchten. Auf seiner Fahrt ab Pythagorio läuft das Schnellboot *Dodekanisos Pride* auch den Fourni-Archipel an (hin/zurück morgens/abends, jeweils gleiche

ESSEN IN DEN NÖRDLICHEN DÖRFER

Taverna Kallisti (Manolates)
Hervorragendes *kleftiko* (Lammfleisch mit Gemüse) und ungewöhnliche Desserts. **€€**

Taverna Loukas (Manolates)
Hervorragende, herzhafte Tavernen-Klassiker plus Weine aus eigenem Anbau. **€**

Pera Vrisi (Vourliotes)
Altmodische Taverne à la Samos, die außergewöhnliche Dorfküche mit selbst gekeltertem Fasswein kombiniert. **€**

DIE BESTEN RESTAURANTS AUF FOURNI

Psarotaverna O Miltos
Fourni-Hummer und frischer Fisch, fachmännisch zubereitet in dieser kultigen Taverne am Wasser. **€€**

Psarotaverna Nikos
Verlässlich gutes Seafood-Restaurant neben dem Schwesterlokal O Miltos. **€€**

Taverna Almyra (Kamari)
Ruhige Küsten-Taverne mit subtilem Charme und viel Frischfisch. **€**

Arhontiko
Super Desserts: Ideal nach einem Hummer-Mahl in einer nahegelegenen Hafen-Taverne. **€**

O Kolokotiris (Thymena)
Einziges Restaurant der Insel – aber zum Glück hervorragend. **€**

ANTONIADIS DIMITRIOS X/SHUTTERSTOCK ©

Petrokopio

Route; 2-mal wöchentl.). Dessen Hauptattraktion sind reizvolle und menschenleere Strände. Direkt nach der Ankunft im Dorf Korseon folgt man am besten dem gut gepflegten und sanft ansteigenden *monopati*-Pfad, der hinter der Hauptkirche hinauf zu den malerischen Mühlen auf der Hügelspitze führt.

Hinter den Mühlen geht's über eine steile Treppe hinunter zum kleinen, aber paradiesischen **Kampi-Strand**. Vor einem schlichten Sandstreifen dümpeln hier Fischerboote in der Sonne auf grünlichem Wasser vor sich hin. Zurück in Korseon empfehlen sich dann die angeblich günstigsten Hummer-Spaghetti der ganzen Ägäis zum Mittagessen. Danach lockt der zauberhafte Dorfplatz mit Kaffee und griechischem Traditionsgebäck unter einer schattigen Platane. Ein weiteres tolles Ziel auf der Hauptinsel ist z. B. der malerische **Petrokopio-Strand** unterhalb eines Marmor-Steinbruchs mit unvollendeten Säulen und Grabsteinen. Besuchenswert ist auch die hervorragende **Taverna Almyra** am Dorfstrand von Kamari.

UNTERWEGS VOR ORT

Samos hat zwei Haupthäfen, Vathy und Karlovasi, die Verbindungen zu anderen nordöstlichen Ägäisinseln sowie zu Piräus und den Dodekanes-Inseln bieten. Die einzige Möglichkeit in Pythagorio ist der Katamaran Dodecanese Pride zwischen Samos und den Dodekanes-Inseln (über Fourni und Agios Kirykos auf Ikaria; 2-mal wöchentl.).

Auf der Route Karlovasi–Fourni bedient eine Lokalfähre auch Agios Kirykos und Thymena (zweite bewohnte Insel der Fourni-Gruppe).

Mit etwas Glück und Geduld ist der Reiseplan auf Samos auf dessen regionale Busse abstimmbar. Ein Mietwagen ist aber die weitaus bessere Wahl.

ARMENISTIS & RACHES (IKARIA)

Armenistis bei Tag und Raches bei Nacht sind die beiden Gesichter derselben Persönlichkeit mit geheimnisvollem Reiz. Im lässigen Armenistis geht's ums Abhängen am Strand oder um Kaffee und griechisches Gebäck auf luftigen Terrassen mit Aussicht auf das tiefe Blau des Ikarischen Meeres.

Abends pilgern Strandbesucher:innen dann zu ein paar sehr traditionellen Bergdörfern (zusammen Raches genannt) direkt oberhalb von Armenistis. Der nächtliche Lebensstil in dieser Gegend umfasst auch oft Café- und Tavernenbesuche nach 23 Uhr. Er stammt aus dem Mittelalter: Damals gab es in der Ägäis viele Piraten. So täuschte Ikaria vor, unbewohnt sein.

TOP TIPP

Wer die Insel auf dem Höhepunkt der *panigyri-* bzw. Dorffest-Saison besuchen will, sollte seine Unterkunft lange im Voraus buchen: Dann strömen griechische Urlauber:innen aus Athen und aller Welt hierher.

Armenistis

TOM JASTRAM/SHUTTERSTOCK ©

DIE BESTEN RESTAURANTS IN ARMENISTIS & NAS

Marymary (Armenistis)
Mix zwischen traditioneller Inselküche und kosmopolitischen Gastro-Trends. **€€**

Taverna Pashalia (Armenistis)
Traditionellste örtliche Taverne. Serviert Fleisch, Frischfisch und super *mezedhes*. **€**

Syntages tis Giagias
Beispiel für vorzügliche griechische Desserts und Eissorten mit regionalen Früchten. **€**

Anna's (Nas)
Taverne auf einem hohen Felsen, die bekannt für Frischfisch und Hummer ist. **€€**

Thea's (Nas)
Hervorragende *mezedhes, gegrilltes Fleisch* und perfekte Gemüse-*mousakas*. **€€**

Die Traumstrände von Armenistis

RELAXEN ODER SURFEN

Ikaria ist das felsigste Eiland unter den nordostägäischen Inseln. Deshalb sind die beiden Strände von Armenistis eine gewisse Überraschung: Direkt am Ortsrand spült ein Bergfluss den gelblichen Feinsand des postkartenwürdigen, sauberen **Livadi-Strands** an. Hier gibt's Liegestühle und eine Beach-Bar – aber auch mehr als genug Platz, um ein ordentlich großes Fleckchen für sich allein zu haben. Die einfachen Einrichtungen des ruhigen Strands wollen offenbar nicht beeindrucken. Vor Ort führen Schildkröten ein geruhsames Leben und kühlen sich im Fluss ab. Neben deren Beobachtung besteht die zweite lokale Hauptattraktion im Erlernen des Body-Surfens bei rauer See (hier keine Seltenheit).

Eine schmale Landzunge trennt den Livadi-Strand vom vergleichsweise nobleren **Mesahti-Strand**. Dieser säumt ebenfalls die malerische Mündung eines Bergflusses mit grünlichem Kaltwasser – wie gemacht für das Cover-Foto eines Reisemagazins. Ikarias längster Strand ist wohl auch am besten ausge-

ÜBERNACHTEN IN ARMENISTIS & RACHES

Koimite
Zimmer mit riesigen Balkonen und grandiosem Blick auf Sonnenuntergänge an einer Felsklippe. **€€**

Artemis Studios
Beliebte familiengeführte Unterkunft am Rand der spektakulären Chalari-Schlucht oberhalb des Nas-Strandes. **€**

Estia
Schlichte, aber geschmackvolle Zimmer mit Meerblick vom Balkon. Oberhalb von Christos Raches an der Straße. **€**

stattet: Neben mehreren Strandbars und einem Feld fürs Beach-Volleyball findet man hier auch die **Ikaria Surf School**. Deren Angebot an standardmäßigen Surfer-Aktivitäten wird durch die Option „Surf & Yoga" ergänzt. Rund 3,5 km von Armenistis entfernt beeindruckt der kleine, kiesige **Nas-Strand** mit seiner Lage: An der Mündung eines Fluss-Canyons erstreckt er sich hinter den spärlichen Ruinen eines antiken Artemis-Tempels. Zudem gibt's hier ein paar tolle Hotels und Tavernen.

Nachtaktives Raches

TRADITIONELLES LEBEN BEI NACHT

Nach Einbruch der Dunkelheit schlägt Ikarias Herz im kühlen Hochland oberhalb von Armenistis. Denn dann erwacht hier eine Gruppe von Dörfern (zusammen Raches genannt) rund um das Hauptdorf **Christos Raches** zum Leben: Kinder spielen auf der Straße, während sich die Erwachsenen an Kaffee oder Ouzo laben. Diese nächtliche Tradition stammt aus dem Mittelalter - aus Angst vor den Piraten auf dem benachbarten Fourni täuschte Ikaria damals tagsüber vor, dass es unbewohnt sei. Davon zeugen auch noch Steinplatten auf manchen alten Dächern: Die Dorfbewohner versuchten einst, ihre Siedlungen als Felshaufen zu tarnen.

Die großen Steinplatten am Eingang von Christos Raches erinnern etwas an Familie Feuerstein. Der winzige Hauptplatz mit zahlreichen Tischen wird von überraschend vielen Cafés, Läden und kleinen Restaurants gesäumt. Trotzdem wirkt er keinesfalls überfüllt. Das Dorf **Agios Dimitrios** liegt gleich unterhalb von Christos Raches an der Straße nach Armenistis. An seinem deutlich größeren Hauptplatz findet man zwei außergewöhnliche Tavernen. Tagsüber dienen Christos Raches und seine Nachbardörfer als Ausgangspunkt für viele reizvolle Wanderungen durch Ikarias Hochland, das von Kiefernwäldern und Obstplantagen geprägt ist. Unter den Highlights sind dabei der Abstieg zum Nas-Strand durch die **Chalaris-Schlucht** und der herrliche Pfad nach **Manganitis** auf der anderen Inselseite. Örtliche Touristenläden verkaufen dazu Wanderkarten.

DIE BESTEN RESTAURANTS IN RACHES

Platanos (Agios Dimitrios)
Überdurchschnittliches Tavernen-Essen aus vielen Regionalprodukten zubereitet. **€€**

Sto Kampi (Agios Dimitrios)
Schräge Taverne mit lokalen Traditionsgerichten in einfallsreichen Varianten. **€**

Ma'Mu (Christos Raches)
Dorf-Grilllokal mit üppigen Fleischplatten (z.B. Koteletts, Spieße). **€**

CousinA
Traditionelle Dorfküche à la Ikaria - aufgepeppt für anspruchsvolle Großstädter. **€**

Taverna Sotiris (Agios Polikarpos)
Repräsentiert den *panigyri*-Festivalgeist mit Livemusik und herzhaftem Essen. **€€**

UNTERWEGS VOR ORT

Ikaria hat praktisch keine öffentlichen Verkehrsmittel. Ein Mietwagen oder -motorroller ist daher zwingend erforderlich - es sei denn, die Kondition reicht für den steilen Aufstieg von Armenistis nach Raches. Oder man kann sich die teuren Inseltaxis leisten. Ein Grund, warum in der Hauptsaison hier viel getrampt wird.

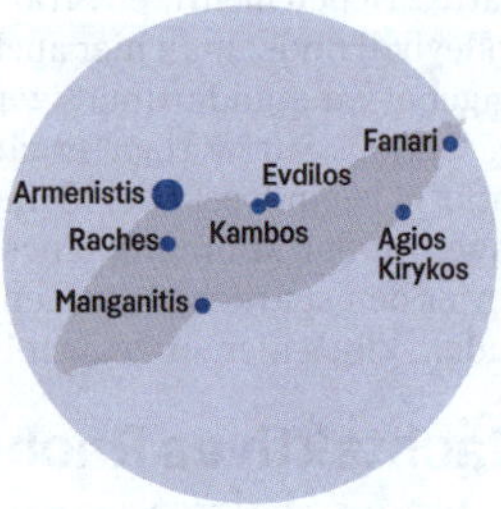

Fanari
Evdilos
Armenistis
Raches
Kambos
Agios Kirykos
Manganitis

Rund um Arme-nistis & Raches

Ikaria lockt mit schöner Natur und vielen Festen.

Wenn griechische Inseln Menschen wären, hätte das zauberhafte Ikaria wohl das größte Charisma. Seine großartige Topografie umfasst spektakulär bewaldete Schluchten, felsige Mondlandschaften und versteckte Strände mit aquamarinblauem Wasser. Die einzigartige Inselkultur ist geprägt von Unabhängigkeitsgeist, nächtlichem Leben, turbulenten *panigyria*-Festen und Dörfern, die einst als Felshaufen getarnt wurden. All dies resultiert aus Ikarias jahrhundertelanger Isolation und ständiger Bedrohung durch Piraten oder fremde Invasoren.

Benannt ist die Insel nach dem unglücksseligen antiken Piloten, der hier abgestürzt sein soll – heute eine methaphorische Warnung an Ehrgeizlinge. Der wirkliche Lokalheld ist aber der Wein- und Festgott Dionysos, der Ikaria zu seiner Heimat und zu einem Ort der Lebensfreude machte.

TOP TIPP

Übernachten in der Nähe von Agios Kirykos ist ratsam: Die Zeit, die man für einen Tagesausflug braucht, entspricht einem Trip zu einer anderen Insel.

Agios Kirykos (S. 504)

LGIEGER/SHUTTERSTOCK ©

HOLGERMISCHKE/SHUTTERSTOCK ©

Weinreben auf Ikaria

Panigyria-Feste

FEIERNDE DÖRFER

Ikarias *panigyria*-Feste im Sommer ehren angeblich die Schutzheiligen der jeweiligen Dörfer. Doch eigentlich sind sie eine moderne Version des antiken Dionysos-Kults. Höhepunkt der entsprechenden Saison (Anfang Mai–Ende Sept.) ist der August mit beinahe täglichen Festen. Bis zum Morgengrauen wird dann mit viel starkem Inselwein, leckerem Essen auf großen Holztabletts und wildem Tanzen zu einheimischer Volksmusik gefeiert. Man sollte genug Geld mitbringen, denn die *panigyria*-Feste sind wichtige Einkommensquellen der Inselgemeinden. Eventuelle Völlerei lässt sich also als Menschenfreundlichkeit entschuldigen.

Ikarias Weingüter

PROST AUF DIE ANTIKE

Der einheimische Schriftsteller Eparchides erwähnte Ikaria erstmals um 350 v. Chr. und verfasste dabei praktisch einen Werbetext für den hiesigen Wein. Dieser war für die antiken Griechen das Hauptmerkmal der Insel. Heute streben drei un-

PANIGYRI: WICHTIGE FEIERTAGE

Armenistis
40 Tage nach dem orthodoxen Ostern

Kambos
5. Mai

Agios Giannis (Raches)
24. Juni

Karavostamo
1. Juli

Agios Kirykos & Unabhängigkeitstag des Freistaats Ikaria
17. Juli

Arethousa
17. Juli

Christos Raches & Dafni
6. August

Akamatra
15. August

ÜBERNACHTEN IN EVDILOS & KAMBOS

Hotel Atheras (Evdilos)
Freundliches, modernes Hotel mit Freiluftbar am Pool. €

Ikaria Utopia – Cusco Studios (Kambos)
Stilvolle Apartments mit großen Terrassen auf einem Hügel oberhalb vom Strand. €

Rooms Dionysos (Kambos)
Schlichte Zimmer und Dachterrassen mit zauberhafter Atmosphäre. €

FRÖHLICHE DORFFESTE

Hristos Pittakas betreibt das Hotel Cusco Utopia in Kambos. Seine bevorzugten *panigyri*-Dorffeste:

Droutsoula (Juni)
Das komplett abgelegene Dorf ist bis heute fast unverändert und versprüht die Atmosphäre des alten Ikaria. Sein *panigyri* ist das erste nach Ferienbeginn und wird daher von allen Inselkindern besucht.

Exoplaya (14. Juli)
Dieses Dorf wurde nach mehreren Erdrutschen aufgegeben. Sein *panigyri* mit super Wein steigt daher nun im Freien in einem Olivenhain.

Agios Dimitrios, Raches (1. Wochenende im August)
Ein großes Fest mit leckerem Essen auf einer großen Freifläche: einem wunderschön beleuchteten Platz.

TOM JASTRAM/SHUTTERSTOCK ©

Seychellen-Strand

konventionelle Weingüter danach, Ikarias guten Tropfen zu neuem Ruhm zu verhelfen: **Afianes** auf dem Hügel oberhalb von Christos Raches kombiniert Verkostungen und Betriebsführungen mit abendlichen Klassik-Konzerten in einem Freilufttheater. Nahe dem Dorf Pigi oberhalb von Kambos punktet **Karimalis** mit Gästezimmern in traditionellen Steinhäusern und einem Restaurant, das täglich wechselndes Abendessen *à la carte* serviert. Hinter Nas liegt **Tsantiris** an der herrlich wilden Nordwestküste. Hier kann man den tollen Sonnenuntergang bei einem Glas Blanc de Noir Fokiano genießen.

Evdilos & Kambos

GLORREICHE VERGANGENHEIT & IDYLLISCHE GEGENWART

Am Rand einer kleinen halbrunden Bucht verteilt sich **Evdilos** stufenweise über eine Hügelflanke: Ikarias zweite Hafenstadt empfängt Gäste mit verschlungenen Straßen, prachtvollen alten Häusern und einem ebenso ruhigen wie attraktiven Uferbereich. Rund 3 km weiter westlich liegt **Kambos**, das einst *Oinoe* (abgeleitet vom griechischen Wort für Wein) hieß und Ikarias mächtige Hauptstadt war. Von dieser glorreichen Vergangenheit zeugen heute u. a. die Ruinen eines byzantinischen Palastes, ein

ESSEN IN KAMBOS & UMGEBUNG

Pashalia
Leckere, selbstgemachte *mezedhes* mit Wildkräutern und -pilzen. An der Hauptstraße nach Kambos. **€**

Kalypso
Strand-Taverne mit berühmten Fischgerichten und fröhlicher Atmosphäre. **€€**

Popi's
Super Tavernen-Kost, die vom fröhlichen Popi zubereitet und serviert wird. Zwischen Kampos und Evdilos. **€**

kleines **Archäologisches Museum** und die **Kirche Agia Irini** (Ikarias älteste Kirche).

Ansonsten bietet Kambos sehr viel Ruhe, nette Unterkünfte, authentische Tavernen, malerische Hügelwanderungen und einen Strand mit kiesigem Sand. Evdilos mit seinem weitaus vielfältigeren Nachtleben ist von hier aus zu Fuß erreichbar.

Wandern auf Ikaria

DER RUF DER BERGE

Ikarias surreale Berglandschaft ist ein Paradies für Wanderer. Trotz stark begrenzter Ressourcen geben sich einheimische Trekking-Fans große Mühe mit Erhalt und Beschilderung der lokalen Pfade. Zu den beliebtesten Routen zählt der sogenannte **Elfenpfad** von Kambos zum **Mounte-Kloster**, das während der griechischen Diktatur als Konzentrationslager für kommunistische Exilanten mit Tuberkolose diente. Unterwegs passiert der Pfad auch das Kloster **Moni Theoktistis** mit einer Höhlenkirche im oberen Bereich.

Am Bergpass zwischen Ikarias Norden und Süden beginnt ein toller Rundweg durch den Rantis-Eichenwald im zentralen Gebirge. Örtliche Touristenläden verkaufen entsprechende Wanderkarten.

Der wilde Süden

WIE AM ENDE DES UNIVERSUMS

Ikarias schönste Panoramafahrt führt quer durch das Herz der Insel. Nach dem Start in Evdilos geht's zuerst bergaufwärts durch eine dichte Ansammlung von Dörfern. Dann erreicht die Straße einen Bergpass gen Südküste. Hinter diesem führt eine Gabelung zur Inselhauptstadt **Agios Kirykos** im Osten und die anderen nach **Manganitis** im Westen.

Mit seinem seltsamen runden Vulkankegel im Hafen wirkt das idyllische Manganitis wie ein Ort am Ende des Universums. Auf der Route ab Christos Raches gen Süden erholen sich hier Wanderer nach dem Abstieg von der öden Mondlandschaft des Plateaus.

Im Sommer pilgern Besucher:innen von der ganzen Insel nach Manganitis: In jedem Mondmonat veranstaltet das **Sto Gialo** hier eine Vollmond-Party. Auf seiner Website und per Werbung auf ganz Ikaria informiert das beliebte Bar-Restaurant über weitere Events mit Livemusik oder DJs.

Hauptattraktion der Gegend ist jedoch der kleine, aber feine **Seychellen-Strand**. Rund 3 km östlich von Manganitis erinnert er mit marmorfarbenem Kies, smaragdgrünem Wasser und vom Meer glattpolierten Riesenfelsen an den Indischen Ozean – da-

DIE BESTEN RESTAURANTS & BARS IN EVDILOS & UMGEBUNG

Restaurant Koralli
Küsten-Taverne mit Spezialisierung auf frische Fish & Chips, bestes Grillfleisch und Salate. €

Kozy Blu
Atemberaubender Hafenblick und griechische Traditionsgerichte in trendigen Varianten. €

Slow Down Brew Bar
Kleinbrauerei mit super Gerstensäften und kleinen Snacks. Gleich außerhalb von Evdilos. €

Sta Perix (Akamatra)
Vornehmes Lokal, das für seine Traditionsküche à la Ikaria bekannt ist. Rund 6 km südlich von Evdilos. €€

Mantouvala (Karavostamo)
Perfekte Fischtaverne oberhalb des Strandes im Dorf. €€

ÜBERNACHTEN AN DER SÜDKÜSTE

Pension Plumeria Flowery
Blitzblanke Themenzimmer (z.B. Bougainvillea, Hyazinthe), die von freundlichen Damen vermietet werden. €

Evon's Rooms (Fanari)
Hochwertige, strandnahe Suiten mit Kochecken (teils mit Wendeltreppen). €

Akti Pension (Agios Kirykos)
Prima und preisgünstige Unterkunft in toller Lage. €

her der Name. Der unbeschilderte Zugangspfad beginnt am Parkplatz neben dem Tunnel an der Straße nach Manganitis und folgt der linken Schluchtseite.

Wandern bei Fanari

DIONYSOS TREFFEN

Nahe dem Flughafen im Tiefland liegt der Küstenort **Fanari** mit einem guten Kiesstrand. Hier beginnt ein recht leicht zu meisternder Rundwanderweg, der mit ein paar schrägen Attraktionen plus Traumblick auf die Ägäis und die Nachbarinseln überzeugt. Die ganze Route dauert nur ein paar Stunden und ermöglichst auch Baden im Meer.

Am Ostrand von Fanari führt ein unbefestigter Pfad bergauf zu einer Weggabelung. Ein Schild weist hier den Weg zur 2500 Jahre alten **Festung Drakano**. Name und Aussehen der archäologischen Stätte erinnern direkt an *Game of Thrones*. Darüber donnern regelmäßig Kampfjets der griechischen Luftwaffe hinweg und versetzen einen so buchstäblich ins „Drachenland". Auf dem Weg zur Festung empfiehlt sich noch ein Abstecher zur kleinen **Agios-Georgios-Kapelle** neben dem abgeschiedenen Strand gleichen Namens.

Von der Festung aus führt ein gut markierter Pfad durch Buschland zum **Iero-Strand**. An der netten Bucht mit kristallklarem Wasser gibt's auch eine Höhle. In dieser soll sich einst Dionysos während seines lebenslangen Inselurlaubs mit Mänaden und Satyrn vergnügt haben. Entlang des Flughafenzauns geht's dann über einen unbefestigten Weg zurück nach Fanari.

Agios Kirykos & Thermalquellen

HEILSAME STRAHLUNG

Ikarias lässige Hauptstadt hat einen Hafen mit verlässlichen Schiffsverbindungen. An ihren historischen Straßen drängen sich Hotels, *domatia*, gute Restaurants und belebte Ufercafés. Die örtlichen Strände sind attraktiver als ihre Pendants im Norden der Insel. Berühmt ist dieser Küstenabschnitt aber vor allem für seine radioaktiven Thermalquellen, die Schmerzpatienten aus ganz Europa anziehen.

Das beste entsprechende Erlebnis auf Ikaria (oder sogar in der ganzen Ägäis) wartet rund 2 km von Agios Kirykos entfernt in **Therma**: Vom Strand aus schwimmt man hier ca. 30 m weit zu den **Spilio-Thermalquellen** in einer großen Höhle auf der südlichen Buchtseite. Der ins Meer mündende Warmwasserstrom mit hohem Radon-Anteil ist bereits lange vor dem Erreichen der Grotte spürbar. Diese beherbergt auch einen improvisierten Mini-Liegebereich aus großen Steinen. Für

DER ROTE FELSEN

Nach dem Zweiten Weltkrieg deportierten Griechenlands rechtsgerichtete Regierungen zahllose Kommunismus-Anhänger (vor allem Intellektuelle) nach Ikaria. Darunter waren auch Prominente wie der große griechische Komponist Mikis Theodorakis, der die Filmmusik für *Alexis Sorbas* komponierte.

Die Deportierten wurden ohne Lebensgrundlage auf die Insel verbracht und fristeten hier ein armseliges Dasein. Die Einheimischen halfen ihnen aber nach Kräften. So wuchs im Lauf der Zeit ein enger Bund zwischen den urbanen Intellektuellen und Ikarias Dorfbewohnern, die dann massenhaft zum Marxismus-Leninismus konvertierten.

Dieses bis heute anhaltende Phänomen hat Ikaria seinen Spitznamen „Roter Felsen" eingebracht. Das ergreifendste Zeugnis aus den alten Zeiten ist das **Kloster Mounte** in Raches: Deportierte mit Tuberkolose wurden dort von den Militärbehörden unter unmenschlichen Bedingungen eingesperrt.

ESSEN AN DER SÜDKÜSTE

Aroudou (Xilosirtis)
Taverne mit super Preis-Leistungs-Verhältnis und Aussicht. Westlich von Agios Kirykos. **€€**

Sto Gialo (Manganitis)
Ausgezeichnetes Restaurant mit Bar in einer skurrilen, außerirdisch anmutende Umgebung. **€€**

Leonidas (Fanari)
Sehr traditionelle Strand-Taverne mit Fischgerichten. Der Inhaber sympathisiert mit dem Kommunismus. **€**

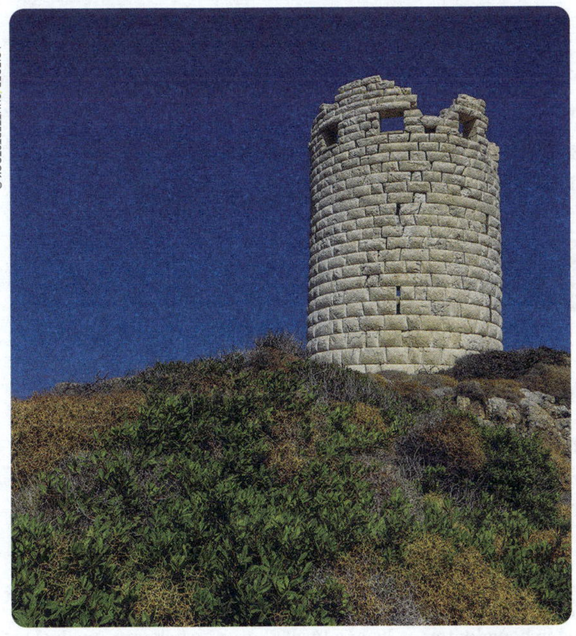

Festung Drakano

Heilbäder unter professioneller Anleitung empfiehlt sich das **kommunale Thermalbad** am Ufer. Therma selbst ist ein netter Strandort mit vielen Unterkünften und ein paar Tavernen.

Gleichermaßen heilsam, erholsam und gratis sind die **Lefkada-Thermalquellen**, die 2,5 km westlich von Agios Kirykos am Meer liegen. Ab der Hauptstraße führt der undeutlich beschilderte Zugangsweg zu einem felsigen Strand. Dort läuft man auf großen Felsbrocken entlang, bis ein unregelmäßiger Kreis aus Felsen in Sicht kommt – erkennbar an seiner roten Farbe, die vom eisenhaltigen Quellwasser stammt. Vorsicht beim Laufen: Die Felsen sind sehr rutschig. Zudem herrschen direkt oberhalb der Thermalwasser-Austritte teils unerträglich hohe Temperaturen.

WARUM ICH IKARIA LIEBE

Leonid Ragozin, Lonely Planet Autor
@leonidragozin

In meiner Jugend verbrachte ich meine Ferien auf der Party-Insel Ios. Eines Tages fragte ich dann meinen weit gereisten Gastgeber aus Griechenland nach dessen Lieblingsinsel. Antwort: Ikaria. Gleich auf den ersten Blick verliebte ich mich in dessen wilde, schroffe und dicht bewachsene Berge mit Steindörfern. Zugleich faszinierten mich die komplexen Geschichten der einheimischen Familien, mit denen ich Freundschaft schließen konnte. Das Eiland vereint scheinbar alles, das mich im mittleren Alter begeistert und interessiert.

UNTERWEGS VOR ORT

Die beiden Häfen Evdilos und Agios Kirykos verbinden Ikaria mit anderen nordostägäischen Eilanden – ebenso mit Piräus, den Kykladen und den Dodekanes-Inseln.

Der Flughafen bei Agios Kirykos bietet täglich Verbindung nach/ab Athen.

Ein eigenes Fahrzeug ist auf Ikaria nötig: Hier gibt's keine öffentlichen Busse, während Taxifahrten aufgrund der großen Distanzen sehr teuer sind. Mietwagen und -motorroller sind hier aber vergleichsweise günstig. Entsprechende Verleiher findet man an beiden Häfen sowie in Armenistis und Nas. Die Küstenstraße Evdilos–Karkinagri (Südküste) eignet sich ganz gut für Radler (Drahtesel selbst mitbringen). Die anderen Routen auf der felsigen Insel umfassen sehr steile Anstiege.

DIE SPORADEN & EUBÖA

VERSTREUTE, GLITZERNDE INSELN

Vom griechischen Festland oder von der großen Insel Euböa ist es nur ein kleiner Sprung und schon kann man am Hang gelegene Orte, unberührte Strände und abgeschiedene Kirchen erkunden.

Die vier wunderschönen, bergigen Sporaden (der Name bedeutet die „Verstreuten") wirken wie Verlängerungen der bewaldeten Halbinsel Pilion – sie sind alle saftig grün und umgeben von schimmernd klarem Wasser. Am verlockendsten ist vielleicht das geruhsame Skopelos mit seiner strahlend weißen Altstadt, seinen reichen musikalischen Traditionen, seinen Wander- und Radwegen sowie einladenden Kieselstränden. Das entlegene Alonnisos bietet einen spektakulären Meeresnationalpark und eine romantische alte Hauptstadt voller Ruinen. Zu den Highlights gehören Bootsausflüge, auf denen man Delfine, Seehunde und vorbeiziehende Wale bewundern kann.

Skiathos, die erschlossenste Insel der Sporaden, besticht mit einigen der schönsten Strände der Ägäis und einem peppigen Hafengelände voller eleganter Boutiquen und faszinierender Volkskunst. Die östlich gelegene Insel Skyros ist bekannt für ihr kulinarisches und künstlerisches Erbe aus byzantinischer Zeit und in neuerer Zeit für die ganzheitlich ausgerichteten Ferienanlagen. Der Hauptort ist ein nettes, ansprechendes, am Hang gelegenes Städtchen mit einem sehenswerten Volkskunde- und Kunstmuseum.

Euböa, Griechenlands zweitgrößte Insel, wird oft übersehen, obwohl sie bei Chalkida nur der schmale Euripos-Kanal vom griechischen Festland trennt. Jenseits dieses städtischen Zentrums geht es gemächlicher zu und die Insel geht in einen Mix aus am Hang gelegenen Klöstern, versteckten Buchten, kleinen Weingütern, hoch aufragenden Berggipfeln und neugierigen Ziegen über. Die meisten Traveller benutzen Euböa als Tor zu den Sporaden.

DIE WICHTIGSTEN ZIELE

SKOPELOS
Mit Pinien bewachsene Hügel und Kieselstrände S. 512

SKIATHOS
Volle Ferienorte und Sandstrände S. 520

SKYROS
Geschichte, Kunst und Abgeschiedenheit S. 524

JIRI VAVRICKA/SHUTTERSTOCK ©

Oben: Agios Ioannis (S. 516), Skopelos. Links: Euböa

Erste Orientierung

In der Hauptsaison verkehren zwischen den Inseln und dem Festland regelmäßig Fähren – eine fast magische Art, die pulsierenden Inselstädte zu erreichen. Kaum hat man die Fähre verlassen, schon gehen die Entdeckungstouren los.

Skiathos, S. 520

Von der wuseligen Hafenstadt bis hin zu den ruhigen Stränden im Süden scheint Skiathos für Urlaubsfreuden gemacht zu sein. Im Inselinneren offenbaren Wanderwege und Klöster einen eher beschaulichen Aspekt.

Skopelos, S. 512

Mit seinen weiß getünchten historischen Orten, durch Pinienwälder führenden Wanderwegen, spektakulären Kirchen und Traumstränden bietet Skopelos städtisches Flair, gepaart mit einem Hauch von Wildnis.

Alonnisos, S. 517

Alonnisos, die am wenigsten touristisch erschlossene Insel der Gruppe, hat eine wunderbare Meeresflora und -fauna sowie Strände und tolle Tavernen zu bieten.

Skyros, S. 524

Die spektakuläre Insel Skyros ist ein einzigartiger Ort. Die abgelegenste Insel der Sporaden hat ihre ganz eigene Architektur, ihre Traditionen und sogar ihre eigene Pferderasse.

THESSALIEN
Volos
Pilio
Thessaloniki (200 km)
Halbinsel Pilion
Pagasitischer Golf
Platanias
Skiathos
Skiathos-Stadt
Loutraki (Hafen Glossa)
Skopelos
Alonnisos
Patitiri
Kyra Panagia
Gioura
Piperi
Sporaden
Peristera
Dio Adelphi
Skantzoura
Ägäis
Limnos (5 km)
Agios Efstratios
Skyros
Skyros-Stadt
Linaria
Skyropoula
(nur im Sommer)
(nur im Sommer)
(nur im Sommer)
Kap Artemisio
Pefki
Artemisio
Istiea
Orei
Bucht von Vasilika
Kotsikia
Agia Anna
Angeli
Strofylia
Mantoudi
Rovies
Limni
Pili
Kap Sarakinko
Glyfa
Loutra Edipsou
Agios Georgios
Molos
Agios
Golf von Euböa

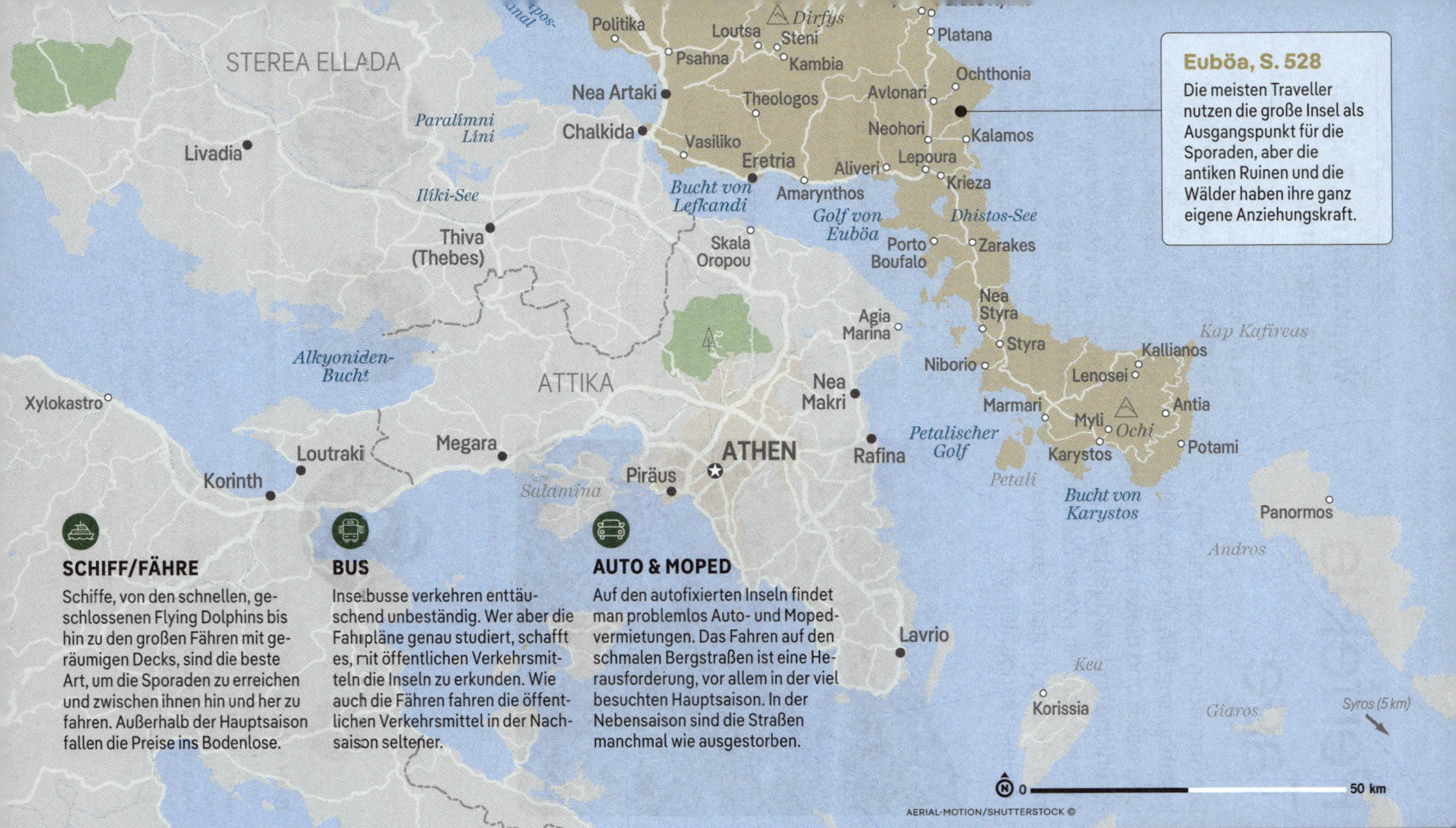

Euböa, S. 528
Die meisten Traveller nutzen die große Insel als Ausgangspunkt für die Sporaden, aber die antiken Ruinen und die Wälder haben ihre ganz eigene Anziehungskraft.

SCHIFF/FÄHRE

Schiffe, von den schnellen, geschlossenen Flying Dolphins bis hin zu den großen Fähren mit geräumigen Decks, sind die beste Art, um die Sporaden zu erreichen und zwischen ihnen hin und her zu fahren. Außerhalb der Hauptsaison fallen die Preise ins Bodenlose.

BUS

Inselbusse verkehren enttäuschend unbeständig. Wer aber die Fahrpläne genau studiert, schafft es, mit öffentlichen Verkehrsmitteln die Inseln zu erkunden. Wie auch die Fähren fahren die öffentlichen Verkehrsmittel in der Nachsaison seltener.

AUTO & MOPED

Auf den autofixierten Inseln findet man problemlos Auto- und Mopedvermietungen. Das Fahren auf den schmalen Bergstraßen ist eine Herausforderung, vor allem in der viel besuchten Hauptsaison. In der Nebensaison sind die Straßen manchmal wie ausgestorben.

AERIAL-MOTION/SHUTTERSTOCK ©

Perfekte Tage

Die Sporaden sind ideal zum Inselhopping. Sie sind abwechslungsreich und bieten zahlreiche natürliche und städtische Attraktionen. Mit etwas Zeit kann man die Besonderheiten einer jeden Insel kennenlernen.

LEOKS/SHUTTERSTOCK ©

Stafylos-Strand (S. 514)

Wenn man nur Zeit für eine Insel hat

● Wer nicht viel Zeit hat, sollte sich für **Skiathos** (S. 520), die am leichtesten erreichbare Insel der Sporaden, entscheiden. Dort erkundet man zunächst die alten und neuen Häfen, taucht anschließend im Völkerkundemuseum **Skiathitiko Spiti** (S. 521) in die Inselkultur ein und bewundert in der **Galerie Varsakis** (S. 522) handgemachten Schmuck und antike Schätze. Danach erklimmt man den Uhrenturm, genießt die Aussicht und betrachtet die faul herumliegenden Katzen. Dann geht's bergab ins alteingesessene **O Batis** (S. 521) und kostet frische Inselspezialitäten.

● Ein Besuch der **Strände** (S. 523) ist ein absolutes Muss. Also nichts wie los und mit einem Bus zu einem der 26 nummerierten Strandzugänge an der Südküste fahren.

VON LINKS: ROGER CRACKNELL 01/CLASSIC/ALAMY STOCK PHOTO ©, GIOVANNI RINALDI/SHUTTERSTOCK ©, PIT STOCK/SHUTTERSTOCK ©

Beste Reisezeit

Frühjahr und Spätsommer/Frühherbst sind ideale Reisezeiten mit warmen Tagen, Wildblumen und weniger Touris. Ab Oktober fahren erheblich weniger Fähren.

JANUAR

Auf Skyros findet vor der Fastenzeit ein wilder, traditioneller **Karneval** statt. Dann stülpen sich Männer Ziegenmasken über und tragen Haarjacken mit Glöckchen.

MÄRZ

Ab Ende März blühen die Wildblumen und die Temperaturen sind angenehm warm, also genau die richtige Zeit zum Wandern.

APRIL

Das **Fest des Agios Georgios (hl. Georgs)** wird vor allem auf Skiathos gefeiert. An einem See finden Pferderennen statt.

Drei Tage zum Erkunden

Nach einem Tag auf Skiathos fährt man frühmorgens mit der Fähre nach **Skopelos-Stadt** (S. 513) und besucht dort Geschäfte, klassische Cafés und die **Vakratsa-Villa** (S. 513) aus dem 18. Jh. Weiter geht's über die Insel zum **Stafylos-Strand** (S. 514), wo man nachmittags ins kühle Nass springt. Anschließend genießt man den stimmungsvollen Sonnenuntergang über dem zerstörten **venezianischen Kastro** (S. 513) und spaziert zum Abendessen hinunter zur Taverne **Ta Kymata** (S. 513).

Am dritten Tag unternimmt man einen Bootsausflug in den wundervollen **Meerespark** (S. 518) rund um die Insel Alonnisos. Unbedingt Ausschau halten nach Delfinen, mit etwas Glück bekommt man sogar eine der seltenen Mönchsrobben zu sehen.

Eine Woche oder mehr

Wer Skopelos in aller Ruhe erkundet, wird reich belohnt werden. Zwischen dem Hauptort und den verlockend malerischen Städten **Glossa** und **Loutraki** (S. 515) im Norden gibt es Wanderwege in den Bergen, versteckte Strände, mit Pinien bewachsene Hügel und die absolut spektakuläre *Mamma Mia!*-Kirche **Agios Ionnis** (S. 516).

Von dort geht's zur ruhigen Insel **Alonnisos** (S. 518) mit ihrem Meerespark und weiter auf die entfernter gelegene Insel **Skyros** (S. 524). Der Hauptort ist ein wunderbares Beispiel für ästhetisches Inselleben. Die restliche Insel hat halbmondförmige Buchten und eine Herde kleiner, seltener **Skyros-Ponys** (S. 527) zu bieten.

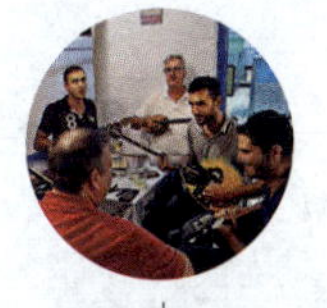

JULI

Musikschaffende treffen sich anlässlich des **Rembetika Festival** auf Skopelos. Auf dem winzigen Inselchen Bourtzi, Skiathos, finden Sommerkonzerte statt.

AUGUST

Am 15. findet auf Alonnisos **Mariä Entschlafung** mit einer traditionellen Hochzeit, Tänzen und Umzügen statt.

SEPTEMBER

In Glossa findet das einwöchige **Weinlese-Fest** mit Traubenstampfen, Dichtkunst und Musik statt. Es werden Wein, Mostgelee und -creme hergestellt.

OKTOBER

Viele Touri-Geschäfte sind geschlossen und Fähren fahren seltener. Mit etwas Glück kommt man in den Genuss von Spätsommersonne und Ruhe.

SKOPELOS

Pinienwälder, Olivenhaine, sanft gewellte Weinberge sowie Pflaumen- und Mandelgärten (von den Früchten finden viele den Weg in die hiesigen Küchen) überziehen die hübsche Insel Skopelos, die spürbar wilder, kunstbeflissener und entspannter ist als das benachbarte Skiathos. Zwar ist Skopelos durch den Film *Mamma Mia!* von 2008 berühmt, doch hat es sich seinen alten Reiz bewahren können. An der geschützten Südostküste der Insel erstrecken sich einige schöne Sand-Kiesel-Strände, während die hohen, schroffen Klippen an der Nordwestküste den Elementen ausgesetzt sind.

Die Insel beherbergt zwei Orte: den wunderbar ansprechenden Haupthafen Skopelos-Stadt an der Südostküste und das gleichermaßen entzückende, im Nordwesten gelegene Dorf Glossa, 2 km nördlich von Loutraki, dem zweiten Hafen der Insel. Dazwischen befinden sich Wanderwege durch Waldgebiete, abgelegene Klöster und wenig bekannte Strände. All dies trägt zu ein paar entspannten, lohnenswerten Tagen auf der Insel bei.

TOP TIPP

Einige der originellsten, unabhängigen (sowohl traditionellen als auch modernen) Bars auf den Sporaden verstecken sich in den Gassen von Skopelos-Stadt. Lohnenswert ist auch ein Besuch der spaßigen, kleinen Clubs und Locations, in denen hiesige Livemusik, vor allem *rembetika* (griechischer Blues), geboten wird.

Volos (98 km)
Kap Gourouni
Ägäis
Glossa
Agios Ioannis
Loutraki
Machalas
Palio Klima
Kaloyeros
Straße von Alonnisos
Skiathos (10 km); Euböa (Mantoudi; nur im Sommer; 40 km); Volos (82 km); Agios Konstantinos (95 km)
Delfi
Agios Georgios
Neo Klima (Elios)
Karia
Bucht von Skopelos
Kap Kiourto
Kastani
Skopelos-Stadt
Palouki
Straße von Skopelos
Palouki
Alonnisos (14 km); Euböa (Kymi; nur im Sommer; 67 km); Skyros (nur im Sommer; 80 km)
Dasia
Panormos
Stafylos
Velanio
Ägäis
Kap Myti
Agnontas
Agnontas
Stafylos-Strand
Kap Amarandos
Kap Velona
0 5 km

Skopelos-Stadt

Kunst, Architektur & Folklore

SPAZIERGANG DURCH DIE GESCHICHTE VON SKOPELOS-STADT

Wenn man gegenüber vom Fährhafen nach links abbiegt, ergießt sich **Skopelos-Stadt** in pittoresken Lagen aus jahrhundertealten Kapellen und leuchtend weißen Häusern mit blumengeschmückten Balkonen und hellblauen Fensterläden den Hang hinab. Am nordwestlichen Rand wird der Ort von einem venezianischen **Kastro** (Festung) aus dem 13. Jh. und einer Ansammlung von weiß getünchten Kirchen flankiert. Wer die schmalen Gassen zum Kastro hinaufläuft, wird mit einem umwerfenden Blick aufs Meer belohnt.

Von dort geht's durch Seitengässchen zum Hafen und zum schönen **Ploumisti**, einem wunderbaren Geschäft, das die Inhaber Kostas und Voula Kalafatis schon seit 40 Jahren betreiben. Sie verkaufen Leinenhemden und -schals, Gemälde, Teppiche und Keramik sowie selbst hergestellten Schmuck.

Nach ein paar Metern bergauf erreicht man die **Vakratsa-Villa**. Das in einer Arztvilla aus dem 18. Jh. residierende Museum zeigt medizinische Gerätschaften, Bücher, Kleidung und Möbel aus damaliger Zeit und bietet einen Einblick in den Alltag des griechischen Mittelstands im 19. Jh. Etwa 200 m weiter südlich befindet sich das reizende **Volkskundemuseum**. Es beherbergt ein für Skopelos typisches Hochzeitszimmer mit traditionellen Trachten und Brautbett sowie Stickereien und Holzschnitzereien.

BESTE RESTAURANTS IN SKOPELOS-STADT

Ta Kymata
Seit 1896 werden in der Hafentaverne Grillgerichte und klassische *mayirefta* (vorgekochte Speisen) serviert. €€

Juices & Books
Grandiose Frühstücksadresse und gleichzeitig Buchhandlung mitten an der Uferpromenade. Hier gibt's Bio-Kaffee auch ohne Milchprodukte. €

To Rodi
Das romantische Hofrestaurant im Schatten eines Granatapfelbaums stiehlt der Konkurrenz mit edler griechischer Küche die Show. €€

To Perivoli
Im lauschigen Garten gibt's ausgezeichnete griechische Spezialitäten. Die Kräuter und das Gemüse stammen aus eigenem Anbau. €€

MEHR ALS *MAMMA MIA!*

Es versteht sich von selbst, dass die griechische Filmszene noch einiges mehr zu bieten hat. Weitere Infos siehe S. 608.

ÜBERNACHTEN IN SKOPELOS-STADT

Pension Sotos
In diesem 150 Jahre alten Haus am Wasser ist jedes der zwölf reizenden Zimmer mit Pinienholzboden unterschiedlich gestaltet. Ganzjährig geöffnet. €

Thea Home Hotel
Das familiengeführte Thea bietet vom Pool, von den Zimmern und Apartments großartige Ausblicke. Zum Frühstück gibt's griechischen Joghurt und hausgemachtes Gebäck. €

Ionia Hotel
Traditionelles Gebäude mit vier Etagen und Pool. Die Zimmer kommen gepflegt rustikal daher. €€

NASSER SPASS AUF SKOPELOS

Bootstouren
Ganztägige Ausflüge in den Meeresnationalpark Alonnisos mit Mittagessen und Badestopp. Mit etwas Glück bekommt man auch Delfine zu sehen.

Sporades SUP
Hier gibt's fantastische SUP-Exkursionen sowie Unterricht und Bretter zum Leihen.

Skopelos Dive Center
Hat ein eigenes cooles Café und bietet Tauchausflüge u.a. zum Schiffswrack *Christoforos* an.

Kayaking Greece
Der gut geführte Anbieter am Milia-Strand hat so ziemlich alles im Angebot, von einfachen Sonnenuntergangstouren bis hin zu sechstägigen Abenteuertrips.

GEORGIOS TSICHLIS/SHUTTERSTOCK ©

Agnontas

Wieder unten auf Wasserhöhe geht man nach rechts und kommt zur **Rodios Pottery**. Die Töpferei ist für ihre schwarzen Töpferwaren im alten griechischen Stil bekannt. Die Familie Rodios ist eine der bekanntesten Töpferfamilien von Skopelos. Sie betreibt dieses Kunsthandwerk schon seit 1900 – mittlerweile in vierter Generation.

Baden auf Skopelos

SILBERFARBENER SAND UND SONNENLIEGEN

Der Strand von Skopelos-Stadt ist insofern ungewöhnlich, als dass er von Müll übersät und verschmutzt ist. Bessere Bademöglichkeiten gibt es unterhalb des Kastro, wo sich ein steiniger Strand mit starker Strömung versteckt. Die besten Strände der Insel liegen jedoch an der geschützten Südwest- und Westküste. Der schöne, 5 km südlich von Skopelos-Stadt gelegene **Stafylos-Strand** ist bequem mit dem Bus zu erreichen. Vom östlichen Ende führt ein Pfad zu dem stilleren, silbersandigen **Velanio**, dem offiziellen FKK-Strand der Insel, an dem man wunderbar schnorcheln kann. Zudem befindet sich hier auch eine legere Strandbar.

In dem 4 km westlich von Stafylos gelegenen Fischereihafen **Agnontas** reichen die Pinien bis fast ans türkisfarbene Wasser hinunter. Der winzige Sand-Kiesel-Strand ist gesäumt von Tavernen. Am spektakulären **Kap Amarandos** kann man leicht einen ganzen Tag verbringen. Das Kap befindet sich unmittelbar südlich von Agnontas: 75 m östlich des Orts biegt man auf einen steilen Weg (Allradfahr-

SCHWARZER LEHM

Antike schwarze Töpferwaren, ähnlich denen aus der Rodios Pottery, sind in Museen in ganz Griechenland zu sehen. Besonders schöne Stücke warten im **Archäologischen Nationalmuseum** (S. 87) in Athen.

AUSGEHEN AUF SKOPELOS

Ouzerie Anatoli
Wer Live-*rembetika* hören möchte, geht in diese grandiose Freiluft-*ouzerie* oberhalb des Kastro.

Hidden Door
Das Geheimnis ist gelüftet: An von Kerzen beschienenen Tischen werden Cocktails in Athen-Qualität serviert. In der Nähe des Restaurants To Rodi.

Vrachos
Über eine geweißte Treppe geht's hinauf in die legere, super gelegene Café-Bar mit baumbestandener Terrasse.

zeug empfohlen) mit zahlreichen Felsstränden vor Pinien. Bei einer scharfen Linkskurve 1,3 km südlich der ursprünglichen Abzweigung ist im Fels eine dramatische Spalte zu sehen. Hier kann man dem kaum zu erkennenden Pfad an der Klippe entlang bis zum Wasser folgen, wo eine Meereshöhle einen grandiosen Stopp bietet.

Die Verlockungen von **Kastani**, dem *Mamma Mia!*-Strand auf Skopelos, sind leicht zu erkennen. Der von Pinien gesäumte Strand mit silberfarbenem Sand und Kieseln am Ende eines steilen Wegs 13 km westlich von Skopelos-Stadt bietet glitzerndes Wasser, tolle Bademöglichkeiten und eine große Strandbar.

Gen Norden nach Glossa & Loutraki

KOPFSTEINPFLASTERGASSEN UND RÖMISCHE BÄDER

Glossa, die verschlafene, malerische, zweitgrößte Siedlung auf Skopelos, klammert sich an einen steilen Hang ganz oben im Nordwesten. Der Ort besteht aus der typisch griechischen Ansammlung weißer Häuser und enger Gassen, die sich von einem kleinen Kirchplatz aus erstrecken und von ein paar Geschäften, Cafés und Restaurants gesäumt sind. Keinesfalls verpassen sollte man das **Glossa Culture & Art Centre**, das darauf abzielt, dem Ort mit kulturellen Veranstaltungen und Ausstellungen die kunsthandwerkliche Vergangenheit näherzubringen.

Eine 2 km lange Straße windet sich hinunter zum ruhigen Hafen **Loutraki** (auf Fährfahrplänen als „Glossa" ausgewiesen). Außerdem sind die beiden Dörfer durch einen kürzeren *kalderimi* (Kopfsteinpflasterweg) miteinander verbunden. Unten in Loutraki sollte man die Uferpromenade mit ihren historischen Gebäuden erkunden. Wenn man gen Süden läuft, an schönen Pensionen vorbei, erreicht man die wenig beachteten, aber atmosphärischen Reste **Römischer Bäder**.

Etwa 800 m östlich von Glossa (hinter der Tankstelle ausgeschildert) wird in der **Olivenmühle der Familie Antoniou** seit 130 Jahren – nun in dritter Generation – auf traditionelle Weise natives Olivenöl extra erzeugt. Neugierige können sich (mit Audioguide) die moderne Einrichtung anschauen, das Öl kosten und im Laden natürlich auch kaufen.

Der Klosterweg

SAKRALE SEHENSWÜRDIGKEITEN AUF SKOPELOS

Auf Skopelos befinden sich mehr als 40 Kirchen und Klöster. Mehrere der bedeutendsten Stätten lassen sich auf einer schönen Rundfahrt erkunden oder auf einer Tageswanderung ab Skopelos-Stadt Richtung Osten den Berg Palouki hinauf. Die Klosterstraße gabelt sich 2 km östlich von Skopelos-Stadt.

GLOSSA CULTURE & ART CENTRE

Tom Amygdalitsis lebte lange in den USA, kehrte dann aber in seine Heimatstadt zurück. 2020 schloss er sich mit dem Künstler George Calis zusammen und sie gründeten das Glossa Culture & Art Centre. *facebook.com/artatSkopelos*

Das Zentrum ist für Locals und Gäste geöffnet. Wir bieten Workshops zu den Themen Gesundheit und Wellness, Kunst und Kunsthandwerk, Kultur und Spiritualität, seemännische Grundfertigkeiten, Trockenmauerung und erneuerbare Energien. Das Highlight im September ist das einwöchige Weinlesefest, eine Tradition, die auf die Zeit vor Christus zurückgeht. Im Oktober bieten wir dann Pilzwanderungen an.

Viele unserer alten *kalderimi* (gepflasterte Pfade) sind verwaist und überwuchert. Wir unternehmen mit Freiwilligen – und meinem Esel! – Spaziergänge, picknicken, reinigen und reparieren die Wege und studieren die dortige Natur. Für die Zukunft ist die Errichtung einer Gemeinschaft mit Häusern aus gestampftem Lehm geplant.

ÜBERNACHTEN & ESSEN IN GLOSSA & LOUTRAKI

Petrino
Auf der Terrasse dieses familienbetriebenen Cafés in Loutraki werden leckere Salate, Snacks und frisch gepresste Säfte serviert. **€**

Pansion Platana
Die gemütliche, makellose Pension in Glossa bietet fröhlich-bunte Zimmer mit Balkon und Blick auf Loutraki. **€**

Natura Hotel Skopelos
Minimal, elegant, teuer. Weiter südlich gibt's günstigere Zimmer mit Meerblick. **€€€**

DIE WILDBLUMEN VON SKOPELOS

Auf Skopelos soll es 700 einheimische Wildblumenspezies geben – Pflanzen, die sonst nirgendwo wachsen. Folglich ist die Insel ein blumiger Magnet für alle Naturfans. Ab Ostern legt sich ein dicker Teppich leuchtender Wildblumen über die Landschaft: scharlachroter Mohn, pinkfarbene Malven und große Schwertlilien. Unbedingt auch Ausschau halten nach zierlichen Orchideen wie die Gelbe Ragwurz.

Skopelos sieht im Frühjahr nicht nur schön aus, die Insel duftet auch nach wilden Kräutern wie Thymian, Fenchel, Oregano und Salbei.

Der Herbst ist nicht ganz so prachtvoll, aber ebenso schön. Zarte pinkfarbene Alpenveilchen strecken ihre Blüten aus den Gräsern und gelbe Krokusse zeigen sich in voller Blüte.

JANA VODICKOVA/SHUTTERSTOCK ©

Agios Ioannis

Fährt man geradeaus weiter und dann auf einer Staubpiste 2 km Richtung Osten nach oben, erreicht man das **Moni Evangelistrias**, oder man nimmt die rechte Straße gen Südwesten zum **Moni Metamorfosis Sotiros** (1,7 km), **Moni Varvaras** (4 km) und **Moni Prodromou** (4,2 km). Zu Fuß sind es von Skopelos-Stadt hinauf nach Prodromou (6,2 km) fast zwei Stunden, wobei der Pfad immer wieder die Hauptstraße überquert.

Die kleine, unglaublich reizvoll auf einem von der Ägäis umspülten Felsen 5,5 km östlich von Glossa gelegene Kapelle **Agios Ioannis** lohnt den Abstecher über die kurvige Straße. Sie ist berühmt dafür, dass sie in dem 2008 auf Skopelos gedrehten Film *Mamma Mia!* als Hochzeitskirche diente. Etwa 200 Stufen führen auf den Felsen hinauf. An einer kleinen Bude am Fuß kann man Bio-Olivenölseife und Öle der Familie Grypiotis kaufen.

Durch die Wildnis wandern & radeln

BEWALDETE HÜGEL ERKUNDEN

Wer einen Erdbeerbaumfalter nicht von einem Breitblättrigen Knabenkraut unterscheiden kann, sollte sich einem der **Skopelos-Spaziergänge** der auf der Insel ansässigen Heather Parsons anschließen. Der vierstündige Marsch von Küste zu Küste folgt einem jahrhundertealten *kalderimi* über die Insel zu einer Strandtaverne, der wunderbare Blick reicht bis hinüber nach Alonnisos und Euböa. Nach Schwierigkeitsgrad sortierte Wegbeschreibungen finden sich in ihrem Buch *Skopelos Trails*. Heather und eine Gruppe Freiwilliger säubern und beschildern die Wege auf der Insel und versehen sie mit GPS-Daten.

Mit **Skopelos Cycling** kann man das bewaldete Inselinnere auch per Fahrrad erkunden. Angeboten werden u. a. „Mondscheintouren" und ein Trip vor dem Frühstück auf den Berg Delphi.

UNTERWEGS VOR ORT

Skopelos hat zwei Häfen – einen in Skopelos-Stadt und einen in Glossa/Loutraki.

In der Hauptsaison verlassen täglich bis zu zehn Busse Skopelos und fahren mit Zwischenstopps rund um die Insel nach Glossa/Loutraki (55 Min.). Es gibt zahlreiche Autovermietungen, eine umweltfreundlichere Alternative wären E-Bikes von Skopelos Cycling.

Rund um Skopelos

Mit der Fähre geht's nach Alonnisos, um Delfine und Robben zu erspähen sowie schöne Strände und faszinierende Ortschaften zu entdecken.

TOP TIPP

Außerhalb der Saison sind Ausflüge auf die ruhige Insel Alonnisos eine Herausforderung. Im Juli und August werden auf der Insel höhere Gänge eingelegt, während in den überraschend strengen Wintermonaten viele Inselansässige nach Athen flüchten.

Alonnisos, die wildeste der bewohnten Sporaden, erhebt sich mit ihren Bergen voller Aleppo-Kiefern, Kermes-Eichen, Mastixsträuchern und Erdbeerbäumen, Weinbergen sowie Oliven- und Obstbäumen aus dem Meer. Überall duften Wildkräuter. Die Küste im Westen und Norden ist steil und felsig, der Osten ist mit verführerischen Buchten und Sand-Kiesel-Stränden gespickt, alle liegen geschützt in dem unberührten 2260 km² großen Meeresnationalpark von Alonnisos.

Der ursprüngliche (zwischenzeitlich wiederhergestellte) Hauptort Alt-Alonnisos wurde 1965 durch ein Erdbeben erschüttert. Daraufhin zogen die Bewohner:innen nach Patitiri um, dem heutigen malerischen Haupthafen und Knotenpunkt der Insel. Die einzige weitere richtige Siedlung ist das liebliche Dorf Steni Vala, 11 km nordöstlich von Patitiri.

Küste unweit Patitiri (S. 518)

MILAN GONDA/SHUTTERSTOCK ©

MÖNCHE DES MEERES

Einst bevölkerten sie Hunderte von Kolonien im Schwarzen Meer, im Mittelmeer und an der afrikanischen Atlantikküste, heute existieren nur noch ca. 500 Mittelmeer-Mönchsrobben. Die Hälfte davon lebt rund um Griechenland.

Die Mittelmeer-Mönchsrobbe, eines der seltensten Säugetiere der Welt, gehört zu den 20 gefährdetsten Arten weltweit. Glücklicherweise werden heute nicht mehr so viele Robben wie früher getötet. Man hat eingesehen, dass durch den Schutz der Robben sich auch die Fischbestände besser erholen. Die Schutzmaßnahmen nehmen zu; 2015 stufte die Weltnaturschutzunion IUCN den Bedrohungsgrad dieser Art von „vom Aussterben bedroht" auf „stark gefährdet" hinab. Dennoch bleibt noch viel zu tun.

In den Hafen von Patitiri

NAUTIK UND NATUR

Patitiri („Weinpresse"), der Hauptort und -hafen von Alonnisos, liegt zwischen mit Kiefern bewachsenen Sandsteinklippen. Der an der lang gestreckten Uferpromenade gelegene moderne Ort ist nicht besonders reizvoll, er hat aber eine nette Kulisse und einen kleinen Kieselstrand vorzuweisen.

Patitiris ausgezeichnetes **Stadtmuseum** beherbergt alte Seekarten, traditionelle Inseltrachten, eine beeindruckende Sammlung von Freibeuterwaffen und eine interessante Ausstellung über den Widerstand während des Kriegs. Unbedingt sehenswert ist das tolle **Infozentrum MOM** am Hafen, wo man alles über die seltenen, unter Schutz stehenden Mittelmeer-Mönchsrobben erfährt. Es werden Videos mit englischen Untertiteln gezeigt, auch setzt sich das Team für weniger Plastik auf der Insel ein.

Zurück in die Zeiten des Alten Alonnisos

HISTORISCHE HÄUSER UND EINSAME BADESTELLEN

Alt-Alonnisos an der Südwestspitze der Insel ist ein reizendes Dorf auf einem Hügel mit Rundumblick über die Küste, traditionellen Häusern und Kopfsteinpflastergassen, die von einem zentralen Platz abgehen. Nach dem verheerenden Erdbeben von 1965 wurde das Dorf zugunsten von Patitiri aufgegeben, ist seitdem aber sorgfältig in Stand gesetzt worden. Am Dorfplatz steht eine im 17. Jh. aus rauem Stein errichtete Kirche, deren Ursprung auf das 12. Jh. zurückgeht.

Östlich von Alt-Alonnisos führt eine steile Straße 2 km hinunter zum beliebten **Megalos Mourtias**, einem schön geschwungenen Kieselstrand mit tollem Blick auf Euböa. Vom Dorf geleiten eine 2 km lange unbefestigte Straße und ein guter Fußweg Richtung Süden hinunter zu dem ruhigen, abgeschiedenen Sand-Kiesel-Strand Mikros Mourtias.

UNTERWASSERWUNDER

Wer von der Meereswelt rund um Alonnisos begeistert ist, sollte zur Insel **Zakynthos** (S. 564), wo man die bedrohte Unechte Karettschildkröte sehen kann. Es ist die letzte große Meeresschildkröten-Kolonie in Europa.

Meeresnationalpark Alonnisos

DIE RETTUNG DER MÖNCHSROBBE

In einem Land, das nicht gerade für wegweisende Ökologie bekannt ist, ist der größte Meerespark Europas (2260 km²) ein willkommenes Zeichen. Der **Meeresnationalpark Alonnisos – Nördliche Sporaden** wurde 1992 mit dem Ziel ins Leben gerufen, die gefährdete Mittelmeer-Mönchsrobbe und mehrere seltene Meeresvögel zu schützen. Im Sommer werden von Alonnisos und Skopelos aus ganztägige Bootstouren durch den Park angeboten, dessen Meeresboden mit Sauerstoff produzierenden

ÜBERNACHTEN AUF ALONNISOS

Hotel Liadromia
Von handbestickten Vorhängen bis zu Vintage-Möbeln: Dieses Hotel in Patitiri verströmt viel Flair. **€€**

Konstantina Studios
Eine der schönsten Bleiben in Alt-Alonnisos. Ruhige Boutiquestudios inmitten von nach Lavendel duftenden Gärten im unteren Dorf. **€€**

Ilya Suites
Am Glyfa-Strand. Gewagtes weißes Design, Balken an den Decken, schicke Küchen und Terrassen mit Blick aufs Meer. **€€€**

MILAN GONDA/SHUTTERSTOCK ©

Alt-Alonnisos

Neptungräsern bewachsen ist. Die scheue Mönchsrobbe lässt sich nur selten blicken, aber vielleicht sieht man Delfine (drei Arten), Schildkröten, Eleonorenfalken oder Wale.

Schwimmen & Tauchen auf Alonnisos

BESTE STRÄNDE UND TAUCHSPOTS

Am **Kokkinokastro-Strand**, der herrlich gold-weißen Strandsichel aus Kieseln und Sand 6 km nordöstlich von Patitiri, befand sich einst die heute im Meer versunkene Stadt Ikos – die Ruine der Festungsmauer ist noch immer zu erkennen. Der **Leftos-Gialos-Strand** (7 km nordöstlich von Patitiri), ein weißer Kieselstrand mit tieftürkisgrünem Wasser, ist mit ein paar Sommertavernen gesegnet und wird von mit Kiefern dicht bewachsenen Landzungen eingerahmt. Der spitz zulaufende **Agios Dimitrios**, 5,5 km nordöstlich von Steni Vala, bietet in der Saison einen Foodtruck und *domatia* (Zimmer in Privathäusern). Der schöne Strandabschnitt besteht aus weißen Kieselsteinen.

Eines der alten Segelschiffe, die auf dem flachen Meeresboden rund um die Insel entdeckt wurden, ist das **Peristera-Schiffswrack** aus dem 5. Jh. Es gehört zu den Größten aus der Klassischen Ära mit 3000 Amphoren. Auf den Tauchgängen bekommt man vielleicht auch Delfine, Seebrassen, Zackenbarsche, Kraken und mehr zu sehen. Das **Triton Dive Center** und **Ikion Diving** sind renommierte Tauchschulen.

BESTE RESTAURANTS AUF ALONNISOS

Archipelagos
In der hervorragenden Hafentaverne in Patitiri treffen sich die Einheimischen gern und bestellen Runde um Runde *mezedhes*. €

To Kamaki Ouzerie
Der bodenständige Liebling der Einheimischen in Patitiri lockt mit frischem Fisch, köstlichen vegetarischen Gerichten und ausgezeichneten *mezedhes*. Am Wochenende finden Bouzouki-Sessions statt. €€

Hayiati
Tagsüber freundlicher *glykopoleio* (Süßwarenladen), abends Pianobar. Am südlichsten Rand von Alt-Alonnisos. €

Astrofegia
Das Restaurant erreicht man vom Dorfeingang von Alt-Alonnisos über eine Gasse nach oben. Rot-weiß karierte Tischdecken, freundlicher Empfang und Weinranken. €€

Dendrolimano
Schickes Restaurant mit griechisch-italienischer Küche. Von der hübschen Terrasse am Hang hat man einen tollen Blick auf die blaue Bucht von Votsi. €€

UNTERWEGS VOR ORT

Von Patitiri, dem Haupthafen von Alonnisos, fahren Fähren nach Volos auf dem Festland, nach Skopelos und Skiathos sowie von Mitte Juni bis Mitte September nach Skyros und Kymi (Euböa). Von Oktober bis April gilt ein eingeschränkter Fahrplan.

Ab der Bushaltestelle am Hafen fahren Busse von/nach Alt-Alonnisos (10 Min.) von Juni bis September mindestens stündlich, der 2,5 km lange Fußmarsch dauert 40 Minuten. Im Sommer starten Strandbusse in Patitiri gegen 10 Uhr, kehren gegen 16 Uhr zurück und fahren täglich Orte im Norden an.

SKIATHOS

Skiathos
Athen

Skiathos, die erschlossenste Insel der Sporaden, ist mit einigen der schönsten weißen Sandstrände der Ägäis und mit duftenden Pinien und Olivenbäumen bewachsenen Hügeln gesegnet. Die Strände an der Südküste sind gesäumt von ummauerten Ferienhäusern, Hotels und Apartments. Wenn sich im Sommer die Insel mit sonnenhungrigen Griechen und Nordeuropäern füllt, steigen die Preise ins Astronomische und freie Zimmer sind Mangelware. Wer sich aber auf die Suche nach eleganten Klöstern, versteckten Kirchen und Wanderwegen in den Bergen von Skiathos begibt, wird dennoch das Wesen der Insel kennenlernen.

Skiathos-Stadt erstreckt sich sanft über kleine Hügelchen an der Südostküste und ist das Zentrum und der Fährhafen der Insel, mit Hotels, Galerien, Reisebüros, Tavernen, Geschäften und Bars am Wasser und an der kopfsteingepflasterten verkehrsfreien Zone Papadiamanti. Abseits der Hauptstraße wird's aber schnell ruhiger. Die autofreie Altstadt am Hügel oberhalb des schönen alten Hafens gegenüber dem mit Pinien bewachsenen Inselchen Bourtzi konnte sich mit ihren weiß getünchten Gassen, winzigen Plätzen und himmelblauen Türen viel von ihrem typisch griechischen Charme bewahren.

TOP TIPP

Das Ehepaar George und Dina bietet grandiose Segeltörns auf ihrer 12 m-Yacht *Argo III* in den Gewässern zwischen Skiathos und Alonnisos an (inkl. Mittagsbüffet). Stehpaddeln, Schnorcheln und Delfine beobachten gibt's gratis dazu.

Hafen, Skiathos

Kunst & Althergebrachtes

IN DIE VOLKSKUNDE VON SKIATHOS EINTAUCHEN

Die Erkundung des volkstümlichen Skiathos beginnt im **Skiathitiko Spiti Museum** in der Altstadt, direkt südlich der Papadiamanti. Das hübsche, traditionelle Steinhaus aus dem frühen 10. Jh. ist vollgestopft mit Hinterlassenschaften von mehreren Generationen. Die sachkundige Familie Papadopoulis hat das Haus mit viel Liebe in ein faszinierendes zweistöckiges Museum verwandelt. Sie führt Interessenten gern herum und bietet sogar ein Gläschen Wein an.

Als nächstes steht das literarische Erbe der Insel auf dem Programm. Alexandros Papadiamantis, der griechische Roman- und Kurzgeschichtenautor des 19. Jhs., wurde auf Skiathos geboren. Er gilt als Vater der modernen griechischen Literatur. Sein Werk schöpft aus dem harten Leben der Inselansässigen, mit denen er zusammen aufwuchs. Sein schlichtes, weiß getünchtes Haus mit Holzfußböden stammt von 1860 und beherbergt heute das kleine, reizende **Papadiamantis-Hausmuseum**. Es befindet sich nur ein paar Schritte östlich des Skiathitiko Spiti und zeigt Bücher, Gemälde und Fotos des Schriftstellers und seiner Familie.

Ein paar Gehminuten südlich von hier in Richtung Meer befindet sich ein sehr spezielles Geschäft. Es ist rappelvoll mit

BESTE RESTAURANTS IN SKIATHOS-STADT

Kaburelias
Beliebte, geschäftige, fest etablierte Taverne am Wasser mit blauen Tischdecken und einer grandiosen Auswahl an *mezedhes*.

O Batis
Viel besuchte, alteingesessene Fischtaverne an dem Weg oberhalb des alten Hafens. €

Marmita
Elegant-kreative mediterrane Speisen. Das Brot kommt in Holzkästchen auf den Tisch, und es gibt auch eine Auswahl an guten griechischen Weinen. €€

Ergon
Dieser Deli ist ein fest etablierter Liebling für neumodische Kaffeezubereitungen und internationale Frühstücksgerichte mit griechischem Touch. €€

Taverna Akrogiali
Das Akrogiali in beneidenswerter Lage am Meer, 300 m östlich vom neuen Hafen, ist der Klassiker der Stadt für frischen Fisch und frisches Seafood. €€

ÜBERNACHTEN IN SKIATHOS-STADT

Skiathos House
Liebevoll restauriertes Stadthaus mit nach hinten gelegenem Palmengarten in superzentraler Lage. €

Mouria Hotel
Hübsche, zentral gelegene und effizient geführte Unterkunft mit Blumen geschmücktem Hof und Terrassen-Taverne. €€

Bourtzi Boutique Hotel
Das schicke Bourtzi bietet schnörkellose moderne Zimmer, die sich um einen einladenden Pool gruppieren. €€€

KATZENFREUNDLICHES SKIATHOS

Olivia Tessier, ehrenamtliche Mitarbeiterin der Skiathos Cat Welfare Association, hat eine Liste mit ihren katzenfreundlichen Lieblingslocations erstellt. *skiathos-cats.org*

Admiral Benbows Bar
Das nette Lokal steckt das Trinkgeld in eine Box für Tierspenden.

Ammos by Kitty
Schöner handgefertigter Schmuck. Man kann die auf den Stufen liegenden Katzen streicheln.

Taverna Anemos
Die Taverne mit tollem Blick auf den alten Hafen versorgt streunende Katzen mit Trinkwasser.

Little Balcony
Authentische Souvlaki- und Gyrosgerichte werden auf dem Balkon des Restaurants serviert. Spenden für Tiere werden gern gesehen.

Anemoni Beach Hotel
An der Uferpromenade vom Megali Ammos. Das Hotel in Familienhand unterstützt das Katzen-Kastrationsprogramm.

Johnny's Skiathos
Familientaverne in Kanapitsa mit netten Katzenhotels im Garten.

Moni Evangelistrias

handgemachtem Schmuck und ungewöhnlichen Antiquitäten wie Teppiche aus dem 20. Jh. und Spinnstöckchen aus dem 19. Jh., die vom Bräutigam für seine Braut angefertigt wurden. Die Sammlung in der **Galerie Varsakis** kann es mit denen der besten Volkskundemuseen Griechenlands aufnehmen. Im Obergeschoss gibt es eine große Sammlung mit fantasievollen Gemälden in Öl auf Blattgold des Eigentümers Harris Varsakis. Ab den 1970er-Jahren malte er griechische Mythen und raffgierige Griechen aus der Politik.

Bootstouren, Tauchen & Wandern

VON TIEFTAUCHGÄNGEN BIS ZU BERGTREKS

Von etwa Mai bis Oktober unternehmen Ausflugsboote halb- und ganztägige Touren rund um die Insel, normalerweise vorbei an Kastro, dem **Lalaria-Strand**, dem **Trypia Petra** (Lochfelsen) und den beiden *spilies* (Höhlen) **Skotini** (Dunkle Höhle) und **Galazia** (Blaue Höhle); außerdem steht ein Badestopp an. Einige Touren gehen weiter nach Skopelos und manchmal auch nach Alonnisos. Auf die Infotafeln am alten Hafen achten. Vom alten Hafen fahren auch Wassertaxis nach **Koukounaries**, **Achladies Bay** und **Kanapitsa** sowie zur vorgelagerten Insel **Tsougria**. Im neuen Hafen liegen Boote für private Tagestrips.

Die kleinen Inselchen vor der Südküste von Skiathos warten mit tollen Tauch- und Schnorchelspots auf. Hiesige Tauchschu-

ANDERSWO ÜBERNACHTEN & ESSEN AUF SKIATHOS

Achladies Apartments
Ein umweltfreundliches Schildkrötenschutzgebiet in der Achladies Bay mit einem Sukkulentengarten bis zum Sandstrand. **€€**

Atrium Hotel
Schicker Mix aus von Klöstern inspirierter Architektur und beruhigendem modernem Design am Paraskevi Beach. **€€€**

Exantas
Auf der rustikal-schicken Terrasse über dem Strand Megali Ammos wird elegante griechische Küche serviert. **€€€**

len bieten Schnuppertauchgänge, Open-Water-Kurse und Tauchgänge für Leute mit Tauchschein an. Auch Schnorchelausflüge stehen auf dem Programm. Zu den renommierten Tauchschulen gehören am Koukounaries das **Skiathos Diving Center**, am Tzaneria-Strand **Dolphin Diving** und in Skiathos-Stadt das PADI-zertifizierte **Octopus Diving Centre**.

Wandernd sind auf Skiathos Orte zu erreichen, die die meisten nie zu Gesicht bekommen. Zum Zeitpunkt der Recherche waren 26 Strecken kartografiert, nummeriert und ausgeschildert. Der alteingesessene Insulaner Ortwin Widmann (www.hikingskiathos.com), in dessen ausgezeichnetem Buch *Skiathos – Wandern im Paradies der Ägäis* (erhältlich in Buchläden auf der Insel) alle Wanderungen vorgestellt werden, bietet im Mai, Juni, September und Oktober geführte Wanderungen an. Eine besonders beliebte Wanderung ist die anspruchsvolle, 12 km lange, vierstündige Rundtour (Route 18) vom Moni Evangelistrias zum **Kap Kastro** mit Rückkehr über Agios Apostolis.

Unterwegs auf der Insel

HONIGFARBENE STRÄNDE UND HISTORISCHE STÄTTEN

Mit 65 Stränden kann Strand-Hopping auf Skiathos zum Fulltime-Job werden. An der Südküste verkehren Busse. Sie halten an 26 Strandzugängen. Letzter Halt ist Koukounaries im Südwesten, von wo aus man zu den beiden beliebten Banana-Stränden kommt. Die Strände an der Nordwestküste sind urwüchsiger. Hier bläst im Sommer aber der *meltemi* (trockener Wind aus Norden). Auch auf vorgelagerten Eilanden wie Tsougria (von Skiathos-Stadt per Wassertaxi zu erreichen) gibt's tolle Strände.

Das auf einem Hügel gelegene **Moni Evangelistrias** aus dem 18. Jh. mit einer von drei Kuppeln gekrönten Kirche (5 km nördlich von Skiathos-Stadt) diente im Unabhängigkeitskrieg Freiheitskämpfern als Zuflucht – hier wurde 1807 zum ersten Mal die griechische Flagge gehisst. Heute stellen mehrere Mönche Wein, Marmeladen und Olivenöl her.

Kastro liegt 9 km nördlich von Skiathos-Stadt auf der felsigen nördlichsten Landspitze der Insel. Ab 1540 diente es als piratensichere Inselhauptstadt, bis es 1829 aufgegeben wurde. In seiner Blütezeit hatte der Ort 20 Kirchen und 500 Häuser. Heute findet man inmitten der restaurierten Ruinen eine Moschee aus der Türkenzeit und vier Kirchen (u. a. die **Christos** aus dem 17. Jh. mit Fresken). Man kann die steile asphaltierte Straße hinabfahren oder -gehen oder sich in Skiathos-Stadt einer Bootstour anschließen.

MELTEMI-WINDE

In Italien werden sie schlechtes Wetter – *mal tempo* – genannt. In Griechenland streuen die *meltemi*-Winde mehr als nur Sand in Cocktails: Sie können dafür verantwortlich sein, dass in der Ägäis Segeltouren unmöglich sind und Fähren nicht fahren können.

Der kühle Wind entsteht durch ein Hoch im Balkanraum und ein Tief über der Türkei. Der Wind bläst im Sommer nachmittags am stärksten. Er pustet aber gelegentlich auch einen ganzen Tag und manchmal sogar eine komplette Woche lang.

Eine gute Seite hat der Wind aber. Man kann wunderbar (wenn manchmal auch nicht ohne Gefahren) windsurfen. Auch macht er die hohen Sommertemperaturen erträglicher.

KATZENBETREUUNG IN GRIECHENLAND

Auf Skiathos wird sich gut um Katzen gekümmert, anderswo im Land kann sich ein anderes Bild zeigen. Mehr über die streunenden Katzen und die Herausforderungen siehe S. 614.

UNTERWEGS VOR ORT

Der Haupthafen von Skiathos ist Skiathos-Stadt mit Verbindungen nach Agios Konstantinos (nur Juni–Sept.), Volos, Skopelos, Alonnisos und im Sommer auch nach Mantoudi (über Skopelos). Die wichtigsten Unternehmen sind Hellenic Seaways, Anes Ferries, Blue Star Ferries und Aegean Flying Dolphins; eingeschränkter Verkehr von Oktober bis April.

Im Juli und August fahren von 7 bis 23 Uhr alle 15 Minuten Busse zwischen Skiathos-Stadt und Koukounaries-Strand (30 Min.), im restlichen Jahr verkehren etwas weniger Busse (Fahrpläne sind an den Haltestellen ausgehängt). Die Busse halten an 26 nummerierten Strandzugängen an der Südküste.

SKYROS

Die größte Insel der Sporaden, das eher ruhige Skyros, erinnert mehr an die Kykladen als an die reich bewaldeten Sporaden. Zudem wirkt Skyros so, als würde es zwei ganz unterschiedliche Inseln vereinen: im Norden kleine schimmernde Buchten, sanft hügeliges Ackerland und Kiefernhaine (sowie ein Luftwaffenstützpunkt), im Süden karge Hügel und eine felsige Küste. In der griechischen Mythologie versteckte sich der junge Achilles auf Skyros. Er soll auf einem Skyros-Pony nach Troja hineingeritten sein; wer Glück hat, sieht diese bedrohten kleinen Pferde in der Wildnis.

Heute verströmt die Insel ein recht schickes Flair, bleibt aber abseits des Rummels. Eine gewisse Rolle spielen dabei die alternativen Kunst- und Wellnesskurse des in britischem Besitz befindlichen Skyros Centre in Atsitsa. Doch die Insel wird auch immer beliebter als Urlaubsziel von Griechen aus Athen und Thessaloniki sowie bei Vogelkundlern, die nach dem schlanken Eleonorenfalken Ausschau halten. Skyros-Stadt ist die wie von Zauberhand auf einen hohen Fels platzierte, entspannte Hauptstadt.

TOP TIPP

Chrysanthi Zygogianni von Feel Ingreece setzt sich für den Erhalt der skyrischen Kultur ein und widmet sich dabei vor allem der Kunst und Natur. Ihr Team organisiert Wanderungen (mit Glück sieht man Skyros-Ponys), Vogelbeobachtungstrips, Tauch- und Bootsausflüge sowie Kurse in Töpfern, Holzschnitzen, Kochen, Sticken, Tanz und Yoga.

0 5 km
Kap Aloni
Bronzezeitliche Ausgrabungsstätte Palamari
Kap Vathy
Katounes
Olympos
Kap Pouria
Molos
Magazia
Ägäis
Atsitsa
Kap Petritsa
Skyros-Stadt
Bares
Klouthoros
Kap Oros
Lino
Aspous
Bucht von Achilli
Bucht von Alyko
Koulouri
Bucht von Pefkos
Mouries Farm
Achilli
Kap Souliotis
Pefkos
Flea
Acherounes
Loutro
Linaria
Kalamitsa
Rinia
Bucht von Kalamitsa
Nyfi
Kochilas
Valaxa
Alonnisos (65 km); Skopelos (80 km); beide nur im Sommer
Kap Limnonari
Dafni
Kap Finari
Kap Exo Myti
Grab von Rupert Brooke
MILITÄRISCHES SPERRGEBIET
Bucht von Tris Boukes
Kap Lithari
Bucht von Renes
Platia
Kap Marmara
Sarakino
Euböa (Kymi; 40 km)

AERIAL-MOTION/SHUTTERSTOCK ©

Magazia-Strand

Skyros-Stadt & ihre Strände

WEISS GETÜNCHTE HÄUSER UND SANDSTRÄNDE

Der sich an einem Felsen nach oben ziehende Hauptort von Skyros wird von einer byzantinisch-venezianischen Festung gekrönt. Ein Labyrinth aus Kopfsteinpflastergassen lädt heute zum Bummeln ein, wurde aber ursprünglich so angelegt, um die Elemente (und Piraten) fernzuhalten. **Agoras**, die Hauptstraße des Orts, ist gesäumt von einem quirligen Durcheinander von Tavernen, Bars, kleinen Geschäften und Kunsthandwerksstätten. Von hier zweigen auch zahlreiche verschlungene Gassen ab.

Das 962 gegründete byzantinische **Agios-Georgios-Kloster** (St. Georg), das auch heute noch ein Kloster ist, thront innerhalb der unteren Mauern der byzantinisch-venezianischen Festung über Skyros-Stadt. Die für die Öffentlichkeit zugängliche Kapelle aus dem 17. Jh. beherbergt eine reich verzierte, vergoldete Chorschranke und verblasste Fresken aus dem 18. Jh.

Etwa 100 m den Berg hinauf und nördlich der Plateia (Hauptplatz) biegt die Agoras nach links und führt im Zickzack hinauf zur Plateia Rupert Brooke. Von hier geleitet ein breiter Steinweg 1 km hinunter zum **Magazia-Strand**. Am südlichen Ende eines langen, grau-braunen Sandstrands unterhalb von Skyros-Stadt befindet sich der ruhige Ferienort **Magazia**, ein kompaktes weiß getünchtes Labyrinth aus kurvigen Kopfsteinpflastergassen mit Jasmin, Bougainvilleen und Oleander. Die Gebäude wurden ursprünglich als Lagerhäuser für Olivenöl, landwirtschaftliche Erzeugnisse und Trockengüter genutzt.

Das einst verschlafene **Molos** am nördlichen Ende des Strands, das inzwischen in Magazia übergeht, hat mittlerweile selbst

WARUM ICH SKYROS LIEBE

Helena Smith,
Lonely Planet Autorin
helenasmith.co.uk

An dieser Insel ist etwas Wildes, Offenes und Künstlerisches, das mich gleich beim ersten Mal faszinierte, als ich durch die kopfsteingepflasterte, von Weinreben gesäumte Hauptstraße von Skyros-Stadt auf dem unglaublichen, an eine Pyramide erinnernden Berg spazierte. Ich wohnte in einem winzigen Märchenhaus mit geschnitzter Holzgalerie. Mein volkskundliches Interesse wurde in dem außergewöhnlich schönen Faltaïts Museum befriedigt, wo ich mir ein Kissen mit einem traditionellen Granatapfelsymbol kaufte, das ich bis heute wie einen Schatz hüte. All dies zusammen mit Traumstränden, leckeren *mezedhes* und kleinen wilden Pferden hatte mich begeistert – und tut es noch immer.

ÜBERNACHTEN & ESSEN IN SKYROS-STADT

Nicolas Pension
Die nette Pension ist nur fünf Gehminuten vom Zentrum entfernt. Einige Zimmer verfügen über traditionelle holzgeschnitzte Schlaflofts. **€**

Nefeli Hotel
Die schick gestalteten, modernen Zimmer mit skyrischen Balkonen sind rund um einen riesigen Meerwasserpool angeordnet. **€€**

O Pappous Kai Ego
Das Lokal ist für seine skyrischen *dolmadhes* mit einem Hauch von Ziegenmilch bekannt; auch die anderen *mezedhes* sind köstlich. **€**

BESTE RESTAURANTS AUF SKYROS

Stefanos Taverna
Am Südende von Magazia können Gäste auf der Strandterrasse relaxen und Wildgemüse und frischen Fisch genießen. €

Oi Istories Tou Barba
Panoramablicke auf Skyros-Stadt bietet die beliebte Terrassentaverne oberhalb des nördlichen Endes von Magazia. €

Marigo
Das elegante Hafenrestaurant in Linaria hat sich auf skyrische Gerichte wie *dolmadhes* und *fava* spezialisiert. €

Stamatia's Taverna
Die Taverne mit Blick über die von Pinien gesäumte Pefkos-Bucht serviert grandiose Tagesspecials. €

Taverna Mouries
Köstliche Inselküche auf Grundlage von Bio-Produkten aus eigenem Anbau; in Sichtweite der skyrischen Pferde auf dem Hof der Familie. €

Taverna Agios Petros
Rustikale Taverne inmitten von Weinreben und einem Pinienhain beim Agios-Petros-Strand im Norden von Skyros. €

Ktima Atsitsa
Das von Pinien beschattete Boho-Café in Atsitsa in gehobener Lage am Meer serviert Bio-Kost. €

Linaria

einige Tavernen, Bars und Unterkünfte zu bieten. Hinzu kommen als Wahrzeichen eine Windmühle (heute eine Bar) und eine aus dem Fels gehauene Kirche. Im Sommer ist an beiden Stränden für Skyros-Verhältnisse viel los.

Die skyrische Kultur entdecken

GESCHNITZTE REGALE VOLLER SCHÄTZE

Skyros hat eine florierende Gemeinde von Kunstschaffenden aus den Bereichen Töpfern, Malen, Bildhauen, Sticken und Schmuckherstellung. Die Kunstszene der Insel geht auf die byzantinische Zeit zurück. Damals arbeiteten Freibeuter mit skrupellosen Inselansässigen zusammen, deren Häuser buchstäblich zu Galerien wurden, in denen die Beute von Handelsschiffen ausgestellt wurde, u. a. Keramikteller und Kupferschmuck aus Europa, Nahost und Kleinasien. Heute sind in fast jedem Haus auf Skyros ähnliche Gegenstände zu finden. Am schönsten werden sie in regionaltypisch geschnitzten Holzregalen ausgestellt, Kunsthandwerker:innen auf der Insel halten die traditionellen Künste am Leben.

Das unbedingt sehenswerte **Manos & Anastasia Faltaïts Museum** ist in einer Villa aus dem 19. Jh. untergebracht. Es erzählt in einem mehrgeschossigen Labyrinth aus skyrischen Trachten, Stickereien, alten Möbeln, Keramiken, Dolchen, Kochtöpfen, historischen Dokumenten und alten Fotos von der Mythologie und dem Volkstum der Insel. Zudem gibt es eine Sammlung von Schriften des herausragenden Journalisten

ANDERSWO ÜBERNACHTEN AUF SKYROS

Antigoni Studios
Die elegant eingerichteten Wohnstudios mit Küche sind nur drei Gehminuten vom Meer entfernt am Südrand von Magazia. €

Perigiali Hotel
Lokale Stickereien schmücken die Zimmer des schattig gelegenen Perigiali, das sich herrlich abgeschieden anfühlt, obwohl es nahe Magazia liegt. €€

Pegasus Studios & Apartments
Ansammlung von behaglichen, ordentlichen Apartments in Linaria inmitten von Palmen und einem grünen Garten. €

Konstantinos Faltaïts, des Vaters des Künstlers Manos, der das Museum gründete und dessen farbenfrohe und sinnliche Gemälde im ganzen Haus zu sehen sind.

Neben mykenischen Töpferwaren und Schmuckstücken, die nahe Magazia gefunden wurden, beherbergt das **Archäologische Museum** in Skyros-Stadt Gefäße und Gegenstände aus der Bronzezeit von Grabungen in Palamari (S. 527) – interessant sind besonders die Keramiktassen mit zwei Henkeln und der Kopf eines importierten Kultbilds aus frühkykladischer Zeit. Das schöne Hofmuseum zeigt auch die Inneneinrichtung eines traditionellen skyrischen Hauses, die vollständig aus dem Haus des Mäzens hierher gebracht wurde.

Unterwegs auf der Insel

EINE ALTE STÄTTE UND WINZIGE PFERDE

Linaria, der nette, recht moderne Hafen von Skyros, versteckt sich in einer kleinen Bucht mit schaukelnden Fischereibooten und ein paar beschaulichen Tavernen und *ouzerien* 10 km südwestlich von Skyros-Stadt. Wenn die Achilleas-Fähre einläuft und Traveller den Hafen überfluten, ist kurzzeitig mehr los. Über dem Hafen thront eine weiß gekalkte Kirche. Ein schöner hufeisenförmiger Strand mit gold-braunem Sand schmückt die tiefer liegende **Pefkos-Bucht** (mit dem Auto 6 km nordwestlich von Linaria). Hier befindet sich auch die beliebte Taverne Stamatia.

Östlich von hier, in Richtung Inselzentrum, kann man auf der **Mouries Farm** (skyrian-horses.org) Skyros-Ponys bewundern und in der dazugehörigen Taverne wunderbar essen. Der Hof mit seiner Herde aus 65 Tieren hat sich sowohl der Reinzucht als auch der Öffentlichkeitsarbeit verschrieben. Außerdem wird hier ein Freiwilligenprogramm angeboten.

Am nordöstlichen Ende der Insel befindet sich die faszinierende **bronzezeitliche Ausgrabungsstätte Palamari**, datiert auf den Zeitraum von 2500 v. Chr. bis 1650 v. Chr. Wege winden sich durch eine einst mächtige befestigte prähistorische Küstensiedlung, in deren Nähe frühe mediterrane Handelsrouten aufeinandertrafen. Das Infozentrum bietet eine hervorragende Einführung. Weitere Funde sind im Archäologischen Museum in Skyros-Stadt zu besichtigen.

Im Süden der Insel findet sich das gepflegte **Marmorgrab von Rupert Brooke**. Es liegt in einem ruhigen Olivenhain an der Straße unmittelbar landeinwärts der Tris-Boukes-Bucht, 11 km südöstlich von Kalamitsa. Der englische Dichter starb 1925 an einer Blutvergiftung auf Skyros – im Alter von nur 28 Jahren. Sein berühmtestes Gedicht *Der Soldat* ist auf dem Grabstein eingraviert.

SKYRISCHE PFERDE

Das gefährdete kleine Skyros-Pony wird wegen seiner Intelligenz, seiner Schönheit und seines Sanftmuts geschätzt. In der Antike war die Rasse noch in ganz Griechenland verbreitet – skyrische Pferde sollen den legendären Wagen des Achilles gezogen haben. Doch heute gibt es nicht mal mehr 300 Exemplare weltweit. Eine kleine Minderheit lebt an den Südhängen des Kochilas auf Skyros. Die größten Bedrohungen für die Pferde sind die Kreuzung mit Eseln und der gewaltige Verlust von Lebensräumen aufgrund der Ziegen- und Schafzucht.

Weitere Infos über Zuchtprogramme und Skyros-Ponys in Griechenland bietet die Skyrian Horse Society (skyrianhorsesociety.gr).

KARNEVAL AUF SKYROS

Bei dem wilden Fest vor der Fastenzeit stülpen sich junge Männer Ziegenmasken über und tragen Haarjacken sowie Dutzende kupferne Glöckchen. So ausstaffiert tanzen sie durch Skyros-Stadt, jeder mit einem als skyrische Braut verkleideten Partner. Für weitere Infos über Feste S. 602.

UNTERWEGS VOR ORT

Der Hafen von Skyros ist Linaria an der Westküste. Busse verkehren zwischen Linaria und Skyros-Stadt, Magazia und Molos und sind auf die Abfahrten/Ankünfte der Fähren abgestimmt. Auch die zwischen Skyros-Stadt und dem Flughafen verkehrenden Busse sind an die Flüge angepasst. Autos und Motorräder bekommt man in Skyros-Stadt und in Molos bei Anemos Rent a Car-Bicycle.

Skyros

Euböa

Rund um Skyros

Euböa mit all den Bergstraßen, Stränden und antiken Stätten ist mehr als nur der Ausgangspunkt der Fähre auf die Sporaden.

TOP TIPP

Am 3,5 km östlich von Kymi gelegenen Hafen Paralia Kymis legen die Fähren nach Skyros und im Sommer nach Alonnisos und Skopelos ab. Zu den Abfahrts- und Ankunftszeiten der Fähren fahren Busse von bzw. nach Chalkida.

Euböa, nach Kreta Griechenlands zweitgrößte Insel, wird oft übersehen. Die meisten Traveller steuern von hier gleich die kleineren und auf den ersten Blick verlockenderen Inseln in der Nähe an. Viele sehen die Schönheit der Insel nur aus dem Bus, der zwischen Athen und dem Hafen von Kymi verkehrt. Doch es lohnt sich durchaus, hier etwas Zeit zu verbringen, denn es gibt tolle Bergstraßen, schöne Wanderwege, sanft gewellte Weinberge, bedeutende archäologische Funde und jede Menge nicht überlaufene Strände – dadurch ist die Insel ein beliebtes Ziel der Athener und anderer Griechen vom Festland. Das von Nord nach Süd verlaufende bergige Rückgrat der Insel teilt sie in eine Ostküste mit steilen Klippen und eine sanftere, urlaubsfreundlichere Westküste. Nur eine Hauptstraße verbindet die sehr unterschiedlichen Nord-, Mittel- und Südteile. 2021 gab es aufgrund der vor allem im Nordteil der Insel extrem hohen Temperaturen verheerende Waldbrände, von denen sich die Region bis heute nicht ganz erholt hat.

Eretria

GEORGIOS KRITSOTAKIS/SHUTTERSTOCK ©

Haus der Mosaike

BESTE WEINGÜTER AUF EUBÖA

Bei den immer beliebteren Weinen von Euböa glänzen einzigartige heimische Rebsorten, von denen einige vor dem Verschwinden gerettet werden konnten. Mehrere Weingüter der Insel haben ihre Tore geöffnet und bieten Führungen und Weinverkostungen an. **Evia Adventure Tours** in Eretria unternimmt Weinexkursionen. Ganz im Süden findet in der Stadt **Karystos** im Sommer ein ausgesprochen unterhaltsames Weinfest statt.

Empfehlenswert sind **Lukas Winery** (Malakonta), **Avantis Wine Estate** (Mytikas), **Vriniotis Winery** (Gialtra) und **Montofoli Estate** (Karystos).

Das antike & moderne Eretria erkunden

SCHÄTZE AUS DER ANTIKE

Eretria, 20 km südöstlich von Chalkida (das kaum etwas zu bieten hat), ist der erste interessante Ort auf Euböa für vom Festland kommende Reisende mit regelmäßigen Fährverbindungen nach Skala Oropou. Gegründet um 750 v. Chr. wuchs er zu einer bedeutenden Seestadt heran, bis er im 1. Jh. v. Chr. zerstört wurde. Heute besticht das Örtchen mit einem kleinen Fischereihafen und einer touristischen Promenade mit lebhaften Tavernen, Freiluftcafés und Strandbars. Außerdem beherbergt das Städtchen im antiken Eretria einige der wichtigsten archäologischen Funde Euböas.

Das **antike Eretria** war eine Seemacht mit einer bemerkenswerten Philosophieschule. Es wurde 87 v. Chr. durch den römischen Feldherrn Sulla zerstört. Die kargen, aber interessanten Ruinen liegen über den Ort verstreut – eine Karte gibt's im Archäologischen Museum. Südwestlich der alten Akropolis befinden sich die Überreste eines Theaters aus dem 5. Jh. v. Chr. und eines Tempels aus dem 4. Jh. v. Chr. Am faszinierendsten ist das **Haus der Mosaike** (370 v. Chr.) mit Mosaiken aus Kieselsteinen, auf denen mythologische Szenen dargestellt sind.

Das spannende **Archäologische Museum Eretria** zeigt die reichen archäologischen Funde, die in Eretria seit dem 19. Jh.

DIESE ANDERE AKROPOLIS

Das Wort Akropolis bedeutet Burgberg und der von Eretria ist ein wunderbares Beispiel. Es ist nun aber auch ein Synonym für den Big Daddy, die **Akropolis in Athen** (S. 62).

ESSEN AUF EUBÖA

La Cubana
In diesem Restaurant unter griechisch-kubanischer Leitung in Eretria kann man direkt am Wasser oder in dem eleganten Speisesaal essen. **€**

Taverna Kissos
Eines der netten, am Bach in Steni gelegenen Restaurants. Aus der Küche kommen geröstete Pilze und *tyropita* (Käsepastete). **€€**

Cavo d'Oro
In diesem fröhlichen, an einer Gasse gelegenen Restaurant ein Stückchen zurückversetzt vom Ufer kann man sich unter die Einheimischen mischen. **€**

PFEIFENDE DORF-BEWOHNER:INNEN

Das winzige „pfeifende Dorf" **Antia** rund 35 km nordöstlich von Karystos ist berühmt für seine in sprachlicher Hinsicht außerordentlich talentierten Bewohner:innen. Sie sprechen *sfyria*, eine der wenigen Pfeifsprachen weltweit. Sie soll in byzantinischer Zeit entstanden sein, um vor Gefahren und Piratenangriffen zu warnen, wobei jeder Ton einem Buchstaben des Alphabets entspricht.

Bis in die frühen 1980er-Jahre wurde die Sprache noch ausgiebig benutzt, doch heute kommunizieren fast nur noch die Alten in Pfeiftönen. Es werden derzeit Versuche unternommen, die Sprache vor dem Aussterben zu retten. Also Ohren auf!

HERACLES KRITIKOS/SHUTTERSTOCK ©

Dimosari-Schlucht

zutage gefördert wurden, mit detaillierten Informationen auf Griechisch und Französisch. Highlights sind die Terrakotta-Darstellung der mythischen Medusa aus dem 4. Jh. v. Chr., deren Locken von der Göttin Athene als Rache für die Tändelei der Medusa mit Poseidon in lebende Schlangen verwandelt wurden, und der tönerne Zentaur von Lefkandi aus dem 10. Jh. v. Chr., der in zwei Teile zerbrochen gefunden wurde.

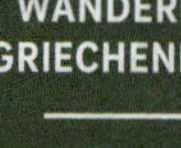

WANDERN IN GRIECHENLAND

Allgemeine Tipps und Infos über Wanderrouten in Griechenland sowie Strecken auf dem Festland und den Inseln, vom Olymp bis hin zur Samaria-Schlucht, stehen auf S. 47.

Wandern auf Euböa

BERGQUELLEN UND DRACHENHÄUSER

Das idyllische Bergdorf **Steni**, 30 km nordöstlich von Chalkida, ist mit seinen sprudelnden Quellen und Schatten spendenden Platanen und Kastanien Ausgangspunkt mehrerer Wander- und Radstrecken, u. a. der beliebten Wanderung auf Euböas höchsten Berg, den **Dirfys** (1743 m), auf dem bis ins Frühjahr in der Regel etwas Schnee liegt. Vom 1120 m hoch gelegenen **Dirfys Refuge** – zu erreichen über eine kurvige 9 km lange Straße nordöstlich von Steni, die letzten 2 km auf einer Staubpiste – sind es steile 7 km zum Gipfel und zurück. Wander-Profis sollten für die Besteigung rund sechs Stunden hin und zurück einplanen.

ÜBERNACHTEN AUF EUBÖA

Diamanto Rooms
Die zehn blitzsauberen, farbenfrohen, altmodischen, preiswerten Zimmer in Eretria werden von der freundlichen Eigentümerin Athina fachkundig gemanagt. **€**

Mousiko Pandoxeio
Zehn Zimmer mit Musikmotto (zwei Suiten mit Whirlpool). Eigentümer und Komponist Tassos Ioannides gibt regelmäßig Musik zum Besten. **€€**

Montofoli Estate
Vier stimmungsvolle Bungalows auf einem historischen Anwesen, Euböas beeindruckendste Unterkunft. **€€**

Der schöne und gute 10 km lange Weg durch die **Dimosari-Schlucht** führt vom Bergrücken des Petrokanalo (950 m) durch das Dorf Lenosei zum Sand-Kiesel-Strand Kallianos. Ein Großteil der Strecke verläuft auf einem Kopfsteinpflasterpfad vorbei an Bächen, Teichen, riesigen Farnen und Wäldern. Man sollte vier Stunden veranschlagen (inkl. Sprung ins kühle Nass!).

Der Gipfel des **Ochi** (1398 m), Euböas dritthöchster Berg, ist gekrönt von geheimnisvollen uralten *drakospita* (Drachenhäusern): Stonehenge-ähnliche Wohnhäuser oder Tempel aus dem 7. Jh. v. Chr., herausgehauen aus mehreren Tonnen schweren Felsbrocken und ohne Mörtel zusammengefügt. Vom am nächsten liegenden Ort **Myli** sind es 7,6 km bis zum Gipfel (3–4 Std.). Wer möchte, kann in der Schutzhütte auf 1000 m Höhe übernachten und zum Sonnenaufgang auf den Ochi wandern (30 Min.).

Bei **Evia Adventure Tours** (eviatours.com) in Eretria gibt's Infos für die Planung von Wanderungen auf Euböa.

Karystos & Umgebung

URLAUBSORT UND VEREINZELTE DÖRFER

Der kleine Urlaubsort an der weiten **Karystos-Bucht** unterhalb des Ochi grenzt an zwei silber-braune Sandstrände. Er ist das Zentrum des südlichen Euböa. Hier leben die freundlichen Einheimischen ohne Hektik in den Tag hinein, sodass man schnell vergisst, wie nahe Athen ist.

Das in Homers *Ilias* erwähnte **Karystos** war in der Zeit des Peloponnesischen Krieges ein mächtiger Stadtstaat. Davon zeugt heute nur noch wenig. Der bodenständige, im Schachbrettmuster angelegte Ort ist Ausgangspunkt für Wanderungen auf den Ochi und durch die Dimosari-Schlucht sowie ein bei Athenern beliebtes Wochenendziel. Am Hafen, an dem abends die Lichter funkeln und Boote im Wasser schaukeln, liegt die **Plateia Amalias**. Ein paar schöne Strände mit weißem Sand und Kieselsteinen erstrecken sich gen Südosten und Südwesten an der Bucht entlang. Das kleine, lehrreiche **Archäologische Museum Karystos** gegenüber der Bourtzi-Festung beleuchtet die lange Geschichte und einstige Macht der Region. Die Ausstellungen mit mehrsprachigen Broschüren zeigen ein weites Spektrum von winzigen neolithischen Tonlampen, die am Ochi gefunden wurden, bis zu Relikten aus den römischen Steinbrüchen der Gegend und einer marmornen Aphrodite aus dem 4. Jh. n. Chr.

Mit einem eigenen Fahrzeug lassen sich die ursprünglichen, entlegenen **Cavo d'Oro-Dörfer** östlich von Karystos in den südlichen Ausläufern des Ochi erkunden, u. a. das hübsche Platanistos (mit Wasserfall und Steinbrücken), Potami (mit Strand und Campingplatz) und das Dorf Antia mit seiner Pfeifensprache.

WALDBRÄNDE

Im August 2021 wurde Nord-Euböa von den schlimmsten Waldbränden in seiner Geschichte heimgesucht. Aufgrund von Temperaturen von bis zu 45 °C und dicken orangefarbenen Rauchwolken mussten 2000 Menschen von den Stränden der Insel evakuiert werden.

Schätzungsweise 50 000 ha Wald wurden von dem Feuer vernichtet, eine auf den Klimawandel zurückzuführende Katastrophe enormen Ausmaßes. Die Gegend wurde nicht nur anfälliger für Überflutungen, die Brände zerstörten auch die Einkommen vieler Dorfbewohner:innen, die von der Harzgewinnung für die Herstellung von Retsina (mit Harz versetzter Wein) und vom Honig der Bienenstöcke in den Wäldern lebten.

Es wird geschätzt, dass es ein Jahrzehnt dauern wird, bis die schwarzen Wälder wieder grün sind, und 20 Jahre, bis in den neu angelegten Wäldern wieder Harz gewonnen werden kann.

UNTERWEGS VOR ORT

Mit dem Festland ist Euböa durch Fähren verbunden, zudem durch zwei Brücken im Hauptort Chalkida an der schmalsten Stelle des Euripos-Kanals.

Von Chalkidas KTEL-Busbahnhof, der sich 2,5 km östlich der alten Brücke befindet, fahren Busse zu Zielen auf Euböa und anderswo. Die zwischen Chalkida und Paralia Kymis, dem Hafen für die Sporaden, verkehrenden Busse fahren entsprechend den Ankunfts- und Abfahrtszeiten der Fähren (2 Std., 8–10 tgl.).

DENNIS VAN DE WATER/SHUTTERSTOCK ©

Oben: Zakynthos (S. 562). Rechts: Palaio Frourio, Korfu-Stadt (S. 538)

IONISCHE INSELN

DIE GRÜNSTEN INSELN GRIECHENLANDS

Vom urbanen Korfu-Stadt bis zu den wilden Hügeln Kefalonias haben die Inseln im Westen jede Menge zu bieten.

Die Ionischen Inseln sind mit ihrem Klima, bewaldeten Bergen und vielen Oliven- und Zypressenbäumen eine mildere, grünere Ausgabe Griechenlands, aber immer noch mit der gleichen herzlichen Tradition der Gastfreundschaft, kristallklarem Wasser und weitläufigen Sandstränden. Venezianische, französische und britische Kolonialherren haben im Laufe der Jahrhunderte die Architektur, Kultur und Küche der Inseln geprägt und zum Lebensgefühl der Ionischen Inseln beigetragen.

Jede Insel hat ihre eigene Landschaft und Geschichte. In Korfu-Stadt sind Pariser Arkaden, venezianische Gassen und italienisch inspirierte Delikatessen und ein mit Kiefern und Olivenbäumen bewachsenes Hinterland, das an das albanische Festland grenzt, zu entdecken. Paxos' italienisch anmutende Küstendörfer sind bildschön und es ist ein Magnet für Jachten und ein Ausgangspunkt für Tagesausflüge zum abgelegenen, malerischen Antipaxos. Lefkada verfügt über einige der schönsten türkisfarbenen Strände Griechenlands und bietet ideale Bedingungen zum Windsurfen.

Kefalonia ist vielleicht die vielseitigste dieser schönen Inseln, mit Weinbergen und hohen Bergen sowie lebhaften, modernen Städten und farbenfrohen historischen Siedlungen. Nur eine kurze Fahrt mit der Fähre entfernt, bewahrt sich das stimmungsvolle Ithaki seine wilden Landschaften und seinen Sinn für Mythen. Im Süden gibt's um Zakynthos Meereshöhlen und Gewässer, in denen es von Schildkröten nur so wimmelt, während Kythira – weit im Südosten der Hauptinselgruppe – verlockende Wanderungen abseits der ausgetretenen Pfade bietet.

DIE WICHTIGSTEN ZIELE

KORFU-STADT
Geschichtlich vielseitig und malerisch S. 538

PAXOS & ANTIPAXOS
Hübsche Hafendörfer mit vielen Jachten S. 547

KEFALONIA
Wilde Berge und interessante Städte S. 554

ZAKYNTHOS
Schildkröten schwimmen in Meereshöhlen S. 562

KYTHIRA
Winzige Dörfer und lange Wanderungen S. 566

Erste Orientierung

Die Ionischen Inseln liegen westlich von Albanien und dem griechischen Festland, mit dem geografischen Ausreißer Kythira im Südosten des Peloponnes, und bieten in der Hochsaison erstklassige Möglichkeiten fürs Inselhopping.

Korfu-Stadt, S. 538

Unbedingt durch die stimmungsvollen Gassen zwischen den beiden Festungen der Stadt schlendern und erstklassige Museen, vergoldete Kirchen und Restaurants entdecken sowie venezianische, französische und britische Architektur erleben.

Paxos & Antipaxos, S. 547

Auf der winzigen, idyllischen Insel Paxos von einem wunderschönen Hafen zum nächsten fahren und einen Ausflug zum noch kleineren Antipaxos machen, wo man ein echtes Schiffswrack sehen kann.

FÄHRE

Fahrten mit Fähren zwischen den Ionischen Inseln sind besonders spektakulär. Fähren verbinden regelmäßig die Ionischen Inseln miteinander, doch außerhalb der Hochsaison sind die Verbindungen eingeschränkt und man muss zum Festland und wieder zurück fahren, um von einer Insel zur nächsten zu gelangen.

AUTO

Die schnellste Art, größere Inseln wie Kefalonia zu bereisen, ist mit dem Auto. Die Straßen in der Region sind oft steil und schlecht instand gehalten und die zentralen weißen Linien sind kaum zu erkennen, sodass ängstliche Fahrende vorsichtig sein sollten.

BUS

Die Busverbindungen in der Region sind etwas dürftig, außer auf Korfu, wo es mehr regelmäßige Verbindungen gibt. Wer einen Fahrplan entziffern kann und jemand anderem das Fahren überlässt, reist stressfreier.

Kythira, S. 566

Winzige Dörfer, Wasserfälle und einsame Buchten auf dieser abgelegenen und verführerisch schönen Insel entdecken, die weit weg von ihren Ionischen Nachbarinseln liegt.

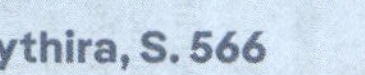

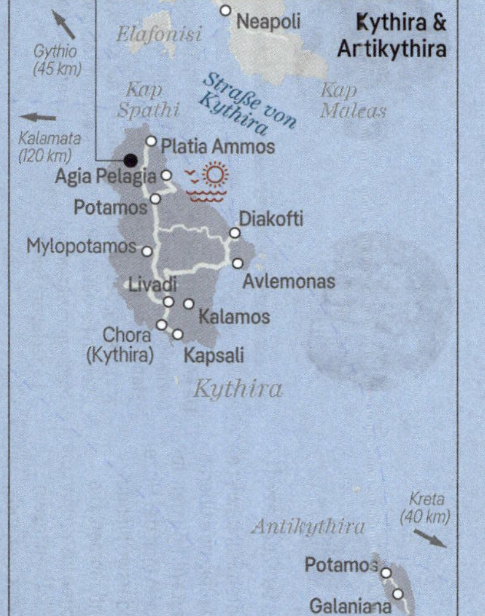

Zakynthos, S. 562

Für diejenigen, die lebhafte Strände bevorzugen, hat der Süden von Zakynthos viel zu bieten. Oder man fährt zu den spektakulären Klippen an der Westküste, wo man eine wilde Insel vorfindet.

Kefalonia, S. 554

Die Köstlichkeiten der Restaurants am Wasser in Fiskardo, dem am besten erhaltenen Dorf der Insel, genießen, dann in den unzähligen herrlichen Buchten tauchen und Kajak fahren sowie durch üppige Wälder wandern.

Ionisches Meer
Lefkada-Stadt
Monastirakion
Paleros
Lefkada
Nydri
Meganisi
Mytikas
Vasiliki
Kalamos
Kastos
Astakos
Fiskardo
Platrithias
Atokos
Ithaka
Assos
Vathy
Kefalonia
Piso Aetos
Agia Evfymia
Sami
Lixouri
Argostoli
Vlahata
Poros
Agios Nikolaos
Zakynthos
Kyllini
Volimes
Kap Tripiti
Zakynthos-Stadt
Straße von Zakynthos
Amaliada
Vasilikos
Keri
Bucht von Laganas
Pyrgos
0
40 km
Kythira (s. Detailplan; 260 km);
Antikythira (s. Detailplan; 290 km)

Perfekte Tage

Wie bei allen griechischen Inseln lohnt es sich, einen Gang runterzuschalten und gemütlich von Insel zu Insel zu reisen und ihre besonderen Atmosphären zu erleben.

BALATE DORIN/SHUTTERSTOCK ©

Korfu-Stadt (S. 538)

Wenn man nur Zeit für eine Insel hat

- Wer nur Zeit für einen Ort in der Region hat, sollte unbedingt nach **Korfu-Stadt** (S. 538) reisen. Hier schlendert man auf den Kopfsteinpflastergassen zwischen den zwei Festungen entlang und genießt die grandiose Aussicht von der von den Venezianern gebauten Festung **Palaio Frourio** (S. 538). Der Alltag im 19. Jh. wird bei **Corfu Living History** (S. 538) zum Leben erweckt. Danach isst man im nahen **Chrisomalis** (S. 540) zu Mittag. Man sollte sich auf jeden Fall Zeit für ein spektakuläres Bad mit Blick auf die Festung am Stadtstrand nehmen und durch die Schmuck- und Kräuterläden in der Altstadt bummeln.

- Zum Schluss trinkt man noch etwas bei Sonnenuntergang auf der Terrasse des **Mikro Café** (S. 540) und spaziert dann gemeinsam mit den Einheimischen durch die **Liston-Arkaden** (S. 538).

VON LINKS: GIANNIS DIMITRAS/SHUTTERSTOCK ©, MELIDIS A/SHUTTERSTOCK ©, KLAUS BRAUNER/SHUTTERSTOCK ©

Beste Reisezeit

Im späten Frühjahr ist es noch ruhig und überall blühen Wildblumen. Im Juli kann man der Hitze anderswo hier gut entkommen: Die Ionischen Inseln sind die kühlsten Inseln Griechenlands.

MÄRZ

Da Korfu lange unter venezianischer Herrschaft stand, ist es nicht verwunderlich, dass Korfu seinen Karneval mit Maskenumzügen und Lagerfeuern feiert.

APRIL

Zu Ostern (manchmal im März) begleiten Musikgruppen die Karfreitagsumzüge auf Korfu, und es werden Töpfe von Balkonen geworfen.

MAI

Überall auf den Inseln blühen Wildblumen, und es ist eine gute Zeit für Wanderungen in den Bergen und an der Küste.

Drei Tage zum Erkunden

● Nach einem Tag auf Korfu nimmt man eine frühe Fähre Richtung Süden nach **Kefalonia** (S. 554). Man genießt ein paar Stunden in dem winzigen, historischen **Fiskardo** (S. 555), zu dessen Attraktionen einige der noch erhaltenen venezianischen Bauwerke und eine ganze Reihe ausgezeichneter Restaurants gehören. Auf der Fahrt von hier gen Süden hält man für ein schönes Bad am **Myrtos-Strand** (S. 556) und danach isst man im modernen **Argostoli** (S. 556) zu Abend.

● Am dritten Tag schaut man im **Korgialenio-Museum für Geschichte & Volkskunde** (S. 556) in Argostoli vorbei und isst dann in dem bei Einheimischen beliebten **Tzivras** (S. 556) zu Mittag. Am Nachmittag genießt man in den Bergen die Schönheit der Insel und zum Schluss noch Tee und Kuchen im **Kastro Café** (S. 557).

Eine Woche oder mehr

● Wanderungen, Ausritte, Höhlen und abgelegene Klöster sind einige der Attraktionen für diejenigen, die mehr Zeit haben, Kefalonia und die traumhaften Strände der **Halbinsel Paliki** (S. 557) zu erkunden. Auf der nahen Insel **Ithaki** (S. 559) kann man auf den Spuren des berühmten Dichters Homer wandeln. Dann geht's weiter Richtung Süden nach **Zakynthos** (S. 562), wo man den Sonnenschirmen und Ferienanlagen entgehen kann, um abgeschiedene Dörfer und steile Kalksteinfelsen zu entdecken.

● Wer länger Zeit hat, sollte den Peloponnes entlangfahren und die Fähre zur malerischen Insel **Kythira** (S. 566) – mit weiß getünchten Kykladenhäusern, charmanten Dörfern und tiefen Schluchten – nehmen.

JUNI

Am 24. wird auf ganz Korfu der Johannistag gefeiert, besonders aber in Mantouki, wo die Feiernden über Feuer springen.

JULI

Auf Zakynthos beginnen die Karettschildkröten zu schlüpfen: Naturschutzorganisationen bringen Schilder mit Hinweisen über den vergrabenen Nestern an.

AUGUST

In Mitata in der Mitte von Kythira findet ein folkloristisches Weinfest statt, bei dem man viele Weine probieren kann.

SEPTEMBER

Die Touri-Ströme nehmen ab, aber das Meer ist immer noch angenehm warm und zum Schwimmen geeignet.

KORFU-STADT

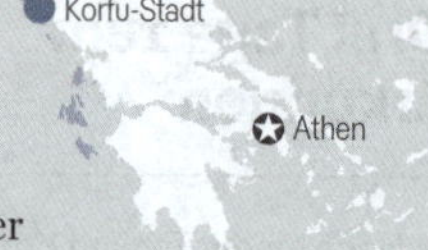

Die historische Stadt Korfu (auch Kerkyra genannt) mit ihrer venezianischen Anmut und Eleganz liegt mittig an der Ostküste der Insel. Der Name Korfu bedeutet „Gipfel" und bezieht sich auf zwei Hügel, auf denen jeweils eine massive Festung steht, die als Bollwerke gegen osmanische Belagerungen errichtet wurden. Zwischen den beiden Burgen befindet sich die Altstadt, ein dichtes Gewirr aus verwinkelten Gassen, einige mit vielen guten Restaurants, lebhaften Bars und faszinierenden Läden, andere urtümliche Nebengassen (ein paar überraschenderweise und stimmungsvoll heruntergekommen) mit Wäscheleinen zwischen den Balkonen. Auch imposante Architektur, z. B. die prächtigen Liston-Arkaden, und erstklassige Museen sowie stolze 39 Kirchen sind hier zu finden.

Tagsüber wuseln Gäste der Kreuzfahrtschiffe und Tagesausflügler durch die Straßen, abends geht es dann in den Amüsiervierteln rund. Korfu-Stadt ist der angesagteste Ort der Ionischen Inseln, wenn es um Essen, Ausgehen und Tanzen geht.

TOP TIPP

Die Altstadt ist voller Läden. Die dichteste Konzentration von Souvenirgeschäften, die die ganze Palette von Amuletten gegen den „bösen Blick" über Gegenstände aus Olivenholz bis hin zu Pashminas und Parfüm anbieten, ist in der engen Filarmonikis zwischen den beiden Hauptkirchen zu finden, originelle Boutiquen sind hingegen in der N Theotoki.

WARUM ICH KORFU-STADT LIEBE

Helena Smith, Lonely Planet Autorin, *helenasmith.co.uk*

Schwalben, die in der Abenddämmerung ihre Kreise ziehen, Gräser, die mit ihren federartigen Köpfen von den ungepflegten rosafarbenen Mauern der venezianischen Villen winken, mitreißende Livemusik in überfüllten Tavernen, in denen man von Einheimischen zum Trinken animiert wird, ein wunderschönes Bad unter einer byzantinischen Festung...

Korfu-Stadt ist kosmopolitisch und kultiviert, kompakt und überschaubar. Es gibt Museen und Galerien, italienisch-korfiotisches Essen und *rembetika* (Blues)-Musik.

Ein Spaziergang durch Korfus Vergangenheit

FRANZÖSISCHE ARKADEN UND HOHE VENEZIANISCHE FESTUNGEN

Die herrschaftlichen, von den Franzosen erbauten **Liston-Arkaden** werden nachts mit Lampen beleuchtet. Sie befinden sich gleich gegenüber dem Felsenkap, auf dem der **Palaio Frourio** steht, der im 14. Jh. von den Venezianern auf der Westseite der Spianada errichtet wurde. Zuvor befand sich hier die gesamte byzantinische Stadt. Nur eine Brücke überspannt den Meerwassergraben. Der Leuchtturm auf dem größeren der zwei Hügel bietet großartige Aussichten. Ein Torhaus beherbergt die kleine byzantinische Sammlung Korfus, und die tempelartige **Kirche des hl. Georg** steht auf einem großen Absatz im Süden.

Die abweisende **Neo Frourio** ist eigentlich nur wenig jünger als die Alte Festung. Das von gewaltigen Mauern umgebene Bauwerk liegt auf einem niedrigen Hügel am Westrand der Altstadt und stammt ebenfalls aus der venezianischen Zeit. Über eine Treppe am westlichen Ende geht es zum Eingang, wo düstere Tunnel und Gänge durch die Mauer führen. Die Wälle dahinter bieten herrliche Aussichten.

Zwischen den Festungen auf der trubeligen N Theotoki wurde das Stadthaus zu dem Museum **Corfu Living History** umgestaltet, das den Alltag einer fiktiven Kaufmannsfamilie aus der Mitte des 19. Jhs. illustriert. Dank engagierter Guides ist der Besuch vergnüglich und informativ, und die Führung endet mit einem Gläschen Rosenschnaps. Südlich der Alten Festung präsentiert das **Archäologische Museum** 16 000 Fundstücke.

SEHENSWERTES
1 Archäologisches Museum
2 Kirche des hl. Spyridon
3 Kirche Panagia Antivouniotissa
4 Corfu Living History
5 Museum für asiatische Kunst (Korfu)
6 Faliraki
7 Liston-Arkaden
8 Städtische Kunstgalerie
9 Neo Frourio
10 St.-Michael-und-Georg-Palast
11 Palaio Frourio

Das Glanzlicht ist ein riesiger Gorgonengiebel (590–580 v. Chr.) vom Artemis-Tempel (Halbinsel Kanoni) in der Nähe.

Kunst & Religion

WUNDERSCHÖNE GALERIEN UND GLITZERNDE KIRCHEN

Das hervorragende **Museum für asiatische Kunst** im Mittelteil des St.-Michael-und-Georg-Palast birgt hinreißende Arte-

ÜBERNACHTEN IN KORFU-STADT

Puppet Guest House
Die wunderbare Pension über einer Bar, die mit Marionetten ausstaffiert ist, hat große, helle Zimmer. Das Frühstück ist ausgesprochen gut. **€€**

Locandieta Guest House
Die schöne, behagliche Pension gleich hinter der Spianada hat Treppen, die mit Treibholz dekoriert sind. Es gibt ein hervorragendes Frühstück. **€€**

Bella Venezia
Die alte klassizistische Villa in einer beschaulichen Straße hat hohe Zimmer und einen schönen Garten, wo auch das Frühstück serviert wird. **€€**

BESTES ESSEN IN KORFU-STADT

To Tsipouradiko
Tolle *mesedes* in einem trubeligen alten Herrenhaus mit Tischen unter einem großen Baum. €

Pane & Souvlaki
Die wohl preiswerteste Option in der Altstadt (die Einheimischen schwärmen davon); mit Tischen auf dem Rathausplatz. €

Chrisomalis
Die traditionelle kleine Taverne besticht durch ihre herzliche Bedienung, und man kann gut Leute beobachten. €

Venetian Well
Ein Restaurant für besondere Anlässe an einem echten venezianischen Brunnen. Ausgezeichnete moderne Gerichte. €€€

Oinos kai Geuseis
Hier genießt man ein Glas Wein und griechische „Tapas". Der perfekte Ort für einen *apéro* mit Freunden. €€

fakte von prähistorischen Bronzen bis hin zu Onyx- und Elfenbeinarbeiten. Eine Galerie gibt einen Überblick über chinesische Keramiken und Schnupftabakfläschchen. Die indische Abteilung zeigt griechisch-buddhistische Figuren, darunter einen Buddha aus blaugrauem Schiefer. In der Japan-Abteilung sind prächtige Samurai-Rüstungen und Noh-Masken zu sehen.

Durch einen schönen Garten gelangt man zum Eingang der **Städtischen Kunstgalerie** an der Ostseite des Gouverneurspalasts. Hier warten ein paar hochwertige byzantinische Ikonen und eine umfangreiche Sammlung von Gemälden korfiotischer Maler:innen, darunter das glitzernde *Night in Corfu* von 1913. Bemerkenswert sind die Arbeiten der Künstler Spyridon und Pavos Prossalendis, eines Vater-Sohn-Gespanns aus dem 19. Jh.

Die schöne, holzgedeckte Kirche **Panagia Antivouniotissa** ist zugleich ein Museum. Sie birgt eine hervorragende Sammlung byzantinischer und postbyzantinischer Ikonen und Artefakte. Die Kirche steht oberhalb einer kurzen, breiten Treppe, die von der Küstenstraße Arseniou hinaufführt, und bietet einen direkten Blick auf die bewaldete Insel Vido.

Gläubige und Tagesausflügler drängen sich gleichermaßen in diesem Wahrzeichen der Altstadt: der **Kirche des hl. Spyridon**. In der kleinen Basilika aus dem 16. Jh. mit ihren prächtigen Fresken ruhen die sterblichen Überreste des Schutzheiligen Korfus, des zypriotischen Hirten Spyridon aus dem 4. Jh. Sein Leichnam, der 1453 von Konstantinopel hierher überführt wurde, liegt in einem kunstvollen, silbernen Sarg und wird an Festtagen durch die Stadt getragen.

Schwimmen, Wandern, Reiten & Boot fahren

IN UND UM DIE STADT HERUM AKTIV WERDEN

Von den Badeplätzen um die alte Festung herum ist der nördlich gelegene Faliraki mit seinem ruhigen Wasser und dem herrlichen Blick auf die Berge und die Festung bei Weitem der beste. Man erreicht ihn durch ein venezianisches Tor aus dem 16. Jh. In der traditionellen Taverne En Plo oder der angesagten Bar Imabari kann man sich stärken.

Corfu Walking Tours (corfuwalkingtours.com) macht sachkundige Führungen durch die Altstadt und darüber hinaus. Beliebt sind kulinarische Touren und Weinverkostungen. **Corfu Walks & Hikes** (walking-corfu.blogspot.co.uk) bietet geführte Wandertouren mit Schwerpunkt auf Flora und Fauna der Insel, auch auf den Gipfel des Pantokrator. Wer gerne Zeit im Sattel verbringt, sollte sich an **Trailriders** (trailriderscorfu.com) wenden, die Reitausflüge durch die Olivenhaine um das Dorf Ano Korakiana, 18 km nordwestlich von Korfu-Stadt, anbieten.

AUSGEHEN IN KORFU-STADT

Mikro Café
In der Altstadt gibt es keinen besseren Ort zum Trinken als die schattige Terrasse dieses geselligen „kleinen Cafés".

Firi Firi – The Beer House
An Terrassentischen am Fuß der Stufen, die hinauf zum Frourio führen, kann man lokale und importierte Biere kosten.

Berdes
Ein einfaches, aber lebhaftes kleines studentisches Lokal, in dem um einen Cafétisch herum Livemusik gespielt wird.

Giebel des Artemis-Tempel, Archäologisches Museum (S. 538)

Vom alten Hafen legen stündlich Boote für die zehnminütige Überfahrt zur winzigen, dicht bewaldeten **Insel Vido**, die sich unmittelbar vor der Küste befindet, ab. Die Insel ist die letzte Ruhestätte von Tausenden serbischen Armeeangehörigen, die im Zweiten Weltkrieg starben. Am Anleger ist eine Taverne, aber wirklich reizvoll ist der 600 m lange Weg über die Insel zu ein paar schönen Stränden. **Ionian Cruises** (ionian-cruises.com) bietet Tagesausflüge mit dem Boot ab dem neuen Hafen zum Festland und zu den Sivota-Inseln, nach Paxos und Antipaxos im Süden oder nach Albanien. Tagestouren von **Sarris Cruises** (sarriscruises.gr) führen zu den antiken Ruinen von Butrint in Albanien, einem UNESCO-Weltkulturerbe.

Königliche Verbindungen

PALÄSTE IN DER NÄHE VON KORFU-STADT

In dem parkähnlichen, bewaldeten **Anwesen Mon Repos**, 2 km südlich der Altstadt um die Bucht herum, befand sich einst die bedeutendste Siedlung, die Palaeopolis. In dem abgeschiedenen klassizistischen Schlösschen, in dem heute das Palaeopolis-Museum untergebracht ist, wurde 1921 Prinz Philip von Griechenland geboren, der später

KUNSTHANDWERKSLÄDEN IN KORFU-STADT

Rolando's
Zarte Ringe mit mythischen Flügeln und „Böser Blick"-Ohrringe; von Rolando handgefertigt.

Sweet'n'Spicy Bahar
Aromatischer Gewürz- und Würzmittelladen, der von einer enthusiastischen griechisch-kanadisch-libanesischen Frau geführt wird.

Icon Gallery
Fantastische Ikonen, die in einer Kunstkooperative handgefertigt werden, sowie Wappenkunst und Antiquitäten.

Papagiorgis
Eine unwiderstehliche Konditorei im alten Stil mit 40 Eissorten, Torten, Keksen und Honig.

Corfu Gallery
Die Galerie verkauft Skulpturen, Gemälde und Kunstobjekte. Die Stücke sind teuer, aber Angucken kostet nichts.

DIE DURRELLS

An der Wand des traditionellen Restaurants Chrisomalis hängen alte Fotos von den Durrells zusammen mit dem Besitzer. Mehr über den Aufenthalt der Durrells auf Korfu findet man auf S. 554.

BESTES VEGANES ESSEN IN KORFU-STADT

Bizou Vegan Cafe & Antiques
Das schrullige Bizou ist vollgestopft mit Antiquitäten (darunter ein Klavier, das für gelegentliche Auftritte genutzt wird) und serviert vegane Gerichte. €

Rosy's Bakery
Rosy verkauft zucker-, gluten- und milchfreies Gebäck, u.a. auch veganes Baklava. €

Aubergine
Ein kleines Restaurant mit einer romantischen Terrasse, das gute vegane Gerichte auftischt: Unbedingt das Kumquat-Eis probieren. €€

INVASIONEN

Die Ionischen Inseln wurden jahrhundertelang besetzt. Ende des 3. Jh. v. Chr. herrschten die Römer über die Inseln. Antonius und Kleopatra speisten am Abend vor der Schlacht bei Actium (31 v. Chr.) auf Paxos, und Kaiser Nero erholte sich auf Korfu. Später hatten die Inseln unter diversen Invasoren zu leiden: dem byzantinischen Reich, den Venezianern, Napoleon (1797), den Russen (1799–1807) und dann nochmals Napoleon.

1815 wurden die Ionischen Inseln zum britischen Protektorat. Die Briten verbesserten zwar die Infrastruktur, bauten Landwirtschaft und Industrie aus, aber Nationalisten kämpften gegen sie. 1864 überließen die Briten die Inseln Griechenland. Im Zweiten Weltkrieg wurden sie von den Italienern und Deutschen besetzt. Ab den 1960ern kamen immer mehr ausländische Traveller und seither blüht der Tourismus.

Achilleion-Palast

die britische Prinzessin Elizabeth (die verstorbene Königin) heiraten sollte. Durch die Wälder führen Wege zu antiken Ruinen, u. a. einem dorischen Tempel oben auf einem kleinen Felsen am Meer. Von der Stadt aus ist es eine halbe Stunde zu Fuß bis Mon Repos, aber von der Spianada fährt auch die Buslinie 21 hierher (alle 20 Min.). Es gibt in der Nähe keine Läden. Proviant und reichlich Wasser muss also mitgebracht werden.

Der **Achilleion-Palast** auf einem steilen Hügel am Meer 12 km südlich von Korfu-Stadt wurde in den 1980er-Jahren als Sommerpalast für die österreichische Kaiserin Elisabeth, die Nichte von König Otto von Griechenland, gebaut. Die zwei augenfälligsten Merkmale des Palastes sind die aufwendig ausgeführte zentrale Treppe, die in geometrischen Fluchten hinaufführt, und die weiten Gartenterrassen mit ihren umwerfenden Aussichten. Innen ist überraschend wenig zu sehen, außer einigen Erinnerungsstücken an Elisabeth, die 1898 in Genf ermordet wurde, und an den deutschen Kaiser Wilhelm II., der den Palast 1907 kaufte und die namensgebende Statue des „siegreichen Achilles" aufstellen ließ.

GRIECHISCHE MIGRATION

Korfu ist seit Langem ein Ort, an dem Menschen aus anderen Ländern an Land gehen, und hier wurde Odysseus auf seiner epischen Heimreise aus dem Trojanischen Krieg angeschwemmt. Mehr über die aktuelle Migration in Griechenland auf S. 598.

UNTERWEGS VOR ORT

Korfus kompakte Altstadt ist überwiegend nur für Fußgänger:innen zugänglich – am besten erkundet man sie zu Fuß. Die Neustadt bietet nur die Inselbus-Haltestelle (15 Min. zu Fuß ab dem Zentrum).

Rund um Korfu-Stadt

Vom Gipfel des Pantokrator bis zu den malerischen Stränden um Paleokastritsa herum: Korfu hat jede Menge wilde und wunderschöne Ecken.

Korfu wurde lange Zeit als ein Idyll dargestellt, ob in den Beschreibungen der Durrells oder den Erzählungen über den Ort, wo der schiffbrüchige Odysseus aufgenommen und dann nach Hause geschickt wurde. Dank diesem Ruf leiden heute Teile der Insel unter den Folgen des Massentourismus, aber das Korfu der Literatur existiert trotz alledem. Man muss nur einmal um die Ecke schippern, über die nächste Landzunge laufen oder sich ins schroffe Inselinnere begeben – und schon sind fruchtbare Äcker und Gärten, von Zypressen bewachsene Berge, Dörfer in schwindelerregender Höhe und sandige Buchten zu entdecken.

Seit dem 8. Jh. v. Chr. wird die Insel wegen ihrer strategischen Lage geschätzt. Armeen kämpften in der Antike um ihren Besitz, und in der Frühzeit des modernen Griechenlands war sie eine Leuchte der Gelehrsamkeit. Die Einheimischen sind noch immer stolz auf ihre intellektuellen und künstlerischen Wurzeln.

TOP TIPP

Man sollte unbedingt die beliebten Tavernen in den Dörfern im Landesinneren wie Pelekas oder die Lokale mit wunderschöner Aussicht auf der Hauptstraße zwischen Lakones und Krini aufsuchen.

Ausblick vom Pantokrator (S. 544)

Rückzugsgebiete in den Bergen & an den Stränden

NÖRDLICHES KORFU

Fährt man Richtung Norden durch Korfu, hat man das Gefühl, wieder in den Zeiten vor dem Massentourismus zu sein. Die Küstenstraße kurvt und schlängelt sich um das Massiv des höchsten Berges der Insel, des **Pantokrator** (906m), und die Landschaft mit den Olivenhainen, die bis zu versteckten Höhlen hinabreicht, wird immer zauberhafter. An vielen der hübschen, kleinen Buchten an der Küste liegt ein reizvolles Dorf oder zumindest eine Taverne. Das großräumige **Volkskundemuseum** in Aharavi gibt mit seinem Sammelsurium aus Ölpressen und Puppen einen vergnüglichen Einblick in das traditionelle Alltagsleben auf Korfu.

Das abgelegene Dorf **Palea Perithia** ist ein ideales Ziel für einen Ausflug in die Berge. Vor nicht allzu langer Zeit wurde das Dorf aus maroden Steinhäusern fast gänzlich verlassen. Heute erwacht es dank Einheimischen, die von zu Hause aus arbeiten können, langsam wieder zum Leben. Mehrere Häuser wurden wieder aufgebaut und in einigen haben sich wunderbare Tavernen eingerichtet. In der **Taverne Palea Perithia**, die seit 150 Jahren ein familiengeführtes Restaurant ist, sind fast alle Gerichte herausragend. Nach dem Essen werden die Wanderschuhe geschnürt und auf geht's über einen der vielen Feld- und Wanderwege, die im Dorf beginnen.

Ein 6,5 km langer Küstenweg führt vom Hafendorf Agios Stefanos zum langen Windsurf-Strand **Avlaki**. Die Wanderung dauert nur 1½ Stunden, aber es empfiehlt sich, Proviant mitzunehmen und einen ganzen Tag an den Stränden zu verbringen.

DIE DURRELLS

Die britischen Autoren Gerald und Lawrence Durrell lebten in den vier Jahren vor dem Zweiten Weltkrieg auf Korfu. Gerald, später ein prominenter Naturforscher, beschrieb das Inselidyll seiner exzentrischen Familie in mehreren liebenswerten Büchern, von denen das berühmteste *Meine Familie und andere Tiere ist.*

Die drei Häuser, in denen sie lebten und die in dem Buch vorkommen, befinden sich alle nördlich von Korfu-Stadt und sind für Besucher:innen nicht zugänglich. Das White House in Kalami jedoch, in dem Lawrence und seine Frau Nancy lebten, während er sein Sachbuch über Korfu (*Prospero's Cell*) schrieb, ist heute ein hübsches Restaurant.

Hauptdrehort für die britische Fernsehserie *The Durrells* war Danilia, ein einst verlassenes, aber nun wiederhergestelltes Dorf, das nur für Gäste des Küstenresorts Grecotel Corfu Imperial zugänglich ist.

Mit Odysseus schwimmen

PALEOKASTRITSA UND DAS NÖRDLICHE KORFU

Der beliebte Badeort **Paleokastritsa**, 23 km nordwestlich von Korfu-Stadt, erstreckt sich über fast 3 km an etlichen kleinen, malerischen Buchten entlang. Dahinter erheben sich schroffe, von Olivenbäumen und Zypressen bewachsene Berge. Richtig schön wird es erst am Ende des Ortes, wo der erschöpfte Odysseus an einem herrlichen, kleinen Strand an Land geschwemmt worden sein soll. Zu den Bootstouren ab dem Anleger gehört auch die Tour Paradise Sunset zu Grotten in der Umgebung.

Das Kloster **Moni Theotokou** aus dem 13. Jh. liegt inmitten prachtvoller Gärten auf einer felsigen Landzunge zehn Minuten zu Fuß vom Strand entfernt. Es hat ein interessantes, kleines Museum und einen Laden, in dem Öl und Kräuter verkauft

ÜBERNACHTEN & ESSEN IM NÖRDLICHEN KORFU

Manessis Apartments
Mit Bougainvillea geschmückte Apartments mit zwei Schlafzimmern, Balkonen mit Meerblick und sehr hilfsbereiten griechisch-irischen Besitzer:innen. **€€**

Melina Bay Hotel
Strahlend neues Hotel unmittelbar unter der Burg und mit einem umwerfenden Blick auf den Hafen von Kassiopi. **€€**

White House
Das absolut hinreißende Restaurant im ehemaligen Haus des Schriftstellers Lawrence Durrell. Die Vorspeisen sind überwiegend griechisch, die Hauptgerichte italienisch. **€€**

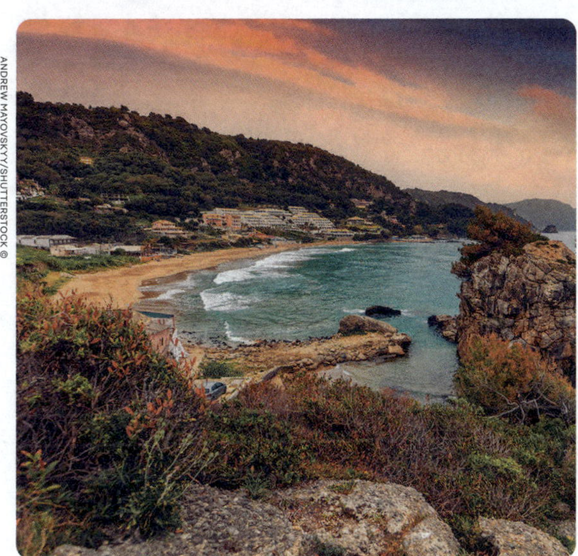

ANDREW MAYOVSKYY/SHUTTERSTOCK ©

Pelekas

werden. Eine ausgedehnte Wanderung oder eine Fahrt Richtung Westen ab Paleokastritsa führt über eine kurvige Bergstraße durch die urtümlichen Dörfer **Lakones** und **Krini**. Ein Nebenweg, der westlich von Krini abzweigt, endet hoch über den Wellen auf einem mächtigen, einsamen Felsen, wo eine breite Steintreppe zur unbezwingbaren, byzantinischen Festung **Angelokastro** hinaufgeleitet. Ihre Wälle sind zwar noch weitgehend intakt, aber zwischen ihnen wachsen nur noch zahllose Wildblumen. Die Aussicht zurück auf Paleokastritsa ist unvergesslich. Weiter gen Norden wird die Küstenlinie sehr viel flacher und die ruhigen Badeorte **Agios Georgios** und **Arillas** haben ihren jeweils eigenen langen Strand.

Sandstrände & Weinberge

VON STRAND ZU STRAND SÜDLICH VON PALEOKASTRITSA

Der Kieselstrand in **Ermones** südlich von Paleokastritsa wurde ziemlich zugebaut, hat aber immer noch einen gewissen Reiz. Das verschlafene, kleine **Pelekas** auf einer bewaldeten Felskuppe 6 km weiter südöstlich ist eine hübsche Ansammlung zartgelber Häuser. Die **Bäckerei Kalimera** verkauft frische Backwaren, und im froschgrünen **Hexenhaus** schräg gegenüber

KORFU FÜR MUSIKFANS

Alkinoos Papagianellis studiert Dirigieren an der Ionischen Universität.

Corfu International Festival
Auf dem neuen Kunstfestival gibt es Barockmusik, Oper, Märsche, Liebeslieder, alte Tragödien, Dance- und Elektromusik.

Ionische Akademie
Im Konzertsaal der Universität finden hochkarätige Veranstaltungen statt, darunter zeitgenössische klassische Konzerte.

Polytechno
Wöchentlich finden in der Location in Korfu-Stadt Konzerte von Studierendengruppen statt, meist ist es Jazz, manchmal aber auch Experimentelles.

St. George, Alte Festung
Die große, nichtliturgische Kirche hat eine hervorragende Akustik. Viele lokale und internationale Musikschaffende haben hier schon Konzerte gegeben.

Lokale Tavernen
In vielen Tavernen treten fantastische lokale Musikschaffende auf, aber man muss lange bleiben, um sie zu hören.

ESSEN IM WESTLICHEN KORFU

Boulis Taverna
Die familiengeführte Taverne in Lakones grillt Wolfsbarsch in Perfektion und bietet einen fantastischen Ausblick vom Balkon. **€€**

Elia Restaurant
Eine unwiderstehliche Taverne am oberen Ende des Weges, der zum atemberaubenden Myrtiotissa-Strand hinabführt. Hier gibt es korfiotische Spezialitäten. **€**

To Stavrodromi
Eine heimelige, nur abends geöffnete Taverne gleich östlich von Pelekas. Zu den Spezialitäten gehören das beste *kontosouvli* (Schweinefleisch, Paprika und Zwiebeln am Spieß). **€**

ÜBERNACHTEN IM WESTLICHEN KORFU

Sunrock Backpackers
Die 30 m vom Meer entfernte Anlage hat Schlafsäle und Doppelzimmer. Es gibt einen Balkon, eine Bar und köstliches Essen. €

Hotel Zefiros
Das Zefiros liegt etwas schräg zum hübschen Hauptstrand Paleokastritsas. Es verfügt über helle Zimmer mit Balkonen. €€

Rolling Stone
Die szenigste Backpacker-Unterkunft in Pelekas. €€

Kallisto Resort
Wer nicht gerade im eigenen feudalen Apartment faulenzt oder den Meerblick genießt, hat die Wahl zwischen zwei glitzernden Pools. €€€

Levant Hotel
Pastellblaue Zimmer mit Balkon und Holzböden; es herrscht ein ländlicher Charme. €€

LUMAXX/SHUTTERSTOCK ©

Burg Gardiki

gibt's tolle, unkonventionelle Geschenke. Kaiser Wilhelm ritt auf seinem Pferd auf den Gipfel direkt oberhalb des Dorfs, heute **Kaiserthron** genannt, um einen Rundblick über die Insel zu genießen.

Zu den Sandstränden unweit von Pelekas gehören **Kontogialos** und **Glyfada**, beides mittlerweile voll ausgebaute Badeorte mit großen Hotels und anderen Unterkünften. Der Schriftsteller Lawrence Durrell bezeichnete den **Myrtiotissa-Strand** weiter östlich als den wohl besten der Welt. Hier tummeln sich nun vor allem Nudismus-Fans, aber der Strand ist immer noch relativ unberührt, weil er so schwer zu erreichen ist – nämlich über einen langen Marsch eine steile Straße hinab. Das große, alte Weingut **Ambelonas**, 5 km östlich von Pelekas, produziert verlockende Waren, von Wein und Essig bis zu Olivenöl und Süßigkeiten.

Der Badeort **Agios Gordios** weiter im Süden liegt zu Füßen eines enormen, grünen Hügels an einem langen Sand- und Kieselstrand, der eigentlich nie überlaufen ist. Einen beeindruckenden Anblick bietet weitere 12 km nach Süden, gleich abseits der Hauptstraße, die byzantinische Burg **Gardiki**, auch wenn sie weitgehend verfallen ist. Dahinter befindet sich der große See **Korission**, der sich gut zur Vogelbeobachtung eignet. Vom Meer trennt ihn ein schmaler Landstreifen mit einem langen, oft windigen Sandstrand, dem **Halikounas**.

UNTERWEGS VOR ORT

Die „Grünen Busse" (greenbuses.gr) verkehren regelmäßig von Korfu-Stadt aus, sowohl gegen den Uhrzeigersinn entlang der Nordwestküste bis nach Kassiopi als auch direkt nach Roda und zu den benachbarten Ferienorten an der Nordküste. Wer die Region gründlich erkunden möchte, braucht ein eigenes Fahrzeug.

PAXOS & ANTIPAXOS

Paxos & Antipaxos
Athen

Paxos, das von einem Ende zum anderen nur 13 km misst und mangels Flughafen nicht völlig zugebaut ist, hat für seine kleine Fläche eine Menge zu bieten. Die touristischen Angebote konzentrieren sich auf drei Dörfer an der Ostküste – Lakka, Loggos und den Fährhafen Gaïos. Jedes hat seine eigene Auswahl an geschmackvollen, kleinen Hotels, Ferienwohnungen und Tavernen am Meer und auch seine eigenen ergebenen Fans.

Von Gaïos aus gelangt man zum abgelegenen Antipaxos. Alle drei Dörfer sind eine gute Basis, um die sanften Hügel und alten Olivenhaine im Inselinneren und die wildere Landschaft an der Westküste zu erkunden. Zu unberührten Buchten fahren Motorboote, und alte Maultierpfade führen zu steilen Kalksteinfelsen, die ins Meer abfallen. Über tolle Wanderwege geht's hinaus zum majestätischen Tripitos-Felsbogen im Süden und hinab zum Strand Erimitis zu Füßen einer gewaltigen Felswand im Westen.

TOP TIPP

Wer sich dazu aufraffen kann, sollte im erstklassigen Torri E Merli in Lakka übernachten. Das hübsche Boutiquehotel von 1750 hat Türme, die Piraten abwehren sollten. Es ergänzt seine ursprünglichen venezianischen Elemente mit modernem Dekor – freiliegende Steinwände und weiße Holzböden – und ist damit das wohl schönste Hotel der Ionischen Inseln.

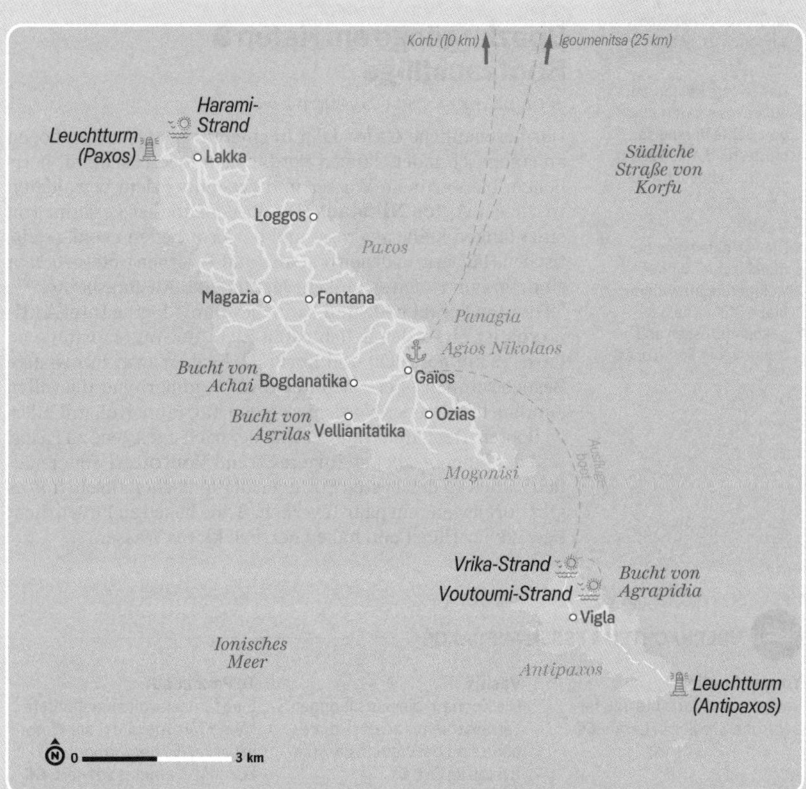

ÜBERNACHTEN & ESSEN IN GAÏOS

Paxos Beach Hotel
Das familiengeführte Hotel hat seinen eigenen Strand und einen Bootsanleger, einen Swimmingpool, einen Tennisplatz und ein Restaurant. €€

Water Planet Rooms
Die Zimmer sind im Safari-Stil eingerichtet, und es gibt ein reichhaltiges Frühstück. €€

Theklis-Clara Studios
Die liebenswerte Apnoetaucherin Thekli vermietet schöne Studios, die im Shabby-Chic-Flair eingerichtet sind. €€

Carnayo
Das feinste Restaurant auf Paxos serviert eine gemischte Vorspeisenplatte, für die sich allein schon ein Besuch lohnt. €€

Vasilis
Die perfekte typische griechische Taverne: weißgetünchte Wände, blaue Stühle, selbstgekochtes Essen und freundlicher Service. €€

Loggos

Spaziergänge am Hafen & Bootsausflüge

IN GAÏOS UND ANTIPAXOS ENTSPANNEN

Das beschauliche **Gaïos** liegt in einem trägen, sanften Bogen an einem schmalen, langen fjordartigen Meeresarm mit herrlichem blau-grünem Wasser und gegenüber dem bewaldeten Inselchen **Agios Nikolaos**. Die Promenade ist gesäumt von einer langen Reihe aus rosa- und butterfarbenen neoklassizistischen Häusern, in denen oft Cafés und Tavernen untergebracht sind, und im Hafen schaukeln Jachten und Ausflugsboote.

Die atemberaubende und kaum bewohnte kleine Insel **Antipaxos** ist eines der beliebtesten Ziele für Tagesausflüge ab Paxos (2 km nördlich) und Korfu. Es bleiben zwar nur wenige Besucher:innen über Nacht, aber im Sommer sind die tollen Sandbuchten an der Nordspitze jeden Tag rappelvoll mit allerlei Booten. Der Sandstrand **Vrika**, der nächstgelegene zu Paxos, und der längere, aber steinigere Strand **Voutoumi** weiter südlich zählen zu den besten Stränden der Ionischen Inseln und es gibt dort jeweils ein paar Tavernen. Beide liegen zu Füßen dicht bewaldeter Hügel und haben herrlich klares Wasser.

ÜBERNACHTEN & ESSEN AUF PAXOS

Yorgos Studios
Saubere, komfortable und farbenfrohe Studios in Lakka. €€

Vasilis
Die Köche in diesem niedrigen Terrakottahaus an der Promenade sind bei Weitem die kreativsten im Ort. €€

To Paxoimadi
Eine fantasievoll eingerichtete kleine Taverne direkt am Wasser in Lakka, die hervorragende Zucchini-Pommes serviert. €€

Von beiden Stränden und vom völlig unerschlossenen Hafen der Insel, 600 m südlich von Voutoumi, führen Pfade hoch zum zentralen Grat von Antipaxos mit dem „Dorf“ **Vigla**, das aus ein paar verstreuten Häusern besteht. Von dort sind es zu Fuß ein paar Minuten weiter bis zur wilderen und strandlosen Westküste; alternativ geht es zum Leuchtturm an der Südspitze der Insel. Pro Richtung sollten mindestens 1½ Stunden eingeplant und viel Wasser mitgebracht werden. Zwischen Juni und September fahren um 10 Uhr Boote ab Gaïos nach Antipaxos und kehren gegen 16.30 Uhr zurück. Im Juli und August fahren sie häufiger.

Schwimmen & Tauchen

DIE WUNDERSCHÖNEN INSELN LOGGOS UND LAKKA ERKUNDEN

Das hinreißende, kleine **Loggos**, 6 km nordwestlich von Gaïos, wird von weißen Klippen und dem Klotz einer alten Olivenölfabrik eingerahmt. Es besteht aus einer Ansammlung venezianischer Häuser, die sich um eine kleine Bucht mit kristallklarem Wasser drängen. Am Meeresufer liegen Bars und Restaurants, dahinter erheben sich steile, bewaldete Hügel. Gleich südlich des Ortes gibt es am Rand von Olivenhainen ein paar Kieselstrände, die wunderbar zum Schwimmen und auch ganz gut zum Schnorcheln geeignet sind. All das macht Loggos zum wohl reizvollsten Dorf auf Paxos.

Lakka, das 4 km nördlich von Loggos am äußersten Zipfel der Insel liegt, ist so entspannt, dass es fast den Eindruck macht, gleich ins Meer abzurutschen, in dem etliche Jachten schaukeln. Es verlangsamt garantiert den Puls der Reisenden und zaubert ihnen ein Lächeln ins Gesicht. Am Hafen wabern verlockende Gerüche und sanfte Musik dringt aus den Tavernen. Weiter nach Westen um die Bucht befinden sich der Sandstrand **Harami** und auf der Landzunge dahinter ein Leuchtturm. Die Gewässer um Paxos sind dank guter Sichtweite und vielfältiger Habitats großartige Tauchgebiete.

DIE BESTE ART, DIE GEWÄSSER UM PAXOS HERUM ZU ERLEBEN

Water Planet
In den blau-grünen Gewässern rund um Paxos und Antipaxos werden Tauchgänge vom Ufer und vom Boot aus angeboten.

Paxos Oasi Sub
Dieses Tauchcenter in Lakka bietet Probetauchen, Schnorchelausflüge und PADI-Open-Water-Kurse an.

Paxos Adventures
Kajaktouren rund um den Süden von Paxos mit Schwerpunkt auf Umweltschutz und mit Höhlenschwimmen.

Yacht Academy Corfu
Eine tolle Alternative, um Antipaxos zu erreichen: auf der Jacht von Skipper Konrad, mit Schwimmen, Schnorcheln und der Möglichkeit, das Segeln zu lernen.

UNTERWEGS VOR ORT

Busse verbinden zweimal täglich (außer sonntags) Gaïos und Lakka über Loggos; für Tagesausflüge sind sie nicht geeignet. Taxifahrten zwischen Gaïos und Lakka oder Loggos kosten etwa 15 €; der Taxistand von Gaïos befindet sich am Parkplatz im Landesinneren. Die Tagesmiete für ein Auto von Alfa Hire (alfacarhirepaxos.com) beginnt in der Hochsaison bei 35 €.

Viele Agenturen vermieten kleine Boote (50–100 € pro Tag, je nach Motorleistung).

Rund um Paxos & Antipaxos

Lefkada-Stadt hat zwar einige Attraktionen zu bieten, aber die meisten Reisenden kommen wegen der sportlichen Aktivitäten, von wunderschönen Bergwanderungen bis hin zum wilden Windsurfen.

Lefkada ist zwar mit dem Festland über einen schmalen Damm verbunden und somit eine der wenigen Inseln Griechenlands, die mit einem Fahrzeug zu erreichen sind, aber ein Großteil der Insel ist überraschend wenig vom Tourismus berührt. Die beschauliche Stadt Lefkada eignet sich wunderbar für einen ein- oder zweitägigen Aufenthalt, und in den hohen Bergen im Inselinneren verbergen sich noch immer zeitlose Dörfer und Olivenhaine. An der zerklüfteten Westküste sind einige großartige Strände zu entdecken, manche davon sind allerdings durch Erdbeben schwer zerstört. Nur an der Ostküste gibt es ein paar zugebaute Enklaven. Wer weiter nach Süden fährt, entdeckt hinreißende kleine Buchten und Meeresarme, aber auch reichlich Wind, der Kitesurf- und Windsurf-Fans aus der ganzen Welt anlockt.

TOP TIPP

Da Lefkada nicht wirklich eine Insel ist, kann man sie von Athen aus mit KTEL-Bussen erreichen. Die 380 km lange Fahrt dauert ca. fünf Stunden.

Festung Agia Mavra

Windsurfen (S. 552), Lefkada

Die Stadt erkunden

DIE BESTEN SEHENSWÜRDIGKEITEN

Die quirlige Hauptstadt Lefkadas liegt jenseits einer Salzwasserlagune. Nachdem die Erdbeben von 1948 und 1953 die historisch venezianischen Bauten zerstört hatten, wurde **Lefkada-Stadt** erdbebensicher und ansprechend wieder aufgebaut. Es gleicht heute mit seinen Holzhäusern in zarten Pastellfarben, deren oberer Teil mit bunt gestrichenem Wellblech verkleidet ist, einem karibischen Hafenstädtchen. Der Ort ist sehr übersichtlich angelegt. Läden und Restaurants sind hauptsächlich in der zentralen verkehrsberuhigten Straße zu finden, Cafés und Bars am Jachthafen im Süden.

Das exzellente **Archäologische Museum** im modernen Kunstzentrum an der Promenade Richtung Westen beleuchtet die Inselgeschichte von der Altsteinzeit bis zu den Römern. Zu den herausragenden Exponaten gehören Terrakottafiguren aus dem 6. Jh. v. Chr., die einen Flötenspieler mit tanzenden Nymphen darstellen. Sie gelten als Beleg dafür, dass auf Lefkada einst ein Pan-Kult herrschte.

Die **Festung Agia Mavra**, die am Beginn des Damms, 1,4 km vom Ort entfernt, steht, wurde im 14. Jh. gebaut und später von

ÜBERNACHTEN & ESSEN IN LEFKADA-STADT

Boschetto Hotel
Das schöne, ein Jahrhundert alte Haus am Hafenplatz hat vier große, geschmackvolle Zimmer und eine Suite. €€

Pirofani
Sehr freundliches, zentral gelegenes und familiengeführtes Hotel. Die Lage in der Altstadt ist unschlagbar. €€

Thymari
Ein wunderbares Restaurant mit wirklich herausragender, modern-mediterraner Küche. Angeboten werden innovative Gerichte wie „dekonstruierte Lasagne". €€

Nissi
Außerordentlich gutes, bei Travellern wie Einheimischen beliebtes griechisch-italienisches Restaurant. €€

Gogos Gefsis
Sehr nette Café-Bar in der verkehrsberuhigten Zone, die wie ein alter Kaufmannsladen eingerichtet ist. €

ÜBERNACHTEN & ESSEN IN VASILIKI

Pension Holidays
Das Gästehaus hat wirklich alles: einwandfreie, geschmackvoll eingerichtete Doppelzimmer und einfache Apartments mit Kochnische. €€

Vasiliki Blue
Helle, akribisch saubere Apartments mit Kochnische in einem Haus am Hang ein paar Meter hinter dem Hafen. €€

Vagelaras
Die ein Jahrhundert alte, orange angestrichene Taverne am Ende des Hafens serviert ausgezeichnete Hausmannskost. €€

EIN AUSFLUG NACH MEGANISI

Die Insel **Meganisi** vor der Südostküste Lefkadas ist nur eine kurze Bootsfahrt von Nydri weg. Die meisten Besucher:innen sind Tagesausflügler, aber die Insel lohnt mit den dicht bewaldeten Hügeln und türkisfarbenen Buchten einen längeren Aufenthalt. Vom Fähranleger in **Porto Spilia** führen eine steile Straße und eine Treppe hoch zu den engen Gassen und Häusern voller Bougainvilleen von **Spartohori**. In der nächsten Bucht gen Osten liegt 1 km unterhalb von **Katomeri** das hübsche **Vathy**, der zweite Hafenort Meganisis.

Die Fähren von Nydri steuern Porto Spilia und Vathy drei- oder viermal täglich an. Zwischen Spartohori und Vathy verkehren fünf- bis siebenmal pro Tag Busse via Katomeri, aber eine Anreise mit dem eigenen Auto ist besser.

Agios Nikitas

den Venezianern erweitert. Die von Flechten bewachsenen und von einem Salzwassergraben umgebenen Wälle stehen zwar noch, aber die Bauten dahinter sind zerfallen. Beim Bummel zwischen den Wildblumen kann man noch die eine oder andere kahle Kammer betreten.

Das **Moni Faneromenis** steht inmitten schöner Gärten auf einer Hügelkuppe 3 km westlich der Stadt Richtung Agios Nikitas. Es wurde 1634 gegründet und 1886 nach einem Feuer wieder aufgebaut. Der Aufstieg wird mit herrlichen Aussichten über Stadt und Lagune belohnt.

WINDSURFEN IN GRIECHENLAND

Wer woanders in Griechenland das Windsurfen testen möchte, sollte **Ios** (S. 289), **Kos** (S. 428), **Mykonos** (S. 327), **Naxos** (S. 340) oder **Paros** (S. 336) ansteuern.

Die Brise im Süden einfangen

LEFKADAS WINDSURF-HOTSPOT

Vasiliki, das freundliche Hafendorf im Süden mit steinigem Strand, ist einer der besten Orte, um in Griechenland Windsurfen zu lernen. Das ist vor allem „Eric" zu verdanken, wie der sommerliche Wind von den Windsurf-Fans genannt wird. Für Sonnenbadende ist der Wind weniger geeignet, aber einige Tavernen im Schatten von Eukalyptusbäumen am Hafen, etliche kleine Läden und eine supertolle Unterkunft sorgen dafür, dass auch Nicht-Surfende etwas Liebenswertes an Vasiliki finden.

ÜBERNACHTEN & ESSEN AUF LEFKADA

Mira Resort
Das Mira mit Panoramablick über das Meer hat gemütliche und makellose Maisonettewohnungen sowie einen großen Pool und eine Café-Bar. **€€**

Cape of Lefkatas
Hier kann man mit den Einheimischen von Athani im Schatten eines Zedernbaums hervorragendes Seafood genießen. **€**

T'Agnantio
Die Terrasse unter einem von Weinranken überzogenen Dach der besten Taverne in Agios Nikitas befindet sich in ruhiger Lage etwas oberhalb des Strands. **€**

Der **Club Vassiliki** organisiert Windsurf-Ferien und andere Aktivitäten, und der gut geführte **Nautilus Diving Club** bietet Einzeltauchgänge und PADI-Open-Water-Kurse sowie einen Kajakverleih und Schnorchelausflüge. Kleine Segelboote bringen Besucher:innen zu Stränden und Buchten in der Umgebung. Die große Attraktion für Tagesausflüge mit dem Boot ist der Strand **Egremni**. Samba Tours verkauft Tickets für Ausflugsboote, auch zum Egremni, und vermittelt Leihfahrräder. Am Kai weisen Flaggen auf Wassersportveranstalter hin; einige haben ein eigenes Boot für ihre Kundschaft.

Östlich von Vasiliki liegen der unverbaute, schöne Strand **Poros** (auch als Mikros Gialos bezeichnet) und der beschauliche und sehr geschützte, fjordähnliche Hafen von Syvota, wo heute Jachten neben Fischereibooten im Wasser schaukeln (allerdings gibt's hier keinen Strand). In Nydri wurde am meisten gebaut. Das einstige, hinreißende Fischereidorf ist heute eine überfüllte Meile aus Touri-Läden und ohne einen anständigen Strand.

Malerische Strände & verschlafene Dörfer

WESTLICHES UND ZENTRALES LEFKADA

An der Westküste Lefkadas fallen steile, von Olivenbäumen bewachsene Berge dramatisch zu strahlend weißen Stränden ab. Die touristische Erschließung hält sich noch ziemlich in Grenzen und die wenigen Dörfer an den steilen Hängen haben sich ihre gemächliche, traditionelle Atmosphäre bewahrt.

Der einzige Badeort an der Westküste, das Dorf **Agios Nikitas**, das sich immer weiter ausbreitet, liegt 13 km über die Küstenstraße südwestlich von Lefkada-Stadt. Eine kurze, von einladenden Tavernen gesäumte Straße führt hinab zum Bogen des weißen Sandstrands, an den blaues Wasser schwappt. Von einer Taverne verläuft ein Pfad über die Landzunge im Westen zum breiten, herrlichen **Mylos-Strand**. Jenseits des Dorfes Athani, wo an Buden Olivenöl, Honig und Wein verkauft werden, sind zwei der berühmtesten Strände Lefkadas, der Egremni und der **Porto Katsiki**, nur über viele Stufen zu erreichen.

Die Erkundung des spektakulären zentralen Berglands Lefkadas mit traditionellen Bauerndörfern, grünen Gipfeln, duftenden Kiefern, Olivenhainen und Weingärten ist sehr lohnend. Das kleine Dorf **Karya** hat einen hübschen Platz mit Platanen und Tavernen. Berühmt sind hier die Stickereiarbeiten, die im 19. Jh. von der bemerkenswerten, einhändigen Dorfbewohnerin Maria Koutsochero eingeführt wurden. Ein kleines **Museum** stellt die Stickereien aus und illustriert traditionelles Dorfleben. **Englouvi**, das höchstgelegene Dorf der Insel, ist für Honig und Linsen bekannt. Das bergige Zentrum Lefkadas eignet sich wunderbar zum Wandern, aber Infos zu Wegen sind spärlich. Am besten geht es auf Feldwegen und Ziegenpfaden immer der Nase lang.

TAUCHEN RUND UM LEFKADA

George Kiriakos führt den Nautilus Diving Club in Vasiliki schon seit 20 Jahren.
@nautilusdivinglefkada

Ich habe schon als Teenager mit dem Tauchen angefangen und war so begeistert, dass ich beschloss, meine eigene Tauchschule zu eröffnen. 20 Jahre später habe ich immer noch das gleiche Gefühl beim Tauchen wie am ersten Tag.

Die Tauchplätze um Lefkada sind hervorragend – Riffe, Wände, Wracks, Höhlen und Unterwasserschluchten. Wir bieten auch Schnorchelausflüge zu Orten an, die nur mit dem Boot erreichbar sind, darunter die Blue Cave und eine Steilwand namens The Wall, die einem das Gefühl vermittelt, zu fliegen.

VOLKSKUNDEMUSEEN

Die Ionischen Inseln haben sich auf stimmungsvolle Volkskundemuseen spezialisiert. Abgesehen von dem in Karya gibt es empfehlenswerte in **Korfu** (S. 538) und Argostoli auf **Kefallonia** (S. 556).

UNTERWEGS VOR ORT

In der Hochsaison fahren regelmäßig Busse ab Lefkada-Stadt über die Insel. Sonntags gibt es nur sehr wenige Verbindungen. Es gibt Auto-, Roller- und Fahrradvermietungen in Lefkada-Stadt, Nydri und Vasiliki.

Kefalonia
Athen

KEFALONIA

Das zauberhafte Kefalonia ist vielleicht die reizvollste der Ionischen Inseln, ein Ort, in dem man inmitten von Oleander und dem Läuten der Ziegenglocken die Zeit vergessen kann. Die größte und wohl auch vielfältigste der Inseln bietet noch viel unberührte Natur, und an der verschachtelten Küste verbergen sich alle möglichen bezaubernden Buchten und Strände, umgeben von klaren Gewässern voller farbenfroher Fische. Trotz des verheerenden Erdbebens von 1953, das einen großen Teil der historischen venezianischen Bauten vernichtete, präsentieren sich hinreißende Küstendörfer wie Fiskardo und Assos noch immer in italienisch anmutender Schönheit. Die lebhafte und moderne Stadt Argostoli ist erfrischend, weil sie keine Show für Traveller aufführt.

Die grüne Berglandschaft im Inselinneren mit ihren wilden Wiesen, mediterranen Steineichenwäldern und Weingärten lädt zu endlosen Entdeckungsfahrten ein. Also die Wanderschuhe anziehen und die Ziegenpfade erkunden.

TOP TIPP

Vom Busbahnhof in Argostoli fahren dreimal täglich Busse zur Fähre ab Poros und weiter via Kyllini nach Athen. Die Fahrt dauert sieben Stunden und führt entlang der Nordküste des Peloponnes.

Assos (S. 556)

SEHENSWERTES
1 Agia Evfymia
2 Agios Georgios Kastro
3 Cephalonia Botanica
4 Dafnoudi
5 Karavomylos
6 Makrys Gialos
7 Moni Agiou Gerasimou
8 Myrtos-Strand
9 Petani-Strand
10 Platys Gialos

AKTIVITÄTEN
11 Drogarati-Höhle
12 Melissani-Höhle

Venezianische Schönheit & perfekte Strände

FISKARDO UND SEINE UMGEBUNG ERKUNDEN

Der kleine Küstenort **Fiskardo** liegt beschaulich am tiefblauen Meer mit Blick Richtung Ithaki. Dank der bunten venezianischen Häuser, die von Erdbebenschäden verschont blieben, weil sie auf festem, flachen Felsengrund stehen, ist Fiskardo der exklusivste Badeort der Insel. Einen richtigen Anleger gibt es hier nicht. Die Fähren ab Lefkada legen kurzerhand am Nordende

ESSEN IN FISKARDO

Irida
Man kann entweder im szenigen Gastraum des 200 Jahre alten Salzspeichers oder draußen am Wasser essen. **€€€**

Tassia
Die kefalonische Küchenchefin Tassia beglückt die Gäste mit Pasteten, *mezedes* und Zucchini-Kroketten. **€€**

Ellie's Bakery
In der duftenden, ein Jahrhundert alten Bäckerei werden umwerfend köstliche Käse- und Spinatpasteten verkauft. **€**

GRANDIOSES SCHWIMMEN

Etwa 20 km südlich von Fiskardo befindet sich das bildschöne **Assos**. Das Dorf besteht aus italienisch anmutenden creme- und ockerfarbenen Häusern an einer hübschen, bogenförmigen Bucht, die durch eine bewaldete Halbinsel abgeschirmt ist. Die Festung auf der Landzunge ist ein prima Ziel für eine Wanderung (hin & zurück 3,6 km). Tavernen mit leckerem Essen, z.B. Molos oder Platanos, und eine Gemächlichkeit, die spürbar den Puls verlangsamt, sind verlockende Gründe für einen Besuch.

Schon von der Straße aus, die sich zum **Myrtos-Strand** (11 km südlich von Assos) hinabschlängelt, wird klar, warum dieser als einer der atemberaubendsten Strände in ganz Griechenland bezeichnet wird. Aus der Ferne ist er zweifellos ein berauschender Anblick mit seinem stahlblauen Wasser und scheinbar strahlend weißem Sand (tatsächlich sind es aber weiße Kiesel).

des Dorfes an. Im restlichen Hafen drängen sich die Jachten. Im Sommer kann es hier zwar voll werden, aber es herrscht eine kosmopolitische Atmosphäre wie sonst nirgends auf der Insel.

Auf einer Infotafel am Parkplatz gleich oberhalb des Dorfes sind drei leicht zu bewältigende, kurze Wanderwege beschrieben, und das mit Preisen ausgezeichnete **Fiskardo Divers** bietet Touren zu Höhlen, Wracks, Riffen und einem abgestürzten Bristol-Beaufort-Bomber aus dem Zweiten Weltkrieg an. Fiskardo hat einen tollen Kieselstrand gleich jenseits der Landzunge im Osten. Er ist von venezianischen Häusern und Olivenbäumen gesäumt und als Stadtstrand ganz schön. Weiter im Norden liegt der hinreißende Sandstrand **Emblissi** im Schatten von Olivenbäumen, im Süden die **Foki-Bucht** mit ihrer reizenden Taverne.

Einer der einsameren Strände im Norden ist der **Dafnoudi**, rund 5 km nordwestlich von Fiskardo. Der winzige Kieselstrand ist von bewaldeten Klippen umgeben. Der Weg zum Dafnoudi ist sogar noch ansprechender, wenn man das Auto in Fiskardo stehen lässt und zu Fuß geht. Die Route führt auf gut markierten Wegen 3,5 km (45 Min.) durch den Wald und über verlassenes Ackerland zum Strand.

Das lebhafte Argostoli & seine Umgebung

ELEGANTE STRASSEN UND EIN SAGENUMWOBENES KLOSTER

Argostoli war einst für seine Häuser aus der venezianischen Zeit bekannt, die aber durch das Erdbeben von 1953 (S. 558) fast gänzlich zerstört wurden. Heute ist Argostoli eine lebendige, zukunftsorientierte Stadt, deren Zentrum die **Plateia Valianou** ist, wo Musizierende im Sommer durch die Straßen ziehen und *kantades* (traditionelle Lieder) singen. Die verkehrsfreie Einkaufsstraße **Lithostroto** gleich südlich davon ist von Boutiquen und Cafés gesäumt. Das **Korgialenio-Museum für Geschichte und Volkskunde**, das sich der kefalonischen Kunst und Kultur widmet, stellt Möbel, Kleidung und Kunstwerke aus den Häusern der Oberschicht und der Landarbeiter:innen aus.

Der hübsche **Cephalonia Botanica**, der zur Erforschung und Präsentation der Pflanzen und Kräuter der Insel angelegt wurde, liegt 2 km südlich von Argostoli. Der Strand **Makrys Gialos** mit seinem verlockenden, türkisfarbenen Gewässer nur 3 km südwestlich von Argostoli ist im Sommer rappelvoll mit urlaubenden Briten, wohingegen der kleine Strand **Platys Gialos** gleich dahinter reichlich Schatten und sehr klares Wasser bietet.

Zur großen Anlage des Klosters **Moni Agiou Gerasimou** im Omala-Tal gehören hübsche Gärten, eine große, moderne Kirche und eine kleine Kapelle, in die sich der heilige Gerasimos zurück-

ESSEN IN ARGOSTOLI

Tzivras
Die Einheimischen essen mittags in dem altgedienten Restaurant deftige, preiswerte Klassiker aus dem Ofen wie Kalbfleisch mit Okra. €

Ladokolla
Lebhaftes und äußerst beliebtes Grillrestaurant mit unwiderstehlich schmackhaften Kebabs und Pitabrot. €

Taverna Patsouras
Seit 1963 grillt und brät die einfache Taverne neben dem Fischmarkt leckeres Seafood. €

Melissani-Höhle (S. 558)

zog. Der Kapellenraum ist mit verrußten Fresken geschmückt und riecht nach Weihrauch. Mit etwas Glück sind die Gebete und der Gesang der Nonnen zu hören. Die venezianische Festung **Agios Georgios Kastro** aus dem 16. Jh. bietet dank ihrer Lage auf einem pyramidenförmigen Hügel 7 km südöstlich von Argostoli tolle Aussichten. Empfehlenswert ist ein Spaziergang über die von Wildblumen bewachsene Anlage, danach genießt man Kaffee und Kuchen im Garten des benachbarten Cafés **Kastro**.

Die paradiesische Halbinsel Paliki

DIE BESTEN STRÄNDE IN GRIECHENLAND?

Die Halbinsel Paliki mit dem lebhaften Hauptort **Lixouri** an der Golfseite ist eine wenig besuchte Region aus einer weiß, beige und rot gestreiften Lehmklippe, Bergdörfern, grünem Ackerland und Weingärten. Dann sind da die Strände – und was für welche! Vom traumhaften Petani im Nordwesten bis zum rotsandigen **Xi** im Süden gibt es für alle das passende Plätzchen, um das eigene Handtuch auszubreiten. Das Kloster **Moni Kipouria** zwischen Petani und Kounopetra im äußersten Westen mit Blick über kahle Klippen, blaues Meer und satte Weingärten wurde von einem einzigen, einsamkeitsliebenden Mönch erbaut.

Das Highlight der Halbinsel ist der atemberaubende Strand **Petani**, ein Streifen aus weißem Sand und Kieseln, der selbst die abgebrühteste Badenixe verzaubert. Er ist tatsächlich so herrlich, dass man ihn zu den besten Stränden Griechenlands zählen kann. Im Sommer ist hier zwar viel los, aber die touris-

KEFALONIAS WEINE

Kefalonia ist berühmt für seine **Qualitätsweine**. Die namhaftesten Weine werden aus der einzigartigen *robola*-Traube gekeltert (VQRPD; Vin de Qualité Produit dans une Région Déterminée), die vermutlich von den Venezianern eingeführt wurde. Weitere Sorten sind der *mavrodaphni* (AOC; Appellation d'Origine Contrôlée) und der Muskat (AOC).

Die **Robola-Kooperative Kefalonia** im Herzen des fruchtbaren Omala-Tals in den Hügeln südöstlich von Argostoli keltert Trauben von unabhängigen Winzer:innen zu einem trockenen Weißwein mit einem feinen, aber dennoch spritzigen Aroma. Neugierige können an einer interessanten Führung mit anschließender Verkostung teilnehmen. Das kleinere, aber ebenso angesehene **Gentilini** in hübscher Lage 5 km südlich von Argostoli an der Flughafenstraße produziert verschiedene hervorragende Weine, darunter den spritzigen Classico. Sie bietet auch kurze Führungen und Verkostungen an.

ÜBERNACHTEN & ESSEN IN UND UM SAMI HERUM

Odyssey Hotel
Nobles Resorthotel in Agia Evfymia mit sehr komfortablen Suiten samt Balkon und Blick hinüber nach Ithaki. €€€

Paradise Beach
Die beliebte Taverne in Agia Evfymia besitzt eine von Weinranken beschattete Terrasse an einem kleinen Strand. €€

Eleni's Olive Garden
Ein wahres Schmuckstück an der Straße nach Poros, wo in einem Olivenhain hausgemachte Pasteten serviert werden. €

tische Erschließung ist glücklicherweise überschaubar. Etwas Ruhe in der Hochsaison ist am nördlichen Ende zu finden.

Burgruinen & Höhlen

SAMI UND UMGEBUNG

Das heitere **Sami** mit dem Haupthafen Kefalonias liegt 25 km nordöstlich von Argostoli auf der anderen Seite der Insel an einer Bucht zwischen steilen Bergen. Es hat eine Uferpromenade, von der der Blick direkt rüber nach Ithaka fällt, und zahlreiche touristische Cafés. In der Nähe gibt es Klöster, Burgruinen und Naturformationen, die einen längeren Aufenthalt rechtfertigen. Ruhigere Übernachtungsorte mit schöneren Stränden, z. B. **Karavomylos** und **Agia Evfymia**, liegen an der Bucht in Richtung Norden. Besonders reizvoll ist der kleine Hafenort Agia Evfymia mit einigen hübschen Strandbuchten, die mit ihrem klaren Wasser tolle Schnorchelreviere sind. Die Kehrseite ist allerdings, dass die Hauptstraße direkt an diesen Stränden vorbeiführt und der Wind, der zwischen den Bergen hinter dem Ort durchzieht, ziemlich heftig wehen kann.

Die Erkundung der **Melissani-Höhle**, die 3 km westlich von Sami liegt, ist spektakulär, da man auf einem Boot unterwegs ist. Das Wasser ist von Bäumen umgeben und wird von der Sonne hell erleuchtet, wenn sie auf das Wasser trifft. Hier wurden Figuren von frühhellenistischen Nymphen gefunden. Die natürliche Grotte am Berghang, die **Drogarati-Höhle**, befindet sich 4 km südlich von Sami und ist ein beliebter Stopp auf Busrundfahrten über die Insel. Eine kurze, steile Treppe führt von der Ticketbude hinab. Die Besichtigung der großen und einzigen Kammer der Höhle mit ihren tropfenden Stalaktiten dauert höchstens zehn Minuten. Daneben gibt es ein paar Tavernen.

DAS ERDBEBEN

Überall auf Kefalonia kann man Geisterdörfer sehen, Überreste von Siedlungen, die durch Erdbeben zerstört wurden. Die Insel liegt direkt östlich einer großen Verwerfungslinie und wurde 1953 von einem Beben der Stärke 7,3 auf der Richterskala getroffen. Es war so stark, dass die gesamte Insel um 60 cm angehoben wurde.

Nur der Norden der Insel blieb verschont, weshalb Fiskardo mit seiner venezianischen Architektur immer noch hübsch anzusehen ist. Andernorts wurden fast alle Häuser schwer beschädigt oder zerstört, und etwa 600 Menschen starben. Mit internationaler Hilfe bauten die Inselbewohner:innen ihre Städte und Dörfer langsam wieder auf. Doch viele sind ausgewandert, und die Insel leidet noch immer unter dem Gefühl des Verlusts und der Zerstörung.

Den Ainos erklimmen

LEICHTE WANDERWEGE MIT UMWERFENDEN AUSSICHTEN

Der größte Teil des massiven **Ainos** (1628 m), der auf der Insel emporragt, gehört zum Nationalpark Ainos. In den höheren Lagen des Berges wachsen überwiegend uralte, knorrige Griechische Tannen und Schwarzkiefern, zwischen denen nachmittags häufig Dunst und Wolken wabern. Im Winter kann der Berg von Schnee bedeckt sein, und zu jeder Jahreszeit sind die Aussichten von fast ganz oben (auf dem Gipfel stehen etliche Sendemasten) umwerfend. Fünf Wanderwege sind gut ausgeschildert und deutlich zu erkennen. Die zwei beliebtesten Wege führen von gegenüberliegenden Seiten des Bergs hinauf auf den Gipfel und dann im Bogen zurück zu den jeweiligen Startpunkten. Jeder ist etwa 6,5 km lang und mit nur sanftem Anstieg zu erklimmen.

UNTER DER ERDE

Die Höhlen Griechenlands sind voller Legenden, Geschichte und Naturwunder: In der **Dikteon-Höhle** (S. 397) wurde Zeus geboren, die **Franchthi-Höhle** (S. 590) wurde schon vor 40000 Jahren genutzt.

UNTERWEGS VOR ORT

KTEL-Busse verbinden Argostoli mit allen größeren Orten auf der Insel. Zusätzlich fahren ein- oder zweimal täglich Busse an der Ostküste entlang und verbinden Katelios mit Skala, Poros, Sami, Agia Evfymia und Fiskardo. Nur in der Hochsaison fahren die Busse auch sonntags. In großen Urlaubsorten gibt es viele Auto- und Motorradvermietungen. Kefalonia2Ride verleiht Motorroller und Quads.

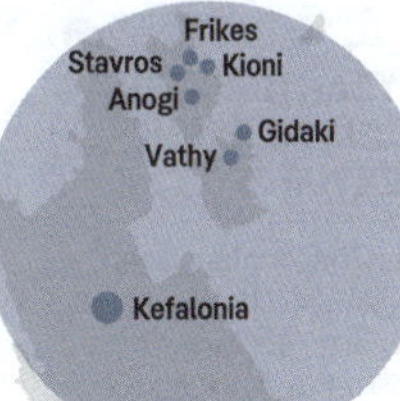

Rund um Kefalonia

Die Insel Ithaka zwischen Kefalonia und dem Festland ist einer jener Flecken, wo die Uhren langsamer gehen und sich alle Sorgen in Nichts auflösen.

Ithaka, genauso zerklüftet, romantisch und großartig, wie es in Homers Epen dargestellt wurde, ist etwas ganz Besonderes. Die bergige, meerumschlungene Heimat des Odysseus, in die er zehn heldenhafte Jahre zurückzukehren versuchte, bezaubert und verführt noch immer Reisende mit ihren Ruinen der Antike, Küstendörfern und Wanderwegen durch die Wildnis.

Ithaka wird von dem großen Golf, in dem geschützt die Hauptstadt Vathy liegt, fast in zwei Teile geteilt. Nur eine schmale Landbrücke verbindet die beiden praktisch getrennten Inseln. Vathy ist die einzige größere Ortschaft, aber im mächtigen nördlichen Bergmassiv gibt es so hübsche Dörfer wie Stavros und Anogi. Ithaka hat es nicht so mit Stränden wie die anderen Ionischen Inseln. Zwar gibt es viele kleine Strandbuchten, aber die meisten sind ohne Boot nicht zu erreichen.

TOP TIPP

Unbedingt eine Wanderung mit Island Walks machen. Der Homer Walk führt hinauf zu den Ruinen, wo der echte Odysseus vor 2800 Jahren gelebt haben mag.

Golf bei Vathy

HERACLES KRITIKOS/SHUTTERSTOCK ©

BYZANTINISCHE KUNST & ARCHITEKTUR

Als Griechenland zum Byzantinischen Reich gehörte (ab etwa 700 n. Chr. bis zum frühen 13. Jh.) dominierte der Bau von Kirchen. Das originale griechisch-byzantinische Modell besaß eine charakteristische Kreuzform – im Prinzip eine zentrale Kuppel über vier Bögen auf Stützpfeilern mit angrenzenden Kuppelbauten sowie kleineren Kuppeln an den vier Ecken und drei Apsiden an der Ostseite.

Religiöse Architekten schmückten den Kirchenraum mit spektakulären Mosaiken mit frommen Motiven und mit Fresken statt mit Steinreliefs aus. Diese Kunstwerke, die in schwach beleuchteten Kirchen strahlen, beeindrucken noch immer durch ihre vergoldete Symmetrie.

Bis zum Beginn des 19. Jhs. waren byzantinische Sakralgemälde die vorherrschende Kunstform in Griechenland. Während der Herrschaft der Osmanen gab es kaum säkulare Kunst, so verpasste Griechenland im Grunde die Renaissance.

HERACLES KRITIKOS/SHUTTERSTOCK ©

Kioni

Ein Hafenspaziergang in Vathy

DIE STADT UND DIE NAHEN STRÄNDE

Das hübsche **Vathy** ist das Handelszentrum der Insel. Es liegt in einer sehr geschützten Bucht, die von himmelblauen und ockerfarbenen Häusern gesäumt ist, in denen muntere Bars und Restaurants ihren Geschäften nachgehen. Am Hafen sorgen kleine Fischereiboote, die aufs Meer hinaustuckern, und Jachten, die in der Bucht vor Anker gehen, für viel Betriebsamkeit. Dahinter winden sich enge Gassen landeinwärts.

Vathy hat außer ein paar mäßig interessanten Museen kaum Sehenswürdigkeiten zu bieten, aber in der Umgebung gibt es einige wunderbare Wanderwege. Die Straße immer entlang an der Bucht Richtung Osten geht schließlich in einen spektakulären Küstenweg über, der nach einer weiteren halben Stunde zur weiß gestrichenen Uferkapelle **Agios Andreas** führt. Eine andere Möglichkeit ist, weiter auf der Straße zu bleiben, die am östlichen Ende der Bucht hoch in die Berge abzweigt. Jenseits der Hügelkuppe liegen etliche einsame Strände, die immer

ÜBERNACHTEN & ESSEN IN VATHY

Perantzada 1811
Das selbsternannte „Kunsthotel" hat Bäder in Granit und Holz sowie einen Infinity-Pool. **€€**

Hotel Familia
Das Hotel in einer umgebauten Olivenölfabrik kombiniert schicke Schiefertöne mit sanften Stoffen und gedämpfter Beleuchtung. **€€**

Trehantiri
Tolle, traditionelle Taverne mit blauen Tischen am Rand des Platzes im Ortszentrum. **€**

idyllischer werden – erst der **Mnimata**, dann **Skinos** und schließlich nach 4 km der prächtige weiße Sandstrand **Gidaki**.

Albatross und **Mana Korina** bieten in der Hochsaison Bootstouren ab Vathy zu abgelegenen und unbewohnten Inselchen an. **Odyssey Diving & Sea Kayaking** ist ein sehr professionelles Unternehmen, das spannende Kajak-, Tauch- und Schnorchelausflüge anbietet.

Legenden & byzantinische Fresken

DURCH DIE HÜGEL VON ITHAKA WANDERN

Auf der nördlichen Hälfte von Ithaka gabelt sich die Straße unmittelbar nach der Überquerung der schmalen Landenge in zwei Richtungen, jeweils entlang einer Seite des hohen Bergmassivs (809 m) der Insel. Die östliche Straße führt nach 5,5 km zu dem etwas baufälligen Bergkloster **Kathara**, von dem der großartige Blick bis hinab nach Vathy reicht. Nach weiteren 4 km auf dieser hinreißend malerischen Bergstraße ist das verschlafene **Anogi** erreicht, einst die Hauptstadt der Insel. Im *kafeneio* (Café) des Dorfs erhält man auf Anfrage den Schlüssel zur restaurierten Kirche **Agia Panagia**, die fantastische byzantinische Fresken beherbergt.

Weiter nördlich treffen die Straßen der Ost- und der Westküste im größeren Dorf **Stavros** oberhalb der Bucht von Polis wieder aufeinander. Ein schöner Wanderweg den benachbarten Hügel hoch führt zu einer Stätte, die seit jeher als **Schule des Homer** bezeichnet wird, aber nach jüngsten archäologischen Ausgrabungen auf den lange verschollenen Palast des Odysseus selbst hindeutet. Es sind nur Ruinen, dazu kleiner als erwartet, aber dennoch wunderbar stimmungsvoll. Artefakte, die mit dem legendären Helden in Verbindung gebracht werden, sind im einzigen Raum des **archäologischen Museums** von Stavros ausgestellt.

Hinab Richtung Meer, nordöstlich von Stavros, liegt der winzige, von windumtosten Klippen umklammerte Fährhafen **Frikes** mit einigen Restaurants und Bars am Kai. Die schöne, kurvige Küstenstraße dahinter endet im hübschen **Kioni**, einem Dörfchen aus senf- und cremefarbenen venezianischen Häusern, die sich bis zu einem unwiderstehlich schmucken, kleinen Hafen hinabziehen.

WANDERN RUND UM ANOGI

Anogi (520 m), das höchste Dorf auf Ithaka, ist ein schöner, sehr alter Ort. Er ist der Startpunkt für etliche wunderbare Wanderungen.

Die einfachste ist die 6,5 km lange, ungefähr zweistündige Wanderung (hin & zurück) zum Kloster **Kathara**. Eine noch bessere Tour ist die 11,5 km lange, ohne Stopps 4½-stündige **Travel-in-Time-Wanderung**, die bis hinab nach Kioni führt und dann 520 m hoch zurück nach Anogi über eine andere Strecke. Wandernde kommen an historischen Stätten, Kirchen und Kapellen, wilden Eichenwäldern und steilen Küstenklippen vorbei und können sich unterwegs mit einem Bad im Meer erfrischen. Der Weg nach Kioni ist als Route 12 ausgeschildert, und dann zurück nach Anogi als Route 12A.

BYZANTINISCHE KUNST

Die byzantinischen Fresken von Ithaka sind auch nach mehreren Jahrhunderten noch beeindruckend. Mehr Infos über die Kunst dieser Epoche gibt's im **byzantinischen & christlichen Museum** (S. 95) in Athen.

UNTERWEGS VOR ORT

Piso Aetos, der Hafen an der Westküste, ist keine Ortschaft. Taxis warten oft auf die Fähren, in der Hochsaison auch die Inselbusse. Die Busverbindungen sind jedoch sehr spärlich. Die Busse fahren nur zweimal täglich zwischen Vathy, Stavros und Kioni. Ein Auto zu mieten – am einfachsten in Vathy – lohnt sich also, zumindest für einen Tag des Aufenthalts.

ZAKYNTHOS

Zakynthos, dessen italienischer Name Zante lautet, ist eine Insel mit zwei Gesichtern. Der südliche und südöstliche Küstenstrich ist vom massiven – und oft billigen – Pauschaltourismus eingenommen. Allerdings gibt es selbst hier einige nette, entspannte Dörfer, gerade außer Sichtweite der üblichen Badeorte; wunderbare Beispiele sind Keri und Limni Keriou im abgelegeneren Südwesten.

Wer jedoch den Süden erst einmal hinter sich lässt und die restliche Insel erkundet, wird eine ganz andere Welt entdecken. Sie besteht aus reichlich bewaldeter Wildnis und traditionellen Bauerndörfern, aber das wahre Highlight ist die spektakuläre Landschaft der Westküste, wo gewaltige Kalksteinklippen ins türkis schimmernde Meer abfallen. Bevor man sich auf die Erkundung begibt, sollte man sich jedoch Zakynthos-Stadt ansehen. Die pulsierende Stadt hat ein ausgezeichnetes Museum und die Ruine einer venezianischen Festung zu bieten.

TOP TIPP

Von Mitte Mai bis Oktober schippern vom abgelegenen nördlichen Hafen Agios Nikolaos Fähren zweimal täglich nach Pesada im südlichen Kefalonia (1½ Std.). Keiner der Häfen hat gute Busverbindungen, die meisten Reisenden finden es daher einfacher und billiger, von Zakynthos-Stadt nach Kyllini auf dem Festland überzusetzen und von dort eine andere Fähre nach Kefalonia zu nehmen.

Zakynthos-Stadt

SEHENSWERTES
1 Banana Beach
2 Kap Keri
3 Kap Skinari
4 Gerakas-Strand
5 Kambi
6 Limnionas
7 Bio-Bauernhof Logothetis
8 Agios-Georgios-Kloster
9 Shipwreck Beach

Die Altstadt & die Neustadt von Zakynthos-Stadt erkunden

SAKRALE KUNST & TOLLE TAVERNEN

Zakynthos-Stadt ist die pulsierende Hauptstadt der Insel. Sie liegt zwischen steilen, bewaldeten Bergen mit einer venezianischen Festung obenauf und einem riesigen Hafen, der von zwei Molen eingerahmt ist. Die Stadt war berühmt für ihre italienische Architektur, bis 1953 ein Erdbeben sie vernichtete. Sie

ÜBERNACHTEN IN ZAKYNTHOS-STADT

Palatino Hotel
Das Palatino hat das beste Preis-Leistungs-Verhältnis in der Stadt. Es liegt nahe des Stadtzentrums, aber in einer ruhigen Seitenstraße gleich hinter dem Strand. **€€**

Agrilia Hotel
Das Boutiquehotel am Stadtrand hat einen großen Pool und verströmt eine ruhige Atmosphäre. **€€**

Phoenix Hotel
Das zentral gelegene Hotel verfügt über eine Dachterrasse und schicke, renovierte Zimmer. **€€**

SCHILDKRÖTEN

Die Ionischen Inseln sind die Heimat einer der am stärksten gefährdeten Meerestierarten Europas, der Karettschildkröte *(Caretta caretta)*. Auf Zakynthos findet sich die höchste Dichte von Karettschildkrötennestern. In manchen Jahren wurden bis zu 1300 Tiere in der Bucht von Laganas gezählt, einem Gebiet, das als **Meeresnationalpark Zakynthos** geschützt ist.

Leider werden die ausgedehnten, sauberen, flachen Sandstreifen, auf die die Schildkröten ihre Eier ablegen, auch von Sonnenanbeter:innen bevorzugt. In der Brutzeit (Mai bis Okt.) sind alle Niststrände von Sonnenuntergang bis Sonnenaufgang für Besucher:innen gesperrt. Ab Juli, wenn die jungen Schildkröten schlüpfen, stellen die Naturschutzbehörden Warnschilder über den vergrabenen Eiern auf.

Freiwillige Mitarbeitende des Nationalparks und von Archelon (archelon.gr) bieten **Programme zur Freiwilligenarbeit und Informationen** an und unterhalten auch ein Infozentrum am Gerakas-Strand.

wurde danach wieder stilvoll aufgebaut und besitzt heute Arkaden und elegante, klassizistische öffentliche Gebäude. In den vergangenen Jahren wurde der repräsentative Hafenplatz, die glanzvolle **Plateia Solomou**, restauriert. In den verkehrsfreien Straßen dahinter geht das trubelige Alltagsleben seinen Gang.

Das prächtige **Byzantinische Museum** für sakrale Kunst ist in einem wunderbar restaurierten Gebäude am Hafenplatz untergebracht. Fast alle Exponate wurden von freiwilligen Seeleuten unmittelbar nach dem Erdbeben von 1953 gerettet. Die **Kirche des hl. Dionysios** (1948; wiederaufgebaut nach dem Erdbeben) ist dem Schutzheiligen von Zakynthos geweiht und steht am südlichen Ende der Promenade nahe dem Anleger. Innen ist sie mit opulenten Vergoldungen und Fresken geschmückt.

Die Ruine einer **venezianischen Festung** liegt auf einem bewaldeten Hügel, der sich über dem Stadtzentrum erhebt. Sie ist mittels eines steilen, aber angenehmen 15-minütigen Spaziergangs oder mit dem Auto über eine 2,5 km lange Straße zu erreichen. Heute ist das Areal innerhalb der massiven Festungsmauern im Grunde ein friedlicher Waldpark mit grandioser Aussicht. In den Wäldern befinden sich einige baufällige Kirchen, ein Fußballplatz (angelegt von den Briten im 19. Jh.) und ein Café.

Schildkröten & verschlungene Straßen

DEN SÜDEN & SÜDOSTEN DER INSEL ERKUNDEN

Die Halbinsel Vasilikos, die an der Südostecke der Insel Richtung Süden ins Meer ragt, ist etwas weniger erschlossen als viele Teile der Südküste. Allerdings ist der schmale, lange **Banana Beach** voll mit Badenden. Ein kleines Stück weiter wird es ruhiger. Eine Seitenstraße vom Dorf Vasilikos Richtung Westen führt zum **Bio-Bauernhof Logothetis**. Er stellt rein biologisches Olivenöl her (er bietet auch eine Unterkunft an).

Ganz an der Spitze der Halbinsel, gegenüber der Bucht von Laganas, befindet sich der feinsandige **Gerakas-Strand**. Er ist der schönste Strand im Süden, aber auch ein wichtiger Nistplatz für Schildkröten; der Zugang ist daher eingeschränkt und von Mai bis Oktober zwischen Sonnenuntergang und Sonnenaufgang gänzlich verboten. Hinter Laganas beginnt allmählich die schroffe Landschaft des Südwestens. Eine sehr kleine Straße führt vom stillen Dorf Keri zum Leuchtturm auf dem **Kap Keri** und zu einem Aussichtspunkt mit Blick über die Klippen.

Parallel zur Küste zieht sich ein wunderbar kompliziertes Gewirr aus Straßen durch das bewaldete Bergland. Hier und da zweigen Nebenstraßen zu Buchten, z. B. zur **Limnionas**, oder zu Felskuppen, etwa in **Kambi**, ab. Abstecher landeinwärts führen zu Dörfern wie **Kiliomeno**, dessen Kirche des hl. Nikolaos einen ungewöhnlichen, dachlosen Glockenturm besitzt,

ESSEN AUF DER INSEL

Allegro
In der reizenden, freundlichen Taverne am Dorfplatz von Keri wird gute, heimische Hausmannskost serviert. €

Cross Tavern
Die erstklassige Taverne liegt oberhalb der Klippen am Ende der Straße hinter Kambi. €€

Nobelos Bio Restaurant
Das romantische Restaurant ist in und um die Felsen am privaten Strand des gleichnamigen Boutiquehotels gebaut. €€€

DAVID RYZNAR/SHUTTERSTOCK ©

Shipwreck Beach

und **Louha**. Das hinreißende, winzige Dorf erstreckt sich zu einem Tal hinab, das von Wäldern und Weiden umgeben ist. Es gibt einige tolle markierte Wanderwege in der Umgebung.

Schiffswrack-Selfies

NORDWESTKÜSTE & OSTKÜSTE

Der spektakulärste Anblick an der Westküste ist der **Shipwreck Beach**. An dem Strand, einem Favorit von Instagramern, liegt ein gestrandetes Frachtschiff, das in den 1960ern auf Grund lief. Der Strand selbst ist nur mit dem Boot erreichbar, aber man kann ihn auch von oben bewundern und das unvermeidliche Selfie von einer nicht ganz ungefährlichen Aussichtsplattform machen.

Lohnend ist auch ein Besuch des **Agios-Georgios-Kloster** in einer erhabenen Lage auf einer Felskuppe gleich südlich des Shipwreck Beach. Innen ist es von verblichenen Fresken bedeckt, und der merkwürdige Turm im Zentrum der Anlage wurde von den Mönchen zur Abwehr von Angriffen von Piraten und Türken genutzt. Die Einheimischen verkaufen so ziemlich überall Honig und Erzeugnisse der Saison, aber der Hauptmarktplatz für den Verkauf von Olivenöl, Tischtüchern und Läufern ist **Volimes**, gleich nördlich des Klosters und des Strands.

Die Badeorte nördlich von Zakynthos-Stadt sind weitgehend eintönig, aber je weiter es nach Norden geht, desto dramatischer wird die Landschaft. Die Straße verengt sich im kleinen Fährdorf **Agios Nikolaos**, in dem es einige nette Restaurants und Unterkünfte gibt. Auch hat es einen kleinen Strand am Hafen und einige hübsche Felsplattformen, von denen man hinausschwimmen kann. Eine nette Wanderung (oder Fahrt) führt von hier zum majestätischen **Kap Skinari**, das die Nordspitze der Insel bildet.

BESTE RESTAURANTS IN ZAKYNTHOS-STADT

To Kantouni
Schlichte, traditionelle Hausmannskost steht in dieser kleinen, versteckten Taverne mit einheimischen Stammgästen auf der Tagesordnung. €

Stathmos
Eine schlichte, altmodische Taverne. Die Spezialität des Hauses ist Kaninchenschmortopf. €

Prosilio
Ein Abendrestaurant für Gourmets mit ansprechender Einrichtung und einem romantischen Hofgarten. €€

Malanos
Die viel geliebte, familiengeführte Taverne am südlichen Rand der Stadt und mitten im Grünen ist auf der ganzen Insel bekannt. €€

DIE UNTERWASSERWELT GRIECHENLANDS

Wer mehr über die gefährdete, aber wunderschöne Unterwasserwelt der griechischen Inseln erfahren möchte, sollte den **Meeresnationalpark Alonnisos** (S. 518) besuchen.

UNTERWEGS VOR ORT

Regelmäßige Busverbindungen gibt's vom KTEL-Busbahnhof in Zakynthos-Stadt zu den Badeorten Alikes, Tsilivi, Argasi, Laganas und Kalamaki. Weniger Busse fahren zu den Dörfern im Inselinneren. Um die Insel wirklich kennenzulernen, ist ein Mietwagen unverlässlich.

KYTHIRA

Die wunderbar von der Zeit vergessene Insel Kythira liegt zwischen der Ägäis und dem Ionischen Meer, nur 12 km vor der Küste des Peloponnes am Lakonischen Golf. Trotz der abgelegenen Lage und der charakteristischen kykladischen Würfelzuckerarchitektur, aus alten wie aus modernen Zeiten, wird Kythira offiziell als Teil der Ionischen Inseln bezeichnet.

Da sich die Bevölkerung von knapp 4000 Menschen auf das hübsche, kleine Hauptdorf Hora und 40 Dörfer verteilt, wirkt Kythira die meiste Zeit des Jahres wie ausgestorben. Der angebliche Geburtsort von Aphrodite ist eine unberührte Traumlandschaft aus üppig grünen Tälern, steilen, überwucherten Schluchten und blumenbewachsenen Klippen, die in das leuchtend blaue Meer hinabfallen. Die wenigen Besucher:innen, die es hierher verschlägt, sind ausnahmslos vom Zauber der Insel fasziniert und wollen die Dörfer und Badeorte wie Kapsali, Potamos und Agia Pelagia nie wieder verlassen. Wie viel Zeit auch für die Insel eingeplant wurde, man sollte sie unbedingt verdoppeln!

TOP TIPP

Kythira setzt sich in bewundernswerter Weise für seine Wanderwege ein und hat viele Strecken mit Wegweisern ausgestattet. Infos, auch zu Wanderführern und Karten, sind auf kytherahiking.com zu finden; erhältlich ist auch Frank van Weerdes *Kythira zu Fuss entdecken*.

Kap Spathi
Gythio (55 km)
Neapoli (25 km)
Piräus (230 km)
Myrtoisches Meer
Straße von Kythira
Platia Ammos
Karavas
Gerakari
Agia Pelagia
Petrouni
Lagada-Strand
Trifyllianika
Potamos
Paliohora
Logothetianika
Ionisches Meer
Makronisi
Vamvakaradika
Aroniadika
Frilingianika
Diakofti
Kato Chora
Mitata
Kythira
Mylopotamos
Viaradika
Kap Limnionas
Avlemonas
Fratsia
Kap Modoni
Karvounades
Kalokerines
Tsikalaria
Katouni-Brücke
Livadi
Museum für byzantinische & postbyzantinische Kunst
Pourko
Mittelmeer
Manitohori
Kalamos
Kretisches Meer
Chora (Kythira)
Kapsali
Vroulea
Antikythira (50 km; Kreta (100 km)
0 5 km
Kap Trahilos
Kap Kapello

Kastro

Durch die Hauptstadt von Kythira spazieren

CHORAS LÄDEN & RUINEN

Der Hauptort der Insel, **Chora** (auch Kythira genannt), besteht aus einer Anhäufung weiß-blauer Würfel wie auf den Kykladen, die sich auf einem schmalen Höhenzug in Richtung eines venezianischen Kastro aus dem 14. Jh. auf einer anderen schroffen Felskuppe entlangziehen. Das Leben konzentriert sich überwiegend um den Platz am Nordrand des Dorfes. Geschmackvolle, kleine Läden, die schöne Antiquitäten und Schmuck verkaufen, säumen den Weg zum Kastro.

Das verfallene **Kastro** auf der felsigen Landzunge, die sich am südlichen Ende von Chora erhebt, wurde vom ersten venezianischen Statthalter Kythiras erbaut. Die Festung zwischen den Wällen ist heute größtenteils eine Ruine, aber das Areal mit seinen Wildblumen und dem hinreißenden Blick runter nach Kapsali und bis hinüber nach Antikythira ist wirklich umwerfend. Nur für die eher enttäuschende **Wappensammlung** in einem ehemaligen Pulvermagazin muss Eintritt gezahlt werden. Beim Verlassen der Ruine lohnt sich ein Spaziergang zum benachbar-

ESSEN AUF KYTHIRA

Platanos
Die Spezialität des charmanten Restaurants in Mylopotamos ist in Honig und Kräutern geschmortes Schweinefleisch. €

Filio
Das Filio ist eine hoch gelobte Taverne 1 km hinter Kalamos. Im schattigen Terrassengarten werden Inselklassiker serviert. €

Pierros
Die Hauptstraße durch Livadi ist wohl kaum ein schöner Standort, aber die Einheimischen kommen aus allen Ecken herbei, um in dem authentischen Restaurant zu essen. €

O Manolis
Das Fischrestaurant mit Tischen auf dem Sand liegt gleich nördlich des Damms in Diakofti. €

Skandeia
Die wunderbare Taverne in der Nähe des Paleopoli-Strands serviert u.a. geröstete Aubergine mit Holzraucharoma. €€

ÜBERNACHTEN & ESSEN IN CHORA

Hotel Margarita
Das reizende Hotel in einer sorgfältig restaurierten Villa aus dem 19. Jh. hat eine originelle alte Wendeltreppe, die zu den zwölf mit Antiquitäten eingerichteten Zimmern führt. €€

Nostos
Eine herrlich altmodische Pension direkt unterhalb des Kastro. Jedes Zimmer ist anders, gemeinsam sind ihnen allerdings die Gemälde an den Wänden. €€

Zorba's
Seit mindestens 60 Jahren eine Institution in Chora – und nichts scheint sich verändert zu haben. Die Spezialität des Hauses sind in heimische Kräuter gewickelte Würste. €

LIVEMUSIK AUF DER INSEL

Kythira ist ein toller Ort, um Livemusik zu hören. Im **Kafe Astikon** in Potamos wird im Juli und August jeden Abend (spät) Livemusik geboten, zu anderen Zeiten spontane Jam-Sessions. Die meergrünen Wände und die langen Holzbänke um eine behelfsmäßige Bühne herum verleihen der schummrigen Location viel Atmosphäre.

Das **Fox Anglais** in Kapsali ist im Sommer das Epizentrum des hiesigen Nachtlebens, mit akustischer Musik am Strand an Dienstagen und DJs jeden zweiten Tag.

Im Zentrum der Insel, in Frilingianika, veranstaltet die Taverne **Kokkina Spaleto** („rote Jacke") bis in die frühen Morgenstunden Musikveranstaltungen mit Gesang, Gitarre, Bouzouki und traditionellen Tänzen.

DIMITRIS PANAS/SHUTTERSTOCK ©

Avlemonas

ten Hügel, wo mehrere hübsche, kleine Kapellen mit Fresken nahe dem oberen Teil des Wegs stehen, der nach Kapsali führt.

Das beeindruckende **archäologische Museum** in Chora, neben der Hauptstraße am Nordrand des Dorfes, zeichnet in zwei Räumen die Geschichte dieser kleinen Insel nach. Den Ehrenplatz unter den Artefakten aus den antiken Siedlungen Palaiopolis und Palaiokastro nimmt die weiße Marmorstatue mit dem Namen „Löwe von Kythira" ein.

Badeorte & Dörfer

KAPSALI, POTAMOS UND AGIA PELAGIA ERKUNDEN

Das hübsche, kleine **Kapsali** am Meeresufer 2 km östlich von Chora war in der venezianischen Ära der Haupthafen der Insel. Heute ist es, zumindest im Sommer, ein quirliger Badeort mit einem ockerfarbenen, geschützten Sandstrand und zwei sanft geschwungenen Buchten, die von Tavernen, schicken Cafés und Ferienwohnungen gesäumt sind. Empfehlenswert ist der Aufstieg zu Leuchtturm und Kirche auf der niedrigen Landspitze, die die beiden Buchten trennt. Die Aussicht von oben ist umwerfend. Das **Felseneiland** vor der Küste hat zwei Namen: Avgo („Ei") in Bezug auf seine Rolle als Geburtsort der Aphrodite und Itra („Kochtopf"), da es, wenn Wolken darüber hängen, angeblich einem dampfenden Kessel gleicht.

Das reizende Bergdorf **Potamos** im Herzen der Insel ist Kythiras sozialer Mittelpunkt. Auf dem zentralen, mit Blumen

MUSIK AUF KYTHIRA

Wenn man auf Kythira auf den Geschmack der griechischen Musik gekommen ist, sollte man nicht das Rembetika Festival auf **Skopelos** (S. 512) im Juli verpassen.

ÜBERNACHTEN & ESSEN AUF DER INSEL

El Sol Hotel
Auffällige, weiße Apartments in Würfelform hoch oberhalb der Straße zwischen Chora und Kapsali mit himmlischem Blick übers Meer. **€€**

Panaretos
Eine der fünf Tavernen, die sich den Dorfplatz in Potamos teilen. Hier gibt's hervorragende Gerichte mit Produkten aus eigenem Anbau. **€€**

Kaleris
Das romantische Kaleris hat Tische auf dem Strand, denen Tamarisken Schatten spenden. **€**

bepflanzten Platz findet sonntagsvormittags ein Flohmarkt statt und an jedem Tag der Woche kann man hier schön Leute beobachten. Die Outdoor-Aktivitäten von **Pyrgos House** sind höchst empfehlenswert. Zu den Angeboten gehören eine Bienenexkursion, Traubenlese, Olivenernte, Koch- und Tanzkurse, Kajaktouren und mehrtägige Wanderferien.

Agia Pelagia, der nördlichste Badeort Kythiras, ist ein einfaches Küstendorf vor steilen Klippen und bewaldeten Tälern. Azurblaues Wasser platscht an die Sand- und Kieselstrände. Südwärts hinter der Landzunge liegen einige großartige vulkanische Strände. Sie sind bis hin zum **Lagada-Strand** rot, rosa und gelbbraun und ein tolles Ziel für Küstenwanderungen.

Nebenstraßen & Weingärten

ABSEITS DER AUSGETRETENEN PFADE

Um die Nebenstraßen zwischen den verstreuten Dörfern auf Kythira zu erkunden, die an Obst- und Weingärten, Olivenhainen und Zypressenwäldchen vorbeiführen, braucht man Wanderschuhe oder ein eigenes Fahrzeug. Das kleine **Museum für byzantinische & postbyzantinische Kunst** in Kato Livadi, 6 km nördlich von Chora im Süden der Insel, zeigt Ikonen und Fresken, die aus Kirchen auf der ganzen Insel geborgen wurden. Die **Katouni-Brücke**, die ein Stück weiter nördlich ein flaches Bachbett überspannt, wurde von den Briten im 19. Jh. gebaut und ist die größte Steinbrücke in Griechenland.

Avlemonas weiter die Küste hoch ist ein ehemaliges Fischereidorf, das sich zum exquisiten Badeort entwickelt hat. Es bietet einen makellosen Anblick in Blau und Weiß und Wege über die Felsen bis zu Leitern hinab ins türkisfarbene Wasser.

Vom antiken **Paleopoli** gleich landeinwärts sind nur wenige Spuren erhalten, aber der Weg hinauf auf den Hügel, auf dem einst der **Aphrodite-Tempel** stand und den Geburtsort der Göttin der Schönheit markierte, ist ein schöner Spaziergang von etwa einer Stunde. Vom Tempel ist nicht viel übrig geblieben, aber die stille, kahle und von Wind und Sonne gebeutelte Hügelkuppe hat ihre eigene Art der Romantik.

Sehr viel umfangreichere Ruinen blieben von Kythiras mittelalterlicher Hauptstadt **Paliohora** im Norden erhalten. Sie lag prächtig auf einem schroffen Felsen am Zusammenfluss zweier tief eingeschnittener Schluchten, wurde aber 1537 von einer türkischen Flotte zerstört. Die abgeschiedene Hügelspitze mit den verfallenen Resten von Kapellen und Wohnhäusern kann heute von Potamos aus über eine 4 km lange Strecke gen Osten erreicht werden, die dort endet. Es gibt aber auch einen wunderschönen Wanderweg parallel zur Straße.

SHOPPEN IN CHORA

Borse
Faszinierender Ein-Frau-Betrieb in einer Ein-Raum-Werkstatt, wo all die bunten Taschen am Webstuhl hergestellt werden.

Sochora Boutique
Das Haus der Familie wurde in eine schicke Boutique umgewandelt, in der griechische Marken verkauft werden, inkl. Strandkleidung und klassische Espadrilles.

Aquarium
Individuell gefertigte Schmuckstücke werden in der Boutique mit dem namensgebenden Aquarium verkauft.

Natural World
Tolle Öko-Schuhe und andere Accessoires wie Hüte und Taschen.

Sempreviva
Der kleine Laden verkauft traditionelle Kränze aus gelben Blumen, die jeden Juni von Hand gepflückt werden.

GÖTTLICHE SPUREN

Wie von Hesiod beschrieben und von Botticelli gemalt, stieg Aphrodite auf einer Muschel aus dem Meer, angeblich in Avgo vor Kapsali. Aphrodite gewidmete Tempel gibt es in Korinth und **Dodoni** (S. 230), Statuen in **Athen** (S. 90), auf **Rhodos** (S. 404) und in **Karystos** (S. 531).

UNTERWEGS VOR ORT

Leider verkehren die Busse auf der Insel nur sehr spärlich, sodass die meisten Traveller ein Auto mieten. Kapsali ist von anderen Orten der Insel zwar nur mit dem Fahrzeug zu erreichen, aber ein sehr schöner (und steiler) Fußweg verläuft zwischen der Bucht und Chora hoch darüber. Abenteuerlustige können den Rest der Insel mit dem Wanderführer *Kythira zu Fuss entdecken* (S. 566) erkunden.

PRAKTISCHES

Die wichtigsten Informationen für die perfekte Reise nach Griechenland im Überblick. Nützliche Tipps, Tricks und Hintergründe zur Orientierung und Vorbereitung.

Paxi (S. 547)

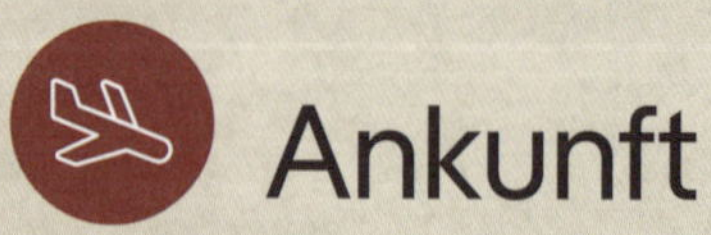

Ankunft

Vor allem im Sommer ist Griechenland leicht per Flugzeug oder Fähre erreichbar. Seine vier größten internationalen Flughäfen befinden sich in Athen (Eleftherios Venizelos) und Makedonia (15 km südöstlich von Thessaloniki) sowie auf Kreta und Rhodos. Unter den anderen Flughäfen sind Santorin (Thera), Kalamata, Karpathos, Samos, Skiathos, Hrysoupoli/Kavala, Aktion, Kefallonia, Kos und Zakynthos. Überlandtrips nach Griechenland erfordern mehr Planung, sind aber nicht unmöglich.

Grenzübergänge

Über die Balkan-Halbinsel (Kroatien, Serbien, Nordmazedonien) fahren Züge und Busse nach Griechenland. Ab der italienischen Ost- und türkischen Westküste schippern Fähren hierher.

Einreise

Reisende aus EU-Ländern und der Schweiz können visumfrei nach Griechenland einreisen (für Details s. Website des eigenen Außenministeriums).

SIM-Karten

Griechische Prepaid-SIM-Karten sind die günstigste Option für mitgebrachte Handys von außerhalb der EU. Gute Anbieter sind Vodafone, Wind und Cosmote (bestes Netz in entlegenen Regionen).

WLAN

Die meisten Hotels, viele Cafés und manche Restaurants bieten Gratis-WLAN. Einige Großstädte haben kostenlose Hotspots (z. B. auf Plätzen und in Einkaufs- oder Restaurantvierteln).

Vom Flughafen in die Stadt

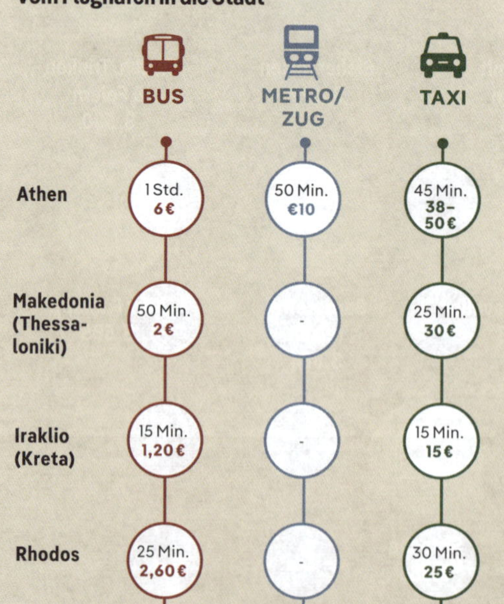

	BUS	METRO/ZUG	TAXI
Athen	1 Std. **6 €**	50 Min. **€10**	45 Min. **38–50 €**
Makedonia (Thessaloniki)	50 Min. **2 €**	-	25 Min. **30 €**
Iraklio (Kreta)	15 Min. **1,20 €**	-	15 Min. **15 €**
Rhodos	25 Min. **2,60 €**	-	30 Min. **25 €**

INTERNATIONALE FÄHREN

Saranda (Albanien)–Korfu 30–70 Min.

Bari (Italien)–Patra 16 Std.

Brindisi (Italien)–Igoumenitsa 9–10 Std.

Venedig (Italien)–Patra 31–32 Std.

Bodrum (Türkei)–Kos 45 Min.

Marmaris (Türkei)–Rhodos 9–10 Std.

Unterwegs vor Ort

Innerhalb Griechenlands gibt's viele Flug- und Fährverbindungen. Hinzu kommen günstige und klimatisierte Linien-Fernbusse. Ein Auto ist dennoch die beste Option für Erkundungen.

REISEKOSTEN

Mietwagen
35–45 €/Tag

Mietmoped
35–45 €/Tag

Tanken
Ca. 1,98 €/l

Fährticket Mykonos–Santorin
90 €

Schiff/Fähre

Innerhalb von Griechenlands weitläufigem Fährnetz verkehren Katamarane, moderne Fähren mit guter Ausstattung und kleinere Boote mit Schlafkojen. Aus Sicherheitsgründen verzögern sich die Fahrten häufig bei schlechtem Wetter (oder fallen ganz aus). In der Hauptsaison ist rechtzeitige Reservierung ratsam. Zwischen Mitte Oktober und Ostern gibt's deutlich weniger Verbindungen.

Mietwagen

Bezahlbare Mietwagen gibt's in ganz Griechenland (nur nicht auf den kleinsten Inseln). Sie bieten maximale Erkundungsfreiheit, sollten hier aber nur mit genügend Erfahrung gesteuert werden: Auf manchen Inseln sind zahllose Leih-Vehikel unterwegs. Im Sommer wird dann die Parkplatzsuche mitunter zum Problem.

TIPP

Die Website greek ferries.gr listet Fährlinien innerhalb Griechenlands und nach/ab Italien. Hier kann man online nach Verbindungen suchen und auch Tickets buchen.

STRASSENZUSTAND & GEFAHREN

Griechenlands Hauptautobahnen haben sich im Lauf der Jahre stark verbessert. Viele Inselstraßen sind aber bis heute unbefestigt. Generell leiden griechische Straßen auch unter Erosion und Bodensenkungen. In den Bergen besteht zudem Gefahr durch Steinschlag oder Eis und Schnee (im Winter). Achtung: Auf einspurigen Strecken weichen langsame Lastwagen oft auf den Seitenstreifen aus, um Autos vorbeizulassen. Einige Einheimische überholen dann aber trotz Gegenverkehr.

UNBEDINGT BEACHTEN

In Griechenland gilt Rechtsverkehr.

Die zulässige Höchstgeschwindigkeit beträgt 50 km/h innerorts, 90 km/h auf Landstraßen und 120 km/h auf Autobahnen.

0,5‰

Die Promillegrenze liegt bei 0,5 g/l.

Moped & Motorrad

Landesweit lassen sich meist gut gewartete Mopeds, Quads, Motorräder und -roller ausleihen. Interessierte müssen einen gültigen nationalen Führerschein für die jeweilige Fahrzeugklasse haben (Pflicht ab 50 cm³ Hubraum). Schutzhelme sind obligatorisch und von den Verleihern anzubieten.

Taxi

Landesweit gibt's viele Taxis (nur nicht auf sehr kleinen oder entlegenen Inseln). Diese sind im europäischen Vergleich günstig und daher eine brauchbare Alternative zu Mietwagen, wenn man sich die stressige Parkplatzsuche sparen will – vorausgesetzt, die Distanzen sind nicht zu groß. In Athen funktionieren praktische Taxi-Apps wie Beat und Uber.

Bus

Fahrten innerhalb des weitläufigen Fernbusnetzes sind günstig. Städte auf dem Festland bieten Verbindung nach/ab Athen. Von dort aus sind die Inseln Korfu, Kefallonia uns Zakynthos ebenfalls per Bus erreichbar (Fährticket oft im Preis enthalten). Ländliche Lokalbusse starten meist sehr früh und fahren am frühen Nachmittag wieder zurück.

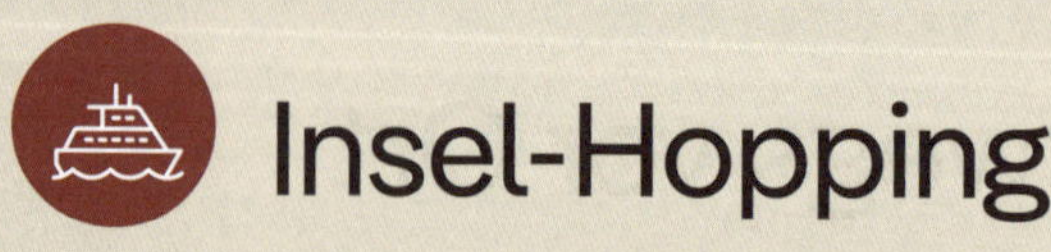

Insel-Hopping

Ob Küstenblick vom sonnigen Fährdeck oder Einlaufen in einen belebten Hafen: Beides ist ein einmaliges Erlebnis. In Griechenland ist die Anreise übers Meer ein zentraler Teil des Abenteuers. Am besten überlässt man dabei möglichst wenig dem Zufall und plant entsprechend – so wird der Urlaub wesentlich stressfreier.

TIPPS FÜR FÄHRPASSAGIER:INNEN

Beste Reisezeit Für schönes Wetter, weniger Tourist:innen und regelmäßige Verbindungen empfehlen sich die Perioden zwischen dem orthodoxen Ostern und Ende Mai oder von Anfang September bis Mitte Oktober. Von Juni bis Ende August herrschen auch hohe (Meeres-)Temperaturen. Allerdings bezahlt man dann Spitzenpreise und trifft auf riesige urlaubende Menschenscharen. Zudem kann der *meltemi* (trockener Nordwind) die Fährfahrpläne in dieser Zeit stark negativ beeinflussen.

Vor dem Start Am besten regionale Veranstaltungskalender nach *panigyria*-Festen zu Ehren von lokalen Schutzheiligen durchforsten: Diese Veranstaltungen sind einzigartige Kulturerlebnisse, können aber auch Fährfahrpläne und Öffnungszeiten beeinflussen. Zudem erschweren die vielen Festbesucher:innen potenziell den Transport vor Ort.

Winter Viele Fährlinien werden eingestellt; Hotels und Restaurants haben oft geschlossen.

Fähren: Gut zu wissen

Griechenlands komplexes Fährnetz bedient alle bewohnten Inseln. Hochgeschwindigkeitsfähren (vergleichsweise viel teurer) verkehren auf den beliebtesten Routen. Lokale Fähren, Ausflugsboote und kleine private Fischerboote *(caïques)* verbinden viele benachbarte Eilande miteinander. Elegante Katamarane sind aber deutlich schneller und kommen besser mit Schlechtwetter klar.

Viele Fährgesellschaften ermöglichen Online-Buchung. Im Sommer sollten Tickets für Hochgeschwindigkeitsfähren und Optionen mit Bordübernachtung spätestens fünf Tage im Voraus reserviert werden.

Inlandsflüge

Wer sich hauptsächlich auf einer einzigen Inselgruppe aufhalten will, spart Zeit und Geld mit einem Inlandsflug ab Athen. In der Hauptsaison werden bestimmte Inseln auch von Auslandsflügen bedient.

INFOS IM INTERNET

Greekferries
Ermöglicht die Suche nach Fährverbindungen (auch mit mehreren Etappen) und Unterkünften.
greekferries.gr

Open Seas
Verlässliche Suchmaschine für Fährrouten und -fahrpläne.
openseas.gr

Ferries
Größte Datenbank zu griechischen Fähren.
ferries.gr

Ferryhopper
Gut für die Suche nach Fährrouten und -fahrplänen.
ferryhopper.com

Gefahren & Ärgernisse

- Das Meer rund um Griechenland kann ziemlich wild sein. Wer leicht seekrank wird, sollte daher entsprechende Medikamente einnehmen. Zudem auf den Horizont schauen (nicht aufs Wasser!), möglichst an Deck bleiben (zwecks Frischluft) und keinesfalls lesen oder ein Fernglas benutzen. Hinweis: Seajet-Boote bieten meist keinen Deckzugang.

- Auch bei im Voraus gebuchten und bezahlten Passagen können jederzeit spontane Fahrtverzögerungen bzw. -ausfälle vorkommen (z. B. wetter- oder streikbedingt). Daher ausreichend flexibel planen!

- Zudem ist die Angabe einer Handynummer beim Ticketkauf ratsam: Bei Fahrtverzögerungen gibt's dann meist eine Info-SMS. Alternativ empfiehlt sich der Download einer eigenständigen Schiffstracking-App (z. B. MarineTraffic).

- Vor dem Anbordgehen unbedingt das jeweilige Ziel verifizieren: Die Boote laufen teils schnell nacheinander ein und sehen alle gleich aus.

Tickets, Klassen & Kabinen

Bei der Deck-Klasse ist der Name Programm: Zugang zum Deck und zu den Schiffsreinrichtungen – aber weder (Stockbett-)Koje noch Kabine. Bei der Ticketbuchung gibt's dies automatisch, sofern man nichts anderes verlangt. Mit steigendem Preis reicht das Spektrum dann von verstellbaren Liegesitzen wie im Flugzeug bis hin Privatkabinen mit eigenen Bädern.

Bei geplanten Fährtrips mit Bordübernachtung daran denken: Eine Schlafkabine auf der Route Piräus–Rhodos ist potenziell teurer als ein vergünstigter Flug, aber vergleichsweise klimafreundlicher. Vergleiche lohnen sich, wobei neben dem Preis auch Faktoren wie Reisezeit, Komfort und der Reiz einer Seereise berücksichtigt werden sollten.

Reisetipps

Wer mindestens zwei bis drei Tage auf zwei bis drei Inseln verbringen will, sollte für stressfreies Insel-Hopping zehn Tage bis drei Wochen einplanen und jeweils den Großteil des Anfahrtstags für die Fährpassage reservieren. So reist man entspannt und ist bei eventuellen Verzögerungen ausreichend flexibel.

Ab Athen geht's recht schnell zu den Saronischen Inseln (2 Std.) und Kykladen (3–4 Std.). Die Fahrt nach Patmos (Dodekanes-Inseln) dauert vergleichsweise viel länger (7–12 Std. inkl. Bordübernachtung).

INSEL-INFOS

Kykladen Berühmtester griechischer Archipel mit 27 Eilanden (inkl. Mykonos und Santorin bzw. Thera). Deren nahe Nachbarschaft macht Insel-Hopping einfach. Ein Markenzeichen sind die „Zuckerhut-Dörfer" mit blauen Kirchenkuppeln.

Ionische Inseln 14 Inseln an Griechenlands Westküste. Berühmtestes Beispiel ist Korfu mit seinen Sandbuchten und Zypressenhügeln. Überall typisch sind hier italienische bzw. venezianische Einflüsse (Architektur, Essen), Weinberge und üppige Vegetation.

Saronische Inseln Sechs Inseln (am bekanntesten: Hydra und Spetses), die durch ihre Nähe zu Athen leicht erreichbar sind. International weniger bekannt und vor allem bei Wochenend-Urlauber:innen aus der Hauptstadt beliebt.

Dodekanes-Inseln 18 kultivierte Inseln mit viel natürlicher Schönheit und regelmäßigen Katamaran-Verbindungen. Prägend ist hier das geschichtsträchtige Rhodos als mittelalterliche Zeitkapsel. Auf Patmos empfing Johannes der Täufer seine Offenbarungen. Die anderen Eilande locken mit dampfenden Kalderas, schönen Radrouten und versunkenen Schiffswracks.

Sporaden Vier Inseln mit einem perfekten Mix aus schöner, vegetationsreicher Natur und tollen Stränden (deshalb Drehort von *Mamma Mia!*). Bodenständiger Vibe und gutes Angebot (Wassersport, Wandern, Kultur).

Nordostägäische Inseln Neun Inseln mit viel griechischer Zeitgeschichte und authentischer, rustikaler Atmosphäre (da deutlich weniger Tourist:innen). Am besten während der großartigen *panigyria*-Dorffeste auf Ikaria besuchen.

Geld

WÄHRUNG: EURO (€)

Kreditkarten

Visa und MasterCard werden landesweit am häufigsten akzeptiert (Cirrus und Maestro meist nur in Großstädten und Tourismushochburgen). Per Gesetz müssen griechische Geschäfte bzw. Firmen digitales Bezahlen akzeptieren. Hierbei gibt es aber auch Ausnahmen.

Steuern & Rückerstattungen

Griechenland hat ein paar von Europas höchsten Steuersätzen. Die Mehrwertsteuer ist stets im Preis enthalten und beträgt generell 24 %. Bei Hotelzimmern, Lebensmitteln und Medikamenten gilt eine Ausnahme von 13 %. Schweizer Tourist:innen können sich die Mehrwertsteuer potenziell bei der Ausreise am Flughafen zurückerstatten lassen.

Geldautomaten

Bei vielen Geldautomaten gelten jeweils Tages-Limits für Abhebungen. In kleineren Tourismusorten gibt's oft nur Euronet-Geräte mit vergleichsweise höheren Transaktionsgebühren und schlechteren Wechselkursen. Automaten auf Inseln sind öfter mal offline – daher stets genügend Bargeld mitführen.

WIEVIEL KOSTET …

ein Gyros
2–3 €

ein Museumsticket
4–12 €

ein Glas Wein
2,50–4 €

ein Hauptgericht (mittelteuer)
23–35 €

Trinkgeld

Restaurants Trinkgeld wird von Einheimischen meist nicht gegeben, ist aber willkommen. Je nach Ort auf den nächsten vollen Eurobetrag aufrunden oder 10 % spendieren.

Taxis Auf den nächsten vollen Eurobetrag aufrunden. Gepäcktransport kostet offiziell eine kleine Extragebühr (d. h. diese ist kein Trinkgeld).

Hotels Pagen freuen sich über eine kleine Aufmerksamkeit (ca. 1 €).

WIE … Etwas Geld sparen

Internationaler Campingausweis (Camping Card International; CCI) Bis zu 25 % Rabatt auf Campinggebühren.

Europäische Jugendkarte (European Youth Card, EYC; eyca.org) Bis zu 20 % Ermäßigung bei Sehenswürdigkeiten, Läden und manchen Verkehrsmitteln (Maximalalter 26 bzw. 31 Jahre).

Internationaler Studentenausweis (International Student Identity Card, ISIC; isic.org) 50 % Rabatt bei Museen und Antikstätten plus Ermäßigung bei manchen Unterkünften.

Seniorenausweise Ermäßigungen (z. B. bei Antikstätten, Museen, Bussen, Zügen) für Senior:innen aus EU und Schweiz.

NACHHALTIGE ERHOLUNG

Der Finanz-Crash von 2008 stürzte Griechenland in eine heftige Schuldenkrise: Die Wirtschaftsleistung ging um 25 % zurück, während die verfügbaren Einkommen um ein Drittel sanken und die Arbeitslosigkeit auf 28 % stieg. Als Voraussetzung für Finanzhilfe verlangte die EU-Kommission drastische Reformen. Die schmerzhaften Einschnitte endeten erst im August 2022 nach einem neuen Umsatz-Rekordjahr im Tourismussektor (mehr als die 18 Mrd. € von 2019). Mit einer Wachstumsprognose von 3,1 % für 2023 blickt Griechenland nun in eine stabilere Zukunft. Eine Basis hierfür ist ein neuer ökonomischer Plan des Nobelpreisträgers Christopher Pissarides. Dieser soll die Landeswirtschaft zukunftsträchtig und nachhaltig gestalten. In Athen (S. 610) sind bereits entsprechende Großprojekte angelaufen.

LOCAL TIPP

Ein Nebeneffekt der Finanzkrise: In Athen und Umgebung entstand eine beachtliche Weinszene. Aus der Not heraus wechselten die Einheimischen von Restaurants in Weinbars mit Käse- und Wurstplatten. Daraus wurde ein dauerhafter Trend.

Übernachten

Domatia

Domatia (wörtl. „Zimmer") waren ursprünglich schlichte Gästezimmer in Privathäusern. Heute haben sie oft eine Komplettausstattung (Küche, eigenes Bad) und befinden sich in Nebengebäuden. Diese Option ist bei Budgetreisenden sehr beliebt und typisch für Inseln oder ländliche Gebiete. Viele *domatia* haben nur von April bis Oktober geöffnet. Von Juni bis September werben die Eigentümer:innen häufig an Busbahnhöfen und Fährterminals um Gäste.

Hostels

Der griechische Jugendherbergsverband (higreece.gr) gehört zu Hostelling International (HI) und betreibt Hostels im ganzen Land (vor allem Athen, Thessaloniki, Santorin, Kreta). Eine HI-Mitgliedschaft ist für einen Aufenthalt nicht nötig, bringt aber 10 % Rabatt. Landesweit gibt's auch viele private Hostels. Sperrstunden sind selten.

Berghütten

Auf Kreta, Evia und dem ganzen griechischen Festland betreiben Bergsteiger- oder Skiclubs diverse Berghütten (je nach Standard ca. ab 10 €/Pers.). Dabei reicht das Spektrum von kleinen, küchenlosen Hütten mit Freiluft-Toiletten bis hin zu Lodges mit modernem Komfort. Die griechische Tourismusbehörde (visitgreece.gr) und der Balkan-Bergsteigerverband (mountain-huts.net) liefern entsprechende Details.

PREIS FÜR EINE ÜBERNACHTUNG

Hostel-Schlafsaal
10–20 €

domatia-Zimmer
40–80 €

Designer-Hotel
200 €

Ferienwohnungen & -häuser

Bei längerem Verweilen an demselben Ort empfehlen sich bekannte Websites für kurzfristige Buchungen von Ferienwohnungen und -häusern: Dort findet man potenziell viele anständige Optionen in Griechenland. Zudem lohnt sich ein Blick auf griechische Online-Portale (z. B. mygreek-villa.com oder prettygreekvillas.com). In der Hauptsaison gelten oft Mindestaufenthalte.

Camping

Landesweit gibt's fast 350 Campingplätze (geöffnet meist Mai–Okt., im Norden teils erst ab Juni; Details unter greece camping.gr). Unter deren Einrichtungen sind Warmwasserduschen, Gästeküchen, Restaurants, Minimärkte und mitunter auch Pools. Im Sommer empfehlen sich hitzeabweisende Überzelte und genügend Insektenspray. Hinweis: Wildes Camping ist in Griechenland streng verboten.

ÜBERNACHTEN IN KLÖSTERN

Viele von Griechenlands zahlreichen Klöstern vermieten sehr schlichte bis spartanische Gästezimmer – entweder im Komplex selbst oder in dessen Nähe. Die Hausordnung variiert lokal: Teils herrscht Schweigegebot, teils stehen Gebet und Meditation im Mittelpunkt. Das berühmte Kloster auf dem Berg Athos akzeptiert nur männliche Gäste mit Sondergenehmigung. Manche der Meteora-Klöster (eine Welterbestätte) ermöglichen ebenfalls Übernachtungen.

Reisen mit Kindern

Griechenland hat zwar recht wenig spezielle Infrastruktur für Urlaubsfamilien, bietet diesen aber dennoch unendliche Abwechslung: Landesweit warten Kulturschätze, faszinierende Geschichte, spannende Fährpassagen und diverse Outdoor-Aktivitäten. Die Einheimischen lieben Kinder und heißen sie überall herzlich willkommen – vor allem, wenn man seinen Kids ein paar griechische Wörter beibringt.

Beste Regionen für Familien

- **Athen** – Ruinen, große Parks, vielfältige Museen und nahe Strände.
- **Peloponnes** – Ferienbauernhöfe, Aktivitäten in der Bergen und der Voidokilia-Strand.
- **Kreta** – Viele Strände und das fesselnde Knossos; leicht zu erkunden.
- **Dodekanes-Inseln** – Forts, Burgen, kinderfreundliches Essen und entspannte Atmosphäre.
- **Nord-Griechenland** – Kühlerer Sommer, relaxte Orte (Ioannina, Parga) und die Strände von Halkidiki.

Sehenswertes

Kinderbücher zur griechischen Mythologie bereiten Kids aufs Sightseeing vor. Abgesehen von kulturellem Reichtum bietet Griechenland auch vielfältige Landschaften mit spaßigen Aktivitäten (z. B. Flusswandern, Traubenstampfen auf Weingütern). Firmen wie Kids Love Greece und Mamakita organisieren Individualtrips.

Einrichtungen

- **Wickeltische** – in öffentlichen Einrichtungen (inkl. Restaurants) nur selten vorhanden.
- **Kinderbetten** werden von den meisten Hotels zur Verfügung gestellt (beim Buchen nachfragen) – jedoch kaum im Budget-Bereich oder auf entlegenen inseln.
- **Kindersitze** – in Griechenland für Kinder unter 135 cm Körpergröße und/oder zwölf Jahren vorgeschrieben (beim Autovermiter rechtzeitig reservieren oder selbst mitbringen).

Ermäßigungen

Fähren, Busse und Züge nehmen Kinder unter vier Jahren gratis mit. Kleine Reisende unter zehn bzw. zwölf Jahren bekommen 50 % Rabatt. Unter zwölf Jahren gibt's auch vergünstigte Flugtickets. Tipp: Aegean Air hat jedes Jahr tolle Werbe- bzw. Sonderangebote.

HITS FÜR KIDS

Akropolis (Athen)
Heimat der griechischen Götter und ideal für Erkundungen am Morgen.

Rhodos
Viele bröckelnde Burgen auf Klippen über dem Meer.

Knossos (Kreta)
Palastruinen regen die kindliche Fantasie stark an.

Kykladen
Stressfreies und vielfältiges Insel-Hopping (z. B. nach Naxos, Paros, Santorin, Delos, Irakleia).

Nisyros
Wandern an einem aktiven Vulkan und ein Museum in dessen Nähe.

Skyros
Interaktion mit Griechenlands winzigen, bedrohten Skyros-Ponys.

INFOS ZU STRÄNDEN

Die tollen Strände zählen zu Griechenlands besten Unterhaltungsmöglichkeiten für Kinder. Im Sommer gibt's an beliebten Stränden oft Leihausrüstung (z. B. fürs Surfen, Bodyboarden, Windsurfen, Schnorcheln; teils plus Liegestühle). Mancherorts lauern steile Unterwasserkanten oder starke Strömungen. Oft kann man sich aber von Einheimischen einen familienfreundlicheren Inselbereich oder eine geschützte Bucht empfehlen lassen. Im Sommer wachen Rettungsschwimmer:innen an beliebten Stränden (Infos z. B. über die App *Safe Water Sports* unter *safewatersports.com).*

Kreta, Korfu, Rhodos, Naxos, Paros, Antiparos, Ios, Milos, Skiathos, Skopelos und Mykonos haben die besten Inselstrände. Von Ende Mai bis Anfang Oktober sind griechische Strände am schönsten.

Sicher reisen

LEITUNGSWASSER

Griechisches Leitungswasser möglichst nicht trinken: Mitunter enthält es Bakterien, die Durchfall auslösen können. In kleinen Dörfern oder auf manchen Inseln ist es teils sogar komplett ungenießbar – darum immer zuerst vor Ort nachfragen! Landesweit gibt's aber Mineralwasser in Flaschen bzw. größeren Behältern zum Abfüllen (erzeugt weniger Plastikmüll).

Moskitos & Schlangen

Normale Moskitos sind in Griechenland teils ein lästiges, aber malariafreies Problem. Asiatische Tigermücken übertragen hier jedoch potenziell andere Krankheiten (z. B. Östliche Pferdeenzephalomyelitis) und sind auch tagsüber unterwegs. Darum möglichst nur Unterkünfte mit Moskitonetzen wählen und geeignetes Insektenspray verwenden!

Vipern sind die einzigen gefährlichen Giftschlangen in Griechenland. Wander:innen sollten Stiefel und lange Hosen tragen.

Waldbrände

Die immer heißeren Sommer steigern in Griechenland die Häufigkeit und Intensität von Waldbränden (vor allem im Süden und Osten). Nach den verheerenden Bränden im Jahr 2021 hat die Regierung die Budgets für Feuerwehr und Prävention erhöht. Entdeckte Waldbrände können unter der Notrufnummer 112 gemeldet werden.

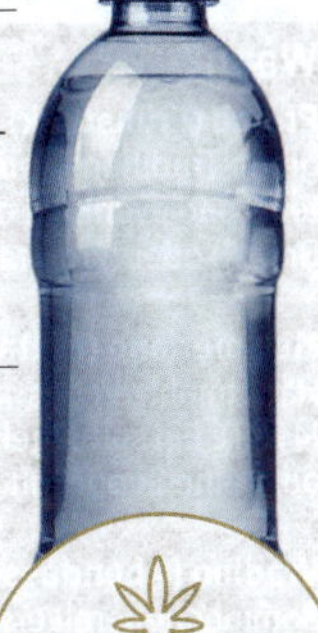

DROGEN

Griechische Gerichte unterscheiden nicht zwischen Drogenkonsum, -besitz und -handel: Selbst kleine Marihuana-Mengen bedeuten hier potenziell Gefängnis.

TEMPERATURREKORDE

Der höchste registrierte Wert war 48 °C in einem Vorort von Athen.

Extrem heiß wurde es auch schon in Sparta (Peloponnes; 46 °C und Trikala (Thessalien; 47,2 °C).

In puncto Tiefsttemperatur hält Makedonien den Rekord mit -23 °C.

Diebstahl & Abzocke

An trubeligen Verkehrsknotenpunkten besteht landesweit Gefahr durch Taschendiebe. In Athen lauern Langfinger v. a. auf dem Omonia-Platz und in der Metro. Mancherorts missachten Taxifahrer:innen die üblichen Festpreise für Fahrten vom Flughafen in die Stadt (z. B. nach Athen oder Hania) – darum den Tarif immer vor dem Start bestätigen lassen! Ansonsten sollte man immer auf Einschalten des Taxameters bestehen und eine Quittung verlangen (gesetzl. Ausstellungspflicht für Taxifahrer:innen).

MEDIZINISCHE VERSORGUNG

Griechenland hat einen guten medizinischen Ausbildungsstandard, aber unterfinanzierte öffentliche Gesundheitseinrichtungen. Die Europäische Krankenversicherungskarte (EHIC) deckt die meisten Behandlungskosten ab, ist aber nur für gesetzlich versicherte EU-Bürger:innen erhältlich. Für umfassenden Schutz (inkl. Rettungsflüge in die Heimat) ist eine zusätzliche Reisekrankenversicherung unabdingbar. Die größeren Inseln haben eigene Krankenhäuser. Der Rettungsdienst ist unter 116 oder 112 erreichbar.

Essen, Trinken & Feiern

Wann?

Proino (Frühstück) In Griechenland keine große Tradition: Meist nur Kaffee und Zigaretten – und eventuell eine *koulouria* (eine Art Brezel) oder *tyropita* (Feta-Pastete).

Mesimeriano (Mittagessen) Traditionelle Hauptmahlzeit des Tages (ca. um 13.30–14 Uhr): Ein selbstgekochtes Schmorgericht oder eine Suppe mit Brot. Käse und Salat.

Vradino (Abendessen) Findet spät statt (im Sommer generell erst nach Sonnenuntergang). In Restaurants herrscht oft erst ab 22 Uhr richtig Betrieb. Nach *orektika* gibt's meist Gemeinschaftsteller mit Souvlaki, gegrilltem Tintenfisch, Frischfisch und Zucchini-Krapfen in geselliger Runde.

Wo?

Taverna Zwangloses Lokal mit häufiger Spezialisierung auf Seafood, Grillfleisch oder Hausmannskost (z. B. traditionelle Aufläufe).

Estiatorio Vergleichsweise nobleres Restaurant mit Tavernen-Gerichten oder internationaler Küche.

Mezedhopoleio Serviert *mezedhes* (leckere Häppchen).

Ouzerie Kombiniert *mezedhes* mit Ouzo.

Psistarie (Grillrestaurant) Kredenzt Fleisch (Lamm, Schwein, Ziege, Geflügel) vom Drehspieß oder *kokoretsi* (gegrillte Rouladen mit Füllung aus Innereien).

Kafeneio Eine von Griechenlands ältesten Institutionen: Serviert praktisch nur Kaffee und Spirituosen.

KULINARISCHES

Orektika Vorspeisen
Mezedhes Häppchen
Hortarika Grüngemüse
Kyria piata Hauptgericht
Epidorpia Dessert
Frouta Obst
Gylka Süßigkeiten
Pagota Eiscreme
Katepsymenos Tiefkühlware (z. B. bei Fisch oder Tintenfisch offiziell auf Speisekarten anzugeben)
Couver Gedeckgebühr (wird mitunter in geringer Höhe für „Gedeck und Brot" verlangt)
Psomi Brot
Mayirefta Überbackenes oder Geschmortes auf traditionelle Art (z. B. *mousakas*).
Souvlaki Griechenlands beliebtestes Fastfood: Grillfleisch vom Drehspieß (z. B. Gyros) zusammen mit Tomaten, Zwiebeln und Tzatziki in einem zusammengerollten Pitta-Brot
Spanakopita Spinat-Pastete
Tyropita Feta-Pastete
Yemista Mit Reis gefülltes Gemüse (meist Tomaten)
Pastitsio Überbackene Makkaroni mit viel Butter und Lammhack
Kolokithokeftedes Frisch zubereitete Zucchini-Krapfen
Loukoumadhes Ballförmige Krapfen mit Honig und Zimt
Galaktoboureko Gebäck mit Vanillepudding-Füllung

WIE... ... Ouzo trinken

Ouzo ist eine Spirituose aus Traubenmost (bleibt beim Weinkeltern übrig), die mit Anis und anderen Gewürzen aromatisiert wird. Echte Varianten kommen nur aus Griechenland oder Zypern. Die besten Sorten werden auf Lesbos produziert. Der berühmteste Schnaps des Landes verkörpert eine bestimmte Lebensart: Zusammen mit *mezedhes* wird er an langen Sommernachmittagen gediegen in geselliger Runde genossen – langsam und rituell, um den Gaumen zwischen den verschiedenen Gerichten zu reinigen. Von Griechenlands Ouzo-Liebe zeugen die zahllosen *ouzeries* im ganzen Land.

Ouzo wird traditionell pur ohne Eiswürfel serviert – oft in hohen, schlanken Gläsern (*kanoakia*). Optionaler Eiswasser-Zusatz zwecks Verdünnung verleiht dem Getränk eine trübe, milchig-weiße Farbe.

HAKAN TANAK/SHUTTERSTOCK ©, ANNA.Q/SHUTTERSTOCK ©

PREISE FÜR ESSEN & TRINKEN

Ein Kaffee
1,50–2 €

Eine Portion Gyros
3–4 €

Ein Bier
5,50–8 €

Ein Mittagessen (Taverne)
20–25 €

Ein Abendessen (Michelin-Sterne-restaurant)
90–170 €

Eine Kugel Eis
1,20–1,50 €

WIE... Tavernen besuchen

Auch in puncto Dresscode sind griechische Tavernen teils äußerst zwanglos. Ihre einheimischen Gäste essen gern spät (Mittag-/Abendessen ab 14/21 Uhr).

Im Sommer und/oder bei beliebten Tavernen empfiehlt sich Reservierung bzw. frühes Erscheinen. Nach dem Hinsetzen spannt der jeweilige Kellner eine frische Papier-Tischdecke über den Tisch. Dann bringt er einen Korb mit Servietten und Besteck (selbst verteilen) – potenziell auch Brot und Knabberzeug. In Tourismushochburgen wird mitunter auch noch eine kostenpflichtige Flasche Mineralwasser an den Tisch gebracht. Wer stattdessen lieber Gratis-Leitungswasser will, bittet um *nero ap ti vrissi*.

Beim Bestellen nicht vergessen: Griechen ordern Gerichte normalerweise „für den Tisch“. Die Portionsgrößen sind daher für Gemeinschafts-Genuss ausgelegt. Jeder Tischgast bekommt dann einen leeren Teller und bedient sich selbst von den Platten. Immer nach Empfehlungen oder Tages-Specials fragen: Die besten Optionen stehen oft gar nicht auf der Karte (saisonal oder bei Seafood vom jeweiligen Tagesfang abhängig).

Der Service kommt Ausländer:innen eventuell etwas lahm vor. In Griechenland gelten Mahlzeiten jedoch als entspannte und gesellige Ereignisse. So wird der Tisch auch meist erst abgeräumt, wenn man um die Rechnung bittet. Diese kommt in traditionellen Tavernen zusammen mit einem kostenlosen Extra (Obst, Süßigkeiten oder einem Glas Ouzo pro Gast).

Trinkgeld

Die Servicegebühr ist im Rechnungsbetrag enthalten. Die meisten Griechen spendieren jedoch etwas Trinkgeld (10–15 %; alternativ auf den nächsten vollen Eurobetrag aufrunden).

REGIONALE UNTERSCHIEDE

Athen Spektrum von Imbisswagen bis hin zu Gastro-Tavernen und Spitzenrestaurants. Raffinierte *mezedhes*, hervorragende Fischgerichte und Souvlaki als typisches Straßenessen.

Nördliches Griechenland Vergleichsweise mehr Butter, Paprika und Gewürze durch den starken türkischen Einfluss. Zudem viele Häppchen, *yiaourtlou* (Rinder-Kebap oder -Pitta mit griechischem Joghurt) und osmanische Süßigkeiten wie *loukoumi*.

Attika & zentrales Griechenland Berühmt für Retsina-Wein, Ouzo, Pistazien, Nudeln, gefüllte Seeigel und Stockfisch mit *skordalia* (Kartoffel-Knoblauch-Dip). Klassische Desserts: *Kadefi* (Nussröllchen mit Sirup) und *galakto-boureko* (traditioneller Milchkuchen).

Peloponnes Bekannt für *ladhera* (Vegetarisches auf Bauernart) und Eintöpfe mit vielen Kräutern. Spezialitäten: Schweinefleisch und die berühmten Kalamata-Oliven.

Kykladen Bekannt für *fava* (Schälerbsen-Püree) und *revythadha* (Kichererbsen-Eintopf): Bohnen und Hüselfrüchte sind hier alte Grundnahrungsmittel. Zudem starke Wurst- und Käsetradition.

Ionische Inseln Venezianische Einflüsse in pikantem Rinder-Schmorfleisch, Hähnchen-*pastitsadha* (Pasta mit Tomatensauce), *sofrito* (geschmortes Kalbfleisch mit Knoblauch-Wein-Soße) und *youvetsi me arnaki* (Orzo-Nudelauflauf mit Lammfleisch).

Kreta Kräuterreiche Gerichte wie *anthoi* (gefüllte Zucchiniblüten), Tintenfisch mit Wildfenchel oder *hohlioi bourbouristoi* (Schnecken mit Essig und Rosmarin). Hinzu kommt eine florierende Weinindustrie.

Korfu Griechische Versionen von italienischen Pasta-Gerichten (Tipp: *Makarounes* mit Käse und Zwiebeln in Korfu-Stadt).

Verantwortungsbewusst reisen

Unsichtbares Athen

Shedia Home (S. 77): Gemeinnützige Organisation, die Obdachlose bzw. gesellschaftliche Randgruppen beschäftigt und unterstützt – u. a. mit einem tollen Mix aus Bar, Café, Restaurant und Laden in Athens Zentrum. Frühere Obdachlose leiten die Invisible Tours.

Griechenlands grüne Insel

Tilos hat sich im letzten Jahrzehnt als erste „grüne Mittelmeerinsel" etabliert: Hier wird exklusiv auf erneuerbare Energien gesetzt – plus Förderung von E-Mobilität und Verbot von Geländeauffüllungen. Das Eiland ist auch ein Vogelparadies und hat ein bemerkenswertes Naturschutzgebiet.

Schildkröten-Schutz

Archelon (archelon.gr): Griechenlands Gesellschaft für Schildkröten-Schutz bewacht brütende Meeresschildkröten an Tourismusstränden (u. a. Kreta, Peloponnes). Im Sommer betreibt sie Infostände an den Häfen von Hania und Rethymno auf Kreta.

Saubere Strände

Common Seas (commonseas.com): Das soziale Unternehmen hilft Griechenlands Regierung, die Menge des Plastikmülls bis 2023 um 50 % zu reduzieren. So zählen griechische Strände inzwischen zu den saubersten in ganz Europa: 581 davon wurden 2022 mit dem Öko-Gütezeichen „Blaue Flagge" ausgezeichnet.

Wandern

Trekking Hellas (trekking.gr): Veranstaltet seit 36 Jahren einzigartige Individualtreks durch Griechenlands vielfältige Landschaften. Das Netzwerk von lokalen Guides zielt dabei auf die nachhaltige Förderung von Landgemeinden ab.

Unterwasser-Museen

Schiffswracks: 2020 wurde die archäologisch bedeutende *Peristera* als Griechenlands erstes Unterwasser-Museum für Taucher:innen freigegeben. 2022 folgten drei weitere Wracks in der Region Thessalien: die *Kikinthos* sowie zwei Schiffe vor Kap Tilegrafos und Glaros. Dies soll jeweils einen neuen „blauen" Tourismus-Ansatz fördern.

FREIWILLIGENARBEIT

- **Messolonghi by Locals** (messolonghi bylocals.com; S. 179) Dynamische gemeinnützige Organisation, die Ökotourismus-Projekte zusammen mit Einheimischen realisiert. Die Angebote mit kulturellem Schwerpunkt bewahren lokale Traditionen und erhalten die vielfältige Natur.
- **Wise Greece** (wisegreece.com) Spendet einen Teil des Verkaufserlöses an eine Stiftung, die Lebensmittel an Bedürftige verteilt.
- **F-Zein Active** (active.com.gr) Eine von Griechenlands größten Outdoor-Veranstaltern (Gründer: Nikos Zarmakoupis). Bildet auch Guides und Kursleiter:innen professionell aus.
- **The Bee Camp** (thebeecamp.com) Erste Organisation zum Schutz von Griechenlands berühmten Honigbienen.

REISEN & KLIMAWANDEL

Nicht zu ignorieren: Jede Reise verursacht klimaschädliche Emissionen. Lonely Planet fordert daher alle Traveller auf, nachhaltig zu reisen und ihren CO2-Fußabdruck möglichst gering zu halten. Über zahlreiche Online-Kohlenstoffrechner (z. B. resurgence.org/resources/carbon-calculator.html) lässt sich die Emissionsmenge pro Trip einschätzen. Diese kann dann oft proportional in Spendenbeträge an internationale Klimaschutz-Initiativen umgerechnet werden. Auch viele Fluglinien und Buchungsportale bieten diese Möglichkeit, die Lonely Planet weiterhin für alle Reisen der Mitarbeiter:innen nutzt. Dennoch ist uns bewusst, dass das mehr Schadensminderung als Lösung ist.

LGBTIQ+-Traveller

Griechenland hat gleichgeschlechtliche Lebensgemeinschaften (aber keine Ehen) 2015 legalisiert. Die Toleranz gegenüber LGBTIQ+-Themen ist landesweit nun etwas höher. Dennoch prägt die orthodoxe Kirche hier weiterhin viele gesellschaftliche Ansichten – auch in puncto Sexualität. Außerhalb von Großstädten und LGBTIQ+-freundlichen Inseln herrscht daher potenziell eine konservative Einstellung.

LGBTIQ+-Hotspots

Griechenland ist ein beliebtes LGBTIQ+-Reiseziel. Chraja und Filothei zählen zu den berühmtesten Repräsentant:innen von Athens belebter Szene (S. 86): Die beiden Dragqueens treten regelmäßig im BEqueer auf. Mykonos ist schon lange für Bars, Strände und Hedonismus berühmt. Auf Skiathos gibt's auch diverse LGBTIQ+-Treffs. Santorin, Ios, Thessaloniki, Zakynthos und Koufonissia haben keine spezifischen Szenen, sind aber alle LGBTIQ+-freundlich. Lesbos (alias Mytilini; Geburtsort der lesbischen Dichterin Sappho) ist nun eine Art Wallfahrtsort für Lesben.

STEIGENDE TOLERANZ

Homosexualität wird in Griechenland zunehmend akzeptiert. Nach dem ILGA-Europe Report (erfasst LGBTIQ+-freundliche Entwicklungen; Details unter rainboweurope.org) rangierte das Land im Jahr 2022 unter 49 europäischen Ländern auf Platz 19. Hierbei zeigte es auch eine der höchsten jährlichen Verbesserungsraten in puncto LGBTIQ+-Rechte.

DIE ROSA INSEL

Mykonos zählt zu Europas beliebtesten LGBTIQ+-Reisezielen: Die Strände, die Designer-Hotels und das hedonistische Nachtleben locken auch viele Szene-Jetsetter:innen hierher. Der Super-Paradise- und Elia-Strand stehen im Zentrum der lokalen LGBTIQ+-Szene. Neben diversen tollen Hotels (z. B. Elysium, Geranium) gibt's hier auch das großartige LGBTIQ+-Festival XLSIOR.

LGBTIQ+-Festivals

Das Athens Pride ist eins von Europas zahmeren LGBTIQ+-Events, aber bei genügend Flexibilität dennoch besuchenswert. Pride-Paraden steigen auch in Thessaloniki, Patras und Iraklio. Das XLSIOR (Mykonos; xlsiorfestival.com) zählt zu Europas besten LGBTIQ+-Sommerfestivals. In der Lesben-Hochburg Skala Eressos (Lesbos) steigt das International Women's Festival (Sept.; womensfestival.eu).

THE QUEER ARCHIVE

Diese Produktionsfirma mit Sitz in Athen fördert die Entwicklung der LGBTIQ+-Kunst und -Kultur. Mit Kunstprojekten, Vorträgen und Workshops beleuchtet sie verschiedene Aspekte des LGBTIQ+-Lebens (inkl. Probleme). Zusammen mit diversen Labels, Clubs und Organisationen (u. a. der Stegi-Onassis Foundation) veranstaltet sie auch das Queer Archive Festival (Athen, Mai; thequeerarchive.com). Neben Ausstellungen mit Werken aufstrebender LGBTIQ+-Künstler:innen gibt's dabei auch tolle Partys, Livekonzerte und andere eindrucksvolle Events.

Weitere Infos

Weitere Infos zur LGBTIQ+-Szene in Griechenland (inkl. Tipps zu Kultur und Nachtleben) liefern die entsprechenden Reiseführer unter queerintheworld.com und thisisathens.org.

Barrierefrei reisen

Trotz allmählicher Verbesserungen haben es Reisende hier mit Handicap weiterhin schwer: Kopfsteinpflaster erschwert oft die Mobilität. Viele Gebäude haben keine Aufzüge. Hilfen für Menschen mit eingeschränkter Seh- oder Hörfähigkeit sind rar.

Akropolis

Die Akropolis, das Akropolis-Museum und das Nationale Archäologische Museum sind barrierefrei. Reisende mit Mobilitätsproblemen lassen von einem Taxi auf der nordwestlichen Hügelseite absetzen: Dort gibt's einen Aufzug.

Flughäfen & Taxi

Bei rechtzeitiger Benachrichtigung leisten Fluglinien Unterstützung an Flughäfen. Der Flughafen Athen hat einen eigenen Support-Service. Alle Metro-Stationen der Hauptstadt verfügen über Aufzüge. Special Taxi (facebook.com/wheelchairtaxigreece) betreibt rollstuhlgerechte Fahrzeuge.

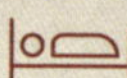

Übernachten

Neuere und größere Hotels sind die beste Wahl für Reisende mit Handicap (vorab nach dem Grad der Barrierefreiheit fragen). In Athen empfehlen sich Unterkünfte nahe der Metro-Stationen. Sage Travelling und Disabled Accessible Travel helfen beim Organisieren von Bleiben.

Schiff/Fähre

Neuere Fähren punkten mit barrierefreien Einrichtungen (Rollstuhlrampen oder -aufzüge) und Hilfe beim Einschiffen. Nachtfähren haben rollstuhlgerechte Kabinen. Im Gegensatz zum Hafen von Piräus ist der Bus nach Athen nicht barrierefrei: Personen mit Handicap brauchen ein Taxi. Ferryhopper liefert nützliche Infos.

Mobilitätshindernisse

Kopfsteinpflaster, holperige Bürgersteige und Gassen mit Treppen erschweren im Land die Mobilität. Athen unterstützt Passant:innen mit eingeschränkter Sehfähigkeit durch Bürgersteige mit Bodenleitsystemen. Das Shedia Home (shediahome.gr) hat Speisekarten mit Braille-Beschriftung und ist eine gut für Infos zu barrierefreien Athen-Besuchen.

INSELN

Größere Inseln bieten bessere Einrichtungen für Reisende mit Handicap. Dies gilt z. B. für Kreta, Rhodos, Korfu, Lesbos, Samos, Zakynthos und Syros: Dort gibt's jeweils viele barrierefreie Resorts, Villen, Strände und Sehenswürdigkeiten.

ARCHÄOLOGISCHE MUSEUM DELPHI

Das Museum ist barrierefrei und hat Infobroschüren auf Braille. So beschriftet sind auch die Infotafeln der eigentlichen Stätte, die auch per Spezialfahrzeug (Reservierung mind. eine Woche im Voraus) besichtigt werden kann. Per App bietet Clio Muse (cliomusetours.com) diverse Audioguides an.

WEITERE INFOS

Matt Barrett's Greece Guides *(greecetravel.com/handicapped)* Artikel, Hotelempfehlungen und Gruppenreisen.
Sage Traveling *(sagetraveling.com)* Reiseerfahrungen eines Rollstuhlfahrers.
Disabled Accessible Travel *(disabledaccessibletravel.com)* Geführte Touren und Shuttles für Menschen mit Mobilitätsproblemen.
Extramilers *(extramilers.eu)* Reiseinfos für Traveller mit Handicap.
Nationaler Behindertenverband *(esamea.gr)* In Athen ansässig.
Perpato *(perpato.gr)* Interessenverband für mehr Barrierefreiheit in Nordgriechenland.

BARRIEREFREIE STRÄNDE

SEATRAC (seatrac.gr): Dieser kostenlose Service ermöglicht barrierefreie Aufenthalte an bestimmten Stränden (für Details s. Website). Neben Rollstuhlbahnen bis zum Wasser umfasst er zumeist auch entsprechende Parkplätze, Umkleiden und Aufenthaltsbereiche mit Sonnenschirmen.

Kurz & Knapp

ÖFFNUNGSZEITEN

Die Öffnungszeiten in Griechenland variieren saisonal. Die folgenden Angaben gelten jeweils für die Hauptsaison. In der Zwischen- und Nachsaison haben manche Einrichtungen nur sehr eingeschränkt oder gar nicht geöffnet.

Banken Mo–Do 8.30–14.30, Fr 8–14 Uhr

Bars 20 Uhr–open end

Cafés 10–24 Uhr

Clubs 22–4 Uhr

Einzelhandel Mo, Mi & Sa 8–15, Di, Do & Fr 9–14 & 17.30–21 Uhr

Kaufhäuser Mo–Sa 10–21 Uhr

Restaurants 11–23 Uhr

Kleidung

Beim Besuch von Kirchen oder Klöstern sollten Oberkörper und Beine angemessen respektvoll bedeckt sein. Bei zu viel freier Haut wird der Zugang potenziell verweigert.

GUT ZU WISSEN

Zeitzone
MEZ +1 Std.

Landesvorwahl
+30

Notfallnummer
166

Bevölkerung
10,37 Mio.

FEIERTAGE

Die Tourismussaison geht ca. von Ostern (April) bis Mitte oder Ende Oktober. Öffentliche Feiertage an Sonntagen werden nicht auf andere Tage verlegt (Ausnahme: 1. Mai).

Neujahr 1. Januar

Dreikönigstag 6. Januar

1. Fastensonntag Februar

Griechischer Unabhängigkeitstag 25. März

Karfreitag 7. April 2023, 29. März 2024, 18. April 2025

Ostersonntag 16. April 2023, 5. Mai 2024, 20. April 2025

Tag der Arbeit (Protomagia) 1. Mai

Pfingstmontag (Agiou Pnevmatos) 5. Juni 2023, 24. Juni 2024, 9. Juni 2025

Mariä Entschlafung 15. August

Ochi-Tag 28. Oktober

1. Weihnachtsfeiertag 25. Dezember

2. Weihnachtsfeiertag 26. Dezember

Alkoholkonsum
In Griechenland gilt ein Mindestalter von 17 Jahren für den Kauf und Konsum von Alkohol.

Toiletten
Griechische Abwasserrohre sind nicht für Toilettenpapier ausgelegt. Dieses ist daher stets in dem dafür vorgesehenen Behälter neben der Schüssel zu entsorgen.

Strom 230 V/50 Hz

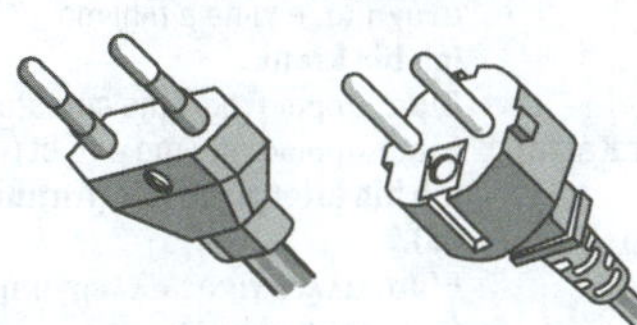

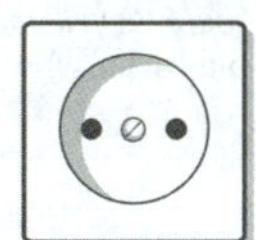

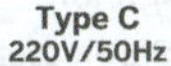

Type C
220V/50Hz

Type F
230V/50Hz

Rauchen

In allen öffentlich zugänglichen Räumen (inkl. Restaurants) herrscht Rauchverbot. Bei Verstößen müssen die Inhaber:innen theoretisch ein Bußgeld bezahlen. Das wird aber nur sehr selten durchgesetzt: Griechenland zählt zu Europas größten Raucher-Nationen.

Sprache

Ein paar neugriechische Sprachkenntnisse (selbst reine Basics) erleichtern den Aufenthalt vor Ort ungemein. Zudem versteht man dann auch besser den Einfluss des Griechischen auf die moderne westliche Kultur.

Nützliches

Hallo Γειά σας. *ya*·sas (höflich)
Γειά σου. *ya*·su (zwanglos)
Guten Morgen Καλημέρα. ka·li·*me*·ra
Guten Abend Καλησπέρα. ka·li·*spe*·ra
Auf Wiedersehen Αντίο. an·*di*·o
Ja/Nein Ναι./Οχι. ne/*o*·hi
Bitte Παρακαλώ. pa·ra·ka·*lo*
Danke Ευχαριστώ. ef·ha·ri·*sto*
Entschuldigung Συγγνώμη. sig·*no*·mi
Mein Name ist … Με λένε … me *le*·ne …
Sprechen Sie Englisch?
Μιλάτε αγγλικά; mi·*la*·te an·gli·*ka*
Ich verstehe (nicht)
(Δεν) καταλαβαίνω.
(dhen) ka·ta·la·*ve*·no

Unterwegs

Wo ist …? Πού είναι …;pu *i*·ne …
Wie lautet die Adresse?
Ποια είναι η διεύθυνση;
pia *i*·ne i dhi·*ef*·thin·si
Können Sie mir das (auf der Karte) zeigen?
Μπορείς να μου δείξεις (στο χάρτη);
bo·*ris* na mu *dhik*·sis (sto *har*·ti)

Schilder

Eingang ΕΙΣΟΔΟΣ
Ausgang ΕΞΟΔΟΣ
Information ΠΛΗΡΟΦΟΡΙΕΣ
Geöffnet ΑΝΟΙΧΤΟ
Geschlossen ΚΛΕΙΣΤΟ
Damen-Toiletten ΓΥΝΑΙΚΩΝ
Herren-Toiletten ΑΝΔΡΩΝ

Uhrzeit & Datum

Wieviel Uhr ist es? Τι ώρα είναι;
ti *o*·ra *i*·ne
Es ist (2 Uhr)
Είναι (δύο η ώρα).
i·ne (*dhi*·o i *o*·ra)
Es ist 30 Minuten nach (10 Uhr)
(Δέκα) και μισή. (*dhe*·ka) ke mi·*si*
Heute σήμερα *si*·me·ra
Morgen αύριο *av*·ri·o
Gestern χθες hthes
Morgen πρωί pro·*i*
(Diesen) Nachmittag
(αυτό το) απόγευμα
(af·*to* to) a·*po*·yev·ma
Abend βράδυ *vra*·dhi

Notfall

Hilfe! Βοήθεια! vo·*i*·thya
Gehen Sie weg! Φύγε! *fi*·ye
Ich habe mich verirrt. Εχω χαθεί. *e*·kho kha·*thi*
Es hat einen Unfall gegeben. Εγινε ατύχημα. *e*·yi·ne a·*ti*·hi·ma
Ich bin krank.
Είμαι άρρωστος. *i*·me *a*·ro·stos (m)
Είμαι άρρωστη. *i*·me *a*·ro·st (w)
Ich bin allergisch auf (Antibiotika).
Είμαι αλλεργικός/αλλεργική (στα αντιβιωτικά).
i·me a·ler·yi·*kos*/a·ler·yi·*ki*
(sta an·di·vi·o·ti·*ka*) (m/w)

Essen & Ausgehen

Was würden Sie empfehlen?
Τι θα συνιστούσες;
ti tha si·ni·*stu*·ses
Das war lecker!
Ηταν νοστιμότατο!
i·tan no·sti·*mo*·ta·to
Prost! Εις υγείαν! is i·*yi*·an

ZAHLEN

1 ένα *e*·na
2 δύο *dhi*·o
3 τρία *tri*·a
4 τέσσερα *te*·se·ra
5 πέντε pen·de
6 έξη *e*·xi
7 επτά *ep*·ta
8 οχτώ *o*·hto
9 εννέα e·*ne*·a
10 δέκα *dhe*·ka

GRIECHISCHE ENTLEHNUNGEN IM DEUTSCHEN
Anarchie, Astronomie, Kosmos, Demokratie, Drama, Logik, Politik …

AUSSPRACHE

Wer Englisch kann, tut sich mit dem Griechischen recht leicht: Die meisten Laute werden identisch ausgesprochen.

Lesen & Schreiben

1982 erfolgte eine Vereinfachung des griechischen Schriftsystems: Damals wurden die alten Betonungssymbole und Aspirations-Akzente (z. B. vor Plosivlauten) abgeschafft.

Genera

Wie im Deutschen stehen die Adjektive im Griechischen normalerweise vor den Substantiven. Dabei werden ihre Endungen ebenfalls je nach Genus (m/w/n) angepasst.

Auf zum Strand

Wo ist der … Πού είναι η … pu *i*·ne i …
Strand? παραλία; pa·ra·*li*·a

beste καλύτερη ka·*li*·te·ri
nächste κοντινότερη ko·di·*no*·te·ri
öffentliche δημόσια thi·*mo*·si·a

Wo ist der FKK-Strand?
Πού είναι η πλαζ γυμνιστών;
pu *i*·ne i plaz yim·ni·*ston*
Kostet es Eintritt?
Πρέπει να πληρώσουμε;
pre·pi na pli·*ro*·su·me
Wann ist Flut/Ebbe?
Τι ώρα είναι η παλίρροια υψηλή/άμπωτις;
ti *o*·ra *i*·ne i pa·*li*·ri·a i·psi·*li*/*a*·bo·tis
Kann man hier sicher tauchen/schwimmen?
Είναι ασφαλές να κάνω βουτιές/κολυμπήσω εδώ;
i·ne as·fa·*les* na *ka*·no vu·ti·*es*/ko·li·*bi*·so e·*tho*

WO WIRD GRIECHISCH GESPROCHEN?

Griechisch ist Amtssprache in Griechenland und zweite Amtssprache auf Zypern. Insgesamt wird es weltweit von ca. 13 Mio. Menschen gesprochen (inkl. Auswanderungs-Gemeinden in Deutschland, Australien, Kanada, den USA und der Türkei).

STORYBOOK

Mit acht Reportagen tief in den griechischen Alltag eintauchen.

Sirako (S. 232)

DIE GESCHICHTE GRIECHENLANDS IN 20 ORTEN

Die griechische Geschichte ist eine umfassende Erzählung von Genie, Triumph und Tragödie. Hier liegen die Wurzeln einiger der bedeutendsten Entwicklungen der Welt, und Herrschende – vom sagenumwobenen Agamemnon über den fleißigen Perikles bis zum heimtückischen Ali Pascha – haben im ganzen Land Spuren und Geschichten hinterlassen.

GRIECHENLAND STEHT im Zentrum vieler Bereiche der europäischen Kultur, des Denkens und damit der Geschichte. Die Entdeckung eines Neandertaler-Schädels in einer Höhle auf der Halbinsel Chalkidiki belegt die Anwesenheit von Menschen hier vor 700 000 Jahren. Seitdem entstanden und verschwanden diverse Zivilisationen, von denen einige kaum Spuren hinterlassen haben, während andere Denkmäler schufen, die noch heute als Höhepunkte menschlicher Kultur gelten.

Um 3000 v. Chr. wurden Siedlungen gebildet, und indoeuropäische Eingewanderte führten die Verarbeitung von Bronze in Griechenland ein. Von dort aus entwickelten sich drei bemerkenswerte Zivilisationen: Kykladen, Minoer und Mykener.

Das goldene Zeitalter Griechenlands, das vom 6. bis zum 4. Jh. v. Chr. dauerte, war eine Blütezeit kultureller Kreativität. Nachdem viele Stadtstaaten sich an wirtschaftlichen Reformen und politischen Erfolgen erfreuten, blühten auch Literatur und Theater auf, angeführt von den journalistischen Schriften der Historiker Herodot und Thukydides, den dramatischen Tragödien von Aischylos, Euripides und Sophokles und der politischen Satire von Aristophanes.

Als Bindeglied zwischen Kleinasien und Europa war Griechenland auch immer mit den Geschicken seiner Nachbarn verbunden. Im 5. Jh. v. Chr. wurde Griechenland durch die Ausbreitung des persischen Reiches fast verschlungen, was erst durch Alexander (dem Großen) wieder rückgängig gemacht wurde. Später überrannte das Römische Reich Hellas, und unter byzantinischer Herrschaft erlebte die Nation einen erneuten Aufstieg. Eine besondere Gabe der Griechen war ihre Fähigkeit, Elemente der Architektur und des Handwerks anderer Kulturen zu übernehmen und zu neuen Größen zu führen.

1. Höhle von Franchthi

FRÜHE SIEDLUNGEN

Die Höhle von Franchthi ist eine der ältesten und bedeutendsten Fundstätten Griechenlands aus dem Paläolithikum (bis 10 000 v. Chr.), Mesolithikum (bis 5000 v. Chr.) und Neolithikum (bis 2200 v. Chr.), deren Besiedlung über 40 000 Jahre zurückreicht. Die erstaunlichen Funde hier dokumentieren die Übergänge zwischen den Epochen: Sie zeigen, wie Jäger und Sammler vom Fischen lebten, sich dann in Gruppen organisierten und schließlich zu Bauern wurden, die von Werkzeugen Gebrauch machten. Sie waren landwirtschaftlich hochentwickelt, bauten Getreide an, züchteten Schafe und Ziegen und verwendeten Ton zur Herstellung von Töpfen, Vasen und stilisierten Götzenbildern als Kultfiguren. *S. 119*

2. Poliochni

HOCHENTWICKELTES HANDELSZENTRUM

Poliochni auf der Insel Limnos, womöglich die erste Stadt Europas mit sozialen Strukturen und sogar die erste Demokratie der Welt, ist nur noch eine Ruine einer Ruine. Sie war einst ein Handelszentrum für die gesamte Ägäis, die Kykladen, das griechische Festland und Kleinasien und war schon von 4500 v. Chr. bis ins zweite Jahrtausend v. Chr. bewohnt. In ihrer Blütezeit lebten hier rund 1500 Menschen – was die Stadt für ihre Zeit zu einer echten Metropole machte. Der Hauptplatz und das ausgebaute Straßennetz sind auch heute noch zu sehen. Der hier gefundene Schatz an Goldschmuck – ein kunstvolles und feines Zeugnis des Reichtums und der Raffinesse der Kultur – kann im Archäologischen Nationalmuseum in Athen besichtigt werden. *S. 468*

3. Knossos

MINOISCHE PALASTANLAGE

Der Palast von Knossos ist herrlich gelegen und die Ruinen und Nachbildungen der großen Hauptstadt des minoischen Kretas sind beeindruckend. Der riesige Palast, die Innenhöfe, die Privatgemächer, die Bäder und die Fresken erzählen die Geschichte dieser mächtigen Zivilisation, von der zwar viel gefunden wurde – einschließlich der bronzezeitlichen Hafenstadt Akrotiri auf Santorin –, von der aber noch vieles unbekannt ist. Die Minoer entwickelten die erste Schriftsprache (Linear A) und trieben regen Handel. Die gesamte Zivilisation verschwand auf mysteriöse Weise, möglicherweise im Zusammenhang mit den Folgen des Vulkanausbruchs auf Santorin im 16. Jh. v. Chr. *S. 387*

Antikes Mykene

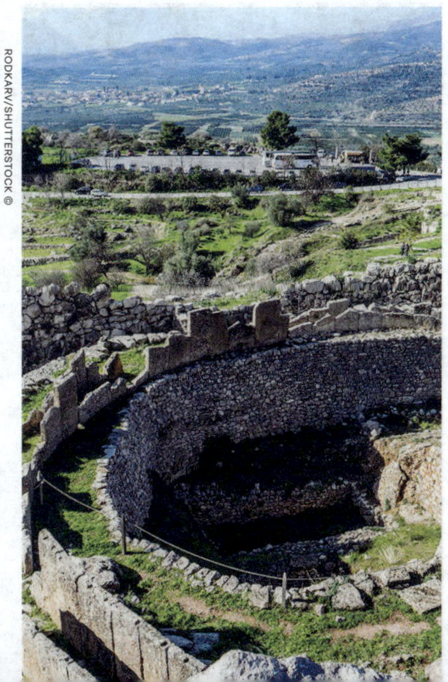

4. Mykene

REGIONALES MACHTZENTRUM

Auf einem Hügel, der von hohen Bergen umgeben ist, befinden sich die mächtigen Ruinen des antiken Mykene – der Heimat des legendären Agamemnon. Im zweiten Jahrtausend v. Chr. war dieses Königreich vier Jahrhunderte lang das einflussreichste Griechenlands. Im 9. Jh. v. Chr. erzählte Homer in seinen Epen *Ilias* und *Odyssee* vom „gut gebauten Mykene, reich an Gold", das von Perseus, dem Sohn von Danae und Zeus, gegründet wurde. Zur Zeit Agamemnons war das Königshaus des Atreus das mächtigste der Achäer (Homers Bezeichnung für die Griechen), das die Argoliden beherrschte und andere Königreiche wie Pylos, Tiryns, Korinth und Argos beeinflusste, was der Kultur ihren Namen gab: Mykene. *S. 128*

5. Delphi

SPIRITUELLES HERZ

Das Heiligtum des Apollon, in dem das berühmteste Orakel der antiken Welt, die Pythia, zu Hause war, war nie eine Stadt, sondern ein heiliger Ort. Noch heute sind die gespenstischen Ruinen an den Hängen des Parnass umgeben von weiten Olivenhainen, die bis zum Golf von Korinth reichen. Wohlhabende und mächtige Bittsteller:innen strömten ab dem 8. Jh. v. Chr. nach Delphi, brachten fabelhafte Geschenke mit und errichteten opulente Monumente. Die Priesterin, die grundsätzlich über 50 Jahre alt war, machte oft kryptische, mehrdeutige Verkündungen, die anschließend von einem Priester in Verse übersetzt wurden. *S. 168*

6. Olympia

WO DIE SPIELE DER ANTIKE LEBENDIG WERDEN

Spaziert man durch die von Bäumen beschatteten Ruinen von Olympia, kann man sich fast das Blut der Ochsen vorstellen, die hier einst Zeus und Hera geopfert wurden, die verschwitzten, eingeölten Athletinnen und Athleten, die im Stadion warteten, die drängelnden Menschenmassen und die Frauen und Versklavten, die das Geschehen von einem nahen Hügel aus beobachteten. Hier fanden über 1100 Jahre lang alle vier Jahre die Olympischen Spiele statt, bis sie 393 n. Chr. von Kaiser Theodosius I. abgeschafft wurden. Hier wird die olympische Flamme für die Spiele der Moderne entzündet, und hier wurden mehr Bronzegegenstände gefunden als an allen anderen Stätten. *S. 144*

7. Akropolis

EIN SYMBOL GRIECHISCHER ZIVILISATION

Der prächtige Parthenon ist wahrscheinlich das meistfotografierte und meistgemalte Bauwerk in ganz Griechenland. Er krönt die Akropolis, die bereits in der Jungsteinzeit (4000–3000 v. Chr.) besiedelt war. Die ersten monumentalen Gebäude wurden in der mykenischen Epoche errichtet, und Menschen lebten auf der Akropolis bis 510 v. Chr., als das Orakel von Delphi sie zur alleinigen Provinz der Götter erklärte. Nachdem die Perser am Vorabend der Schlacht von Salamis (480 v. Chr.) alle Gebäude in Schutt und Asche gelegt hatten, setzte Perikles ein ehrgeiziges Wiederaufbauprogramm in Gang und verwandelte die Akropolis in einen Tempelkomplex, der heute als ein Höhepunkt der griechischen Klassik gilt. *S. 62*

8. Delos

DAS SCHATZHAUS DES DELISCHEN BUNDES

Delos nimmt in der griechischen Mythologie einen besonderen Platz ein. Als Leto mit den Zwillingen Apollon und Artemis schwanger war, wurde sie von der rachsüchtigen Hera – der Frau ihres Vaters Zeus – unerbittlich verfolgt, bevor Leto ihre Kinder schließlich auf dieser heiligen Insel zur Welt bringen konnte. Die antike Stadt, die hier entstand, war sowohl Handelszentrum als auch Heiligtum. Während der Kriege mit Persien schlossen sich die griechischen Stadtstaaten 478 v. Chr. zum Delischen Bund zusammen, der von Athen aus geleitet wurde und der seinen Sitz auf der Insel Delos hatte. Hier bewahrten sie ihre enormen Schätze auf und trafen sich einmal im Jahr, bis der Bund an der Wende zum 4. Jh. v. Chr. aufgrund von Machtkämpfen zerfiel. *S. 330*

9. Die Königsgräber in Vergina

WAHRLICH KÖNIGLICH

Obwohl Menschen seit 700 000 Jahren in Makedonien siedeln, ist die Region vor allem für die mächtige und expansionistische mazedonische Zivilisation bekannt, die ihren Höhepunkt mit Alexander III. (der Große) erreichte. Von den kultivierten Athenern als Barbaren betrachtet, unterwarfen die Makedonier unter Alexanders Vater Philipp II. Griechenland, übernahmen jedoch Sitten und Sprache der Griechen. In Vergina wurde der mit Gras bedeckte Grabhügel (*tumuls*) in ein faszinierendes Museum umgewandelt, in dem Besucher:innen zu den makedonischen Königsgräbern hinabsteigen können. Das Prunkstück ist das Marmorgrab Philipps II. aus dem Jahr 336 v. Chr., das angefüllt ist mit unbezahlbaren Schätzen, die alle besichtigt werden können. *S. 213*

10. Hadrianstor

DENKMAL DER RÖMISCHEN HERRSCHAFT

Im 2. Jh. v. Chr. wurde der größte Teil Griechenlands zur römischen Provinz Achäa.

Meteora

Mystras

Die Römer verehrten die griechische Kultur, also behielt Athen seinen Status als Zentrum des Wissens. Der römische Kaiser Hadrian empfand große Zuneigung zu der Stadt. Obwohl er seinen Teil dazu beitrug, Athener Kunstwerke nach Rom zu bringen, verschönerte er die Stadt zugleich mit Tempeln und ließ deren Infrastruktur verbessern. Der Monumentalbogen aus pentelischem Marmor, der 131 n. Chr. errichtet wurde, steht gegenüber dem Tempel des olympischen Zeus. Während der Pax Romana erlebte Griechenland eine Periode relativen Friedens, die bis zur Mitte des 3. Jhs. n. Chr. andauern sollte. *S. 73*

11. Mystras

WUNDERBARES UNESCO-WELTKULTURERBE

Die hinreißenden Ruinen von Kirchen, Bibliotheken, Festungen und Palästen der Festungsstadt Mystras (Mistra), die im Jahr 1249 von dem fränkischen Herrscher Gottfried von Villehardouin erbaut wurde, erheben sich auf einem Ausläufer des Taygetos-Gebirges auf der Peloponnes. Als die Byzantiner die Morea – wie die Region damals genannt wurde – von den Franken zurückeroberten, machte Kaiser Michael VIII. Palaeologos Mystras zu seiner Hauptstadt. Auf den über Jahrhunderte hinweg glatt geschliffenen Pflastersteinen kann man mit den Geistern wandeln und sich in den Ruinen von Palästen und Klöstern aus der Zeit zwischen 1271 und 1460 verlieren. Dies ist der Ort, an dem die reiche künstlerische und intellektuelle Kultur des Byzantinischen Reiches fast 1000 Jahre nach seiner Gründung ihren letzten Widerstand gegen die eindringende osmanische Armee leistete. *S. 154*

12. Meteora

SCHWEBENDE KLÖSTER

Der Name Meteora leitet sich vom griechischen Adjektiv *meteoros* ab, das „in der Luft schwebend" bedeutet. Die außergewöhnlichen Felsformationen der Region wären auch dann eine unübersehbare Attraktion, wären sie nicht von byzantinischen Klöstern gekrönt. Das Spektakel dieser Klöster, die von mittelalterlichen Baumeistern auf schlanken Felstürmen verankert wurden und heute zum Weltkulturerbe gehören, macht diese Region zu einer perfekten Mischung aus Geschichte und Staunen. Die frühesten Klöster konnten nur über abnehmbare Leitern erreicht werden, doch heute erfolgt der Zugang über Stufen, die in den 1920er-Jahren in den Fels gehauen wurden. *S. 186*

13. Altstadt von Rhodos

KREUZZUGGESCHICHTE(N)

Die Altstadt von Rhodos ist ein prächtiger Mix aus byzantinischer, türkischer und italienischer Architektur, die auf weitaus älteren und größtenteils nicht identifizierbaren Überresten errichtet wurde. Steinhäuser (die sogenannten Herbergen) säumen die pfeilgeraden Straßen des Ritterviertels, das für die Unterbringung derselben gebaut wurde. Das türkische Viertel ist ein Gewirr gepflasterter Gassen mit Restaurants und Geschäften, die von verfallenen muslimischen Monumenten durchsetzt sind. Die meisten Bewohner:innen des jüdischen Viertels wurden im Zweiten Weltkrieg ermordet. *S. 404*

Stavros Niarchos Foundation Cultural Center

14. Die Festung von Korfu

VENEZIANISCHE MACHT

Auf dem Felsenkap, das gleich östlich von Korfu-Stadt ins Meer ragt, steht der Palaio Frourio, der im 14. Jh. von den Venezianern erbaut wurde. Zuvor befand sich hier die gesamte byzantinische Stadt, die bereits damals von Steinmauern geschützt war. Nur eine Brücke überspannt den Meerwassergraben. Die Venezianer spielten eine wichtige Rolle bei der Kolonisierung von Teilen Griechenlands, vom Ionischen Meer bis zu den Kykladen. Sie kämpften jahrhundertelang mit den Osmanen um die Vorherrschaft, und ihr Einfluss ist noch immer spürbar, sowohl in der Architektur ihrer Städte als auch in einigen der regionalen Gerichte. *S. 538*

15. Ioannina

STADT MIT REICHER OSMANISCHER GESCHICHTE

Die Osmanen (die Anhänger von Osman, der von 1289 bis 1326 regierte) lösten die Seldschuken als vorherrschenden türkischen Volksstamm ab. Die muslimischen Osmanen erweiterten die von ihnen kontrollierten Gebiete rasch und bedrängten Mitte des 15. Jhs. das Byzantinische Reich von allen Seiten. Schließlich wurde Griechenland – mit Ausnahme der Ionischen Inseln, wo die Venezianer die Kontrolle behielten – Teil des Osmanischen Reiches.

Als die lateinischen Kreuzfahrer 1204 Konstantinopel plünderten, versammelten sich die byzantinischen Herrscher in der Stadt Ioannina. Die Osmanen eroberten die Stadt 1430, und nach 1492 siedelten sich sephardische Juden an. Im Jahr 1787 wurde der albanische Kriegsherr Ali von Tepelene Pascha der Region und machte Ioannina zu seiner Hauptstadt, von der aus er die Region als sein privates Lehen regierte. Im Jahr 1822 wurde der 80-jährige Ali abgesetzt, im Kloster Agios Panteleimon auf der Insel im Pamvotis-See gefangen gehalten und schließlich von den Osmanen getötet, die seinen abgetrennten Kopf in Istanbul zur Schau stellten. *S. 226*

16. Hydra

GRIECHISCHE UNABHÄNGIGKEITSKÄMPFER

Am 25. März 1821 begannen die Griechen den Befreiungskrieg gegen die Osmanen. Beinahe gleichzeitig brachen in fast ganz Griechenland und auf den besetzten Inseln Aufstände aus. Hydra lieferte 130 Schiffe für eine Blockade, und die Insel brachte führende Persönlichkeiten wie Admiral Andreas Miaoulis, der die griechische Flotte befehligte, und Georgios Koundouriotis, Präsident der griechischen Nationalversammlung von 1822 bis 1827, hervor. Auch die beeindruckende Laskarina Bouboulina, Schiffskommandantin und furchtlose Kämpferin, nahm von ihrer Heimat im nahe gelegenen Spetses aus an den Kämpfen teil. *S. 262*

17. Das griechische Parlament

KÖNIGSPALAST & PARLAMENTSGEBÄUDE

Im April 1827 wählte der nationale Senat Ioannis Kapodistrias, einen Korfioten und ehemaligen Diplomaten des russischen Zaren Alexander I., zum ersten Präsidenten der Republik, jedoch wurde er 1831 ermordet. Inmitten der darauffolgenden Anarchie erklärten Großbritannien, Frankreich und Russland Griechenland zur Monarchie und setzten einen Nicht-Griechen auf den Thron – den 17-jährigen bayerischen Prinzen Otto. Das heutige griechische Parlamentsgebäude, das zwischen 1836 und 1842 vom bayerischen Architekten Friedrich von Gärtner erbaut wurde, war ursprünglich Ottos Königspalast. Von seinem Balkon aus wurde am 3. September 1843 die *syntagma* (Verfassung) verkündet, 1935 wurde der Palast zum Sitz des Parlaments. *S. 73*

18. Monastirioton-Synagoge

DER ZWEITE WELTKRIEG UND SEIN ERBE

Thessaloniki (früher Saloniki) war bis zum Zweiten Weltkrieg Heimat der größten jüdischen Bevölkerung Griechenlands. Griechenland wurde von Italien im Oktober 1940 überfallen und von Deutschland im April 1941 angegriffen. Von den einstmals 45 Synagogen in Thessaloniki ist nur noch eine übrig geblieben, die nur deshalb erhalten blieb, weil sie während des Krieges vom Roten Kreuz als Lager genutzt wurde. Das Jüdische Museum der Stadt ist ein wichtiger Ort, um sich über die jüdische Geschichte der Region und die Deportation von etwa 50 000 jüdischen Menschen im Jahr 1943 während der deutschen Besatzung nach Auschwitz-Birkenau, wo die meisten bei ihrer Ankunft vergast wurden, zu informieren. Ungefähr 500 Jüdinnen und Juden entkamen der Deportation, indem sie in die Berge flohen und sich den Partisanen gegen die Deutschen anschlossen. *S. 207*

19. Exarhia

REBELLION GEGEN DIE JUNTA

Am 21. April 1967 putschte eine Gruppe von Obersten der Armee und setzte einen der ihren, Georgios Papadopoulos, als Premierminister ein. Das Regime verhängte u. a. das Kriegsrecht, verbot politische Parteien und Gewerkschaften und ließ Tausende inhaftieren und foltern. Oppositionelle, darunter die Schauspielerin und Aktivistin Melina Mercouri, wurden ins Exil geschickt. Am 14. November 1973 begannen die Studierenden der Polytechnischen Universität Athen in Exarhia mit einem Sitzstreik und riefen über ihren Piratensender zum Aufstand auf. Drei Tage später schickte das Militär einen Panzer auf die Straße. Exarhia ist noch immer ein Zentrum unabhängigen Denkens und kantiger politischer Ansichten. *S. 87*

20. Das Stavros Niarchos Foundation Cultural Center

MODERNES GRIECHENLAND

Das von Renzo Piano entworfene Stavros Niarchos Foundation Cultural Center (SNFCC) ist ein modernes Athener Wunderwerk und beherbergt sowohl die griechische Nationaloper als auch die Hauptfiliale der Nationalbibliothek. Eine Aufführung hier zu sehen, kann ein Höhepunkt einer Reise sein, es gibt allerdings auch viele kostenlose Möglichkeiten, etwas zu unternehmen, einschließlich eines Spaziergangs durch den schönen Stavros Niarchos Park. Die sanft abfallenden Gärten mit ihrer mediterranen Flora sind der perfekte Ort, um sich zu entspannen und die Aussicht mitsamt kühler Meeresbrise zu genießen. *S. 103*

GRIECHISCHER WEIN

IM LAUF DER ZEIT

Seit den Zeiten des Dionysos haben sich die kräftigen Rotweine und leichten Weißweine Griechenlands gut entwickelt. Von Alexis Averbuck

Die ersten Weine der Welt wurden wohl schon 6000 v.Chr. in den Bergen des heutigen Georgiens gekeltert. Von dort übernahm Griechenland den Weinbau und integrierten ihn in seine Kultur.

In der Mythologie war Dionysos der Gott des Weines, der Fruchtbarkeit, der Ekstase und des Theaters. Der frühe Dionysos-Kult nutzte Wein, um ein Gefühl der Freiheit und Weitsicht hervorzurufen. Bei den riesigen Festen zu Ehren Dionysos' vermischte sich das Weintrinken mit Aufführungen, aus denen das moderne Theater entstand.

Ursprünglich besaßen nur die Herrscher und Priester Weinberge, und der Wein war Teil der religiösen Rituale. Doch in der Minoischen und Mykenischen Zeit vor gut 4000 Jahren wurde Wein dann wegen des Geschmacks, zum Vergnügen oder auch zu medizinischen Zwecken getrunken. Die Griechen der Antike mischten Wein auch mit Wasser, damit sie während ihrer nächtelangen Gelage nicht betrunken wurden. Im 7. Jh. v.Chr. hatte sich der Weinanbau in ganz Griechenland verbreitet.

Als die Griechen dann nach Italien und Frankreich kamen, brachten sie ihre Weinreben mit und begründeten damit die beiden größten Weintraditionen der Welt. Mittlerweile beeinflusst die französische Art des Weinanbaus und Sicherung der Qualität den Weinbau im modernen Griechenland.

Seit den 1970er-Jahren sind die griechischen Weine mit einer Herkunftsbezeichnung

Im Uhrzeigersinn von links oben: Weinberg in Griechenland; Weinlese in Santorin; Blick auf Serifos; Weingut auf Rhodos

(PDO) geschützt. Schon seit gut einem Jahrhundert lassen sich griechische Winzer:innen im Ausland, oft in Übersee, ausbilden, um als qualifizierte Önologie-Fachkräfte neue Techniken in ihrem Land einzuführen.

Genau wie in Frankreich, das großen Wert auf das *terroir* (das Zusammenwirken von Boden und Anbautechnik) legt, haben sich viele Winzer:innen auf rein griechische Weine spezialisiert. Die größten Weinanbaugebiete bieten Führungen, Museen und Verkostungen an.

Die griechischen Traubensorten

Griechischer Wein besteht aus uralten, einheimischen Sorten, die einen einzigartigen Charakter haben. Die heutigen Winzer:innen der Premiumregionen produzieren preisgekrönte Weine. Diese Premiumregionen sind Iraklio auf Kreta, Santorin und Nemea auf der Peloponnes und Naoussa in Nordgriechenland.

Der kommerzielle Weinanbau begann erst in den 1930er-Jahren, auf Kreta sogar erst 1952. Heute wird auf Kreta 20 % des griechischen Weins produziert, zumeist von großen Kooperativen, für die Quantität vor Qualität geht. Die Sorten werden zumeist gemischt, und der Wein offen verkauft oder als Hauswein in Restaurants ausgeschenkt.

Kreta verfügt über drei Weinanbaugebiete. Das größte ist Iraklio, wo rund 70 % des kretischen Weins produziert werden. Die heutigen Reben wurden in den 1970er-Jahren angepflanzt, nachdem die Reblaus die alten Reben zerstört hatte.

Mittlerweile verteilen sich knapp zwei Dutzend Weingüter in der schönen Landschaft aus runden Hügeln und grünen Tälern. Sie bauen viele einheimische, fast ausgerottete kretische Sorten an wie *kotsifali, mandilari, malvasier, liatiko* und andere.

Das kleinste Anbaugebiet im westlichen Kreta ist westlich von Chania. Hier wird vor allem die Sorte *romeiko* angebaut.

Santorin

Neben Calderen, schwarzen Sandstränden und Infinity-Pools ist Santorin auch für seine ausgezeichneten Weine bekannt. Auf dem trockenen Vulkanboden wird schon seit Jahrtausenden Wein angebaut. Damit zählen die heutigen Weine zu den ältesten in Europa, die selbst der Reblaus trotzten, die Ende des 19. Jhs. die Reben auf einem Großteil des Kontinents vernichtete. Die Reben sitzen dicht am Boden in einem *kouloura* (Nest), um sie feucht zu halten und vor dem starken Wind zu schützen. Gleichzeitig sind sie damit weniger anfällig für Schädlinge und Krankheiten.

Zu den hochgelobten Weinen Santorins zählen der herbe trockene Weißwein Assyrtiko und der bernsteinfarbene Dessertwein Vinsanto, der zu mindestens 51 % aus Assyrtiko, und kleineren Anteilen Aidani und Athiri bestehen muss. Die für beide Weine verwendete einheimische Sorte Assyrtiko ist geschützt, ebenso wie Nykteri (ein nachts gekelterter Assyrtiko). Assyrtiko-Trauben wachsen auch auf den Kykladen, doch die Trauben von Santorin schmecken einzigartig. Es gibt auch noch Mavrotragano (einen vollmundigen Rotwein) und den nicht ganz so vollmundigen roten Mandelaria.

Nemea

Nemea ist schon seit der Mykenischen Zeit für seine herrlichen Weine bekannt. Damals wurden Weine aus Phleius an den Königshof von Mykene geliefert. Das Weinanbaugebiet Nemea in den Bergen südwestlich von Korinth ist eines der besten in ganz Griechenland. Es ist vor allem bekannt für seine weichen vollmundigen Rotweine, die zumeist aus der einheimischen Agiorgitiko -Traube gekeltert werden. Nemea grenzt an Arkadia, Heimat von Pan, dem Gott der Schäfer und der Wildnis, der auch oft eine Rolle bei den Festen des Dionysos spielte. Viele Weine werden auch aus Roditis, einer einheimischen weißen Traube, und der aromatischen, leicht nach Zitrone schmeckenden Moschofilero aus Tripoli hergestellt.

Es gibt mehr als 40 Weingüter in dieser Region, die allesamt entlang einer schönen Weinstraße liegen.

Naoussa

Die Stadt liegt eine Stunde westlich von Thessaloniki im Norden Griechenlands. Der gleichnamige Wein wurde 1971 als erster griechischer Wein mit der geschützten Herkunftsbezeichnung ausgezeichnet. Der vollmundige Rotwein wird aus den berühmten Xinomavro-Trauben gekeltert. Der Name bedeutet wörtlich „pechschwarz". Sie wachsen in 150 bis 350 m Höhe, wo die Sommerhitze nicht so groß ist. Auf Südost-Hängen überstehen sie auch milde Winter.

Boot auf dem Weg nach Lesbos
PUNGHI/SHUTTERSTOCK ©

DIE WINDE DER GESCHICHTE BRINGEN WELLEN VON MENSCHEN

Wenige Länder der Welt wurden so sehr wie Griechenland von erzwungener Migration geformt. Von Leonid Ragozin

Eines Tages im Mai 2017, als meine Fähre gerade in den Hafen von Chios einlief, erblickte ich eine Gruppe von Menschen, die beieinander auf einem Parkplatz an der mittelalterlichen Festung kauerten. Als ich an Land war, ging ich zu ihnen hinüber. Die Menschen, die aus Eritrea oder Äthiopien stammten, waren in Decken gehüllt und zitterten, obwohl es ein recht warmer Morgen war – sie waren im Wasser gewesen. Freiwillige verteilten warme Suppe. Diese Gruppe gehörte zu einer großen Welle von Flüchtlingen, die seit 2015 nach Griechenland gekommen sind. Das alles erinnert an die Szenen, die sich 100 Jahre zuvor abgespielt hatten.

Ein düsterer Vorläufer

Das Jahr 2022 war für Griechenland ein trauriges Jubiläum – den 100. Jahrestag der Kleinasiatische Katastrophe: Die Niederlage der griechischen Streitkräfte im Griechisch-Türkischen Krieg führte zur Vertreibung von rund 1,2 Mio. Christ:innen aus Kleinasien nach Griechenland und von rund 400 000 Muslim:innen in die Türkei. Dieser „Bevölkerungsaustausch" wurde durch ein Abkommen besiegelt, zu dem der norwegische Wissenschaftler, Diplomat und Friedensnobelpreisträger Fridtjof Nansen beigetragen hatte.

Kulturelle Ereignisse fanden 2022 überall in Griechenland, v. a. aber in der nordöstlichen Ägäis und auf den Inseln des Dodekanes statt, die am meisten von der Krise betroffen waren. Eine besonders bewegende Ausstellung war im ausgezeichneten Mastix-Museum Chios zu sehen. Sie zeigte im Detail das Leben der orthodoxen Gemeinden in der heutigen Türkei und ging dann über zu der tragischen Geschichte des Massakers von Smyrna und der anschließenden Vertreibung der Griechinnen und Griechen aus Kleinasien.

Bezeichnenderweise blieb das Los der muslimischen Einwohner:innen der Insel praktisch unerwähnt – ein weiteres Zeichen für das tiefe, immer noch nicht geheilte Trauma infolge dieser katastrophalen Ereignisse. Wenn die Wunden immer noch schmerzen, darf man keine distanzierte Objektivität erwarten, v. a. nicht angesichts der Drohungen mit einer möglichen Invasion, die 2022 immer wieder aus Erdogans Türkei kamen.

Der Bevölkerungsaustausch, ein düsterer Triumph des Nationalismus, führte zur Entstehung zweier ethnisch und religiös homogener Nationen: Griechenland und der Türkei. Das multikulturelle Gewebe dieser bunten Region wurde auf immer zerstört, während die Menschen, die aus ihrer Heimat vertrieben worden waren, sich in ganz anderen, und oftmals feindseligen Umgebungen, ein neues Leben aufbauen mussten. Einige Menschen zogen in die Häuser der Deportierten. Viele andere kamen in Barackensiedlungen am Rand von Athen oder Thessaloniki unter und zogen später in die hässlich-praktischen Wohnblocks um, die heute in den griechischen Stadtzentren vorherrschen.

Der Bevölkerungsaustausch und die Zerstörung der traditionellen ökonomischen Verbindungen führten zu einem wirtschaftlichen Niedergang auf den Inseln der Ägäis und zur Massenauswanderung von Griechinnen und Griechen in die USA und nach Australien.

Politische Flüchtlinge

Eine weitere Welle der erzwungenen Migration ereignete sich um das Jahr 1949, als mehr als 100 000 griechische Kommunist:innen nach ihrer Niederlage im Griechischen Bürgerkrieg nach Jugoslawien oder in die UdSSR flüchten mussten. Unterdessen ließ Stalin in der Sowjetunion Tausende ethnischer Griechen als „politisch unzuverlässige Elemente" aus der Schwarzmeerregion nach Zentralasien deportieren.

Als die UdSSR zusammenbrach, zogen die Nachkommen der griechischen Kommunist:innen und die deportierten pontischen Griechinnen und Griechen nach Griechenland, auf der Flucht vor der Instabilität in der abtrünnigen georgischen Region Abchasien.

Inseln wie Ikaria oder Agios Efstratios empfingen im gesamten 20. Jh. große Ströme politischer Verbannter, da rechtsgerichtete Regierungen die Inseln in Freiluftgefängnisse für kommunistische Sympathisant:innen, verwandelten. Die Verbannten wurden ohne Mittel zum Überleben, ohne Unterkunft und Verpflegung, auf den Inseln ausgesetzt. Die örtlichen Dorfbewohner:innen nahmen sich ihrer an und radikalisierten sich unter deren Einfluss. Ikaria ist auch heute noch eine Hochburg der Kommunistischen Partei Griechenlands (KKE).

Moderne Massenzuwanderung

Alle diese historischen Erfahrungen bildeten einen dramatischen Hintergrund für die neue Flüchtlingswelle, die Griechenland im letzten Jahrzehnt erreichte.

Im Jahr 2015 führten der Bürgerkrieg in Syrien und andere politische Faktoren in verschiedenen Ländern zu einem Strom von 1,3 Mio. Menschen, die in Europa Asyl suchten. Von diesen kamen rund 1 Mio. Menschen über das Meer, rund 85 % von diesen wurden von der türkischen Küste zu den nächstgelegenen griechischen Ägäis-Inseln wie Lesbos und Samos geschmuggelt. Es war ein Ereignis, das an die Massenmigrationen zu Zeiten des Zusammenbruchs des Römischen Reichs erinnern konnte.

Die meisten Migrant:innen bemühten sich, die reicheren Länder Westeuropas und insbesondere Deutschland zu erreichen, wo Kanzlerin Angela Merkel sich bereiterklärt hatte, den größten Teil der Migrant:innen aufzunehmen. Sie erhielt später den Nansen-Flüchtlingspreis des Hohen Flüchtlingskommissars der Vereinten Nationen (UNHCR).

Die ost- und mitteleuropäischen Länder, die auf der Route zwischen Griechenland und Deutschland liegen, waren aber nicht bereit, diesen Flüchtlingsstrom auf ihren Gebieten zu empfangen, und schnell wurden Grenzen geschlossen. Deutschland hatte mit dem Zustrom zu kämpfen und versuchte, andere EU-Länder zu überzeugen, einige der Migrant:innen aufzunehmen. Die Länder im Osten der EU widersetzten sich dem, und in Lettland führte die Frage der zusätzlichen Aufnahme von ein paar hundert Menschen sogar zum Sturz der Regierung.

So sah sich Griechenland als erste Anlaufstelle der Einwandernden nach Europa schließlich mit 100 000 Menschen konfrontiert, die dort gestrandet waren. Die kleinen Inselgemeinden der östlichen Ägäis waren stark betroffen. Lesbos mit einer Bevölkerung von 80 000 Menschen beherbergte auf dem Höhepunkt der Krise 20 000 Menschen allein in der berüchtigten Einrichtung Moria. Die Inselbewohner:innen, die eine natürliche Sympathie für Menschen besitzen, die vor Krieg und Repression flüchten, die aus den eigenen Erfahrungen der Griechinnen und

Griechen mit ethnischer Säuberung und erzwungener Migration und aus den tiefsitzenden linken Traditionen der Inseln stammt, waren auf einmal mit der brutalen Realität konfrontiert, dass die Bevölkerung mit den Neuankömmlingen unkontrollierbar anschwoll.

Für Griechenland, das selbst gerade in einer tiefen Wirtschaftskrise steckte, war dies schwer zu bewältigen. Die Haltung der Regierung gegenüber den Geflüchteten verhärtete sich schrittweise: Die Politik zielte darauf ab, illegale Einwanderung zu verhindern und vor ihr abzuschrecken, was bei internationalen Menschenrechtsorganisationen auf scharfe Kritik stieß. Unterdessen bestimmte die Tragödie der Menschen, die ihr Leben riskierten, um in unzuverlässigen Booten das Meer zu überqueren, die Schlagzeilen der internationalen Medien.

Die Migrant:innen, denen es gelang, nach Griechenland überzusetzen, sind zu einem sichtbaren Teil der Gesellschaft der Inseln geworden. Zu jeder Tageszeit sieht man heute am Ufer von Vathy auf Samos Gruppen farbenfroh gekleideter Afghaninnen, Afghaner und Afrikaner:innen, die herumlaufen, auf Bänken sitzen oder ihren Kindern beim Spielen auf dem Spielplatz zuschauen. Plötzlich wirken die Inseln, die in den letzten hundert Jahren eine homogen griechische Bevölkerung hatten, wie die großen städtischen Zentren Westeuropas, die einen beträchtlichen Bevölkerungsanteil von Zuwandernden haben. Man könnte auch sagen, sie erinnern nun wieder an die alte, multiethnische Zeit vor der Kleinasiatischen Katastrophe.

Flüchtlingslager im Norden Griechenlands, 2016

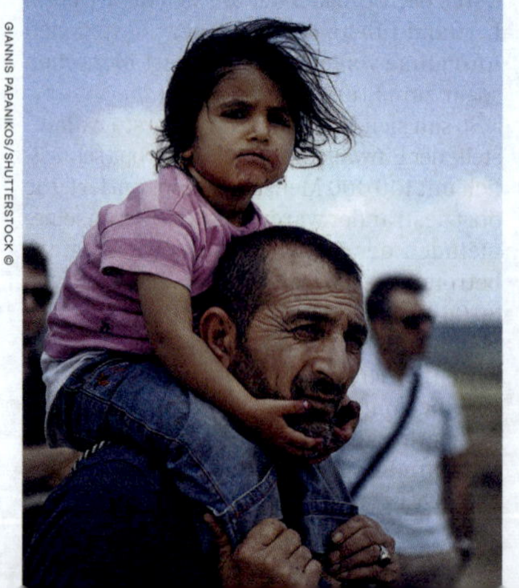

GIANNIS PAPANIKOS/SHUTTERSTOCK ©

Neue Realitäten

Ein griechischer Bekannter auf Samos erklärte mir, dass die Einheimischen, von denen viele politisch links eingestellt sind, ursprünglich die Migrant:innen begrüßten. Es gab Versuche der Integration, so das gemeinsame Training von Fußballmannschaften. Im Jahr 2017 beteiligten sich einige Hoteleigentümer:innen, die ich für Lonely Planet auf verschiedenen Inseln besuchte, an der Hilfe für die Flüchtlinge und beherbergten Freiwillige, die sich an den Anstrengungen beteiligten.

Doch die Haltung veränderte sich schrittweise unter dem Einfluss der Probleme, die mit unkontrollierter Einwanderung unvermeidlich verbunden sind, und unter der einwanderungsfeindlichen Propaganda rechtsextremer Populist:innen. Ein entscheidender Punkt war, dass die Migrant:innen Tourist:innen aus den westlichen Ländern abschreckten, obwohl ihre Präsenz keine wirkliche Gefahr oder Belästigung für Traveller darstellte.

Für die Migrant:innen wiederum stand das schlichte Überleben viel höher auf der Tagesordnung als die Integration. Sie waren gezwungen, unter armseligen Bedingungen zu leben und sich mehr oder weniger alleine durchzuschlagen. Teil der Regierungsstrategie schien es zu sein eine „Würdige Aufnahme" zu verweigern.

Das Lager Moria auf Lesbos griff auf einen alten Olivenhain über, als Lagerbewohner:innen die Bäume fällten, um sich in der Winterkälte zu wärmen. Moria wurde einst von einem Feldkoordinator von Médecins Sans Frontières als das „schlimmste Flüchtlingslager auf Erden" bezeichnet. Das Drama um Moria erreichte seinen Gipfel im September 2020, als das Lager fast vollständig abbrannte. Die Behörden bezichtigten mehrere Migrant:innen der Brandstiftung. Manche wurden aus Lesbos evakuiert und andere in eine behelfsmäßige Einrichtung anderswo auf der Insel umgesiedelt. Die EU stellte Mittel für den Bau einer neuen Lagereinrichtung bereit, aber das verärgerte die Einheimischen und zog die Kritik von Menschenrechtsfürsprechenden auf sich, die erklärten, dass die abgelegene Lage eine Integration der Flüchtlinge weiterhin verhindern würde.

Die migrantische Bevölkerung auf den Inseln in der nordöstlichen Ägäis ist seither beträchtlich zurückgegangen, was Druck von den Inselgemeinden genommen hat. Sie ist allerdings immer noch höher als anderswo im Land und lag im August 2022 bei 1,2 % der Gesamtbevölkerung.

Auch die geografische Lage des Migrationsgeschehens hat sich verändert. Neue Berichte von Versuchen illegaler Grenzübertritte sowie von Zurückweisungen durch griechische Behörden kommen heute meist von der Landgrenze zwischen Griechenland und der Türkei. Human Rights Watch beschuldigt die griechischen Behörden, ausländische Söldnergruppen einzusetzen, die Migrant:innen, die es nach Griechenland geschafft haben, zurück in die Mitte des Grenzflusses bringen und diese zwingen, durch das kalte Wasser zurück in die Türkei zu waten.

GIANNIS PAPANIKOS/SHUTTERSTOCK ©

TEIL DER REGIERUNGSSTRATEGIE SCHIEN ES ZU SEIN EINE „WÜRDIGE AUFNAHME“ ZU VERWEIGERN.

Mehrere prominente Menschenrechtsverteidiger:innen erklärten mir, dass die Krise auch einen negativen Effekt auf die Menschenrechtssituation in Griechenland habe, weil die Behörden versuchten, Aktivitäten im Zusammenhang mit der Flüchtlingshilfe zu kriminalisieren. Strafverfahren gegen einige der Aktivist:innen zielen darauf ab, andere Menschen, die sich engagieren wollten, von solchen Aktivitäten abzuschrecken.

Verbindung der Kulturen

Aber nicht alle Auswirkungen der Krise sind so unerfreulich. Im Zentrum von Mytilini auf Lesbos – einer munteren Universitätsstadt, in der nicht wenige Gebäude mit Graffiti und Plakaten versehen sind, die Solidarität mit den Flüchtlingen ausdrücken – bekundet der Kulturclub RAD Music International eine Veränderung der kulturellen Landschaft. Der 2018 von dem kongolesischen Musiker Rouddy Kimpioka mit Hilfe von Freiwilligen, die Flüchtlinge unterstützen, gegründete Club bringt Flüchtlinge und Einheimische mit Musik, Tanz und Kunst zusammen. Ein paar Meter weiter serviert das Café Nan Gerichte, die von den Küchen der Heimatländer der Flüchtlinge beeinflusst sind – ein willkommener Zuwachs zur Restaurantszene der Stadt. Die kleine Insel Tilos im Dodekanes bildete einige Jahre lang ein Musterbeispiel für Menschenrechtsverteidiger:innen und die internationalen Medien in Bezug auf einen klugen und humanen Umgang mit der Krise. Unter Führung eines progressiven Bürgermeisters beteiligte sich die Gemeinde engagiert bei der Hilfe für die Migrant:innen, deren Zahl die der 870 Einwohner:innen der Insel weit übertraf (die Flüchtlinge blieben nicht auf der Insel, sondern wurden aufs Festland und ins Ausland weitergebracht). Die Gemeinde brachte schließlich genug Spendenmittel auf, um eine eigene Transitunterkunft zu errichten, in der viel bessere Bedingungen herrschten als in Einrichtungen wie dem Lager Moria.

Als die Migrationswelle abebbte und die Einrichtung sich leerte, nahm die Insel freiwillig 50 Flüchtlinge auf und integrierte sie in der Gemeinde. Die Familien kamen, aber nach einigem Auf und Ab lief das Projekt 2022 schließlich aus, vor allem, weil es nicht gelungen war, Arbeitsplätze für die Flüchtlinge während des Winters zu schaffen.

Zu diesem Zeitpunkt war schon wieder eine neue große Migrationswelle auf die EU zugekommen. Anders als die Migrant:innen der vorigen Welle wurden die Ukrainer:innen, die vor dem russischen Angriff flohen, mit offenen Armen empfangen. Griechenland war davon nicht entfernt so sehr betroffen wie bspw. Polen, aber es nahm auch rund 30 000 Menschen auf.

Einige wenige von diesen waren pontische Griechinnen und Griechen, die die ursprünglichen Siedler:innen in der vom Krieg zerrissenen Donbas-Region gewesen waren, als diese im 18. Jh. vom Russischen Reich kolonisiert wurde. Sie gründeten Mariupol und gaben der Stadt, die im Frühjahr 2022 von russischen Panzern und russischer Artillerie nahezu dem Erdboden gleich gemacht wurde, ihren Namen. Es ist eine Tragödie, dass die Geschichte sich wiederholt; wie viele Male wird das wohl noch in der Zukunft geschehen?

Im Bild oben: Demonstration für Migrant:innen, Thessaloniki, 2016

Dionysos-Mosaik, Korinth
LISA STRACHAN/SHUTTERSTOCK ©

LEBENDIGER DIONYSOS-KULT

Trinkfest und multigeschlechtlich: Dionysos ist bis heute einer der interessantesten griechischen Götter. Er inspirierte einen mächtigen Kult in Athen und trug zur Entstehung des klassischen Dramas bei. Wer Griechenland zu Frühjahrsbeginn besucht, stellt fest: Der Dionysos-Kult lebt weiter. Von Helena Smith

NACH EINER WEILE in Griechenland begreift man, wie viele deutsche Wörter nicht aus dem bekannteren Latein stammen, sondern aus einer der ältesten Sprachen der Welt: dem Griechischen. Angesichts der vielen Denkkonzepte in Griechenlands goldener Zeit überraschen einige davon recht wenig: Logik, Analyse, Demokratie, Galaxie, Musik, Archetyp, Mathematik, Hygiene …

Andere Wörter repräsentieren wiederum die Kehrseite des Denkens, das einst dem schroffen Athener Akropolis-Felsen mit seinen Quellen entsprang: den Mix aus fremdartiger Mythologie und Rationalität, aus dem das westliche Drama entstand. Der griechische Begriff „Ekstase" bedeutet wörtlich, außerhalb von sich selbst zu stehen. Und dieser Aufruf zur hedonistischen Selbstaufgabe wird von einem der faszinierendsten Formwandler des Götter-Pantheons verkörpert: Dionysos (röm. Bacchus).

Der feiernde Gott

Das typische Bacchus-Klischee resultiert aus den römischen Darstellungen eines rotwangigen Charmeurs, der sich weintrinkend auf Efeu räkelt und Trauben in seinem lockigen Haar trägt.

Ältere griechische Dionysos-Darstellungen sind weniger karikaturhaft und ermöglichen keinen klaren Rückschluss auf das Geschlecht des Gottes: Skulpturen und Vasen zeigen ihn oft mit prallen Brüsten und langen Locken. Dionysos verband auch das Sterbliche mit dem Unsterblichen: Dem Mythos zufolge verliebte sich sein Vater Zeus in die sterbliche Semele. Die eifersüchtige Zeus-Gattin Hera legte ihre Konkurrentin herein, indem sie den Göttervater überredete, sich Semele ganz zu offenbaren. Daraufhin starb diese den Feuertod. Zeus entnahm das ungeborene Kind aus Semeles Körper und verbarg es in seinem eigenen Oberschenkel (oder in manchen Versionen in seinen Hoden). Dort verblieb Dionysos, bis er groß genug für seine Wiedergeburt war. Zeus setzte seinen Sohn dann in einem östlichen Land aus, wo er von Nymphen und Satyrn aufgezogen wurde.

Erste Schriftzeugnisse der Dionysos-Verehrung in Griechenland entstanden vor 3500 Jahren während der mykenischen Periode: Auf antiken Tafeln wird der Name des Gottes in Verbindung mit Weinopfern erwähnt. Seine erste bekannte Darstellung in Bildform ziert eine *dinos* (Weintasse) von 570 v. Chr., die heute im British Museum ausgestellt ist: Dionysos ist Teil einer eleganten Gästegruppe bei einer Hochzeitsfeier. Die großartige Tasse demonstriert seine Verbindung zu Eheschließungen. Fruchtbarkeit, Sexualität und Überfluss sind weitere Assoziationen. Dionysos ist auch der Gott der Reise und der Ankunft: Bilder und Skulpturen zeigen ihn mit einem Gefolge aus trinkfreudigen, unzüchtigen Satyrn und wilden Anhängerinnen. Hierbei wird sein Wagen von Löwen und

STORYBOOK

Tigern gezogen. Diese symbolisieren die Jugendzeit des Dionysos, die er vor seiner triumphalen Rückkehr nach Griechenland an einem geheimnisvollen Ort im Osten verbrachte.

Nach seiner Ankunft hielten Tumult und Sünde Einzug: Mit jeder Handlung seines zügellosen Gefolges wurde der zweifach geborene Gott zunehmend zum Symbol für eine so labile wie verführerische Dualität. Seitdem steht er auch für das Befreiungs- und Suchtpotenzial des Weins: einerseits die beglückende Befreiung von Beschränkungen, andererseits die Gefahr für Sucht und Selbstzerstörung.

Dionysische Feste

Nach der Wintersonnenwende beantworteten die alten Griechen den Ruf des Gottes mit einer Reihe von Festen. Daraus wurde ein mächtiger Verehrungskult. Die ländlichen Dionysien in Attika kombinierten ein Weinfest mit einer Prozession. An dieser nahmen als Satyrn verkleidete Männer sowie Frauen als Mänaden (weibliche Dionysos-Fans) in Kleidern aus Hirsch- und Leopardenfell teil. Neben einer Opferziege, Trauben und Weinkrügen trugen sie dabei auch ein großes Phallus-Symbol. Auf die Prozession folgten ekstatische, sexualisierte Tänze und Gesänge. Ab dem 6. Jh. v. Chr. kündigten die städtischen Dionysien in Athen die Frühjahrs-Tagundnachtgleiche im März oder April an – mit Opferziegen, musikalischen Prozessionen und einer großen Dionysos-Statue aus Holz. Bei diesen Festspielen tanzten sich zahllose Besucher:innen aus der ganzen griechischen Welt in Trance.

Zu Beginn des Ganzen wurde die Dionysos-Statue zum Theater des Gottes unterhalb des Pantheons getragen, um seine Rückkehr aus dem Osten zu symbolisieren. Eine eleganter, halb verfallener Bogen des Theaters ist bis heute erhalten. Danach wurde das Blut der Opfertiere auf den Boden gegossen. Die anschließenden rituellen Theatervorstellungen mit maskierten Darstellern waren die Urform des klassischen Dramas. Die ehrgeizigen Griechen machten die Athener Dionysien sogar zu einem hochkarätigen Theater-Wettbewerb. Dabei traten drei Dramatiker drei Tage lang gegeneinander an. Abschließend wurde der Gewinner gewählt. Aischylos, Sophokles und Euripides wurden auf diese Weise berühmt. Sie ehrten den Gott, indem sie dessen Geschichte in ihre Werke integrierten (Beispiel: *Die Bakchen* des Euripides).

Laut einer glaubensgeschichtlichen Theorie überlebte der letzte Überrest des trinkfreudigen Dionysos-Kults nach dessen Verdrängung durch das Christentum als Messwein. Auf entlegeneren griechischen Inseln macht sich des Gottes Aufforderung zur Ekstase bis heute bemerkbar.

Moderne Dionysien

Von Athen aus geht's über die Insel Evia per Fähre zum entlegenen Skyros. Auf diesem Eiland lebt der uralte Dionysos-Kult bis heute: In den vier Wochen vor dem orthodoxen Rosenmontag ist hier seit Jahrhunderten die Hölle los. Junge männliche Insulaner kostümieren sich dann sehr markant mit weißen Filzhosen, dunklen Kapuzen-Umhängen aus Fell und Gesichtsmasken aus den glänzenden Bälgen neugeborener Zicklein. Die Masken haben Augenlöcher, während die Umhänge von Gürteln aus schweren Schafsglocken zusammengehalten werden. Die Männer (alias *yéri*) führen zudem Hirtenstäbe mit sich. So paradieren sie durch die steilen Straßen der Hora – zusammen mit ihren maskierten „Bräuten". Diese sogenannten *korélles* tragen bunte Kopftücher, bestickte Schürzen, Jacken mit weiten Ärmeln und mit Silber beschlagene Gürtel. Die Masken verhüllen gleichsam Identität und Geschlecht: Viele *korélles* sollen Männer sein.

Die Verhüllung ist Teil des dionysischen Aufrufs, aller Verantwortung zu entsagen und spontan nach Lust und Laune zu handeln. Wenn sie auf der Straße aufeinandertreffen, liefern sich die „Ziegenmänner" selbstvergessen einen ekstatischen Tanzwettbewerb. Hierbei stampfen sie auf den Boden und entlocken den schweren Glocken mit Hüftschwüngen ein ohrenbetäubendes Geläut – was die Erde erwecken und den Winter vertreiben soll. Das Ritual erinnert an eine Zeit, in der die Menschen noch Teil der Natur waren und nicht psychisch bzw. physisch von dieser entfernt.

Dionysos fordert uns auf, die Natur zu erleben und zu bewahren. Diverse geschlechtliche Identitäten zu tolerieren, Fremde willkommen zu heißen und irdische Fesseln zu sprengen. Und Selbstausdruck und Befreiung mittels Tanz und Theater zu erleben. Vielleicht sollten wir auf ihn hören.

GRIECHENLANDS MARITIMES ERBE

Seit über 3000 Jahren sind die Griechen auf dem Wasser unterwegs. Von Ryan Ver Berkmoes

GRIECHENLANDS LEGENDÄRE SEEFAHRTGESCHICHTE begann mit den Minoern und setzt sich bis heute fort. Das Urkonzept des internationalen Handels begann einst im Bereich der adriatischen und ägäischen Inseln. Mit List und Können wurden im Lauf der Jahrtausende riesige Vermögen verdient. Und bis heute ist Griechenland eine Großmacht im globalen Seehandel.

Antike

Die Minoer betrieben die ersten griechischen Handelsschiffe im Jahr 2500 v. Chr. Die kleinen, offenen Kähne wurden von Ruderern (oft Sklaven) und Segeln vorwärts bewegt. In Ägäis und Adria verkehrten sie so zwischen den vielen Inseln und dem Festland. Archäolog:innen entdecken regelmäßig Gegenstände und Materialien, die ab der Bronzezeit aus der Ferne hertransportiert wurden.

Die Abhängigkeit vom Seehandel reichte bis zur klassischen griechischen Periode mit ihren größeren und komplexeren Schiffen. Später setzten die Römer und Byzantiner in ihren Handelsflotten auf griechische Seefahrts-Kompetenz. Griechische Schiffe dominierten die Handelsrouten vom Schwarzen Meer über das Mittelmeer bis hoch zum Ärmelkanal.

Die griechische Marine war zu Recht gefürchtet: Ab den Perserkriegen (500 v. Chr.) gewann sie zahllose Seeschlachten.

Osmanische Zeit bis zur Unabhängigkeit

Ab dem 14. Jh. kontrollierten Griechen im Osmanischen Reich den Handel im Mittelmeerraum sowie dessen Umkreis. Dabei wurden riesige Vermögen angehäuft – teils legal, aber häufiger illegal mittels Schmuggel. Zwecks Profit dienten griechische Schiffseigentümer gerne den jeweiligen Machthabern (inkl. Napoleon).

So wurde noch mehr Geld verdient. Von Korfu und Mykonos bis hin zum winzigen Hydra zieren Steinvillen aus dem 17., 18. und 19. Jh. bis heute das ganze Land. Familiengeführte Handelsimperien kontrollierten die Flotten und platzierten vertrauenswürdige Angehörige in internationalen Häfen.

Die *Christina O*

Mit diesem Info-Netzwerk schlugen die Griechen ihre Konkurrenz.

Die Moderne

Im Zweiten Weltkrieg litt die griechische Handelsflotte schwer. Doch Großreeder wie Aristoteles Onassis profitierten von der Katastrophe und wurden nicht nur reich, sondern auch weltberühmt: Sie erwarben zahllose überschüssige US-Kriegsfrachter zu Schnäppchenpreisen und transportierten damit Waren in alle Welt. Die Vorstellung vom steinreichen griechischen Großreeder wurde zum Klischee, und die Schiffsmagnaten führten ein protziges Promi-Leben. Der erste von vielen war dabei Onassis, der jahrelang auch die größte Jacht der Welt besaß. Die *Christina O* war ein berüchtigtes Partyschiff.

Bis heute spielet Griechenland eine wichtige Rolle in der Seefahrt. Die Zeiten von Gebrauchtschiffen auf globaler Frachtmission sind längst vorbei: Nun sind Ozeanriesen der Standard (ein Drittel der internationalen Supertanker ist in griechischem Besitz). Die Offizier:innen der schwimmenden Giganten sind Griechen, während die Mannschaften oft aus ärmeren Ländern stammen (vor allem aus Indonesien und den Philippinen). Viele griechische Offizier:innen steuern sogar riesige Kreuzfahrtschiffe, die weder griechische Eigentümer:innen haben noch unter griechischer Flagge fahren. Fast 10 % aller Griech:innen im Erwerbsalter haben beruflich etwas mit dem Meer zu tun.

Griechische Fähren

Traditionell waren die Fähren zwischen Griechenlands Festland und den Inseln meist Gebrauchtkäufe aus anderen Teilen der Welt. Davon zeugen bis heute z. B. kleine Bordschilder in skandinavischen Sprachen, die die Neugestaltung der Schiffe nach dem Kauf überlebt haben.

Die Secondhand-Praxis ist ungebrochen. Zugleich dominieren aber moderne Hochgeschwindigkeits-Katamarane zunehmend die griechische Fährflotte. Bedeutet für Fahrgäste: Die Erfüllung des Traums vom Relaxen an Deck mit Bier und Inselblick wird Jahr für Jahr unwahrscheinlicher. Zukünftig fährt man wohl eher mit geschlossenen Riesenschiffen, die Hunderte oder gar Tausende von Menschen auf Sitzen, die an Flugreisen erinnern, transportieren. Dann geht's zwar deutlich schneller ans Ziel, aber auch viel teurer und ohne die klassische Romantik des „Inselhüpfens".

Die lange Reise der *Christina O*

Noch vor dem Zeitalter der Superjachten (mind. 70 m lang) wünschte sich Aristoteles Onassis die größte Privatjacht der Welt. Doch in den 1950er-Jahren war das viel schwieriger umzusetzen als heute: Damals gab es noch keine niederländischen, italienischen oder finnischen Custom-Werften, die Superreichen private Riesenjachten für ein paar Hundert Millionen US-Dollar bauen.

So kaufte Onassis im Jahr 1954 eine eingemottete kanadische U-Jagd-Fregatte und ließ sie für 4 Mio. US$ (damals ein gewaltiger Betrag) zur Privatjacht umbauen. Dabei wurden alle militärischen Elemente entfernt. Onassis benannte das 99 m lange Boot nach seiner einzigen Tochter Christina. Das neue und sehr stilvolle Design erinnerte an einen luxuriösen Ozeandampfer. Doch damit endete auch schon jegliche Ähnlichkeit mit einem kommerziell genutzten Schiff: Im Inneren lebte Onassis seine Neigung zur Extravaganz aus.

Unter den zahllosen luxuriösen Details war auch ein großer Bordpool mit Minotaurus-Mosaikboden – und einer Besonderheit: Das Wasser konnte schnell abgelassen werden. Der Boden fuhr dann nach oben und wurde zur Tanzfläche für die langen Partynächte, die Onassis so liebte. Das wahre Highlight aber war die abgefahrene Bar, die das berühmte Machotum des Reeders verkörperte: Das Leder der Möbel bestand aus den Vorhäuten von Walbullen. Unter den Deko-Objekten waren Walzähne mit geschnitzten pornografischen Szenen aus der Odyssee.

Jahrelang stiegen opulente und berühmt-berüchtigte Partys auf der *Christina O*. Daran nahmen zahllose Promis der 1950er- und 1960er-Jahre teil (z. B. Winston Churchill, Greta Garbo, Eva Perón, Frank Sinatra, Grace Kelly). Auf dem Schiff wohnten zeitweilig auch die griechische Opernsängerin Maria Callas (Geliebte des Reeders) sowie Jackie Kennedy Onassis (seine spätere Ehefrau). Es gibt aber keinen Hinweis, dass sich beide jemals gleichzeitig an Bord aufhielten.

Nach Onassis' Tod (1975) verschenkte seine Erbin Christina das Boot zeitnah als Präsidentenjacht an die griechische Regierung. Dorch deren Bürokraten waren sich verständlicherweise nicht so sicher, was sie mit einem schwimmenden, protzig dekorierten Party-Tempel anfangen sollten. So dümpelte die *Christina O* jahrzehntelang ungenutzt, ungepflegt und fast schrottreif vor sich hin.

1998 kaufte sie dann der griechische Großreeder John Paul Papanicolau (ein Onassis-Kumpel) und investierte über 50 Mio. US$ in ihre Restaurierung.

Als Charterjacht (für schlappe 700 000 €/Woche) schippert die *Christina O* nun mit gutbetuchten Gästen durch die griechische Inselwelt. Mit ihrer fast königlichen Eleganz und ihrem gelben Schornstein steht sie allerdings in starkem Kontrast zu den prahlerischen Gigajachten (mind. 90 m lang) heutiger Neureicher.

Yorgos Lanthimos bei den Internationalen Filmfestspielen von Venedig (2018)

GRIECHISCHES KINO:

100 JAHRE KREATIVITÄT & CHAOS

Von Hugh McNaughtan

DAS GRIECHISCHE KINO IST das Barometer eines ereignisreichen Jahrhunderts. Nach dem Chaos des Griechisch-Türkischen Kriegs (1919–21) hat es Bürgerkrieg, Finanzkrise und Militärregierung reflektiert. Und dabei die griechische Kultur mit deren Problemen und Errungenschaften gefeiert.

Als ersten griechischen Spielfilm kennt man die Liebesgeschichte *Golfo* (1914; Regisseur: Konstadinos Bahatoris). Im Ersten Weltkrieg und dem Konflikt mit der Türkei waren die Filmleute des Landes auf Kriegsberichterstattung für patriotische Wochenschauen beschränkt. Im Anschluss strebten sie nach Neuem: Ein Ergebnis war die Komödie *Villar im Damenbad von Falirou* (1922) mit dem späteren Star Nikolaos Sfakianos.

In den 1920ern wuchs das griechische Kino an historischen Epen und dem Tonfilm – vor allem durch das Studio Dag Films (gegr. 1918) des Regisseurs Dimitris Gaziadis. International bekannt wurde der Film *Daphnis und Chloe* (1931) von Orestis Laskos. Darin war die erste voyeuristische Nacktszene des europäischen Kinos zu sehen. *Der Liebhaber der Hirtin* (1932; Regisseure: Ilias Paraskevas und Dimitris Tsakiris) war der erste synchronisierte Film in griechischer Sprache.

Mit der totalitären Herrschaft des Generals Ioannis Metaxas (1936–1941) endete diese kurze Periode der Freiheit. Metaxas war ursprünglich Premierminister einer demokratischen Regierung. Schnell wurde er aber zu einem repressiven und nationalistischen Diktator im Geist des Faschismus: Sein Regime verbot jegliche politische Opposition und zahllose Bücher. Presse und Kunst wurden strikt überwacht. Infolgedessen wanderte die griechische Filmindustrie teilweise nach Ägypten und in die Türkei aus.

Metaxas' Tod (1941) führte zur Eroberung und Besetzung durch Mussolini und Hitler (1941–44). Danach litt die griechische Kultur weiterhin unter Unruhen. Im Griechischen Bürgerkrieg (1944–49) kämpfte das Königreich Griechenland (unterstützt von den Westmächten) gegen die kommunistische Demokratische Armee Griechenlands (unterstützt von Jugoslawien und der UDSSR). Der Konflikt spaltete die Gesellschaft tief und warf die Kunstszene deutlich zurück.

Ab 1950 stieg die Anzahl der Produktionen jedoch durch griechische Studios wie Finos Films (gegr. 1942) und die Lykourgos-Stavrakos-Filmschule (gegr. 1951). Genre-Streifen (vor allem Komödien und Melodramen) waren bei den Kinobesucher:innen beliebt. Die goldene Zeit des griechischen Kinos waren die 1950er- (260 Produktionen) und 1960er-Jahre (1000 Produktionen). Ein „kunstvollerer" Ansatz im Geist des italienischen Neorealismus erweckte internationale Aufmerksamkeit, wobei Michael Cacoyannis für *Stella* (1955) gefeiert wurde. Danach erhielt der Regisseur in Cannes und Thessaloniki mehrere Nominierungen und Preise. *Elektra* (1962) und *Alexis Sorbas* (1964) brachten ihm je einen Oscar ein.

Ab dem 21. April 1967 war die künstlerische Freiheit des griechischen Kinos erneut bedroht: An diesem Tag kam das sogenannte „Regime der Obristen" per Militärputsch an die Macht. Diese rechtsgerichtete, autoritäre und gewaltbereite Junta trat Bürgerrechte und Opposition mit Füßen. So verbot sie zwecks „Rettung" der griechischen Kultur auch jegliche linksgerichtete Kunst (inkl. Kino) und setzte auf Propaganda (z. B. mittels martialischer, patriotischer Musik). Diese Herrschaft endete schließlich durch einen nationalen Notfall: die türkische Invasions Zyperns (1975). Mit *Iphigenie* (1977) fand Cacoyannis zu alter Form zurück: Der Streifen wurde in Cannes und bei den Academy Awards nominiert. In Thessaloniki gewann er den Preis für den besten Film.

Einer von Griechenlands größten Regisseuren dominierte die 1970er- und 1980er-Jahre: Nach seinem Studium am Institut des Hautes Études Cinématographiques (IDHEC) kehrte Theo Angelopoulos im Jahr 1967 in seine Heimat zurück. Als mutiger Journalist und Filmemacher widmete er sich politischen Themen während der Militärdiktatur. Seine Produktion *Die Wanderschauspieler* (1975) portraitiert Griechenlands Geschichte von 1939 bis 1952. Damit gewann Angelopoulos mehrere Preise für den besten Film und den besten Regisseur – u. a. 1975 den International Film Critics Award in Cannes. 1988 legte er mit der Goldenen Palme für *Die Ewigkeit und ein Tag* noch einen drauf. Den höchsten (Doppel-)Preis in Cannes konnte zuvor nur ein einziger Grieche erringen: Konstantinos Gavras (IDHEC-Absolvent und Kommilitone von Angelopoulos) mit *Vermißt* (1982).

1981 gewann die linksgerichtete Panhellenische Sozialistische Bewegung die Wahlen und erhöhte die staatliche Förderung für Filmproduktionen. Trotzdem floppten „ernsthaftere" Kunstfilme an den Kinokassen. Eine bemerkenswerte Ausnahme war *Rembetiko* (1983) von Costas Ferris – ein Portrait der Sängerin Marika Ninou, deren Leben und Musik viel von Griechenlands Problemen im 20. Jh. widerspiegelten.

In den 1990er-Jahren ging Griechenlands Filmszene zu vergleichsweise fröhlicheren und unkonventionelleren Themen über. Am erfolgreichsten war dabei *Safe Sex* (1999): Dieser Kassenschlager verbindet Lebensgeschichten und Sexleben seiner Protagonist:innen auf spaßige Weise. Ähnlich beliebt waren in den 2000er-Jahren z. B. *Zimt und Koriander* (2003), *Brides* (2004) und *El Greco* (2007). Danach driftete das griechische Kino nach links: Die Zeit war reif für die markanten, sozialkritischen und oft verstörenden Filme der „Greek Weird Wave".

Das bekannteste Paradebeispiel für diese freie „Bewegung" ist *Hundszahn* (2009) von Yorgos Lanthimos. Der düstere Streifen handelt von Problemeltern, die ihre Kinder von der Außenwelt abschotten. Bei den Academy Awards wurde er als bester ausländischer Film nominiert. *Strella* (2009) von Panos H. Koutras erkundet die Beziehung zwischen einem Ex-Knacki und einer Transgender-Prostituierten. Angeblich ist dies der erste Film mit einer Transgender-Frau in der Hauptrolle.

Zur „verrückten Welle" gehören auch Filme mit höherem Gewaltanteil: *Knifer* (2010) von Yannis Economides dreht sich um Entfremdung und Verzweiflung – Gefühle, die nach der schlimmen Wirtschaftkrise von 2009 in Griechenland weit verbreitet waren. *Attenberg* (2010) von Athina Rachel Tsangari ist thematisch ähnlich, aber in dramatischer Hinsicht anders: Hier geht es um eine junge Frau, die von ihren Mitmenschen so entfremdet ist, dass sie die Welt nur über die Dokumentationen von David Attenborough interpretieren kann. Für ihre Hauptrolle erhielt Ariane Labed im selben Jahr die Coppa Volpi für die beste Schauspielerin bei den Internationalen Filmfestspielen von Venedig.

Die griechischen Filmemacher:innen der neuen Welle beweisen immer wieder ihre Vielfältigkeit und Originalität: Früher unterlagen Wort und Bild der Zensur. Doch seit der Liberalisierung der Kinoindustrie rollt die „Greek Weird Wave" ungebrochen weiter – einfallsreich und unkonventionell.

Omonia-Platz in Athen
MARIANNA IANOVSKA/SHUTTERSTOCK ©

DIE WIEDERBELEBUNG ATHENS

Athen hat die COVID-Pandemie mit neuem Schwung überwunden: Mit ehrgeizigen Projekten soll die mehr als 5000 Jahre alte Stadt modernisiert und aufgewertet werden. Zu den Vorhaben, die die größten seit den Olympischen Spielen 2004 sind, gehören neue kulturelle Angebote und der Ausbau der Metro, um die Stadt noch grüner und lebenswerter zu machen.
Von Simon Richmond

ALS 2020 die ganze Welt im Lockdown der Pandemie war, kehrte Thomas Skiloyannis mit einem Plan aus Montreal zurück. Der ehemalige Investment-Banker kaufte eine heruntergekommene klassizistische Villa einige Blocks nordwestlich des Plateia Omonia. Ein Jahr lang renovierte und kämpfte er sich durch den Dschungel der Athener Bauvorschriften, bis er im Juli 2022 endlich das Hostel Baloo eröffnen konnte. Das elegante und preiswerte Hostel schmückte er mit den Bildern seines Vaters, eines Kunstlehrers in Athen.

Omonia ist ein zentrales Viertel der Stadt mit vielversprechendem, aber auch rohem Charakter, der sich in wüsten Graffiti, verlassenen Häusern und Obdachlosen zeigt. „Deshalb war es hier billiger und einfacher, das Hostel aufzubauen als in den touristischeren Vierteln Plaka oder Monastiraki", erzählt der 32-Jährige. Er bedauert auch überhaupt nicht, die Sicherheit und Verlässlichkeit in Kanada aufgegeben zu haben. „Hier ist zwar alles sehr chaotisch, aber ich liebe die Energie und das Potential dieser Stadt."

Skiloyannis ist aber nicht der einzige, der Athen wiederbeleben will. Dutzende Designhotels, Hunderte Restaurants und Geschäfte wurden in den letzten Jahren neu eröffnet. Dabei profitierten viele davon, dass Athen sich zu einer europäischen Kulturhauptstadt entwickelt hat, seit sie 2017 Mitveranstalter der renommierten Documenta war, die damit erstmals auch außerhalb des eigentlichen Standorts in Kassel stattfand.

Die günstigen Lebenshaltungskosten einschließlich niedriger Mieten im Vergleich zum restlichen Euopa und das sonnige Klima lockten Künstler:innen und andere Kreative scharenweise nach Athen. In der Pandemie kamen noch digitale Nomaden dazu, Kreative und Unternehmer:innen, die genau wie Skiloyannis in Athen sesshaft wurden. Die griechische Regierung förderte ab 2020 die Ansiedlung dieser Arbeitskräfte mit einem Nachlass von 50 % auf die Einkommensteuer in den ersten sieben Jahren. Dieser Steueranreiz sollte auch die 800 000 Griechinnen und Griechen zurückholen, die das Land während der Schuldenkrise in den 2000er-Jahren verlassen hatten.

Die Kraft der Kunst

Kunst und Kultur wurden in Athen schon immer genutzt, um das Leben von Einheimischen und Besucher:innen angenehmer zu machen. Dieses Konzept kam schon beim Wiederaufbau der Tempel auf der Akropolis im 5. Jh. v. Chr. zur Anwendung und begründete die umfangreichste Verschönerung aller Zeiten. Zu den Projekten der Neuzeit zählten das preisgekrönte Kulturzentrum der Stavros Niarchos-Stiftung samt Park sowie der Umbau der Nationalgalerie und des Nationalmuseums für zeitgenössische Kunst (EMST).

Dabei kamen der Anstoß und vor allem das Geld zumeist von den äußerst wohlhabenden philanthropischen Organisationen in Griechenland, wie der Onassis-Stiftung, die das Onassis-Stegi-Kunstzentrum betreibt und viele andere Projekte zur Verbesserung der Lebensqualität in Athen unterstützt. Das NEON wurde 2013 vom Kunstsammler und Unternehmer Dimitris Daskalopoulos begründet, der damit die zeitgenössische Kultur für alle zugänglich machen wollte. Großes nationales und internationales Ansehen gewann der Umbau eines Teils der historischen Alten Tabakfabrik (S. 86) zum Veranstaltungsort für sehr ehrgeizige und kostenlose Kunstschauen.

Die Stadtverwaltung und andere gemeinnützige Organisationen spielen ebenfalls eine wichtige Rolle. Die Athener Biennale (athensbiennale.org), die 2023 zum achten Mal stattfand, wird immer bedeutender. Projekte wie Urban Act (urbanact.gr) brachten der Stadt monumentale Werke der Straßenkunst, während andere Künstler:innen alte Telefonzellen mit schreiend bunten, schrägen Malereien verzierten.

ANASTASIOU EVANGELOS/SHUTTERSTOCK ©

DIE KALTE, BEFREMDLICHE BELEUCHTUNG WURDE DURCH EINE NEUE ERSETZT, DIE DIE STADT IN EIN WÄRMERES UND NATÜRLICHERES LICHT TAUCHT UND SO AUCH DAS GEFÜHL DER SICHERHEIT ERHÖHT.

Weitere sichtbare Veränderungen sind die neuartige Beleuchtung der Akropolis und die Skulpturen im Zappeion-Garten. Auch die kalte befremdliche Beleuchtung der Straßen wurde durch eine neue ersetzt, die die Stadt in ein wärmeres und natürlicheres Licht taucht und so auch das Gefühl der Sicherheit erhöht.

Klimaschutz

Neue Galerien, Museen, Kunstwerke und Beleuchtung sind ja schön und gut, aber Athen sollte sich vielmehr um dringendere Probleme kümmern, allen voran um den Verkehr, die Luftverschmutzung und den Klimawandel. Letzterer ist mittlerweile so dringend, dass die Stadt sogar eine Hitzebeauftragte ernannt hat. Diese soll nach Wegen suchen, wie Athen besser mit den extremen Temperaturen von mehr als 40 °C im Sommer fertig werden kann.

Eine Idee ist die Wiederinbetriebnahme des Römischen Aquädukts von 140 n. Chr. Der fast 20 km lange unterirdische Kanal könnte zur Bewässerung der neuen kleinen Parks der Stadt genutzt werden und damit für einen kühlenden grünen Korridor sorgen. Einer dieser neuen Parks ist der hübsche Garten im japanischen Stil, der sich hinter der Nationalgalerie in Pangrati befindet.

In dem von den Athener:innen heiß geliebten nachhaltigen Stavros Niarchos-Park wurden trockenheitsresistente Pflanzen aus dem Mittelmeerraum angepflanzt. Die historischen Nationalen Gärten werden in Etappen angepasst, und Bürgermeister Kostas Bakoyannis plant einen neuen Archäologischen Park bei der Platonischen Akademie – die derzeit noch etwas vernachlässigt und kaum besucht ist.

Verbesserung der Infrastruktur

Eine weitere Maßnahme der städtischen Bemühungen für mehr Umweltschutz besteht darin, die Menschen zum Umstieg auf die öffentlichen Verkehrsmittel, allen voran die Metro zu bewegen. Im Oktober 2022 wurde die Linie 3 bis nach Piräus verlängert und soll täglich mehr als 130 000 Pendler:innen zu ihren Arbeitsplätzen bringen. Durch die Reduzierung der Autos auf den Straßen könnten bis zu 120 t Kohlendioxid pro Tag eingespart werden.

Noch wirkungsvoller soll die neue Linie 4 werden. Die über 13 km lange Linienstrecke führt von Alsos Veiko in Galatsi nach Goudi. Baubeginn war im Jahr 2021, bis frühestens 2029 soll sie fertig sein. Dann wird es 15 neue Stationen geben, darunter jeweils eine in Exarchia, Akadimia und Kolonaki.

Die Innenstadt Athens ist so kompakt, dass sie gut zu Fuß erkundet werden kann. Die Stadt fördert dies zusätzlich mit dem Projekt „Großer Spaziergang". Dafür werden Fußgängerwege verlängert und neu angelegt, die die wichtigsten archäologischen Stätten und Sehenswürdigkeiten von der Antiken Agora bis zum Panathinaikos-Stadion miteinander verbinden. Die sechsspurige Hauptdurchgangsstraße Panepistimiou bekommt breitere Bürgersteige sowie eigene Bus- und Radspuren und wird damit fußgänger- und fahrradfreundlicher.

Mit 55 Mio. € soll zudem ein 70 km langer Fußweg an der Küste von Piräus nach Sounio angelegt werden, der teilweise auch eine Radspur enthält. Der Weg wird auch durch Ellinikon führen, das größte Stadtentwicklungsprojekt in Europa. Das neue Stadtviertel entsteht für 8 Mrd. € an der Stelle des ehemaligen Flughafens. Im Mittelpunkt wird der von Foster + Partners gebaute Marina Tower stehen, der erste grüne Wolkenkratzer in Griechenland. Ein Drittel der 6 km² großen Fläche wird ein Park einnehmen.

Künftige Herausforderungen

Bei allem Enthusisasmus hängt der Erfolg dieser Maßnahmen aber von der Mit- und Zusammenarbeit unzähliger Behörden und privater Unternehmer:innen ab. Der Bau der neuen Metrostation in Exarchia und die Sanierung des dortigen Strefi-Hügels haben schon für heftige Kontroversen gesorgt. Es wird kritisiert, dass diese Projekte nur zu höheren Mieten und der Gentrifizierung des ehemals so anarchischen Viertels führen würden.

Umfragen zum Projekt „Großer Spaziergang" ergaben 2021, dass die Erwartungen der Einheimischen nicht erfüllt wurden. Fast 88 % der Befragten erklärten, sie seien „überhaupt nicht" oder „kaum" zufrieden mit den umgesetzten Neuerungen. Ein noch höherer Anteil hielt das Projekt für „schlecht gemacht". Insbesondere wurden die hohen Kosten für die Palmen und Blumenkübel in der Panepistimiou kritisiert.

Mit einer Inflation von 11,6 % leidet die Athener Wirtschaft ebenso sehr unter den hohen Energiekosten und Verbraucherpreisen wie andere Länder. Bürgermeister Bakoyannis mag seine „strategische Stadtplanung" noch so sehr vorantreiben, aber er muss auch geschickt um den öffentlichen Raum feilschen, fest gefahrene Gewohnheiten brechen und einen ausgeglichenen Haushalt erreichen. Angesichts der 2023 anstehenden Wahlen bleibt ihm nicht mehr viel Zeit, um die Athener:innen von seinen radikalen Neuerungen zu überzeugen.

Sonnenuntergang über dem Akropolismuseum

Im Uhrzeigersinn von oben links: Athen; Skiathos; Hydra; Kreta

KATZEN IN GRIECHENLAND

Griechenlands riesige Katzenpopulation ist legendär, und sie sind buchstäblich unübersehbar. Von Helena Smith

WENN DU VON deinem Tavernenstuhl nach unten blickst, wirst du mit wahrscheinlich in zwei runde Katzenaugen blicken, die dich hungrig anstarren und um Futter bitten. Katzen gibt es in Griechenland zuhauf. Wenn sie nicht gerade auf der Suche nach Essensresten sind, liegen sie oft auf sonnigen Türschwellen oder Fensterbänken.

Viele Menschen nutzen die Gelegenheit, mit den griechischen Katzen auf Tuchfühlung zu gehen und zu schmusen. Doch leider hat ihre große Anzahl auch eine Kehrseite. Viele sind unterernährt, leiden unter Flöhen, Würmern und den Folgen von Katzenschnupfen, wie Sehstörungen und Zahnfleischproblemen. Nicht selten sieht man abgemagerte Katzen mit entzündeten Augen, Löchern im Fell und Behinderungen durch Verkehrsunfälle. Weibliche Katzen bekommen zwei- bis dreimal im Jahr Junge und bringen dabei zwei bis acht Jungtiere zur Welt, sodass die Zahl der Katzen unkontrolliert in die Höhe schießt. Die Sterblichkeit von Katzenjungen ist hoch, und obwohl es Geldstrafen für die Vergiftung oder sonstige Misshandlung von Katzen gibt, sind die Beziehungen zwischen Katzen und Menschen sehr problematisch.

Ganz anders sieht es auf Skiathos aus, wo sich die Skiathos Cat Welfare Association seit 1994 für das Wohlergehen und den Schutz von Katzen einsetzt. Das Ergebnis kann sich sehen lassen: eine wohlgenährte und flohfreie Katzenpopulation, die auf Felsvorsprüngen und freien Tavernenstühlen deutlich zufriedener und weniger nervös wirkt als ihre Artgenossen auf den anderen Inseln.

Dieser Erfolg ist das Ergebnis einer systematischen Fürsorge. Die Hilfsorganisation arbeitet hart daran, die Einstellung zu Tieren zu ändern, und leistet auch lebenswichtige praktische Hilfe. Zweimal im Jahr sind Teams aus ehrenamtlichen Tierärzt:innen auf Skiathos unterwegs, um alle Katzen zu kastrieren. Kleine Schnitte in den Ohren der Tiere zeigen an, dass sie kastriert sind. Neben der Behandlung von Katzenschnupfen, Flöhen und Würmern arbeitet die Organisation mit der Gemeinde zusammen, um Futterstellen für die Katzen einzurichten. Mit Unterstützung der Brigitte-Bardot-Stiftung betreibt sie ein Tierheim für behinderte Katzen und hilft Urlauber:innen, die sich in ein Kätzchen verliebt haben, bei der Erledigung des Papierkrams, den Impfungen und dem Mikrochippen, um die Tiere mit nach Hause zu nehmen.

Auf der nahe gelegenen Insel Skopelos setzt sich Anastasia Labrogianni von Stray Care Skopelos ebenfalls für den Schutz streunender Tiere ein. Als ich das erste Mal mit Anastasia Kontakt aufnehme, befindet sie sich in Athen auf einer Rettungsaktion für einen entsetzlich dünnen Hund, der in einem kleinen Käfig gefangen gehalten wurde. Sie musste die Polizei einschalten, um das Tier zu retten. Es sah überglücklich aus, als es in ihre liebevolle Obhut genommen wurde.

WIE KANNST DU HELFEN? SPENDE AN EINE TIERSCHUTZ-ORGANISATION – ODER ARBEITE EHRENAMTLICH DORT – STATT DICH UM EINZELNE TIERE ZU KÜMMERN.

Anastasia zeigt mir ihren weitläufigen, baumbestandenen Garten, der ein Zufluchtsort für hilfsbedürftige Tiere ist. Sie finanziert die Kosten für die Fütterung und Sterilisation der Tiere durch die Vermietung eines Familienanwesens auf ihrer Heimatinsel Sparta. Zusammen mit ihrem Mann beschäftigt sie sich den ganzen Tag mit dem Ausführen der Hunde und der Pflege aller Tiere. Ein großes Gehege ist blinden Katzen gewidmet, zu denen auch ein Wurf gehört, der in einer Mülltonne gefunden wurde. Die kleinen Kreaturen tummeln sich, rennen im Freien herum und springen in den Raum, der ihnen als Unterschlupf dient. Wenn sie Anastasias Stimme hören, suchen sie nach ihren Händen, um sich streicheln zu lassen.

In ganz Griechenland gibt es weitere Tierschutzprojekte, wie das Takis Shelter auf Korfu. Es wurde von einem DJ gegründet, der alles aufgegeben hat, um sich um hungernde und ausgesetzte Hunde zu kümmern: Derzeit sind es 400. Nine Lives Greece in Athen setzt sich für die Katzen der Hauptstadt ein (und zeigt auf seiner Website eine wunderschöne Galerie potenzieller Adoptivkatzen). Der Großteil der verwaisten Tiere ist jedoch auf die Freundlichkeit von Fremden angewiesen. Ich frage eine Taxifahrerin auf der Insel, wie viele Katzen sie hat, und sie antwortet: „Ich habe 20!“ Während dies in anderen Kulturen auf einen besorgniserregenden Grad an Katzenbesessenheit hindeuten würde, ist es in Griechenland normal, sich um die Streuner zu kümmern.

Falls du dich fragst, wie du helfen kannst: Spende an eine Tierschutzorganisation – oder arbeite ehrenamtlich dort – statt dich um einzelne Tiere zu kümmern, während du in Griechenland bist. Marion Rastinger von der Skiathos Cat Welfare Association warnt vor kurzfristigem Engagement, z. B. Katzen ins Hotelzimmer zu lassen und sie zu füttern. Das führt zu Abhängigkeit und Not, wenn man abreist und die Tiere allein gelassen werden. (Konsequente Tierpflege erfordert Hingabe: Neben ihrer Arbeit für die Hilfsorganisation hat Marion sieben Katzen, einen Hund und einen geretteten Esel, und sie selbst füttert 70 Katzen.)

Sie weist darauf hin, dass man, wenn man Kätzchen ohne Mutter findet, versuchen sollte, sie einen Tag in Ruhe zu lassen und dann wieder nach ihnen zu sehen. Die Mutter könnte sich in der Nähe verstecken. Wenn man in einem Rettungsversuch die Kätzchen voreilig wegnimmt, schafft man womöglich mehr Probleme als Lösungen. Am Ende meiner Griechenlandreise taucht an meinem Tavernentisch ein kleines Kätzchen auf. Sie scheint nicht an Futter interessiert zu sein, sondern eher daran, mit mir zu spielen. Sie klopft mit ihrer kleinen Pfote an meinen Ärmel und läuft zutraulich im Kreis über meinen Schoß und um die Lehne meines Stuhls herum. Schließlich langweilt sie sich bei ihren Spielchen und marschiert mit hoch erhobenem Mini-Schwanz in die Nacht und in das unsichere Leben eines Streuners davon.

REGISTER

Verweise auf Karten **000**

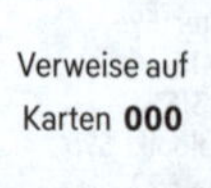
Verweise auf
Karten **000**

Verweise auf Karten **000**

Verweise auf Karten **000**

W

„Ein riesiges Strandstück in dem unterschätzten kretischen Küstenörtchen Sougia trotz Hauptreisezeit ganz für sich allein zu haben, ist einfach großartig."

RYAN VER BERKMOES

„Bei Sonnenuntergang auf dem riesigen offenen Deck einer alten Fähre nach Tinos zu sitzen und dabei ein Bier zu schlürfen, bedeutet Freude."

RYAN VER BERKMOES

„Es gibt nichts Schöneres, als durch ein kleines Dorf zu schlendern und eine gesprächige Omi zu treffen, die sich mit mir auf Griechisch über die Nichtigkeiten des Lebens unterhält."

ALEXIS AVERBUCK

„Ein Glückstag für mich! Die sehr seltene, taube und blinde Höhlenschrecke, die Dolichopoda, tauchte bei meinem Besuch des Höhlensystems von Kastania auf."

REBECCA HALL

LINKS: LEOKS/SHUTTERSTOCK © RECHTS: GEORGIOS TSICHLIS/SHUTTERSTOCK ©

ÜBER DIESES BUCH

Lonely Planet Global Limited
Digital Depot, Roe Lane (off Thomas Street)
Digital Hub
Dublin 8
D08 TCV4
Ireland

Verlag der deutschen Ausgabe:
MAIRDUMONT
Marco-Polo-Str. 1
73760 Ostfildern

www.lonelyplanet.de, www.mairdumont.com, lonelyplanet-online@mairdumont.com

Griechenland
7. deutsche Auflage Februar 2024 übersetzt von *Greece*, Juni 2023, Lonely Planet Global Limited

Deutsche Ausgabe © Lonely Planet Global Limited, Februar 2024

Fotos © wie angegeben 2023
Printed in Germany

Redaktion: Hannah Biller, Annegret Gellweiler, Sophie Härter, Susanne Junker, Cosima Kroll, Lisa Spägele, Olaf Rappold, Stephanie Ziegler (red.sign, Stuttgart)

Übersetzung: Tobias Ewert, Derek Frey, Marion Gref-Timm, Sonja Hofmann, Gabriela Huber Martins, Marion Matthäus, Dr. Christian Rochow, Beate Staib

FSC www.fsc.org MIX Papier | Fördert gute Waldnutzung FSC® C155291

Dieses Buch wurde auf FSC® zertifiziertem Papier gedruckt. FSC® ist ein internationales Zertifizierungssystem für nachhaltigere Waldwirtschaft. Das Holz für dieses Papier kommt aus Wäldern, die verantwortungsvoller bewirtschaftet werden.